고대 동아시아의 수군과 해양활동

■ 저자소개 (집필순)

- ·박준형 해군사관학교 박물관장 겸 군사전략학과 교수
- ·이정빈 충북대학교 역사교육과 교수
- ·정동민 한국외국어대학교 역사문화연구소 HK연구교수
- ·이민수 서강대학교 사학과 박사과정
- ·이재준 건양대학교 군사학과 겸임교수
- ·정덕기 서울대학교 기초교육원·육군사관학교 군사사학과 강사
- ·한준수 국민대학교 교양대학 교수
- ·조범환 서강대학교 사학과 교수
- ·이상훈 육군사관학교 군사사학과 교수
- ·신범규 국방부 군사편찬연구소 선임연구원
- ·김현경 서울대학교 동양사학과 강사
- ·정순일 고려대학교 역사교육과 교수
- ·송영대 건국대학교 강사
- ·신성재 해군사관학교 군사전략학과 교수
- ·이창섭 해군사관학교 해양연구소 충무공연구부장

고대 동아시아의 수군과 해양활동

초판 인쇄   2022년 04월 20일
초판 발행   2022년 04월 28일

편 자   한국고대사탐구학회 편
펴낸이   신학태
펴낸곳   도서출판 온샘

등 록   제2018-000042호
주 소   서울시 용산구 한강대로62다길 30, 204호
전 화   (02) 6338-1608   팩스 (02) 6455-1601
이메일   book1608@naver.com

ISBN 979-11-92062-07-5 93910
값 45,000원

고대 동아시아의 수군과 해양활동

한국고대사탐구학회 편

도서출판 온샘

책을 펴내며

"강력한 해군을 보유한 국가가
세계적으로 더 강력한 영향력을 가질 수 있다."

이 말은 1890년 미국의 알프레드 마한(Alfred Thayer Mahan : 1840~
1914) 해군 제독이 자신의 저서 『해양력이 역사에 미친 영향 1660~1783』
에서 해군의 중요성을 강조한 것입니다. 현재 동아시아 국제 정세는 급변
하고 있습니다. 우리나라는 남북 분단으로 섬처럼 고립되어 있으므로, 세
계로 나가려면 바다를 통해야만 합니다. 바다에 관한 관심은 그 어느 때보
다 높아지고 있고, 더 높아져야 합니다.

동아시아 고대의 경우도 마찬가지입니다. 한반도·중국대륙·일본열도의
역사는 바다로 연결되어 있습니다. 한·중·일의 교류와 전쟁은 바다를 통해
이루어졌습니다. 중원왕조의 한반도 침입이나 왜구의 침략은 바다를 빼놓
고 상정하기 어렵습니다. 바다를 지키는 힘은 바로 해군, 즉 수군입니다.
고대 동아시아의 수군을 돌아보면서 현재의 의미를 되새겨보자는 취지에
서 이 책의 출간을 준비하게 되었습니다.

동아시아의 교류와 전쟁은 바다를 빼놓고 이야기하기 어렵습니다. 군사
사 가운데 동아시아 고대 수군사는 관련 사료가 매우 부족해 연구 환경이
열악한 상태입니다. 그렇기에 학술대회를 준비하면서 더욱 관심을 가지고,
발표 준비와 토론에 참여할 연구자들의 섭외 필요성을 느꼈습니다. 그 결
과 2021년 1월 22일, 한성백제박물관에서 한국고대사탐구학회·해군사관학
교 해양연구소·한성백제박물관 주관으로 "고대 동아시아의 수군"이라는 주
제로 학술대회를 개최하였습니다. 이 학술대회를 마치면서 한국고대사탐

구학회 임원진과 해군사관학교 관계자들의 중론을 통해서, 마침내 동아시아 고대 수군사를 주제로 학술총서 발간을 추진하기에 이르렀습니다.

이 책은 해당 분야의 저명한 관련 학자들을 망라하여 준비한 최초의 동아시아 고대 수군사 종합 학술서라 할 수 있습니다. 이 책에는 동아시아 고대 군사사를 연구하는 신진 연구자로부터 고대사 중진·원로 연구자에 이르기까지 15명의 전문 필진이 참여해 주었습니다. 고조선, 고구려, 백제, 신라, 일본, 발해, 후삼국, 고려 등 국가별 · 시대순으로 고대의 수군, 수전, 해적, 제해권, 해양로, 해양 정책, 해양 활동 등 다양한 논의를 담고 있습니다.

박준형 선생님은 고조선이 중국의 산동 지역과 어떻게 교류하였고 그 과정에서 해양 교통로는 어떠하였는지 살펴보셨습니다. 이정빈 선생님은 4세기 전반 고구려의 해양 활동을 전반적으로 조망하고 황해가 지니는 의미를 정리하셨습니다. 정동민 선생님은 고구려 광개토대왕이 백제와의 전투에서 어떠한 방식으로 수군을 운용하였는지 고찰하셨습니다. 이재준 선생님은 백제의 해양 환경이 어떠하였는지 정리하고 그것이 수군 운용과 어떤 관계가 있는지 살펴보셨습니다. 정덕기 선생님은 신라의 선부(서)가 정비되어 나가는 과정을 정리하고 그에 따른 수군의 의미를 되짚어 보셨습니다.

이민수 선생님은 백제 멸망을 전후한 시기에 당이 수군을 어떻게 편성하고 운용하였는지 살펴보셨습니다. 한준수 선생님은 신라의 삼국 통일과정에서 시기별로 수군의 활약이 어떠하였는지 고찰하셨습니다. 조범환 선생님은 신라 문무왕의 유조를 전체적으로 조망하고 그것이 대왕암과 어떠한 연관이 있는지 살펴보셨습니다. 김현경 선생님은 일본 헤이안 시대에 과연 수군이 존재했는가 하는 물음에 대한 답을 정리하셨습니다. 정순일 선생님은 일본 마쓰라·아키타·쓰시마에 출현했던 신라해적의 실체를 구체적으로 다루셨습니다.

　이상훈 선생님은 통일신라의 서북 군진이었던 장구진의 위치를 장산반도 남쪽이라고 추정하셨습니다. 신범규 선생님은 8세기 전반 발해의 해양 교통로를 살피고 이를 통해 제해권의 범위를 설정하셨습니다. 송영대 선생님은 후삼국 시대 수군의 운용은 어떠하였는지 살펴보고 주요한 수전들을 정리하셨습니다. 신성재 선생님은 왕건이 수군을 통해 서남해 도서지방을 경략한 사건에 대한 해양사적 의미를 살펴보셨습니다. 이창섭 선생님은 후삼국 시대를 거쳐 고려가 성립한 이후 수군이 어떻게 운용되었는지 정리하셨습니다.

　물론 고조선부터 고려 전기까지 이 책 하나로 동아시아 고대 수군사 전체를 이해한다는 것은 불가능한 일입니다. 하지만 이 책의 발간을 계기로 동아시아 고대 수군사에 대한 전체적인 논의와 이해가 종으로 횡으로 더욱 확장되었으리라 믿습니다. 또한 이 책을 통해 수준 높은 독자분들의 동아시아 고대 수군사에 대한 갈증 해소에 조금이나마 도움이 되기를 기대해 봅니다.

　이 책의 출간으로 세상에 빛을 볼 수 있게 된 것은 많은 분의 관심과 노력 덕분입니다. 먼저 바쁘신 가운데 옥고를 작성하고 정성껏 다듬어주신 15명의 저자들께 감사드립니다. 앞으로 동아시아 고대 군사사 연구의 중추로서 더욱 큰 활약과 발전을 기원합니다. 또한 발표자의 원고에 대해서 큰 도움을 주신 토론자와 해당 논문을 더욱 알차게 보탬을 주신 심사자분들께도 감사의 말씀을 전합니다.

　특히, 동아시아 고대 군사사 관련 학술대회를 적극적으로 추진해주신 한국고대사탐구학회 조범환 회장님 이하 학회 임원과 회원들의 노력이 없었다면, 이 책이 발간되지 못했을 것입니다. 이 자리를 빌려 진심으로 감사드립니다. 또한 해군사관학교의 신성재 교수님, 박준형 박물관장님, 이창섭 해양연구소 충무공연구부장님께서 집필진으로 참가해 주셔서 그 전문성이 더욱 빛나게 되었습니다. 아울러 해군사관학교의 꾸준한 관심과 적극적인 배려에 감사드립니다. 마지막으로 출판 사정이 어려운 가운데에도 불구하고, 학술총서 간행을 흔쾌히 결정하시고, 빛나는 작품으로 만들어주신 온샘출판의 신학태 대표님께 고맙다는 말씀을 드립니다.

2022년 4월 28일

한국고대사탐구학회 학술총서 간행위원회 드림

차 례

차 례

제1장

고조선·고구려·백제의
수군과 해양활동

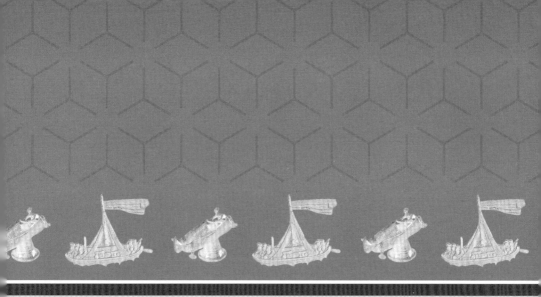

제1절
고조선의 산동지역 교류와 해상 교통로

박 준 형

(해군사관학교 박물관장 겸 군사전략학과 교수)

I. 머리말

역사상 어떤 국가도 주변국과 교류를 단절하면서 독자적으로 생존하기는 어렵다. 국가는 주변국과의 교류를 통해 내부적 결핍을 해결하고 나아가 그 과정 속에서 스스로의 정체성을 형성해 나가기 마련이다. 그래서 한 국가의 대외교류 양상을 살펴보면 그 국가의 성격이 분명하게 드러나게 된다. 고조선의 대외교류와 그에 따른 교통로에 대한 연구도 바로 이런 측면에서 접근할 필요가 있다.

일반적으로 교류란 집단과 집단이 담합해서 有無를 통하게 하기 위해 재화[물자·정보·기술 등]를 교환하고 인간이 왕래하는 것으로 생존과 생산에 불가결한 활동이라고 정의할 수 있다. 이중 집단끼리 담합하는 것은 정치적 행위로서 교섭으로, 재화를 교환하는 것은 경제적 행위로서 교역으로 구분할 수 있다.[1] 이러한 교류를 위해서는 반드시 인간의 이동이 필수적으로 요구되며 교통수단과 교통로에 대한 이해가 전제되어야 한다.[2]

고조선이 수행한 중원제국과의 교류는 교통로상 크게 두 가지 방향으로 이루어졌다. 하나는 고조선이 위치한 요령~서북한지역이 중원대륙과 連陸되어 있어서 요서지역을 경유하는 육상 교통로를 이용하는 것이다. 다른 하나는 『管子』 揆度·輕重甲篇에 언급되었듯이 고조선이 춘추시기 齊나라와 문피교역을 했던 사실에 근거하여 廟島列島를 통해 산동반도를 거쳐 제도성이 있는 臨淄로 이어지는 해상 교통로를 이용하는 것이다. 이 글에서는 산동지역을 대상으로 한 고조선의 교류와 그에 수반되는 교통로에 대해 주목하고자 한다.

고조선이 수행한 산동지역 교통로에 대한 연구는 중원제국의 동북지역

---

1) 後藤直, 「總括 – 爭點の整理と硏究の展望」 『東アジアと日本の考古學Ⅲ – 交流と交易 – 』, 東京: 同成社, 2003, 26쪽.
2) 박준형, 「고조선~삼국시기 교역사 연구의 검토」 『한국고대사연구』 73, 2014, 8쪽.

진출이라는 관점에서 王綿厚·李健才에 의해 개괄적으로 정리된 바 있다.[3] 그리고 고대국가의 성장과정에서 교통로의 의미를 파악하는 과정에서 고조선이 이용한 해상 교통로가 언급된 바 있다.[4] 이와 달리 고고학적인 교류 양상을 통해 한중 교류관계에 대해 접근한 연구도 제시되었다.[5] 또한 고대 한중간에 '서해 중부 횡단항로'가 개발되기 이전에 묘도열도를 이용하는 '서해 북부 연안항로'가 이용되었다고 본 연구가 있다.[6] 나아가 고조선이 춘추 제와 묘도열도를 통한 해상 교통로로 교류하기 위해서는 산동지역에 있던 춘추 萊國을 거쳐서야 한다는 점이 밝혀졌다.[7] 또한 산동지역에서 발견된 비파형동검문화·세형동검문화 관련 유적·유물의 분석을 통해 교류의 양상이 좀더 구체적으로 밝혀졌다.[8] 그리고 산동지역에서 발견된 扇形銅斧와 거푸집을 소개하고 고인돌·석관묘와 관련하여 종합적으로 검토한 연구가 있다.[9] 최근에는 위만조선을 전후한 시기에 고조선이 환황해 교류네트워크를 통해 '산동-요동-서북한[고조선]-서남한[진국]'을 연결하는 교통로가 이용되었다는 견해가 제시되었다.[10]

---

3) 王綿厚·李健才, 1990, 『東北古代交通』, 沈陽: 沈陽出版社, 1~20쪽(동아시아교통 사연구회 옮김, 『고대 동북아시아 교통사』, 주류성, 2020, 17~47쪽) ; 王綿厚·朴文英, 『中國東北與東北亞古代交通史』, 遼寧人民出版社, 2016.

4) 이도학, 「고대국가의 성장과 교통로」 『국사관논총』 74, 1997.

5) 이청규, 「한중교류에 대한 고고학적 접근」 『한국고대사연구』 32, 2003 ; 李慧竹·王靑, 「後期靑銅器~初期鐵器時代 中國 山東地域과 韓國間의 交流」 『백산학보』 64, 2002.

6) 정진술, 『한국해양사(고대편)』, 해군사관학교, 2009, 61~65쪽.

7) 박준형, 「古朝鮮의 海上交易路와 萊夷」 『북방사논총』 10, 2006.

8) 오강원, 「춘추말 동이계 萊族 木槨墓 출토 비파형동검」 『한국고대사연구』 23, 2001 ; 王靑, 「산동 출토 동북계통 청동단검과 그와 관련된 문제에 대해」 『동북아역사논총』 13, 2006 ; 박순발, 「고고자료로 본 산동과 한반도의 고대 해상교류」 『백제와 주변세계-성주탁교수 추모논총』, 진인진, 2012.

9) 박준형, 「산동지역과 요동지역의 문화교류 - 산동지역에서 새로 발견된 선형동부를 중심으로 -」 『한국상고사학보』 79, 2013.

10) 박준형, 「문헌을 통해 본 고조선의 대외교류와 익산」 『고조선과 익산』, 익산시·한국고대사학회, 2015.

이 글에서는 이제까지 연구 성과를 바탕으로 고조선이 이용한 해상 교
통로에 대해 종합적으로 정리해 보고자 한다. 이를 위해서는 먼저 고조선의
중심지가 어디에 있었는지에 대한 검토가 전제되어야 한다. 이에 대한 논쟁
이 여전히 진행 중이지만[11] 고조선의 중심지가 요서·요동에서 서북한의
평양지역으로 이동했다고 보는 것이 최근의 경향이다.[12] 고조선 중심지의
이동을 고려했을 때 고조선이 이용한 교통로도 변화하기 마련이다. 따라서
고조선 중심지의 이동과 궤를 같이 하여 교류와 교통로에 대한 검토가 필
요하다고 본다. 또한 산동지역 정치세력의 변화에 따라 고조선이 상대했던
교류의 대상이 달라진다는 점을 고려하면서 논의를 진행해 보고자 한다.

II. 비파형동검문화기의 교류와 교통로

1. 고조선과 산동지역 춘추 齊와의 교역 사실

『관자』 규탁편과 경중갑편에는 고조선과 춘추 제와의 관계를 보여주는
기록이 있다.

① 桓公이 管子에게, "내가 듣건대 海內에 귀중한 玉幣 7가지가 있다는데 그것
들에 대해 들을 수 있겠소"라고 물었다. 관자가 대답하기를, "陰山의 礝瑌이
그 하나요, 燕의 紫山 白金이 하나요, 發·朝鮮의 文皮가 하나요, 汝水·漢水
의 右衢의 黃金이 하나요, 江陽의 珠가 하나요, 秦 明山의 曾靑이 하나요,

11) 서영수, 「고조선의 위치와 강역」 『한국사시민강좌』 2, 1988 ; 노태돈, 「고조선의
중심지의 변천에 대한 연구」 『한국사론』 23, 1990 ; 오강원, 「고조선 위치비정에
관한 연구사적 검토(1·2)」 『백산학보』 48·49, 1996·97 ; 송호정, 「고조선의 위
치와 중심지 문제에 대한 고찰」 『한국고대사연구』 58, 2010.
12) 박준형, 『고조선사의 전개』, 서경문화사, 2014.

禹氏 邊山의 玉이 하나입니다"라고 하였다.(『관자』 권23, 규탁편 제78)

② 桓公이 "四夷가 복종하지 않는 것은 아마도 잘못된 정치가 천하에 퍼져서 그런 것으로 이로 인해 과인이 상하게 될까봐 걱정되는데 이를 위해서 과인이 행할 방법이 있겠소"라고 물었다. 管子가, "吳·越이 朝覲하지 않는데 청컨대 珠象을 폐물[幣]로 삼는 것은 어떻습니까? 發·朝鮮이 조근하지 않는데 청컨대 文皮·魲服을 폐물로 삼는 것은 어떻습니까? … 한 장의 표범가죽으로서 천금을 넘어서는 것이 바로 文皮·魲服입니다. (값을 제대로 계산해 준다면) 8천리 떨어진 발·조선도 조근할 것입니다. … "라고 말하였다.(『관자』 권23, 경중갑편 제80)

『관자』 규탁편에서는 발·조선의 문피가 해내의 7대 옥폐 중의 하나라고 되어 있다. 이를 통해 고조선의 문피가 제환공대[기원전 685~642]인 기원전 7세기 중반에 이미 중국사회 널리 알려졌다는 사실을 알 수 있다. 『관자』 경중갑편에서는 제환공이 관중에게 사이가 복종하지 않는 이유를 묻자, 이에 관중은 오·월, 발·조선, 우지, 곤륜 등 사이가 조근하게 하려면 그들의 특산품인 珠象, 文皮·魲服, 白璧, 璆琳·琅玕을 폐물[幣]로 사용할 것을 권유하면서 그것이 얼마나 귀중한 것인지를 설명하고 있다. 사료상에는 고조선이 제에 朝[朝貢]한 것처럼 되어 있으나 이것은 중원 중심의 화이론적 세계관에서 나온 표현으로 실제로는 고조선과 제는 대등한 교류 관계였다.[13]

2. 산동지역에서 발견된 전기비파형동검문화 관련 유적·유물[14]

고조선은 기원전 7세기 중반에 산동지역 제와 문피교역을 했다. 그렇다면 구체적으로 고조선은 제와 어떠한 경로를 통해서 문피교역을 하였을까? 춘추시기 제는 현재 산동성 치박시 임치현에 있었다. 당시 요령지역에

---

13) 박준형, 「고조선과 춘추 제와 교류 관계」 『백산학보』 95, 2013.
14) II장의 유적·유물에 대한 내용은 박준형, 「산동지역과 요동지역의 문화교류」 『한국상고사학보』 79, 2013, 41~53쪽의 내용을 요약한 것이다.

있던 고조선이 제로 가기 위해서는 遼西回廊을 거쳐 燕을 통과하는 陸路 [혹은 발해만 연안항로]와 요동반도에서 廟島列島를 통해 蓬萊를 거쳐 제의 도성인 臨淄로 가는 海路를 상정할 수 있다. 아직까지 하북성 발해연안에 비파형동검문화 관련 유적·유물이 발견되지 않았고 요동·산동반도 사이에 신석기시대부터 지속적인 문화교류가 있었던 점을 고려한다면, 고조선이 이용했던 교통로는 묘도열도를 통한 海路였을 가능성이 높다.

이와 관련해서 산동지역에 나타나는 전기비파형동검문화 관련 유물·유적을 통해서 확인해 볼 필요가 있다. 먼저 묘도열도 중 가장 남쪽에 있는 南長山島 長島縣博物館에는 비파형동검문화의 전형적인 유물로 알려진 扇形銅斧 1개와 선형동부 거푸집 3개가 전시되어 있다(그림 1·2·3).[15]

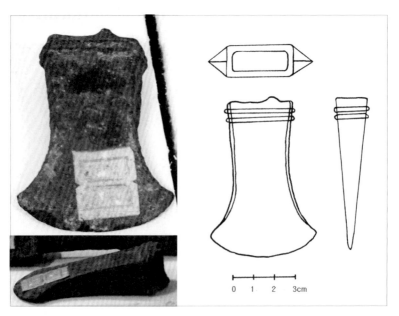

〈그림 1〉 왕구촌유적 수습 선형동부(동부1)와 도면

---

15) 필자가 장도현박물관을 방문했을 때에는 선형동부가 전시되어 있었으나 최근 방문했던 동북아역사재단의 박선미 선생님에 의하면 전시되어 있지 않다고 한다.

이 박물관의 전시를 책임졌던 烟台市博物館 林仙庭 副館長에 의하면 이
유물들은 王溝村유적을 발굴할 당시 주민들이 신고한 것이라고 한다. 이중
그림1의 동부 길이는 약 7.5㎝ 정도이다.

거푸집 중에는 합범 한 쌍도 있다(그림 2·3). 거푸집의 길이는 약 11㎝
정도이다.

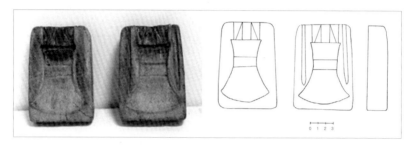

〈그림 2〉 왕구촌유적 수습 선형동부 거푸집(동부2)와 도면

〈그림 3〉의 선형동부는 길이는 약 6.5㎝ 정도이다. 크기가 〈그림 2〉의
동부에 비해 상대적으로 작다.

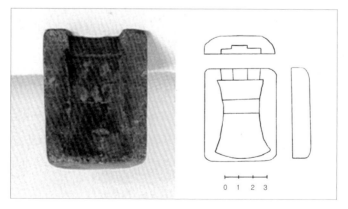

〈그림 3〉 왕구촌유적 수습 선형동부 거푸집(도끼3)와 도면

이와 비슷한 선형동부가 연태시박물관에 전시되어 있다(그림 4). 林仙庭 副館長에 의하면 이 동부는 龍口市 歸城유적을 발굴할 당시 주민들이 신고 한 것이라고 한다. 1973년 烟台地區文物管理委員會에서 성터를 비롯하여 분묘 2기와 차마갱을 발굴·조사하였는데 대체로 서주~춘추시기로 편년된 다.[16] 이 성은 기원전 567년 齊靈公에 의해 멸망하기 전까지 萊國의 都城 으로 사용되었다.

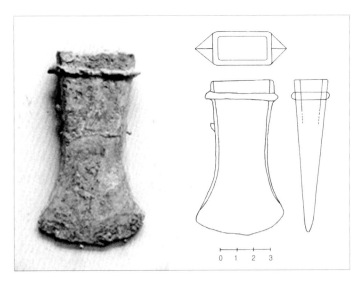

〈그림 4〉 귀성유적 수습 선형동부와 도면

이들 선형동부는 모두 요령지역 전기비파형동검문화의 특징을 갖춘 선 형동부와 유사하다. 이중 합범을 제외하면 그와 가장 유사한 요령지역의 대표적인 선형동부로는 遼陽 二道河子 1호 石棺墓(A), 西豊 忠厚屯 石棺墓, 新金縣 雙方 6호묘의 출토 선형동부를 들 수 있다(그림 5). 나머지 합범은 崗上墓 16호분과 遼陽 二道河子 출토 C斧와 가장 유사하다(그림 6).

---

16) 李步靑·林仙庭, 「山東黃縣歸城遺址的調査與發掘」『考古』 10, 1991.

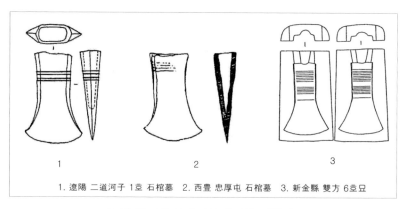

1. 遼陽 二道河子 1호 石棺墓   2. 西豊 忠厚屯 石棺墓   3. 新金縣 雙方 6호묘

〈그림 5〉 동부1·3·4와 유사한 선형동부

1. 大連 崗上墓 16호분   2. 朝陽 二道河子 C斧

〈그림 6〉 동부2와 유사한 선형동부

이도하자유적, 쌍방유적 등은 요동지역 비파형동검문화 쌍방유형을, 강상묘는 요동반도 남단의 비파형동검문화의 강상유형을 이루는 대표적인 유적이다. 이처럼 전기비파형동검문화의 강상유형과 쌍방유형은 정가와자 6512호로 대표되는 후기비파형동검문화가 출현하기 이전까지 요동지역을 대표하는 비파형동검문화였다. 그 시기는 대체로 기원전 8~6세기로 추정된다.

그렇다면 이들 선형동부의 연대는 요동지역과 산동지역의 시공간적인 차이를 감안하더라도 요동지역 편년안에서 크게 벗어나지 않을 것이다. 왕구촌유적에 춘추중기문화층이 있고 귀성유적이 서주~춘추시기인 점을 감안한다면 이들 선형동부는 대략 기원전 8~6세기로 볼 수 있다.

한편 산동반도 내륙에 있는 栖霞市 杏家庄村유적에서는 3기의 무덤이 발견되었는데 이중 가장 큰 2호 목관묘(그림 7)의 인골 상반신 우측에서 비파형동검이 출토되었다(그림 8).[17] 이 동검은 大連 臥龍泉 2·5호의 것이나 심양 정가와자 제1지점과 南塔유적의 비파형동검과 형태상으로 가장 유사하다. 와룡천·정가와자유적이 기원전 5세기대로 편년되고 행가장촌유적의 연대가 춘추만기인 점을 고려해 볼 때, 요동지역에서 유행하던 당시의 동검이 큰 시간적 격차 없이 바로 산동지역으로 유입되었던 것으로 볼 수 있을 것이다.[18]

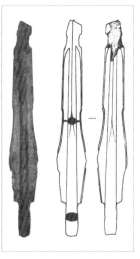

〈그림 7〉 행가장 2호묘와 주요 출토 유물　　〈그림 8〉 행가장 2호묘
　　　　　　　　　　　　　　　　　　　　　　출토 비파형동검과 도면

17) 煙台市文物管理委員會·栖霞縣文物事業管理處, 「山東栖霞縣占瞳鄕杏家庄戰國墓清理簡報」『考古』2, 1992 ; 오강원, 앞의 논문, 2001, 203쪽.
18) 王靑, 앞의 논문, 2006, 278쪽.

3. 산동지역에 나타나는 비파형동검문화 관련 유적의 성격

산동지역의 대표적인 지석묘로는 淄博市 淄川縣 王母山 支石墓를 들 수 있다(그림 9·10). 鳥居龍藏은 이 지석묘를 제1형식[바둑판식]으로 분류하였다.[19] 이후 王獻唐도 재차 조사하여 제1형식 지석묘라고 하였다.[20]

〈그림 9〉 Dr. Menzies 촬영
왕모산 지석묘 사진1

〈그림 10〉 Dr. Menzies 촬영
왕모산 지석묘 사진2

鳥居龍藏은 왕모산 지석묘와 함께 淄川縣 杜坡村 蝦蟆石 지석묘도 보고하였다(그림 11).[21] 하마석은 대형 지석묘로 대형 판석을 이용한 점에서 요령지역의 大石棚일 가능성이 높지만 상석의 두께가 한국의 남

〈그림 11〉 蝦蟆石 지석묘

---

19) 鳥居龍藏, 「中國石棚之研究」『燕京學報』 31, 1946 ; 鳥居龍藏, 『鳥居龍藏全集』, 朝日新聞社, 1976.
20) 王獻唐, 「山東的歷史和文物 - 在山東省文物工作會議上的報告 - 」『文物參考資料』 2, 1957.
21) 鳥居龍藏, 앞의 글, 1946.

부 기반식 지석묘의 두께를 가진 점에서 약간의 차이가 있다.

지석묘에 대해서는 『漢書』五行志에 "漢 昭帝 元鳳 3년(기원전 78) 정월
에 泰山의 萊蕪山 남쪽에 수천 명이 성성하는 소리가 들려 사람들이 살펴
보니 大石[덮개돌]이 세워져 있었는데 높이가 5尺, 크기가 48圍, 땅속에 박
힌 깊이가 8척으로 대석 밑에는 3개의 돌이 받치고 있다(孝昭元鳳三年正月
泰山萊蕪山南 匈匈有數千人聲 民視之 有大石自立 高丈五尺 大四十八圍 入
地深八尺 三石爲足)"고 되어 있다. 이것은 높이 5척의 상석에 3개의 지석
으로 이루어진 바둑판식 지석묘인 것을 알 수 있다. 즉, 기원전 78년 泰山
萊蕪山 남쪽[현재 萊蕪市]에 바둑판식 지석묘가 있었던 것을 알 수 있다.
萊蕪山은 산동성 내륙인 치박시 남쪽에 있다는 점에서 왕모산 지석묘와 일
정한 관계가 있는 것으로 보인다.

산동반도 동단부의 榮成市 崖斗集 石門子에 제1형식의 지석묘군이, 兒
女石에는 13.4m 높이의 石碣이 있다고 한다. 張政烺은 石碣과 지석묘가
공존하는 현상을 전라도 순천의 정형과 일치한다고 보았다.[22]

영성시 지석묘군은 조사가 이루어지기도 전에 개발로 인해 모두 파괴되
었다. 다행히도 徐逸樵이 저술한 『先史時代的日本』(1991, 139쪽)에 지석묘
사진이 게재되어 있어서 지석묘의 상황을 알 수 있게 되었다(그림 12). 사
진상으로 보면 이 지석묘는 바둑판식인 것이 확실하다.

장정량은 산동반도 동단의 지명·촌명에 石棚이란 글자가 붙은 곳에는
모두 지석묘가 있다고 하면서 위의 石門子와 兒女石을 예로 들었다.[23] 필
자가 확인해 본 결과 현재 산동반도에서 石棚[石硼]이 들어간 지명을 나열
해 보면, 榮成市에는 俚島鎭 杏石硼村, 夏庄鎭 石硼閻家村·石硼丁家村, 崖
西鎭 石硼子村, 虎山鎭 石棚村, 人和鎭 北石硼村, 人和鎭 南石硼村 등 7사
례가, 乳山市에는 大孤山鎭 石硼楊家村, 乳山寨鎭 石硼崔家村, 諸往鎭 上石

22) 張政烺, 「史前的中朝關係」『五千年中朝友好關係』, 開明書店, 1951.
23) 張政烺, 앞의 책, 1951, 3쪽.

硼村·下石硼村 등 4사례가, 文登市에는 界石鎭 石硼疃村, 葛家鎭 東石硼村·西石硼村, 張家産鎭 石硼子村 등 4사례가, 蓬萊市에는 大辛店鎭 西石硼村, 大柳行鎭 東石棚村 등 2사례가, 萊陽市에는 山前店鎭 東石棚村, 城廂街

〈그림 12〉 榮成市 支石墓

道辨事處 石棚村 등 2사례가, 烟台市 牟平區 寧海鎭 石棚村 등 모두 20사례가 있다. 뒤의 〈그림 14〉 지도에서 확인할 수 있듯이 이들 榮成·乳山·文登·蓬萊·萊陽市는 모두 膠萊河 이동의 萊夷[萊國]의 범위 안에 있다는 점이 주목된다.

지석묘와 함께 요동지역의 대표적인 묘제는 석관묘이다. 산동지역에도 유산시 남황장유적에 석관묘가 있다(그림 13). 모두 22기가 발견되었는데 이중 15기가 석곽묘이고 5기가 석관묘이다. 출토된 銅鏃이 서주중기의 曲阜 魯國故城 甲組 138호묘 출토의 陶鏃范極과 유사하여 남황장유적의 연대는 서주 중만기로 편년된다.

유산시에서는 남황장유적과 비슷한 성격의 유적이 乳山寨鎭 小管村 寨山유적을 비롯하여 徐家鎭 大浩口村, 大孤山鎭 俞介庄村, 海陽所鎭 海疃村, 馮家鎭 合子村 등 10여 곳에서 발견되었으며, 文登·榮成 일대에서도 약간의 단서가 발견되었다고 한다. 한편, 유산시 丈八石村 丈八石 유적 부근에서 서주시대 석관묘 1기가 발견되었다고 한다.

장도현에도 남황장유적과 유사한 석곽(관)묘가 발견되었다고 한다. 大竹山島에서 석판묘가, 大欽島에서는 石板墓가 발견되었다. 왕청은 이러한 석관묘문화[남황장문화]를 묘도열도 중심의 珍珠門文化에서 기원하는 서주중기~춘추조기 萊夷文化의 한 부분이며 산동지역 토착적인 묘제와 다른

이질적인 측면이 있다고 보았다.[24)]

이런 점에서 산동지역의 선형동부를 포함한 지석묘와 석관묘는 전기비파형동검문화 단계의 요동지역 쌍방유형의 조성세력인 고조선·예맥과 직간접적인 관계 속에서 이해할 수밖에 없다.

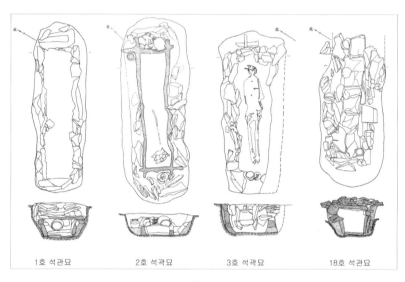

〈그림 13〉 남황장유적 석관(곽)묘

4. 고조선의 산동지역 교통로

산동지역에 나타난 비파형동검문화 요소는 제나라의 도성 주변인 임치와 膠萊河 이동의 교동반도에 분포한다(그림 14). 교동반도는 은말주초 이래 萊夷의 문화권에 포함된 지역이다. 이후 기원전 7세기 환공대에도 제의 영향력은 교래하를 넘지 못하였다. 이후 기원전 567년에 齊靈公이 래국을 멸망시키고, 기원전 6세기 말 景公代에 가서야 래이의 잔여세력을 진압하

---

24) 王靑, 『海岱地區周代墓葬硏究』, 山東大學出版社, 2002, 200~201쪽.

면서 교동반도를 완전히 장악하게 된다. 이처럼 기원전 6세기 후반까지 교동반도는 萊夷[萊國]의 영향력에 있었다. 따라서 교동반도에 보이는 비파형동검문화 요소는 바로 래이와 요동지역의 고조선·예맥과의 관계 속에서 유입된 것으로 볼 수 있다.

선형동부가 출토된 남장산도는 요동과 산동을 이어주는 가교역할을 했으며, 용구시 귀성은 요동에서 교동반도를 거쳐 제의 임치로 가기 위해서는 반드시 거쳐야하는 래국의 도성이 있던 곳이다. 석관묘와 지석묘의 분포지인 영성과 유산·문등 일대는 남중국과 북중국을 연결하는 해상교통상의 중요한 거점이었다. 산동지역에 분포된 비파형동검문화 요소는 바로 래이의 도성과 교통로상의 중요거점과 관련이 된다고 할 수 있다.

전기비파형동검문화 단계에 고조선의 중심은 대릉하유역의 조양지역에 있었다. 이 고조선이 산동의 제와 문피교류를 하기 위해서는 요동의 예맥[강상유형의 주체]과 교동의 래이가 구축했던 교류망을 이용할 수밖에 없었다. 이후 요동지역에서는 후기비파형동검문화 단계에 요동의 심양지역이 문화의 중심으로 부상되면서 고조선의 중심이 이곳으로 바뀌게 되었고,[25] 제는 교동반도의 래이를 완전히 장악하게 되었다. 이로써 고조선과 제의 교류는 각각 예맥과 래이의 교류망을 흡수하면서 쌍방간의 직접적인 교류가 이루어질 수 있게 되었다. 이를 간단히 나타내면 전기비파형동검문화 단계에서는 '고조선[조양↔요동지역 예맥] ⇔ 래이[묘도열도↔봉래↔귀성] ⇔ 제[임치]'의 관계로 표현할 수 있다. 이후 후기비파형동검문화 단계에 들어서고 래국이 멸망함에 따라 '고조선[심양↔요동반도 대련지역] ⇔ 제[묘도열도↔봉래↔임치]'로 이어지는 관계로 변화되었다고 할 수 있다.

이처럼 산동지역에서 발견된 전기비파형동검문화 요소만으로 볼 때 요동지역과 관련된 교통로는 두 가지로 나뉜다. 하나는 묘도열도를 건너서

---

25) 박준형, 「대릉하~서북한지역 비파형동검문화의 변동과 고조선의 위치」『한국고대사연구』 66, 2012.

산동에 도착한 후에 육로를 통해 래국의 도성인 귀성으로 가는 길이고, 다른 하나는 묘도열도를 건너서 산동반도 동단의 영성시 일대로 가는 길이다 (그림 14).

그런데 여기에서 하나 더 고려해야 할 것이 栖霞市 출토 비파형동검이다. 이와 관련해서 산동지역에서 출토된 춘추전국시기 齊刀幣의 분포 상황을 주목할 필요가 있다. 산동반도의 동서방향으로 출토 지점을 살펴보면, 齊南-歷城-章邱-淄博-益都-昌樂-濰縣-平度-萊陽-栖霞-福山-牟平-榮成으로 이어진다. 이것이 齊都를 횡으로 관통해서 산동반도 끝인 영성까지 이어지는 東西大道이다.[26] 그리고 長島·蓬萊·黃縣·招遠·福山 등 산동반도 북부 해안지대와 卽墨·嶗山·靑島 일대의 산동반도 남부 해안지대에 제도폐가 집중적으로 출토되었다. 이 두 지대를 연결하는 내륙에 萊陽·平度 등의 교통선상에 제도폐가 출토되고 있다.[27] 이것이 산동반도를 종으로 관통하는 南北大道이다.[28] 이 교통로상의 인접지역에 바로 서하가 위치해 있다.

서하는 산동반도를 종횡으로 이어주는 교통로상 중요한 지역이다. 또한 이 교통로를 바로 래국을 멸망시킨 제가 이용했다. 요동반도의 비파형동검이 내륙까지 유입된 것도 바로 이러한 교통로가 있었기에 가능했던 것으로 판단된다. 이러한 기원전 5세기 전반의 교통로까지 고려한다면 산동지역에서 요동지역의 쌍방유형과의 교류는 다양한 교통로를 통해서 이루어졌다고 볼 수 있다.

고조선과 산동지역 제나라와의 교류에 대해서는 문헌상에는 『관자』를 통해서 접근할 수밖에 없다. 그러나 산동지역에서 발견된 비파형동검문화 관련 유적·유물을 함께 고려해 본다면 그 교류의 양상은 매우 다양하게 나타난다. 묘도열도, 제의 도성인 치박시 임치현, 래이의 도성인 용구 귀성유적, 산동반도 동단의 영성시, 문등시 일대의 지석묘, 석관묘 유적 등은 고조선계

---

26) 張光明, 「齊刀幣硏究槪論」 『齊國貨幣硏究』, 2003, 31쪽.
27) 王靑, 앞의 책, 2006, 281쪽.
28) 朱活, 「從山東出土的齊幣看齊國的商業和交通」 『文物』 5, 1972, 59쪽.

주민집단이 산동지역에서 다양한 교류 활동을 한 흔적이라고 할 수 있다. 이를 기반으로 고조선이 이용했던 산동지역 교통로는 ① 제 도성으로 가는 길 (봉래↔용구↔임치), ② 산동반도 동단으로 가는 길(봉래↔영성[척산]↔유산), ③ 산동반도 내륙[서하]으로 가는 길[29]을 상정해 볼 수 있다(그림 14).

〈그림 14〉 비파형동검문화기 고조선의 산동지역 교통로

---

29) 서하를 이용한 길은 서하를 중심으로 봉래, 영성, 임치 등으로 연결되는 내륙 교통로로 상정할 수 있다. 그러나 현재 전기비파형동검문화 단계에서 서하 행가장의 현지 토착적인 무덤에서 출토된 비파형동검 1점만으로 이 교통로를 설명하기에는 많은 한계가 있다. 여기에서는 그 가능성만을 제시하고자 한다.

Ⅲ. 기원전 4~3세기 교류와 교통로

대릉하~요동지역의 전기비파형동검문화는 기원전 5세기 전후 후기비파형동검문화로 들어서면서 요동 심양지역이 문화의 중심적인 역할을 하게 된다. 요동지역은 정가와자유형을 중심으로 전기비파형동검문화의 기본적인 특징을 계승·발전시키면서 요동지역 내에서 각 지역집단 사이의 위계를 통해 좀더 통일적인 문화 양상을 확산시켜 나갔다. 이 과정에서 심양을 중심으로 하는 지배집단이 후기비파형동검문화의 중심으로 성장할 수 있었다. 이들이 기원전 4세기대에 들어서면서 초기세형동검문화를 주도하게 된다. 기원전 4세기 후반에 이르면『戰國策』·『魏略』에서 '(고)조선'이라고 언급된 실체는 조양지역이 아닌 심양지역의 지배집단이었다. 이것은 심양지역의 후기비파형동검문화의 담당세력이 초기세형동검문화를 주도하게 되면서 예맥사회의 대표성을 갖는 세력으로 성장하면서 고조선이라는 실체가 교체된 것이라고 할 수 있다.[30]

『삼국지』한전에 인용된『위략』에는 고조선에 대해

> 옛날 기자의 후손 朝鮮侯는 周가 쇠미하여 燕이 스스로 존대하여 王을 칭하고 동쪽으로 침략하려고 하자, 조선후 역시 스스로 왕을 칭하고 병사를 일으켜 연을 공격하여 周室을 받들려고 하였다. 그 大夫 禮가 諫하여 그만두었다. 예를 서쪽으로 보내 연을 설득하니 연도 중지하고 조선을 공격하지 않았다. 그 후 자손이 점점 교만하고 포학해지자…[31]

라고 되어 있다. 이 내용은 연이 칭왕하면서 고조선을 공격하려고 하자 조

---

30) 박준형, 앞의 논문, 2012, 193~205쪽.

31) 『三國志』卷30, 魏書 烏丸鮮卑東夷傳30 韓條, "魏略曰 昔箕子之後朝鮮侯 見周衰 燕自尊爲王 欲東略地 朝鮮侯亦自稱爲王 欲興兵逆擊燕以尊周室 其大夫禮諫之 乃止 使禮西說燕 燕止之 不攻 後子孫稍驕虐 …".

선후도 칭왕하고 연을 공격하려고 했으나 그만두었다는 것이다. 연이 칭왕한 것이 易王 10년인 기원전 323년이므로 이 사료의 시점은 대략 기원전 4세기 후반이다.

그렇다면 왜 고조선과 연이 적대적인 관계에 있었을까? 이와 관련해서 기원전 4세기 후반 연과 가장 적대적인 관계에 있었던 齊에 주목할 필요가 있다. 춘추말기~전국초기에 제는 산동반도의 萊國을 멸망시키고 그 잔여 세력까지 흡수하면서 산동반도를 완전히 장악하게 된다. 이러한 제에 정치적 격변이 일어난다. 齊景公과 晏嬰이 죽자 舊貴族勢力을 대신하여 田氏勢力이 정권을 잡게 되었다. 기원전 401년에는 姜齊를 대신하여 田齊가 제후의 반열에 오르게 된다. 이후 齊威王(기원전 356~320)은 鄒忌를 宰相으로 등용하면서 부국강병을 꾀한다. 그리하여 기원전 334년에는 칭왕하면서 동방의 패자로 군림하게 된다. 제의 이러한 기세는 宣王代(기원전 320~301)까지 이어진다.[32]

제의 부강을 제일 두려워했던 나라가 바로 제의 북쪽에 있었던 연이었다. 연에서는 燕王 子噲가 國君의 지위를 大臣 子之에게 讓位하는 '子之의 亂'(기원전 314)이 발생한다. 제는 이 사건을 빌미로 주변국들과 함께 출병하여 연을 공격하게 된다. 이 때문에 연은 거의 멸망 상태까지 이르게 되었다. 이런 상황에서 燕昭王(기원전 311~278)이 즉위한다. 연소왕은 樂毅·鄒衍·劇辛 등을 기용하여 變法을 수행하면서 燕下都를 건설하는 등 일대 개혁을 단행한다.[33]

변법에 성공한 연소왕은 蘇秦의 反間 작전을 통해 제를 고립시키기 시작했다. 이후 齊湣王(기원전 301~283)은 3차례나 宋을 공격한 것을 계기로 趙·秦·韓·魏·燕 등 5국의 연합 공격을 받게 되었다. 그 다음 해인 기원전 284년에는 연소왕은 제의 70여 성을 함락시켰다. 이에 제는 聊·莒·卽

---

32) 楊寬, 『戰國史』, 上海人民出版社, 1998, 199~201쪽 ; 郭墨蘭·呂世忠, 『齊文化研究』, 齊魯書社, 2006, 169~172쪽.
33) 裵眞永, 「燕昭王의 政策과 '巨燕'의 成立」『中國史研究』25, 2003, 3~9쪽.

墨 등을 제외한 영토 대부분을 연에 침략당했다. 伐齊에 성공한 연은 시선을 북방으로 돌려 동호와 고조선을 공격하였다.

칭왕 이후부터 연의 벌제까지 연과 제의 대립·갈등 구도를 고려했을 때, 고조선과 연의 대립구도도 그 연장선상에서 이해할 필요가 있다. 당시 연과 대립하고 있던 제는 연을 배후에서 압박하기 위해 고조선을 적극적으로 끌어들였던 것으로 보인다. 고조선도 연이 요동지역으로 팽창하려는 움직임에 민감하게 반응할 수밖에 없었을 것이다. 따라서 고조선이 연의 남쪽에 있는 제와 연계하여 연에 대항하였던 것으로 보인다. 연이 벌제 이후 고조선을 공격한 것도 바로 고조선과 제의 국제 공조에 대한 보복일 가능성이 매우 높다고 생각된다.[34]

고조선이 연에 대항할 수 있었던 것은 산동지역의 제와 연대했기 때문이라고 볼 수 있다.[35] 기원전 283~282년에 연이 장수 진개를 보내 고조선을 공격하여 만번한을 경계로 삼게 된다.[36] 이에 따라 고조선의 중심지도 심양에서 서북한지역의 평양으로 옮기게 되었다. 『한서』 지리지에 문현과 번한현이 이어서 나오고 만번한으로 연칭된다는 점에서 번한현은 문현과 인접한 곳일 가능성이 높다. 문현은 평곽현 위쪽인 개주 일대에 있었고, 개주의 서북쪽에 혼하의 하구인 영구가 있다. 따라서 번한현은 혼하 하류인

---

34) 이성규, 「고대 중국인이 본 한민족의 원류」『한국사시민강좌』 32, 2003, 143~149쪽 ; 박대재, 「古朝鮮과 燕·齊의 상호관계 – 기원전 4세기말~3세기초 전쟁 기사를 중심으로 – 」『사학연구』 83, 2006, 6~11쪽.

35) 이성규, 앞의 논문, 2003, 146~147쪽.

36) 필자는 이전에 연이 고조선을 공격한 시점을 기원전 282년으로 보았다. 그 근거로는 연의 제 공격이 연소왕 28년인 기원전 283년에 일어났고, 『사기』 초세가 경양왕 18년(기원전 281년)에 북으로 연의 요동을 바라본다는 기록을 통해 기원전 281년은 이미 연이 요동을 차지한 후로 보았기 때문에 둘 사이인 기원전 282년에 연이 고조선을 공격했다고 이해한 것이다. 그러나 이것은 연소왕 28년(기원전 284)을 기원전 283년으로 잘못 계산해서 나온 견해이다(이성재, 「고조선·연 전쟁의 개전 시점과 주요 원인」『동북아역사논총』 73, 2021, 14~15쪽). 따라서 연이 고조선을 공격한 시점을 기원전 283~282년 사이로 수정한다

영구와 개주 사이에 있었던 것으로 볼 수 있다. 만번한이 천산산맥 이서
지역인 점으로 보아 고조선과 연이 천산산맥과 같은 자연계선을 경계로 삼
았던 것으로 볼 수 있다.

그렇다면 진개의 공격은 왜 만번한에서 멈추었을까? 이와 관련해서는
만번한의 지정학적 위치를 생각해 볼 필요가 있다. 이 지역은 발해만과 연
접해 있으면서 요동반도를 따라 펼쳐진 서부 해안지대이다. 즉, 만번한은
요북평원에서 대련을 거쳐 산동반도로 가는 길목에 있다. 묘도열도는 춘추
시기 고조선과 제의 교역로로 이용되었으며,[37] 樓船將軍 楊僕이 고조선 공
격시 제에서 배를 타고 발해를 건넜을 때도 묘도열도를 이용했다. 이런 점
으로 보아 전국시기에도 제와 고조선의 교류가 바로 이 교통로가 이용되었
을 것이다. 따라서 진개의 공격이 만번한에서 멈춘 것은 바로 고조선이 산
동의 제와 연결될 수 있는 해상 교통의 거점을 차단하기 위했던 것으로 볼
수 있다.[38]

고조선은 기원전 283~282년 연의 공격으로 인해 평양지역으로 그 중심
을 옮길 수밖에 없었다. 고조선과 연의 경계는 천산산맥 이서지역의 개주·
영구 일대였다. 연은 요동군을 설치하면서 고조선을 압박했지만 산동지역
제와의 교류가 완전히 차단되지는 않은 것으로 보인다. 기원전 282년 이후
고조선과 제의 정치적 관계는 문헌상에서는 확인할 수 없다. 그러나 이 시
기 산동반도와 요동반도의 고고학적 양상을 통해 교류 관계를 어느 정도
유추해 볼 수 있다.

먼저 산동성 日照市에서 수습 동검을 살펴보자(그림 15-1).[39] 이 동검은
구체적인 수습 지점과 시기가 알려져 있지 않다. 이 동검을 실견한 왕청에
의하면 동검의 돌기와 결입부가 없으며, 검신과 봉부가 상당히 긴 편이다.

---

37) 박준형, 앞의 논문, 2006, 171~178쪽.
38) 박대재, 앞의 논문, 2006, 26~28쪽.
39) 楊深富·胡膺·徐淑彬, 「山東日照市周代文化遺存」 『文物』 6, 1990 ; 王靑, 앞의 논
　　문, 2006, 277쪽.

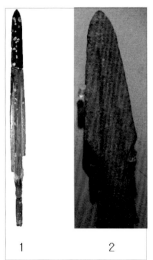

〈그림15〉 1. 일조 수습 동검
2. 용구박물관 세형동모

등대가 있으며 혈구가 검신 길이의 절반 정도이다. 왕청은 이 동검이 윤가촌 M12호, 봉성 小陳家 동검과 그 형태가 비슷한 것으로 보았다. 그러면서 그는 동검의 연대를 전국 만기 정도로 보고 세형동검으로 가는 과도기적 형태로 이해하였다.[40] 이 검은 산동지역에서 요령지역 관련 유물 중에서 가장 남쪽에 출토된 것으로 요동지역과의 교류의 범위의 남쪽 범위를 이해하는 데에 중요한 유물이라고 할 수 있다.

龍口博物館에 소장되어 있는 細形銅鉾(그림 15-2)는 봉인부가 공부에 비해 더 길고 공부 구연단에는 1조 돌대가 있는 것으로 한반도의 短鋒小型細形銅鉾와 유사하다. 박순발은 유물의 연대를 기원전 3세기 3/4분기로 보았다.[41] 이 동모는 구체적인 출토 지점을 알 수 없으나 이 박물관에 소장·전시되어 있는 것으로 보아 전반적으로 용구시와 그 주변 지역에서 수습되었을 가능성이 높다. 이런 점에서 이 동모는 Ⅱ장에서 살펴본 용구시 귀성유적에서 수습된 선형동부와 관련시켜서 그 유입 경위를 짐작할 수 있을 것이라고 본다.

앞에서 살펴본 것처럼 용구는 기원전 567년 제영공에 의해 멸망되기 이전에 萊國의 도성이었다. 또한 용구는 묘도열도를 건너 봉래에 도착한 후 제의 임치로 가는 길목에 있다. 이런 점에서 비록 래국은 멸망했지만 봉래에서 임치로 가는 교통로상 용구에서 이 동모가 수습되었다는 점은 요동지역과 산동지역의 교류와 교통로를 이해하는 데에 중요한 점을 시사해 준다

---

40) 王靑, 앞의 책, 2006, 278~297쪽.
41) 박순발, 앞의 논문, 2012, 439~440쪽.

고 할 수 있다.

한편 교통로라는 점에서 일조시 수습 동검은 이전과 양상이 다르다. 일 조시는 산동반도의 남쪽이자 아래로는 강소성과 인접해 있다. 동검의 연대 가 대체로 전국만기인 기원전 3세기 중후반인 점으로 볼 때 이 시기에 일 조시와 요동·한반도지역과의 교류 관계를 상정해 볼 수 있다. 물론 두 지 역 간의 직접적인 교류가 있었다고 보기는 어려울 것이다. 다만 이 지역까 지 동검이 유입된 경로를 상정해 본다면, ① 묘도열도를 건너 봉래를 지나 내륙의 서하를 거쳐 일조에 이르는 길과, ② 봉래를 거쳐 산동반도 동쪽 끝인 영성을 지나 乳山·靑島를 거쳐 일조에 이르는 해안로를 들 수 있다. 이와 관련하여 먼저 전기비파형동검문화 단계에 영성에 고인돌이 분포하 고, 유산시에 석관묘가 조영된 남황장문화가 있었던 점을 고려할 필요가 있다. 또한 IV장에서 살펴보겠지만 한대에 '고조선의 문피'가 요동반도를 거쳐 산동반도 끝인 영성의 斥山에서 교역되었던 점을 상기할 필요가 있 다. 즉, 산동반도 끝인 영성은 남중국과 북중국의 물산이 집결되는 전통적 인 교역항의 역할을 했던 것이다. 그 렇다면 일조시 수습 동검은 영성을 거치는 해안로를 따라 유입되었을 가 능성이 높다고 할 수 있다.

한편 요동반도에서도 산동지역에 서 유입된 유물을 확인할 수 있다. 특 히 요동반도 남부의 尹家村類型에서 잘 드러난다. 普蘭店 花兒山 출토 중 원식 동검(그림16-1), 旅順 尹家村 출 토 중원식 동검(그림16-2·3), 長海 徐 家溝 출토 중원식 동검(그림16-4)은 이 지역 토착적인 세형동검과는 그 계통이 다른 중원식 동검이다. 이들

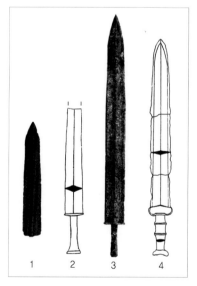

〈그림16〉 산동지역에서 유입된 동검

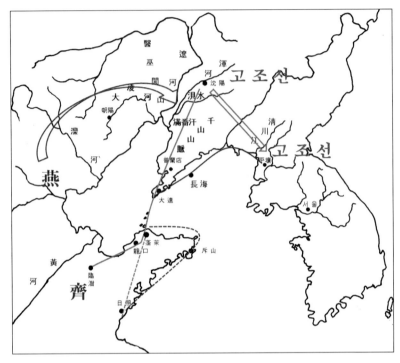

〈그림 17〉 기원전 4~3세기 고조선의 산동지역 교통로

유물은 대체로 기원전 3세기 중엽 경으로 추정된다. 이들 동검이 燕[遼東郡]을 통해 유입되었다기보다는 묘도열도를 통한 산동지역과의 교류 속에서 유입되었을 가능성이 높다.[42] 윤가촌유형의 문화주체들이 산동지역과의 교류를 지속하였기 때문에 이러한 중원식 동검이 유입되었다고 볼 수 있을 것이다.

기원전 4~3세기 고조선은 산동지역의 제나라와 교류관계를 맺었다. 연이 칭왕할 때 고조선이 칭왕하는 데 제가 배후에서 지원한 것은 이를 잘 보여준다. 이때 고조선이 제와 교류하기 위해서는 '고조선[심양↔요동반도

---

42) 이후석, 「尹家村類型의 변천과 성격」 『중앙고고연구』 19, 중앙문화재연구원, 2016, 26~27쪽.

남단] ⇔ 묘도열도 ⇔ 제[봉래↔귀성↔임치]'로 이어지는 교통로를 이용했을 것으로 보인다. 그리고 고조선은 기원전 283~282년 연의 공격으로 그 중심지를 서북한지역 평양으로 옮기게 되었다. 이때 고조선은 여전히 요동반도 남단을 경유하는 '고조선[평양↔압록강 하구↔요동반도 남단] ⇔ 묘도열도 ⇔ 제[봉래↔귀성↔임치]'로 이어지는 교통로를 이용했을 것이다. 일조시에서 출토된 동검의 유입 경로를 상정해 본다면, '고조선 ⇔ 묘도열도 ⇔ 제[봉래↔영성현 척산↔일조시]'로 이어지는 교통로가 이용되었을 것으로 추정된다(그림 17). 이러한 교통로는 Ⅱ장에서 살펴본 춘추시기 이래의 고조선과 제의 교류 관계의 연장선장에서 이루어졌다고 볼 수 있다.

Ⅳ. 위만집권 전후 교류와 교통로

1. 고조선과 漢의 경계, 浿水[43]

秦이 戰國을 통일하면서 沛水[浿水]를 건너 고조선을 공격하자 고조선은 진에 內屬하게 되었으며 『사기』에서는 진이 연의 요동군 지역을 遼東外徼에 소속시켰다고 되어 있다. 진한교체기를 거치면서 전국을 일원적으로 지배하였던 군현지배체제가 심하게 훼손되었다. 진에 의해 강압적으로 군현체제에 편입되었던 남월·동월·서남이의 邊郡들이 독립하였고 흉노는 다시 河西지역을 차지하게 되었다.

진한교체기 이러한 중국사회의 분열은 고조선과 한의 국경 변화에도 영향을 주게 된다. 이와 관련하여 『사기』 조선열전에는

---

43) Ⅳ장 1절은 박준형, 「기원전 3~2세기 고조선의 중심지와 서계의 변화」『사학연구』 108, 2012, 5~15쪽을 요약한 것이다.

조선왕 滿은 옛 燕人이다. 연의 전성기에 비로소 眞番·朝鮮을 경략하여 복속시키고 관리를 두고 鄣塞를 쌓았다. 秦이 燕을 멸한 뒤에는 (그곳을) 遼東外徼에 소속시켰다. <u>漢이 흥기하니 그곳[遼東外徼]이 멀고 지키기 어려우므로 다시 遼東故塞를 수리하고 浿水에 이르러 경계로 하여 燕에 소속시켰다.</u> 燕王 盧綰이 (漢을) 배반하고 흉노로 들어가자 (衛)滿이 망명하여 무리 천여 인을 모아 상투에 蠻夷服을 하고 동쪽으로 塞를 빠져나와 浿水를 건너 秦의 옛 空地인 上下鄣[秦故空地上下鄣]에 머물렀다.

라고 되어 있다. 여기에서 한이 遼東外徼가 멀어서 지키기 어려우므로 다시 遼東故塞를 수리하고 浿水에 이르러 경계로 삼고 연의 관리하에 두었다고 되어 있다. 여기에서 한초의 고조선과 한의 국경이 패수였다는 사실을 알 수 있다.

위만은 塞[遼東故塞]를 빠져나와 패수를 건너 진의 옛 空地인 上下鄣[秦故空地上下鄣]에 머물렀다고 되어 있는데 그곳은 고조선이 한과의 경계를 패수로 삼기 이전에는 진 요동군의 관할구역이었다. 이와 관련하여 『염철론』 비호편에

大夫가 말하기를, "옛날에 四夷가 모두 강성하여 다같이 중국을 적이 있습니다. 조선은 변경을 넘어 연의 동쪽 땅을 劫했고 …"

라고 되어 있다. 여기에서 고조선이 한초에 연땅을 劫했다고 했다. 『사기』 조선열전에서는 멀고 지키지 어렵다는 이유로 다시 요동의 고새를 수리하고 패수를 경계로 삼았다고 하였는데 이것은 고조선에게 연의 동쪽 땅을 빼앗긴 것을 한의 입장에서 修辭的으로 표현한 것이다. 결국 진한교체기에 고조선이 패수 이동지역의 영토 즉, '진의 옛 空地'를 회복한 것을 알 수 있다.

그렇다면 패수는 어느 강을 지칭하는 것일까? 패수의 위치에 대한 논쟁

은 고조선의 위치와 강역에 대한 논쟁과 긴밀하게 연결되어 있다. 이제까지 패수의 위치에 대해서는 난하·대릉하·혼하·압록강·청천강 등 다양한 견해가 제시되었다. 이중 청천강설은 소위 고조선 중심 평양설과, 대릉하설·난하설은 요령설, 그리고 압록강설·혼하설은 대체로 이동설과 연관된다.

　패수의 위치와 관련하여『前漢紀』의 기록을 주목해 볼 필요가 있다.『前漢紀』孝武皇帝紀에

　　漢이 흥기하니 그곳이 멀고 지키기 어려우므로 遼水를 塞로 삼았다. 燕人 (衛) 滿이 망명하여 무리 천여 인을 모아 遼(東)에 있었는데 秦의 故地에 머물렀다.

라고 하여 고조선과 한의 경계를 시사하는 遼水가 언급되어 있다.『전한기』는 후한 헌제가『한서』의 문장이 번잡하고 읽기가 난해하여 198년 荀悅(149~209)에게 명하여 기전체의『한서』를 1/4분량의 편년체인『(前)漢紀』로 편찬한 것이다. 주지하듯이『한서』조선열전은『사기』조선열전을 거의 그대로 전재한 것이다. 따라서『전한기』에는『사기』와『한서』저술 당시의 역사지리 인식이 반영되었다고 볼 수 있다.

　『전한기』의 밑줄 친 부분("漢이 흥기하니 그곳이 멀고 지키기 어려우므로 遼水를 塞로 삼았다")은『사기』조선열전의 밑줄 친 부분("漢이 흥기하니 그곳[遼東外徼]이 멀고 지키기 어려우므로 다시 遼東故塞를 수리하고 浿水에 이르러 경계로 하여 燕에 소속시켰다")을 改寫한 것이다.『전한기』의 遼水는『사기』의 浿水에 해당된다.

　이 요수에 대해서『水經注』에는 大遼水와 小遼水가 있는데 대요수는 "大遼水出塞外衛白平山 東南入塞東 過遼東襄平縣西"이라고 하고 소요수는 "水出北塞外 西南流逕遼陽縣 注遼水"라고 되어 있다. 대요수는 오늘날 遼河이며 소요수는 渾河라는 것을 알 수 있다. 또한『한서』지리지 요동군 番汗縣條에 "沛水出塞外 西南入海"라고 하여 沛水[浿水]가 小遼水, 즉 혼하임을 알 수 있다.

따라서 혼하 이동 즉, 요동반도 대부분은 漢이 아닌 고조선의 영역이었음을 알 수 있다.

2. 위만집권기 교류와 교통로

고조선과 한의 교역은 어떠한 형태로 이루어졌을까? 이와 관련해서는 사료상에 구체적으로 드러나지 않는다. 다만 남월이 關市를 통해 한과의 교역을 하고, 흉노도 한과의 공식적인 교역이 관시를 통해서 이루어졌던 것을 볼 때, 고조선도 한과의 국경인 패수를 사이에 두고 관시와 같은 형태를 통해서 교역을 했을 것으로 추정된다. 위만이 요동태수를 통해서 한과 외신관계를 맺었던 것으로 보아 패수 인근의 어느 지점에서 공식적인 교역 장소를 유추해 볼 수 있다.

고조선과 한의 교역은 패수를 경계로 요동군을 통해 교역했던 것만은 아닌 것으로 보인다. 고조선이 한초에 패수=혼하 이동의 요동반도[진고공지상하장] 지역을 회복했기 때문에 요동반도를 통해 산동지역과 교류했을 가능성이 매우 높다.

이와 관련하여 주목되는 것이 바로 『회남자』와 『이아』에 언급된 '斥山의 文皮'이다. 『회남자』 墜形訓에는

> ① 東方의 좋은 물건은 醫毋閭의 珣玕琪가 있다. 東南方의 좋은 물건은 會稽의 竹箭이 있다. 南方의 좋은 물건은 梁山의 犀象이 있다. 西南方의 좋은 물건은 華山의 金石이 있다. 西方의 좋은 물건은 霍山의 珠玉이 있다. 西北方의 좋은 물건은 崑崙(虛)의 璆琳琅玕이 있다. 北方의 좋은 물건은 幽都의 筋角이 있다. ② 東北方의 좋은 물건은 斥山의 文皮가 있다. 중앙에는 岱嶽이 있어서 五穀·桑麻를 자라게 하고 魚鹽이 생산된다.

라고 되어 있다. 이 내용은 九州의 九府를 설명하고 있는 것으로 『爾雅』

釋地에도 같은 내용이 있다. 여기에서는 五嶽의 하나인 岱嶽[泰山]을 중심으로 중국의 영토를 八方으로 나누고 그 지역의 특산품을 나열하는 방식으로 설명하고 있다. 이 중에서 ①의 醫毋閭[醫無閭]는 요서 고원지대가 시작되는 오늘날의 의무려산이란 것을 알 수 있다. 따라서 ②의 동북방은 바로 의무려산 이동지역, 즉 요동지역을 지칭한다.

그런데 현재까지 알려진 바로는 요동지역에 斥山이라는 지명은 없다. 척산의 위치와 관련하여 『隋書』 地理志 東萊郡 文登縣條에 斥山이 있다고 하고, 『太平寰宇記』 河南道 登州 文登縣條에도 척산이 언급된 것을 보면 척산이 산동반도에 있었던 것이 확실하다. 그리고 淸代 邵晉涵이 저술한 『爾雅正義』 釋地에서는

　　이것은 營州의 이익을 설명하는 부분이다. 『隋書』 地理志에 따르면, 東萊郡 文登縣에 斥山이 있다. 『太平寰宇記』에는 『爾雅』의 斥山이라 기록하고 있다. 척산은 지금의 登州府 榮成縣 남쪽 120里에 있다. 『管子』 揆度篇의 '發·朝鮮의 文皮' 또 輕重甲篇에서 '發·朝鮮이 來朝하지 않은 것은 文皮와 毤服을 幣物로 요구하기 때문이다'라고 한다. 척산은 營州 域內에 있는데 營州에서 바다를 건너면 요동 땅이 있어 능히 동북지역의 좋은 물건[美]을 모을 수 있다.

이라 하여, 척산을 登州府 榮成市 남쪽 120里에 있는 것으로 보았다. 이처럼 척산은 오늘날 영성시 남쪽에 있는 石島港으로 비정된다.[44]

척산은 남중국 해안으로부터 들어오는 물산이 황하유역의 중원까지 운반되는 과정에서 반드시 거쳐야 하는 관문으로서 남중국과 북중국을 연결시켜주는 해로상의 중요한 항구였다. 또한 요동반도와 산동반도를 연결시켜주는 해상교역의 중심지이자 중계무역항이었다. 장보고가 세웠던 赤山

法華院도 바로 척산에 있다. '동북방의 美者'가 척산에 모이는 것도 바로 이러한 교역의 중요한 거점이었기 때문이다. 비파형동검문화 단계에 요동 지역의 묘제인 지석묘와 석관묘가 산동반도 영성현과 문등현 일대에 집중적으로 분포하였던 것도 당시에도 이 지역의 교역의 거점이었기 때문이었을 것이다.

『회남자』는 기원전 139년 劉安이 저술한 책이므로 사료의 시점은 고조선이 아직 멸망하기 이전이다. 동북방은 연의 공격 이전에 고조선의 영역이었고, 한초에는 고조선이 패수[혼하] 이동지역을 다시 회복하였다. 따라서 『회남자』·『이아』에서 언급된 '동북방의 美者'는 고조선과 관련된 것으로 볼 수 있다.

『爾雅註』에서 文皮에 대해 "虎豹之屬 皮有縟綵"라 한 것을 보면, 문피는 무늬를 수놓은 비단과 같이 화려한 호랑이나 표범과 같은 맹수류의 가죽임을 알 수 있다. 『관자』 규탁편과 경중갑편에서 고조선의 특산품으로 文皮가 언급되어 있다. 이런 점에서 전한대까지 문피가 고조선의 특산품이었다는 것을 알 수 있다.

그런데 『이아』에서 주목되는 것은 '동북지방의 美者'[고조선의 문피]가 '척산의 문피'로 알려졌다는 점이다. 이것은 문피가 산동지역의 척산을 통해 중국사회에 유통되었기 때문에 중국인들이 척산의 문피라고 한 것을 알수 있다. 즉, 집산지가 원산지로 바뀐 배후지교역의 대표적인 사례라고 할수 있다.[45]

이처럼 고조선은 진번·임둔 등 복속지역의 특산품을 고조선산으로 중국과 교역을 했으며 예맥 등 주변 세력의 대외교섭권을 장악하여 한과의 교역을 독점하였다. 고조선은 패수를 사이에 두고 한의 요동군과 육로를 통해 교역했을 뿐만 아니라 요동반도를 거쳐 산동반도 斥山에 이르는 해상

---

45) 松田壽男, 「蘇子の貂裘と管子の文皮」『早稻田大學大學院文學研究科紀要』3, 1957 ; 윤용구, 「三韓의 朝貢貿易에 대한 一考察-漢代 樂浪郡의 교역형태와 관련하여 -」 『역사학보』 162, 1999, 14~16쪽.

교역을 수행했다.

고조선이 기원전 2세기 전후에 산동지역과의 교류 관계를 맺을 수 있었던 것은 바로 춘추·전국시기부터 요동반도와 산동반도를 통해 이루어진 교류 관계가 있었기 때문이라고 본다. 특히 고조선[동북지역]의 문피가 산동반도의 동단에 있는 척산에서 교류가 이루어진 것은 이 지역이 전통적으로 남중국과 북중국을 연결하는 교역항이었기 때문이라고 할 수 있다. 이 지역에 비파형동검문화 단계의 지석묘와 석관묘가 많이 출현한 것도 바로 이러한 교역과 관련된 것으로 추정할 수 있다. 이처럼 고조선의 문피는 '고조선[평양↔압록강 하구↔요동반도 남단] ⇔ 묘도열도 ⇔ 漢[齊][봉래 ↔ 척산(영성시)]'를 거쳐 척산에 모이고 여기를 통해서 중원지역으로 유통되었을 것으로 추정된다.

한편 『後漢書』 권76 循吏列傳(王景傳)에 의하면[46] 王景은 樂浪 詀邯人인데 그 8대조 王仲은 산동 琅邪人으로 기원전 177년 齊北王 興居의 반란을 계기로 낙랑군으로 망명하게 되었다고 한다.[47] 산동반도 남쪽의 낭야에 거주하던 왕중이 서북한지역 낙랑군으로 망명할 때에 바로 묘도열도를 거쳐 요동을 지나 서북한지역으로 가는 전통적인 해상교통로를 이용했던 것으로 추정된다. 그런데 낭야지역은 III장에서 살펴본 것처럼 일조시 동검[그림 17-1, 18]이 출토된 지역 일조지역과 매우 가까이에 있다. 앞에서 일조시 동검이 유입되는 과정을 봉래에서 내륙교통로를 거쳐 온 것이 아니라 해안로를 따라 들어왔을 가능성이 높다고 보았다. 왕중이 낭야에서 봉래로 갔던 길도 내륙 교통로보다는 해안을 따라 척산을 거쳐 봉래에 이르렀다고 보는 편이 타당하다고 생각된다. 왕중이 이용했던 낭야↔봉래 해안로는 이전 시기부터 활용되었던 해상 교통로였다고 보인다.

---

46) 『後漢書』卷76 循吏列傳(王景傳) 第66, "王景字仲通 樂浪詀邯人也 八世祖仲 本琅邪不其人 好道術 明天文. 諸呂作亂 齊哀王襄謀發兵 而數問於仲. 及齊北王興居反 欲委兵師仲 仲懼禍及 乃浮海東奔樂浪山中 因而家焉".

47) 권오중, 『낙랑군연구』, 1992, 22쪽.

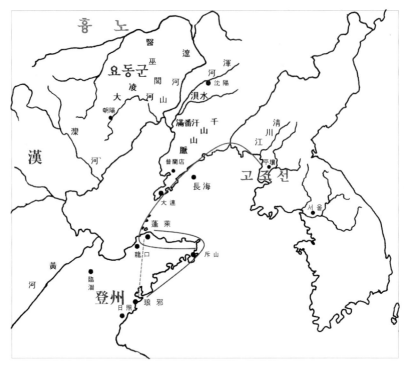

〈그림 18〉 위만 집권 전후 교통로

이러한 교통로의 이용과 관련하여 진한교체기 燕·齊·趙民의 유입과 관
련시켜 볼 필요가 있다. 『삼국지』 동이전 예조에 의하면[48] 진한교체기에
연·제·조민이 고조선 지역으로 상당히 많이 유입되었던 것을 알 수 있다.
이것은 비단 왕중뿐만 아니라 산동지역의 많은 주민이 고조선으로 유입되
었으며 그 때 이용한 교통로는 바로 이전 시기부터 이용되어 왔던 '제[봉
래] ⇔ 묘도열도 ⇔ 고조선[요동반도 남단 ↔ 압록강 하구 ↔ 서북한 평양]'
로 이어지는 교통로를 통해서 이주했던 것으로 보인다(그림 18).

---

48) 『三國志』 卷30, 烏丸鮮卑東夷傳 第30, "陳勝等起 天下叛秦 燕齊趙民避也朝鮮數
萬口".

이러한 교통로는 한이 고조선을 공격할 때에도 사용되었다. 『사기』조선열전에는 한무제는 요동지역에서 左將軍 荀彘가 출격하게 하였고 樓船將軍 楊僕을 시켜서 5만명의 군사를 齊에서 발해를 건너 고조선을 공격하게 하였다. 루선장군 양복은 요동지역과 산동지역 사이의 교류를 통해서 개발된 전통적인 해상 교통로를 이용한 것이라고 할 수 있다.

V. 맺음말

지금까지 고조선이 산동지역과 교류했던 양상과 그 교류를 실행하기 위해 이용되었던 교통로를 고조선사의 전개과정 속에서 살펴보았다. 여기에서는 본문에서 논의했던 내용을 정리하면서 맺음말에 갈음하고자 한다.

『관자』규탁편과 경중갑편에 의하면 고조선은 춘추시기 산동지역에 있는 제나라와 문피교역을 했다. 이러한 교류의 흔적을 고고학적으로도 난다. 묘도열도 장도현에서 출토된 선형동부와 거푸집 3건, 용구시 귀성유적에서 출토된 선형동부, 서하시 행가장촌 2호묘에서 출토된 비파형동검이 대표적인 유물이다. 또한 산동지역에는 치박시 왕모산 지석묘와 蝦蟆石 지석묘, 산동반도 동단인 영성시의 여러 지석묘가 있으며, 유산시 남황장유적을 비롯한 석관묘 유적이 많이 있다. 이들은 산동지역 토착적인 유적·유물과 달리 요동지역을 통해 유입된 것들이다.

고조선이 임치의 제와 직접 문피교역을 하기 위해서는 '고조선[조양↔요동지역 예맥] ⇔ 래이[묘도열도↔봉래↔귀성] ⇔ 제[임치]'로 이어지는 교통로의 이용을 통해서 이루어졌다. 후기비파형동검문화 단계에 들어서고 산동지역에서 래국이 멸망함에 따라 '고조선[심양↔요동반도 대련지역] ⇔ 제[묘도열도↔봉래↔임치]'로 이어지는 교통로상의 변화가 일어났다. 또한 산동지역에 나타나는 다양한 비파형동검문화 관련 유적을 고려할 때 고조선은 묘도열도를 지나 ① 산동반도 동단으로 가는 길(봉래↔영성[척산↔

유산)과 ② 산동반도 내륙[서해을 이용한 길도 이용했다.

기원전 4~3세기에 들어서면서 고조선은 제의 후원하에 칭왕하면서 연과 대립관계에 있었다. 이때 고조선이 제와 교류하기 위해서는 '고조선[심양↔요동반도 남단] ⇔ 묘도열도 ⇔ 제[봉래↔귀성↔임치]'로 이어지는 교통로를 이용했다. 고조선은 기원전 283~282년 연의 공격으로 그 중심지를 서북한지역 평양으로 옮기게 되었다. 이때 고조선은 여전히 요동반도 남단을 경유하여 '고조선[평양↔압록강 하구↔요동반도 남단] ⇔ 묘도열도 ⇔ 제[봉래↔귀성↔임치]'로 이어지는 교통로를 이용했다. 한편 산동반도 남쪽에 있는 일조시에서 출토된 동검은 '고조선 ⇔ 묘도열도 ⇔ 제[봉래↔영성현 척산↔일조시]'로 이어지는 해안 교통로를 통해 유입되었을 것이다.

고조선은 준왕 시기에 중원지역에서 진한교체기의 혼란한 틈을 이용하여 洇水[渾河]까지 영역을 확장하였다. 이로써 요동반도 대부분을 차지할 수 있게 되었다. 고조선은 패수를 사이에 두고 한의 요동군과 육로를 통해 교역했을 뿐만 아니라 요동반도를 거쳐 산동반도 동쪽 끝의 斥山에 이르는 해상교역을 수행했다. 고조선[동북지역]의 문피가 척산에서 교류가 이루어진 것은 이 지역이 전통적으로 남중국과 북중국을 연결하는 교역항이었기 때문이었다. 고조선의 문피는 '고조선[평양↔압록강 하구↔요동반도 남단] ⇔ 묘도열도 ⇔ 漢[齊][봉래 ↔ 척산(영성시)]'를 거쳐 척산에 모이고 여기에서 다시 중원지역으로 유통되었던 것이다.

이러한 교통로는 전한 초기 王仲이 낙랑지역으로 망명할 때도 이용되었다. 樂浪 誧邯人 王景의 8대조인 王仲은 산동지역 琅邪人이었는데 기원전 177년 齊北王 興居의 반란을 계기로 낙랑지역으로 망명하였다. 그는 먼저 '낭아↔척산↔봉래'를 거치는 해안 교통로를 이용하고 이어서 묘도열도를 건너 요동반도 남단을 거쳐 압록강 하구를 지나 서북한지역으로 가는 전통적인 해상 교통로를 이용했다. 낭야지역이 일조시와 가까이에 있는 점으로 보아 그가 이용했던 교통로는 일조시 출토 동검이 기원전 3세기에 산동반도 남쪽 일조시로 유입되는 경로와 유사했던 것으로 보인다. 진한교체기에

많은 燕·齊·趙民이 고조선으로 유입되었는데 그중 제나라 유민들이 바로
이 교통로를 통해서 고조선 지역으로 들어왔다. 이후 樓船將軍 楊僕이 5만
명의 군사를 齊에서 발해를 건너는 교통로를 이용하여 고조선을 공격했던
것이다.

　　이처럼 고조선은 그 전개과정 속에서 중심지가 요서→요동→서북한 평
양지역으로 옮겨졌지만 산동지역과의 교류를 위해서는 묘도열도를 이용하
는 해상교통로[서해 북부 연안항로]를 지속적으로 이용하였다. 이 교통로
는 이후 서해안에서 산동지역으로 곧바로 가는 '서해 중부 횡단항로'가 개
발된 이후에도 여전히 이용되었다.

　　　　　　* 이 글은 『한중관계사상의 교역과 교통로』(주류성, 2019)에 실린
　　　　　「제2장 고조선의 산동지역 교류와 해상 교통로」를 수정·보완한 것이다.

제2절
4세기 전반 고구려의 해양활동과 황해

이 정 빈

(충북대학교 역사교육과 교수)

I. 머리말

현재 고구려의 해상교통로를 직접적으로 전해주는 자료는 매우 드문 형편이다. 그럼에도 불구하고 각종 자료를 통해 해양활동의 모습은 엿볼 수 있다. 특히 고대·중세의 여러 해상교통로를 염두에 두고,[1] 고구려 해양활동 관련 자료를 검토해 보면 한층 구체적인 이해를 얻을 수 있다.[2] 황해[3]의 경우 연안항로·횡단항로·사단항로와 그 대략적인 노선이 밝혀졌는데,[4] 이를 통해 5~6세기 중반 고구려-남조의 교섭과 황해 해상교통로가 논의되었다. 주된 쟁점은 횡단항로·사단항로의 개통 시점이었다.[5]

그런데 잘 알려진 것처럼 고구려의 해양활동은 이미 3세기부터 시작되었고, 4세기 후반에는 해양에서 水軍을 운용할 만큼 성장하였다.[6] 연안항로를 통해 해양활동의 기반을 마련하고 있었던 것이다. 이 점은 이미 기존

---

1) 주요 연구로 다음이 주목된다. 內藤雋輔, 「朝鮮支那間の航路及び其の推移に就いて」 『內藤博士頌壽紀念 史學論叢』, 1927 ; 『朝鮮史研究』, 東洋史研究會, 1961 ; 海軍本部, 『韓國海洋史』, 啓文社, 1954 ; 정진술 외 공편, 『다시 보는 한국해양사』, 해군사관학교, 2007 ; 강봉룡, 『바다에 새겨진 한국사』, 한얼미디어, 2005 ; 정진술, 『한국의 고대 해상교통로』, 韓國海洋戰略硏究所, 2009a ; 『한국해양사』, 해군사관학교, 2009b ; 권덕영, 『신라의 바다 황해』, 일조각, 2012.
2) 다음의 연구가 대표적이다. 윤명철, 『고구려 해양사 연구』, 사계절출판사, 2003.
3) 遼東半島과 山東半島를 잇는 선에 의하여 그 북쪽 沿海를 渤海로 구분해 보기도 하지만, 黃海에 포함해 부르기도 한다. 본고에서도 발해를 포괄해 황해라고 부르고자 한다.
4) 명칭은 연구자마다 조금씩 차이가 있는데, 이는 권덕영, 앞의 책, 2012, 80~92쪽 참조.
5) 이와 관련한 연구동향과 쟁점은 강봉룡, 「한국 고대사에서 바닷길과 섬」, 노태돈 교수 정년기념논총 간행위원회 엮음, 『한국고대사 연구의 시각과 방법』, 사계절, 2014, 544~547쪽 참조.
6) 강봉룡, 앞의 책, 2005, 56~57쪽 ; 海軍本部, 정진술 외 공편, 앞의 책, 2007, 76~78쪽 ; 윤명철, 앞의 책, 2003, 164~181쪽 ; 정진술, 2009b, 137~14쪽 ; 楊秀祖, 『高句麗軍隊與戰爭硏究』, 吉林大學出版社, 2010, 235~236쪽.

의 여러 연구에서도 누차 지적되었다. 다만 기존의 연구는 3~4세기 고구
려의 해양활동은 통사의 일부로 서술된 것이 대부분이었다. 따라서 해양활
동의 면면을 충분히 검토하였다고 보기는 어렵다. 논증에 미진한 점도 있
었고, 간과한 사실도 있었다. 본고에서는 4세기 전반 고구려의 해양활동에
초점을 맞추어 기존의 이해를 보완하고자 한다. 특히 고구려와 후조·모용
선비의 삼각관계를 살핌으로써 해양활동의 단면을 드러내고, 이를 다양한
각도에서 조명해 보고자 한다.

먼저 338년 고구려와 후조의 연합을 살펴보고자 한다. 양국은 해상교통
로를 통해 교섭한 것으로 보이는데, 이를 검토함으로써 황해의 연안항로를
가늠하고자 한다. 다음으로 341년 후조의 모용선비 공격을 분석해 보고자
하는데, 그와 고구려 해양활동의 관련성을 헤아려볼 생각이다. 그리하여
마지막으로 3세기 이후의 추이를 고려하면서, 4세기 전반 해양활동의 기
반과 역사적 의미에 대해 생각해 보고자 한다.

II. 338년 고구려-후조 연합과 황해의 두 연안항로

4세기 전반 고구려의 해상교통로와 관련하여 우선 다음의 사료가 주목
된다.

> A. 石季龍이 昌黎[모용선비]를 정벌하고자 모의하고, 渡遼將軍 曹伏을 보내 靑
> 州의 군대를 이끌고 바다를 건너 蹋頓城을 지키도록 하였는데, 물이 없어
> 돌아왔으므로 海島에서 진수하도록 하였고, 곡식 300만곡을 운송하여 그에
> 게 지급하였다. 또한 배 300척으로 곡식 30만곡을 운송해 고구려에 도착하
> 도록 하였다. 典農中郎將 王典으로 하여금 군사 만여 명을 이끌고 海濱에서
> 屯田하도록 하고, 또한 靑州에 명하여 배 1,000척을 건조하도록 하였다.[7)]
> (『진서』 권106, 載記6 석계룡상)

사료 A는 338년 후조의 창려 공격계획과 관련한 것이다. 後趙(319~351)는 羯族 출신의 石勒이 前趙로부터 독립해 수립한 '오호십육국'의 하나였다. 석륵은 329년 前趙(304~329)를 병합하고 지금의 하북성·산동성 일대를 중심으로 세력을 확장하였는데,[8] 338년에는 段遼(段國)를 병합하고 濾河 유역까지 진출하였다. 그리고 위 사료처럼 북방의 昌黎를 공격하고자 하였다.

여기서 창려는 모용선비 前燕(337~370)을 가리킨다. 모용선비는 3세기 후반부터 세력을 확장하고 국가체제를 정비하였는데,[9] 4세기 전반까지 그 중심지는 西晉(265~316) 창려군 지역에 소재한 棘城이었다.[10] 이에 따라 극성은 흔히 창려와 함께 창려극성으로 지칭되기도 하였고, 모용선비를 창려라고 부르기도 한 것이다.

338년 모용선비는 본래 후조와 연합해 단요를 공격하기로 하였다. 하지만 후조의 단요 공격이 시작되자 모용선비는 군대를 보내지 않았다.[11] 모용선비는 후조의 출전에 앞서 단요의 인민과 물자를 취득하고 귀환하였다.[12] 이에 따라 후조에서는 단요를 병합하자마자 곧 모용선비를 공격하였

---

7) "季龍謀伐昌黎 遣渡遼曹伏將青州之衆渡海 戍蹋頓城 無水而還 因戍于海島 運穀三百萬斛以給之 又以船三百艘運穀三十萬斛詣高句麗 使典農中郎將王典率衆萬餘屯田於海濱 又令青州造船千艘"

8) 후조의 세력 형성과 확장에 대해서는 宮岐市定 著, 林仲爀·朴善嬉 譯, 『中國中世史』, 신서원, 1996, 123~125쪽 참조.

9) 池培善, 「前燕 公國의 形成過程」 『中世東北亞史研究 - 慕容王國史 - 』, 一潮閣, 1986, 19~39쪽 ; 李基東, 「高句麗史 발전의 劃期로서의 4世紀 - 慕容 '燕'과의 항쟁을 통해서 - 」 『東國史學』 30, 1996 ; 공석구, 「高句麗와 모용 '燕'의 갈등 그리고 교류」 『강좌 한국고대사』 4, 駕洛國史蹟開發研究院, 2003, 48~54쪽 ; 김한규, 「모용 선비 시대의 요동」 『요동사』, 문학과지성사, 2004. 참조.

10) 『진서』 권108, 재기8, 모용외, "太康十年(289) 廆又遷于徒河之靑山 廆以大棘城 卽帝顓頊之墟也 元康四年(294)乃移居之 敎以農桑 法制同于上國"

11) 『진서』 권106, 재기6, 석계룡상, "初慕容皝與段遼有隙 遣使稱藩于季龍 陳遼宜伐 請盡衆來 會及軍至令支 皝師不出 季龍將伐之"

12) 『자치통감』 권96, 진기18, 함강 4년(338) 3월, "趙檠還至棘城 燕王皝引兵 攻掠令

다. 그러나 후조의 첫 번째 공격은 성공하지 못하였다. 그러자 사료 A처럼
渡遼將軍 조복을 파견해 공격을 지속하고자 한 것이다. 이때 후조에서 고
구려에 곡식을 수송한 사실이 주목된다.

〈그림 1〉 4세기 전반 국제정세(박세이, 2014 수정)

모용선비는 이른바 '永嘉의 亂'(307~312)을 계기로 한층 성장하였는데,
이로부터 주변의 諸勢力은 위기의식을 갖고 그를 견제하였다. 314년 서진
의 평주자사 崔毖의 주선으로 수립된 宇文(우문선비)·단요·고구려의 '삼국
연합'이 대표적이다.[13] 후술하듯이 삼국연합의 모용선비 공략은 실패하였
고 최비는 고구려로 망명하였다. 이후 고구려와 모용선비는 전쟁과 和盟을

支以北諸城"

13) 『진서』 권108, 재기8, 모용외, "時平州刺史·東夷校尉崔毖自以爲南州士望 意存懷
集 而流亡者莫有赴之 毖意庬拘留 乃陰結高句麗及宇文·段國等 謀滅庬以分其地
太興(318~321)初 三國伐庬 (중략) 毖與數十騎棄家室奔于高句麗 庬悉降其衆 徙燾
及高瞻等于棘城 待以賓禮. 明年 高句麗寇遼東 庬遣衆擊敗之"

반복하였다.[14] 기본적으로 경쟁관계였던 것이다. 이러한 가운데 337년 모용선비는 국호(燕, 前燕)를 공표하고 본격적인 세력확장을 시도하였는데, 이는 고구려를 자극하였다고 보인다. 이에 338년 무렵 고구려와 후조는 모용선비 공략에 공동의 목표를 두었던 것이다.

위와 같이 볼 때 후조에서 고구려에 곡식을 수송한 것은 양국의 연합을 말해준다고 이해된다. 조복에게 보낸 곡식이 군량임을 감안할 때 고구려에 보낸 곡식도 군량이었을 가능성이 높다. 따라서 대부분의 연구자가 동의하듯이 고구려와 후조는 군사적인 연합작전을 모의해 모용선비를 협공하고자 하였다고 판단된다. 현재로서 이러한 양국의 연합이 어떠한 성과를 거두었는지는 분명하지 않다.

다만 사료 D-2에 보이듯 이듬해인 339년 모용선비는 고구려를 공격해 新城까지 진격하였다. 339년 모용선비의 공격은 338년 고구려-후조 연합과 무관치 않을 것이다. 즉 양국의 연합은 모용선비를 위협하였다고 풀이된다. 이로 미루어 보아 적어도 후조의 곡식 수송은 실행되었다고 생각된다.[15] 고구려는 후조가 황제를 자칭한 330년부터 그와 교섭하였는데,[16] 338년 무렵 양국관계는 군사동맹으로까지 진전되었던 것이다.[17]

---

14) 보다 구체적인 내용은 池培善, 「前燕 公國의 形成過程」, 앞의 책, 1986, 39~46쪽 ; 李基東, 앞의 논문, 1996, 18~20쪽 ; 孔錫龜, 「遼東地方에 대한 領域擴張」『高句麗 領域擴張史 硏究』, 書京文化社, 1998, 27~34쪽 ; 앞의 논문, 2003, 55~60쪽 ; 박세이, 「4세기 慕容鮮卑 前燕의 성장과 고구려의 대응」『한국고대사연구』 73, 2014. 참조.

15) 內藤雋輔, 앞의 논문, 1927, 388쪽 ; 윤명철, 앞의 책, 2003, 118~119쪽.

16) 『삼국사기』 권17, 고구려본기5, 미천왕 31년(330), "遣使後趙石勒 致其楛矢"

17) 이와 관련하여 러시아 블라디보스토크 아르세니에프박물관에 소장된 延熙二年銘 토기가 참고된다(金貞培, 「北韓出土 延熙二年銘 土器」『泰東古典硏究』 10, 1993). 이는 북한에서 입수되었는데, 연희 2년에 제작되었다고 한다("延熙二年造作"). 토기의 양식으로 보아 연희는 후조의 연호로 파악된다. 따라서 후조 연희 2년인 335년 제작되었다고 이해되며, 그 이후 고구려와 후조의 관계를 말해주는 것으로 주목된다(金貞培, 앞의 논문, 1993, 7~9쪽 ; 李基東, 앞의 논문, 1996, 5~6쪽).

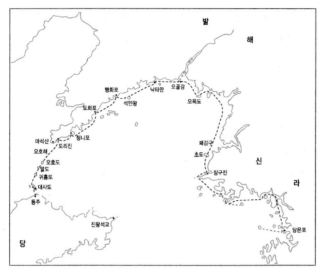

〈그림 2〉 등주-고려·발해도(정진술, 2009a 수정)

　후조는 배 300척을 동원해 고구려에 곡식 30만곡을 수송했다고 하였다.
해상교통로를 이용한 것이다. 위 사료에서 후조의 조복은 청주(산동성 청
주)에서 출발해 답돈성-해도로 이동하였다고 하였다. 또 후조는 청주에서
선박 1,000척을 건조하도록 하였다. 이로 보아 후조는 청주에 항구를 두었
다고 생각된다. 고구려에 보낸 배 300척도 청주에서 출발하였을 것이다.
따라서 청주와 고구려를 잇는 해상교통로가 상정된다.

　이 해상교통로는 가탐의 『도리기』(『신당서』 지리지 所引)에 서술된 「등
주-고려·발해도」를 통해 보다 구체적으로 이해할 수 있다.[18] 등주에서 묘

---

18) "其後貞元(785~805)宰相賈耽考方域道里之數最詳 從邊州入四夷 通譯于鴻臚者 莫
　不畢紀 其入四夷之路與關戍·走集最要者七 一曰營州入安東道 二曰登州海行入高
　麗·渤海道 三曰夏州塞外通大同雲中道 四曰中受降城入回鶻道 五曰安西入西域道
　六曰安南通天竺道 七曰廣州通海夷道 其山川聚落 封略遠近 皆概舉其目 州縣有名
　而前所不錄者 或夷狄所自名云 (중략) 登州 東北海行 過大謝島·龜歆島·末島·烏湖
　島三百里 北渡烏湖海 至馬石山東之都里鎮二百里 東傍海壖 過靑泥浦·桃花浦·杏
　花浦·石人汪·橐駞灣·烏骨江八百里 (하략)"

도군도(大謝島·龜歆島·末島·烏湖島-烏湖海)-요동반도 남단의 여순(馬石山都里鎮)-요동반도 동부의 주요 포구(青泥浦·桃花浦·杏花浦·石人汪·橐駝灣)를 통해 압록강 하구(烏骨江)에 이르는 해상교통로가 그것이다. 이를 논의의 편의상 「묘도군도 연안항로」라고 부르고자 한다.[19]

「묘도군도 연안항로」는 일찍부터 다수의 연구자가 주목하였는데,[20] 이를 통해 신석기시대부터 조선시기까지 널리 활용된 사실이 밝혀졌다.[21] 그러므로 일반적으로 황해의 연안항로라고 하면, 「묘도군도 연안항로」를 지칭한다. 334년 東晉(317~419)과 모용선비도 「묘도군도 연안항로」를 통해 교섭하였다고 보인다.[22] 고구려와 후조의 교섭에서도 이 해상교통로가 중시되었을 것이다.

그런데 사료 A에서 조복이 주둔하였다고 한 답돈성-해도를 고려하면, 그와 다른 해상교통로도 떠올려 볼 수 있다. 현재 답돈성의 위치는 명확하지 않다. 다만 612~614년 수의 고구려 공격에서 답돈도란 명칭이 등장한다.[23] 예컨대 612년 공격에서 수의 육군은 좌·우 각 12군으로 편성되었는

---

19) 명칭에 대한 연구사는 정진술, 앞의 책, 2009a, 191~196쪽 참조. 정진술의 지적처럼 명칭의 정립은 역사성과 보편성이 두루 감안되어야 한다고 생각한다. 본고의 명칭은 논의의 편의를 위한 잠정적인 것이다.

20) 內藤雋輔, 앞의 논문, 1927, 369~375쪽.

21) 구체적인 연구사와 정리는 정진술, 앞의 책, 2009a, 240~251쪽에 자세하다.

22) 『자치통감』 권95, 진기17, 함화 9년(334) 가을 8월, "王濟還遼東詔 遣侍御史王齊祭遼東公庵 又遣謁者徐孟策 拜慕容皝鎮軍大將軍·平州刺史·大單于·遼東公·持節承制封拜 一如庵故事 船下馬石津〈自建康出大江 至于海 轉料角 至登州大洋 東北行過大謝島·龜歆島·沱島·烏胡島三百里 北度烏湖海 至馬石山東之都里鎮 馬石津即此地也〉皆爲慕容仁所留" 특히 호삼성의 주 참조.

23) 『수서』 권4, 제기4, 양제하 대업 8년(612) 춘정월 신사(1일), "左第一軍可鏤方道 第二軍可長岑道 第三軍可海冥道 第四軍可蓋馬道 第五軍可建安道 第六軍可南蘇道 第七軍可遼東道 第八軍可玄菟道 第九軍可扶餘道 第十軍可朝鮮道 第十一軍可沃沮道 第十二軍可樂浪道 右第一軍可黏蟬道 第二軍可含資道 第三軍可渾彌道 第四軍可臨屯道 第五軍可候城道 第六軍可提奚道 **第七軍可踏頓道** 第八軍可肅慎道 第九軍可碣石道 第十軍可東暆道 第十一軍可帶方道 第十二軍可襄平道 凡此衆軍 先奉廟略 駱驛引途 總集平壤 ;『수서』 권65, 열전30, 설세웅, "明年(613) 帝復征

데, 답돈도는 우7군의 공격로이자 부대명칭이었다. 좌·우 총 24군 중에서
답돈도를 제외한 여타의 명칭은 지명이었다. 주로 漢代 군·현의 명칭이었
다. 이와 비교해 답돈은 烏桓의 왕명이자, 후한 말기 曹操(155~220)가 공
파한 것으로 유명하다. 胡三省도 이를 염두에 두고『자치통감』의 관련 기
사에서 답돈도가 오환 답돈의 거주지를 의미한다고 주석하였다.[24]

　오환 답돈의 중심지는 유성(요령성 조양)이었다. 그런데 수대의 유성은
영주총관부(612년 요서군 개편)의 치소였다. 이와 비교해 여타의 공격로·
부대 명칭은 고구려 영역 안의 지명 또는 그와 통하는 도로의 명칭이었다.
따라서 오환 답돈의 거주지를 고구려 공격군의 명칭으로 삼았다고 보기에
는 어려움이 있다.[25]

　여기서 다음의 사료가 눈길을 끈다.

> B-1. 濡水에서 다시 동남쪽으로 盧龍故城을 경유한다. [노룡고성은] 동한 建安
>   12년(207)에 魏武帝(曹操: 155~220)가 蹋頓을 정벌할 때 축조한 곳이다.[26]
>   (『수경주』 권40)
> B-2. 건안 12년(207) 가을 7월. 큰 홍수가 나서 해안가의 도로가 통하지 않았
>   다. 田疇가 향도가 되기를 청하니, 공[조조]이 그 청을 따랐다. [조조개] 군대

　　遼東 拜右候衛將軍 **兵指蹋頓道** 軍至烏骨城 會楊玄感作亂 班師 帝至柳城 以世雄
　　爲東北道大使 行燕郡太守 鎭襄遠”;『수서』 권63, 열전28, 사상, “及遼東之役(614)
　　出蹋頓道 不利而還 由是除名爲民”
24)『자치통감』 권181, 수기5, 대업 8년(612) 정월 임오(2일), “右十二軍出黏蟬·含資·
　　渾彌·臨屯·候城·提奚·蹋頓·肅愼·碣石·東暆·帶方·襄平等道〈漢志 黏蟬·含資·渾
　　彌·提奚·東暆·帶方等縣 屬樂浪郡 候城·襄平 屬遼東郡 臨屯 亦漢武帝所置郡名
　　蹋頓 卽漢末遼西烏丸蹋頓所居 肅愼 古肅愼氏之國 其地時烏靺鞨所居 碣石 禹貢之
　　碣石也 杜佑以爲此碣石在高麗中 佑曰 碣石山 在漢樂浪郡遂城縣 秦長城起於此山
　　今驗長城東截遼水而入高麗 遺址猶存〉
25) 徐仁漢, 1991『高句麗 對隋·對唐戰爭史』, 國防部戰史編纂委員會, 69쪽에서는 朝
　　陽을 의미한다고 하였고, 정동민, 「612년 고구려 원정 隋軍의 군단 편성과 兵種
　　구성」『韓國古代史硏究』 82, 2016, 266쪽에서는 인물명이라고 하였다.
26) “濡水又東南逕盧龍故城 東漢建安十二年 魏武征蹋頓所築也”

를 이끌고 盧龍塞를 나왔는데, [노룡]새 밖의 도로가 끊어져 통하지 않았다. 이에 험난한 길[塹山堙谷]로 500여 리를 가서 白檀을 경유하여 平岡을 지났고 鮮卑庭을 거쳤으며 동쪽 柳城으로 향하였다. [유성에서] 200리에 이르지 못하여 적이 곧 이를 알았다. 尙·熙는 蹋頓·遼西 單于 樓班·右北平 單于 能臣抵之 등과 함께 수만 기병을 거느리고 [조조의] 군대에 맞섰다.[27]

(『삼국지』 권1, 위서1 무제기1)

위 사료는 노룡고성·노룡새와 관련한 것이다. 먼저 사료 B-1 즉『수경주』에 따르면 노룡고성은 조조가 답돈을 공격하기 위해 축조하였다고 하였다. 답돈과 관련된 지명이었던 것이다. 보다 구체적인 사실은 사료 B-2를 통해 살펴볼 수 있다. 조조는 노룡새에서부터 답돈을 공격하였다고 하는데, 이는 사료 B-1의 내용과 통한다. 노룡새와 노룡고성이 동일한 곳인지 단언할 수는 없지만, 모두 노룡 일대에 위치하였다고 생각된다.

노룡고성은 濡水의 동남쪽에 위치하였다고 한다. 일반적으로 유수는 난하로 비정된다.[28] 따라서 노룡고성은 지금의 하북성 노룡현 일대로 파악된다.[29] 노룡고성은 이른바 노룡구 즉 노룡새도의 입구였던 것이다. 이로부터 요서주랑을 통해 요서지역의 금주까지 통하였고,[30] 북쪽으로 내륙의 연산산맥을 넘어 유성으로 갈 수 있었다.[31] 그런데 위 사료에 서술된 것처럼

---

27) "大水 傍每道不通 田疇請爲鄕導 公從之 引軍出盧龍塞 塞外道絶不通 乃塹山堙谷五百餘里 經白檀 歷平岡 涉鮮卑庭 東指柳城 未至二百里 虜乃知之 尙·熙與蹋頓·遼西單于樓班·右北平單于能臣抵之等將數萬騎逆軍"

28) 松井等,「隋唐二朝の高句麗遠征の地理」, 南滿洲鐵道株式會社,『滿洲歷史地理』第1卷, 丸善株式會社, 1913 ; 심호섭 외 번역,「수·당 두 왕조의 고구려 원정의 지리」『한국고대사탐구』14, 2013, 287~288쪽 ; 王錦厚·李健才,『東北古代交通』, 沈陽出版社, 1990, 53~54쪽.

29) 沈炳巽,『水經注集釋訂訛』권40, 유수, "濡水又東南逕盧龍故城〈盧龍縣 今爲永平府 漢之肥如縣也〉東漢建安十二年 魏武征蹋頓所築也"

30) 요서주랑의 지형에 대해서는 권오중,『요동왕국과 동아시아』, 영남대학교 출판부, 2012, 26~27쪽 참조.

207년 조조의 군대는 요서주랑을 이용하지 못하였다. 험난한 내륙의 교통로를 통해 행군하였다. 큰 홍수가 있었기 때문이었다. 홍수가 아니었다면, 조조는 요수주랑을 통해 행군하였을 것이다.

실제 조조는 平盧渠와 泉州渠를 개통해 답돈을 공격하고자 하였는데,[32] 이는 요서주랑으로 이어졌다.[33] 이와 같이 볼 때 조조는 요서주랑의 입구인 노룡고성을 축조해 답돈 공격의 거점으로 삼았다고 생각된다. 사료 A의 답돈성은 이로부터 유래된 지명이 아니었을까 한다.

사료 A에서 조복이 주둔한 해도는 답돈성에서 머지않은 지점이었을 것이다. 이와 관련하여 지금의 하북성 노룡현 秦皇島가 주목된다. 진황도는 발해만에 접해 있는 도시이다. 지금은 바다를 메워 육지와 연결하였고 북경-산해관 철도와 지선으로 연결하였지만, 본래 작은 섬이었고, 일찍부터 天津·旅大·煙臺와 함께 황해 연안항로의 요지였다. 따라서 답돈성을 노룡고성으로 보면, 조복이 주둔한 해도란 진황도였을 가능성이 높다고 생각한다.

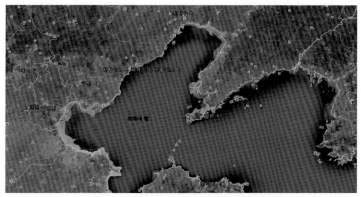

〈그림 3〉 진황도시와 발해만(구글어스)

---

31) 구체적인 지명 비정과 교통 노선은 王錦厚·李健才, 앞의 책, 1990, 82~92쪽 참조.
32) 『자치통감』 권65, 한기57, 건안 12년(207), "遼西烏桓蹋頓尤彊 爲紹所厚 故尙兄弟歸之 數入塞爲寇 欲助尙復故地 曹操將擊之 鑿平虜·渠泉州渠以通運"
33) 『구당서』 권49, 식화지29, 식화하, "神龍三年(707) 滄州刺史姜師度於薊州之北漲水爲溝 以備奚·契丹之寇 又約舊渠傍海穿漕 號爲平虜渠 以避海難運糧"

이상을 통해 후조의 조복이 주둔한 답돈성과 해도를 지금의 노룡고성과 진황도에 비정하였다. 모용선비의 중심지였던 극성은 대릉하 하류·금주 일대에 위치하였다.[34] 따라서 답돈성·해도를 노룡고성·진황도로 보면, 후조의 군사전략도 한층 분명히 기늠할 수 있다. 즉 난하 북쪽 발해만 연안에 군사거점을 설치함으로써 모용선비의 남진을 견제하고, 또 이를 중심으로 수군을 운용함으로써 연안의 넓은 지역에 모용선비의 군사력을 분산시키고자 한 것이다. 나아가 고구려와 연합하고자 하였다고 생각된다. 이때의 해상교통로를 「발해만 연안항로」라고 부를 수 있을 것이다. 4세기 전반 황해의 연안항로는 「묘도군도 연안항로」와 「발해만 연안항로」의 두 코스가 운용되었던 셈이다. 이를 통한 고구려-후조 연합의 해양활동은 어떠하였을까.

Ⅲ. 341년 고구려-후조 연합의 安平 공격과 해양활동

고구려-후조 연합의 해양활동과 관련하여 우선 다음의 사료가 주목된다.

C. 함강 7년(341) 겨울 10월. ㉠ 후조의 橫海將軍 王華가 水軍을 이끌고 海道로부터 전연의 安平을 습격하여 그를 격파하였다〈이곳은 요동군의 西安平이다. [함강] 4년(398)에 왕화는 청주의 군대를 이끌고 海島를 진수하였다. 그러므로 그를 습격해 격파할 수 있었던 것이다. 帥는 奉이라고 읽는다〉. ㉡ 전연왕 모용황은 慕容恪을 渡遼將軍으로 삼아 平郭을 진수하도록 하였다. 慕容翰·慕容仁 이후 諸將 중에서 그를 이을만한 자가 없었다. 모용각이 평곽에 도착하여 舊新의 [인민을] 위무하고 품어주었으며, 여러 차례 고구려

---

34) 箭內亙, 「晉代の滿洲」 앞의 책, 1913, 259~261쪽 ; 王錦厚·李健才, 앞의 책, 1990, 89~90쪽. 王錦厚·李健才는 보다 구체적으로 大業堡古城을 주목하였다.

군대를 격파하였다. 고구려에서 그를 두려워하여 감히 경역 안으로 들어오
지 못하였다.[35] (『자치통감』 권96, 진기18)

위 사료는 4세기 전반 고구려와 후조·모용선비의 관계를 전한다. 먼저
사료 C-㉠은 341년 후조의 모용선비 공격을 전한다. 이때 후조는 수군을
동원하여 모용선비의 안평을 습격해 격파하였다고 하였다. 호삼성의 주를
통해 알 수 있듯이 후조가 공격한 안평은 서안평을 가리킨다고 이해된다.[36]

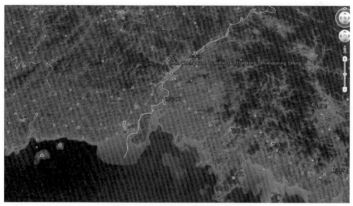

〈그림 4〉 애하첨고성(구글어스)

서안평은 한대 요동군의 領縣으로 그 지명이 처음 보인다.[37] 서안평현
의 치소는 일찍부터 압록강 하류에 위치하였을 것으로 추정되었는데,[38] 육

---

35) "趙橫海將軍王華帥舟師 自海道襲燕安平 破之〈此遼東郡之西安平也 四年華以靑州
之衆戍海島 故得襲破之 卽讀曰奉〉燕王皝以慕容恪爲渡遼將軍鎭平郭 自慕容翰·慕
容仁之後 諸將無能繼者 及恪至平郭 撫舊懷新 屢破高句麗兵 高句麗畏之 不敢入境"
36) 이는 箭內亙, 「南北朝時代の滿洲」 앞의 책, 1913, 8~309쪽 ; 余昊奎, 「鴨綠江 중
상류 연안의 高句麗 성곽과 東海路」 『역사문화연구』 29, 2008, 140쪽에서도 지
적하였다.
37) 『한서』 권28하, 지리지8하 요동군.
38) 箭內亙, 「滿洲に於ける元の疆域」, 앞의 책 第2卷, 1913, 306~308쪽. 여기서는 육

상교통의 요지로서 고구려 요동 경략의 전진기지로서 주목되었다.[39] 그리고 1960년대 靉河尖古城(요령성 단동 蛤蟆塘鎭山城村 소재) 고고조사에서 「安平樂未央」 기와명이 수습되면서, 지금은 이곳을 서안평으로 비정하는데 대부분이 동의한다.[40] 적어도 안평·서안평이 압록강 하류에 위치하였다는 점은 비교적 선명해진 셈이다. 341년 후조가 압록강 하류의 양평을 공격한 까닭은 무엇일까. 이와 관련하여 다음의 사료가 참고된다.

> D-1. 태흥 2년(319) 최비가 수십 명의 기병과 함께 가족[家室]을 버리고 고구려로 도망쳤다. 그[최비] 무리는 모두 [모용선비에] 항복하였다. 모용외는 아들 모용인을 征虜將軍으로 삼아 요동의 宮府市里를 진수하고 이전과 같이 편안히 살도록 하였다. 고구려의 장수 如奴子가 河城에 웅거하며 요동을 노략질하였다. 모용외가 낙랑태수 장통을 보내 그를 엄습하여 사로잡았고, 그 무리 천여 가를 포로로 하였다. 崔燾·高瞻·韓恒·石琮 등은 극성으로 옮기고 客禮로 대우하였다. (중략) 고구려가 자주 요동을 노략질하므로 모용외가 건위장군 모용한·정로장군 모용인을 보내 그들을 정벌하도록 하였다. 고구려왕 을불리[미천왕]가 무례한 대우를 참고[逆來順受] 和盟을 청하니, 모용한·모용인이 이에 돌아갔다.[41] (『십육국춘추(輯補)』 권23, 전연록1 모용외)
>
> D-2. 함강 5년(339) 9월. 모용황이 고구려를 공격하여 군대가 新城에 도착하였다. 고구려왕 釗[고국원왕]가 和盟을 구걸하므로 이에 돌아갔다.[42]
> (『자치통감』 권96, 진기18)

하류 동안의 九連城을 주목하였다.

39) 李龍範, 「大陸關系史·古代篇(上)」『白山學報』 18, 1975, 50~51쪽.
40) 王錦厚·李健才, 앞의 책, 1990, 33~35쪽.
41) "悲與數十騎 棄家室奔高句麗 悉降其衆 廆以子仁爲征虜將軍 鎭遼東宮府市里 安堵如故 高句麗將如奴子據于河城 寇掠遼東 廆遣樂浪太守張統 掩擊擒之 俘其衆千餘家 徙崔燾·高瞻·韓恒·石琮等於棘城 待以客禮 (중략) 高句麗數寇遼東 廆遣建威將軍翰·征虜將軍仁伐之 句麗王乙弗利逆來求盟 翰·仁乃還"
42) "兢擊高句麗 兵及新城 高句麗王釗乞盟 乃還"

위 사료는 4세기 전반 고구려-모용선비의 관계를 전하고 있다. 먼저 사료 D-1은『십육국춘추』의 기록으로, 319년 '삼국연합'의 실패 이후의 양국 관계를 전하고 있다. 이를 보면 모용선비는 서진의 평주사자 최비가 고구려로 도망치며 요동지역을 차지하였고, 고구려의 장수 여노자는 河城에 웅거하며 모용선비의 요동지역을 공격하였다고 한다.[43]

현재 하성의 위치는 분명하지 않다. 다만 여노자가 모용선비의 낙랑태수 장통의 공격을 받았다는 점에서 교치된 낙랑군의 치소,[44] 즉 지금의 요령성 금주 일대로 본 견해가 있었다.[45] 그런데 최비는 가족을 버리고 고구려로 망명하였다고 하였다. 이로 보아 최비의 가족이 거주하였을 평주의 치소 양평(요령성 요양)은 모용선비의 수중에 넘어갔다고 파악된다. 따라서 하성은 양평보다 동쪽에 위치하였을 것이다. 대체로 서진의 평주에 거주하였다고 생각된다.

평주는 274~276년에 설치되었는데,[46] 그 군국과 영현은 「표 1」과 같았

---

43) 河城은 于河城으로 보기도 한다. 또『삼국사기』권17, 고구려본기5, 미천왕 20년 (319) 겨울 12월의 관련 기사에서 如奴子는 如筌로 읽을 여지가 있다. 어느 쪽으로 읽어도 본고의 논지와 무관하다. 다만 「據+于+城名」의 용례가 확인된다는 점에서 河城으로 보는 것이 무난해 보이며, 고구려본기의 관련 기사가 고유의 전거 자료를 참고한 사실을 확인하기 어렵다는 점에서 如奴子로 읽고자 한다.

44) 장통은 313년 고구려의 공격을 받고 모용선비에 투항하였는데, 이에 모용선비는 요서지역에 낙랑군을 교치하였다.『자치통감』권88, 진기10, 건흥 원년(313) 여름 4월, "遼東張統據樂浪·帶方二郡 與高句麗王乙弗利相攻 連年不解 樂浪王遵說 統帥其民千餘家歸廆 廆爲之置樂浪郡 以統爲太守 遵參軍事" 보다 구체적인 검토는 安鼎福, 「樂浪考」(『東史綱目』); 韓鎭書, 「四郡事實」(海東繹史); 千寬宇, 「灤河下流의 朝鮮」『古朝鮮史·三韓史硏究』, 一潮閣, 1989, 103~104쪽; 孔錫龜, 「樂浪·帶方郡 故地의 高句麗 歸屬」, 앞의 책, 1998, 65~75쪽 참조.

45) 箭內亘, 「晉代의 滿洲」, 앞의 책, 1913, 266~268쪽; 孔錫龜, 「遼東地方에 대한 領域擴張」, 앞의 책, 1998, 32쪽.

46)『진서』권3, 제기3, 태시 10年(274) 2月, "分幽州五部 置平州";『진서』권14, 지4, 지리상 平州, "魏置東夷校尉 居襄平 而分遼東·昌黎·玄菟·帶方·樂浪五郡爲平州 後還合爲幽州 及文懿滅後 有護東夷校尉 居襄平 咸寧二年(276) 十月 分昌黎·遼東·玄菟·帶方·樂浪等郡國五 置平州 統縣二十六 戶一萬八千一百 (中略)" 평주의

다. 이를 통해 보건대 하성은 요동반도 천산산맥의 동쪽에 위치하였을 것
으로 짐작된다. 그렇다고 한다면 319년 고구려는 최비가 투항해 온 이후
요동반도 동부의 하성에 웅거하며 서진의 인사를 수습하였고, 나아가 요동
반도의 서부로 세력을 확장하고자 하였다고 생각할 수 있다.

〈표 1〉『진서』지리지의 平州

郡國	비고	領 縣
창려군	현2·900호	昌黎·賓徒
요동국	현8·5,400호	襄平(東夷校尉)·汶·居就·樂就·安市·西安平·新昌·力城
낙랑군	현6·3,700호	朝鮮·屯有·渾彌·遂城·鏤方·駟望
현도군	현3·3,200호	高句麗·望平·高顯
대방군	현7·4,900호	帶方·列口·南新·長岑·提奚·含資·海冥

그런데 사료 D-1에 보이듯 319년 고구려는 하성을 차지하지 못하였다.
뿐만 아니라 모용선비에 逆來 즉 저자세를 취하며 화맹을 체결하였다. 이
로 미루어 보아 319년 양국의 화맹 이후 요동반도의 주요 거점은 모용선
비가 차지하였다고 생각된다. 다만 모용선비가 서진 평주의 관할구역 전부
를 차지하였다고 단언하기는 어렵다. 사료 D-2가 참고된다.

사료 D-2를 보면, 339년 고구려는 신성에서 모용선비의 동진을 저지하
였다고 한다. 대부분이 동의하듯이 이때의 신성은 지금의 요령성 撫順에
위치하였다고 파악된다. 구체적으로 高爾山城으로 비정된다.[47] 342년 고구
려-모용선비의 전쟁도 참고된다. 모용선비는 북도와 남도를 통해 공격하
였는데, 남도는 木底城으로 통하였다고 한다.[48] 목저성은 혼하 유역의 五

설치에 관해서는 윤용구, 「『진서』 동이 조공기사의 재검토」『한국 고대사 연구의
자료와 해석』, 노태돈 교수 정년기념논총간행위원회 엮음, 사계절, 2014, 334~
335쪽 참조.
47) 梁時恩, 『高句麗 城 研究』, 서울대학교 박사학위논문, 2013, 30~33쪽 참조.
48) 『자치통감』 권97, 진기19, 함강 8년(342) 겨울 10월, "高句麗有二道, 其北道平闊,

龍山城 내지 鐵背山城으로 비정된다.[49] 315년 고구려는 서진의 현도성을 공파하였다고 하였다.[50] 이로부터 고구려는 요동지역의 서북부 방면으로 세력범위를 확장하고 신성·목저성을 운용하였다고 보인다. 4세기 전반 요하 중류-요동지역의 서북부는 고구려의 세력범위에 속하였던 것이다.[51]

〈그림 5〉 진대 평주의 요동국(김종완 지도 수정)

　　南道險狹〈北道從北置而進, 南道從南陝入木底城〉衆欲從北道"
49) 구체적인 논의는 여호규, 「철배산성」『고구려성』 3 - 요하 유역편 -, 국방군사연구소, 1999 ; 「지방통치조직의 정비와 대민지배의 강화」『고구려 초기 정치사 연구』, 신서원, 2014, 482~491쪽 참조.
50)『삼국사기』권17, 고구려본기5, 미천왕 16년(315) 봄2월, "攻破玄菟城 殺獲甚衆"
51) 다만 그 이후 모용선비와 진퇴를 거듭하였다. 전반적인 추이는 孔錫龜, 「樂浪·帶方郡 故地의 高句麗 歸屬」, 앞의 책, 1998, 56~65쪽 참조.

또한 C-ⓛ이 참고된다. 341년을 전후하여 모용선비는 평곽에 모용곽을 파견하였다고 하는데, 평곽은 차후 고구려의 건안성으로,[52] 지금의 高麗城山山城(靑石嶺山城: 요령성 蓋州 소재)으로 비정된다.[53] 요동반도의 남부에 위치하였던 것이다. 모용각은 평곽에서 여러 차례 고구려를 격파하였다고 한다. 이에 따라 고구려는 모용선비의 경역 안에 진입하지 못하였다고 하였다. 그런데 사료 C-ⓛ에서 모용각이 파견되기 전까지 모용선비에는 그와 같은 인재가 부재하였다고 한다. 이와 같은 사실은 341년 무렵 고구려가 평곽 일대를 공략하였고, 모용선비의 위기의식이 높아졌음을 시사한다. 즉 341년을 전후하여 고구려는 요동반도의 남부로 세력을 확장하고자 하였고, 이에 모용선비와 경쟁하였던 것이다.

이처럼 319년 화맹 이후 요동반도의 주요 거점은 모용선비의 차지였다고 하지만, 고구려 또한 종래 서진 평주의 관할구역 중 일부를 점유하였고 또 모용선비를 지속적으로 공략하였다. 이로 보아 사료 C-ⓐ에서 모용선비가 안평을 차지하고 있었던 것은 일시적인 점유였다고 해석된다. 사료 D-2에 보이듯 339년 고구려와 모용선비가 재차 화맹한 사실이 주목된다. 이때에도 고구려는 저자세로 화맹을 요청하였다. 이 화맹의 결과 고구려는 안평을 상실한 것이 아닐까.

339년 모용선비의 고구려 공격은 338년 고구려와 후조가 연합한 데서 비롯되었다고 하였다. 그리고 보면, 341년 후조의 안평 공격은 338년 고구려-후조 연합의 연장선상에서 이해된다. 방금 살펴본 것처럼 당시 요동반도의 남부는 모용선비의 차지였다. 따라서 고구려-후조 해상교통은 압록강 하류의 안평을 통해 이루어졌을 가능성이 높다. 그런데 339년 안평을 모용선비가 장악하며 고구려-후조의 해상교통은 저지되었고, 양국 연합이 운신할 폭은 좁아졌다고 생각된다. 이에 따라 후조에서는 그러한 상황을

---

52) 『한원』 권30, 번이부30, 고려, "高麗記曰 平郭城 今名建安城 在國西 本漢平郭縣也"
53) 梁時恩, 앞의 논문, 2013, 47쪽 참조.

타개하고자 하였고, 마침내 수군을 동원하여 안평을 격파하였다고 해석된
다.[54] 그러므로 후조의 안평 공격이 그의 독자적인 군사행동이었다고 단언
하기는 어렵다.

사료 C에서 ㉠에 이어 ㉡이 기술된 점이 주의된다. 후조의 모용선비 공
격과 모용선비의 고구려 공격이 연이어 전개된 것이다. 이로 보아 두 사료
는 서로 무관하지 않다고 짐작된다. ㉠과 ㉡의 유기적 인과관계가 생각된
다. 더욱이 이 사료에서 모용각은 평곽을 진수하는 것이 주된 임무였고, 고
구려의 공격을 막아낸 것이 주된 성과였다고 하였다. 수세적인 태도를 취
하였던 것이다. 이로 미루어 보아 341년 후조의 안평 공격은 고구려와 연
합한 것이었고, 이후 고구려는 안평을 수복하였다고 짐작된다. 그리고 해
상교통을 통해 후조와의 연합을 재개할 수 있었다고 판단된다.

후조는 수군을 동원해 안평을 공격하였다고 하였다. 海道 즉 해상교통
로를 통해 군대를 보낸 것이다. 이때의 해상교통로는 「묘도군도 연안행로」
였을 수 있다. 그런데 사료 C-㉠에 보이는 호삼성의 주를 보면 다른 생각
도 가능하다. 호삼성은 왕화가 해도를 진수하였고, 이로 인해 안평을 습
격·격파할 수 있었다고 하였다. 현전 사료상 왕화가 해도를 진수한 사실은
찾아보기 어렵다. 해도를 진수한 것은 사료 A의 조복만 확인된다. 이 점에
서 호삼성의 주석은 조복과 왕화를 착각한 것일 수 있다.

그럼에도 불구하고 338년 후조의 단요 공격에서 왕화는 10만의 수군을
지휘하였다.[55] 전부터 해양활동의 경험이 있었던 것이다. 따라서 그는 조복
의 후임이었을 수 있다. 조복과 다른 해도를 진수하였을 가능성도 배제할
수 없다. 단순히 호삼성의 착각이었다고 보아도, 조복이 주둔한 해도와 왕
화의 양평 공격은 무관하다고 보기 어렵다. 이로 보아 341년 후조의 안평

54) 箭內亘, 「晉代の滿洲」, 앞의 책, 1913, 266~268쪽.
55)『십육국춘추』권5, 후조록5, 석호상 건무 10년(338) 정월, "虎以桃豹爲橫海將軍
王華爲渡遼將軍 統舟師十萬 出漂渝津 支雄爲龍驤將軍 姚弋仲爲冠軍將軍 統步騎
十萬爲前鋒 以伐段遼";『자치통감』권96, 진기18 함강 4년(338) 정월.

공격에서는 「발해만 연안항로」를 활용하였을 가능성이 높다고 생각한다.

이처럼 338~341년 고구려-후조 연합은 「발해만 연안항로」를 통해 해양활동을 전개하였다. 이와 같은 양국의 교섭과 연합은 모용선비의 배후에 심각한 위협이었다고 보인다. 342년 모용한이 고구려를 두고 '心腹의 우환'이므로 선제공격해야 한다고 주장한 데에는 이러한 사정이 반영된 것으로 이해된다.[56]

이상을 통해 319~341년 고구려와 모용선비는 요동반도를 두고 경쟁하였는데, 안평은 양국이 진퇴를 거듭한 주요 거점의 하나였다고 하였다. 또한 고구려-후조의 연합은 안평을 통해 가능하였다고 하였다. 양국은 「묘도군도 연안항로」와 「발해만 연안항로」를 활용하였는데, 이를 통해 모용선비의 배후를 공략하였던 것이다. 이와 같이 볼 때 안평은 육상교통의 요지였을 뿐만 아니라 고구려 해양활동의 창구와 같았다고 할 수 있다. 그와 같은 해양활동은 언제 시작되었을까. 고구려 해양활동의 추이가 궁금하다.

Ⅳ. 安平을 통한 해양활동의 추이와 313년 낙랑 병합

고구려의 본격적인 해양활동은 다음의 사료에서부터 찾아볼 수 있다.

E. 이 해(233)에 孫權이 合肥新城을 향하여 將軍 全琮을 보내 六安을 정벌하도록 하였는데, 모두 이기지 못하고 돌아왔다.〈『吳書』에서 다음과 같이 전한다. 처음에 張彌·許晏 등이 모두 襄平에 도착하였는데, 관속·종자가 4백 명 가량이었다. 공손연이 장미·허안을 도모하고자 먼저 그 무리를 나누어 요동군의 諸縣에 두고, 中使 秦旦·張羣·杜德·黃疆 등과 吏兵 60명은 현도군에

---

56) 『자치통감』 권97, 진기19, 함강 8년(342) 겨울 10월, "建威將軍翰言於皝曰 (중략) 然高句麗去國密邇, 常有闚覦之志 彼知宇文旣亡 禍將及己 必乘虛深入 掩吾不備 若少留兵則不足以守 多留兵則不足以行 此心腹之患也 宜先除之 觀其勢力 一擧可克"

두었다. (중략) 진단·장군·두덕·황강 등은 모두 성을 넘어 달아났다. (중략) 진단·황강은 헤어지고 며칠 지나 고구려에 도착하였다. 이에 고구려왕 궁[동천왕]과 그 주부에게 조서를 낭독하였고, 하사품이 있었지만 요동에서 공격받아 빼앗겼다고 말하였다. 궁 등이 크게 기뻐하며 곧 조서를 받고, 사자에게 명하여 해가 뜨면 돌아가서 장군·두덕을 맞아오라고 하였다. 그 해(233)에 궁이 皁衣 25명을 보내어 진단 등을 돌아가도록 하고, 표를 올리어 칭신하였고 담비가죽 1,000매·鶡雞皮 10具를 조공하였다. 진단 등이 손권에게 조현하니, 희비가 교차함을 스스로 어찌하지 못하였다. 손권이 그들을 의롭다고 여기고 모두 校尉에 제수하였다. 1년이 지나(234) 사자 謝宏·中書陳恂을보내 궁을 제수하여 單于로 삼고, 이에 더하여 衣物과 珍寶를 하사하였다. 진순 등이 安平口에 도착하였다. 먼저 보낸 校尉 陳奉이 사전에 궁을 접견하였는데, 궁은 조위 유주자사의 諷旨를 받고 오의 사신을 데려가 바치고자 하였다. 진순이 이를 듣고 되돌아갔다. 궁은 주부 笮咨·帶固 등을 보내 安平에서 나아가도록 하였으니, 사굉과 상견하였다. 사굉은 곧 30여 명을 포박해 잡고 인질로 하였다. 궁은 이에 사죄하고, 말 수백 필을 헌상하였다. 사굉은 곧 착자·대고를 보내 궁에게 조서를 받들고 물품을 하사하도록 하였다. 이때 사굉의 선박은 작아서 말 80필을 싣고 귀환하였다.)[57]

(『삼국지』권47, 오서2 오주2 손권)

---

57) "是歲 權向合肥新城 遣將軍全琮征六安 皆不克還〈吳書曰 初 張彌·許晏等俱到襄平 官屬從者四百許人 淵欲圖彌·晏 先分其人衆 置遼東諸縣 以中使秦旦·張羣·杜德·黃疆等及吏兵六十人 置玄菟郡 (중략) 旦·羣·德·疆等皆踰城得走 (중략) 旦·疆別數日 得達句驪 因宣詔於句驪王宮及其主簿 詔言有賜爲遼東所攻奪 宮等大喜 卽受詔命使人隨旦還迎羣·德 其年 宮遣皁衣二十五人送旦等還 奉表稱臣 貢貂皮千枚·鶡雞皮十具 旦等見權 悲喜不能自勝 權義之 皆拜校尉 閒一年 遣使者謝宏·中書陳恂拜宮爲單于 加賜衣物珍寶 恂等到安平口 先遣校尉陳奉前見宮 而宮受魏幽州刺史諷旨 令以吳使自效 奉聞之 倒還 宮遣主簿笮咨·帶固等出安平 與宏相見 宏卽縛得三十餘人質之 宮於是謝罪 上馬數百匹 宏乃遣咨·固 奉詔書賜物與宮 是時宏船小載馬八十匹而還"

위 사료는 233·234년 고구려와 손오의 교섭에 관한 것이다.[58] 그 내용은『삼국지』배송지 주에 인용된『오서』를 통해 살필 수 있다.『오서』는 韋曜와 華覈이 孫亮(재위: 252~258)의 명을 받아 편찬한 사서이다. 비록 지금은 전하지 않지만 배송지의 주를 통해 일문을 살필 수 있는데, 배송지는 폭넓은 사서를 섭렵해『삼국지』를 충실히 보완하였다고 평가된다.[59] 위 사료에 인용된『오서』의 내용도 거의 당대의 사서인 만큼 사료적 가치가 높다고 판단된다.

지금까지 여러 연구에서 주목한 것처럼 고구려와 손오는 해상교통로를 통해 교섭하였다.[60] 먼저 233년 손오에서 고구려를 방문한 사실이 주목된다. 이때 손오의 사신 일행 중에서 진순은 양평구에 도착해 고구려의 태도 변화를 감지하였다고 하였다. 고구려가 조위 유주자사의 諷旨를 받고 그의 편으로 선회하고자 했다는 소식을 전해들은 것이다. 이에 되돌아갔다고 하였다. 이후 고구려의 주부 착자·대고는 양평으로부터 출발해 사굉과 상견하였다고 하였다. 이로 보아 처음 사굉은 양평구에 진입하지 않은 채 황해연안에 정박하였고, 진순 일행을 선발대로 파견해 양평구로 보냈다고 생각된다. 양평구는 단어의 뜻처럼 양평의 입구이자 황해의 海口였다고 이해된다.

한편 고구려의 착자·대고 일행은 사굉과 상견하였다고 하므로, 황해연안의 손오 선박까지 이동하였다고 보인다. 대략 가탐『도리기』에 보이는 오골강-탁타만 어귀였다고 추측된다. 그들의 출발지는 왕도인 국내성이었

---

58)『자치통감』권72, 위기4 태화 청룡 원년(233) 12월에도 이와 같은 사실이 전하는데, 위 사료가 더욱 자세하다.

59) 조익 저, 박한제 역,「裴松之三國志註」『이십이사차기』, 소명출판, 2012, 76~84쪽.

60) 최근의 구체적인 연구로 다음이 참고된다. 윤명철, 앞의 책, 2003, 82~85쪽 ; 余昊奎,「3세기 전반 동아시아 국제정세와 고구려의 대외정책」『歷史學報』194, 2007, 21~28쪽 ; Park, Dae Jae, 2013 "The Interchanges between Koguryŏ and Sun-Wu and "Under the Fruit Horse", *International Journal of Korean History* 18-1 ; 김효진,「高句麗 東川王代 對중국 외교의 변천과 목적」『고구려발해연구』52, 2015, 184~191쪽.

을 것이다. 따라서 「국내성-압록강-양평」 수상교통로, 「양평구-오골강-탁타만」 해상교통로가 상정된다. 여기서 다음의 사료가 참고된다.

F-1. 미천왕 원년(300). 예전에 봉상왕은 아우 돌고가 다른 마음을 갖고 있다고 의심하여 그를 죽였다. [돌고의] 아들 을불은 해를 입을까 두려워하여 떠나 도망쳤다. 먼저 수실촌인 음모의 집에 가서 용작하였다. (중략) 1년을 채우고 떠났다. [을불은] 동촌인 재모와 함께 소금을 판매하였다. 배를 타고 압록강에 도착하였다. 장차 소금을 내리고 [압록]강 동쪽 사수촌인의 집에서 기숙하고자 하였다. 그 집의 노파가 소금을 청하였으므로 1두 가량 주는 것을 허락하였다. 다시 청하므로 주지 않았는데, 그 노파가 원망하며 화를 냈고, 몰래 신발을 소금 안에 두었다. 을불은 알지 못하고 [소금을] 지고 길에 올랐다. 노파가 그를 쫓아와 [신발을] 찾으며 신발을 숨겼다고 비방하고 압록재에게 고발하였다. 압록재는 신발값으로 소금을 가져다가 노파에게 주었고, 태형을 판결하고 그[을불]를 추방하였다. 이에 형색이 파리하고 의복이 남루하여 남이 그를 보아도 그가 왕손임을 알지 못하였다. 이때 국상 창조리가 장차 [봉상]왕을 폐위하고자 하였다. 먼저 북부 조불·동부 소우 등을 파견하여 산야에서 을불을 물색해 찾도록 하였다. 비류하변에 도착하여 배위에 있는 한 장부를 보았는데, 비록 모습은 수척하였지만, 행동거지가 비상하였다.[61] (『삼국사기』 권 17, 고구려본기5)

F-2. 압록강구부터 배를 타고 100여 리를 가고, 곧이어 작은 배로 동북쪽 30리를 거슬러 올라가면 박작구에 도착하고, 발해의 경계에 도착한다. 다시 500

---

[61] "初烽上王疑弟咄固有異心 殺之 子乙弗畏害出遁 始就水室村人陰牟家 傭作 (중략) 周年乃去 與東村人再牟 販鹽 乘舟抵鴨淥 將鹽下 寄江東思收村人家 其家老嫗請鹽 許之斗許 再請不與 其嫗恨恚 潛以履置之鹽中 乙弗不知 負而上道 嫗追索之 誣以度履 告鴨淥宰 宰以履直 取鹽與嫗 決笞放之 於是 形容枯槁 衣裳藍縷 人見之 不知其爲王孫也 於是 形容枯槁 衣裳藍縷 人見之 不知其爲王孫也 是時 國相倉助利 將廢王 先遣北部祖弗·東部蕭友等 物色訪乙弗於山野 至沸流河邊 見一丈夫在舡上 雖形貌憔悴 而動止非常"

리를 거슬러 올라가면 환도현성에 도착하는데, 옛 고구려의 왕도이다.[62]

(『신당서』 권43, 志33하 지리7하 하북도)

위 사료는 압록강 수상교통로와 관련한 것이다. 먼저 사료 F-1을 보면 을불(미천왕)은 즉위하기 전에 용작하고 소금을 매매하였다고 하는데, 소금은 압록강 수상교통로를 통해 운송하였다. 그는 압록강 동쪽에서 하역하고 사수촌에서 숙박하였다고 하였다. 이와 같은 사실은 비단 소금 매매만 아니라 각종 물자가 압록강을 통해 운송되었고, 주요 거점에 水站이 마련되었을 가능성을 시사한다.

사료 F-1에서 압록재가 주목된다. 일반적으로 지방관의 일종이었다고 보는데, 그의 재판을 통해 짐작할 수 있듯이 압록강 수상교통로와 수참은 국가에서 관리하였을 것이다. 실제 압록강 중상류 유역에는 십여 개 이상의 성곽이 보고되었는데, 이 중에서 상당수가 그와 같은 기능을 담당하였다고 이해된다. 이러한 수참을 통해 압록강 중·상류의 수상교통로는 국내성과 연결되었을 것이다.[63]

압록재에게 추방된 을불이 비류수가 배 위에 있었다고 한 사실도 주의된다. 비류수는 지금의 渾江을 의미하는데, 이는 압록강의 지류였다. 을불은 압록재에게 추방되었다고 하였는데, 다시 수상교통로를 통해 이동하였을 것이다. 이로 보아 압록강의 수상교통로는 여러 지류와 통하였다고 파악된다.[64] 그리고 해상교통로와 이어졌던 것이다. 사료 F-2가 참고된다.

이 사료에 보이는 것처럼 7세기 후반에도 압록강구 즉 양평구는 해상교통로와 연결되었다. 그리고 환도성 즉 국내성부터 압록강 하류까지의 수상

---

62) "自鴨淥江口舟行百餘里 乃小舫泝流東北三十里 至泊汋口 得渤海之境 又泝流五百里 至丸都縣城 故高麗王都"

63) 윤명철, 앞의 책, 2003, 62~64쪽. 또 余昊奎, 앞의 논문(2008)에서 이에 관한 구체적인 논의가 진행되었다.

64) 余昊奎, 앞의 논문, 2008, 139쪽.

교통로와 이어졌다. 이때 압록강구 100리 지점부터는 소형 선박으로 간다고 하였는데, 환승을 의미할 것이다. 그러고 보면 양평은 수상교통로와 해상교통로의 교차지점이었다고 생각된다. 수상교통로와 해상교통로가 이어지는 교통의 핵심적인 요지였던 것이다. 손오의 사신은 어떠한 해상교통로를 통해 양평구에 진입하였을까.

위 사료에 기술된 것처럼 손오의 사신 일행은 본래 공손씨 정권과 교섭하고자 하였다. 232년에도 손오의 사신 周賀 일행이 공손씨 정권과 교섭하였다. 이때 주하 일행은 成山을 경유해 귀환하고자 하였다고 한다.[65] 그리고 위 사료와 같이 233년 양국의 교섭이 결렬되자 공손씨 정권을 공격하고자 하였는데, 이에 대하여 손오의 陸瑁는 그 군대가 沓渚에 상륙한다고 전제하고 공격의 난관을 역설하였다.[66] 이로 보아 손오와 공손씨 정권은 성산-답저를 잇는 해상교통로를 통해 교섭하였다고 생각된다.[67]

『자치통감』 호삼성의 주에서 성산은 한대의 동래군 不夜縣·당대의 내주 文登縣이라고 하였다. 지금의 산동성 威海市에 위치하였던 것이다. 답저는 沓津을 가리킨다고 보인다. 233년 공손씨 정권에서 손오의 사신 장미 허안을 참수해 조위에 보낸 표문을 보아도,[68] 손오의 사신 일행이 답진을 통해 상륙하였다고 하였다. 호삼성의 주를 보면,[69] 답저는 한대 요동군의

---

65) 『자치통감』 권72, 위기4, 태화 6년(232) 9월, "帝使汝南太守田豫督靑州諸軍自海道 幽州刺史王雄自陸道 討之〈海道自東萊浮海 陸道自遼西度遼水〉 (중략) 豫等往 皆無功 詔令罷軍 豫以吳使周賀等垂還 歲晩風急 必畏漂浪 東道無岸 當赴成山 成山無藏船之處 遂輕以兵 屯據成山 賀等還至成山〈班志 成山在東萊郡不夜縣 後漢省 不夜縣 括地志 成山在萊州文登縣西北百九十里〉遇風 豫勒兵擊賀等 斬之"

66) 『삼국지』 권12, "瑁上疏諫曰 (중략) 且沓渚去淵道里尙遠 今到其岸 兵勢三分 使彊 者進取 次當守船 又次運糧 行人雖多 難得悉用 (하략)"

67) 성산에 관해서는 이미 內藤雋輔, 앞의 논문, 1927, 420~421쪽에서 주목하였다.

68) 『삼국지』 권8, 위서8, 이공손도사장전8 공손탁, "臣前遣校尉宿舒·郞中令孫綜, 甘言厚禮, 以誘吳賊. (중략) 到沓津 僞使者張彌·許晏與中郞將萬泰·校尉裴潛將吏兵 四百餘人 齎文書命服什物 下到臣郡"

69) 『자치통감』 권72, 위기4, 청룡 원년(233), "且沓渚去淵道里尙遠〈遼東郡有沓氏縣 西南臨海渚 (하략)〉"

沓氏縣·조위대 東沓縣으로 그 서남쪽은 바닷가에 위치하였다고 하였다. 따라서 답저·답진은 같은 곳으로, 지금의 요령성 大連市에 위치하였다고 파악된다. 그러므로 손오와 공손씨 정권은 「묘도군도 연안항로」를 통해 교섭하였다고 이해된다.[70] 234년 손오에서 고구려에 사신을 보냈을 때에도 이 해상교통로를 이용하여 안평구에 진입하였을 것이다.[71]

233년 고구려의 조의 25명이 진단 일행을 호송하며 손오로 항해하였을 때에도 마찬가지의 해상교통로를 이용하였다고 보인다. 물론 이때의 출발 지점은 안평-안평구였을 것이다. 안평은 압록강을 통해 황해로 이어지는 해양활동의 창구와 같았던 것이다. 고구려가 이를 차지한 것은 언제였을까.

『삼국지』 동이전에 기술된 것처럼 안평은 小水貊의 거주지와 인접하였다.[72] 소수맥은 小水 즉 애하·포석하 일대에 거주하였는데,[73] 그들은 이른바 요동예맥의 하나였다고 이해된다.[74] 2세기 전반부터 고구려는 요동예맥의 일부와 연합해 현도군과 대립하였고,[75] 또 다른 요동예맥의 일부인

---

70) 「묘도군도 연안항로」를 통한 인구이동도 상당하였던 것으로 보인다. 『삼국지』 권4, 위서4, 삼소제기 경초 3년(239) 여름 6월, "以遼東東沓縣吏民渡海居齊郡界 以故縱城爲新沓縣 以居徙民"；『삼국지』 권4, 위서, 정시 원년(240) 2월 병술(6일), "以遼東汶·北豐縣民 流徙渡海 規齊郡之西 安·臨萬·昌國縣界爲新汶南豐縣 以居流民" 봉맹·관령의 사례도 참고된다(『후한서』 권113, 일민열전73, 봉맹；『삼국지』 권11, 위서11, 관령)

71) 윤명철, 앞의 책, 2003, 88쪽에서는 성산이 조위에 노출되었으므로 이를 우회한 사단항로가 개척되었을 가능성을 제기하였다. 그런데 주 67에서 전주의 발언 중 "歲晚風急 必畏漂浪 東道無岸 當赴成山" 특히 東道에 沿岸이 없으므로 마땅히 성산으로 온다고 예측한 점을 주목해 보면, 이때까지는 연안항로가 중심이었을 것으로 생각된다.

72) 『삼국지』 권30, 위서30, 오환선비동이 고구려, "又有小水貊 句麗作國 依大水而居 西安平縣北有小水 南流入海 句麗別種依小水作國 因名之爲小水貊 出好弓 所謂貊弓是也"

73) 여호규, 「高句麗 初期의 梁貊과 小水貊」 『韓國古代史硏究』 25, 2002, 100~103쪽.

74) 권오중, 「고대 중국 正史에서의 예맥 – '요동예맥'의 자취에 관한 검토로서 –」 『동북아역사논총』 49, 2015. 특히 245쪽의 주4 참조.

75) 『후한서』 권5, 효안제기5, "[원초 5년(118) 여름 6월] 高句驪與穢貊寇玄菟" 이 사

양맥에 정치적·군사적 영향력을 행사하였다.[76] 나아가 2세기 전·중반 서
안평을 공격하기도 하였다.[77] 이로써 2세기 후반~3세기 전반 고구려는 압
록강 하류 방면으로 세력을 확장할 수 있었고, 사료 E처럼 본격적인 해양
활동을 전개할 수 있었다고 이해된다.

　그런데 3세기까지 고구려는 압록강 하류를 온전히 확보하지 못하였다.
『삼국지』동이전을 보면 242년 고구려의 동천왕이 조위의 서안평을 공격
하였다고 하였다.[78] 또 『삼국사기』에서는 313년에 서안평을 습격해 취하
였다고 하였다.[79] 최근에도 지적된 것처럼,[80] 이와 같은 모습은 4세기 전
반까지 고구려가 압록강 하류-안평구를 두고 여러 세력과 각축하였음을
말해준다. 일시적인 점유였을 수 있고, 분할 점유하였을 수 있을 것이다.
그러므로 3세기까지 고구려의 해양활동은 일정한 제한을 받았다고 생각된
다. 결국 고구려와 손오의 교섭이 단절된 사실도 그와 같은 한계를 반영한
다고 이해된다.[81]

　이와 관련하여 230년대 후반 조위가 낙랑·대방을 공략한 사실,[82] 313

　료에 대한 해석은 권오중, 2015 앞의 논문, 258~261쪽 참조.
76) 『삼국사기』권16, 고구려본기4, 신대왕 2년(166) 봄 정월, "拜答夫爲國相 加爵爲
　　沛者 令知內外兵馬兼領梁貊部落 改左·右輔爲國相 始於此"
77) 『삼국지』권30, 위서30, 동이선비환 고구려, "宮死 子伯固立 順·桓之間(126~168)
　　復犯遼東 寇新安·居鄕 又攻西安平 于道上殺帶方令 略得樂浪太守妻子"
78) 『삼국지』권30, 위서30, 동이선비환 고구려, "正始三年(242) 宮寇西安平"
79) 『삼국사기』권17, 고구려본기5, 미천왕 12년(313) 가을 8월, "遣將襲取遼東西安
　　平"
80) 김효진, 앞의 논문, 2015, 33~34쪽.
81) 『삼국지』권3, 위서3, 명제기3 청룡 4년(236) 가을 7월, "高句麗王宮斬送孫權使
　　胡衛等首 詣幽州";『삼국사기』권17, 고구려본기5, 동천왕 10년(236) 봄2월, "吳
　　王孫權 遣使者胡衛通和 王留其使 至秋七月 斬之 傳首於魏"
82) 『삼국지』권30, 위서30, 오환선비동이30 동이 서문, "初(237~240)中 大興師旅 誅
　　淵 又潛軍浮海 收樂浪·帶方之郡 而後海表謐然 東夷屈服 其後高句麗背叛 又遣偏
　　師致討 窮追極遠 踰烏丸·骨都 過沃沮 踐肅愼之庭 東臨大海";『삼국지』권30,
　　魏書30, 烏丸鮮卑東夷30 동이 한, "景初中 明帝密遣帶方太守劉昕·樂浪太守鮮于嗣
　　越海定二郡 諸韓國臣智加賜邑君印綬 其次與邑長"

년 고구려가 낙랑·대방을 공략한 사실[83]이 주목된다. 양자는 각각 242년·313년 고구려의 서안평 공격과 밀접하였기 때문이다.[84] 다만 양자의 결과는 차이가 있었다. 전자로 말미암아 고구려는 조위 관구검의 공격을 받고 안평구를 상실하였다고 보인다. 반면 후자로부터 고구려는 안평을 확보하였다.[85] 고구려-조위 연합은 바로 후자를 바탕으로 하였다고 이해된다. 그러므로 313년 낙랑 병합은 안평을 확보하여 해양활동의 창구를 마련하는데 기여하였다고 평가된다.[86]

또 낙랑을 통해 해양세력을 흡수하였다고 보인다. 앞서 살펴본 것처럼 3세기까지 중원지역에서 요서-요동으로 통하는 육상교통로는 요서주랑이 유일하다시피 하였다. 그런데 요서주랑은 여름 겨울의 홍수가 자주 발생하였고, 홍수로 차단되는 사례가 많았다고 한다.[87] 7세기 수·당의 고구려 공격에서도 요서-요동의 육상교통로는 제대로 운용되기 어려웠다. 그러므로 한·공손씨 정권·조위·서진의 낙랑 경영에는 육상교통로만 아니라 해상교통로가 중요하였다고 생각된다.

예컨대 王景 가계의 전승에 따르면, 그의 8대조 왕중은 기원전 177년 산동지역에서 낙랑산중으로 이주하였다고 하는데,[88] 실제 산동-낙랑의 인구이동은 적지 않았던 것으로 이해된다.[89] 기원후 44년 후한 광무제가 해

---

83) 『삼국사기』 권17, 고구려본기5, 미천왕 14년(313) 겨울 10월, "侵樂浪郡 虜獲男女 二千餘口"

84) 임기환, 「고구려와 낙랑군의 관계」 『한국고대사연구』 34, 2004, 156~157쪽에서는 서안평 공격이 낙랑군에 대한 간접적인 공세였다고 해석하였다.

85) 李丙燾, 「樂浪郡考」 『韓國古代史研究』, 博英社, 1976, 138~139쪽.

86) 李丙燾, 「廣開土王의 雄略」 앞의 책, 1976, 375쪽 ; 윤명철, 앞의 책, 2003, 109쪽.

87) 207년 조위의 오환 공격에서 길을 안내한 전주는 다음과 같이 발언하였다. 『삼국지』 권11, 위지11 전주. "疇曰 此道 秋夏每常有水 淺不通車馬 深不載舟船 爲難久矣"

88) 『후한서』 권76, 循吏列傳66, 왕경, "王景字仲通 樂浪詽邯人也 八世祖仲 本琅邪不其人 好道術 明天文 諸呂作亂 齊哀王襄謀發兵 而數問於仲 及濟北王興居反(기원전 177) 欲委兵師仲 仲懼禍及 乃浮海東奔樂浪山中 因而家焉"

89) 권오중, 「낙랑 석암리 9호분 小考」 『한중관계 2000년 - 동행과 공유의 역사 - 』,

상교통로를 통해 이완된 영향력을 복원하고자 한 것이나,[90] 조위의 낙랑 공략에 수군이 동원된 사실도 이러한 점에서 주목된다. 이와 같이 볼 때 중원의 여러 왕조만 아니라 낙랑의 지배세력도 해양활동에 상당한 비중을 두었다고 생각된다.[91] 이 점에서 낙랑 병합과 지배세력의 흡수[92]는 고구려 해양활동의 중요한 기반이 되었다고 이해된다.

V. 맺음말 - 압록강에서 황해로 -

338년 고구려와 후조는 해상교통로를 통해 연합하였는데, 후조의 조복

소나무, 2008, 32~33쪽.

90) 『삼국사기』 권14, 고구려본기2, 대무신왕 27년(44) 가을 9월, "漢光武帝遺兵 渡 海伐樂浪 取其地爲郡·縣, 薩水已南屬漢"

91) 잘 알려진 것처럼 낙랑은 해상교통로를 통해 중원왕조와 교통하였고, 또 삼한·왜 와 교통하였다. 현재 낙랑의 주요 유적이 강안을 중심으로 분포하는데, 고대의 해수면은 지금보다 높았다. 그러므로 낙랑 유적이 인접한 강안은 해구였을 가능 성이 있다. 차후 낙랑 유적의 연대와 분포를 보다 면밀히 검토함으로써 그에 대 한 이해를 진전시켜 갈 필요가 있다고 생각한다. 한편 고대의 황해 연안은 국가 권력이 미치기 어려운 변방 중의 변방이었다. 이에 따라 국가권력이 약화되면 이 를 중심으로 해적이 활동하기도 하였다. 1세기 전반 산동-요동의 묘도군도에서 활동한 해적 張伯路 세력이 대표적이다(『후한서』 권68, 열전28, 법웅, "海賊張伯 路等三千餘人冠赤幘服絳衣 自稱將軍 寇濱海九郡 殺二千石令長 初遺侍御史龐雄 督州郡兵擊之 伯路等乞降 尋復屯聚 明年(110) 伯路復與平原劉文河等三百餘人 稱 使者 攻厭次城 殺長吏 (중략) 賊若乘船浮海 深入遠島 攻之未易也 及有赦令 可且 罷兵 以慰誘其心 勢必解散 然後圖之 可不戰而定也 宗善其言 卽罷兵 賊聞大喜 乃 還所略人 而東萊郡兵獨未解甲 賊復驚恐 遁走遼東 止海島上" 이에 관한 구체적인 연구로 王子今·李禹階, 「漢代的"海賊"」 『中國史研究』 2010-1期, 中國社會科學院 歷史研究所, 2010. 참조). 그러므로 낙랑의 해양활동과 그의 해양사적 의미는 일 국사가 아닌 동아시아사의 관점에서 재조명될 필요가 있는데, 이 또한 차후의 연 구과제로 남기고자 한다.

92) 이 과정에 대한 최근의 연구로 안정준, 「高句麗의 樂浪·帶方 故地 영역화 과정과 지배방식」 『한국고대사연구』 69, 2013 참조.

이 주둔한 답돈성과 해도를 지금의 노룡고성과 진황도에 비정된다고 하였다. 따라서 고구려-후조 연합은 「묘도군도 연안항로」와 함께 「발해만 연안항로」를 운용하였다고 파악하였다. 고구려의 해양활동은 압록강 하류 안평을 통해 가능하였다. 이로 보아 341년 후조의 안평 공격은 고구려와 무관치 않았다고 생각하였다. 이는 양국의 연합작전으로, 이를 통해 고구려는 일시 상실된 안평을 수복하고 해양활동을 재개하였다고 하였다. 고구려는 2세기 후반~3세기 전반부터 안평으로 진출했는데, 3세기까지 이를 확고히 차지하지는 못하였다. 이를 확보한 것은 313년 낙랑을 병합한 이후였다. 이로써 고구려는 보다 안정적인 해양활동을 전개할 수 있었다. 또 낙랑의 해양세력을 흡수함으로써 해양활동의 기반을 공고히 하였다. 따라서 낙랑 병합은 고구려 해양사의 관점에서 중요한 의미를 지닌다고 이해된다. 4세기 전반 고구려 해양활동은 안평과 낙랑의 확보를 통해 가능하였던 것이다.

주지하다시피 342년 고구려는 모용선비의 공격을 받고 대패하였다. 그 결과 모용선비로부터 일정한 제약을 받았다. 그러므로 고구려-후조의 연합이 강고히 지속되었다고 보기는 어렵다. 다만 해상교통로를 통한 중원지역과의 교섭·교역·교류는 부단하였다고 보인다. 이와 관련하여 황해도 신천군에서 출토된 建武 연호 塼銘이 주목된다.[93] 「建武九年三月三日 王氏造」·「建武十六年太歲□□□」 전명으로 각각 343년·350년에 해당한다. 비록 건무 연호는 15년까지 사용되어 16년 전명은 改元의 사실을 알지 못하였음을 말해주지만, 이와 같은 출토문자자료는 고구려와 후조의 지속적인 접촉을 시사한다.[94] 따라서 4세기 전반 고구려의 해양활동은 그 이후와 연속성이 강하다고 판단된다. 4세기 후반 백제와 황해를 두고 부단히 경쟁한 것도 마찬가지의 맥락에서 이해된다.

---

93) 구체적인 검토는 孔錫龜, 「樂浪·帶方 故地의 高句麗 歸屬」, 앞의 책, 1998, 80~86쪽 참조.
94) 李基東, 앞의 논문, 1996, 6~7쪽.

기존의 여러 연구에서 주목하였듯이 5세기 이후 고구려는 남조의 여러 나라와 해상교통로를 통해 교섭하였다.[95] 5~6세기 중반 고구려와 남조의 교섭은 북조·유연과의 교섭에 지렛대 역할을 하였다. 육상교통로를 통해 경계를 마주한 나라만 아니라 해상교통로를 통하여 원격지의 제세력과 교섭함으로써 동아시아 국제질서에 주도적인 세력의 하나로 자리매김할 수 있었던 것이다.

교역과 교류의 폭도 넓어졌다고 이해된다. 233년 고구려는 손오에 담비가죽 1,000매·鶡雞皮 10具를 보냈고, 330년 고구려는 후조에 楛矢를 보냈다고 하였다. 모두 만주·연해주 지역의 특산물이었는데, 주로 읍루·숙신에서 생산되었다고 보인다[挹婁貂·肅愼楛矢].[96] 고구려 주변 수렵사회의 특산품을 중원왕조에 보낸 것이다. 이로 미루어 보아 고구려는 읍루·숙신을 비롯한 유목·수렵 제종족의 물품을 교역·수취해 국내성에 집결시키고, 다시 압록강-황해를 통해 중원왕조에 증여·교역하였다고 이해된다. 유목·수렵사회와 농경사회의 교역 내지 중계교역을 농목교역이라고 부를 수 있는데,[97] 해상교통로 또한 농목교역의 주요 통로 중 하나였던 것이다. 물론 그

---

95) 다음의 사료가 대표적이다.『송서』권97, 열전57, 이만 동이 고구려, "少帝 景平 二年(424) 璉遣長史馬婁等詣闕獻方物 遣使慰勞之 日 皇帝問使持節·散騎常侍·都督營平二州諸軍事·征東大將軍·高句驪王·樂浪公 簒戎東服 庸續繼軌 厥惠旣彰 款誠亦著 **踰遼越海 納貢本朝** 朕以不德 忝承鴻緒 永懷先蹤 思覃遺澤 今遣謁者朱邵伯·副謁者王邵子等 宣旨慰勞 其茂康惠政 永隆厥功 式昭往命 稱朕意焉";『위서』권100, 열전88, 고구려, "至高祖時 璉貢獻倍前 其報賜亦稍加焉 時光州於海中得璉所遣詣蕭道成使餘奴等送闕";『삼국사기』권18, 고구려본기6, 장수왕 69년(480) 여름 4월, "王遣使餘奴等 朝聘南齊 魏光州人 **於海中得餘奴等** 送闕";『남제서』권58, 동남이열전39, 동이 고구려, "[建元] 三年(481) 遣使貢獻 **乘舶汎海 使驛常通** 亦使魏虜 然彊盛不受制"

96) 특히 肅愼은 고대의 천하관념 속에서 가장 먼 변방의 하나로, 그의 조공품은 德化의 상징과 같았다. 따라서 중원왕조에서는 숙신의 조공품을 중시하였다. 이에 고구려는 이를 보냈던 것으로 이해된다.

97) 이정빈,「5~6세기 고구려의 농목교역과 요서정책」,『역사와 현실』91, 2014. 여기서는 육상교통의 통로중 하나로 요서지역을 주목하였다.

의 본격적인 전개는 5세기 이후였다고 보이지만, 3~4세기 해양활동은 그 초기의 모습을 보여준다고 할 수 있다.

이상과 같이 4세기 전반의 해양활동은 고구려의 활동무대를 압록강에서 황해로 넓혔다. 그리고 황해를 통한 해양활동은 고구려가 동아시아 국제관계와 교역에 참여할 수 있도록 하였다. 물론 4세기 전반 고구려의 해양활동은 여러모로 한계가 생각된다. 341년 안평 공격이 후조의 주도로 이루어진 점이 이를 단적으로 보여준다. 그럼에도 불구하고 4세기 전반 고구려의 해양활동은 황해를 통한 동아시아사의 전개에 그 본격적인 모습을 드러내기 시작했다는 점에서 중요한 의미를 갖는다고 생각한다.

* 이 글은 『역사와실학』 59(역사실학회, 2016)에 실린 글을 수정·보완한 것이다.

제3절
광개토왕대의 대백제전 수군 운용

정 동 민
(한국외국어대학교 역사문화연구소 HK연구교수)

I. 머리말

기원 전후한 시기 압록강 중상류 일대에서 발흥한 고구려는 삼국 가운데 가장 먼저 국가적 성장을 이룩하면서 滿洲 중남부와 한반도 중북부에 걸친 광활한 영토를 영위하고 독자적인 천하관을 확립하며 동북아시아를 대표하는 국가로 자리매김하였다. 고구려가 이와 같은 위상을 보일 수 있었던 데에는 여러 요인이 있겠지만, 군사적 역량을 빼놓을 수는 없을 것이다.

고구려가 우수한 무기·武裝, 체계적인 군사조직, 성곽을 이용한 물샐틈 없는 방어체계 등을 토대로 군사강국으로 군림하였다는 점은 많은 연구성과를 통해 확인되고 있다. 그런데 이와 관련한 연구는 대부분 육군에 비중을 두면서 이루어진 것이다. 반면 水軍의 활약이나 운용에 대해서는 직접적인 자료가 거의 전무하다시피한 상황에서[1] 많은 연구가 이루어지지 못했을 뿐더러 자세히 검토한 연구성과도 드문 실정이다.[2]

---

1) 단재 신채호의 저서인 『朝鮮上古史』를 보면 고구려 안장왕이 백제를 공략할 때 乙密이 수군 5천 명을 이끌고 皆伯縣을 차지하였다는 내용 그리고 598년 隋가 30만 대군을 이끌고 고구려를 공격하였을 때 兵馬元帥 姜以式이 이끈 고구려 수군이 隋의 수군을 대파하였다는 내용이 있다(신채호, 『조선상고사(단재신채호전집 제1권 역사)』, 독립기념관 한국독립운동사연구소, 2007, 751~754·773쪽). 하지만 이 내용들은 서지사항이 분명하지 않은 『海上雜錄』과 『西郭雜錄』을 인용한 것이고(이정빈, 『고구려-수 전쟁 : 변경 요서에서 시작된 동아시아 大戰』, 주류성, 2018, 106쪽), 『삼국사기』나 『隋書』 등 정사에 보이지 않는다는 점에서 신빙성 논란이 있다.

2) 고구려의 수군에 대한 대표적인 연구로는 윤명철, 『고구려 해양사 연구』, 사계절, 2003 ; 정진술·이민웅·신성재·최영호, 『다시 보는 한국 해양사』, 신서원, 2008 ; 정진술, 『한국해양사』, 경인문화사, 2009 ; 오봉근, 『개정판 조선수군사(고대~중세편)』, 사회과학출판사, 2012 등이 있는데, 특히 윤명철은 고구려의 해양과 수군에 대해 많은 연구성과를 소개하였다.

이처럼 고구려 수군 연구의 어려움 속에서도 고구려 수군과 관련하여 많이 언급되는 사례 가운데 하나가 광개토왕의 백제 공략이었다. 특히 396년에는 광개토왕이 직접 수군을 이끌면서 경기만을 장악하고 한강 유역으로 진입하여 백제 도성을 함락하였다고 보는 것이 통설인데, 이에 대한 근거로 제시되었던 것이 바로 「광개토왕릉비(이하 능비)」였다.

본고에서는 광개토왕의 수군 동원 근거가 되었던 능비와 고구려·백제 양국의 공방 양상이 담겨져 있는 『삼국사기』의 기록을 검토하면서 광개토왕이 수군을 동원·운용하여 백제를 공략했던 양상을 살펴보고자 한다.

II. 수군의 편성과 활동

주지하듯이 한반도 서북부에 자리 잡고 있었던 樂浪郡과 帶方郡이 각각 313년과 314년 고구려에 의해 소멸되면서 고구려와 백제는 국경을 접하게 되었다. 이후 고구려가 遼東으로의 진출을 모색하였지만 慕容鮮卑로 인하여 어려움을 겪게 되고 이에 다시 남쪽으로 그 시선을 돌리면서 낙랑·대방 지역의 지배권을 둘러싼 양국 사이의 각축전이 벌어졌는데, 특히 4세기 후반에 이르러 본격적으로 전개되었다. 370~380년대에는 양국의 일진일퇴 속에서 백제가 다소 우세한 양상을 보였다. 하지만 390년대에 들어서게 되면 고구려가 일방적으로 백제를 공략하는 양상을 보여 주었는데, 고구려의 반격을 이끌었던 군주가 바로 광개토왕이었다.

능비와 『삼국사기』의 기록을 종합해보면 광개토왕이 390년 초·중반에 적극적으로 백제 공략에 나섰음을 알 수 있다. 특히 396년에는 직접 수군을 이끌고 백제를 공략하였다고 보는 것이 통설이었는데, 그 근거로 제시되었던 사료가 바로 능비였다.

A. (永樂) 6년 丙申(396)에 ① (광개토)왕이 몸소 □군(□軍)을 이끌고 (百)殘國

(백제)을 토벌하였다. (고구려)군은 … 寧八城, 臼模盧城, 各模盧城, 幹氐利城, □□城, 閣彌城, 牟盧城, 彌沙城, □舍蔦城, 阿旦城, 古利城, □利城, 雜珍城, 奧利城, 勾牟城, 古模耶羅城, 頁□□□城, □而耶羅城, 瑑城, 於利城, □□城, 豆奴城, 沸□□利城, 彌鄒城, 也利城, 太山韓城, 掃加城, 敦拔城, □□□城, 婁賣城, 散那城, 那旦城, 細城, 牟婁城, 于婁城, 蘇灰城, 燕婁城, 析支利城, 巖門□城, 林城, □□□□□□利城, 就鄒城, □拔城, 古牟婁城, 閏奴城, 貫奴城, 彡穰城, 曾□城, □□盧城, 仇天城, □□□□를 공취하고 그 國城을 … (百)殘이 義에 복종하지 않고 감히 나와 싸우니, ② (광개토)왕이 크게 노하여 阿利水를 건너 정예병을 보내 성을 압박하였다. … 곧 포위한 성에 … ③ 이에 (百)殘主(아신왕)가 곤경에 빠지고 핍박을 받으니, 남녀 천 명과 細布 천 필을 바치고 (광개토)왕에게 무릎 꿇고 절하며 지금 이후로 영원히 奴客이 되겠다고 맹세하였다. 태왕은 (백제왕의 이전) 혼미했던 허물을 은혜로 용서하고 그 뒤에 순종했던 정성을 새기도록 하였다. 이 때 58城과 700村을 획득하였고, (백)잔주의 동생과 대신 10인을 거느리며 개선하여 도성으로 돌아왔다.[3]

---

3) 「광개토왕릉비」, "以六年丙申, 王躬率□軍, 討伐殘國. 軍□□首攻取寧八城, 臼模盧城, 各模盧城, 幹氐利城, □□城, 閣彌城, 牟盧城, 彌沙城, □舍蔦城, 阿旦城, 古利城, □利城, 雜珍城, 奧利城, 勾牟城, 古模耶羅城, 頁□□□城, □而耶羅城, 瑑城, 於利城, □□城, 豆奴城, 沸□□利城, 彌鄒城, 也利城, 太山韓城, 掃加城, 敦拔城, □□□城, 婁賣城, 散那城, 那旦城, 細城, 牟婁城, 于婁城, 蘇灰城, 燕婁城, 析支利城, 巖門□城, 林城, □□□□□□利城, 就鄒城, □拔城, 古牟婁城, 閏奴城, 貫奴城, 彡穰城, 曾□城, □□盧城, 仇天城, □□□, □其國城. 殘不服義, 敢出百戰, 王威赫怒, 渡阿利水, 遣刺迫城. □□歸穴, □便圍城, 而殘主困逼, 獻出男女生口一千人, 細布千匹, 跪王自誓, 從今以後, 永爲奴客. 太王恩赦□迷之愆, 錄其後順之誠. 於是得五十八城村七百, 將殘主弟幷大臣十人, 旋師還都." 본고에 나오는 「광개토왕릉비」의 판독문과 구두점은 노태돈, 「광개토왕릉비」『譯註 韓國古代金石文(Ⅰ)』, 가락국사적개발연구원, 1992와 여호규, 「廣開土王陵碑의 문장구성과 서사구조」『영남학』 25, 2014를 참고하였다.

기사 A는 능비의 永樂 6년(396)조에 보이는 기록으로 광개토왕의 백제 공략을 담고 있다. 본 기사에 따르면 396년에 광개토왕이 직접 군대를 이끌고 백제 공략에 나서서 백제 도성을 함락하고 "百殘主" 즉 아신왕의 항복을 받았으며 58城과 700村을 차지하였다고 한다. 한편 비면의 영락 6년조를 보면 박락되어 판독하기 어려운 글자들이 있다. 그 가운데 하나가 기사 A-①의 "왕이 몸소 □군을 이끌고"에 해당하는 "王躬率□軍"에서 네 번째 글자 즉 1면-9행-33자인데, 이 글자에 대해서 많은 연구자들이 "水"로 판독하였다.[4] 이에 따라 '396년에 광개토왕이 직접 수군을 거느리고 백제 도성을 함락하였다'고 이해하여 왔던 것이다.[5]

고구려 장수왕이 부왕인 광개토왕의 공적을 기리고 守墓의 연호를 기록

---

4) 橫井忠直, 榮禧, 羅振玉, 楊守敬, 今西龍, 前間恭作, 정인보, 金毓黻, 末松保和, 박시형, 王健群, 이형구·박노희, 임기중, 임세권·이우태 등이 "水"자로 판독한 바 있다. 이들의 「광개토왕릉비」 판독문과 연구성과는 노태돈, 앞의 논문, 1992, 7~16쪽 ; 耿鐵華, 『好太王碑新考』, 吉林人民出版社, 1994 ; 임기중, 『廣開土王碑原石初期拓本集成』, 동국대학교 출판부, 1995, 289~327쪽 ; 임세권·이우태 편저, 『韓國金石文集成(1) - 高句麗1』, 한국국학진흥원·청명문화재단, 2002, 31~53쪽 ; 국사편찬위원회 한국사데이터베이스의 한국고대금석문 사이트 등을 참고하기 바란다.
5) 이병도, 『韓國古代史硏究(수정판)』, 박영사, 1985, 380~381쪽 ; 천관우, 「廣開土王의 征服活動」 『한국사 시민강좌』 3, 일조각, 1988, 49쪽 ; 耿鐵華, 앞의 책, 1994, 148~149쪽 ; 박성봉, 「高句麗의 漢江流域進出과 意義」 『高句麗 南進 經營史의 硏究』, 백산자료원, 1995, 380쪽 ; 손영종, 『고구려사(1)』, 과학백과사전종합출판사, 1995, 302쪽 ; 이도학, 「永樂 6년 廣開土王의 南征과 國原城」 『高句麗 南進 經營史의 硏究』, 백산자료원, 1995, 247~248쪽 ; 윤명철, 앞의 책, 2003, 144~145쪽 ; 최항순, 「三國의 흥망과 京畿灣에서의 해양활동」 『대한조선학회지』 40, 2003, 88쪽 ; 서인한, 『한국고대 군사전략』, 국방부 군사편찬연구소, 2005, 109쪽 ; 문안식, 『백제의 흥망과 전쟁』, 혜안, 2006, 179쪽 ; 정진술·이민웅·신성재·최영호, 앞의 책, 2008, 77쪽 ; 정진술, 앞의 책, 2009, 139~141쪽 ; 이종학, 『한국군사사 연구』, 충남대학교 출판부, 2010, 185~186쪽 ; 楊秀祖, 『高句麗軍隊與戰爭硏究』, 吉林大學出版社, 2010, 65쪽 ; 오봉근, 앞의 책, 2012, 26쪽 ; 김수태, 「5세기 고구려의 패권과 서남해 연안항로의 경색」 『한국해양사 I - 선사·고대』, 한국해양재단, 2013, 331쪽 ; 장창은, 『고구려 남방 진출사』, 경인문화사, 2014, 58쪽.

하기 위해 414년에 건립한 능비는 1875~1880년경에 재발견된 후 여러 차
례 탁본이 이루어졌다.[6] 탁본의 유형으로는 비면의 글자를 있는 그대로 뜬
원석 탁본, 글자가 분명한 탁본을 얻기 위해 비면에 석회를 바르고 뜬 석
회 탁본이 있다. 그리고 직접 탁본을 뜬 것이 아니라 기존 탁본을 참고하
여 글자를 판독한 후 별지에 글자 윤곽을 그리고 글자 윤곽과 글자 사이의
빈 공간을 먹으로 채워 넣은 雙鉤加墨本이나 墨水廓塡本이 있는데, 이들
묵본은 엄밀히 보면 탁본이라고 할 수 없다.[7]

쌍구가묵본이나 묵수곽전본은 전술하였듯이 능비가 아닌 기존 탁본을
참고하였다는 한계가 있을 뿐더러 별지로 옮기는 과정에서 제작자가 글자
를 자의적으로 해석할 수 있다는 문제가 있다. 그리고 석회 탁본은 탁본
과정에서 글자가 훼손되었을 뿐 아니라 제작자의 자의적인 해석에 따라 비
면의 요철을 석회로 메우거나 석회 위에 글자를 새길 수 있다는 문제가 있
다.[8] 그러므로 비문의 글자를 정확하게 판독하기 위해서는 석회를 바르기
이전에 제작된 원석 탁본을 참고해야 할 것이다.[9]

그런데 원석 탁본을 참고해 보면 과연 1면-9행-33자를 "水"자로 판독할
수 있는지 의문이 든다(〈표 1-①·②〉 참고).

---

6) 현재까지 전해오고 있는 「광개토왕릉비」의 탁본에 대해서는 정호섭, 『고구려 비
   문의 비밀』, 살림출판사, 2017, 40~44쪽을 참고하기 바란다.
7) 王健群, 『好太王碑研究』, 吉林人民出版社, 1984, 21~22쪽 ; 임세권·이우태 편저,
   앞의 책, 2002, 9쪽 ; 국립중앙박물관, 『금석문자료1-삼국시대』, 2013, 18쪽 ; 이
   정빈, 「광개토왕릉비 탁본 연구방법의 성과와 과제」『동북아역사논총』 49, 2015,
   89~90쪽 ; 徐建新, 「호태왕비 발견과 초기 탁본 제작에 관한 새로운 자료 - 이초
   경의 『요좌일기』를 중심으로」『광개토왕비의 탐색』, 동북아역사재단, 2015, 31~
   32쪽 ; 정호섭, 앞의 책, 2017, 38쪽.
8) 關野貞, 「滿洲輯安縣及び平壤附近に於ける高句麗時代の遺跡(1)~(2)」『考古學雜誌』
   5-3·4, 1914 ; 今西龍, 『訂正增補 大日本時代史 - 古代 上』, 早稻田大學出版部,
   1915.
9) 임세권·이우태 편저, 앞의 책, 2002, 12~13쪽 ; 武田幸男, 「광개토왕비 연구의
   제문제」『광개토왕비의 재조명』, 동북아역사재단, 2013, 44~48쪽.

〈표 1〉 탁본별 「광개토왕릉비」 1면-9행-33자

① 靑溟本 (원석 탁본)	② 惠靜本 (원석 탁본)	③ 酒匂本 (墨水廓塡本)	④ 국립중앙 도서관 소장본 (석회 탁본)	⑤ 周雲台本 (석회 탁본)

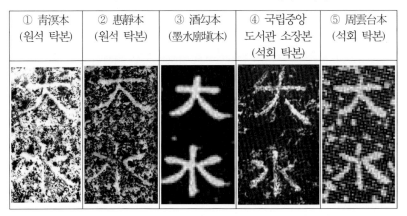

〈표 2〉 탁본별 「광개토왕릉비」 1면-9행-11(大)·12(水)자

① 靑溟本 (원석 탁본)	② 惠靜本 (원석 탁본)	③ 酒匂本 (墨水廓塡本)	④ 국립중앙 도서관 소장본 (석회 탁본)	⑤ 周雲台本 (석회 탁본)

능비에서 분명하게 판독할 수 있는 "水"자(1면-2행-12자〈표 2〉 참고), 1면-7행-28자, 2면-3행-35자, 3면-11행-18자, 3면-14행-17자)를 보면 중심획이 아래까지 내려오고 있음을 확인할 수 있는데, 1면-9행-33자에서는 그러한 중심획이 명확하게 보이지 않기 때문이다. 이를 감안하면 "水"자보다는 능비의 1면-2행-11자(〈표 2〉 참고), 1면-4행-16자, 2면-5행-25자 등과 같은 "大"자일 가능성이 더 높다고 여겨진다.[10]

---

10) 三宅米吉이나 동북아역사재단 또한 1면-9행-33자를 "大"자로 판독한 바 있다(三

한편 기사 A-②를 보면 광개토왕이 "아리수를 건너(渡阿利水) 정예병을 보내 성을 압박하였다"라는 기록이 있는데, "건넜다"는 '군대(대군)'나 '육군' 등에 호응할 수 있는 서술어가 아닐까. 만약 광개토왕이 직접 거느리고 온 군대가 수군이었다면 '아리수로 들어가(入阿利水)'라고 기술하는 것이 자연스럽다고 여겨진다. 이러한 점들을 고려한다면 능비 1면-9행-33자를 "水"자로 판독하면서 396년에 광개토왕이 직접 수군을 거느리고 백제 도성을 함락하였다는 통설은 재고할 여지가 있다고 여겨진다.

이와 같은 통설은 능비 연구 초기에 주요 탁본 자료로 활용되었던 묵수곽전본과 석회 탁본에서 1면-9행-33자를 "水"자로 판독한 것이(〈표 1-③·④·⑤〉 참고) 별 다른 비판 없이 수용되고 이를 바탕으로 한 연구가 계속 발표·확산되었기 때문에 형성되었다고 여겨진다.[11] 1면-9행-33자에 대해 재고할 여지가 있는 만큼 직접 원석 탁본을 확인하고 판단하여야 할 것이다.

396년에 광개토왕이 직접 수군을 거느리고 백제 도성을 함락하였다는 통설은 전술하였듯이 재고할 여지가 있다고 여겨진다. 그렇다고 해서 396년 광개토왕의 백제 공략 당시 수군이 동원되지 않았다고 생각하기는 어려울 것 같다. 백제 도성으로 추정되는 서울의 풍납토성을 함락하려면 기사

宅米吉,「高麗古碑考追加」『考古學會雜誌』2-5, 1898 ; 동북아역사재단 편,『혜정 소장본 廣開土太王碑 원석탁본』, 2014). 반면 글자의 가로획이 곡선이라는 점을 들어 "大"자로 보기 힘들다는 견해도 있다(권인한,「廣開土王陵碑文의 새로운 판독과 해석」『목간과 문자』8, 2011, 309쪽). 원석 탁본에 비중을 두고「광개토왕릉비」를 판독한 것으로 보이는 연구자 가운데 임세권·이우태는 "水"자로 판독하였고 (임세권·이우태 편저, 앞의 책, 2002), 水谷悌二郎, 武田幸男, 노태돈, 권인한, 김영하, 이용현 등은 판독을 유보하였다(水谷悌二郎,「好太王碑考」『書品』100, 1977 ; 武田幸男,『廣開土王陵碑原石拓本集成』, 東京大學出版會, 1988 ; 노태돈, 앞의 논문, 1992 ; 권인한, 앞의 논문, 2011 ; 김영하,「廣開土大王陵碑의 정복기사해석 – 신묘년기사의 재검토와 관련하여 –」『한국고대사연구』66, 2012 ; 이용현,「광개토왕비문의 고구려와 가야」『광개토왕비의 재조명』, 동북아역사재단, 2013).

11) 武田幸男, 앞의 논문, 2013, 24~25·30쪽 ; 고광의,「廣開土太王碑 釋文 一考」『혜정 소장본 廣開土太王碑 원석탁본』, 동북아역사재단, 2014, 39쪽.

A-②에 보이는 것처럼 "아리수" 즉 한강을 건너야 했는데, 수군의 지원을 받으면 도하가 좀 더 용이하였을 것이라고 추정되기 때문이다. 또한 그 이전의 백제 공략 때에도 수군을 동원하였을 것이라는 점을 감안하면 그 가능성은 더욱 높다고 여겨진다.

그렇다면 396년 이전에 광개토왕은 언제 수군을 동원하였을까. 이를 파악하기 위해서는 396년 이전의 백제 공략 기사를 살펴 볼 필요가 있다.

B-1-①. (광개토왕 즉위년-392)[12] 가을 7월에 (광개토왕이) 남쪽으로 백제를 쳐서 10개 성을 빼앗았다.[13]

B-1-②. (진사왕 8년-392) 가을 7월에 고구려왕 談德(광개토왕)이 병사 4만을 이끌고 와서 북쪽 변경의 石峴 등 10여 성을 함락하였다. (진사)왕은 담덕이 군사를 부리는 데 능하다는 것을 듣고 나아가서 막지 못하였는데, 漢水의 여러 부락이 (고구려에 의해) 많이 함락되었다.[14]

B-2-①. (광개토왕 즉위년-392) 겨울 10월에 (고구려가) 백제 關彌城을 공격하여 함락하였다. 그 성은 사면이 가파른 절벽이고 바닷물로 둘러싸여 있었다. (광개토)왕이 군대를 나누어 일곱 길로 20일 동안 공격하니 겨우 빼앗았다.[15]

B-2-②. (진사왕 8년-392) 가을 10월에 고구려가 關彌城을 빼앗았다.[16]

12) 대체로 『삼국사기』 고구려본기 광개토왕 기사의 연대는 「광개토왕릉비」에 근거하여 1년씩 소급하지만, 본고에서는 백제본기 기사의 연대와 일치시키기 위해 소급하지 않았다.
13) 『삼국사기』 권18, 고구려본기6, 광개토왕 즉위년 7월, "秋七月, 南伐百濟, 拔十城."
14) 『삼국사기』 권25, 백제본기3, 진사왕 8년 7월, "秋七月, 高句麗王談德帥兵四萬, 來攻北鄙陷石峴等十餘城. 王聞談德能用兵, 不得出拒, 漢水北諸部落多沒焉."
15) 『삼국사기』 권18, 고구려본기6, 광개토왕 2년 10월, "冬十月, 攻陷百濟關彌城. 其城四面峭絕, 海水環繞. 王分軍七道, 攻擊二十日, 乃拔."
16) 『삼국사기』 권25, 백제본기3, 진사왕 8년 10월, "冬十月, 高句麗攻拔關彌城."

B-3-①. (광개토왕) 2년(393) 가을 8월에 백제가 남쪽 변경을 침략하자 (광개토왕이) 장수에게 명을 내려 이들을 막았다.[17]

B-3-②. (아신왕 2년-393) 가을 8월에 (아신)왕이 (真)武에게 일컬어 말하기를 "關彌城은 우리 북변의 요충지인데, 지금은 고구려의 소유가 되었으니 과인은 몹시 애석하오. 그대가 마땅히 마음을 써서 설욕해야 할 것이오"라고 하였다. 드디어 장수와 병사 1만 명을 거느리고 고구려의 남변을 칠 것을 도모하였다. (진)무는 몸소 사졸에 앞장서서 화살과 돌을 무릅쓰고 나아가 石峴 등 5개의 성을 회복하고자 먼저 관미성을 포위하였는데, 고구려인이 성을 둘러싸고 굳게 지켰다. (진)무는 군량이 이어지지 않자 (군대를) 이끌고 돌아왔다.[18]

B-4-①. (광개토왕) 3년(394) 가을 7월에 백제가 내침하자 (광개토)왕이 정예기병 5천을 이끌고 맞받아쳐서 그들을 패퇴시켰다. 살아남은 적들은 밤에 도주하였다.[19]

B-4-②. (아신왕 3년-394) 가을 7월에 (백제가) 고구려와 水谷城에서 싸워 패배하였다.[20]

B-5. (광개토왕 3년-394) 8월에 (고구려가) 나라 남쪽에 7개의 성을 쌓아 백제의 침입에 대비하였다.[21]

---

17) 『삼국사기』 권18, 고구려본기6, 광개토왕 2년 8월, "二年, 秋八月, 百濟侵南邊, 命將拒之."

18) 『삼국사기』 권25, 백제본기3, 아신왕 2년 8월, "秋八月, 王謂武曰, 關彌城者, 我北鄙之襟要也, 今爲高句麗所有, 此寡人之所痛惜, 而卿之所宜用心, 而雪恥也. 遂謀將兵一萬, 伐高句麗南鄙. 武身先士卒, 以冒矢石, 意復石峴等五城, 先圍關彌城, 麗人嬰城固守. 武以糧道不繼, 引而歸."

19) 『삼국사기』 권18, 고구려본기6, 광개토왕 3년 7월, "三年, 秋七月, 百濟來侵, 王率精騎五千, 逆擊敗之. 餘寇夜走."

20) 『삼국사기』 권25, 백제본기3, 아신왕 3년 7월, "秋七月, 與高句麗戰於水谷城下, 敗績."

B-6-①. (광개토왕) 4년(395) 가을 8월에 (광개토)왕이 浿水 가에서 백제군과 싸워 그들을 대패시켰는데, 사로잡은 포로가 8천여 급이었다.[22]

B-6-②. (아신왕 4년-395) 가을 8월에 (아신)왕이 左將 真武 등에 명하여 고구려를 쳤는데, 고구려왕 談德이 친히 병사 7천을 이끌고 浿水에 진을 치면서 막아 싸우니, 우리 군이 대패하였고 죽은 자가 8천이었다.[23]

B-7. (아신왕 4년-395) 겨울 11월에 (아신)왕이 浿水 전투를 갚고자 친히 병사 7천 명을 이끌고 漢水를 지나 青木嶺에 머물렀다. 때마침 큰 눈이 와서 사졸들이 많이 동사하자, 회군하여 漢山城에 이르렀고 군사들을 위로하였다.[24]

기사 B는 390년대 광개토왕의 백제 공략과 관련한 『삼국사기』 고구려본기와 백제본기의 기록이다. 광개토왕의 백제 공략을 살펴보는 데 있어 능비가 당대의 기록을 담고 있다는 점에서 사료적 가치가 더 높다고 볼 수 있지만, 광개토왕의 훈적비라는 성격 속에서 과장되어 기술된 내용이 많은 것도 사실이다. 반면 『삼국사기』에는 보다 풍부한 내용을 담고 있다. 그러므로 양 사료의 기록을 면밀하게 비교·대조하면서 광개토왕의 백제 공략 양상을 검토할 필요가 있다.[25] 전체적으로 『삼국사기』의 기록을 살펴보면

---

21) 『삼국사기』 권18, 고구려본기6, 광개토왕 3년 8월, "八月, 築國南七城, 以備百濟之寇."

22) 『삼국사기』 권18, 고구려본기6, 광개토왕 4년 8월, "四年, 秋八月, 王與百濟戰於浿水之上, 大敗之, 虜獲八千餘級."

23) 『삼국사기』 권25, 백제본기3, 아신왕 4년 8월, "秋八月, 王命左將真武等, 伐高句麗, 麗王談德親帥兵七千, 陣於浿水之上拒戰, 我軍大敗死者八千人."

24) 『삼국사기』 권25, 백제본기3, 아신왕 4년 11월, "冬十一月, 王欲報浿水之役, 親帥兵七千人, 過漢水次於青木嶺下. 會大雪, 士卒多凍死, 迴軍至漢山城, 勞軍士."

25) 광개토왕의 백제 공략과 관련한 「광개토왕릉비」와 『삼국사기』 간의 상이한 기록을 두고, 과장된 내용을 담고 있고 기년을 모호하게 처리한 능비보다는 『삼국사기』가 더 신빙성이 높다고 보는 견해가 있다(王健群, 앞의 책, 1984, 138쪽 ; 이기동, 「광개토왕릉비문에 보이는 백제관계 기사의 검토」 『백제연구』 17, 1986, 52쪽). 반면 능비가 동시대의 유적임을 감안하여 신빙성이 더 높다고 보고 『삼국사

고구려군의 백제 關彌城 공격을 기술한 기사인 B-2를 제외하고 고구려본
기보다는 백제본기가 상세하게 전하고 있다. 이로 볼 때 광개토왕대의 백
제 공략과 관련한『삼국사기』의 기록은 대체로 백제측 전승자료를 참고하
였던 것으로 추정된다.[26]

광개토왕의 백제 공략과 관련한 능비와『삼국사기』의 기록을 비교해보
았을 때 대표적인 차이라고 한다면 우선 능비에는 광개토왕의 백제 공략이
396년 한 차례 이루어진 것으로 나오지만,『삼국사기』에는 392년부터 395
년까지 여러 차례 이루어진 것으로 나온다. 이에 대해서 능비의 영락 6년
조에『삼국사기』392~395년조에 보이는 기사가 집약되어 있다는 견해가
제시되었는데,[27] 대체로 긍정할 수 있다고 여겨진다.[28]

기』를 사료가 혼동·굴절·왜곡된 결과물로 평가하는 견해도 있다(박시형,『광개
토왕릉비』, 사회과학원, 1966, 170쪽).

26) 임기환, 「고구려본기 전거 자료의 계통과 성격」『한국고대사연구』42, 2006,
36~44쪽 ; 정호섭, 「『三國史記』高句麗本紀 4-5세기의 기록에 대한 검토」『신라
문화』38, 2011, 39~43쪽. 한편 기사 B-2에 보이는 392년 10월 關彌城 전투의
경우 고구려본기가 더 상세하게 전하고 있다는 점에서 고구려측 전승자료를 참
고하였던 것으로 보이나, 백제본기에 보이는 관미성에 대한 백제의 관심을 감안
하면(B-3-②) 고구려본기 또한 백제측 전승자료를 참고하였을 개연성을 배제할
수 없다. 그리고 기사 B-4에 보이는 394년 7월 고구려와 백제 간 전투의 경우
고구려본기와 백제본기 사이의 내용상 차이가 크다는 점에서 각각의 전승자료가
있었던 것으로 보이지만, 특정한 전승 내용인 지명(水谷城)이 백제본기에 전하고
있다는 점에서 고구려본기 또한 백제측 전승자료를 참고하였을 가능성을 배제할
수 없다(임기환, 앞의 논문, 2006, 41~42쪽).

27) 那珂通世, 「高句麗古碑考」『史學雜誌』49, 1893, 29~30쪽 ; 이기동, 앞의 논문,
1986, 51~52쪽 ; 武田幸男,『高句麗史と東アジア』, 岩波書店, 1989, 195~196쪽.
반면 「광개토왕릉비」의 永樂 6년조에 보이는 일련의 사건 모두 396년에 일어났
다고 보면서『삼국사기』의 392~395년조에 보이는 사건과 별개라는 견해가 있고
(이병도, 앞의 책, 1985, 378~380쪽),『삼국사기』의 392~395년조에 보이는 사건
모두 396년에 일어났다고 보는 견해도 있다(王健群, 앞의 책, 1984, 164~165쪽).

28) 「광개토왕릉비」와『삼국사기』의 내용을 비교하면 기년상 1~4년, 2~5년, 3~4년
의 차이를 보이고 있기는 하나, 전체적으로 대응시킬 수 있다고 한다(武田幸男,
「高句麗廣開土王紀の對外關係記事」『東洋史 - 考古學論集』, 青山學院大學 史學

다음으로 능비에는 396년에 광개토왕이 백제 도성으로 진입하여 아신왕의 충성 맹세를 받았다는 내용이 나오는 반면, 『삼국사기』에는 이와 같은 내용이 없다. 백제 도성으로 진입하여 아신왕의 충성 맹세를 받았다는 사실은 능비의 영락 6년조에서 광개토왕의 가장 큰 훈적이면서 양국에 있어서도 매우 중요한 사건이다. 그럼에도 불구하고 『삼국사기』에는 왜 기록되지 않았을까.

기존 연구에 따르면 백제인들은 396년에 자국의 건국 토대가 되었던 지역과 도성이 고구려에 의해 점령되었다는 것을 수치스럽게 여기면서 그 지역과 도성에 대한 신성성을 유지하기 위하여 그 사실을 고의적으로 사료에 남기지 않았고, 이에 따라 『삼국사기』 백제본기에 관련 기록이 실리지 않게 되었다고 한다.[29] 아신왕의 충성 맹세가 백제본기에 나오지 않은 것도 같은 이유에서 찾을 수 있을 듯하다. 백제인들이 신성한 지역 및 도성을 빼앗긴 사실과 더불어 아신왕의 충성 맹세 또한 고의적으로 누락시켜 기록으로 남기지 않았기 때문에 백제본기에 실리지 않게 되었다는 것이다.[30]

한편 『삼국사기』 권25, 백제본기3 아신왕조를 보면 재위 2년인 393년부터 재위 8년인 399년까지 매년 고구려와 관련한 기사가 나오는데, 오직 재위 5년인 396년에만 나오지 않는다. 혹 백제인들이 396년에 있었던 고구려의 백제 도성 함락과 아신왕의 충성 맹세에 대한 사실을 사료에 남기지 않으면서 나타난 현상이 아닌지도 모르겠다.

위의 기사 가운데 고구려의 수군 동원과 관련하여 주목할 수 있는 것은 B-2에 보이는 392년 관미성 전투가 아닐까 싶다. 기사 B-2-①에는 백제 관미성이 위치한 입지와 고구려군의 공략 과정이 담겨 있는데, 바닷물로

研究室, 1979, 266~274쪽 ; 이기동, 앞의 논문, 1986, 52쪽).
29) 여호규, 「4세기 후반-5세기 초엽 고구려와 백제의 국경 변천」 『역사와 현실』 84, 2012, 201~202쪽.
30) 『삼국사기』 고구려본기에도 광개토왕이 백제 도성으로 진입하여 아신왕의 충성 맹세를 받았다는 내용이 보이지 않는 것은 본문에서도 언급하였듯이 광개토왕대의 백제 공략에 대해서 주로 백제측 전승자료를 참고하였기 때문이라고 추정된다.

둘러싸여 있었다는 점을 볼 때 해안 근처에 위치한 성곽으로 추정할 수 있다. 그리고 광개토왕이 군대를 나누어 일곱 길, 즉 일곱 방향으로 관미성을 공격하였다고 하는데, 관미성이 바다로 둘러싸여 있었던 만큼 그 일곱 방향에는 바다 쪽도 포함되어 있었을 것이다. 이러한 점들을 감안하면 392년 광개토왕이 수군을 동원하여 백제 관미성을 공격하였을 가능성이 높다고 여겨진다.[31] 즉, 광개토왕은 백제 공략에 나서면서 첫 번째 원정이었던 392년과 마지막 원정이었던 396년에 수군을 편성하여 전장에 투입시켰던 것이다.

Ⅲ. 수군의 거점 구축과 운용

전술하였듯이 광개토왕은 392년 백제 공략에 나서면서 10월 관미성 전투 때 수군을 투입시켰던 것으로 추정되는데, 단지 관미성만을 공격하기 위해 수군을 편성하였다고 생각하기 어렵다. 즉 '백제 공략'이라는 보다 큰 전략 속에서 편성하였다고 볼 수 있다는 것이다. 한편 기사 B-1-②를 보면 392년 7월 광개토왕이 백제군과 전투를 벌여 10여 개의 성을 함락하였을 때 백제 진사왕은 그의 빼어난 용병술을 확인하면서 제대로 막지 못하였다고 하는데, 이는 혹 광개토왕이 특유의 기동성과 잠행성을 갖춘[32] 수군을 동원하여 기습적으로 공격을 가함에 따라 백제군이 당황하여 제대로 대처하지 못하였던 전황을 보여주는 것일지도 모르겠다.[33]

---

31) 윤명철, 앞의 책, 2003, 175쪽 ; 문안식, 앞의 책, 2006, 178~179쪽 ; 서영교, 『고구려, 전쟁의 나라』, 글항아리, 2007, 142쪽 ; 신채호, 앞의 책, 2007, 733쪽 ; 정진술, 앞의 책, 2009, 140쪽 ; 오봉근, 앞의 책, 2012, 26쪽 ; 김수태, 앞의 논문, 2013, 327쪽.
32) 윤명철, 앞의 책, 2003, 185쪽.
33) 백제군이 고구려군의 공격을 맞이하여 제대로 대처하지 못하였던 이유에 대해 광개토왕이 즉위한 지 두 달밖에 안 되는 상황에서 급습하리라고 예상하지 못했

　광개토왕이 관미성 공격 외에 또 다른 목적으로 수군을 편성하였다면 그 목적은 무엇이었을까. 이를 파악하기 위해 4세기 후반경 고구려와 백제의 접경 상황을 주목해 보고자 한다.

　369년 9월 고구려의 고국원왕은 예성강 하류의 핵심 지대를 장악하고 백제의 대외교역 관문인 한강 하구를 위협하고자[34] 雉壤(황해남도 배천)[35]을 공격하였다. 하지만 근구수태자가 이끄는 백제군에 패배하고 오히려 水谷城(황해북도 신계)[36] 서북까지 추격을 당하였다.[37] 이후 371년에도 백제 공략에 나섰지만 浿河(예성강)[38]에서 매복하고 있던 백제군에게 패배하였고,[39] 겨울에는 백제군의 평양성[40] 공격 때 화살을 맞아 죽음을 맞이하였다.[41]

　고국원왕에 이어 즉위한 소수림왕은 국가체제를 재정비한 후 다시 백제 공략에 나섰는데, 375~376년에 수곡성을 차지하였고 그 변경을 공격하였다.[42] 이에 백제가 377년 10월에 평양성을 공격하였고[43] 11월에는 다시

　기 때문이라고 보기도 한다(서영교, 앞의 책, 2007, 139쪽).

34)　서영일, 「고구려의 백제공격로 고찰」 『사학지』 38, 2006, 46쪽.

35)　『신증동국여지승람』 권43, 黃海道 白川郡.

36)　『신증동국여지승람』 권42, 黃海道 新溪縣.

37)　『삼국사기』 권18, 고구려본기6, 고국원왕 39년 9월 ; 권24, 백제본기2, 근초고왕 24년 9월 ; 근구수왕 즉위년.

38)　『고려사』 地理志3, 黃海道 黃州牧 平州.

39)　『삼국사기』 권24, 백제본기2, 근초고왕 26년. 구체적인 전장에 대해 도강 장비가 별로 필요하지 않으면서 예성강을 건널 수 있는 마지막 여울이 위치한 황해북도 평산군 저탄 일대로 추정하기도 한다(서영일, 앞의 논문, 2006, 48쪽).

40)　『삼국사기』 권18, 고구려본기6, 고국원왕 41년 10월조와 권24, 백제본기2, 근초고왕 26년 겨울조에 보이는 平壤城의 위치에 대해 대체로 현재 평양으로 비정하고 있으나(서영일, 앞의 논문, 2006, 48~49쪽 ; 여호규, 앞의 논문, 2012, 171쪽), 북한학계에서는 南平壤으로 보면서 황해남도 재령의 장수산성과 신원 도시유적 일대로 비정하고 있다(안병찬, 「장수산성 일대의 고구려 유적 유물에 대하여」 『조선고고연구』 1990-2, 1990, 10~11쪽 ; 최승택, 「장수산성 1호 건물터에 대하여」 『조선고고연구』 1991-4, 1991, 34~38쪽 ; 손영종, 앞의 책, 1995, 175~178쪽).

41)　『삼국사기』 권18, 고구려본기6, 고국원왕 41년 10월 ; 권24, 백제본기2, 근초고왕 26년 겨울.

42)　『삼국사기』 권18, 고구려본기6, 소수림왕 5년 7월·6년 11월 ; 권24, 백제본기2,

고구려가 백제를 공격하는 등[44] 攻守를 거듭하였는데, 이러한 일련의 과정에서 고구려와 백제는 멸악산맥을 중심으로 접경을 형성하였고, 계속해서 예성강 중하류 일대를 둘러싼 공방전을 이어갔다.[45]

위와 같이 예성강 중하류 일대를 두고 양국이 공방전을 벌이고 있었을 때 양국 간 접경에서 새로운 변화가 감지된다.

> C. (진사왕) 2년(386) (백제는) 봄에 나라 안의 15세 이상 사람을 징발하여 관방시설(關防)을 설치하였다. (관방시설은) 靑木嶺에서 시작하여 북쪽으로는 八坤城, 서쪽으로는 바다에 이르렀다.[46]

기사 C에서 보듯이 386년 봄에 백제가 고구려의 공격에 대비하여 북쪽 변경에 관방시설(關防)[47]을 구축하였던 것인데, 靑木嶺-八坤城-서쪽 바다에 이르렀다고 한다. 관방시설의 시점이었던 청목령에 대해서는 대체로 마식령산맥 서남단의 황해북도 개풍군 영남면 청석동 일대로 비정되고 있다.[48] 북쪽의 경유지점인 팔곤성과 서쪽 기점인 바다에 대해서는 관방시설

근초고왕 30년 7월 ; 근구수왕 2년 11월.

43) 『삼국사기』 권18, 고구려본기6, 소수림왕 7년 10월 ; 권24, 백제본기2, 근구수왕 3년 10월.

44) 『삼국사기』 권18, 고구려본기6, 소수림왕 7년 11월 ; 권24, 백제본기2, 근구수왕 3년 11월.

45) 문안식, 앞의 책, 2006, 170쪽 ; 서영일, 앞의 논문, 2006, 46~50쪽 ; 여호규, 앞의 논문, 2012, 170~178쪽 ; 박종서, 「고구려 고국원왕-광개토태왕대 남진로 검토」 『사학지』 49, 2014, 61~66쪽.

46) 『삼국사기』 권25, 백제본기3, 진사왕 2년, "二年, 春, 發國內人年十五歲已上, 設關防. 自靑木嶺, 北距八坤城, 西至於海."

47) 백제의 관방시설(關防)에 대해 장성으로 보기도 하나(윤명철, 앞의 책, 2003, 125쪽 ; 손영종, 『조선단대사-고구려사1』, 과학백과사전출판사, 2006, 197쪽 ; 공석구, 「고구려의 남진과 백제·신라」 『고구려의 정치와 사회』, 동북아역사재단, 2007, 227쪽), 주요 교통로를 방어하던 시설로 추정된다(문안식, 앞의 책, 2006, 170~171쪽 ; 서영일, 앞의 논문, 2006, 52쪽).

이 예성강을 따라 구축되었다고 보면서 팔곤성을 마식령산맥이나 예성강 일대, 바다를 예성강 하구나 남쪽 해안지대로 비정하기도 한다.[49] 하지만 그렇게 비정할 경우 관방시설 구축으로 형성된 백제의 방어선에서 연백평야와 치양이 빠지게 되는데, 특히 백제가 예성강 하구의 핵심 지대이면서 서해로 진출할 때 반드시 거쳐야 하는 요충지인[50] 치양을 방어선에서 제외하였다고 생각하기 어렵다.

관방시설의 경유지점으로 팔곤성이 언급된 이유는 아마도 백제의 최북단에 위치하고 있으면서 교통로상의 요충지였기 때문이라고 여겨진다. 그렇다면 팔곤성은 당시 고구려와 백제의 접경을 이루었던 멸악산맥과 가까운 지역에 위치하고 있었다고 볼 수 있다. 멸악산맥을 관통하는 주요 교통로로는 서흥-신계로, 서흥-평산로, 신원(재령)-해주로 등이 알려져 있다.[51] 이 가운데 고구려가 375년 수곡성 점령을 통해 장악하였을 것으로 추정되는 서흥-신계로를 제외하고 상대적으로 북쪽에 위치하고 있는 교통로는 서흥-평산로이다. 이를 감안하면 팔곤성은 멸악산맥의 서흥-평산로를 방어하는 관방시설로서 황해도 평산 일대에 위치하고 있었을 것으로 추정된다.[52]

관방시설의 서쪽 종점이었다는 바다에 대해서는 전술하였듯이 예성강 하구나 남쪽 해안지대로 비정하기도 하나, 예성강 하구나 남쪽 해안지대는 관방시설의 기점인 청목령 즉 청석동 일대를 기준으로 볼 때 서쪽이 아닌 남쪽에 가깝다. 방위상으로 본다면 서쪽 종점인 바다는 해주만으로 추정할 수 있는데, 그 일대에는 신원-해주로가 지나가고 있다.[53] 이를 감안하면

---

48) 『동사강목』 권1上, 壬子, 馬韓, 百濟始祖 10년 10월.
49) 문안식, 앞의 책, 2006, 170~171쪽 ; 서영일, 앞의 논문, 2006, 51~52쪽 ; 윤일녕, 「관미성위치고」 『북악사론』 2, 1990, 131~141쪽.
50) 서영일, 「한성 백제의 교통로 상실과 웅진천도」 『서울과 역사』 72, 2008, 11쪽.
51) 서영일, 앞의 논문, 2006, 44쪽.
52) 서영일도 八坤城의 위치를 평산으로 비정한 바 있다(서영일, 앞의 논문, 2008, 14쪽).
53) 여호규, 앞의 논문, 2012, 173~175쪽.

〈지도〉 4세기 후반경 고구려와 백제의 서해안 방면 접경 양상

백제는 멸악산맥을 통과하는 주요 교통로인 서흥-평산로와 신원-해주로를 중심으로 관방시설을 구축함으로써 멸악산맥을 넘어 예성강 유역으로 진출하려는 고구려를 저지하고자 했던 것으로 추정된다(〈지도〉 참고).

백제가 멸악산맥과 마식령산맥을 따라 관방시설을 공고히 구축하면서 고구려는 백제를 공략하는 데 어려움을 겪었던 것으로 보인다. 386년 8월에 백제를 공격하였지만 별다른 성과를 거두지 못하였고[54] 389년에는 오히려 백제의 공격을 받아 부락을 약탈당하였으며[55] 390년에는 達率 眞嘉謨가 이끄는 군대에게 都押城이 파괴되고 2백 명의 백성을 빼앗기기도 하였다.[56]

---

54) 『삼국사기』 권18, 고구려본기6, 고국양왕 3년 8월조와 권25, 백제본기3, 아신왕 2년 8월조를 보면 386년 8월에 고구려가 백제를 공격하였다고만 나올 뿐 그 결과에 대해서는 기술하지 않았다. 이는 고구려가 패배함에 따라 고구려와 백제의 상황이 별로 달라지지 않았기 때문이라고 여겨진다.
55) 『삼국사기』 권18, 고구려본기6, 고국양왕 6년 9월 ; 권25, 백제본기3, 아신왕 5년 9월.
56) 『삼국사기』 권18, 고구려본기6, 고국양왕 7년 9월 ; 권25, 백제본기3, 아신왕 6

이와 같이 접경에 구축된 백제의 관방시설로 인해 백제 공략에 어려움을 겪고 있던 상황 속에서 391년에 즉위한 광개토왕은 백제 공략을 위해서는 우선 관방시설을 무너뜨려야 함을 절감하였을 것으로 추정된다. 그리고 관방시설을 무너뜨리기 위한 특단의 전술을 구상하고 펼치는 과정에서 수군을 동원하지 않았을까 싶다. 즉 관방시설 전방으로는 육군을 동원하여 전투를 수행하고, 한편으로는 수군을 동원해 서해안을 따라 관방시설 후방에 신속·은밀하게 상륙한 다음 기습 공격을 감행함으로써 관방시설의 전·후방을 교란시키는 수륙양면작전을 구사하고자 했다는 것이다.

광개토왕이 392년 7월 백제 공략 때 수군을 동원하여 백제의 관방시설을 무너뜨리고자 하였다면 고구려를 출발한 수군은[57] 어디에 상륙하였을까. 아마도 서해 연안을 따라서 최대한 접근할 수 있는 관방시설 부근이라고 추정되는데, 관방시설의 서단이었던 해주만 일대가 주목된다. 즉, 해주만 연안의 황해남도 해주나 청단 일대에 상륙하여 신원-해주로에 구축된 백제 관방시설을 육군과 함께 공격하여 무너뜨린 후 계속해서 다른 관방시설에 대한 공격을 이어갔다는 것이다.

고구려 수군은 해주만 일대에 상륙하여 백제의 관방시설을 무너뜨린 이후에도 전술하였듯이 392년 10월에 관미성을 공격하고 396년에 백제 공략을 재개할 때에도 동원되는 등 계속해서 對백제전 군사 활동을 펼쳤던 것으로 보인다. 그런데 고구려 수군이 지나다녔던 황해도 장산곶 앞바다는 고려·조선시기에 漕運船을 왕래시키는 것을 기피할 만큼 해난 사고가 자주 일어나던 곳이었다.[58] 이를 참고해보면 고구려 수군 또한 장산곶 앞바다를 자주 왕래하는 것에 대해서 부담스러워했을 가능성이 높다.

년 9월.

57) 392년 광개토왕의 백제 공략 당시 수군이 출발한 곳에 대하여 남포만 이북이나 압록강 하구인 서한만으로 보기도 한다(윤명철, 앞의 책, 2003, 178쪽).

58) 여호규, 「고구려 韓半島 中部地域 지배와 漢城 別都의 건설」 『한국고대사연구』 99, 2020, 258~261쪽.

고구려 수군이 상륙했을 것으로 추정되는 해주만 일대는 근처에 신원-해주로가 지나고 있어서 帶方지역(황해도)의 지배 거점으로 추정되는[59] 신원 도시유적으로부터 군수품 및 각종 물자를 보급받는 데 유리한 입지를 지니고 있었다.[60] 또한 한강, 임진강, 예성강 등이 모여드는 바다이기 때문에 어디든 접근과 상륙이 가능하며, 깊숙한 만과 그 만을 감추는 섬들이 앞을 막고 있어 해양 군사활동을 펼치는 데 적합한 조건을 갖추고 있었다.[61] 장산곶 앞바다를 지나는 것에 대한 위험성 그리고 해주만 일대의 입지 등을 고려해본다면 고구려가 백제 관방시설을 무너뜨린 392년 7월 이후 해주만 일대에 수군 거점을 마련하였을 가능성이 높다고 여겨진다.[62] 그렇다면 이후 전개된 관미성 전투나 396년 백제 공략 당시 동원된 수군은 해주만 일대의 수군 거점에서 출발하였다고 추정된다.[63]

한편 능비의 영락 14년(404)조를 보면 倭가 고구려를 공격하였다는 기록이 나온다.

59) 임기환, 「고구려의 부도 한성과 지방통치」 『한국 고대 중세 지방제도의 제문제』, 집문당, 2002, 14~17쪽.
60) 신원-해주로는 4세기 이후 고구려의 수군 활동과 관련한 군사보급로로 주목받은 바 있다(서영일, 앞의 논문, 2006, 45쪽). 조선시기에는 서해 해로와 재령강 수로를 연결하는 교통망이 활발히 이용했던 교통로였다(여호규, 앞의 논문, 2020, 261쪽).
61) 윤명철, 앞의 책, 2003, 127쪽.
62) 황해도 해주 용당포에 고구려의 포구가 있었고 인근의 수양산성이 해안 방어성 역할을 하였다고 보기도 한다(정진술, 「교역항의 개발」 『한국해양사Ⅰ-선사·고대』, 한국해양재단, 2013, 44쪽). 그리고 황해도 옹진 고성(옹천성)을 수군 기지로 보는 견해가 있다(오붕근, 앞의 책, 2012, 29쪽).
63) 396년 광개토왕의 백제 공략 당시 고구려 수군의 출발지에 대해 압록강 하구(천관우, 앞의 논문, 1988, 53쪽 ; 서영교, 앞의 책, 2007, 142쪽 ; 정진술·이민웅·신성재·최영호, 앞의 책, 2008, 77쪽), 평양(酒井改藏, 「好太王碑面の地名について」 『朝鮮學報』 8, 1955, 60쪽 ; 王健群, 앞의 책, 1984, 164쪽 ; 이도학, 앞의 논문, 1995, 247쪽), 황해남도 옹진이나 해주만 혹은 예성강 하구(윤명철, 앞의 책, 2003, 178쪽) 등으로 보는 견해가 있다.

D. (永樂) 14년 甲辰(404)에 倭가 법도를 지키지 않고 帶方界를 침입하였다. …
石城 … 連船 … (광개토)왕이 몸소 군대를 이끌고 … 平穰을 거쳐 … 서로
맞부딪쳤다. (광개토)왕의 군대가 가로막고 소탕하니, 왜구가 궤멸되었고,
참살한 자가 수없이 많았다.[64]

기사 D에 따르면 404년에 왜가 帶方界를 침범하자 광개토왕이 친히 군
대를 이끌고 이를 격퇴하였다고 한다. 본 전투에 대해서는 왜가 백제의 요
청으로 공격한 것으로 보거나 백제와 왜의 연합작전으로 보는 등 백제와
연관이 있다고 보는 것이 일반적이다.[65]

기사를 보면 "連船"을 확인할 수 있는데, 이로 볼 때 당시 전투에 수군
이 동원되었던 것으로 추정된다. 다만 능비상에 "연선" 앞뒤로 글자가 박
락되면서 "연선"의 주체를 정확하게 파악하기 어려운데, 광개토왕이 군대
를 이끌고 반격하였다는 내용 앞에 있다는 점을 감안하면 왜로 보는 것이
타당하지 않나 싶다.[66] 왜가 침공하였다는 대방계에 대해서는 대체로 황해
도 연안으로 보고 있는데, 구체적으로 해주만 일대가 지목되고 있다.[67] 이

64) 「광개토왕릉비」, "十四年甲辰, 而倭不軌, 侵入帶方界. □□□□□石城□連船□□
□, 王躬率□□, 從平穰□□□鋒相遇. 王幢要截盪刺, 倭寇潰敗. 斬煞無數."
65) 「광개토왕릉비」 永樂 14년조의 "□□□□□石城"을 '和通殘兵□石城'으로 판독
하면서 백제와 왜가 연합하여 帶方界를 공격하였다고 보기도 한다(王健群, 앞의
책, 1984, 184~185쪽).
66) 佐伯有淸, 「高句麗廣開土王陵碑文の再檢討 - とくに「辛卯年」の倭關系記事をめぐっ
て -」 『續日本古代史論集(上)』, 吉川弘文館, 1972(王健群, 앞의 책, 1984, 107쪽
에서 재인용) ; 王健群, 앞의 책, 1984, 186쪽 ; 오붕근, 앞의 책, 2012, 27쪽 ;
鈴木靖民, 「광개토왕비에 보이는 왜」 『광개토왕비의 재조명』, 동북아역사재단,
2013, 253~254쪽. 반면 "連船"에 대한 주체를 고구려로 보는 견해도 있다(박시
형, 앞의 책, 1966, 198쪽 ; 서영교, 앞의 책, 2007, 163쪽).
67) 문안식, 앞의 책, 2006, 205쪽 ; 여호규, 앞의 논문, 2012, 202~203쪽. 이 외에
강령만 혹은 황해남도 장연군과 옹진만 사이의 대동만으로 보는 견해(윤명철, 앞
의 책, 2003, 190쪽)와 황해남도 남부 해안으로 보는 견해(손영종, 앞의 책, 2006,
202쪽)가 있다. 또한 당시 왜와 연합한 백제의 목표가 고구려에게 빼앗긴 '예성

러한 점을 감안하면 왜 수군의 공격 목표가 해주만 일대에 위치했던 고구
려의 수군 거점이 아니었을까라고 생각해 볼 수 있겠다. 나아가 왜 수군이
고구려의 수군 거점을 공격한 것이라면 양 수군 간 水戰이 벌어졌을 가능
성이 높다고 여겨진다.[68]

　392년 7월 고구려군은 백제의 관방시설을 무너뜨리면서 石峴城[69] 등
10여 개의 성을 함락하였다(기사 B-1). 그리고 10월에는 백제 북변의 해안
요충지인 관미성을 공격하여 20일 만에 점령하였다(기사 B-2). 능비의 영락
6년조에 보이는 閣彌城과 동일한 성곽으로 추정되는[70] 관미성은 그 위치에
대해서 의견이 분분한데, 대체로 예성강 하구,[71] 강화도(교동도 포함),[72] 임
진강-한강 하구 합류처[73] 등으로 비정되고 있다.

강 수복'이었다는 점에 주목하여(서영일, 앞의 논문, 2006, 57쪽) 『삼국사기』 권
18, 고구려본기6, 광개토왕 4년 8월조와 권25, 백제본기3, 아신왕 4년 8월조에
보이는 浿水 전투와 동일한 사건으로 파악하고(천관우, 앞의 논문, 1988, 52쪽)
예성강 일대로 추정하는 견해도 있다.

68) 耿鐵華, 정진술·이민웅·신성재·최영호도 고구려 수군이 활약하였다고 보고 水戰
이 전개되었을 것으로 추정하였다(耿鐵華, 앞의 책, 1994, 148쪽 ; 정진술·이민
웅·신성재·최영호, 앞의 책, 2008, 80쪽).

69) 石峴城의 위치에 대해서 황해북도 개풍군 청석동의 青石嶺(이병도, 앞의 책,
1985, 379쪽 ; 김윤우, 「廣開土王의 南下征服地에 대한 一考 - 關彌城의 位置를
中心으로 -」 『高句麗 南進 經營史의 研究』, 백산문화, 1995, 227~234쪽 ; 손영
종, 앞의 책, 1995, 297쪽), 경기도 파주시 파평면 일대(여호규, 앞의 논문, 2012,
181~182쪽), 연천군 일대(서영일, 앞의 논문, 2008, 15~16쪽) 등으로 비정하는
견해가 있다.

70) 박시형, 앞의 책, 1966, 174쪽 ; 王健群, 앞의 책, 1984, 164쪽 ; 이병도, 앞의
책, 1985, 379쪽.

71) 酒井改藏, 앞의 논문, 1955, 51쪽 ; 박시형, 앞의 책, 1966, 174~176쪽 ; 이도학,
앞의 논문, 1995, 250~252쪽 ; 서영일, 앞의 논문, 2006, 52~53쪽. 구체적으로는
황해북도 개풍군 백마산고성으로 비정하기도 한다(손영종, 앞의 책, 1995, 297쪽).

72) 공석구, 『高句麗 領域擴張史 研究』, 서경문화사, 1998, 212~213쪽 ; 신채호, 앞
의 책, 2007, 732쪽 ; 박종서, 앞의 논문, 2014, 67~71쪽. 구체적으로는 강화도
의 하음산성(윤명철, 앞의 책, 2003, 164~175쪽), 교동도의 화개산성(이병도, 앞
의 책, 1985, 379쪽) 등으로 비정하기도 한다.

예성강 하구는 임진강 및 한강 하구와 연결되면서 서해로 빠져 나가는 해상 교통로상의 요충지이다.[74] 강화도는 예성강과 한강이 만나 서해로 흘러들어오는 길목으로 한강 하구와 예성강 하구는 물론 경기만 일대까지 통제할 수 있는 요충지이다.[75] 임진강-한강 하구 합류처 또한 임진강과 한강이 서해로 진입하는 지점으로 임진강과 한강 하구를 견제하면서 해상 교통과 육상 교통을 통제할 수 있는 요충지이다.[76] 관미성이 구체적으로 어디에 위치하고 있었는지 확신할 수는 없지만, 고구려가 예성강, 임진강, 한강 등이 흘러들어오는 경기만을 장악함으로써[77] 수군을 통해 측면으로 백제를 공격할 수 있고, 육군과 수군 합동작전을 통해 백제 도성을 압박할 수 있는 교두보를 마련하였다고 볼 수 있다.[78]

고구려가 석현성과 관미성 등 여러 성을 차지하고 예성강과 임진강 중상류 유역으로 진출하자, 백제는 빼앗긴 영역을 수복하기 위해 393년 8월에 관미성(기사 B-3), 394년 7월에는 수곡성을 공격하는 등 반격에 나섰지만 잇달아 고구려군에 패배하고 만다(기사 B-4). 이후 고구려는 394년에 멸악산맥과 마식령산맥 사이의 예성강 일대에 7개의 성을 쌓아 백제의 침입에 대비하였다(기사 B-5).[79] 이와 같은 고구려의 대비에도 불구하고 백

73) 津田左右吉, 『朝鮮歷史地理(第1卷)』, 南滿洲鐵道株式會社, 1913, 70~71쪽 ; 佐伯有淸, 『廣開土王碑と七支刀』, 吉川弘文館, 1977, 68쪽 ; 천관우, 앞의 논문, 1988, 49쪽. 구체적으로는 경기도 파주시 오두산성으로 비정하기도 한다(김정호, 『대동지지』권3, 交河 城池, 59쪽 ; 윤일녕, 앞의 논문, 1990, 126~131쪽 ; 김윤우, 앞의 논문, 2005, 234~240쪽 ; 여호규, 앞의 논문, 2012, 183~186쪽).
74) 서영일, 앞의 논문, 2006, 53쪽.
75) 이병도, 앞의 책, 1985, 379쪽 ; 윤명철, 앞의 책, 2003, 174쪽 ; 박종서, 앞의 논문, 2014, 70~72쪽.
76) 서인한, 앞의 책, 2005, 107쪽.
77) 장창은, 앞의 책, 2014, 57쪽.
78) 이병도, 앞의 책, 1985, 381쪽 ; 김수태, 앞의 논문, 2013, 328쪽.
79) 문안식, 앞의 책, 2006, 184쪽 ; 서영일, 앞의 논문, 2006, 50쪽 ; 장창은, 앞의 책, 2014, 57~58쪽. 고구려 남쪽 7개의 성(國南七城)에 대해 옹진 고성(옹천성), 강령 읍성, 해주 수양산성, 배천 치악산성, 연안 봉세산성, 태탄 오누이산성으로

제는 다시 영토 수복에 나섰는데, 395년 4월에는 패수에서 고구려군에 패
배하였고(기사 B-6) 11월에는 폭설로 인해 군대를 돌리면서 또 다시 실패
하고 말았다(기사 B-7).

백제가 계속해서 영토 수복을 시도하며 고구려에 맞서자 광개토왕은
396년에 다시 대대적인 백제 공략에 나섰다. 고구려군은 백제군과 전투를
벌이면서 아리수에 도달하였고 아리수를 건너 백제 도성마저 압박하였는
데(기사 A-②), 이에 아신왕은 결국 굴복하고 광개토왕에게 충성 맹세를 하
게 된다(기사 A-③).

광개토왕은 392~396년에 전개한 백제 공략을 통해 백제 아신왕의 충성
맹세를 받았고 58성 700촌을 차지함으로써(기사 A-③) 예성강, 임진강 중
하류와 서해안 일대, 북한강 유역까지 진출하였다.[80] 이와 같이 아신왕의
충성 맹세를 받고 58성 700촌을 차지하는 데 있어 그 발판이 되었던 것은

비정하면서 옹진반도를 포함한 황해도와 예성강 이북에 축조되었다고 보기도 하
는데(최창빈, 「4세기 말~5세기초 고구려의 국남7성과 국동6성에 대하여」『력사
과학』1990-3, 1990, 52~53쪽 ; 손영종, 앞의 책, 1995, 298~299쪽), 이와 같은
비정을 토대로 황해도 남부 해안지대의 방어를 강화할 목적으로 축조한 성곽으로
추정하기도 한다(손영종, 앞의 책, 1995, 298쪽 ; 윤명철, 앞의 책, 2003, 129쪽).
반면 서흥 대현산성, 평산 태백산성, 봉산 휴류산성, 재령 장수산성, 해주 지성산
성, 배천 치악산성, 곡산 십곡성 등으로 비정하면서 멸악산맥 일대에 축조되었다
고 보는 견해도 있다(채희국·전제헌, 「대현산성 답사기」『고고민속』1966-2,
1966, 42~43쪽).

80) 여호규, 앞의 논문, 2012, 188~200쪽. 반면 58성 700촌의 범위에 대해 임진강-한
강 유역(이병도, 앞의 책, 1985, 381~382쪽 ; 이기동, 앞의 논문, 1986, 46쪽 ; 천
관우, 앞의 논문, 1988, 49쪽), 예성강-임진강-경기 서해안(박시형, 앞의 책,
1966, 173~178쪽 ; 박성봉, 「廣開土好太王期 高句麗 南進의 性格」『한국사연구』
27, 1979, 18~19쪽 ; 김윤우, 앞의 논문, 1995, 214~217쪽)으로 보는 견해가 있
다. 이와 더불어 남한강 상류(손영종, 앞의 책, 1995, 304쪽 ; 이도학, 앞의 논문,
1995, 246~265쪽 ; 서영일, 앞의 논문, 2006, 54쪽 ; 서영교, 앞의 책, 2007, 152
쪽 ; 장창은, 앞의 책, 2014, 64~67쪽) 혹은 충남 내륙(酒井改藏, 앞의 논문,
1955, 54~60쪽 ; 윤일녕, 앞의 논문, 1990, 115~116쪽)까지 확대하여 보는 견해
도 있다.

백제 관방시설의 붕괴와 관미성 함락이었다. 당시 고구려 수군은 기동성과 잠행성을 바탕으로 백제의 관방시설 후방에 상륙하여 전투를 수행함으로써 관방시설을 무너뜨리는 데 기여하였고, 난공불락의 성곽이었던 관미성을 함락시키는 데 한 축을 담당하였다. 그 이후에는 육군의 한강 도하를 지원하고 경기만을 장악하여 彌鄒城(인천) 등 서해 연안 일대를 점령함으로써[81] 고구려군이 안정적으로 백제 도성에 진입하고 남진할 수 있는 기반을 마련하였다. 광개토왕의 백제 공략에 있어 수군이 기여한 바가 매우 컸음을 확인할 수 있는 것이다.

IV. 맺음말

상기 내용을 요약하면 다음과 같다.

4세기 후반 고구려와 백제는 멸악산맥을 중심으로 접경을 형성하였고 예성강 중하류 일대를 둘러싼 공방전을 펼쳤다. 그런데 백제가 멸악산맥과 마식령산맥을 따라 관방시설을 구축하면서 고구려는 백제 공략에 어려움을 겪었다. 이에 392년 백제 공략에 나선 광개토왕은 백제의 관방시설을 무너뜨려야 함을 절감하였는데, 백제의 관방시설을 무너뜨리기 위한 전술로 전방으로는 육군을 동원하여 공격하되 한편으로는 해주만 연안에 수군을 신속·은밀하게 상륙시켜 후방을 기습 공격하는 수륙양면작전을 구사한 것으로 보인다. 그리고 관방시설을 무너뜨린 후에는 해주만 일대에 수군 거점을 마련하면서 관미성 전투에 수군을 투입하여 승리를 거두었다.

백제가 계속해서 영토 수복을 시도하자 광개토왕은 396년에 다시 대대적인 백제 공략에 나섰다. 기존에는 능비 영락 6년조의 "王躬率□軍"에서

---

81) 「광개토왕릉비」 永樂 6년조에서 광개토왕이 공취하였다는 "沸□□利城"을 "沸城, □利城"으로 판독하며 沸城을 경기도 김포시 통진으로 비정하는 견해가 있다(손영종, 앞의 책, 1995, 303쪽 ; 문안식, 앞의 책, 2006, 190쪽).

"□"를 "水"자로 판독하면서 '396년에 광개토왕이 직접 수군을 거느리고 백제 도성을 함락하였다'고 많이 이해하여 왔다. 하지만 능비의 원석 탁본을 보면 "水"자로 판독하기 힘들다는 점에서 상기의 통설은 재고의 여지가 있다. 다만 수군의 지원을 받으면 백제 도성 함락 전에 있었던 아리수 도하가 좀 더 용이하였을 것이라는 점 그리고 392년 백제 공략 때 수군을 동원하였다는 점 등을 감안하면 수군 편성은 이루어졌던 것으로 보인다.

392~396년에 전개된 광개토왕의 백제 공략에서 수군은 백제의 관방시설을 무너뜨리고 관미성을 함락하는 데 기여하였다. 또한 육군의 한강 도하를 지원하고 경기만을 장악하여 서해 연안 일대를 점령함으로써 고구려군이 안정적으로 백제 도성으로 진입하고 남진할 수 있는 기반을 마련하였다. 이러한 수군의 활약 속에서 광개토왕은 아신왕의 충성 맹세를 받고 58성과 700촌을 차지할 수 있었다.

3세기대에 해양활동을 시작한 고구려는 4세기 초반 낙랑군과 대방군 복속을 계기로 그 역량을 크게 높이면서 수군을 대거 양성하였던 것으로 추정된다. 그리고 그 결실을 광개토왕대에 맺으면서 백제 공략 때 크게 활약했던 것으로 보인다. 본고에서는 광개토왕대의 수군 운용에 대해서만 검토하였을 뿐 그 이후 고구려의 수군 운용에 대해서는 살펴보지 못하였다. 전술하였듯이 수군의 활약이나 운용을 보여주는 직접적인 사료가 거의 없어 그 양상을 확인하기 어렵지만, 삼국 간의 국경과 대외 관계 등 당시 정세 그리고 戰場을 정확히 파악할 수 있다면 어느 정도 규명이 가능하지 않을까 싶다. 이에 대해서는 차후의 과제로 남겨두고자 한다.

* 이 글은 『한국고대사탐구』 38(한국고대사탐구학회, 2021)에 실린 「4세기 후반 高句麗의 南方 接境과 廣開土王의 對百濟戰 水軍 운용」을 수정·보완한 것이다.

제4절
660~661년 당의 고구려 공격군 편성과
水軍 운용 전략

이 민 수
(서강대학교 사학과 박사과정)

I. 머리말

661~662년에 전개된 이른 바, 2차 고구려-당 전쟁[1]은 645년에 이어 고구려와 당의 두 번째 전면전이라는 측면에서 학계의 주목을 받고 있다. 현재 2차 고구려-당 전쟁을 단독 주제로 한 선행 연구로는 2004년 김용만, 2013년 김병곤, 2016년 장창은의 연구가 있다.

이 연구들은 그간 삼국통일 전쟁의 과정으로만 언급된 이 전쟁에 대해 전반적인 양상을 다루면서 의의와 중요성을 환기시켰다.[2] 그러나 공격군 편성과 각 행군의 공격로에 대한 고찰은 다소 미흡하게 다뤄진 측면이 있다.

이에 II장에서는 고구려 공격군의 편성 과정과 출병 시점에 대해 파악하고자 한다. 선행연구에서는 고구려 공격군의 출병 시점에 대해 660년 12월(11월), 661년 1월, 661년 4월, 661년 5월로 다양한 논의가 이뤄지고 있을 정도로 아직 합의되지 않았다. 이는 660~661년 당의 공격군 편성 시점이 사료마다 다르게 기재되었던 탓에 필연적으로 혼선이 존재할 수밖에 없는 측면도 있다. 이에 선행연구를 기반으로 기존에 알려진 사료 및 당대 금석문 사료 분석을 통해 고구려 공격군의 편성 과정과 출병 시점을 규명

---

1) 閔德植은 이 전쟁을 2차 麗唐戰爭으로 불렀으며(閔德植,「唐柴將軍精舍草堂碑에 대한 檢討」『百濟文化』31, 2002, 175~176쪽), 김용만은 고구려와 당의 전면전을 645년은 1차, 661~662년은 2차, 666~668년은 3차로 규정하면서 다른 국지전과는 분명히 구분되어야 한다는 견해를 보였다(김용만,「2次 高句麗-唐 戰爭(661-662)의 進行 過程과 意義」『민족문화』27, 2004, 160~161쪽). 박경철도 김용만과 유사한 접근으로 660~662년 전쟁을 2차 麗唐戰爭으로 규정하였다(박경철,「麗唐戰爭의 再認識」『東北亞歷史論叢』15, 2007, 179~183쪽). 최근 장창은도 660~662년 전쟁을 2차 고·당 전쟁으로 규정하였다(장창은,「660~662년 고구려와 신라·당의 전쟁」『新羅史學報』37, 2016, 68쪽).

2) 김용만, 위의 논문, 2004, 159~205쪽 ; 김병곤,「661~662년 당 수군의 평양 직공책의 전략과 한계」『韓國史學報』50, 2013, 43~75쪽 ; 장창은, 위의 논문, 2016, 68쪽.

해보고자 한다.

Ⅲ장에서는 Ⅱ장에서 논의한 내용을 토대로 고구려 공격군의 공격로를 파악하고자 한다. 현재 661년 당의 고구려 공격로에 대해 다양한 논의가 진행되고 있다. 그러나 해로를 통해 평양으로 진군했다는 것이 사료에 명확하게 드러난 소정방군을 제외한 행군들의 공격로는 연구자마다 견해가 엇갈리고 있다.

각 행군의 공격로를 어떻게 비정하느냐에 따라 전쟁의 구체적인 전략이나 전투 양상이 달라질 수 있다. 이에『舊·新唐書』·『資治通鑑』은 물론 당대 묘지명과 검토가 미흡했던 사료에 대한 분석을 이행함으로써 보다 구체적인 고구려 공격군의 공격로와 전략에 대해 알아보고자 한다.

Ⅱ. 당의 공격군 편성

660년대 초 당의 고구려 공격군 출병 시기의 기준이 되는 공격군 편성에 대한 기사는 사료마다 660년 11월, 660년 12월, 661년 1월, 661년 4월, 661년 5월로 차이가 있다. 이에 고구려 공격군 출병 시기에 대한 논의도 연구자마다 다양하게 전개되고 있다.

〈표 1〉 660년대 초 당의 고구려 공격군 출병 시점에 대한 諸說

출병 시점	연구자	주요 주장
660년 11(12)월	李昊榮[3]	·660년 11월 당군이 침입하였으나, 고구려가 방어 ·661년 4월 군부대를 재편성하여 35軍으로 묶어 고구려 공격
	鄭媛朱[4]	·660년 11월 당군이 요동을 경유하여 출병하였으나, 고전 ·661년 1월 부여도행군을 증원했으나, 회군 후 재편성하여 662년 4월에 출병

661년 1월	윤명철[5]	·660년 11월 편성된 당군이 661년 1월에 고구려 공격
	김병곤[6]	·661년 1월 선발대인 부여도행군이 출병 ·이후 나머지 군대가 출병
	서영교[7]	·661년 1월 부여도행군이 진군 ·661년 4월 패강도, 요동도, 평양도행군이 출병
661년 4월	徐仁漢[8]	-
	노태돈[9]	-
	온창일[10]	-
	장창은[11]	·660년과 661년 1월에 교전 기사가 없으므로 전투가 벌어진 것으로 보기 어려움 ·661년 4월 기사가 가장 구체적
	이재성[12]	-
661년 5월	김용만[13]	·660년 12월과 661년 1월 당의 고구려 공격군 편성 기사는 실제로 전투가 이행된 것이 아니라 명단만 발표한 것 ·5월에 최종 편성되어 출병

이는 660~661년 당의 공격군 편성 시점이 사료마다 다르게 기재되었던 탓에 필연적으로 혼선이 존재할 수밖에 없는 측면이 적지 않다. 우선 가장 이른 시기인 660년 12월(11월)의 고구려 공격군 기사부터 살펴보자.

---

3) 李昊榮, 「III. 수·당과의 전쟁」『신편 한국사 5 – 삼국의 정치와 사회 고구려 I』, 국사편찬위원회, 2002, 138~142쪽.

4) 鄭媛朱, 『高句麗滅亡硏究』, 한국학중앙연구원 박사학위 논문, 2013, 252~253쪽.

5) 윤명철, 『고구려 해양사 연구』, 사계절, 2003, 418쪽.

6) 김병곤, 앞의 논문, 2016, 50~52쪽.

7) 서영교, 「唐高宗 百濟撤兵 勅書의 背景」『東國史學』 57, 2014, 327쪽.

8) 徐仁漢, 『한민족전쟁통사 1 – 고대편』, 국방부군사연구소, 1994, 334쪽.

9) 노태돈, 『삼국통일전쟁사』, 서울대학교출판부, 2009, 162쪽.

10) 온창일, 『한민족 전쟁사』, 지문당, 2014, 124쪽.

11) 장창은, 「660~662년 고구려와 신라·당의 전쟁」『新羅史學報』 37, 2016, 75~76쪽.

12) 이재성, 「아프라시아브 궁전지 벽화의 '鳥羽冠使節'이 사마르칸트[康國]로 간 원인, 과정 및 시기에 대한 고찰」『동북아역사논총』 52, 2016, 151쪽.

13) 김용만, 『새로쓰는 연개소문傳』, 2003, 246쪽.

<표 2> 660년 12월 고구려 공격군 편성 기사

연번	기 사	전거자료
A-1	顯慶 5年(660) 12月, 左驍衛大將軍 契苾何力을 爲浿江道行軍大總管, 左武衛大將軍 蘇定方을 遼東道行軍大總管, 左驍衛將軍 劉伯英을 平壤道行軍大總管으로 삼아 길을 나누어 병사를 일으킴으로써 高麗를 토벌하게 하였다.[14]	『册府元龜』
A-2	顯慶 5年(660) 12月 壬午, 左驍衛大將軍 契苾何力을 爲浿江道行軍大總管, 左武衛大將軍 蘇定方을 遼東道行軍大總管, 左驍衛將軍 劉伯英을 平壤道行軍大總管, 蒲州刺史 程名振을 鏤方道總管으로 삼아 병사를 거느려 길을 나누어 高麗를 치게 하였다.[15]	『資治通鑑』
A-3	顯慶(656-661)中, (글필하력이) 浿江軍行軍大總管으로 되어, 蘇定方, 右驍衛大將軍 劉伯英과 함께 高麗를 伐하였으나 이기지 못하였다.[16]	『新唐書』 契苾何力
A-4	顯慶 5年 詔를 내려 (아사나충을) 使持節 長岑道行軍大摠管으로 삼았다.[17]	「阿史那忠碑」
A-5	顯慶 5年 (설만비에게) 은혜로운 조칙이 追還되자, 鴨淥道行軍副摠管에 제수되어 萊州에 이르렀는데, 갑자기 병을 만나 龍朔 元年 5月 11일에 官第에서 春秋 60에 卒하였다.[18]	「薛萬備墓誌銘」

---

14) 『册府元龜』 卷986, 外臣部31, 征討5.

15) 『資治通鑑』 卷200, 唐紀16, 高宗 顯慶 5년 12월, "壬午, 以左驍衛大將軍契苾何力爲浿江道行軍大總管, 左武衛大將軍蘇定方爲遼東道行軍大總管, 左驍衛將軍劉伯英爲平壤道行軍大總管, 蒲州刺史程名振爲鏤方道總管, 將兵分道擊高麗." 기실 『三國史記』의 660년 11월 편성(『三國史記』 卷22, 高句麗本紀10, 寶藏王 19년 11월 조) 기사는 撰者가 『資治通鑑』을 인용하면서 12월을 11월로 잘못 기재한 것이다(정구복 외, 『譯註 三國史記』 3 주석편(上), 한국학중앙연구원출판부, 2012).

16) 『新唐書』 卷111, 列傳35, 契苾何力.

17) 「阿史那忠碑」, "顯慶五年. 詔爲使持節長岑道行軍大摠管." 「阿史那忠墓誌銘」에서는 阿史那忠이 장잠도행군대총관에 임명된 시기에 대해 永徽中 이후 顯慶五年이라는 언급 없이 기술해서 자칫 永徽中에 임명된 것으로 오해할 수 있으나, '屬興'이라는 표현으로 구분을 지었다(「阿史那忠墓誌銘」, "屬興師師遼碣, 以公爲使持節長岑道行軍大摠管.").

18) 「薛萬備墓誌銘」, "公諱萬備 字百周 河東汾陰人也 … 顯慶五年 恩勑追還 授鴨淥道行軍副摠管 行至萊州 忽遘時疾, 以龍朔元年五月十一日卒于官第春秋六十."(胡戟, 『珍稀墓誌百品』, 陝西師範大學出版總社, 2016, 69쪽). 拜根興은 설만비가 소속된 압록도를 「唐平百濟碑」의 소정방이 이끈 神丘, 嵎夷, 馬韓, 熊津 등 14道

사료 A-1, 2를 취합해보면 660년 12월 16일에 고종은 소정방을 요동도 행군대총관, 글필하력을 패강도행군대총관, 유백영을 평양도대총관, 정명 진을 누방도총관으로 임명하였다는 것이 확인된다. 그리고 A-4, 5에 의하 면 660년 아사나충은 장잠도행군대총관, 설만비는 압록도행군부총관에 임 명되었다고 한다. 이들은 소정방, 글필하력, 유백영, 정명진과 함께 고구려 공격군에 편성된 것이다.[19]

A-3에 의하면 660년 당은 고구려를 공격하였으나, 이기지 못하였다고 한다(不克). 그러나 이 기사를 신뢰하기에는 의문이 있다. 조서가 발표된 660년 12월 16일 이후 군대의 이동시간을 고려한다면 최소 수개월의 시간 의 소요되므로 현경 중에 전투가 발발한 것으로 보기 어렵기 때문이다.[20] 이와 관련하여 다음의 사료들을 살펴보자.

B. 龍朔元年(661) 3월 1일, 上이 李勣·李義府·任雅相·許敬宗·許圉師·張延師· 蘇定方·阿史那忠·于闐王伏闍·上官儀 등을 불러, 城門에서 연회를 베풀면서 屯營에서 새로 가르친 춤을 관람했다. 이름을 말하길 一戎大定樂이라고 한 다. 그때 (上이) 遼東을 친정하고자, 무력의 위세를 상징한 것이다.[21]

행군 중 하나로 파악하고, 백제 지역에서 고구려 방면으로 직접 진공하기 위한 행군이었다고 보았다(拜根興, 「新见初唐名将薛万备墓志考释」『唐史论丛』27, 2018, 284~285쪽). 이에 대해 김수진은 660년 백제를 멸망시킬 수 있을지 불분 명한 상황에서 고구려 공격까지 상정하고 행군을 편성한다는 것은 자연스럽지도 않고, 효율적이지도 않다는 점을 지적하였다. 그리고는 설만비는 660년 12월 고 구려 공격을 위한 행군이 편성되었을 때 압록도행군부총관으로 임명되어 661년 4월(또는 5월) 소정방이 이끈 35軍중 하나로 萊州에서 출발하여 평양 지역 전투 에 투입될 예정이었으나 출발 직전 병에 걸려 5월 11일 내주의 官第에서 사망한 것으로 파악하였다(김수진, 「含資道捴管柴將軍精舍草堂之銘」에 대한 새로운 이 해」『大丘史學』140, 2020, 25쪽 각주 64 참조).
19) 서영교도 아사나충이 660년 12월에 장잠도행군대총관으로 임명된 것으로 파악 하였다(서영교, 앞의 논문, 2014, 330쪽).
20) 만일 실질적인 전투가 있었다면 아무리 이르더라도 해를 넘긴 661년 2월 중순에 발발했을 것이다.

사료 B에 의하면 661년 3월 1일 고종은 소정방·아사나충과 함께 城門[22]에서 연회를 베풀고 일융대정악을 참관하였다.[23] 이동 거리와 시간을 감안했을 때 소정방과 아사나충은 660년 12월 16일에 고구려 전선에 가지 않았음을 시사한다.

<표 3> 661년 1월 19일 당의 병력 증원 기사

연번	기 사	전거자료
C-1	6年(661)봄 정월, 乙卯, 河南·河北·淮南 67州의 44,646인을 모집하여 얻어서 平壤·帶方道 行營에 가게 하였다.[24]	『舊唐書』高宗 本紀
C-2	龍朔元年(661) 봄, 정월, 乙卯, 河南北, 淮南 67州의 44,000여 인의 군사를 얻어서 平壤·鏤方 行營에 나아가게 하였다.[25]	『資治通鑑』

C-1~2는 고종이 1월 19일에 고구려 공격군에 병력을 증원한 기사이다. C-1은 C-2보다 구체적인 규모를 명시하였으나, C-2에서 鏤方으로 기재한 것과 달리 帶方으로 기재하였는데, 대방은 누방의 오기로 여겨진다.[26] 그리고 3일 후인 1월 22일 고종은 소사업을 총관으로 한 부여도행군을 신설하였다.

---

21) 『唐會要』 卷33, 諸樂.
22) 『唐會要』에 등장한 城門은 洛城門이며, 洛陽宮의 서북에 위치한 문이다(『資治通鑑』 卷200, 唐紀16 高宗 龍朔 원년 3월).
23) 소정방·아사나충과 함께 있던 이의부·허경종은 655년 이후 정계의 주도권을 장악한 인물들이며, 임아상은 훗날 병부상서가 되어 고구려 공격에 참여하는 인물이다. 고종이 자신의 고구려 공격을 지지하는 신료들을 모아놓고 이러한 춤을 참관했다는 것은 어떠한 의미였을지 짐작할 만하다(최현화, 「7세기 중엽 당(唐)의 한반도(韓半島) 지배전략(支配戰略)」 『역사와 현실』 61, 2006, 166~167쪽).
24) 『舊唐書』 卷4, 本紀4, 高宗上 6년 봄 정월 乙卯.
25) 『資治通鑑』 卷200, 唐紀16, 高宗 龍朔 원년 봄 정월 乙卯.
26) 가전기록을 참조한 『新唐書』 정무정전에서 당시 정명진을 누방도행군총관으로 기재하였다(『新唐書』 卷111, 列傳36, 程務挺).

〈표 4〉 661년 1월 부여도행군 편성 기사

연번	기　사	전거자료
D-1	龍朔元年(661) 正月, 鴻臚卿 蕭嗣業을 扶餘道行軍總管으로 삼아 廻紇 등 蕃兵을 거느리고, 平壤으로 나아가게 함으로써 高麗를 討하게 하였다.[27]	『冊府元龜』外臣部
D-2	龍朔元年(661) 正月戊午, 鴻臚卿 蕭嗣業을 扶餘道行軍總管으로 삼음으로써 高麗를 伐하게 하였다.[28]	『新唐書』高宗本紀
D-3	龍朔元年(661) 正月戊午, 鴻臚卿 蕭嗣業을 扶餘道行軍總管으로 삼아 回紇 등 여러 部兵을 거느리게 하여 平壤으로 가게 하였다.[29]	『資治通鑑』

　　D-2에서 단순히 소사업을 부여도행군총관으로 삼았다고 기재한 것과 달리 D-1, 3에서는 부여도행군에 철륵의 하나인 회흘이 속해있다는 것과 목적지가 고구려의 수도인 평양임을 기술하였다.[30] 부여도행군에 회흘과 더불어 '諸部兵', '蕃兵'으로 지칭된 이들은 당에 속한 철륵의 여러 부족을 의미한 것으로 여겨진다.

　　요컨대 당은 660년 12월 16일에 고구려 공격군 편성을 발표하였지만, 곧장 고구려로 출병하여 전투를 치를 수 없었다. 실제 군대 모집에 있어 시간이 소요되며,[31] 백제 공격에서 돌아온 군대가 정리되지 않았으므로, 군대의 전투력을 정리하는 데 영향을 미치지 않을 수 없기 때문이다.[32]

---

27) 『冊府元龜』卷986, 外臣部31, 征討5.
28) 『新唐書』卷3, 高宗 龍朔 원년 정월 戊午.
29) 『資治通鑑』卷200, 唐紀16, 高宗 龍朔 원년 정월 戊午.
30) 이재성은 오르콘강 유역으로부터 부여성을 통과하여 평양으로 남진시키겠다는 의도로 보았다(이재성, 앞의 논문, 2016, 147쪽). 부여도행군을 평양으로 나아가게 했다는 기술은 당의 최종 목적이 고구려의 수도인 평양성 함락임을 의미하는 것으로 부여도행군에게 평양직공의 임무를 부여한 것이 아니다. 일례로 644년 태종은 고구려 공격군을 편성할 때에도 장량에게 평양으로 나아가게 하였지만(『資治通鑑』卷197, 唐紀13, 太宗 貞觀 8년 11월 甲午), 장량의 활동범위는 요동남단과 압록수 일대에 국한되었다(이민수, 「백제 멸망기 당의 신라 침공 계획」『한국고대사탐구』33, 2019, 388쪽).
31) 김용만, 앞의 논문, 2004, 176~177쪽.

661년 1월에도 평양, 누방도행군의 병력 증강과 소사업을 총관으로 한 부여도행군 신설이 진행되었다는 것은 660년 12월 고구려 공격군 편성이 완전하지 않았다는 것을 의미한다. 무엇보다 660년 12월에 발표된 고구려 공격군의 주요 인사들이었던 소정방과 아사나충이 661년 3월 1일에 낙양에 있었다는 사실을 통해 660년 12월에 출병하지 않았음을 확인할 수 있다. 661년 4월 16일에 고종은 대대적으로 고구려 공격군을 개편하였다.

〈표 5〉 661년 4월 16일 고구려 공격군 편성 기사

연번	기 사	전거자료
E-1	龍朔元年(661) 4月 16日, 兵部尙書 任雅相을 浿江道行軍大總管으로 삼아 35軍을 水陸으로 길을 나누어, 먼저 高麗의 틈을 보게 하였다. 上이 6軍을 거느림으로써 그들을 잇고자 하였다.[33]	『唐會要』
E-2	龍朔元年(661) 4月, 조서를 내려 兼兵部尙書 任雅相을 浿江道行軍總管, 左衛大將軍 契苾何力을 遼東道行軍總管, 左武衛大將軍 蘇定方을 平壤道行軍總管으로 삼아 여러 蕃軍을 아울러 총35軍을 거느리게 하여 길을 川陸으로 나누어 먼저 高麗의 틈을 보게 하였다. 황제가 6軍을 거느림으로써 그들을 잇고자 하였다.[34]	『冊府元龜』
E-3	龍朔元年(661) 4月, 庚辰, 任雅相을 浿江道行軍總管, 契苾何力을 遼東道行軍總管, 蘇定方을 平壤道行軍總管, 蕭嗣業을 扶餘道行軍總管, 右驍衛將軍 程名振을 鏤方道行軍總管, 左驍衛將軍 龐孝泰를 沃沮道行軍總管으로 삼고 35軍을 거느림으로써 高麗를 伐.하게 하였다.[35]	『新唐書』 高宗本紀
E-4	龍朔元年(661) 4月, 庚辰, 任雅相을 浿江道行軍總管, 契苾何力을 遼東道行軍總管, 蘇定方을 平壤道行軍總管으로 삼고 蕭嗣業과 여러 胡兵이 함께 무릇 35軍으로 길을 水陸으로 나누어 나란히 나아가게 하였다. 上이 스스로 대군을 거느려 그들을 잇고자 하였다.[36]	『資治通鑑』

---

32) 拜根興, 「激動의 50年- 高句麗와 唐 關係 研究」『高句麗研究』 14, 2002, 434~435쪽.

33) 『唐會要』 卷95, 高句麗.

34) 『冊府元龜』 卷986, 外臣部31, 征討5.

누방도행군총관 정명진과 부여도행군총관 소사업은 그대로이나, 소정방은 요동도행군대총관에서 평양도행군대총관으로, 글필하력은 패강도행군대총관에서 요동도행군대총관으로 변경되었다. 대신에 새로이 합류한 임아상이 패강도행군대총관이 되었고, 방효태의 옥저도행군이 신설되었다. 이들 외에 사서에서 전하지 않는 일부 행군들이 묘지명과 『三國史記』에 산재되어 있다. 이를 아래의 기사들을 통해 살펴보자.

<표 6> 명단에 누락된 행군

연번	행군명	기 사	사료
F-1	含資道	龍朔에 哲威는 悷蒙하였으나, 含資道行軍摠管에 蒙授되어 이를 듣고 매우 기뻐하였다.[37]	「唐柴將軍精舍草堂碑」
F-2	鴨綠道	龍朔 元年 鴨綠道摠管이 되어, 변방의 鹿塞에서 적들을 제거하고, 鷄林에서는 안개를 말끔히 하였는데, 계책은 군략에서 드러나고 도의는 軍紀에서 빛났다.[38]	「張脛墓誌銘」
F-3	樂浪道	당시 (적이) 塞를 犯하여, 변방을 토벌하고자 종군하여, 곧 龍朔 2년에 樂浪道를 征하였다.[39]	「南郭生墓誌銘」
F-4	含資道	含資道摠管 劉德敏이 와서 '평양으로 군사의 양식을 보내라.'는 황제의 뜻을 전하였다.[40]	『三國史記』 新羅本紀

F-1~4에 의하면 함자, 압록, 낙랑도행군이 35군에 편재되었다는 사실을 알 수 있다. 고종은 35군을 보낸 후 자신이 직접 6군을 이끌고 친정을 하고자 하였다. 이때 울주자사 이군구가 고구려 공격을 반대하면서 당이 고구려를 멸망시키더라도 그 땅을 지배할 능력이 없음을 지적하였다.[41] 이후 측천

---

35) 『新唐書』 卷3, 高宗 龍朔 원년 4月 庚辰.
36) 『資治通鑑』 卷200, 唐紀16, 高宗 龍朔 원년 4월 庚辰.
37) 「唐柴將軍精舍草堂碑」, "元龍朔, 哲威庸悷蒙, 授含資道行軍惚管, 聞之驚喜."
38) 「張脛墓誌銘」, "龍朔元年, 爲鴨綠道摠管, 塵淸鹿塞, 霧靜鷄林, 策著軍謨, 道光戎律.
39) 「南郭生墓誌銘」, "時當犯塞, 方事從戎, 卽以龍朔二年, 樂浪道征."
40) 『三國史記』 卷6, 新羅本紀6, 文武王 1년 겨울 10월.

무후도 고종의 친정을 만류하자, 결국 4월 29일에 포기하였다.⁴²⁾ 고종은 5월 16일이 되어서야 친정군을 제외한 고구려 공격군 조서를 발표하였다.⁴³⁾

> G. 龍朔元年(661) 여름 5月 丙申, 명을 내려 左驍衛大將軍·涼國公 契苾何力을 遼東道大總管, 左武衛大將軍·邢國公 蘇定方을 平壤道大總管, 兵部尙書·同中書門下三品·樂安縣公 任雅相을 浿江道大總管으로 삼아 高麗를 伐하게 하였다.⁴⁴⁾

661년 6월 문무왕에게 당 고종의 조서를 전달한 김인문은 소정방이 수륙 35道(行軍)의 병력으로 고구려를 공격케 했다고 언급하였다. 이로 보아 고종의 친정 무산과 관계없이 6군을 제외한 35군은 그대로 출병하였음을 알 수 있다.⁴⁵⁾

E-2~4에서는 소정방, 글필하력, 임아상의 직책에 대해 〈표 2〉, G와 달리 총관으로 기재하였지만, 이는 대총관의 오기(誤記)임에 분명한 것으로 여겨진다.⁴⁶⁾ 이와 관련하여 소정방이 660년 백제에 출정 당시 신구·우이

---

41) 『唐會要』 卷95, 高句麗.
42) 『資治通鑑』 卷200, 唐紀16, 高宗 龍朔 원년 4월 癸巳.
43) 4월 16일부터 4월 29일까지 고종의 친정여부가 확실하게 결정되지 않은 상황에서 당군은 섣불리 출정할 수 없었을 것이다.
44) 『舊唐書』 卷4, 高宗上 龍朔 원년 여름 5월 丙申.
45) 『三國史記』 卷6, 新羅本紀6, 文武王 원년 여름 6월, "元年, 六月, 入唐宿衛仁問·儒敎等至, 告王, "皇帝已遣, 蘇定方領水陸三十五道兵, 伐高句麗, 遂命王擧兵相應雖在服, 重違皇帝勅命."김인문이 당으로부터 신라로 출발한 시점은 최종적으로 편성이 완성된 날인 5월 16일로 파악된다. 왜냐하면 4월 16일부터 4월 29일까지 고종의 친정을 두고 논의가 있었기 때문에 정확한 출정 기일을 정할 수 없었기 때문이다.
46) 「婁敬墓誌銘」에서도 龍朔元年 글필하력의 직책을 총관으로 기재하였으나(「婁敬墓誌銘」, "至龍朔元年, 從總管契苾將軍遼東道行除檢校果毅."), 「契苾嵩墓誌銘」에 의하면 글필하력은 용삭원년에 대총관이었다(「契苾嵩墓誌銘」, "龍朔元年, 詔爲遼東道行軍大總管.) 게다가 주지하듯이 글필하력은 용삭원년에 장군이 아닌 대장군이었기 때문에 「婁敬墓誌銘」의 총관, 장군은 오기임에 분명하다. 김용만은 사료 E-3~4에서 총관으로 기재한 것에 대해 660년 백제 공격에서 대총관이었던 소

등 14개 도행군의 대총관이었던 것이 주목된다.[47] 이를 감안한다면 소정방 외의 대총관인 글필하력, 임아상, 아사나충도 복수 행군의 대총관을 겸한 것으로 볼 수 있다.[48]

그렇다면 대총관이라는 표현이 없는 정명진·방효태·소사업도 대총관 예하의 일개 총관으로 봐야 할까? 그렇게 보기에는 다소 의문이 따른다. 방효태의 경우 소정방, 임아상과 별개의 진영에서 독자적인 군사 활동을 한 것이 확인되며,[49] 정명진의 경우 〈표 3〉에서 알 수 있듯이 소정방의 行營과는 구분되는 행영이 존재하였다.

실제로 방효태의 옥저도행군이 사수전투에서 수만(累萬)명이 전사한 것으로 보아 최소한 수만 명을 거느렸음을 알 수 있다. 이로 보아 정명진·방효태가 대총관이 아니더라도 수만 명으로 이루어진 2, 3군을 거느린 총관으로 보는 것이 합리적이다.[50]

특히 소사업은 철륵의 반기로 인해 중간에 그가 이끌던 부여도행군이 선악도행군으로 변경되어 철륵 전선으로 가게 되는데,[51] 이때 소사업은 대

방을 행군총관으로 격을 낮출 이유가 없으며, 대총관이었던 유백영 대신에 새로이 합류한 군부의 수장인 임아상이 행군총관일 수는 없으므로, 이들은 일개 행군총관이 아닌 대총관으로 보아야 한다고 하였다(김용만, 앞의 논문, 2004, 177~178쪽). 이재성도 임아상이 재상인 병부상서였으므로 패강도행군대총관이 올바르다고 하였다(이재성, 『고구려와 유목민족의 관계사 연구』, 소나무, 2018, 372쪽 각주 169). 이외에 대총관을 총관으로 오기한 대표적인 사례로 644년에 대총관이었던 이적과 장량을 행군총관으로 기재한 것(『舊唐書』 卷3, 太宗下 貞觀 18년 11월)과 668년에 대총관이었던 이적을 두고 행군총관으로 기재한 것(『唐會要』 卷73, 安東都護府) 659년 대총관이었던 소정방과 부대총관이었던 유백영을 총관으로 기재한 것을 들 수 있다(『舊唐書』 卷4, 高宗上 顯慶 4년 11월.).

47) 이민수, 앞의 논문, 2019, 386쪽.

48) 함자도행군총관 유덕민으로부터 당군에게 군량을 보급하라는 고종의 조서를 받은 문무왕은 후에 소정방의 진영에 보내어 군량을 보급하였다. 이로 보아 유덕민은 소정방군의 예하 행군총관이었을 가능성이 높을 것이며, 소정방은 함자도행군의 대총관도 겸했을 것으로 여겨진다.

49) 『冊府元龜』 卷373, 將帥部34, 忠4.

50) 김용만, 앞의 논문, 2004, 178쪽.

총관을 지냈다.[52] 그렇다면 소사업은 고구려 공격군에서도 대총관이었던 것으로 볼 여지도 있다.[53]

이때 당군의 규모에 대해서는 17만 5천 명[54], 8, 9만 명[55], 20여만 명[56], 35만 명[57], 35만~44만 명[58]이라는 견해가 있다. 그러나 이러한 추산들은 661년 당시 당의 공격군 편성이 자세히 전하지 않는 상황에서 다소 자의

---

51) 부여도행군은 철록을 공격하기 위해 행군 전체가 이동한 것으로 볼 수 있다(김용만, 앞의 논문, 2004, 187~188쪽).

52) 『新唐書』 卷3, 高宗 龍朔 원년 10월, "鄭仁泰爲鐵勒道行軍大總管蕭嗣業爲仙咢道行軍大總管, 左驍衛大將軍阿史那忠爲長岑道行軍大總管, 以伐鐵勒."

53) 오히려 관련 기사들에서 대총관을 총관으로 오기하였다는 점을 감안한다면 정명진·방효태·소사업도 대총관이 총관으로 오기되었을 가능성을 배제할 수 없다.

54) 呂思勉, 『隋唐五代史』 下, 上海古籍出版社, 1984, 1226쪽 ; 徐仁漢, 『한민족전쟁통사 1 - 고대편』, 국방부군사연구소, 1994, 334쪽. 혹자는 『당육전』을 근거로 1군이 5천 명이므로 35군의 규모를 17만 5천 명으로 파악하기도 한다. 그러나 1군은 총관의 관품에 따라 배치되는 군사의 규모가 다르기 때문에 일괄적으로 동일하게 배치할 수 없다(이민수, 「645년 唐의 高句麗 원정군 규모 推算」 『한국상고사학보』 100, 2018, 144쪽). 『唐六典』에서는 장군급이 총관일 경우 1군의 규모를 1만 명, 절충도위급이 총관일 경우 5천 명, 과의도위급이 총관(자총관)일 경우 1천 명으로 명시하였으며(『唐六典』 卷5, 尙書兵部, 五千人置總管一人, 以折动充 一千人置子將一人, 以果毅充 ; 『唐六典』 卷5, 尙書兵部, "一千人置子總管一人, 五千人置總管一人."), 『通典』과 『武經總要』에서는 대장군급이 1군을 거느릴 경우 2만 명이라고 하였다(『通典』 卷148, 兵, "大唐衛公李靖兵法曰 諸大將出征, 且約授兵二萬人." ; 『武經總要』 前集, 卷6, 李靖法, "凡大將軍出征, 且約授兵二萬人.").

55) 단순히 총관 수만을 감안하면 육군과 수군은 각각 4만씩 약 8~9만 정도로 추정 가능하다고 하였다(김병곤, 앞의 논문, 2013, 53쪽)

56) 劉矩, 「苏定方东征高句丽得失析」 『地域文化硏究』, 2018-6, 2018, 137쪽.

57) 閔德植, 앞의 논문, 2002, 175쪽 ; 노중국, 『백제 부흥운동사』, 일조각, 2003, 138쪽 ; 이재성, 앞의 논문, 2016, 149쪽 ; 劉矩·姜維東, 『唐征高句麗史』, 吉林人民出版社(東北史地硏究叢書), 2006 ; 김봉숙 외 역, 『당의 고구려 정벌사』, 동북아역사재단 내부자료 - 번역18, 206~208쪽.

58) 김용만은 주(周)대의 1군이 1만 2천 5백 명이고, 춘추전국시대 때의 제(齊)의 1군이 1만 명이라는 것을 기준으로 당의 1군은 최소 1만 명이었을 것으로 보았으며,(김용만, 앞의 논문, 2004, 178~179쪽) 장창은도 이를 따랐다(장창은, 앞의 논문, 2016, 85쪽).

적으로 산출한 면이 있다. 당시 고구려 공격군의 규모는 근접한 시기인 660년 당의 백제 공격군 규모가 참고 된다.

당시 당군은 14개 군 12만 2천 7백 11명으로 14개 군의 2.5배인 35개 행군으로 구성된 661년 고구려 공격군은 대략 30만 명 이상으로 볼 수 있다.[59] 당시 당의 고구려 공격군 병력 규모와 관련하여 『삼국유사』에서는 35만 명[60]이라고 하였다. 이는 649년 태종이 대대적인 고구려 재침을 논의하면서 구상한 고구려 공격군의 규모인 30만 명에서 크게 벗어나지 않는다. 따라서 본고에서는 당군의 규모를 35만 명으로 보고자 한다.

Ⅲ. 당의 공격로와 水軍 운용 전략

소정방의 평양도행군은 위도에서 고구려군을 격파한 후[61] 마읍산을 점령하여 평양성 일대에서 전투를 벌인 것이 확인이 되기 때문에[62] 이견이 없다. 그러나 옥저도행군[63]·패강도행군[64]·요동도행군·누방도행군[65]·부여도

---

59) 661년 당시 당의 고구려 공격군은 대장군급의 대총관이 소정방 1명이었던 백제 공격군과 달리 대장군급 대총관이 소정방·글필하력·임아상·아사나충으로 최소 4명이었던 것이 확인된다. 게다가 소사업도 대총관이었을 가능성이 있으며, 소사업과 동급인 방효태도 수만 명을 거느렸던 것만큼 백제 공격군과의 비교 역시 무리가 있음을 밝힌다.

60) 『三國遺事』 卷2, 紀異2, 文武王 法敏, "任雅相爲浿江道摠管, 率三十五万軍以伐高麗."

61) 『舊唐書』 卷4, 本紀4, 高宗上 龍朔 2년 3월, "蘇定方破高麗于葦島, 又進攻平壤城, 不克而還." 『舊唐書』 고종 본기는 소정방의 위도 전투 승전과 평양성 공격과 귀환을 모두 3월에 일괄적으로 기재하였다(장창은, 앞의 논문, 2016, 90쪽). 위도 전투는 패강 전투보다 이전이며, 3월은 소정방이 귀환한 시점일 뿐이다(김용만, 앞의 논문, 2003, 181쪽 각주 57).

62) 『資治通鑑』 卷200, 唐紀16, 高宗 龍朔 원년 7월 甲戌.

63) 옥저도행군의 공격로는 육로설(임용한, 『한국고대전쟁사2』, 혜안, 2012, 313~315쪽 ; 온창일, 앞의 책, 2014, 125~126쪽)과 해로설(윤명철, 앞의 책, 2003,

행군[66)]의 공격로는 아직 합의가 된 견해가 없는 실정이다. 수·당의 고구려 공격 행군명을 보면 행군명과 공격로, 전장이 반드시 부합하지 않는다.[67)]

즉, 수·당의 행군명은 구체적인 침투 경로로 명명된 것이 아니라 전쟁 대상에 대한 정복 의지를 내포한 것으로 이해된다.[68)] 이로 볼 때 행군명은 실제 목표지점을 지칭하는 것이 아니라, 각 군을 표시하기 위한 이름이었다고 볼 수 있다.[69)] 따라서 본고에서는 고구려 공격군 공격로를 파악하기 위해 전투가 벌어진 전장을 중심으로 살펴보고자 한다.

　 418~419쪽 ; 김용만 앞의 논문, 2004, 186쪽 ; 김병곤, 앞의 논문, 2013, 50~51 쪽 ; 서영교, 『고대 동아시아 세계 대전』, 글항아리, 2015, 665~658쪽 ; 장창은, 앞의 논문, 2016, 86쪽)로 나뉜다.

64) 패강도행군의 공격로는 육로설(閔德植, 앞의 논문, 2002, 175~176쪽 ; 임용한, 앞의 책, 2012, 313~315쪽)과 해로설(윤명철, 위의 책, 418~419쪽 ; 김용만, 앞의 논문, 2004, 186쪽 ; 김병곤, 앞의 논문, 2013, 50~51쪽 ; 서영교, 앞의 책, 665~658쪽 ; 장창은, 앞의 논문, 2016, 86쪽)로 나뉜다.

65) 누방도행군의 공격로는 육로설(김용만, 앞의 논문, 2004, 188~189쪽 각주 72 ; 장창은, 위의 논문, 2016, 88쪽)과 해로설(閔德植, 앞의 논문, 2002, 175~176쪽 ; 윤명철, 앞의 책, 2003, 418쪽)로 나뉜다. 육로설은 누방도행군이 요동 방면에서 전투를 치렀다는 김용만의 견해와 압록수 방면까지 진군했다는 장창은의 견해로 나뉜다.

66) 부여도행군의 공격로는 압록수설(김병곤, 앞의 논문, 2013, 51~54쪽 ; 장창은, 위의 논문, 2016, 88쪽)과 부여성설(김용만, 앞의 논문, 2004, 187쪽 ; 김지영, 「7세기 중반 거란의 동향 변화와 고구려 - 660년 거란의 이반을 기점으로 - 」『만주연구』 12, 2011, 90쪽 ; 이재성, 앞의 논문, 2016, 147쪽)로 나뉜다.

67) 612년 당시 수의 고구려 공격군의 행군 중 우문술의 부여도군, 설세웅의 옥저도군, 양의신의 숙신도군은 각각 부여, 옥저, 숙신 방면으로 진격하지 않고, 요동에 있다가 별동대로 평양으로 진격하였다. 그리고 645년 당의 고구려 공격군 중 수군인 평양도행군은 평양으로 진격하지 않고, 요동 남부와 압록수 일대에서 군사 활동을 하였으며, 662년 방효태의 옥저도행군은 612년 설세웅의 옥저도군과 달리 요동이 아닌 평양 방면에서 활동하였다(이민수, 앞의 논문, 2019, 388~390쪽).

68) 김창석, 「고구려-수 전쟁의 배경과 전개」『동북아역사논총』 15, 2007, 121쪽.

69) 이병도 역주, 『삼국사기 상』, 을유문화사, 2002, 455쪽 각주 18.

1. 평양 방면

소정방군은 해로로 진군하여 위도에서 고구려군을 격파한 후 평양 일대
에서 활동하였다. 방효태군은 661년에 군사 활동이 전하지 않지만, 662년
사수에서 전몰했으므로 평양성 일대에서 활동했음을 알 수 있다.

『책부원구』에 의하면 당시 방효태는 수군(水戰之士)을 거느렸다고 한
다.[70] 이는 방효태군도 소정방군과 함께 해로로 평양성으로 진격하였다는
것을 의미한다. 임아상군은 전장이 전하지 않지만, 「作欽墓誌銘」에서 그
단초를 엿볼 수 있다.

> H. 龍朔 원년 浿江道(行軍)가 하늘의 도리를 받들고 위엄으로 죄를 묻자, 君은 배
> 에 무기를 감추고 星樓에서 홀로 (적을) 굽어보고 분주히 달렸다. 배를 타고(浮
> 龍) 수로를 따라 공격하니(水劍), 月峽에서 앞서기를 다투며 명성을 날렸다.[71]

H에 의하면 오흠이 속한 임아상의 패강도행군은 배를 타고 수로를 따
라 고구려군과 전투(水劍)를 벌였다고 한다. 현존하는 사료상 이와 유사한
전투는 소정방군이 위도 전투뿐이다. 당시 소정방군은 위도를 공략한 후
대동강 하구로 진입해 평양성으로 진격하였다.[72] 즉, 임아상군도 방효태군
과 마찬가지로 소정방군과 함께 해로를 통해 평양 방면으로 진군한 것으로
볼 수 있을 것이다.

2. 압록수 방면

글필하력의 요동도행군은 요동인 압록수 이북에서부터 군사 활동을 하

---

70) 『册府元龜』 卷373, 將帥部34, 忠4.
71) 「作欽墓誌銘」, "龍朔元年, 浿江道敬奉天規, 承威問罪, 君沉戈畫鷁, 瞻獨鶩於星樓,
　　水劍浮龍競先 鳴於月峽."
72) 장창은, 앞의 논문, 2017, 87쪽.

였기 때문에[73] 행군명과 공격로가 부합하는 사례이다. 다만, 아래 〈표 7〉
에서 보이듯 공격로에 대해서는 육로설과 해로설로 나뉘어 논의가 진행되
고 있다.

〈표 7〉 요동도행군의 공격로에 대한 諸說

연구자	공격로	주요 논거
손영종[74]	육로	·당의 육군이 도중에 있는 고구려 성들을 생략하고 깊이 진격
장학근[75]	육로	-
閔德植[76]	육로	-
김용만[77]	해로	·645년 당태종도 요동방어망을 뚫지 못했으며, 이후에 고구려가 요동방어망을 보강 축조 ·당은 666~668년 전쟁에서도 신성을 제외하면 요동방어망을 제대로 공략하지 못함. ·계필하력군이 아무런 피해도 없이 요동을 통과하는 것은 불가능하므로 해로로 진격
송호정[78]	해로	·글필하력의 출항지를 대릉하 하구로 파악
劉矩·姜維東[79]	육로	·육군은 압록강으로 직접 공격 ·당의 육군이 고구려 영토를 자유자재로 들어갈 정도로 무인지경이었던 상황으로 연개소문은 압록강 이북을 반 포기 상태로 방치하면서 방어 전력을 축소
노태돈[80]	육로	-
임용한[81]	육로	·오랜 전쟁으로 인한 피로와 그간의 손실이 누적되어 요동방어선이 물러지고 분할되었기 때문에 요동방어선을 큰 전투 없이 통과
이상훈[82]	해로	·글필하력군의 군사 활동을 상륙으로 파악
鄭媛朱[83]	해로	·김용만의 견해에 동조
김병곤[84]	육로	당은 평양 직공책에 따라 고구려의 방어 전략인 守城戰을 회피하며 요동을 신속히 통과
온창일[85]	육로	-

73) 『資治通鑑』卷200, 唐紀16, 高宗 龍朔 元年 9월.
74) 손영종, 『고구려의 제문제』, 사회과학출판사, 2000. 147쪽.
75) 장학근, 『삼국통일의 군사전략』, 국방부군사편찬연구소, 2002, 151쪽.
76) 閔德植, 앞의 논문, 2002, 175~176쪽.

우석훈[86]	해로	·661년의 침입에서 당이 요동을 통과하였다는 기록 부재 ·계필하력·소사업 등이 鐵勒의 참전으로 철륵과의 전투에 투입되기 위해 회군할 때도 요동을 통과하였다는 기록 부재 ·압록수에서 남생과 전투를 벌인 당군 역시 육로가 아닌 해로를 통해 요동반도에 상륙
서영교[87]	육로	-
장창은[88]	육로	·『일본서기』에서 소정방군과 글필하력군이 수륙 두 길로 고구려를 공격했다고 했으므로 글필하력군을 육군으로 인식 ·해로를 이용했다면 군이 압록강 이북으로 상륙해 전투를 치룰 이유가 없으므로 요동방면을 경유한 육군으로 파악

글필하력군은 해로로 진군하여 압록수에 상륙한 것으로 여겨지며, 육로설은 다음과 같은 이유로 동의하기 어렵다. 첫째, 『일본서기』에서는 분명히 소정방과 글필하력 '등(等)'으로 기술하여[89] 소정방과 글필하력 이외 다른 장수들도 함께 수륙군을 거느린 것으로 보았기 때문에 반드시 소정방을 수군, 글필하력을 육군으로 특정할 수 없다. 『일본서기』의 해당 기사는 고

77) 김용만, 앞의 논문, 2004, 189~190쪽.
78) 송호정, 「신라의 삼국통일」 『아틀라스 한국사』, 사계절, 2004, 51쪽. 다만, 글필하력이 해로로 진군하였다면 출항지는 고구려와 인접한 대릉하 하구보다는 648년 설만철의 고구려 공격군과 660년 소정방의 백제 공격군의 출항지였던 萊州였을 것으로 여겨진다.
79) 劉矩·姜維東, 『唐征高句麗史』, 吉林人民出版社(東北史地研究叢書), 2006 ; 김봉숙 외 역, 『당의 고구려 정벌사』, 동북아역사재단 내부자료- 번역18, 209~ 210쪽.
80) 노태돈, 앞의 책, 2009, 163~164쪽.
81) 임용한, 앞의 책, 2012, 313~315쪽.
82) 이상훈, 「662년 김유신의 군량 수송작전」 『국방연구』 55-3, 2012, 98쪽.
83) 鄭媛朱, 앞의 박사학위 논문, 2013, 254쪽.
84) 김병곤, 앞의 논문, 2013, 51~54쪽.
85) 온창일, 앞의 책, 2014, 125~126쪽
86) 우석훈, 「遼河 유역의 高句麗 千里長城」 『군사』 92, 2014, 114쪽.
87) 서영교, 앞의 책, 2015, 651~652.
88) 장창은, 앞의 논문, 2016, 88쪽 각주 49.
89) 『日本書紀』 卷27, 齊明天皇 7년 7월, "是月 蘇將軍與突厥王子契苾加力等, 水陸二路, 至于高麗城下."

구려 공격군의 대표적인 장수들과 공격로를 개괄적으로 거론한 수준일 뿐 구체성을 담보한 기사가 아니다.[90]

둘째, 당시 요동방어망이 기능을 다하지 못했거나 당군이 요동방어망을 생략한 채 진군 혹은 연개소문이 압록수 이북을 포기해서 방치한 것으로 보기 어렵다. 연개소문은 요동의 성들을 보강 축조한 상태였기 때문이다. 당과 소규모 국지전이 있던 때에도 고구려는 거란과 신라에 공세적으로 나가는 등 전선을 확대시킬 정도로 국력에 여유가 있었다. 이 때문에 소모전이 고구려의 국력은 물론 요동방어망을 약화시켰다고 보기에는 어렵다.[91]

이러한 정황에 글필하력군이 보강축조 된 요동방어망의 여러 성들을 아무런 전투도 없이 육로로 압록수까지 진군했다는 것은 납득하기 어렵다.[92] 글필하력군이 압록수에 도착하고 회군하면서 고구려와의 전투 기사가 전무하다는 것은 글필하력이 해로로 압록수에 왔다는 것을 시사한다.[93]

---

90) 이러한 식의 기술은『資治通鑑』의 598년 수의 고구려 공격군 기사와 660년 당의 백제 공격군 기사에서도 보인다(『資治通鑑』卷178, 隋紀2, 高祖 開皇 18년 2월, "乙巳, 以漢王諒·王世積並爲行軍元帥, 將水陸三十萬伐高麗." ;『資治通鑑』卷200, 唐紀16, 高宗 顯慶 5년 3월, "以左武衛大將軍蘇定方爲神丘道行軍大總管, 帥左驍衛將軍劉伯英等水陸十萬以伐百濟."). 그러나 한왕 양과 왕세적은 육군만을 거느렸으며, 수군을 거느린 것은 주라후이며, 소정방군 역시 백제 공격 당시 온전히 수군으로만 이루어진 행군이다. 이처럼 수륙양군 합세 운운은 각 군의 공격로에 대한 엄밀성을 담보하지 않으며, 또한 공격로가 다르더라도 수륙양군의 최종 목적은 고구려의 수도인 평양성 함락이기 때문에 일종의 관용적인 표현으로 여겨진다. 실제로 태종은 642년 수만 명으로 요동을 공격하고 별도로 수군을 동원하여 바닷길로 평양을 향하여 수륙으로 세력을 합치면 평양을 빼앗을 수 있다고 한 바 있다(『資治通鑑』卷196, 唐紀12, 太宗 貞觀 15년 7월).
91) 김병곤, 앞의 논문, 2013, 51~54쪽. 余昊奎도 당군은 고구려의 한 두 개 성을 함락하는 데 그쳤을 뿐 요동의 입체적인 방어체계를 무력화시키지 못했다고 한 바 있다(余昊奎, 「高句麗 後期의 軍事防禦體系와 軍事戰略」『韓國軍事史研究』3, 1999, 60~62쪽).
92) 김용만, 앞의 논문, 2004, 189~190쪽.
93) 우석훈, 앞의 논문, 2014, 114쪽. 612년 수양제는 30만 5천 명의 별동대를 편성하여 요동성부터 육로로 평양성 인근의 살수까지 진군하였으나, 퇴각로에서 고

셋째, A-6의 660년 압록도행군부총관에 제수된 설만비가 출정을 위해 당 수군의 고구려 공격 출항지인 내주에 이르렀다는 사실이 주목된다. 이 는 압록도행군이 해로를 경유하는 수군으로 편성되었다는 것을 의미한다. 압록도행군은 압록수 방면으로 진군하는 행군이었던 것으로 여겨진다.[94]

661년 압록수 방면에서 활약한 당의 행군은 글필하력이 이끈 요동도행 군이었다. 따라서 압록도행군은 글필하력의 예하에 있던 복수 행군 중 하 나로 글필하력이 압록도행군대총관도 겸했던 것으로 여겨진다.[95] 압록도 행군은 해로를 통해 압록수 일대에 진군하는 것이 목표였으므로 압록도행 군을 예하에 둔 주장인 글필하력 역시 해로로 압록수 일대에 상륙한 것으 로 보아야 한다.[96] 이와 관련하여 글필하력이 이끈 요동도행군의 압록수

구려군으로부터 대공세를 받아 전멸에 가까운 타격을 입었다. 후에 645년 태종 도 요동방어망을 무시한 평양 직공책을 논의한 적 있으나, 요동방어망의 군사가 후방을 노릴 것을 염려하여 기각된 바 있다. 훗날 667년 9월 이적은 신성 함락 직후 20일 만에 압록수 방어선을 무시하고 평양 북쪽 200리까지 진군하였으나, 얼마 지나지 않아 결국 부여성 일대로 공격로를 변경했어야 했다(이민수, 「李他 仁의 唐 投降과 扶餘城의 高句麗 復國運動 鎭壓에 대한 分析」 『역사와 경계』 106, 2018, 5쪽 주 8). 이러한 사례들은 평양 직공이 얼마나 위험한지 보여준다.

94) 물론 앞서 언급했듯이 행군명이 반드시 전장의 지명과 일치하는 것은 아니므로 공격로가 요동반도 남단이나, 평양일대였을 가능성도 있다. 그러나 행군명이 평 양도, 패강도행군처럼 전장과 부합하는 경우도 있으므로 압록도행군의 공격로가 압록수 일대였을 가능성도 여전히 높다. 다른 사료가 발견되지 않는 이상 현재로 서는 압록도행군의 공격로를 압록수 일대로 보는 것이 타당할 것이다.

95) 실제로 글필하력이 압록수에 당도하기 전에 여러 군사들(諸軍) 이미 압록수에 당 도하였다(『資治通鑑』 卷200, 唐紀16, 高宗 龍朔 원년 9月, "高麗蓋蘇文遣其子男 生以精兵數萬守鴨綠水, 諸軍不得渡."). 645년 1차 고구려 - 당 전쟁에서도 총관이 었던 정명진은 대총관인 장량이 도착하기 수일 전에 비사성을 공격하여 함락시킨 바 있다(박현규, 「膠東半島 高句麗 관련 해양유적과 전설 - 당 태종 연간 고구려 전쟁을 중심으로 -」 『中國史研究』 52, 2008, 115~134쪽). 이와 마찬가지로 남생 의 방어로 인해 글필하력이 올 때까지 압록수를 건너지 못한 당의 '여러 군'들은 압록수 이북에 순차적으로 도착한 글필하력군의 일부로 보는 것이 타당하다.

96) 이와 관련하여 「王慶墓誌銘」에 의하면 龍朔初 丘孝忠은 고구려 공격에 참전하게 되어 수군(舟師)을 거느리고 산동(黃腄)으로부터 출병하였다(「王慶墓誌銘」, "龍朔

전투를 기재한 「契苾嵩墓誌銘」을 살펴보자.

> I. 龍朔元年 조서를 내려 (글필하력을) 遼東道行軍大總管으로 삼고 9월에 수륙
> 양군을 平壤에서 모이게 하였다. 군사들이 鴨綠(水)에 이르자, 파도가 광대하
> 고 거칠어 배로 건널 수 없었다. 王期를 잃을까 두려워 하늘을 우러러 큰 소
> 리로 충성스러운 뜻을 갖추어 아뢰자, 찬바람이 네 번 불고 얼음물들이 합쳐
> 졌다. (요동도행)군의 무리들이 겨우 건너자 얼음이 뒤따라 녹으니, 高麗가
> 신기하게 여겼다.[97]

I에서 글필하력군이 압록수의 파도가 거칠어서 배로 건널 수 없었다고
하는데, 이는 역으로 글필하력군이 배를 타고 압록수 방면에 이르렀음을
시사한다.[98]

넷째, 당시 당은 해로로 압록수 방면으로 진군해야 할 이유가 있었다.
태종은 647년에 우진달로 하여금 요동반도 남안을,[99] 648년에 설만철로

初 刺史河南丘孝忠裹襜海甸, 下車未幾, 便引公爲談客. 時高麗餘孼, 作梗遼川, 詔
徵舟師, 濟自黃腄."). 왜냐하면 645년 구효충은 평양도행군총관으로서 압록수에서
耀兵했던 경험이 있었기 때문이다(『册府元龜』 卷117, 帝王部117 親征2, "分遣總
管丘孝忠, 古神感耀兵於鴨綠水."). 고종은 구효충이 압록수 방면에 진군해서 耀兵
했던 경험을 고려하여 그에게 수군을 거느리게 한 것으로 보인다. 이때 구효충의
정확한 소속이나 역할은 알 수 없지만, 그의 경험으로 미루어볼 때 글필하력군의
예하 부대로서 압록수 방면으로 진군하지 않았을까 조심스레 추측해본다.

97) 「契苾嵩墓誌銘」, "龍朔元年, 詔爲遼東道行軍大總管, 于時九月, 水陸兩軍, 大會平
壤. 兵至鴨綠, 波濤浩瀚, 無舟可濟. 恐失王期, 仰天而囂, 具申忠志. 寒風四起 流凘
立合. 軍衆纔渡 冰隨後銷, 高麗謂神."

98) 혹자는 글필하력이 기병 주력인 철륵 출신이므로 함선을 타고 상륙전을 전개하
는 것에 대해 회의적인 견해를 보일 수 있을 것이다. 그러나 660년 백제 공격에
서 상륙전을 전개한 소정방의 백제 공격군에는 기병이 존재하였다(『新唐書』 卷
111, 列傳36 蘇定方, "定方將步騎夾引, 直趨眞都城"). 당은 함선에 기병을 운송
할 수 있는 능력을 갖추었기 때문에 글필하력이 기병을 거느리고 상륙전을 전개
하는 것은 무리가 아니다.

99) 『資治通鑑』 卷198, 唐紀14, 太宗 貞觀21년 3·7월. 석성은 요동반도 최남단의 비

하여금 내주로부터 바다를 건너 압록수 이북의 박작성을 공격하게 한 바있다.[100] 설만철군이 고구려를 공격하고 있을 무렵인 6월 말 太宗은 649년에 30만 군대로 고구려를 공격하려는 계획을 세운다.[101]

나아가 태종은 해로로 군량을 운반할 계획을 세우고 1년 치가 넘는 양곡을 배로 운반하기 위해 전쟁의 피해가 없던 검남도 지역에서 대규모 선박건조를 시작하였다. 이때 건조된 배는 길이가 100척이고 너비가 50척으로 내주에 가게 하였다.[102] 또한 군량 및 군수물자를 운반하여 烏胡島에 쌓아두게 하였다.[103]

태종이 압록수 공격을 행한 직후 이러한 결정을 내렸다는 것은 649년에 고구려를 공격할 때 압록수에 보급기지를 확보하겠다는 의지로 볼 수 있다.[104] 이는 지난 645년 전쟁에서 당의 수군이 산동-고대인성-비사성-건안성으로 이어지는 해상 보급로 확보에 실패한 경험을 되풀이하지 않고자 새로운 보급기지의 후보로 요동과 평양의 중간지대인 압록수 방면을 선택한것으로 볼 수 있다.[105]

사성에서 압록강구에 이르는 해안통로의 중간 지점에 위치한 요새로서 해상으로 이동하는 당 수군에게는 그들의 후방 안전뿐만 아니라 보급품 지원을 위해서도 확보해야 할 요충지였다(정진술, 『한국해양사 고대편』, 景仁文化社, 2009, 153쪽).

100) 『冊府元龜』 卷985, 外臣部30, 征討4.

101) 『新唐書』 卷220, 列傳145, 東夷 高麗.

102) 『資治通鑑』 卷199, 唐紀15, 太宗 貞觀 22년 6월. 촉 지방까지 이용한 데서 알수 있듯이 태종의 고구려 정복은 중국의 전 지역과 물자를 동원한 총력전이었다(임용한, 앞의 책, 2012, 215쪽).

103) 『冊府元龜』 卷135, 帝王部135, 好邊功.

104) 압록강 하구에 소재한 대행성은 山東 萊州에서 산적한 모급물자가 운반되어 하역·보관되고, 수로가 닿는 다른 고구려 戰線의 唐軍에게 재보급을 해줄 수 있는 중간물류기지의 역할도 할 수 있던 것으로 보인다(徐榮敎, 「唐의 고구려 內戰介入과 新城·大行城 점령」 『中國史研究』 131, 2021, 67~69쪽.).

105) 주지하듯이 육군의 보급은 營州를 통해 원활하게 진행될 수 있는 반면에 해로를 통해 평양으로 진군한 수군의 보급은 영주를 통한 보급이 사실상 불가능하다. 평양으로 진군한 수군의 보급은 해상으로만 해야 하는데, 서해 중부 횡단을 통한 보급은 660년 백제 공격군의 보급 실패에서도 알 수 있듯이 매우 위험하

즉, 설만철군의 압록수 이북 상륙은 일종의 향후 재개될 고구려 공격의 예행연습으로서 661년 글필하력의 거느린 요동도행군의 압록수 이북 상륙도 이와 동일한 목적이었던 것으로 보인다. 글필하력군의 압록수 상륙은 요동 방면과 평양 방면의 고구려군이 서로 연계하는 것을 중간에서 차단하는 효과도 있었다.[106]

3. 요동 방면

일반적으로 알려진 사료에서는 고구려와 당이 요동 방면에서 전투를 치른 기사가 전하지 않는다. 그러나 묘지명 등 기타 사료에 당군이 요동의 주요 거점 성들에 대한 공격한 정황이 있는 기사가 일부 남아 있어 주목된다. 아래의 사료들을 살펴보자.

〈표 8〉 660년대 전반 당의 요동 방면 군사 활동 기사

연번	기 사	전거자료
J-1	唐 龍朔(661~663) 중에 遼左에 전쟁이 있어 軍將 薛仁貴를 가게 하였다. (설인귀는) 隋主가 토벌했던 遼東의 옛 땅에 이르러 산의 불상을 보았는데 텅 비어서 쓸쓸하고 사람의 왕래가 끊겨 있었다. 옛 노인에게 물으니, '이것은 선대에 나타난 것이다'라고 하였고 곧 그림으로 베껴 경사로 돌아왔다.[107]	『集神州三寶感通錄』

다(『資治通鑑』 卷201, 唐紀17, 高宗 乾封 원년 "初, 仁軌爲給事中, 按畢正義事, 李義府怨之, 出爲青州刺史. 會討百濟, 仁軌當浮海運糧, 時未可行, 義府督之, 遭風失船, 丁夫溺死甚衆, 命監察禦史袁異式往鞫之."). 당시 백제 공격군의 보급 책임자는 청주자사였던 유인궤로 그는 보급실패의 책임을 지고 고구려와의 전쟁에서 백의종군하게 되었다(『資治通鑑』 卷200, 唐紀16, 高宗 顯慶 5년 12월, "青州刺史劉仁軌坐督海運覆船, 以白衣從軍自效.). 따라서 상대적으로 안전한 북부 연안을 통한 보급로를 확보해야 하는데, 그 적임지는 압록수 일대를 상정할 수 있다. 글필하력군은 압록수 방면에 상륙을 하여 북부 연안을 따라 소정방 등 평양에 있는 수군에게 보급할 계획이었던 것으로 여겨진다(김용만, 앞의 논문, 2004, 196쪽).

106) 김용만, 앞의 논문, 2004, 159~205쪽.

J-2	공은 겨우 15세 나이에 벼슬길에 나아가 邦官을 받았다. 중리소형의 관등을 받아 貴端道史의 직을 맡았다. 大唐 龍朔 원년(661)에 이르러, 고종 황제가 칙을 내려 의로운 군대를 발하여 遼左의 죄를 문책하시니, 공은 군대를 이끌고 (황제의 군대에) 맞서 싸우다가 사로잡혔다. 황제는 저항한 허물을 묻지 않고 歸降의 예를 허락하였다.[108]	「高乙德墓誌銘」
J-3	당시 (적이) 塞를 犯하여, 변방을 토벌하고자 종군하여, 곧 龍朔 2년에 樂浪道를 征하여 百戰에서 공을 세워 遼海의 祅氛를 멸하고, (공이) 위협하자, 九梯, 肅愼이 楛矢를 바쳤다.[109]	「南郭生墓誌銘」

우선 J-1에 의하면 용삭 연간(661~663)에 설인귀가 고구려 공격에 나선 사실을 전하고 있다. 비록 설인귀의 참전 기록은 J-1이 유일하지만, 당대인 664년에 편찬됐기 때문에 그 신뢰성이 높다고 할 수 있다.[110] 요동성은

---

107) 『集神州三寶感通錄』中, "五十唐龍朔中. 有事遼左行軍將薛仁貴. 行至隋主討遼古地. 乃見山像空曠蕭條絕於行住. 討問古老云. 是先代所現. 便圖寫傳本京師云云."

108) 「高乙德墓誌銘」, "公甫纔立志, 仕被邦官, 中裏小兒, 任貴端道史. 暨乎大唐龍朔元秊, 皇大帝 勅發義軍, 問罪遼左, 公率兵敵戰, 遂被生擒."

109) 「南郭生墓誌銘」, "時當犯塞, 方事從戎, 卽以龍朔二年, 樂浪道征. 功參百戰. 遼海息其祅氛, 威慴九梯, 肅愼貢其楛矢."

110) 설인귀는 모종의 이유로 얼마 안 있어 귀국한 것으로 여겨진다. 661년 10월 경 고종, 정인태와 함께 낙양에 있는 것이 확인되기 때문이다(『新唐書』 卷111, 列傳36, 薛仁貴). 이 때문에 설인귀의 요동성 진군 기사의 실재성에 대해 의문이 들 수 있으며, 설인귀가 고구려 공격에 참전했던 645년이나 658년을 용삭연간으로 오기했을 가능성도 배제할 수 없다. 그러나 설인귀는 645년 요동성 전투 당시 일개 병졸로서 요동도행군총관인 장사귀 부대에 속한(『舊唐書』 卷83 列傳33 薛仁貴.) 반면에 K-1에 의하면 설인귀는 군대를 거느린 장군이었다. 이러한 차이가 있기 때문에 설인귀의 요동성 공격 참전을 두고 645년과 혼동했을 가능성은 낮을 것으로 보인다. 658년 역시 설인귀의 고구려 공격 당시 전장은 요동성이 아니라 신성 방면(『舊唐書』 卷83, 列傳33, 薛仁貴.)이었다는 차이가 있기 때문에 658년과 용삭 연간을 혼동했을 가능성 역시 낮을 것으로 여겨진다. 현재로서는 J-1의 기사를 부정할 사료가 없는 이상 설인귀가 요동성으로 진군했을 가능성이 높지 않을까 생각된다. 660년 기란을 대파한 설인귀는 낙양으로 돌아가 661년에 우무위장군에 봉해졌다(『舊唐書』 卷83, 列傳33, 薛仁貴, "俄又與辛文陵破契丹於黑山, 擒契丹王阿卜固及諸首領赴東都, 以功封河東縣男.";『册府元龜』 卷358, 將帥部19, 立功11, "龍朔元年, 授左武威衛將軍, 封河東縣男.").

645년에 함락되었으나, 다음과 같은 이유로 이후 일정 수준 이상의 복구가
된 것으로 여겨진다.[111]

첫째, 연개소문은 647년에 천리장성을 완공하고, 성축을 보수하였는데,
이 과정에서 요동방어망의 핵을 이루는 성 중 하나인 요동성의 복구는 당
면 과제였을 것이다. 둘째, 주지하듯이 개모성은 요동성 주변의 성으로
645년 요동성과 더불어 당에게 함락된 바 있다. 이러한 개모성에서 말갈
출신인 이다조가 654년에 태어났다는 것은 개모성 일대가 이미 그 이전에
말갈 지역으로부터 이주가 가능했을 정도로 복구가 되었다는 것을 방증한
다. 개모성의 복구는 고구려의 요동방어망 복구 의지 표명이었던 것으로
볼 수 있다.

셋째, 요동성은 고구려 멸망 무렵에 작성된 남생의 목록에서 주요 미항
성으로 기재되어 있었는데,[112] 이는 요동성이 멸망 이전부터 기능을 상실
하지 않고 있었음을 의미한다. 즉, 요동성은 647~654년 사이에 일정 수준
이상의 복구가 이루어진 것으로 여겨진다.[113] 설인귀군의 임무는 요동성
공략 후 오골성을 거쳐 평양 방면의 수군과 합세하는 것으로 이해된다.

J-2에 의하면 귀단성 도사 고을덕은 661년 전투에서 생포되었다고 하는
데, 전장은 전하지 않는다.[114] 이에 대해 고을덕이 도사로 있던 귀단성의

낙양에 있었던 설인귀는 영주를 경유해서 요동성으로 진군했을 것이다.
111) 방용철은 당시 요동성이 완전히 복구되지 않았을 것이라는 견해를 보였다(방용
철, 「7세기 고구려 불교정책의 한계와 國祖神」『한국고대사연구』72, 2013,
207쪽). 『集神州三寶感通錄』의 요동성 일대에 사람들 왕래가 끊어졌다는 대목
은 당시 전시상황이었기 때문인 것으로 여겨진다.
112) 『三國史記』卷37, 雜志6, 地理4.
113) 李玟洙, 「高句麗 遺民 李他仁의 族源과 柵城 褥薩 授與 배경에 대한 고찰」『大
丘史學』128, 2017, 140쪽 각주 20.
114) 국내에 「高乙德墓誌銘」을 소개한 葛繼勇, 이유표는 고을덕이 생포된 전투를 패
강과 압록수 전투 전후였을 것으로 보았다(葛繼勇, 이유표, 「신출토 入唐 고구려
인 〈高乙德墓誌〉와 고구려 말기의 내정 및 외교」『한국고대사연구』79, 2015,
324~325쪽).

병력을 빼내 압록수 전투에 투입되었을 것이라는 견해가 있다.[115] 만일 고을덕을 위시한 귀단성의 병력 일부가 압록수 전투에 투입되었다면 그 역할은 글필하력의 후방 습격이었거나 그 이전에 압록수 이남에 배치된 남생의 예하에 있었을 것이다.

그러나 현재 글필하력이 후방이 위협받아서 이를 격퇴했다는 기사는 전하지 않는다. 귀단성은 신성의 異名으로 파악되는 바,[116] 당은 645년 신성 전투에서 패배한 이후 서돌궐 흥망 전후(647·655·657년)에 신성 일대를 공격한 바 있다. 당은 신성 공략의 중요성을 인지하고 있었기 때문에 신성을 공격했을 개연성은 충분하다.[117]

이러한 정황에 고을덕이 섣불리 성내 병력을 차출해 남생 예하에서 전투에 참여했을 가능성은 낮을 것으로 여겨진다. 따라서 고을덕이 생포된 전투는 그가 도사로 있던 귀단성, 즉 신성 전투로 파악된다. J-1~2를 살펴본 결과 당군이 요동성, 신성 일대로 진군하여 전투를 치렀음을 알 수 있다.[118]

---

115) 李成制, 「어느 고구려 무장의 가계와 일대기 - 새로 발견된 〈高乙德墓誌〉에 대한 譯註와 분석 -」 『중국고중세사연구』 38, 2015, 202쪽.

116) 田中俊明·東潮, 『高句麗の歷史と遺跡』, 中央公論社, 1994, 340쪽.

117) 신성은 고구려가 요서로 진출하거나 요서·요동에서 국내성으로 진격할 때 반드시 거쳐야 하는 교통의 요지로 그 중요성은 고구려가 평양성으로 천도한 뒤에도 변하지 않았다(노태돈, 『고구려사 연구』, 사계절, 1999, 233쪽). 645년 고구려가 승기를 마련할 수 있던 원인 중 하나가 건안성과 더불어 신성이 건재했기 때문이다(김용만, 앞의 책, 2003, 139~148쪽). 훗날 667년 이적은 고구려 공격에 앞서 신성을 함락하지 않고서는 다른 성을 함락시킬 수 없다고 한 바 있다. 이와 관련하여 「張素墓誌銘」에 의하면 龍朔年中에 玄菟를 깨뜨렸다고 한다(「張素墓誌銘」, 去龍朔年中, 屬三韓作梗, 憑凌鯷海之隅, 九種孤恩, 旅拒狼河之外. 君乃負霜戈而報國, 直下朝鮮, 帶月羽以從軍, 先摧玄菟). 여기서 말하는 玄菟가 고구려를 관념상으로 표현한 것이 아니라 실제 현도성 공격을 의미한다면 그것은 신성 공략을 위한 것으로 여겨진다. 왜냐하면 현도성은 신성 공략을 위해 그 경로상 반드시 당이 확보해야 하는 위치에 있었기 때문이다(정원주, 「男生의 失脚 배경과 그의 行步」 『한국고대사연구』 75, 2014, 324~325쪽).

118) 당 육군의 이 같은 공격로는 645년 전쟁에서 이세적이 거느렸던 요동도행군의 공격로와 매우 유사하다(『資治通鑑』 卷197, 唐紀13, 太宗 貞觀 19년 4월 여름).

J-3에서는 낙랑도행군이 제압한 대상으로 고구려를 의미하는 遼海외에
도 九梯, 肅愼이 등장하는데, 여기서 '九梯'는 읍루를 의미한다.[119] 이는 낙
랑도행군이 읍루, 숙신의 후신으로 인식된 말갈과도 전투를 치렀음을 의미
한다. 고구려-당 전쟁에서 말갈은 주로 요동 방면의 전투에 동원되었다.[120]
그렇다면 남곽생이 속한 낙랑도행군도 요동 방면으로 진군했을 가능성이
높다.

낙랑도행군과 설인귀군 외에 요동 방면으로 진군한 당의 행군은 소사업
군과 아사나충군이었을 가능성이 높다. 소사업군은 회흘 등을 거느렸다고
하며, 고구려 공격 중 철륵이 당에게 반기를 들자, 곧장 철륵 전선으로 투
입되었다. 그리고 아사나충군은 고구려 전선으로부터 회군하여 고구려에
가담한 거란과 전투를 벌였다.[121]

소사업과 아사나충의 이러한 군사적인 행보는 육로를 통한 진군 외에는
상정할 수 없으며, 육군의 1차적인 목표는 요동 방면이 될 수밖에 없다. 이
때 부여도행군 편성이 유독 특기되었다는 것을 고려한다면 소사업군은 행
군명 그대로 부여성으로 진군한 것으로 여겨진다.[122] 아사나충군 역시 회

---

119) 『三國志』卷30, 魏書30, 烏丸鮮卑東夷傳30, 挹婁, "處山林之間, 常穴居, 大家深
九梯, 以多爲好."
120) 『新唐書』卷219, 列傳144, 北狄 黑水靺鞨, "帝伐高麗, **其北部反, 與高麗合. 高惠
眞等率衆援安市**, 每戰, 靺鞨常居前; 『舊唐書』卷109, 列傳59, 契苾何力, "高麗
有衆十五萬, 屯於遼水, **又引靺鞨數萬據南蘇城**."
121) 「阿史那忠墓誌銘」, "屬興師遼碣, 以公爲使持節長岑道行軍大摠管. 元戎長驅, 天
威遐暢, 三山因之而波蕩, 九種以之而震驚. 契丹在白狼之東, 居黃龍之右, 近侵卉
服, 外結鳥夷. 公, 迴師誅翦, 應機殄滅, 虜獲萬計, 三軍無私, 蒙賞縑帛, 仍於羽林
軍檢校."; 「阿史那忠碑」, "顯慶五年. 詔爲使持節長岑道行軍大摠管. 辰韓俶擾.
從斾除殘. 契丹縱毒. 迴戈拯亂. 剿玄兎之遊魂. 覆黃龍之巨. 顯慶五年, 詔爲使持節
長岑道行軍大摠管, 辰韓俶擾. 從斾除殘. 契丹縱毒. 迴戈拯亂. 剿玄兎之遊魂, 覆
黃龍之巨孽, 亦既至止."; 서영교, 앞의 논문, 2014, 329~333쪽.
122) 김지영은 당이 부여도행군을 편성한 목적에 대해 고구려와 거란 연계 가능성을
염두에 둔 것으로 파악하였다(김지영, 앞의 논문, 2011, 92~93쪽). 그의 견해대로
661년 1월 부여도행군 편성 당시 당이 고구려-거란 관계를 이 정도로 의식했다

군할 때 거란과 전투를 벌였다는 것으로 보아 부여성으로 진군했을 가능성이 높다.[123] 이들은 유목 기병의 빠른 기동력을 앞세워 부여성 공략 후 평양 방면의 당 수군과 합세하는 임무를 부여받은 것으로 이해된다.

정명진이 거느린 누방도행군의 전장은 어디인지 알 수 없다.[124] 누방도 역시 낙랑에서 유래된 행군명으로 평양 방면으로 진격한 것으로 이해할 수 있을 것이다. 그러나 아사나충군과 방효태군처럼 행군명과 전장이 불일치하는 경우가 있으므로, 누방도 역시 평양 일대의 전장이 아니었을 가능성을 고려해야 한다.[125]

정명진은 650년대 중후반 당의 동방 진출 거점인 영주도독 겸 동이도호로서 신성 일대에서 고구려와 숱한 전투를 벌였다. 그는 661년 당시 당에서 요동의 지세를 가장 잘 아는 요동 공격에 가장 적합한 주요 인사였을 것이다.[126] 이러한 정명진의 이력으로 볼 때, 정명진은 영주를 경유하여 자

면 부여도행군은 후방에 거란이라는 적을 두고 위험한 진군을 한 것이나 다름없다. 부여도행군의 부여성 진군은 660년 요서에서 거란을 제압한 자신감으로부터 비롯되었을 것이다. 당군은 고구려와의 전쟁에서 보급의 어려움을 일정 부분 극복하고 고구려를 더욱 광범위하게 포위할 수 있게 되었기 때문이다(김용만, 앞의 책, 2003, 370쪽). 물론 「阿史那忠墓誌銘」에서 알 수 있듯이 결과적으로 전쟁 중간에 거란이 고구려에 가담하여 당군과 전투를 벌이지만, 이는 661년 1월 당시에 예상할 수 있는 일이 아니었을 것이다.

123) 661년 3월 낙양에 있었던 아사나충은 영주를 경유, 燕然副都護였던 소사업은 오르콘강, 거란을 경유해서 부여성 방면으로 진군하였을 것이다(이재성, 앞의 논문, 2016, 147쪽).

124) 612년 누방도군의 지휘관을 요수 전투에서 전사한 맥철장으로 파악한 것을 근거로 660년대 전반에 편성된 누방도행군도 요동으로 진군했을 것으로 파악한 견해가 있으나(김용만, 앞의 논문, 2004, 188~189쪽 각주 72), 612년 당시 누방도군의 총관은 미상이다(정동민, 『高句麗와 隋전쟁 연구』 한국외국어대학교 박사학위 논문, 2017, 50쪽). 또한 612년 누방도행군이 요동으로 진군했다고 해서 660년대 전반에 편성된 누방도행군도 요동으로 진군했다고 단정하기 어렵다.

125) 이민수, 앞의 논문, 2019, 389쪽.

126) 정명진은 660년 최초 고구려 공격군 편성 이래 개편 속에서도 변동 없이 누방도행군총관직을 유지하였다. 이는 당 조정이 동 방면에서 영주도독 겸 동이도호로서 보여준 활약한 정명진에게 갖는 신뢰가 어느 정도였는지를 단적으로 보

신의 주요 전장이었던 신성으로 진군했을 것으로 여겨진다. 정명진군의 임무는 신성 공략 후 국내성으로 진격하여 평양 방면의 당 수군과 합세하는 것으로 이해된다.

낙랑도행군은 아사나충, 소사업군처럼 거란, 철륵 전선으로 이동했다는 내용이 없는 것으로 보아 신성이나 요동성 일대에 진군한 것으로 여겨진다. 요컨대 아사나충군, 소사업군, 정명진군, 설인귀군[127), 낙랑도행군은 육로로 신성, 요동성, 부여성 등이 소재한 요동 방면으로 진군한 것으로 여겨진다. 이러한 당 육군의 임무는 최종적으로 평양 방면의 당 수군과 합세하는 것으로 볼 수 있다.[128)

4. 당군의 대고구려전 전략

일찍이 642년 태종은 고구려로부터 돌아온 진대덕에게 다음과 같은 전략을 내놓은 바 있다.

> K. 우리가 군사 수만 명을 이끌고 요동을 공격하면 다른 여러 성들이 반드시 구원하러 올 것이다. 이때 별도로 수군을 동래에서 출발시켜 바다를 건너 평양으로 들어간다면 아주 쉬울 것이다.[129)

태종의 이러한 발언은 군사 수만 명을 이끌고 요동을 공격하여 고구려 군의 시선을 요동으로 돌린 후 수군으로 바다를 건너 평양을 직공하려는

여준다고 할 수 있다.

127) 당시 설인귀의 직책에 대해서는 전하지 않아서 알 수 없으나, 軍將이라는 표현으로 보아 행군총관급이 아니었을까 추측된다.

128) 고종이 부여도행군을 평양으로 나아가게 하고(〈표 4〉), 9월에 수륙양군을 평양에서 집결하게 했다는 것(사료 I)은 요동 방면으로 진군한 당군의 최종 목적지도 결국 평양 방면이었음을 알 수 있다.

129) 『資治通鑑』 卷196, 唐紀12, 太宗 貞觀 15년 7월.

전략이다. 이는 다분히 수군을 중심으로 한 공격군 편성이 전제된 것이다. 이와 관련하여 612년 평양성 전투가 주목된다.

612년 수의 수군을 이끌고 평양성을 공격했던 내호아는 7만 명의 수군을 거느렸던 것으로 여겨진다.[130] 주지하듯이 당시 내호아는 정병 4만 명을 선발하여 평양성 외성까지 진입하였으나,[131] 王弟 高建武에게 패배하였다.[132] 그러나 이는 전술적인 차원이었음을 감안하더라도 평양 외성을 내어주었어야 할 정도로 고구려의 전황이 긴박하게 흘렀음을 보여준다. 즉, 고구려로서는 매우 위험한 시도였음을 부인하기 어렵다.[133]

612년 평양성 전투는 내호아군의 패퇴로 종결되었으나, 평양성 직공의 성공 가능성을 동시에 보여준 사례라고 할 수 있다. 642년 수군을 중심으로 한 태종의 평양 직공책은 상술한 612년 평양성 전투로부터 착안했을 가능성이 높은 것으로 여겨진다. 그러나 태종의 수군 전략은 수와 달리 육군을 수군의 보조로서 운용하는 것과 수군의 단독 평양직공이라는 커다란 차이가 있다.[134]

평양 직공책은 수군이 중심이 되어야 하며, 이는 상당 규모의 수군 편성과 함선 건조가 요구된다.[135] 그러나 역설적이게도 태종은 평양 직공책을 자신의 생전에 시행하지 못하였다. 태종이 평양 직공책을 언급한 계기는 진대덕의 고구려 정탐 보고였다. 당시 고구려는 영류왕 집권기로 진대

---

130) 정동민, 앞의 논문, 2017, 60쪽.
131) 『資治通鑑』 卷181, 隋紀5, 煬皇帝 大業 8년 5월.
132) 『隋書』 卷64, 列傳29, 來護兒.
133) 612년 평양성 전투에 참전한 고구려의 군사조직은 중앙 병력은 물론 지방 병력 등까지 포함한 고구려에서 동원 가능한 군사력은 모두 동원한 것이었다(이정빈, 『고구려-수 전쟁 변경에서 시작된 동아시아 大戰』, 주류성, 2018, 206~208쪽). 이는 당시 고구려의 상황이 얼마나 위급하였는지 보여준다.
134) 612년 당시 수의 수군 역할은 어디까지나 육군 합류가 전제된 육군의 보조였다는 한계가 있다(김병곤, 앞의 논문, 2013, 53쪽).
135) 당은 660년 백제 공격에서 12만 2천7백11명에 1,900척의 함선을 동원하였으므로, 고구려 공격에는 최소 2배 규모가 되어야 했을 것이다.

덕이 고구려의 성읍 관리들에게 뇌물을 주면서 지리를 정탐해도 모를 정도
로 당에게 우호적이었다.[136]

즉, 태종은 고구려와 영류왕을 기만하면서 획득한 고구려의 정보를 기
반으로 평양 직공책을 언급한 것이다.[137] 그러나 연개소문의 정변으로 인
해 영류왕 정권이 몰락하면서 태종의 고구려 공격 전략은 차질이 생겨 수
정이 불가피했을 것이며, 이는 태종이 구상했던 평양 직공책에도 영향이
갔을 것이다.[138]

기실 수군을 중심으로 한 평양 직공책은 필연적으로 상당한 시간과 비
용을 필요로 했을 것이다. 그러나 고구려에서 독자적인 세력권 재건을 추
구하던 연개소문의 의해 정변이 발생하자,[139] 태종에게는 그럴만한 시간적
인 여유를 느끼지 못한 것으로 보인다.

유약한 태자에게 대외적으로 안정된 나라를 물려주고 싶었던 태종은[140]

---

136) 『三國史記』 卷20, 高句麗本紀8, 榮留王 24년.

137) 진대덕은 고구려의 요동 일대 성들, 산천, 험지 등에 대해 염탐하고 『高麗記』라
    는 책으로 엮었는데, 태종은 이를 통해 평양 직공이 보다 수월하다는 판단했을
    가능성도 배제할 수 없다.

138) 다만, 643년 태종은 해로를 통한 백제 공격도 언급한 것으로 볼 때(『冊府元龜』
    卷991, 備禦4, "百濟國負海之險, 不修兵械, 男女分雜, 好相宴聚, 我以數十百船,
    載以甲卒, 銜枚汎海, 直襲其地."), 적어도 이 시점 때까지만 하더라도 평양 직공
    책을 포기하지 않았을 가능성도 있다. 태종의 해로를 통한 직공책은 이미 고구
    려에만 국한된 것이 아니었음을 알 수 있다.

139) 연개소문은 한강 유역 회복을 통한 독자적 세력권의 재건을 추구하고 있었으며,
    이를 위해서라면 대당관계가 파탄에 이르는 것을 감수하겠다는 대외인식을 가
    지고 있었다(김강훈, 「고구려 영류왕 후기 대외정책의 변화와 연개소문의 정변」
    『歷史學報』 249, 2021, 108쪽).

140) 645년 당 태종의 고구려 공격 배경에는 내부의 정치적인 문제가 있었을 것이라
    는 견해가 적지 않다. 이에 대해 정원주는 황제로서 등극 과정의 정통성 결여
    문제를 해결하기 위한 것으로 보는 견해, 태자 책봉 유약한 황태자 李治를 위해
    변경문제를 해결해 대외적으로 안정된 나라를 물려주기 위한 것으로 보는 견
    해, 자신이 바라는 강력한 황태자 책립을 하기 위한 목적이라는 견해로 분류하
    였다(정원주, 「645년 당 태종의 고구려 공격 목적과 의미」 『高句麗渤海研究』
    67, 2020, 65쪽).

연개소문 정권이 안정화에 들어서기 전에 서둘러 고구려를 멸망시키고자 했던 측면이 있다.[141] 태종은 관료들의 반대를 무릅쓰고 고구려 공격을 선언하지만, 태종이 시행한 고구려 공격 전략은 642년에 그가 언급했던 평양 직공책이 아니었다.

645년 태종은 7만 명의 수군과 약 1,400척에 이르는 함선을 동원하였지만,[142] 이 정도 규모로는 육군의 보조 이상 역할을 기대하기 어려웠다. 결국 태종은 645년에 자신이 직접 거느린 6군과 이세적의 요동도행군을 위시한 육군을 중심으로 고구려 공격에 나섰으나, 고구려의 강력한 요동방어망을 돌파하지 못한 채 패배로 귀결되었다.

태종은 이후 647년과 648년에 이 두 해에 각각 강남 12주와 검남도, 월주, 무주, 홍주에 대규모 선박 축조 명령을 내렸고 1천척이 넘는 대선들을 건조하였다. 그리고 647년에는 요동반도 남단과 신성 일대를 공격하고, 648년에는 압록수 이북에 상륙작전을 감행하였다.

이러한 수륙 양면으로 선보인 군사작전은 향후 재개될 고구려 공격에서 진행될 공격으로였던 것으로 생각된다. 또한 태종은 648년 신라 김춘추와 함께 고구려와 백제를 공멸하는 밀약을 맺었는데,[143] 백제 공격은 수군 중심의 전략을 전제한 것이다.

그러던 중 수군 중심의 고구려 공격을 주도하던 태종이 649년에 사망하였다. 뒤를 이은 고종은 정치적 안정을 위해 고구려 공격과 이와 관련한 여러 토목공사들을 중단하였지만,[144] 이는 일시적인 것이었다. 실제로 태종

---

141) 태종은 고구려와의 전쟁을 준비할 때 다수 관료들의 반대를 이기고 전쟁을 결정하기 위해서 자신을 지지하는 관료들을 정책결정과정에 편입시키고 재상부를 확대하면서까지(方香淑, 「7세기 중엽 唐 太宗의 對高句麗戰 전략 수립과정」 『中國古中世史研究』 19, 2007, 329~339쪽), 고구려와의 전쟁 결정 논의를 신속하게 종결지으려 했던 것이다.

142) 이민수, 앞의 논문, 2019, 391쪽.

143) 『三國史記』 卷7, 新羅本紀7, 文武王 11년 7월.

144) 『資治通鑑』 卷199, 唐紀, 太宗 貞觀 23년 4월.

〈그림 1〉 661년 당의 고구려 공격로

사후 고종이 즉위한 이후에도 당의 육군이 소규모로 공격한 주요 대상은 여전히 신성 일대였다. 이는 향후 재개될 대규모 고구려 공격을 목적으로 신성의 피로도를 누적시켜 방어력을 저하하려는 의도를 갖고 진행된 것으로 여겨진다. 수군 양성과 함선 건조 역시 꾸준히 시행되고 있었다.

이는 훗날 백제 공격에 1,900척의 함선이 동원되고, 663년 고종이 36주에서 함선 건조하는 것을 중지하라는 내용의 조서를 내린 것[145]에서도 알

---

145) 『册府元龜』 卷142, 帝王部142, 弭兵.

수 있다. 즉, 당은 663년 이전까지 대규모 함선을 지속적으로 건조하고 있던 것이다. 642년 태종이 추구했던 수군 중심의 고구려 공격 전략은 대규모 함선 건조, 648년 압록수 이북 상륙전, 660년 백제를 멸망시키면서 완성된 것으로 볼 수 있다.

요컨대 661년 당의 고구려 공격 전략은 1. 아사나충군 등 육군이 육로로 요동 방면으로 진군, 2. 소정방군 등의 수군이 해로를 통해 평양 방면으로 진군, 3. 글필하력군 등의 수군이 해로를 통해 요동과 평양의 중간지대인 압록수 이북에 보급기지를 확보, 4. 3을 통해 요동과 평양의 고구려군이 서로 연계하는 것을 차단하는 것으로 볼 수 있을 것이다.[146]

Ⅳ. 맺음말

661~662년에 전개된 고구려-당 전쟁은 645년에 이어 고구려와 당의 두 번째 전면전이라는 측면에서 주목을 받고 있다. 그러나 전쟁 진행 과정을 고찰하는 데 있어 선결되어야 할 660~661년에 진행된 공격군 편성과 공격로에 대한 고찰은 소홀하게 다뤄진 측면이 없지 않다. 본고에서는 고구려 공격군 주요 인사의 행적과 고종의 친정이 무산된 것을 감안하여 661년 5월에 수륙 35군의 고구려 공격군이 최종 편성된 것으로 파악하였다.

종래에는 당의 각 행군의 공격로에 대해 수군을 거느리고 평양을 직공한 것이 확인되는 소정방군 외에는 합의된 견해가 없었다. 이에 여러 사료를 통해 각 행군의 공격로에 대해 알아보았다. 우선 방효태군은 『책부원구』를 통해 수군을 거느리고 평양성 일대의 강인 사수에서 군사 활동을 한 것

---

146) 김용만, 앞의 논문, 2004, 190쪽. 다만, 김용만은 당의 육군이 적극적으로 요동 방어망을 공략하기보다 요동의 고구려 대군을 봉쇄하고자, 변죽만 울리는 임무를 띤 것으로 보았지만, 본고에서는 육군도 최종적으로 평양 방면까지 진군하여 수군과 합세하는 것으로 보았다.

을 확인할 수 있다. 임아상군도 「오흠묘지명」을 통해 패강에서 수전을 벌인 것이 확인된다.

글필하력군은 해로를 통해 압록수 방면에 상륙한 것으로 여겨진다. 글필하력군이 고구려의 요동방어망을 아무런 전투 없이 경유하여 압록수 방면에 이르렀다가 회군하는 것은 불가능하기 때문이다. 이는 「설만비묘지명」에서 압록도행군부총관 설만비가 출병하고자 수군 출항지인 내주에 이른 사실과 「글필숭묘지명」에서 기술한 당시의 정황을 통해서도 짐작할 수 있다.

일반적으로 널리 알려진 사료에서는 요동 방면에서 고구려군과 당군이 전투를 벌인 기사가 전하지 않는다. 그러나 『집신주삼보감통록』에 의하면 설인귀군이 요동성 일대로 진군했다고 하며, 「고을덕묘지명」에서도 귀단성(신성 일대)에서 전투를 벌인 정황이 보인다. 「남곽생묘지명」에서도 낙랑도행군이 말갈과 전투를 벌인 정황이 있어 요동 방면에서 전투가 있었음을 짐작케 한다. 요동 방면으로 진군하여 고구려를 공격한 행군은 아사나충군·소사업군·낙랑도행군 그리고 요동 일대에서 고구려군과 전투를 벌인 경험이 풍부한 정명진군·설인귀군으로 여겨진다.

661년 당의 고구려 공격 전략은 1. 아사나충군 등이 육로를 통해 요동 방면으로 진군, 2.소정방군 등이 해로를 통해 평양 방면으로 진군, 3. 글필하력군 등이 해로를 통해 요동과 평양의 중간지대인 압록수 이북에 상륙하여 보급기지를 확보하고, 4. 요동과 평양의 고구려군이 서로 연계하는 것을 차단하는 것으로 볼 수 있을 것이다.

일찍이 642년 태종은 군사 수만 명을 이끌고 요동을 공격하여 고구려군의 시선을 요동으로 돌린 후 수군으로 바다를 건너 평양을 직공하는 전략을 언급한 바 있다. 이 전략은 육군이 수군의 보조 역할을 수행하면서 수군 단독으로 평양을 직공하는 수군 중심이었다. 이는 612년 평양성 전투에서 수의 수군이 육군의 합류를 기다려야 하는 육군의 보조적인 역할을 수행한 것과 큰 차이가 있다.

그러나 태종은 내부적인 문제와 연개소문의 정변이라는 변수로 인해 645년에 이 전략을 시행하지 못하고 육군 중심으로 고구려 공격에 나섰으나, 패배로 귀결되었다. 이후 태종은 대규모 함선 건조, 압록수 이북 상륙작전, 신라와 함께 백제 공멸 밀약을 맺으면서 수군을 중심으로 고구려 재침을 준비하였으나, 649년에 사망하였다.

이러한 수군 중심의 고구려 공격 전략은 그의 뒤를 이은 고종에 의해 실행되었다. 그러나 상술했듯이 이 전략은 모두 태종이 생전에 고안했던 것으로 이에 입각하여 발발한 2차 고구려-당 전쟁은 사실상 태종과 고구려의 2차 전면전으로 볼 수 있을 것이다.

* 이 글은 『한국고대사탐구』 38(한국고대사탐구학회, 2021)에
실린 글을 수정·보완한 것이다

제5절
백제의 해양 환경과 수군 운용

이 재 준
(건양대학교 군사학과 겸임교수)

Ⅰ. 머리말

기원전 5세기경 에게해 서쪽 그리스 반도의 도시국가였던 아테네는 살라미스 해전과 마라톤 전투로 유명하다. 당시 아테네는 세계사의 중심이었으며 그 명성이 아직도 널리 회자되고 있다. 그러한 배경에는 강력한 해양력과 수군이 있었다는 사실을 부인하는 사람은 없다.

고대, 서해 동쪽 한반도에 위치한 백제 역시 해양국가로 알려져 있다. 하지만 해양국가로 불리는 백제의 수군은 그 흔적을 찾기가 어렵다. 주지하듯이 백제, 특히 백제수군과 관련한 사료는 극히 제한되어 백제수군을 거론하는 것조차 조심스럽기까지 하다. 그러나 백제가 아테네와 유사한 지정학적 위치를 가지고 있었다는 점을 고려하면 백제도 수군을 보유하고 있었을 것으로 판단된다. 백제는 비록 수군과 관련된 자료를 직접 남기지 않았지만, 중국이나 일본 등의 사료에서 백제수군에 대한 단편적인 내용들을 유추해 볼 수 있다.

백제는 말기에 5부 37군 200성에 戶口는 77만이었다.[1] 이는 고구려 5부 176성 69만 7천호보다도 약 8만호나 많은 수치다. 이 사실은 백제의 지리적 위치가 서해를 통한 대외교역이 가능하고, 내륙으로부터 서해안으로 흐르는 강·하천 주변에 형성된 충적평야가 농업환경과 생활여건에 유리한 조건이었기 때문일 것이다.

百濟라는 명칭 또한 百家濟海에서 유래 되었다고 하듯이[2], 백제는 지정

---

1) 『舊唐書』 卷199, 列傳149, 東夷 百濟.
2) 『三國志』에는 '伯濟'로 기록되어 있는데 마한제국을 통합한 百濟로 성장하기 이전의 소국단계이며 ; 『三國史記』 卷23, 百濟本紀에는 溫祚王이 하남위례성에 도읍정하고 열 신하로서 보좌를 삼아 '十濟'로 하였다가, 후에 미추에서 비류를 추종했던 신하와 백성들이 모두 위례로 귀속되자 처음 올 때 백성들이 즐겁게 따랐다 하여 百濟로 하였다 ; 百家濟海는 百家가 바다를 건너와 나라를 열었다고 하여 『隋書』에 기록된 내용이다.

학적으로 서해바다 그리고 강·하천과 밀접히 관련되어 있는 해양국가로
볼 수 있다. 초기 도읍은 한반도에서 네 번째로 길고 수백 개의 지류를 가
진 한강 주변에 자리하였다. 고구려의 공격으로 漢城이 함락되고 475년 熊
津(공주)으로 천도한 뒤, 538년 다시 泗沘(부여)로 천도한 위치도 남한에서
낙동강, 한강에 이어 세 번째 큰 강인 금강 주변에 자리하였다. 백제가 도
읍을 정했던 한강이나 금강은 물론 백제국 내의 하천과 강들은 대부분 서
해바다로 흘러든다. 이러한 지리적 여건은 백제가 서해바다를 통하여 중국
과 고구려, 그리고 남쪽으로는 倭와 교류하거나 확장해 갈 수 있는 해양
환경을 제공해 주었다. 즉 백제는 해양국가로서 고대 동아시아에서 주도적
해양국가가 될 수 있는 조건을 갖추고 있었다고 보아도 무리가 아니다.

이러한 지리적 영향에 의해 해양국가로 발전할 수 있었던 백제는 삼국 중
가장 먼저 전성기를 맞이하였으며, 371년에는 고구려 평양성을 공격하여 고
국원왕을 전사시키기도 하였다. 중국의 요서까지 경략하였다는 기록을 남긴
백제의 초기 영역이 북쪽은 浿河에 이르고, 남쪽은 熊川에 한하고 서쪽은 대
해에 이르며, 동쪽은 走壤(춘천) 정도였으나 369년 근초고왕 때에 마한에 대
한 대대적인 경략을 단행하여 전라남도 해안까지 진출하였다. 5세기 때 영
산강 유역을 완전히 장악하고, 498년에는 탐라를 복속시키기도 하였다.

대외적으로는 3세기 후반에 중국대륙의 서진과 교류하였고,[3] 4세기에
는 동진과 교류는 물론 외교관계를 맺는 등 교류가 활발히 이루어졌다.[4]
4세기 후반에는 倭와 적극적인 교섭이 이루어지며 정치·경제적인 교류 외
에도 군사적인 교류도 이루어졌다.[5] 5세기에는 백제를 침공한 중국의 北魏
군대를 격파할 정도로 뛰어난 해상전 능력도 갖추고 있었다. 한편 6세기경

---

3) 백제의 왕성으로 추정되는 풍납토성이나 몽촌토성 등에서 서진의 전문자기편이
   출토된 점등이 이를 뒷받침하며, 중국 문헌에도 등장하고 있다.
4) 강원도 원주와 충청남도 천안 등지에서 출토되는 동진제 청자를 통해서 확인할
   수 있다.
5) 근초고왕은 칠지도는 물론 철정이나 각궁전 같은 무기류, 채견과 같은 비단 등을
   선물하고 있다.

에는 지금의 캄보디아인 扶南國은 물론 인도차이나 반도 여러 나라들과 교류하였다[6]는 주장과 함께 구체적인 교역로를 밝히는 연구자도 있다.[7]

그러나 백제는 고대 삼국 중 가장 먼저 역사 속으로 사라지고 말았다. 그렇게 갑작스럽게 패망하게 된 원인도 다름 아닌 서해를 건너온 전선 1,900여 척에 분승한 唐軍 13만여 명의 침략에 의해서였다. 이러한 역사적 사실은 앞서 열거한 해양강국의 조건들을 백제가 왜 충분히 활용하지 못했는지 의아하게 한다. 당 수군이 당도해 올 때 백제수군은 어디서 무엇을 했는지 전혀 그 기록을 찾아볼 수가 없다. 그러다보니 백제수군의 존재 자체까지 의심하기도 한다.

이에 본고는 먼저 백제의 해양환경 즉 해양기상 및 해상조건, 선박 건조술 그리고 수군기지 등에 대해 개괄해 볼 것이다. 이들 중 특히 조선술이나 수군기지 등은 백제관련 사료가 제한되어 추정 가능한 범위로 한정하고자 한다. 그리고 백제가 수군을 공세적으로 운용했을 것으로 추정되는 사료를 분석하여 공세적 수군운용이 가져온 결과를 살펴보고자 한다. 이와는 반대로 수군이 제 역할을 다하지 못한 결과 백제가 궁지에 몰렸던 사례를 고찰해볼 것이다. 그리고 백제를 멸망으로 이끈 당나라 수군의 침공항로를 살펴보면서 그 속에 숨어있을 백제수군의 흔적을 추정해 보고자 한다.

II. 백제의 해양 환경

고대에 水軍의 항해나 활동에 영향을 미치는 것으로 바다의 바람과 태풍, 안개와 같은 기상 조건이 있다. 또한 해류와 조류, 그리고 파랑, 수심 등 해상조건이 있다. 이들을 해양환경이라고 말할 수 있다. 그리고 수군은

---

6) 이도학, 「泗沘都城의 編制와 海外交流」 『東아시아古代學』 30, 2013, 244~248쪽.
7) 이도학은 백제의 동남아시아 교역로로 제주도→북규슈→오키나와→대만→인도차이나 반도→인도에 이르는 선으로 밝혀지고 있다고 주장하고 있다.

육군과 달리 기본적인 무기에 추가하여 바다에서 활동하기 위한 선박이 필요하므로 선박 건조 즉 국가적 조선술의 수준정도에 따라 강력한 수군이 될 수도 있고 반면에 그러지 못할 수도 있다. 한편 수군은 기본적으로 후방지원을 받는 기지가 있어야 한다. 태풍이나 풍랑 등으로부터 대피하고 선박을 보호할 수 있으며 지원을 받는 기지가 필요하기 때문이다. 따라서 본 장에서는 해양기상 및 해상조건, 선박 건조술 그리고 수군기지 등 백제의 해양환경 대하여 검토해보고자 한다.

우선 백제수군이 주로 활동했던 서해를 개괄해보자. 서해는 서태평양 북서부에 위치하며 연해로는 중국대륙과 한반도에 둘러싸여 있다. 해역의 북쪽은 요동반도와 산동반도를 연결한 선으로 발해만과 구분되고, 남쪽은 동중국해와 사이에 지형적인 경계는 없으나 일반적으로 제주도와 양자강을 연결하는 선으로 구분하고 있다. 서해의 크기는 남북 간 약 1,000km 동서 간 700km로서 발해만을 제외한 지역이다. 수심은 80m 이하(평균수심 44m)로 얕고 최고 수심은 홍도 서부해역에서 103m인 곳도 있으며 그 용적은 17,620㎢이다.[8]

서해는 동해나 남해와 달리 수심이 얕고 반 폐쇄적인 만과 같은 해역으로 상대적으로 열 수용량이 적어 기상 변화가 심하며 이에 따른 수온 및 염분 등 해황의 변화도 크게 나타나고 있는 것으로 조사되고 있다.[9] 이들 중 항해와 관련된 요소들에 대해 살펴보자.

먼저 바람의 상태는 시간과 계절에 따라 다르다. 바깥바다와 달리 해안지방은 정오경이 되면 바다에서 육지로 불고, 밤이 깊어지면 육지에서 바다로 분다. 이러한 일일 변화는 소형선박의 연안 항해에 영향을 준다. 동계에는 시베리아 고기압의 영향으로 11월부터 다음해 3월까지 북서 계절풍

---

8) 고우진, 「동계 한국 서해의 해황과 기상인자와의 관계에 관한 연구」, 부경대학교 박사학위 논문, 2005, 2쪽.
9) 고우진, 앞의 논문, 2005, 83~84쪽 ; 강재훈 등, 「황해와 동중국해 표층수온의 계절변화」, 제주대학교 연구보고23, 1999, 1~8쪽.

이 불어온다. 이 시기에 선박의 조난사고가 많이 난다. 여름에는 북태평양 고기압의 영향으로 6월에서 8월까지 남동계절풍이나 남서계절풍이 분다. 이 바람은 범선시대였던 당시의 서해 항해에 많이 이용되었다. 4월과 10월 은 계절풍의 교대기로 범선 이용에 최적의 시기이다. 4월에는 남풍과 북풍 계열이, 10월에는 북서풍이 분다.[10] 이들은 서해에서 바람과 노를 이용하 는 고대 항해에 영향을 미쳤을 것이다.

서해의 표층해류는 대만동쪽에서 시작된 쿠로시오 해류가 분지되어 서 해안을 따라 발해만까지 북상한다. 다시 중국 연안을 따라 남향하면서 양 자강 하구로부터 북상하는 해류와 만나 동진하고 일부는 흑산도 방향으로 북상하거나 제주해협으로 유입되기도 한다. 서해 중앙부에는 회전해류가 존재하지만 연안류에 비해 평균유속이 0.1노트로 약하다.[11] 반면 조류는 흑산도와 본토사이는 2~3.8노트, 태안반도 1.4~2.6노트, 장산곶 5~7노트, 假島해안 1.5~3.8노트이다.[12] 하지만 반도와 만, 섬이[13] 많은 서해안에서 의 조류 속도는 곳에 따라 좁은 해역에서는 상당히 빨라지는 경향이 있다. 이는 해류가 지배적인 동해나 해안에서만 조류가 강한 남해와 달리, 서해 는 해류가 미약한 대신 조류가 강한 특징을 가지고 있다. 또한 潮汐干滿의 차이가 크고 평균조차는 6.2~6.5m이며 최대조차는 용유도 부근에서 11m 이상을 기록하고 있다. 대조차는 서해안 남부는 약 3.0m이지만 북쪽으로 올라감에 따라 점차 증가하여 군산에서 5.5m, 인천부군에서 8.0m로 최고

---

10) 정진술, 『한국 해양사 - 고대편』, 경인문화사, 2009, 8~9쪽.
11) 정진술, 앞의 책, 2009, 16~17쪽.
12) 경기지역은 김포반도, 인천반도, 화성반도가 있으며 이사이에 강화만, 남양만 등 이 있다. 충남지역은 태안반도가 있으며 아산만, 가로림만, 천수만, 비인만 등이 있고 안면도 원산도 삽시도 등 268개의 유무인도서 가 있다. 전북지역은 옥구반 도, 변산반도, 진봉반도가 있으며 줄포만, 공소만 등이 있고 고군산群島와 위도 등이 있다. 전남 서해안 지역은 무안반도, 해제반도 등이 있으며 함평만 등이 있 고 도서는 자온도, 비금도, 진도, 흑산도 등이 있다.
13) 정진술, 앞의 책, 2009, 18쪽.

조에 달한다. 여기서부터 다시 감소하여 압록강 입구에서는 4.2m가 된다.[14] 그리고 다른 지역과 달리 서해안에 길게 형성되는 갯벌은 가히 세계적인 수준이다. 이러한 큰 조수간만의 차이와 길게 형성되는 갯벌은 선박의 상륙 및 정박에 큰 영향을 미쳤을 것이다.

안개 또한 범선의 항해에 부정적인 영향을 미치는 요인의 하나다. 중국 근해에서 발생하는 안개는 겨울철에서 여름철에 걸쳐 안개 다발구역이 북쪽으로 서서히 이동하므로 시기적으로 눈에 띄게 변화가 있다. 안개는 환절기인 5~6월에 서해 전역으로 확산된다. 7월에는 서해와 발해에서 안개가 발생하여 한국 연안에서 발생하는 안개구역과 접속된다.[15] 그러므로 범선항해에 유리한 기간은 6~8월로 추정되지만 전체적으로 수월한 항해는 아닌 것으로 판단된다.[16]

이러한 해양환경은 백제수군에게 불리한 조건일 수밖에 없다. 그러나 백제의 도서나 연·강안 주민들은 불리한 해양환경을 극복하고 살아왔으며, 항해에 도움이 되는 곳과 불리한 곳 등 지역적 특성을 잘 이해하고 있었을 것이다. 그런 사람들이 백제 수군의 인프라가 되어 수군발전에 기여하였을 것이다. 즉 백제는 불리한 해양환경을 극복하고자 한 것이 역설적으로 수군을 발전시켰을 것이다.

그러면 백제수군의 선박규모나 관련사항은 어떠했는지 가늠해보자. 백제가 어떤 종류의 선박을 건조했다거나 보유했다는 기록은 쉽게 찾을 수가 없다. 하지만 『삼국사기』 백제본기를 보면 백제는 일찍부터 西海라는 용어를 사용하고 있다.

---

14) 崔相哲, 「西海岸 沿岸管理의 現況과 課題」 『東西研究』 2, 1989, 8쪽.
15) KHOA(National Hydrographic and Oceangraphic Adminstration, 2005, coastwise Passage Pilot, p.24~43.
16) 김성준, 「고대 동중국해 사단(斜斷)항로에 대한 해양기상학적 고찰」 『海洋環境安全學會誌』 19, 2012, 160쪽.

A. 왕이 西海의 큰 섬에서 사냥을 하였는데, 손수 사슴 40마리를 쏘아 맞혔다.[17]

B. 봄 2월 남제 … 사신을 보내 表를 올려 복속(內附)되기를 청하여 허락을 받았다. 가을 7월 내법좌평 沙若思를 남제에 보내 조공하려 했으나 西海에 이르러 고구려 군사를 만나 가지 못하였다.[18]

사료 A는 고이왕 3년으로 236년이다. 우리나라 사료에 西海라는 명칭을 처음 사용하고 있는 기록이다. 사료 B에서도 동성왕 6년(484)에 서해라는 용어가 보이고 있다. 이는 고구려 중천왕 4년(251)[19]이나 신라 문무왕 10년(671)[20]의 서해용어 사용기록 보다도 빠른 시기다. 물론 동해를 활동무대로 했을 신라는 첨해이사금 10년(256)기사에 東海가 나타난다. 이렇듯 삼국이 자국이 활동해야 할 바다 명칭을 이른 시기에 사용하였다는 것은 각국이 바다에 대한 인식은 남달랐던 것으로 보인다. 그 중 백제는 특히 불리한 해양환경들을 극복하고 잘 활용했을 것으로 추정된다. 그래서 A와 같이 고이왕이 서해를 건너 큰 섬으로[21] 사냥을 갈 수 있었던 것은 아닌가 한다. 물론 고이왕은 군사들과 같이 동행 했을 것이고 이동 간 수송은 수군이 담당했을 것이다. 그러나 『삼국사기』 백제본기에 보유선박이나 선박건조에 대한 기록은 없다. 다행히 『일본서기』와 『송서』 등에 백제의 선박건조 기술을 유추할 수 있는 기록이 있다.

---

17) 『三國史記』卷24, 百濟本紀2, 古爾王 2年.

18) 『三國史記』卷26, 百濟本紀4, 東城王 6年.

19) 『三國史記』卷17, 高句麗本紀5, 中川王 4年. 왕이 관나(貫那)부인을 가죽주머니에 넣어 서해(西海)에 던지게 하였다(夏四月 王以貫那夫人置革囊 投之 西海).

20) 『三國史記』卷6, 新羅本紀6, 文武王 10年. 검모잠이 유민을 모아 신라로 향하여 서해(西海)의 사야도(史也島)에 이르러 고구려의 대신 연정토의 아들 안승(安勝)을 만나 한성에서 임금으로 삼았다.

21) 大島는 당시 위례성을 기준으로 보다면 강화도일 가능성이 높으며, 강화도의 백제지명은 甲比古次, 고구려는 穴口郡, 신라는 海口, 고려초는 洌口縣, 몽고병란 때 江都, 우왕 때 강화라 불렸다.

C. 新羅停에 갑자기 불이 나서 모여 있던 많은 배가 불에 탔다. 신라인을 책망하였더니 신라왕이 듣고 크게 놀라서 뛰어난 장인을 바쳤다. 이들이 猪名部 등의 시조이다.[22]

D. (倭에서 宋에 갈 때) 백제를 경유하는 항로에서 (중국에) 조공할 수 있도록 배를 치장(裝治船舫)하였습니다.[23]

E. 難波吉士胡床 등을 安藝國에 파견하여 百濟船 두 척을 만들게 하였다.[24]

F. 당에 파견하는 대사 소산상 吉士長丹 등 121명이 한 척의 배에 탔다. 또한 대사 대산하 高田首根麻呂 등 120명이 한 척의 배에 탔다.[25]

사료 C는 15대 응신천황 31년 기사로 신라장인이 저명부의 시조가 되었다고 하고 있다. 그러나 16대 인덕천황 38년 기사에 등장하는 猪名縣은[26] 『和名類聚抄』에 攝津國 爲奈鄕이고 爲奈部는 猪名部로 표기되는데, 『新撰姓氏錄』 섭진국 諸蕃에는 爲奈部首가 백제국 中津波手에서 나왔다고 기록되어 있다.[27] 이러한 기록을 감안하면 일본에 조선술을 전한 저명부의 신라 장인은 백제인으로 판단된다. 즉 백제는 일찍부터 조선술이 뛰어났으며 일본에게도 전파했다고 할 수 있다.

사료 D는 『宋書』에 기록된 왜국 무왕의 상표문으로 478년 왜국의 왕(武)이 송으로 갈 때 백제에 들러 선박을 꾸미고 수리한 기록이다. '百濟 裝治船舫'은 두 척의 배를 棟梁으로 연결하고 그 위에 목판을 덧대어 마치

---

22) 『日本書紀』 卷10, 應神天皇31, "新羅停忽失火 卽引之及于聚船 而多船見焚 由是 責新羅人 新羅王聞之 襲然大驚 乃貢能匠者 是猪名部等之始祖也."

23) 『宋書』 卷917, 列傳57, 夷蠻, 東夷, 倭國, "… 道遙百濟 裝治船舫."

24) 『日本書紀』 卷25, 孝德天皇 白雉元年, "… 難波吉士胡床 於安藝國."

25) 『日本書紀』 卷25, 孝德天皇 白雉4年, "發遺大唐大使小山上吉士長丹 … 并一百卄一人 俱乘一船 … 又大使大山下 … 并一百卄人 俱乘一船."

26) 『日本書紀』 卷11, 仁德天皇38. 저명현의 좌백부가 진상품을 바쳤다(猪名縣佐伯部獻苞苴).

27) 충청남도역사문화연구원, 『百濟史資料譯註集(日本篇)』, 도서출판 아디람, 2008, 469쪽.

하나의 배처럼 만든 것이다. 이러한 배는 漢대에 나타나 그 이후에도 지속적으로 사용된 것[28]으로 백제도 이 장치법을 구사하고 있다. 따라서 이러한 기술은 군사용 선박에도 적용되었을 것이며 백제수군의 대형 전함 건조에 사용되었을 것으로 추정가능하다.

사료 E와 F는 효덕천왕 백치원년(650)과 백치4년(653)의 기사이다. 그동안 왜는 신라 혹은 백제 선박을 빌려 타고 당에 사신이나 유학생을 파견하였는데 百濟船을 직접 건조하고 있다. 백제선은 백제 사람들이 탄 배가 아니라 백제 사람들만이 만들 수 있는 특이한 배일 것이며, 신라나 당나라 배와는 구별되는 백제만의 공법으로 백제인이 관여하였을 것이다. 그런데 3년 뒤에 견당선 배 1척에 당 120여명을 승선시키고, 다른 한 척에는 121명을 승선시키고 있다. 선박을 건조할 목재는 1년 이상 바닷물에 담가 놓는다고 한다. 따라서 650년의 백제선 건조기사는 3년 뒤 견당선 기사와 동일한 배일 가능성이 높다. 이를 볼 때 백제는 7세기 당시에 120명이 넘는 인원이 승선 가능한 선박을 건조할 수 있는 기술을 보유했던 것으로 판단된다. 즉 백제는 서해바다를 극복하기 위하여 선박건조 기술을 일찍부터 발전시켰으며, 왜에게 까지 전달하고 있었다고 본다.

이러한 선박건조 기술로 볼 때 백제는 강력한 수군을 보유했을 가능성이 있으며 그 기술발전은 당연히 백제수군 발전과 함께 동반되었을 것이다. 백제가 강력한 수군을 보유했다면 그 수군기지는 어디에 위치했을까? 당연히 서해안 어딘가에는 반드시 백제의 수군기지가 있었을 것이다. 그러나 어떤 사료에서도 백제수군이 위치했었다는 기록은 찾기가 어렵다. 단지 후대의 사료나 자료에 단편적으로 기록되고 있을 뿐이다.

백제수군의 기지를 주정해보기 위해서는 당시의 환경을 고려하여야 한다. 고대인 7세기에 서해안 해수면의 높이가 지금보다 약 1.5m가 높았다

---

28) 박순발, 「백제의 해상교통과 기항지 - 對中國航路를 중심으로 -」『百濟學報』 16, 2016, 18쪽.

고 한다.[29] 당시 서해안 해수면의 높이가 현재보다 1.5m 높았다면 백제내
륙에서 서해로 흘러들어가는 모든 강들[30]은 물론 대소하천의 수위도 함께
높아졌을 것이다. 따라서 하천이나 강의 내륙 깊숙한 곳까지 바닷물이 유
입되고 백제수군의 활동영역도 내륙에까지 확장되었을 것이며, 지금 내륙
으로 인식되는 곳까지 백제수군이 운용되었을 가능성이 매우 높다.

G. 고구려가 송산성을 공격하여 이기지 못하자 석두성의 남녀 3,000명을 잡아
갔다.[31]

H. 洹州圖經에 의하면 삼국시대에 평양[고구려]과 백제가 서로 석두성 창고를
공격하여 취하였다. 석두성은 수군창고였다. 지금은 가리저 동쪽에 있다. 당
顯慶 중에 당군이 바다를 건너와 난리로 인하여 창고를 폐지하였다가 신라
가 평정한 후에 석두에 창고를 설치하였다.[32]

사료 G의 송산성과 석두성이 위치한 사료 H의 면주는 충청남도 당진군
면천면 일대이다. 고구려가 송산성을 공격하여 이기지 못하자 백제수군 창
고가 설치된 석두성의 남녀 3,000명을 잡아간 것이다. 수군기지 석두성의
위치는 면주의 치소인 현재의 면천면 일대나 당시 면주에 속하는 아산만
삽교천 하구인 합덕읍이나 우강면 방면일 수도 있다. 백제는 한성이 함락
되면서 강화도나 党項城 같은 요충지를 잃게 되자 면주에 수군기지를 설

---

29) 신동혁, 「한국 서해안 가로림만 퇴적환경과 홀로세 해수면 변동」, 인하대학교 박
사학위 논문, 1998, 159쪽.
30) 백제지역 강은 북으로부터 예성강, 임진강, 한강, 금강, 만경강, 영산강 등이 있
으며, 이 외에도 서해로 흘러드는 비교적 큰 하천으로는 안성천 대천 등 26개소
가 넘는다.
31) 『三國史記』 卷20, 高句麗本紀, 嬰陽王 18年 ; 『三國史記』 卷27, 百濟本紀, 武王
8年.
32) 『增補文獻備考』 卷33. 輿地考21, 당진, "洹州圖經記 郡在三國時 平壤與百濟相攻
取倉於石頭 今加里渚東積栗爲水軍之 唐 顯慶中 唐兵渡海因亂 倉廢 新羅平 此界
復置倉於石頭."

치했던 것으로 추정된다. 그리고 서해를 통제하기 위하여 석두성으로부터 서해로 통하는 당진포구가 수군기지로 추정된다. 또한 그 이전에 백제가 한강유역을 점령하고 있었을 때에는 강화도와 당항성이 백제 수군기지가 있었을 가능성이 높다.

강화도는 한강, 임진강, 예성강의 3대 하천이 서해로 들어가는 하구에 위치하였을 뿐만 아니라 간만의 차가 심하고, 겨울에도 얼지 않는 천험의 요새를 이루고[33] 있어 고대로부터 조선시대까지도 전략적 요충지 역할을 해왔다. 『삼국사기』에는 고구려의 穴口郡이라는 기록이 최초이다.[34] 그러나 강화도의 명칭으로 혈구군 이전에는 백제의 穴城으로 보는 견해가 있다. 「백제본기」 성왕7년 '고구려 흥안왕이 북변 혈성을 공격하여 왕이 좌평 연모에게 3만 병력을 주어 五谷벌판에서 싸웠으나 이기지 못하였다.'는 기사의 오곡을 황해도 서흥으로 보고 있으나 이때는 백제가 북진하지 못한 때이므로 혈성은 강화도로 보아야 한다고도 한다. 즉 혈성은 한강 이남의 최북단 섬 강화도로서 고구려로 북상하기 위한 군사기지였다고 보는 것이다.[35] 한편 7대 고이왕 263년에 왕이 서해를 건너 큰 섬으로 사냥을 나갔다는 큰 섬은 당시 백제의 도읍지가 위례성이었던 점을 감안하면 서해 건너 큰 섬은 강화도로 추정되며, 왕의 수렵은 군사적인 위력행사와 관련이 있으므로, 이후 백제는 강화도에 군사를 배치하였을 것이고 수군기지가 설치되었을 것이라고 추정된다.

당항성은 경기도 화성시 서신면 상안리 九峯山에 축성된 唐城으로 추정되는데 삼국시대 백제, 고구려, 신라가 차례대로 점령했으며 백제나 신라는 당항성을 주요항구로 활용했다.[36] 백제가 한성지역을 상실한 이후 한강

---

33) 노영택, 「한국사에 있어서 강화도의 위상」 『누리와 말씀』 1, 1996, 19쪽.

34) 『三國史記』 卷35, 雜志4 地理2.

35) 김병남, 「백제 성왕대 북방영역 관련 지명의 분석」 『韓國上古史學報』 52, 2006, 13쪽.

36) 황보경, 「7세기 초 삼국의 정세와 당항성 전투의 의의」 『軍史』 96, 2015, 135~148쪽.

유역 회복이 백제의 숙원이었던 것은 당항성이 대중국 교류 창구가 되며 삼국항쟁 시대에 군사적으로도 중요했기 때문이었다. 성왕이 551년 일시적으로 탈환했다가 2년 뒤 신라에 빼앗긴 후 의자왕은 642년도에 고구려와 공모하여 당항성을 빼앗으려다 그만 두었던 사실도 있다. 그만큼 백제는 서해를 통한 대외 교류와 교역을 위한 거점이 필요했으며, 그러한 곳으로 서해와 태안반도 일대가 조망되며 중국과 통교하는데 용이한 당항성을 주목했을 것이다. 따라서 백제가 당항성을 소유하고 있을 때에 당항성에 수군기지를 운영하였음은 당연하다고 볼 수 있다.

이 외에는 전라북도 부안군 해안가 변산반도에 위치한 죽막동 유적지와 충남 서산 부적리 유적지 등을 추정해 볼 수 있다. 1919년 발굴조사를 통해서 밝혀진 죽막동 유적은 海神에게 항해의 안전을 기원하는 제사를 지내던 유적이다. 이곳에서는 백제의 유물뿐 만 아니라 가야, 중국 南朝, 倭 계통의 유물이 출토되어 고대 동아시아 해로의 요충지로서 담당했을 것[37]으로 추정하고 있다. 부안 변산반도 죽막동에 수군기지가 위치했을 개연성은 충분하다. 부안지역은 당시 왜와의 교류하는 항로 간 중간기지로서는 물론 고구려로 인하여 제한되는 연안 항해를 대신할 대 중국 직항로 개발에도 필요한 지리적 위치를 점하고 있기 때문이다.

한편 2004년도에 발굴된 충청남도 서산 부장리 유적은 5세기 서산지역에 유력한 재지세력[38]이 있었던 것으로 추정하고 있다. 지리적으로는 대교천과 덕수천이 합류되는 곳에 위치한 재지세력은 해상활동으로 상당한 위세를 이루었다고 볼 수 있다. 더구나 백제 입장에서 당항성을 빼앗긴 후 대체지역으로 서산지역 또한 태안반도를 통하여 중국과 교류가 가능하므로 서산 부장리 일대에 수군기지가 운용되었을 가능성이 높다.

---

37) 沈勝求, 「부안 죽막동 해양제사유적의 세계유산 가치와 등재 방향」 『한국학 논총』 44, 2015, 454~456쪽.
38) 이한상, 「5세기대 서산 부장리 세력의 성장 배경과 위상」 『백제문화』 55, 2016, 95쪽.

그리고 통일신라 시기 장보고가 활동했던 전라남도 완도군 청해진이나, 후삼국 시대 왕건이 후백제의 대 중국 교류를 차단하기 위해 공격했다는 나주의 德眞浦[39] 등을 들 수 있다. 특히 덕진포 인근의 나주 복암리에서는 2006~2008년 목간 유적이 다수 발견되어 이 지역이 문서작성이 이루어지는 백제의 지방관청이 있었던 것[40]으로 보기도 한다. 장보고가 청해진을 근거지로 삼았다거나 후백제가 중국교류를 위해 덕진포를 사용했다면 대외적인 거점으로서 충분한 요건을 갖추었기 때문일 것이다. 그러한 조건들은 백제시대에도 같았을 것이므로 청해진에 백제의 수군기지가 위치했을 가능성이 높다. 실제 사례로 498년 동성왕이 탐라를 정벌하기 위하여 武珍州에 이르니 탐라가 사죄하므로 중지하였다[41]는 기사는 남부에 수군기지가 있었음을 반증하고 있다.

백제 전체 시기 중 나타나는 수군관련 자료나 유적조사 등을 참고하였기 때문에 〈그림 1〉에 나타난 지역이 모두 동시에 백제의 수군기지였다고 보기는 어렵다. 백제가 한성-웅진-사비시대를 거치면서 시기별로 불가피한 변동도 있었을 것이다. 하지만 백제의 북방 대비 측면에서 북쪽에 수군기지는 필연적이었을 것이고 왜와의 교류 내지는 남방진출 과정에서 남방에 수군기지도 필요했을 것이다. 또한 서해를 횡단하여 중국과 교류하기 위해 중앙에 수군기지를 운용하지 않았을까 추정된다.

이상과 같이 백제의 해양환경은 지리적으로 내륙하천으로부터 바다로 이어지는 한강, 금강, 만경강, 영산강 등이 잘 발달되어 있고 이들과 연결된 서해바다를 접하고 있어 수군이 발전할 수 있었다. 환경적으로는 동해나 남해와 달리 수군운용에 불리한 해양환경이었으나 수많은 섬과 리아시

---

39) 愼成在, 「궁예정권의 나주진출과 수군활동」『軍史』 57, 2005, 193쪽.
40) 김혜경, 「나주 복암리 목간 출토의 고고학적 의미」『Korean Journal of Cultural Heritage Studies』 Vol. 49-2, 2016, 146쪽.
41) 『三國史記』 卷26, 東城王 20年, 八月, "王以耽羅不修貢賦 親征至武珍州 耽羅聞之 遣使乞罪 乃止."

스식 해안, 어민 및 선박 등 해양 인프라를 바탕으로 수군이 발전할 수 있었던 것으로 추정된다. 당시는 중국, 고구려, 왜 등과 교류 및 교역을 하며 경우에 따라서는 전쟁도 불사해야 하는 항쟁시대여서 국가적 필요성에 의해 수군의 당위성은 필연적이었을 것이다. 백제의 해양환경은 수군을 보유하고 운용할 수밖에 없었다.

〈그림 1〉 백제수군창고와 수군기지 추정도

III. 백제의 공세적 수군 운용

공세라 함은 부대가 공격을 하고 있는 상태에서 주도권을 행사하여 적을 격파하는 등 적극적인 공격행동의 통칭이다.[42] 또한 방어 시에도 기회를 포착하여 공세로 전환하기도 한다. 따라서 공세적 수군 운용이라 함은 공격적 수군운용으로 볼 수 있다. 이러한 수군운용은 해상에서 주도권을 장악하여 자신의 의지대로 전장을 이끌어 갈 수 있다. 백제가 수군을 공세적으로 운용했을 것으로 추정되는 사례를 살펴보자

> I. 백제국은 본래 고구려와 더불어 요동동쪽 천여 리에 있었다. 고구려는 遼東을 경략하였고, 백제도 경략하여 遼西를 소유하였다. 백제가 다스린 곳은 晉平郡 晉平縣이다.[43]
>
> J. 백제는 옛날 동이마한에 속하였는데, 晉末에 고구려가 요동을 공격하여 차지하자 낙랑(백제 : 필자 판단) 이 또한 요서·진평현을 차지하였다.[44]
>
> K. 晉나라 때 고구려가 이미 경략하여 요동을 소유하자 백제 또한 점거하여 요서와 진평 2군의 땅을 소유하여 스스로 백제군을 설치하였다.[45]

사료 I『宋書』는 488년에 편찬된 백제의 요서경략 내용이 기록된 최초의 사서이다. 사료 J『梁職貢圖』는 520~530년에 만들어진 화첩으로 백제 대신 낙랑이라고 표기되고 있다. 사료 K『梁書』는 636년에 편찬된 사료로 백제의 요서경략 시기가 晉代로 그리고 명칭도 百濟郡으로 표기되고 있다. 이외에도『南史』,『資治通鑑』,『通典』 등에도 유사한 기록이 있다. 그러나

---

42) 합동참모교범 10-2,『합동·연합작전 군사용어 사전』, 국군인쇄창, 2010, 30쪽.

43)『宋書』卷97, 列傳57, "百濟國, 本與 高驪俱遼東之東千餘里 其後高驪略遼東 百濟 畧遼西 百濟所治 謂之晉平郡 晉平縣."

44)『梁職貢圖』, "百濟舊來夷馬韓韓之屬 晉末 駒驪略有遼東 樂浪亦有遼西晉平縣."

45)『梁書』卷54, 列傳48, "百濟, 晉世句驪旣略有遼東 百濟亦據有遼西晉平二郡地矣 自置百濟郡."

백제의 '요서경략설'은 요서가 서해바다 건너 위치한 점, 사료가 혼란스러운 점,[46] 백제가 국력이 미흡했었다는 점, 북조계통의 사료에는 없다는 점 등으로 인하여 부정적인 입장이 많았다. 하지만 최근에는 긍정론[47]도 적지 않다.

백제의 요서경략을 긍정적으로 보는 견해들을 살펴보자. 먼저 시기문제이다. 일부는 백제의 요서경략 시기를 전성기인 근초고왕 때로 보기도 하지만, 사료 I의 고구려 공격 후(其後)와 J 의 뜸末 등을 고려하여 385년으로 보기도 한다. 이 시기는 前秦과 後燕 교체기로 불안전한 시기이며 385년 6월 고구려가 요동군과 현도군을 점령한[48] 직후 후연에 반란이 일어나는 385년 7월[49]로 설득력이 있어 보인다.

다음은 요서경략의 실체문제이다. 정재윤은 요서를 공략한 백제의 실체는 한반도의 백제가 아닌 북중국 지역에서 활동하던 부여계로 보았다.[50] 강종훈은 백제의 요서공격 배경에는 고토 회복을 바라는 동진의 요청[51]에 의하여 백제 침류왕이 요서지역에 군대를 보내고, 그 곳에서 침류왕과 시

---

46) 사료 혼란은 J 에 낙랑으로 표기된 점은 들 수 있다. 하지만 이는 372년 근초고왕이 동진에서 받은 작위 '鎭東將軍 樂浪太守'가 침류왕까지 이어졌기 때문으로 보았다(강종훈, 「4세기 백제의 遼西지역 진출과 그 배경」『한국고대사연구』 30, 2003, 22~24쪽).
47) 긍정론에는 일시적 점유 가능성 견해(강종훈), 상업기지 확보로 보는 견해(李明揆, 신형식, 李熙眞), 교역로 확보 차원 견해(정재윤) 등이 있다.
48) 『三國史記』卷18, 高句麗本紀, 故國壤王 2年.
49) 강종훈, 앞의 논문, 2003, 10~14쪽.
50) 정재윤, 「중국 요서(遼西) 지역에 보이는 백제의 실체」『동북아역사논총』 61, 2018, 271~278쪽..'
51) 동진은 383년 11월 肥水의 전투에서 前秦을 물리친 후 북방 고토를 회복하고 後燕의 흥성을 막기 위해서는 요서지역의 요충지인 난하 하류의 영지 등을 점거하여 북방의 교두보를 마련하고자, 자체군대만으로 어려워 이민족 즉 '낙랑태수'를 제수 받은 백제왕과 백제의 군대를 요청했을 것이다. 백제는 전진의 유주자사 촌락이 반란을 일으켰을 때도 苻規가 군대동원을 건의한 나라 중에 하나이고 실제로 使者가 백제에 파견되기도 하였다(강종훈, 위 논문, 2003, 24~25쪽).

조를 같이하는 부여계 무장 餘巖[52]과 함께 동진의 교두보를 설치한 것으로 보았다.[53]

강종훈의 한반도 백제의 요서경략설이 사실이라면 백제는 서해바다 건너 요서를 공략하기 위해서는 반드시 수군을 운용했을 것이다. 과연 백제수군이 서해바다 건너 중국을 공략한다는 것이 가능했는지 검토해 봐야 한다.

당시 백제는 근초고왕, 근구수왕, 침류왕으로 이어지는 전성기로서 백제수군의 역량은 충분했다고 판단된다. 문제는 중국연안 내지는 요서까지의 항해이다. 요서지역으로 진출하기 위해서는 발해만을 통하여 연안 항해나 근해 항해를 하여야 한다. 중간에 고구려가 있어서 결코 쉬운 일은 아니다. 따라서 고구려와 충돌을 피하기 위해 요서까지 직항했을 것이다. 당시 직항항로가 개설되었다는 기록은 없다. 하지만 백제는 4세기 후반 이후 줄곧 동진 및 남조와 교류를 하여왔다. 372년 근초고왕을 시작으로 백제왕들이 중국 왕조들로부터 계속 책봉을 받아왔고, 사신의 왕래를 비롯한 공식적인 교류도 매년 빈번히 이루어져 왔다. 또한 침류왕 때에는 인도 고승 마라난타가 진나라로부터 도래하여 불교를 전하기도 하였다.[54] 진나라는 동진이며 양자강 유역에 위치하고 있었으므로 마라난타는 서해 횡단항로를 이용했을 가능성이 높다.

한편 백제에서 중국에 이르는 항로는 북로북선과 북로남선이 있었다는 주장이 있다. 북로북선은 서해 연안을 따라 북상한 다음 요동반도-산동반도-장강하구에 이르는 선이다. 북로남선은 서해안 중부지역에서 서해를

---

52) 餘巖은 부여계 인물로 후연의 建節장군이며, 385년 7월 冀州의 武邑(현 하북성 무읍)에서 반란을 일으켜 4천여 인을 끌고서 幽州(현 북경)을 치고 올라가 계성을 깨뜨린 다음, 그 민호 1천여 호를 붙잡아 다시 灅河의 하류의 슈支로 가서 그곳에 자리를 잡고 후연에 대항하였는데 이 시기 요서에는 여암세력 외에 없었다 (강종훈, 위 논문. 2003, 15~19쪽).

53) 강종훈, 위 논문, 2003, 29쪽.

54) 『三國史記』 卷24, 百濟本紀, 枕流王元年 九月, "胡僧摩羅難陁自晉至 王迎之致宮內 禮敬焉 佛法始於此."

횡단하여 산동반도 동단에 성산에 도착하는 항로이다. 이 항로는 400년을 전
후한 시점 이후 백제가 불가피하게 선택한 것으로 472년 북위에 견사한 백제
사신단, 479년 왜왕 무의 유송 견사단이 활용한 항로[55]라고하기도 한다.

이와 같이 백제의 견당선이나 상선들은 서해를 횡단하여 왔다. 이들 해
양 교통로는 수군운영과 직결될 수밖에 없다. 그렇다면 백제수군도 요서지
역까지 직항할 수 있는 역량은 가능했던 것으로 추정된다. 따라서 백제가
강력한 수군력을 바탕으로 요서지역을 경략하였을 가능성을 배제할 수 없
다. 백제가 요서지역을 공략하였다는 기록을 긍정하면 수군을 공세적으로
운용한 결과이다.

그러나 광개토왕이 즉위하면서 백제수군은 주도권을 상실해 간 듯하다.
391년 관미성을 고구려에 빼앗기고 396년에는 국도까지 포위당하여 항복
하기도 했다. 하지만 8년 뒤 백제는 다음과 같이 고구려를 다시 공격하고
있다.

> L. 14년(404년) 甲辰년 왜가 법도를 지키지 않고 帶方경계에 침입하였다. 백제
> 군과 연합하여 石城을 □□하고, 連船□□□. 왕이 친히 군대를 이끌고 토
> 벌하였다. 평양을 출발하여, 선두부대가 적과 조우했다. 왕의 군대가 적의
> 길을 끊고 막아 좌우로 공격하니, 왜구가 궤멸되어 패하였다. 참살한 자가
> 무수히 많았다.[56]

위 「광개토대왕비문」 永樂14년(404) 기록은 왜가 고구려 공격의 주체로
되어 있다. 그러나 공격의 주체를 왜로 보기보다는 백제로 볼 수가 있다.
비문에 의하면 백제는 396년 광개토왕의 수군공격을 받았다. 58성과 700
촌을 빼앗겼으며, 아신왕의 와우와 대신 10명이 볼모로 잡혀간 8년 후의

---

55) 박순발, 앞의 논문, 2016년, 20쪽.
56) 「광개토대왕비문」, "十四年甲辰, 而倭不軌, 侵入帶方界. 和通殘兵□石城. □連船
□□□, 王躬率往討. 從平穰□□□鋒相遇. 王幢要截盪刺, 倭寇潰敗. 斬煞無數."

사건이다. 즉 백제는 고구려의 공격으로 인한 굴욕과 영토상실 이후 절치부심 실지회복의 노력을 기울였을 것이다. 그리고 당시 항쟁구도는 대부분 고구려대 백제, 백제대 신라였다. 따라서 영락 14년 왜가 고구려의 대방경계를 공격하고 석성을 함락했다고 하는 기사의 주체는 백제이며 왜가 일부 포함된 것으로 보아야 한다.

그런데 주목되는 것은 비문에 '□連船□□□'라고 한 점이다. 배가 늘어서 있다는 표현이다. 수군으로 공격한 것이다. 공격의 주체가 백제였으므로 당연히 백제수군이 주가 되었을 것이다. 광개토왕이 수군으로 공격했던 것처럼 백제는 396년의 패배를 보복하기 위하여 수군을 공세적으로 운용하여 고구려를 공격한 것으로 추정된다. 하지만 소식을 듣고 출동한 광개토왕에게 패하고 말았다. 이는 396년 광개토왕의 수군공격 시 백제수군이 완전히 격멸된 것이 아니었거나 어느 정도 재건되었던 것으로 볼 수 있다.

다음은 『삼국사기』와 『남제서』에 기록된 내용으로 백제가 수군을 이용하여 北魏의 대규모 선단공격을 막아냈다는 사실이다.

> M. 魏나라 군사가 쳐들어 왔으나 우리에게 패하였다.[57]
>
> N. 이 해 魏虜가 또 다시(又) 기병 수십만을 동원하여 백제를 공격하여, 그 나라 경계에 들어오자 牟大(동성왕)가 장수 沙法名, 贊首流, 解禮昆, 木干那 등을 보내 무리를 이끌고 오랑캐 군사를 습격하여 크게 무찔렀다.[58]
>
> O. 건무 2년 모대가 사신을 보내 표문을 올려 아뢰었다 … 경오년에 獫狁이 잘못을 깨닫지 못하고 군사를 일으켜 깊이 핍박하니 신이 사법명 등 군사를 보내 역습하여 밤에 번개처럼 습격하였습니다. 匈梨가 크게 당황하여 바닷물이 끓는 것처럼 붕괴되고 달아나는 틈을 이용하여 쫓아가 베니 시체가 들을 붉게 물들였습니다. … 그 공을 찾아 마땅히 포상을 해주어야 합니다 …

---

57) 『三國史記』 卷26, 百濟本紀26, 東城王10年, "魏遣兵來伐 爲我所敗."
58) 『南齊書』 卷58, 列傳39, "百濟, 是歲 魏虜又發騎數十萬攻百濟 入其界 牟大遣將沙法名·贊水流·解禮昆·木干那率衆襲擊虜軍 大破之."

목간나는 전부터 군공이 있었고 또 다시 누대가 있는 배를 공격하여 빼앗았
으므로 行廣威將軍 面中侯라 하였습니다. 엎드려 바라건대 특별히 천은을
베풀어 제수해주기를 청합니다.[59)

魏가 공격한 시기는 사료 M『삼국사기』는 동성왕 10년(488)으로 사료
N『남제서』의 490년과 2년의 차이가 난다. 혹자는 동일한 전투로 보기도
한다. 하지만 사료 N에서 '또 다시(又)'라는 용어를 사용한 것으로 보아 魏
나라의 두 번째 공격으로 보인다.

문제는 백제를 공격한 실체가 누구인가 하는 점이다. 기록대로 北魏[60)
로 보기도[61) 하며, 사료 O의 獫狁 또는 匈梨는 고구려의 별칭이라 하여 고
구려로 보기도[62) 한다. 또 다른 견해로는 북위와 고구려의 연합군으로 보
는 견해[63)도 있다. 그러나 『남제서』 권58, 고구려 전에서는 고구려를 獫狁
이나 匈梨라고 칭한 예가 없고, 魏=魏虜=獫狁=匈梨는 모두 南齊와 적대관
계에 있던 북위를 지칭한다고 단정할 수 있다. 그러나 일부 연구자들의 주
장대로 북위가 아닌 고구려나 연합군이라 해도 백제수군이 전투에서 승리
했다는 사실에 주안을 두고 검토되어야 한다.

다음은 전투 장소에 대한 문제이다. 이병도는 북위가 해로로 군사를 보
내어 백제를 공격하다 실패한 것으로 보았다.[64) 반면 김상기는 북위 군대
가 고구려의 영역을 통과하거나 혹은 수십만 기병이 바다를 건너 한반도의

---

59)『南齊書』卷58, 列傳39, "百濟, 建武二年, 牟大遣使上表曰 … 去庚午年 獫狁弗悛
   擧兵深逼 臣遣沙法名等領軍逆討 宵襲霆擊 匈梨張惶 崩若海蕩 乘奔追斬 僵屍丹野
   … 尋其功勳 宜在褒顯 … 木干那前有軍功 又拔臺舫 爲行廣威將軍·面衆侯 伏願天
   恩特愍聽除."
60) 중국 남북조시대 北朝의 첫 나라로 386~534 동안 존속되었으며, 北魏를 나타
   낸다.
61) 李明揆, 「백제 대외관계에 관한 일시론」『사학연구』 37, 1983, 91~92쪽.
62) 유원재, 「魏虜의 백제침입 기사」『백제연구』 23, 92~94쪽.
63) 박현숙, 「백제 동성왕대 대외정책의 변화」『백제연구』 32, 96~97쪽.
64) 李秉道, 『國譯 三國史記』(下), 乙酉文化社, 1983, 63쪽.

백제 영토에 침입하는 일은 도저히 있을 수가 없다. 따라서 이 기사는 백제가 영유한 요서지방에 침입한 것[65]으로 보았다. 그리고 방선주는 북위는 유목민족으로 해상진출이 크게 뒤떨어져 있고, 백제가 중국 대륙 동해안 일대에 일정영역을 확보하고 있었으므로 양국사이의 전쟁은 발해만 주변이나 산동반도 남부의 어느 곳에서 일어난 것[66]으로 보았다. 물론 한반도의 백제와 북위 간 육로는 고구려에 의해 막혀있어 기병 수십만에 의한 육로침공은 불가능하다. 그러나 660년 소정방이 서해바다를 건너 백제를 공격했던 것과 같이 바다를 통한 공격은 충분히 가능하다. 그렇다 하더라도 북위가 한반도 중서부 백제를 공격하였는지 아니면 요서지방이나 발해만, 또는 산동반도 남쪽 등 중국 동북부 연해지방을 공격했는지는 가늠하기 어렵다.

중요한 사실은 앞서 언급한 바와 같이 사료 O에서 목간나의 전공을 전하는 '木干那前有軍功 又拔臺舫' 기사에서 水戰이 벌어졌다는 것이다. 물론 수전에 참가한 양국의 戰船 수나 병력, 사용된 전법 등은 알기가 어렵다. 단지 북위가 누대가 있는 큰 배, 樓船을 동원했음을 알 수 있다. 그리고 기병을 동원하였다 하였으므로 누선에는 말도 함께 실었을 것으로 추정된다. 수십만 기병을 동원했다는 『남제서』의 내용은 남조 史家의 입장에서 적대국인 북위의 패배를 과장하기 위한 것이라는 견해도[67] 있으나 백제가 대규모 원정병력을 수군을 이용해 방어한 것은 사실일 가능성이 높다.

한편 고대 수전에서는 전선끼리 부딪치는 당파전술과 선상 진입 후 근접전투 등이 주효했다. 즉 고대에는 戰船의 크기가 전투에 결정적인 영향을 미쳤다. 따라서 목간나 등이 樓臺가 있는 전선을 빼앗았다고 하면 당시 백제수군의 전선크기나 규모가 작지 않았음을 알 수 있다. 비록 북위와 백제의 수군이 대등하다 하더라도 백제가 승리했다고 하는 것은 당시 백제의

---

65) 金庠基, 「백제의 遼西經略에 대하여」『白山學報』 3, 1967, 139쪽.

66) 方善柱, 「百濟軍의 華北進出과 그 背景」『白山學報』 11, 1971, 14쪽.

67) 박찬우, 「백제 동성왕대 대남제 외교전략」『한국고대사연구』 85, 2017, 295~296쪽.

수군력이 결코 약하지 않았으며 또한 강력한 수군을 공세적으로 운용한 결과로 보인다. 다음 사료를 보자.

> P. 8월에 왕(동성왕)은 耽羅가 공물과 조세를 바치지 않자 친히 정벌하려고 무진주에 이르렀다. 탐라가 이를 듣고 사신을 보내 죄를 (용서해 달라고)빌자 그만 두었다.[68]

동성왕은 앞서 거론한 바와 같이 재위 10년차에 중국 北魏의 공격을 막아냈다. 20년(498)에는 탐라가 조공을 바치지 않는다고 친히 정벌에 나섰다. 탐라는 일반적으로 제주도로 보고 있으며, 무진주[69]는 현재의 광주광역시이다. 내륙에 위치해 있으며, 담양에서 출발한 영산강이 광주를 거쳐 나주-목포를 지나 서해로 흐른다. 탐라를 정벌하기 위해 동성왕이 무진주로 왔다면 육로를 이용했을 가능성이 높다. 만약 해로로 왔다면 웅진(공주)에서 목포를 거쳐 북동쪽에 위치한 무진주(광주)까지 약 92km나 역 항해를 할 리가 없기 때문이다.

왕이 무진주까지 육로로 이동하는 동안 백제수군은 덕진포나 완도 등지에서 출정준비를 마쳤을 것이다. 탐라를 정벌하기 위해서는 당연히 수군이 동원되어야 하며, 북쪽 기지에 있는 수군을 동원할 경우 고구려가 염려되기 때문에 백제 남쪽 기지에 있는 수군이 탐라정벌 준비를 했을 것이다. 따라서 백제의 남쪽 수군기지로 추정되는 덕진포(복암리)나 완도 등지에서 수군이 출정준비를 하고 동성왕은 육로로 무진주로 이동했던 것으로 보인다.

---

68) 『三國史記』 卷26, 百濟本紀, 東城王 20年, "王以耽羅不修貢賦 親征至武珍州 耽羅 聞之 遣使乞罪 乃止."

69) 무진주는 신라 신문왕 때의 명칭으로 현재 광주광역시에 해당되며, 백제 때 명칭은 奴只인데 『삼국사기』 백제본기에 무진주로 기록된 것은 통일신라의 명칭이 소급·부회된 것이다(노중국, 「漢城時代 百濟의 魯制 실시와 編制 기준」 『啓明史學』 2, 1991).

그리고 백제가 남쪽 수군기지에서 출정을 준비하는 상황을 인지한 탐라 국왕이 백제 수군의 위세를 보고받고 대적하기가 어렵다고 판단하여 동성 왕이 무진주에 도착했을 때 사신을 보내 죄를 빌었을 것이다. 이와 같이 출정준비 자체만으로도 탐라를 복속시킬 수 있었던 것은 백제가 수군을 공 세적으로 운용했을 것으로 추정되는 사례들이다.

하지만 최근 탐라를 탐모라하고 하여 전남 강진[70]으로 보기도 한다. 탐 라를 강진으로 보더라도 수군을 이용해야 한다. 백제지역의 경우 대부분 강이나 수많은 내륙하천들이 동에서 서해로 흐르고 있으며, 뻘이 형성된 곳이 많기 때문에 육로를 통한 군량수송이 여의치가 않다. 따라서 백제는 강이나 큰 하천이나 해안에 있는 지역, 특히 강진 등을 공략할 때 군량수 송은 당연히 수군이 담당하였을 가능성이 매우 높다. 즉 동성왕 등 지휘부 는 육로로 이동하면서 수군이 덕진포(복암리)나 완도 등지까지 군량수송은 물론 현지에서 출정준비 등을 했을 가능성이 있다.

이와 같이 볼 때 백제의 남방진출에는 수군이 군량수송은 물론 전투함 으로써 운용되었을 것이며 고국원왕을 전사시킨 근초고왕 26년의 평양성 을 공격이나 근구수왕 30년 평양성 침공 등 고구려 공격 시[71]에도 수군이 당연히 작전에 참여하였을 것이다. 단지 전투 관련 사료가 육군위주로 전 투결과만 간략히 서술되다 보니 병종구성이 누락되었으며, 백제와 관련된 원천자료가 백제멸망으로 멸실되었기 때문에 기록에 보이지 않을 수도 있 다. 결론적으로 백제가 남방으로 진출하며 전성기를 누리는 4세기 후반이 나 고구려를 공격하여 승리를 쟁취했을 때는 나름대로 수군을 공세적으로 운용했던 것으로 판단된다.

---

70) 김병남, 「百濟 東城王代의 대외진출과 영역의 확대」 『韓國思想과 文化』 22, 2003, 239~240쪽.

71) 백제가 북방공격 시 수군을 운용하였을 것으로 추정되는 경우는 고이왕 13년 낙랑 변방 습격, 책계왕 원년 대방구원, 근초고왕 26년 평양성 침공, 근구수왕 3년 평양 성 침공, 진사왕 5년 고구려 남경침공, 아신왕 2년 관미성 공격 등 다수가 있다.

Ⅳ. 백제의 수세적 수군 운용

공세와 달리 수세라는 용어는 군사용어술어집이나 군사용어사전에 정의되어 있지 않다. 수세는 공세에 대한 설명을 빌어 다음과 같이 정의할수 있다. 수세는 부대가 방어를 하고 있는 상태에서 주도권을 상실하여 적에게 격파 당하는 등 피동적인 행동의 통칭이다. 또한 공격 시에도 기회를상실하면 수세로 몰릴 수도 있다. 이러한 수세적 수군운용은 해상에서 주도권을 상실하여 상대의 의지대로 이끌려 갈 수밖에 없다. 백제가 수군을수제적으로 운용했을 것으로 추정되는 사례를 살펴보고자 한다.

Q. 가을 칠월에 남쪽으로 백제를 쳐서 10개성을 빼앗았다. 겨울 10월에 백제의 關彌城을 쳐서 함락시켰다. 그 성은 사면이 절벽이고 바다로 둘러져 있기 때문에 왕은 군사를 일곱 길로 나누어 공격한지 20일 만에 함락시켰다.[72]

R. "영락 6년 丙申에 왕이 水軍을 이끌고 백제를 토벌하였다. 壹八城, 曰模盧城, … 閣彌城, … 仇天城 등을 탈취하고 백제의 국도에 □□□. 그러나 백제는 항복하지 않을 뿐만 아니라 군대를 출동시켜 요격했다. 왕은 위엄을 상하게 되어 격노했다. 阿利水를 건너 백제 도성 까지 육박하여 國都를 포위하였다. 백제의 王이 남녀 生口 1천명과 細布1천필을 바치고 무릎을 꿇고 '영원히 奴客이 되겠다.'고 맹세했다....왕은 58城과 700村을 탈취하고 殘主(阿莘王)의 아우와 대신 10명을 볼모로 데리고 군대를 철수하여 수도에 돌아왔다.[73]

---

72) 『三國史記』卷18, 高句麗本紀6, 廣開土王元年, "秋七月 南伐百濟拔十城 … 冬十月攻陷百濟關彌城 其城四面峭絶海水環繞 王分軍七道攻擊二十日乃拔."

73) 「광개토대왕비문」, "以六年丙申 王躬率□軍 討伐殘國 軍□□首 攻取壹八城 曰模盧城 … 閣彌城 … 仇天城 □□□□ □其國城 殘不服義 敢出□戰 王威赫怒 渡阿利水 遣刺迫城 橫□□□□便□城 而殘主困逼 獻□男女生口一千人 細布千疋 王自誓從今以後 永爲奴客 … 太王 … 於是□五十八城 村七百 將殘主弟并大臣十人 旋師還都."

사료 Q『삼국사기』고구려 본기의 백제의 10개성을 빼앗은 해는 광개토왕 즉위년으로 391년 辛卯년 칠월이다.[74] 그리고 같은 해 10월 關彌城을 공격하였다. 관미성은 사면이 절벽이고 바다로 둘려져 있다고 하였으니 섬으로 추정된다. 그 위치는 임진강과 한강이 합류하는 오두산성설, 강화 교동도의 화개산성설, 개성 부근의 관미령설, 강화도의 화음산성설, 강화 북부의 별악산 등 여러 곳으로 비정되고 있다.[75] 주로 임진강과 한강의 海口 등에서 찾고 있다. 관미성은 백제 북방해역의 요충지였을 것이다.

사료 R「광개토대왕비문」의 영락 6년 丙申년은 396년이다. 광개토왕이 水軍을 이끌고 백제를 공격하고 있다. 그리고 阿利水를 건너 백제의 국도를 포위하였고 아신왕이 항복하기에 이르렀다. 이때 고구려가 탈취한 58성 중에는 閣彌城이 있다. 결국 사료 Q의 關彌城과 같은 성으로 추정된다. 즉「광개토대왕비」에 백제로부터 빼앗은 58성 중에는『삼국사기』고구려 본기 영락 1년 신묘년의 10城과 관미성이 포함된 것으로 보인다. 다시 말해 비문에 기록된 영락 6년 조의 대 백제전쟁 결과는 391년부터 396년까지의 기록이 종합되어 있는 것이다. 광개토왕은 391년 신묘년과 396년 병신년에 백제를 공격하면서 수군을 동원하였다. 백제본기에는 고구려의 병력수가 4만이라고 기록하고 있다. 하지만 고구려 수군의 병력 수, 출전전함의 형태나 규모, 전투 수행방법 등은 알 수가 없다.

한편 연구자들은 광개토왕이 일곱 길로 군대를 나누어 관미성을 공격했다는 길을 육로로 보아 구체적 코스를 주장[76]하기도 한다. 하지만 실제는 그 길을 육로로 보기에는 석연치 않다. 사면이 절벽이고 바다에 둘려져

---

74) 광개토대왕비의 신묘년 기사는 倭의 한반도 지배와 관련하여 논란이 되고 있는 있는데『삼국사기』고구려 본기 기록으로 보면 391년 辛卯年의 기사는 고구려의 공격주체가 백제임을 알 수 있다.

75) 오두산성은 김정호·윤일열, 화개산성은 이병도, 관미령설은 박시형·이도학, 하음 산성은 신채호·윤명철, 강화 별악산은 박성봉 등이 주장하였다.

76) 윤명철,「강화지역의 해양방어체제연구 – 관미성의 위치와 관련하여」『사학연구』 58·59, 1999, 274~275쪽.

있다고 한 기록을 볼 때 관미성은 바다 한 가운데 있는 성이지, 상륙 후에 7개의 육로를 이용하여 접근할 성으로 보이지 않는다. 광개토왕이 일곱 길로 나누어 공격했다는 것은 7개 바닷길이거나 7개의 방향으로 추정된다. 4세기 말 당시 해수면은 현재보다도 약 1.5m 높게 판단되고[77] 있어 서해안 내륙의 산들은 섬이었을 것이며, 관미성은 다도해 중 하나의 섬이었을 가능성이 높다. 따라서 광개토왕의 군대는 20일 동안 다도해 즉 섬과 섬 사이를 오가며 7개의 방향에서 수전을 벌였을 것이다. 즉 관미성 주변의 많은 섬들 사이에서 해전과 상륙작전을 감행하였을 것으로 추정된다.

관미성은 백제의 북방해역 요충지에[78] 해당되므로 그 주변에 백제수군 기지가 있었을 것이다. 또한 백제의 관미성이 바다 한가운데 있는 성이라면 관미성에서 운용하는 수군도 있었을 것이다. 이들 백제수군은 고구려 광개토왕의 수군공격에 20일 동안 백제 북방해역 관미성 주변 곳곳에서 해전과 상륙저지 작전을 벌였을 것이다. 그러나 군사지휘에 능한 고구려 왕 談德의 위세와 전술에 휘말려 제대로 항전을 못하고[79] 패한 것이다. 따라서 20일간의 전투에서 백제는 북방 백제수군의 전력을 크게 상실했을 것이다.

관미성을 빼앗긴 진사왕이 狗原의 행궁에서 죽고 아신왕이[80] 즉위하였다. 아신왕은 392년 북쪽 변경의 石峴 등 5성을 회복하고자 고구려를 공격하였다. 좌장 眞武가 명을 받고 1만 명을 거느리고 자신이 병졸보다 솔선하여 화살과 돌을 무릅쓰고 관미성을 포위공격 하였으나, 군량수송이 계속되지 않아 할 수 없이 되돌아왔다.[81] 바다에 둘러싸인 관미성을 포위하고

---

77) 신동혁, 앞의 논문, 1998년, 159쪽.

78) 아신왕이 관미성을 공격하며 좌장 진무에게 한 말은 "관미성은 우리나라 북쪽 변경의 요충인데 지금 고구려의 소유로 되어 있는 사실에 내가 통분하니 …"『삼국사기』卷25, 百濟本紀, 阿莘王2年.

79)『三國史記』卷25, 百濟本紀, 辰斯王8年.

80) 아신왕은 침류왕의 맏아들인데, 침류왕이 죽을 때 어려서 그의 숙부인 진사가 왕위를 이었고 8년 뒤 진사왕이 죽자 아신왕이 왕위에 올랐다.

있는 군대에게 군량수송은 수군에 의해 이루어져야 했을 것이다. 따라서 백제 수군이 공격을 하는데 그들에게 군량수송이 제대로 되지 않았다는 것은 백제의 군량선이 바다를 항행하는데 어려움이 있었다는 반증이다. 그 이유는 아마도 신묘년의 패배로 백제의 선박 수가 부족하거나 해상의 주도권을 상실했기 때문이다.

이와 같이 백제수군이 제 기능과 역할을 다하지 못하는 사이 백제는 다시 고구려의 공격을 받는다. 영락 6년 수군을 앞세운 광개토왕의 공격이 시작되었다. 이에 백제는 굴하지 않고 끝까지 항전하였으나 결국 58개성을 빼앗기고 급기야 國都가 포위당하며 아신왕이 항복하는 굴욕을 당하였다. 아마도 391년 신묘년에 백제수군이 손실을 입어 제 역할을 다하지 못하고 서해에서 제해권을 상실한 것이 고구려 수군의 국도 상륙작전을 허용하게 했다고 보아야 한다.

바다로 열린 해양국가에서 수군의 수세적 운용은 바닷길로부터 침략을 허용하는 결과를 초래한다. 결국 백제는 해양을 통한 공격에 치명적인 패배를 당하게 된다. 결국 백제는 660년 당나라 소정방의 침공을 받고 멸망한 것이다. 다음은 당시 상황을 정리한 것이다.

> S. 당나라 고종이 좌무위대장군 소정방을 신구방면 행군대총관으로 삼고 수륙군 13만 명을 거느리고 백제를 치게 하였다 … 6월 18일 소정방은 내주를 떠나는데 전선이 1천리를 이어 물길을 따라 동쪽으로 왔다 … 소정방은 21일 덕물도에서 태자 법민을 만나 "7월 10일 도성남쪽에서 (신라군과 당군이)만나 의자의 도성을 무찌르자."고 하였다.[82]
>
> T. 왕이 이 소식을 듣고 여러 신하들을 모아 싸우느냐? 지키느냐? 적당한 방법을 물으니 … (결론을 못내고) 古馬彌知縣에 귀양살이 하고 있는 좌평 興首

---

81) 『三國史記』 卷25, 百濟本紀, 阿莘王2年.
82) 『三國史記』 卷5, 新羅本紀5, 太宗武烈王 7年.

에게 사람을 보내 물었다 … 흥수가 말하였다. "백강(혹은 기벌포)가 탄현은 우리나라 요충지로ㅍ당나라 군사로 하여금 백강에 들어오지 못하게 하고" … (흥수의 말을 듣고 논의 하던 중) 당나라 군사와 신라군사가 이미 백강과 탄현을 지났다는(또는 곧 지날 것이라는) 소문을 듣고 결사대 5천과 계백을 황산에 보내 …[83]

U. 이날(7월 9일 또는 7월 10일 ; 황산벌에서 계백이 죽은 날) 정방이 부총관 김인문 등과 함께 기벌포에 이르러 백제의 군사를 만나 맞받아 싸워 크게 이겼다.[84]

V. 계백이 네 번 싸워 이겼으나 마침내 패하고 계백은 죽음을 당하였다. 그제 야 군사를 모아가지고 熊津口를 막고 강가에 군사를 둔취시켰더니[85]

W. 소정방이 웅진강구에 이르자, 적의 주둔병이 강을 지키고 있었다. 소정방은 동쪽 언덕으로 올라서 산을 넘어 진을 치고 있는 적군과 대전을 벌였다. 돛 을 올린 전선들이 바다를 덮고 잇따라 도착하였다. 적군은 패전을 거듭하여 죽은자가 수천이고 나머지는 흩어져 달아났다. 조수가 밀려들어 올라가자 전선이 꼬리를 물고 강으로 들어갔다. 소정방은 언덕위에서 진을 지키다가 수륙양면으로 함께 진격하여 … 곧장 진도(사비성)로 나아갔다.[86]

위 사료들은 『삼국사기』 신라본기와 백제본기, 그리고 『구당서』에 나 와 있는 당나라 소정방의 660년 6월 18일부터 7월 10일까지의 일정은 순 차적으로 정리한 것이다. 이 기록에서 7세기 당시 당군의 선박규모와 병력 수 및 그 일정 등은 비교적 상세히 알 수가 있다.

『삼국유사』에 의하면 당군 병력은 122,711명이고 전함은 1,900척으로 기록되어 있다.[87] 『삼국사기』 신라본기의 13만 명과 비교해 볼 때 정확한

---

83) 『三國史記』 卷28, 百濟本紀6, 義慈王 20年.
84) 『三國史記』 卷5, 新羅本紀5, 太宗武烈王 7年.
85) 『三國史記』 卷28, 百濟本紀6, 義慈王 20年.
86) 『舊唐書』 卷83, 列傳33, 蘇定方.

수치로 보인다. 당군은 래주(성산)에서 660년 6월 18일 출발하여 6월 21일 덕물도에 도착하였다. 그리고 덕물도에서 소정방은 해로로 출발하고 신라군은 경기도 이천 남천정에서 육로로 각자 출발하여 20일 뒤인 7월 10일 백제 도성 남쪽에서 만나자고 하였다. 이 작전 계획대로 소정방은 7월 10일 백제 도성 남쪽에 도착하고, 신라군은 계백장군과 황산벌 전투로 인하여 7월 11일 뒤늦게 도착하였다.

서해의 해로로 기동한 당나라 전함 1,900척과 13만여 병력은 기벌포 전투와 웅진구 전투 외에는 별다른 저항 없이 백제도성에 도착하였다. 그런데 당군은 래주(성산)으로부터 덕물도까지 305km를 3일 만에 항해하였다. 덕물도에서 사비성(부여)까지는 뱃길로 210km다. 서해를 건너 덕물도까지 항해한 평균속도 6.29km/h로[88] 항해한다면 사비성까지 31시간이면 도달할 수 있는 거리이며, 최저속도인 4.3km/h로 항해한다 해도 46시간이 걸리는 거리이다. 이와 같이 소정방은 덕물도에서 부여까지 20일 동안 기동하였다. 20일이 지나는 동안 백제수군과 전투를 했다는 기록은 어디에도 없다. 상황이 이러하다 보니 6월 21일부터 7월 10일까지 20일 간 당군의 행적에 대해 다음과 같은 주장들을 내놓고 있다.

전영래는 당군이 동진강에 교두보를 확보하여 충분한 휴식을 취한 후 웅진강으로 진입한 것[89]으로 보았고, 이종학은 동진강까지 갔다가 백제와 신라가 치열한 전투를 하는 시간을 계산하면서 천천히 웅진강으로 도착한 것[90]으로 보았다. 김영관은 후미의 당군이 모두 도착할 때까지 기다린

87) 『三國遺事』卷1, 太宗春秋工, "鄕記云 軍十二萬千七百十一人 舡一千九百隻 而唐史不詳言之."
88) 당군이 래주(성산)에서 덕물도까지는 4.24km/h로 항해하였고, 근접한 시기인 1123년 서긍은 『高麗圖經』에 의하면 최대 8.75km/h, 평균 6.29km/h, 최저 4.3km/h였으며, 해군사관학교에서 돛과 노에 의한 선박 속도 실험결과 최대 7knot(12.97km/h), 최저 3knot(5.6km/h)로 확인되었다(이재준, 『백제멸망과 부흥전쟁사』, 경인문화사, 2017, 53~56쪽).
89) 전영래, 『백촌강에서 대야성까지』, 신아출판사, 1996, 30~31쪽.

것[91]이라고 보았으며, 이희진은 보급부대인 김유신의 이동시간을 20여
일[92]로 보면서 당군의 행적은 거론하지 않았다. 한편 이상훈은 신라군과
조율을 거쳐 당군이 당진의 백제 수군기지를 선제공격하여 식량을 탈취하
기로 했을 것[93] 이라고 주장하였다.

먼저 당군이 금강을 지나쳐 동진강까지 내려갔다 다시 올라왔다는 주장
은 공격하는 선단이 역 항해를 했다는 것이며 서해바다를 아무 제약 없이
마음대로 기동했다는 것이다. 당나라 수군의 군세가 대단하고, 백제수군이
아무리 미약하다 하더라도 백제수군을 전혀 고려하지 않은 주장이다. 이들
중 백제수군을 고려한 것은 이상훈뿐이다. 물론 백제수군의 활동에 대하여
는 사료에 기록이 전혀 없어 가늠하기조차 어렵다. 따라서 백제수군과 전
투를 예상해 보기위해 당군의 기동계획을 추정해 보자.

당군 입장에서 살펴보자. 당군은 6월 18일부터 7월 10일까지 23일간
항해를 하였다. 1,900척의 전함 중 병력승선은 1,512척이 소요되며, 군량
은 1,209척이 필요하다. 병력은 13만 명으로 변함이 없으므로 1,900척 중
병력 소요선박을 제외하면 군량선박은 388척 밖에 안 되어 821척이 부족
하다.[94] 식수는 개인당 1일 생명유지 수분섭취량 2.1~3.2 ℓ가 소요되므로
1일 273톤~416톤의 식수가 필요하다.[95] 이와 같이 부족한 군량과 식수는
백제지역 현지에서 조달했을 것이다.[96]

90) 이종학, 『한국 군사사 연구』, 충남대학교 출판부, 2010, 250~251쪽.
91) 김영관, 「나당연합군의 백제공격로와 금강」『백제와 금강』, 서경문화사, 2007,
241쪽.
92) 이희진, 「백제의 멸망과정에 나타난 군사상황의 재검토」『사학연구』64, 2001,
10~12쪽.
93) 이상훈, 「나당연합군의 군사전략과 백제멸망」『역사와 실학』59, 2016, 53쪽.
94) 당나라가 645년 고구려를 침공할 때 래주로부터 비사성을 공격할 때 4.3만의 병
력은 전함 500척에 군량은 400척에 실었다는 비율과 작전일수를 고려하여 판단
하였다(이재준, 앞의 책, 2017, 45쪽).
95) 이재준, 「군사적 관점에서 본 주류성과 백강의 위치」『한국고대사탐구』31, 2019,
261쪽).

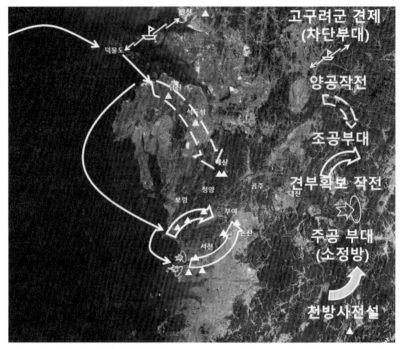

〈그림 2〉 당나라 수군의 기동경로 추정도[97]

〈그림 2〉에서 제시한 당군의 기동계획을 다음과 같이 설명할 수 있다. 먼저 당군은 고구려의 남진을 고려하여 덕물도에서 인천까지 차단부대를 배치하였다. 이는 소정방이 날라 왔기 때문에 소래산이라고 한다는 지명유래로 추정이 가능하다. 그리고 당군은 당진 면천 혹은 인근의 합덕읍에 있었을 것으로 추정되는 백제수군 창고를 공격하기 위하여 당진포구로 상륙하였다. 이는 당군이 방구암으로 상륙을 하자 백제수군이 미리 알고 대기하고 있었기 때문에 일부는 당진군 송악면 한진으로 상륙하고 일부는 건너

---

96) 당군은 손자병법 2편에 나오는 대로 부족한 식량은 적지에서 현지조달 하였을 것이다.

97) 이재준, 「나당연합군의 침공전략과 백제의 대응」 『한국군사학논집』 72-3, 2016, 94쪽.

편 당진포리로 상륙하였다는 전설[98]을 알 수 있다. 이후 당군은 당진시 면천면 지역이나 합덕읍 지역으로 비정되는 沔州圖經에 나오는 사료 H의 석두성[99] 백제수군 창고를 공격하여 식량을 조달하였다.

식량을 현지에서 조달한 당군은 예산방면까지 백제를 기만하는 양공작전을 시행하였다. 백제는 양공작전에 속아 약 3만여 명의 정규군을 예산방면으로 투입하였다. 하지만 백제군 도착했을 때 당군은 이미 빠져나간 뒤였다. 3만 여명은 의자왕이 항복하자 곧바로 예산 임존성에서 거병하였다. 이들이 3년 4개월 간 백제 부흥전쟁을 이끌어 간 백제유민들이다. 당군은 식량획득 및 양공작전에 약 12일 걸린 것으로 추산된다.[100]

당진을 빠져나온 당군은 보령의 미자진에 진을 치고 조공부대를 편성 청양방면으로 투입시켰다. 『일본서기』에 당군이 진을 쳤다는 미자진이 충남 보령시 미조포로 비정[101]되므로 추정되기 때문이다. 이후 당군의 본대는 서천 앞바다로 이동하여 금강 진입을 위한 서천 기벌포와 군산지역에 견부확보 작전을 실시했다. 그리고 부여를 향해 금강을 거슬러 웅진강구에 상륙하였던 것이다. 이는 군사학적인 측면에서 피아 전략분석을 통해 유추해 낸 당군의 기동계획이다. 비록 일부 전설이지만 6개나 되는 똑같은 내용인 천방사 전설의 전승지점들과 일치하므로 당군의 행적 유추가 가능하다.[102]

이와 같이 본다면 백제수군은 1,900척이나 되는 거대 함선전단의 출격에 주도권을 상실하고, 덕물도에서부터 수세적인 작전으로 일관하다가 당진포와 석두성 수군창고, 보령 미자진, 서천 기벌포, 웅진강구 등에서 패배했다고 볼 수 있다.[103] 물론 공세적인 운용을 위해서는 일반적으로 선박크

---

98) 이재준, 앞의 책, 2017년, 48쪽.
99) 석두성은 온조왕 22년(A.D4)에 축성되었으며, 『삼국사기』에 有名未詳地分으로 나오고, 武王8년(607)에 고구려와 싸운 지점으로 『增補文獻備考』 면주도경에 기록되어 있다.
100) 이재준, 앞의 책, 2017년, 69쪽.
101) 충청남도역사문화연구원, 『백제사료 역주입-일본편』, 아디람, 2008, 177쪽.
102) 이재준, 앞의 책, 2017년, 49쪽.

기와 속도, 선박 수 및 무기체계 등이 적보다 우위에 있거나 대등하여야한다. 전력차이가 너무 크면 수세적인 작전을 수행할 수밖에 없다. 결국 제1선에서 전투해야 하는 수군의 수세적인 운용 및 작전은 백제를 멸망의 길로 이끌었다고 판단된다.

Ⅳ. 맺음말

서해바다를 끼고 한반도 중서부에 위치했던 백제는 해양국가로 인식되고 있다. 그러나 백제수군에 대한 기록은 찾기가 쉽지 않다. 심지어 해양국가라는 명제조차도 의심스럽게 한다.

백제가 접했던 서해 즉 백제의 해양환경은 강력한 수군이 존재했음을시사해주는 면이 많다. 서해는 동해나 남해와 달리 수심이 얕고 반 폐쇄적인 만과 같은 해역으로 상대적으로 열 수용량이 적어 해황의 변화가 크게나타나고 있다. 계절별로 동계에는 북서계절풍이, 여름에는 남동계절풍이, 4월과 10월에는 북풍계열이나 북서풍이 분다. 바람과 노를 이용해야 하는고대 항해에 큰 영향을 미치는 환경이었다.

동해에서는 해류가 지배적이고 남해는 해안에서만 조류가 강한 특징을가지고 있으나 서해는 전반적으로 해류가 미약한 대신 조류가 강한 것이큰 특징이다. 조석간만의 차이는 서해안 남부에서는 약 3.0m이지만 북쪽을 올라갈수록 높아져 군산에서 5.5m, 인천에서 8.0m까지 올라갔다가 다시 감소하여 압록강 입구에서는 4.2m로 내려간다. 큰 조수간만의 차이와함께 형성되는 서해안의 갯벌은 선박의 상륙 및 정박에 큰 영향을 끼치는

---

103) 기벌포 전투는 당군의 본대가 금강으로 진입하기 위한 금강입구 좌우측의 견부서천·군산 일대를 확보하기 위한 전투로 추정되며, 실제 당군이 상륙했던 지점은 웅진강구(웅진구)로 표기된 지역은 금강과 논산천이 만나는 우곤리·개척리일대로 보았다(이재준, 앞의책, 2017, 74~108쪽).

악조건이었다.

백제는 이러한 해양환경을 극복하고 수군을 발전시켰던 것으로 추정된다. 5세기 후반 중국으로 가는 왜의 배들은 백제에 들러 '裝治船舫' 기법인 두 배를 하나로 잇는 건조 기법의 편의를 백제로부터 제공받았다. 또한『新撰姓氏錄』에 의하면 일본 선박건조 기술의 시조 猪名部는 백제계 후손이었다. 왜에서 백제가 650년에 건조한 백제선은 120명이 넘는 인원이 승선 가능한 견당선이었다. 즉 백제는 일찍부터 발전된 선박건조기술을 보유하고 일본에 전파하였다.

발전된 선박건조 기술을 보유했던 백제는 고대 삼국 중 가장 먼저 전성기를 맞이하며 한반도의 중심국가로 성장하였다. 공세적으로 수군을 운용한 결과였다. 백제가 공세적으로 수군을 운용한 대표적인 사례는 4세기 경 요서경략으로 나타난다. 사료의 진위여부에 논란이 있기는 하지만 백제의 요서경략은 사실로 추정되며 서해바다를 건너는데 수군이 주축이었다.

404년에는 왜를 끌어들여 고구려 남쪽 帶方지역에 침범하여 石城을 함락시키기도 하였다. 비록 패했지만 수군을 공세적으로 운용한 사례이다. 그리고 5세기 말 488~490년에는 북위의 공격을 막아내며, 樓臺가 있는 배를 빼앗는 등 해전에서 승리하며 다시 부상하고 있다. 498년에는 동성왕이 탐라를 정벌하기 위하여 전함을 준비시키자 탐라가 스스로 복속되는 사례와 같이 싸우지 않고 승리를 쟁취하는 결과를 초래하기도 하였다. 백제가 수군을 키우고 공세적으로 운용한 사례들이다.

백제가 수군을 수세적으로 운용하며 굴욕스런 사태를 맞이한 사례는 391년 관미성 전투다. 관미성을 중심으로 한 전투는 해전으로 20여 일간이나 지속되었다. 백제 북방해역의 7개 지역에서 벌어진 해전의 결과 백제의 수군은 상당한 피해를 입었던 것으로 판단된다.

다음 396년 또다시 광개토왕이 이끄는 수군의 대대적인 공격을 받았다. 끝까지 항전하였으나 阿利水(한강)을 통해 당시 백제의 도성까지 포위되었다. 결국 아신왕이 항복하고 58성과 700촌을 상실했다. 이는 백제수군이

391년 관미성 전투에서 크게 패하면서 제 기능을 할 수 없었으며 수세적으로 운용되었기 때문이었다.

그 후 백제는 바다로부터 치명적인 패배를 당한다. 660년 1,900척의 전함에 13만여 명을 병력을 싣고 서해바다를 건너 침공한 당나라의 소정방에게 멸망하였다. 소정방은 래주(성산)-덕물도-석두성 백제수군 창고-보령 미자진-서천기벌포-웅진강구로 연결되는 연안 항해를 하면서 식수 및 군량조달 작전을 병행하였다. 소정방의 항적이 나타나는 곳곳에서 백제수군이 분전하였지만 역부족으로 패배하였다. 결국 백제는 소정방이 래주(성산)를 출항한 6월 18일 이후 만 한 달이 지난 7월 18일에 의자왕이 항복하고 말았다. 백제멸망의 이유로는 여러 가지 원인이 있을 수 있겠지만 백제수군이 제 역할을 하지 못했던 점도 주요한 원인 중에 하나다.

종합해 보면 백제는 4세기경까지, 그리고 5세 후반 등 수군을 공세적으로 운용했을 때에는 동아시아에서 비교적 주된 역할을 하며 전성기를 누렸다. 그러나 4세기 후반 수군을 수세적으로 운용하였거나 수군이 제 역할을 하지 못했을 때에는 굴욕을 당했으며, 급기야는 7세기에 역사 속으로 사라지는 종말을 맞게 되었다.

결론적으로 해양국가는 수군을 공세적으로 운용하느냐 수세적으로 운용하느냐에 따라 그 나라의 운명이 좌우될 수 있다. 바닷길은 열려있고 열려 있는 길에서 누가 먼저 주도권을 잡느냐 하는 문제인 것이다. 열려있는 바닷길의 주도권 문제는 수군이 공세적으로 활동하느냐? 수세적으로 활동하느냐? 하는 문제로 귀결된다. 하지만 수군을 수세적으로 운용하느냐 공세적으로 운용하느냐 하는 문제는 수군의 선택이라기보다는 국가의 선택이다. 국가는 주변 국가보다 발전된 전함을 보유하고, 상대국보다 우위를 점할 수 있는 전함을 건조하며 운용할 수 있도록 해주어야 한다. 대한민국은 태생적으로 해양국가다. 또한 지정학적으로도 해양국가인 대한민국의 보위를 위해 해군의 나갈 방향을 가늠해 볼 수 있는 역사적 교훈이다.

끝으로 본고는 백제사 전체를 군사사적 수군운용의 관점에서 접근하다

보니 미흡한 부분이 많다. 각 지역의 고고학적 유물이나 유적을 검토하여 백제의 수군 행적을 실증적으로 제시하고 시대별 변천과정까지 다루어야 할 부분은 추후 연구 과제로 남겨두고자 한다.

* 이 글은 『한국고대사탐구』 38(한국고대사탐구학회, 2021)에 실린 글을 수정·보완한 것이다

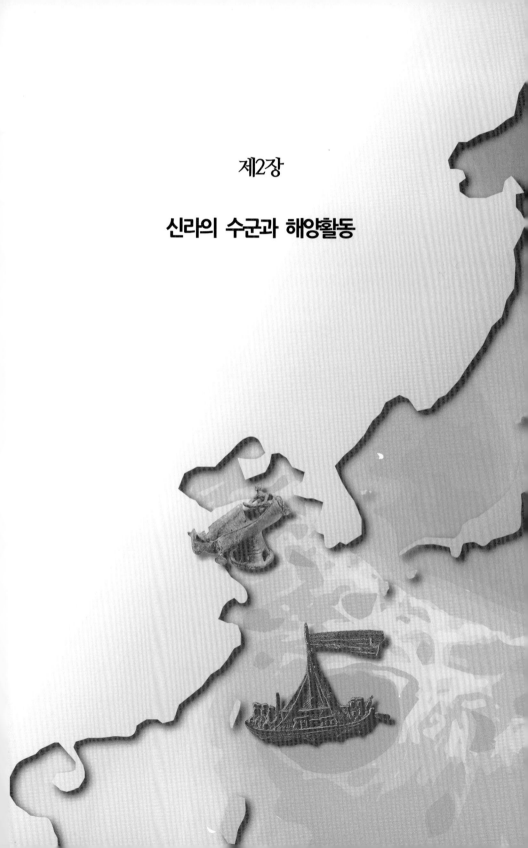

제2장

신라의 수군과 해양활동

제1절
신라 상·중대 船府(署)의 정비와 水軍

정 덕 기
(서울대학교 기초교육원·육군사관학교 군사사학과 강사)

I. 머리말

신라는 中代 말까지 44관청을 위주로 국가의 중앙행정을 운영하였다. 44관청은 3계통(일반관청·成典·육부사무 관계관청)으로 구분되고, 관청 장관의 관직명을 통해 계통별 4~5등급으로 구분된다.[1] 3계통의 관청 중 대부분의 國事는 29개의 일반관청이 분장하였다.

일반관청은 令級(13개)·卿級(5개)·監級(9개)·大舍級 관청(2개)으로, 관청 末字를 기준으로 4部·9府(10府)·5典·4署·2館·기타(國學·新宮·京都驛)로 분류된다.[2] 部가 府보다 상위 관청이지만, 部·府는 최고의 행정장관인 令이 맡는 주요 관청이다.[3] 따라서 部·府의 업무는 신라가 국가적 관심을 기울여 관리한 업무이다. 船府(署)는 중대 9府의 하나로, 중고기 署가 중대에 府로 승격한 관청이다. 船府(署)에 대한 선행연구를 살피면 다음과 같다.

선부(서)의 업무는 초기 연구에서 航海,[4] 水軍,[5] 船舶과 항해로[6] 제시된 후, 다양한 시각에서 풀이되었다. 군사사에서는 선부가 선박·조선술·항해술 및 수군 장병·선원의 관리나,[7] 수군·바다·선박 업무를 맡았다고 한다.[8] 교통사에서는 軍船 조영 등 軍事用 수운 업무를 위해 船府署를 두었고, 선부는 선박·나루·교량 등을 맡았다고 한다.[9] 제도사에서 선부는 公私 舟楫·

---

1) 丁德氣, 「新羅 上·中代 中央行政制度 硏究」, 연세대학교 대학원 사학과 박사학위 논문, 2019(a), 145~156쪽.
2) 정덕기, 「신라 중대 일반관청의 조직 구조와 原形」 『歷史學報』 240, 2018(b), 315~316쪽의 〈표 2〉 참고.
3) 정덕기, 위의 논문, 2019(a), 92~95쪽.
4) 井上秀雄, 『新羅史基礎硏究』, 東京, 東出版, 1974, 453쪽.
5) 金哲埈, 『韓國古代國家發達史』, 韓國日報社, 1975 : 金哲埈, 『韓國古代史硏究』, 서울대학교 출판부, 1990, 60쪽.
6) 李基東, 『新羅骨品制社會와 花郎徒』, 一潮閣, 1984, 122쪽.
7) 李鍾學, 「新羅軍事思想의 硏究」 『新羅文化祭學術發表論文集』 12, 1991, 66쪽.
8) 송영대, 「6~7세기 신라의 전략·전술 입안과 활용」 『한국사연구』 169, 2015, 49~50쪽.

수군,[10] 수군·公私 선박 修理·수로 교통을 관리하거나,[11] 중국의 都水使者
(曹魏~南齊)·太舟寺(梁)·都水臺(北魏~北齊)·都水監(隋~唐)에 비견된다고 하
였다.[12] 해양사에서는 선박과 造船[13]·항해와 해양[14]·선박과 해양[15] 업무를
담당했다고 한다. 이상을 정리하면 〈표 1〉과 같다.

〈표 1〉선행연구에서 지적된 선부의 담당업무

구분	No.	논자(발표연도)	선박	조선	항해	해양	수군	선원	수로교통
초기연구	①	井上秀雄(1974)	·	·	○	·	·	·	·
	②	金哲埈(1975)	·	·	·	·	○	·	·
	③	李基東(1984)	○	·	○	·	·	·	·
군사사	④	李鍾學(1991)	○	○	○	·	○	○	·
	⑤	송영대(2015)	○	·	·	·	·	·	·
교통사	⑥	한정훈(2006)	○	·	·	·	·	·	○
제도사	⑦	李仁哲(1993)	·	·	·	·	○	·	·
	⑧	정덕기(2018)	○	·	·	·	·	·	·
	⑨	鄭東俊(2019)	중국의 都水使者·太舟寺·都水臺(監)에 준함						
해양사	⑩	선석열(2016)	·	·	○	·	·	·	·
	⑪	강봉룡(2017)	○	○	·	·	·	·	·
	⑫	김창겸(2017)	○	·	·	○	·	·	·

* 造船 : '선박'에 포함될 수 있으나, 별도 서술한 경우만 표기.

---

9) 한정훈, 「6~7세기 新羅 交通機構의 정비와 그 성격」 『역사와 경계』 58, 2006,
　143·152~155쪽.
10) 李仁哲, 『新羅政治制度史研究』, 一志社, 1993, 36~37쪽.
11) 정덕기, 「6~7세기 신라 병부의 조직정비와 병마행정의 변화」 『한국고대사탐구』
　30, 2018(c), 68~70쪽 : 한국고대사탐구학회 편, 『고대 군사사와 동아시아』, 경인
　문화사, 2020, 161~163쪽.
12) 鄭東俊, 『古代東アジアにおける法制度受容の研究-中國王朝と朝鮮三國の影響關係
　を中心に』, 東京, 早稻田大學出版部, 2019, 123쪽.
13) 강봉룡, 「문무대왕의 해양정책과 21세기 '해양르네상스'」 『한국해양정책학회지』
　2-1, 2017, 94~95쪽.
14) 선석열, 「신라시기 부산지역의 해양교류와 형변」 『港都釜山』 32, 2016, 14쪽.
15) 김창겸, 「신라 文武王의 海洋意識」 『耽羅文化』 56, 2017, 134~137쪽.

〈표 1〉처럼, 선부(서)는 배·항해·해양 업무나, 수군·교통 업무를 맡았다고 한다. "船楫事·舟楫之事"라는 표현을 통해 배·배가 필요한 일을 선부(서)의 업무로 파악했기 때문이다.

선부(서)의 업무 중 '수군' 업무의 포함 여부에 대한 이해는 차이가 있다. 초기 연구부터 선부서 설치를 수군의 발생으로 이해하면서,[16] '선부 別置'의 해석에 대한 차이가 나타났다. 선부 별치를 '陸·水軍 분리'로 보아 선부가 수군을 총괄했다거나,[17] '군사·행정의 분화'로 보아 배 활용을 위한 수군을 제한적으로 관리했다고도 한다.[18] 이것은 선부의 성격·군사적 기능에 대한 이해 차이에 기인하며, 신라 육·수군의 구분과 軍政權·軍令權 문제를 고려해 논의할 필요가 있다.

선부의 정비과정과 선부 설치의 함의에 대해서도 다양한 해명이 있었다. 중국 문물을 수용하며 선부를 두었다고도 하나,[19] 신라 고유 관청으로 보기도 한다. '舟楫'에 대한 국가적 관심은 상고기 신라본기(이하 '본기')부터 보이며, 漢~唐代 중국·7~8세기 일본에서 선부와 유사한 구조·格을 갖는 관청을 찾기가 어렵기 때문이다.[20]

---

16) 井上秀雄, 앞의 책, 1974, 275쪽.
17) 李鍾學, 앞의 논문, 1991, 63~66쪽 ; 李仁哲, 앞의 책, 1993, 37쪽 ; 한정훈, 앞의 논문, 2006, 153~155쪽 ; 송영대, 앞의 논문, 2015, 49~50쪽.
18) 고경석, 「통일 직후 해양체제의 구축과 해양이념의 고양」 『한국해양사 II』, 한국해양재단, 2013, 114~115쪽 ; 김창겸, 앞의 논문, 2017, 137~138쪽.
19) 한정훈은 중국식 관부명·진평왕대 관제에서 府 아래 署를 두므로, 선부서의 모델은 隋의 舟檝署라 하였다(앞의 논문, 2006, 142쪽). 鄭東俊은 曹魏~南齊 및 隋 煬帝代 중국 제도의 영향을 받아 선부를 별치했다고 하였다(앞의 책, 2019, 122쪽).
20) 李鍾學은 선부 업무가 당 都水監·水部同의 업무와 다르다고 하였다. 도수감은 水利·灌漑·河川補修를, 水部同는 治山·治水를 맡기 때문이다. 또 8세기 일본은 兵部省 아래 主船司를 두므로, 신라 선부와 다르게 운영되었다고 하였다(앞의 논문, 1991, 62~63쪽). 李仁哲은 漢의 都船令, 晉의 船曹吏, 南齊의 官船典軍, 隋·唐의 舟檝署 등과 선부의 관계를 논의했지만, 467년 전함을 수리한 '有司'가 있으므로, 선부는 중국 문물의 영향을 받은 관청이 아니라고 하였다(앞의 책, 1993, 36~37쪽).

선부의 정비과정은 본기·직관 상의 자료를 통해 논의되었다. 본기는 진
평왕 5년(583) 船府署에 대감·제감 1員씩을 두었다고 하고, 직관 상은 옛
날(舊)에 병부의 대감·제감이 주즙의 일을 관장했지만, 문무왕 18년(678)
에 선부를 별치했다고 한다.[21] 선부서의 설치 연대와 '舊'의 해석 차이는
선부서·선부의 정비과정에 대한 이해의 차이를 초래하였다.

초기 연구는 678년 선부 독립을 강조하고,[22] 선부서는 대부분의 조직을
갖추는 문무왕 3년(663)에 두었다고 보았다.[23] 또 583년 병부 대감·제감이
선박 업무를 맡다가 663년 선부서가 되었고, 삼국통일전쟁·나당전쟁 과정
에서 水軍의 중요성을 인식해 678년 府로 승격했다고도 한다.[24] 한편 583
년 소속 미상의 대감·제감이 선박 업무를 맡다가 진평왕 45년(623) 병부
대감·제감이 이를 맡았고, 663년 선부서 설치 후 678년 府로 승격했다고
도 한다.[25] 즉 중고기 병부의 일부 관직이 선부 업무를 맡았고, 중대 초 선
부서를 둔 후 곧 府로 승격되었다고 본 것이다.

반면 583년 중고기 병부의 속사로 선부서가 있었고, 중대에 府로 별치
됨을 강조하기도 한다. 문무왕이 해상 우세의 중요성을 인식해 艦船行政을
강화하고자 선부를 별치했다는 것이다.[26] 또 583년 병부 속사로 선부서를
두었고, 663년 선부서 조직이 확충됨에 따라 속사의 성격이 약화되어 678
년 府로 독립했다고도 한다.[27] 한편 법흥~진흥왕代 한강 유역·가야 지역을

---

21) 『三國史記』 권4, 新羅本紀4, 眞平王 5년(583) 春 정월 ; 『三國史記』 권38, 雜志7,
    職官 上, 船府.
22) 井上秀雄, 앞의 책, 1974, 453쪽.
23) 李基白, 『新羅政治社會史硏究』, 一潮閣, 1974, 142쪽.
24) 李仁哲은 583년 병부의 대감·제감이 선부 업무를 맡다가 663년 선부서를 두고
    경·대사·사 등을 설치했다고 하고, 기벌포 전투 승리 후 약 1년 만에 선부를 두므
    로, 선부로 승격한 이유는 水軍과 관계가 있다고 하였다(앞의 책, 1993, 36~37쪽).
25) 朴秀淨은 선부 별치의 원인을 특기하지 않지만, 선부의 정비과정은 이인철과 유
    사하게 보았다(「『三國史記』 職官志 硏究」, 高麗大學校 大學院 韓國史學科 博士
    學位論文, 2017, 179~180쪽).
26) 李鍾學, 앞의 논문, 1991, 62~70쪽.

확보하면서 한강·낙동강의 수상 교통 문제가 대두해 병부의 속사로 선부서를 두었고, 水軍에 대한 재인식과 연안해로·하천 이용에 관한 제반 업무를 통제할 필요성에서 나당전쟁 종료 후 府가 되었다고도 한다.[28] 이 외 583년 선부서를 두어 항해·해양 활동을 국가적으로 지원하였고, 나당전쟁 후 해상 정책이 강화하며 678·688년 선부에 장·차관 1인을 더했다고도 한다.[29] 이상은 중고기 선부서가 중대 초에 府로 승격함을 중시하였다.

최근에는 상고기 말 이래 선부의 정비과정도 상정되었다. 상고기 말에 배 담당 官司가 존재하였고, 516년 유관 업무가 병부로 이관되며, 583년 선부서를 두었고, 678년 선부로 승격하는 4단계 정비를 설명하였다. 이 견해에서 선부 별치는 제해권 확보와 해양 수호·진출을 위한 무역선 건조·조선술 등에 대한 관심을 반영한 조치로 보았다.[30] 한편 상고기 초 有司·所司 등에서 배 업무를 담당하다 중고기 병부의 속사로 선부서를 두었고, 중대에 선부가 독립했다고도 한다.[31]

선행연구는 선부의 업무·성격·정비과정 및 선부 별치의 함의를 규명해 신라 상·중대 선부(서)를 이해하는 토대를 마련하였으나, 크게 3가지 문제가 있다.

첫째, 선부 업무의 구체화가 필요하다. 선부의 업무는 舟楫事와 水軍의 관계를 위주로 논의되나, 舟楫事에 대한 자료적 검토가 부진하다. 江·海上 선박 업무 중 주로 담당한 선박 업무 등이 논의되지 않았고, 선부 업무 중 군사적·비군사적 기능의 비중 차이도 거의 설명되지 않았다.

선부와 수군의 관계에 대한 해명도 미진하다. '수군의 관장'을 설명하려면, 육·수군의 제도적 분리 여부·운용방식과 軍政·軍令權 문제를 함께 검

---

27) 李文基, 『新羅兵制史研究』, 一潮閣, 1997, 318~319쪽.
28) 한정훈, 앞의 논문, 2006, 141~145쪽.
29) 선석열, 앞의 논문, 2016, 14~15쪽.
30) 강봉룡, 앞의 논문, 2017, 97~98쪽.
31) 한국고대사탐구학회 편, 앞의 책, 2020, 161~163쪽.

토해야 한다. 그러나 신라 武官 자료에서 水軍 관직·水兵 부대가 보이지
않아 신라 육·수군의 군령권 분리를 상정하기 어렵고, 선부와 수군의 문제
는 병부와 陸軍·兵船軍의 관계를 전제로 이해해야 한다. 또 수로 교통 문
제도 선부의 군사적 기능을 위주로 이해할 필요가 있다.

둘째, 상·중대 선부(서)의 정비과정과 시기별 운영방식의 변화 원인을
종합적으로 이해해야 한다. 선부(서)의 정비는 중고기 船府署의 존재 여부
를 위주로 논의되나, 시기별 선부의 운영방식 변화와 원인 규명이 미진하
다. 선부의 정비과정은 선박 업무의 비중 강화를 의미하나, 별치 원인은 문
무왕代의 정치·군사적 상황 및 문무왕의 역할을 위주로 설명되었다. 따라
서 상·중대 선부 업무의 중요도 증대를 전제로 선부 정비의 제도사·군사
사적 원인을 모색할 필요가 있다.

셋째, 7~8세기 중엽의 동아시아와 한국 전근대 제도사에서 중대 선부의
위상을 살펴야 한다. 당·신라·일본이 배 관리 관청을 운영하나, 영급·주요
관청에서 배 관리 업무를 담당한 국가는 신라뿐이다. 수·당은 都水監의 舟
檝署,[32] 8세기의 일본은 兵部省의 主船司에서 배를 관장했기 때문이다.[33]
또 고려는 司宰·司水寺, 조선은 典艦司에서 배를 관리하였다.[34] 즉 中代의
선부는 7~8세기 동아시아·전근대 한국에서 둔 배 관리 관청 중 가장 높은
格을 가졌다. 이 점에서 선부의 別置·昇格은 선부(서)의 고유성·전통성에
대한 단서이다. 또 병부-선부서의 主·屬司 구조는 8세기 일본의 병부성-주
선사 구조와 유사하다.[35] 나아가 선부·수군의 관계는 고려 司水寺에서 兵

---

32) 金鐸敏 主編, 『譯註 唐六典 下』, 신서원, 2008, 160쪽.

33) 淸原夏野 저 / 이근우 역주, 『令義解譯註 上』, 세창출판사, 2014, 87쪽.

34) 朴龍雲, 『高麗史 百官志 譯註』, 신서원, 2009, 323~330쪽 ; 윤국일 옮김 / 신서
    원 편집부 꾸밈, 『新編 經國大典』, 신서원, 2005, 69~70쪽.

35) 漢~唐代 중국 관제에서 배 담당 관청을 兵部에 준하는 관청의 속사나, 중요 관청
    으로 둔 사례를 찾기 어렵다(俞鹿年, 『中國官制大辭典』, 北京, 黑龍江人民出版社,
    1992, 1297~1411쪽). 중고기 '병부-선부서' 구조는 8세기 일본의 '병부성-주선
    사' 구조와 유사하나, 상기 문제의 원인 규명은 차후 과제이다.

船軍을 맡은 연원으로 작용했을 수 있다.[36] 따라서 선부 별치의 의미에 대한 제도사적 접근이 필요하다.

본고는 상·중대 선부(서)의 업무 및 정비과정과 水軍의 관계를 舟楫 行政·해역의 증대과정·水軍(兵船軍)의 군정권을 통해 논의하겠다. II장에서는 선부(서)와 漢~唐代 都水臺를 비교사적으로 검토해 舟楫事의 의미와 선부(서)의 성격을 구체화하겠다. III장에서는 선부(서)의 정비과정을 舟楫 行政의 비중 증대 및 병부·선부 관계 속에서 정리하고, 신라가 관리할 해역의 증대라는 관점에서 접근하겠다. 본고가 신라 선부와 水軍 운용에 대한 논의의 진전에 기여하기를 기대한다.

II. 신라 船府(署)의 업무와 성격

본기는 船府令이 "선즙사"를,[37] 직관 상은 선부 별치 이전(舊) 병부의 大監·弟監이 "주즙지사"를[38] 맡았다고 하였다. 583년 선부서에 대감·제감 1員씩을 두므로,[39] "주즙지사"는 선부서의 업무이다. 본기·직관 상에 서술된 선부(서)의 업무는 字句 차이가 있지만, 의미 차이는 크지 않다.

船·舟 중 상고기 신라에서 더 널리 쓴 표현은 舟이다. 상고기 자료에서 배를 舟(楫)으로 쓴 용례가 많고, (兵)船·(戰)艦 등을 舟로 칭한 사례가 있기 때문이다. 〈표 2〉를 보자.

---

36) 朴龍雲, 앞의 책, 2009, 328~329쪽. "司水寺. 掌兵船軍. 忠宣王以都府署爲都津司所轄."

37) 『三國史記』 권7, 新羅本紀7, 文武王 18년(678) 春 정월, "置船府令 一員, 掌船楫事."

38) 『三國史記』 권38, 雜志7, 職官 上, 船府, "舊以兵部大監·弟監, 掌舟楫之事. 文武王 十八年, 別置."

39) 『三國史記』 권4, 新羅本紀4, 眞平王 5년(583) 春 정월.

〈표 2〉『삼국사기』·『삼국유사』 중 상고기 자료에 보이는 배의 용례

No.	왕력(서력)	용례	자료	출전
①	南解 11년(14)	兵船	倭人遣**兵船**百餘艘, 掠海邊民戶. ……	본기
②	南海王時	船 舡	脫解齒叱今. 南解王時, 駕洛國海中有**船**來泊. 其國首露王, 與臣民鼓譟而迎, 將欲留之. 而**舡**乃飛走, 至於雞林東 下西知村 阿珍浦. … 拏**舡**尋之, 鵲集一**舡**上. 舡中有一櫃子, 長二十尺, 廣十三尺. 曳其**船**, …	紀異
③	助賁 4년(233) 秋 7월	舟	伊湌 于老與倭人戰沙道, 乘風縱火, 焚**舟**, 賊赴水死盡.	본기
④		戰艦	倭人來侵. 于老逆戰於沙道, 乘風縱火, 焚賊**戰艦**, 賊溺死且盡.	열전
⑤	儒禮 6년(289) 夏 5월	舟楫	聞倭兵至, 理**舟楫**, 繕甲兵.	본기
⑥	奈勿 38년(393) 夏 5월	舟	倭人來圍金城 … 王曰. "今賊棄**舟**深入, 在於死地, 鋒不可當." …	본기
⑦	慈悲 2년(459) 夏 4월	兵船	倭人, 以**兵船**百餘艘, 襲東邊, ……	본기
⑧	慈悲 10년(467) 春	戰艦	命有司修理**戰艦**.	본기
⑨	智證 6년(505) 冬 11월	舟楫	又制**舟楫**之利.	본기
⑩	智證 13년(512) 夏 6월	戰船	…… 乃多造木偶師子, 分載**戰船**.	본기
⑪		戰舡	…… 乃多造木偶師子, 分載**戰舡**.	열전
⑫		大艦	…… 宗作木偶師子, 載於**大艦**之上.	紀異
용례	舟		船		艦		舡		합계
건수	4건(舟·舟楫)		3건(兵船·戰船) +2건(船)*		3건(戰艦·大艦)		1건(戰舡) +3건(舡)**		11+5건

※①셀 음영 : 사례 분석 결과. ②*, ** : 하나의 條에서 동일 대상을 지칭하며 船·舡을 혼용하므로, 용례의 건수를 분리함.

〈표 2〉처럼, 상고기의 배 관련 표현은 舟·船·艦·舡으로 나타나며, 4개의 용례 중 舟는 활용도와 치환성이 높은 용어이다. ③~④·⑥은 舟를 船·艦·舡 등으로 치환하였다. ③의 舟는 ④의 戰艦을 의미한다. ⑥은 왜인의 침입 수단을 보여주지 않지만, 王曰은 왜인의 침입 수단을 舟라 하므로, ⑥은 船·艦을 舟로 부른 용례이다. ①·④·⑦처럼, 왜인은 병선·전함을 써서 신라에 침입했을 것이기 때문이다. 따라서 신라 상고기에는 舟가 船보다 널리 쓰였다.

舟(楫)는 배를 통칭할 수 있으므로, 상고기부터 舟·舟楫은 군사용·비군사용 배를 망라한 표현으로 쓰였다. 따라서 "掌舟楫事"는 "군사용·비군사용 배를 관장하는 일"을 의미한다.

선부(서)에서 군사용·비군사용 배를 관장했다면, 선부(서) 업무 중 비중이 높은 업무가 궁금해진다. 배는 전쟁·교통 수단으로 쓰이기 때문이다. 선부(서)가 군사용 배를 위주로 관리했다면 水軍 업무와의 관계를 고민해야 한다. 한편 선부(서)가 비군사용 배를 위주로 관리했다면 江上·海上 水運의 비중에 따라 업무의 집행방식이 다를 수 있다. 선부 업무의 비중 문제는 신라가 선부(서)를 둔 목적과도 관계가 있겠다.

이상의 문제를 해명하려면 신라에서 중시한 배의 용도·선부(서)의 업무에 관한 政令의 분석이 필요하나 상대~중대 신라 자료로 이를 구체화하기 어렵다. 군사용 배 修理 관련 조치가 산견되나, 水戰이 희소하기 때문이다. 따라서 선부(서) 업무 중 군사적 업무의 비중을 판단하기 어렵다.

한편 선부는 景德王 18년(759) 利濟府로 改稱했다가, 惠恭王 12년(776)에 復故되었다.[40] 漢~唐代 동아시아에서 배 관리 관청의 명칭에 '利濟'를 쓴 사례가 없지만, '利濟'는 운송의 중요도를 표방한 명칭이다. 전근대 동아시아에서 배의 이로움(舟楫之利)은 "통하지 않는 곳을 건너(濟) 먼 곳에 이르게 해(致遠) 천하를 이롭게 하는 것(利)"으로 인식하기 때문이다. 배가 인력·물자의 적재·운송(載運) 수단임을[41] 중시한 표현인 '利濟'가 선부의 개칭명에 쓰이므로, 선부의 업무 중 비군사적 업무의 비중도 상당했을 것이다.

---

40) 『三國史記』 권38, 雜志7, 職官 上, 船府, "景德王改爲利濟府, 惠恭王復故." 이 문장의 경덕왕·혜공왕은 경덕왕 18년·혜공왕 12년의 축약 표기이다(정덕기, 앞의 논문, 2019(b), 98쪽).

41) [魏]王弼 注 / [唐]孔穎達 疏 / 盧光明·李申 整理 / 呂紹綱 審定, 『周易正義』, 北京, 北京大學出版社, 2000, 354쪽, "刳木爲舟, 剡木爲楫. 舟楫之利, 以濟不通, 致遠以利天下, 蓋取諸渙.【王弼 注：渙者, 乘理以散動也.】【孔穎達 疏：『正義』曰. "此九事之第二也. 舟, 必用大木, 刳鑿其中. 故云, '刳木也'. '剡木爲楫' 者, 楫, 必須纖長, 理當剡削. 故曰, '剡木也'. '取諸渙' 者, 渙, 散也. 渙卦之義, 取乘理以散動也. 舟楫, 以乘水, 以載運. 故, 取諸渙也."】"

이상에서 선부(서)의 업무·성격을 구체화하기 위한 자료의 보완이 필요하다. 따라서 한~당의 도수대와 신라 선부(서)의 업무·운영방식을 비교하기로 한다.

중국의 국가적 배 관리는 川衡이 기원이라고도 한다.[42] 천형은 때때로 강을 순찰하고 물길·수위 등을 관리해 渡江 여건을 유지하는 관직이었다.[43] 중국은 일찍이 大·中·小의 하천에 12·6·2인의 川衡 中·下士를 통해 川澤의 禁令을 관리했다고 한다.[44] 그러나 천형은 하천 治水를 맡기 위해 지역별로 分置된 관직이므로, 중앙관직의 하나로 보기 어렵다.

중국의 국가적 배 관리는 前漢代에 실질적으로 시작되었다. 무제는 元鼎 2년(BC 117) 水衡都尉를 두어 도수관들을 통령하며 楫櫂令·丞을 배속시켰고, 太初 元年(B.C 104) 京師 순찰·盜賊 방비를 담당한 執金吾 아래 都船令·丞을 배속시켰다.[45] 都船令·丞은 造船·造船을 위한 자재 및 役, 都船獄을 맡았으나 後漢代에 폐지되었다.[46] 한에서 水衡·都水를 둔 이래 유관 조직은 朝代별로 변화했지만, 水衡·都水, 특히 都水는 唐 都水監의 직접적

---

42) 김택민 주편, 앞의 책, 2008, 154쪽, "本『周官』川衡之職."; [唐]杜佑 撰 / 王文錦·劉俊文 等 點校, 『通典』, 北京, 中華書局, 1988, 769쪽, "虞舜命益作虞, 以掌山澤. 『周官』, 有林衡·川衡二官, 掌林麓川澤之禁."; [宋]鄭樵 撰, 王樹民 點校, 『通志二十略』, 北京, 中華書局, 1995, 1121쪽.

43) [漢]鄭玄 注 / [唐]賈公彦 疏 / 趙伯雄 整理 / 王文錦 審定, 『周禮注疏』, 北京, 北京大學出版社, 2000, 493쪽, "川衡. 掌巡川澤之禁令, 而平其守, 以時舍其守, 犯禁者, 執而誅罰之.【鄭玄 注 : 舍其守者, 時案視守者, 於其舍申戒之.】【賈公彦 疏 : 釋曰 "川, 注瀆者, 皆是也. 水鍾曰, 澤. 澤與川不同官. 今川衡兼云澤者, 澤與川連者, 則川衡兼掌之. 謂若濟水溢爲滎澤, 滎澤則與濟連, 則管濟川者, 兼滎澤掌之. 如此之類皆是."【鄭玄注】釋曰 "此舍其守, 謂川衡之官, 時復巡行所守之民, 當案視其所守, 守人當於其舍, 申重戒勅之也.】"

44) 俞鹿年, 앞의 책, 1992, 372쪽.

45) 『漢書』 권19上, 百官公卿表, 中尉, "秦官. 掌徼循京師.【如淳曰. "所謂遊徼, 徼循禁備盜賊也." 師古曰. "徼謂遮繞也. 徼音, 工釣反."】…… 武帝 太初 元年, 更名執金吾,【應劭曰. "吾者, 禦也, 掌執金革, 以禦非常." 師古曰. "金吾, 鳥名也. 主辟不祥. 天子出行, 職主先導, 以禦非常, 故執此鳥之象, 因以名官." 屬官有中壘·寺互·武庫·都船, 四令丞.【如淳曰. "『漢儀』注, 有寺互. 都船獄令, 治水官也."】都船·武庫, 有三丞, 中壘, 兩尉."

46) 俞鹿年, 앞의 책, 1992, 988쪽.

인 기원이 되었다. A를 보자.

A-①. [前漢 太常·大司農·少府·內史·主爵中尉의 속관에 각각 都水 長·丞이 있
었다. 武帝(BC 141~BC 87)가 水衡都尉를 두었는데, 上林苑을 주관하였고,
5丞이 있었다. 屬官에 上林·均輸·御羞·禁圃·輯濯·鍾官·辯銅 令·丞이 있었
다. 또 衡官·水司空·都水·農倉이 있었다. 또 甘泉·上林·都水의 7官 長·丞이
있었다. 成帝(BC 32~BC 7)에 이르러 都水官이 많아 左·右 [都水]使者 각 1
인씩을 두니, 劉向이 '護左都水使者'였다는 것이 이것이다. 哀帝에 이르러
罷하였다. 王莽이 水衡都尉를 予虞로 고쳤다. 後漢은 都水를 郡國에 속하도
록 하고, 河隄謁者 5인을 두었다. [曹]魏는 이를 따랐고, 또 아울러 水衡都尉
를 두고 천하의 水軍·舟船·器械를 관장하였다. [西]晉은 都水臺·都水使者 1
인을 두어 舟檝의 일을 관장하였고, 官品은 4였다.[47]

A-②. 漢 무제 元鼎 2년(BC 117). 수형도위를 처음 두어【顏師古가 말하였다. "山林의
官을 衡이라 한다. 여러 池苑을 관장하므로 水衡이라 한다." 張晏이 말하였다. "물(水)과 임원(林
苑)을 都主하므로, '水衡'이라 한다. 여러 관인을 주관하므로(主) '都'라 한다. 군졸(卒徒)이 있어
武事이므로, '尉'라 한다. '衡'은 '平'이다. 그 稅를 공평히 하는 것을 주관한다(主)."】상림원을
관장하였다.【漢의 趙充國이 中郎으로 水衡都尉가 되어 '舡官'을 주관하였다.】대개 上林·
離宮·휴식처를 주관하였다.【왕망이 予虞로 고쳤다.】後漢 光武帝가(BC 6~AD 57)
수형도위를 없애고 그 직을 少府에 합하였다. 매 立秋 貙劉 祭를 지내는 날에
잠깐 수형도위를 두었다가 일이 끝나면 없앴다. 처음 秦·漢에는 또 都水長·
丞이 있어 뭇(陂池)의 灌漑·河渠의 保守를 주관하였다. 太常·少府와 三輔로부

---

47) 金鐸敏 主編, 앞의 책, 2008, 154쪽, "漢 太常·大司農·少府·內史·主爵中尉, 其屬
官各有都水長·丞. 武帝置水衡都尉, 掌上林苑, 有五丞. 其屬官有上林·均輸·御羞·
禁圃·輯濯·鍾官·辯銅 令·丞. 又衡官·水司空·都水·農倉. 又甘泉·上林·都水, 七官
長·丞, 皆屬焉. 至成帝, 以都水官多, 置左·右使者, 各一人, 則劉向'護左都水使者'
是也. 至哀帝, 罷之. 王莽, 改水衡都尉曰, 予虞. 後漢省都水以屬郡國, 而置河隄謁
者五人. 魏因之, 又兼有水衡都尉, 主天下水軍·舟船·器械. 晉置都水臺·都水使者,
一人, 掌舟檝之事, 官品第四."

터 모두 그 官이 있었다. 한 武帝는 都水官이 많아 좌·우 사자를 두고 도수관을 통령하였다.【유향이 左都水使者가 되었다는 것이 이것이다. 또『續漢書』, 百官志에 말하였다. "유향이 三輔의 都水를 통령하였다."】漢 哀帝(BC 7~BC 1)에 이르러 都水使者를 없앴다. 後漢은(至東京) 뭇 도수를 모두 파하고, 河隄謁者에 합하였다. 한의 수형도위는 본래 상림원을 주관했으나, [曹]魏代에 天下 水軍·舟船·器械를 주관하였다. [西]晉 武帝(265~290)는 水衡을 없애고 都水臺를 두었으며, 使者 1인을 두어 舟航와 運部를 관장하였고, 河堤는 都水官에 배속시켰다.[48]

A는『당육전』·『통전』에서 전한~서진의 수형도위·도수관에 대한 설명을 인용한 것이다. 수형도위 설치 이전 전한은 太常·少府·三輔 등이 도수長·丞을 속관으로 두고 부서별로 유관 업무를 맡았다. 전한 무제가 上林·離宮·휴식처를 맡는 수형도위를 두면서 배의 국가적 관리가 시작되었다.

A에 보이듯, 전한의 수형도위는 여러 도수관·도수사자 2인·여러 속관(令·丞, 長·丞)을 두고[49] 업무를 맡았다. 후한은 중앙의 도수관을 폐하고, 도수관의 일을 지방의 河隄謁者에게로 이관하였다. 조위는 후한 제도를 일부 계승해 중앙에 수형도위를 두고 천하 水軍·舟船·器械를 관장하였다. 서진은 수형도위를 폐하고, 都水臺에서 舟航·運部를 관장하였다.

---

48) [唐]杜佑 撰 / 王文錦·劉俊文 等 點校, 앞의 책, 1988, 769쪽, "漢 武帝 元鼎 二年. 初置水衡都尉.【顔師古曰. "山林之官曰衡. 掌諸池苑, 故稱水衡." 張晏曰. "主都水及林苑, 故曰'水衡'. 主諸官, 故曰'都'. 有卒徒武事, 故曰'尉'. '衡', '平'也. 主平其稅也."】掌上林苑,【漢 趙充國, 以中郎爲水衡都尉, 主'舡官'也.】蓋主上林·離宮·燕休之處.【王莽改曰, '予虞'.】初, 秦·漢又有都水長·丞, 主陂池灌漑, 保守河渠. 自太常·少府及三輔等, 皆有其官. 漢 武帝, 以都水官多, 乃置左·右使者, 以領之.【劉向, 爲左都水使者, 是也. 又『續漢』, 百官志, 曰. "劉向, 領三輔都水."】至漢哀帝, 省使者官. 至東京, 凡都水皆罷之, 并置河隄謁者. 漢之水衡都尉, 本主上林苑, 魏世, 主天下水軍·舟船器械. 晉 武帝, 省水衡, 置都水臺, 有使者一人, 掌舟航及運部, 而河隄爲都水官屬."

49)『通志』는 伎巧·六廏 令·丞도 수형도위의 속관이며, 수형도위가 9官 令·丞과 7官 長·丞을 거느렸다고 하고, 輯濯은 楫櫂라 하였다([宋]鄭樵 撰 / 王樹民 點校, 앞의 책, 1995, 1121쪽). 輯濯·楫櫂는 동일 관직이다.

전한~서진代 수형도위·도수사자의 위상 변화는 업무 특성과 관계가 있다. 수형도위는 上林苑과 農田·水利·造船·鑄錢의 등을 맡아 무제 이후 황실 수입 대부분을 관장하였고, 均輸·楫櫂·都水는 운송·行船·治水를 맡았다.[50] A-②의 분주는 衡이 治山·治水 관련 관직명에서 파생했으며, 수형도위는 속관·卒徒를 거느린 武職으로, 平稅와 舡官을 주관했다고 한다.

따라서 수형도위는 부세 운송을 위한 조선과 행선, 행선 여건 유지를 위해 배를 관리하였다. 부세 운송의 종점 중 하나는 수도인 長安이므로, 수형도위는 강상 수운을 위주로 배를 관리하였다. 서진의 도수사자는 수형도위를 대체한 것이므로, 중국사에서 국가적 배 관리 조직이 대두·확대되는 것은 '江上 水運의 중요도 증대'에 기인한다.

이후 朝代별로 수형이나 司水·司津 등 관함을 쓰기도 하나, 서진~당까지 국가 차원의 배 관리는 대개 都水臺에서 맡았다. 일람하면 〈표 3〉과 같다.

〈표 3〉서진~당의 배 관리 조직의 장관과 都水·水衡

국가	연대		관청	관직	人	비 고
	황제	연호·서력				
西晉	武帝	265~290	都水臺	使者	1	4品. 수형도위 폐지
	惠帝	元康 中 291~299	都水臺	使者	·	수형도위 복치·5수형 설치 도수사자가 수형도위 통령
	懷帝	永嘉 6년 312	都水臺	使者	·	·
南宋	孝武帝	初 454	·	水衡令	·	도수대·도수사자 폐지
		孝建 元年 454	都水臺	使者	·	4品(銅印·墨綬·進賢兩梁冠을 착용, 與御史中丞同)
南齊		479~502	都水臺	使者	1	·
梁	武帝	初 502~507	都水臺	使者	·	·
		天監 7 508	·	大舟卿	·	9班 列卿(12卿)의 最末 梁·陳 동일(陳은 3品)

---

50) 俞鹿年, 앞의 책, 1992, 53~55쪽.

北魏		初 386~497	都水臺	使者	1	正4品中. 水衡都尉(從5品) 1인 병치
	孝文帝	太和 22 498	都水臺	使者	1	從5品. 水衡都尉 폐지
	宣武帝	永平 2 509	都水臺	使者	2	도수사자 증원
北齊	·	550~577	都水臺	使者	2	從5品
北周	·	557~581	司水司	中大夫	1	正5命
隋	文帝	開皇 1~2 581~582	都水臺	使者	·	從5品
	文帝	開皇 3 583	司農寺	·	·	도수대 폐지·司農寺 편입
	文帝	開皇 13 593	都水臺	使者	·	도수대 복치
	文帝	人壽 元年 601	都水監	監	·	도수대→도수감
	煬帝	大業 元年~4 605~608	都水監	使者	·	正5品. 使者 복치 舟檝署·河渠署 統領
	煬帝	大業 5 609	都水監	監 少監	1 1	監 (正4品) → 令(3品) 少監(正5品) → 少令(4品)
唐	高祖	武德 8 625	都水臺 都水署	令	·	從7品下. 都水臺 설치 후 관청의 격 조정(署·監),51) 將作監에 예속
	太宗	貞觀 6 632	都水監	使者	·	從5品上. 도수감 복치
	高宗	龍朔 2 662	司津監	丞	·	도수감·사자를 개칭
	高宗	咸亨 元年 670	都水監	使者	·	사진감·승을 개칭
武周	則天	光宅(혹 垂拱) 元年52) 684(혹 685)	水衡監	都尉	·	도수감·사자를 개칭
唐	中宗	神龍 元年 705	都水監	使者	2	正5品上. 도수감·사자 복치, 주즙서·하거서 통령. 장작감에 속하지 않음 (혹 玄宗 開元 25년(737)이라고도 함)53)

※출전 : 김택민 주편,『譯註 唐六典 下』, 신서원, 2008, 154쪽 ; [唐]杜佑 撰 / 王文錦·劉俊文 等 點校,『通典』, 北京, 中華書局, 1988, 770쪽 ;『舊唐書』권44, 志24, 職官3, 都水監, 1879쪽 ;『新唐書』권48, 志38, 百官3, 都水監, 1276~1277쪽 ; 俞鹿年,『中國官制大辭典』, 北京, 黑龍江人民出版社, 1992, 1346~1401쪽.

〈표 3〉처럼, 서진 이후 대개 都水臺(監)에서 배를 관리하고, 서진~수까지 도수대 업무의 중요도는 증대하였다. 장관인 도수사자의 格이 상승하기 때문이다. 남송은 도수사자를 4품에 설정하고 官服에 銅印·墨綬·進賢2梁 冠을 허용하여, 위신재·관품을 御史中丞과 일치시켰다. 梁은 9卿을 12卿으로 확대하면서 도수사자를 大舟卿으로 개칭하고, 말단이지만 列卿의 반열에 두었다. 북조의 도수사자는 朝代별 관품 차이로 비교가 어렵다. 수는 도수사자를 '도수감→도수사자→도수감→도수감령'으로 개칭해 도수사자의 격을 상승시켰다.

서진 이후 도수대(감)는 별도의 主司 없이 독립적인 臺로 운영되었다.

---

51) 金鐸敏 主編, 앞의 책, 2008, 154쪽, "皇朝改爲都水署, 隷將作."; [唐]杜佑 撰 / 王文錦·劉俊文 等 點校, 앞의 책, 1988, 770쪽, "大唐 武德 八年, 置都水臺, 後復 爲都水署, 置令, 隷將作."; [宋]鄭樵 撰 / 王樹民 點校, 앞의 책, 1995, 1122쪽, "都水使者.【唐 武德 八年, 置都水臺, 後復爲都水監, 置令隷將作.】"; 『新唐書』 권48, 志38, 百官3, 都水監, 1277쪽, "使者, 二人.【武德, 初, 廢都水監爲署.】"『당육전』은 당 고조代 都水署를 두었다고 한다. 『통전』·『통지』는 625년 도수대를 두었다고 하나, 625년 이후 『통전』은 都水署로, 『통지』는 都水監으로 고쳤다고 한다. 『신당서』는 武德 초에 도수감을 폐해 도수서를 두었다고 한다. 이 점에서 당 고조代 도수대는 625년 이후 臺→監→署로 변화했다고 보인다.

52) 도수감·도수사자를 水衡監·水衡都尉로 개칭한 시점을 『당육전』·『통전』·『통지』는 光宅 원년(684), 『구당서』는 光宅 연간, 『신당서』는 垂拱 원년(685)이라 하였다(金鐸敏 主編, 앞의 책, 2008, 154쪽 ; [唐]杜佑 撰 / 王文錦·劉俊文 等 點校, 앞의 책, 1988, 770쪽 ; [宋]鄭樵 撰 / 王樹民 點校, 앞의 책, 1995, 1122쪽 ; 『舊唐書』 권44, 志24, 職官3, 都水監 ; 『新唐書』 권48, 志38, 百官3, 都水監). 당은 684년 9~12월까지 광택, 685년 정월부터 수공을 썼다. 『신당서』의 연대 오차는 연호의 사용 기간이 짧아 나타나는 오류로 이해된다.

53) 『통전』·『통지』는 도수감이 신룡 원년(705)부터 "不屬將作"했다고 한다([唐]杜佑 撰 / 王文錦·劉俊文 等 點校, 앞의 책, 1988, 770쪽 ; [宋]鄭樵 撰 / 王樹民 點校, 앞의 책, 1995, 1122쪽), 한편 『구당서』는 神龍 연간에 "仍屬將作監"이라 하고 (『舊唐書』 권44, 志24, 職官3, 都水監), 『신당서』는 開元 25년(737)에 "不隷將作 監"이라 하였다. 이로 인해 도수감이 장작감과 별개 관청이 된 시점이 불분명하나, 『당육전』 편찬 시점에 별개의 관청임은 분명하다고 한다(金鐸敏 主編, 앞의 책, 2008, 160쪽의 각주 202). 『통전』이 『구당서』·『신당서』보다 앞서 편찬되므로, 본고는 『통전』의 기록을 위주로 〈표 3〉을 작성하였다.

수 초·당 초에 도수대를 司農寺·將作監에 편입·예속하기도 하나,[54] 705년 이후 도수감은 독립 관청으로 운영되었다. 또 605년 이후 도수감은 舟檝· 河渠署를 統領하였다. 따라서 한~당의 수형·도수는 '江上 水運의 활용·유지를 위한 배 관리'를 맡았고, 유관 업무의 운영방식은 수·당에서 체계화되었다. 한~당까지 배 관리를 중시하고 업무가 체계화된 것은 大運河의 발달과 무관하지 않다. 당의 도수사자·주집령은 운송에 초점을 두어 배를 관리하였다. B를 보자.

> B-①. 도수사자는 川澤·津梁의 政令을 관장한다. 舟檝·河渠 2署의 官屬을 총괄하고,【舟檝署는 開元 23년(735)에 덜었다(省).】 그 遠近을 판별해 그 손익(利害)을 결산한다(歸).[55]
>
> B-②. 舟檝令은 公·私의 舟船과 運漕의 일을 관장하고, 丞은 舟檝署의 차관이 된다. 여러 州에서 京師·東都로 轉運할 때, 그 [조운선이] 왕래하며 줄거나 없어진(隱失) 것을 다스리므로, 監漕로 이(조운선의 운행)를 감독하게 한다.[56]

B는 당 도수사자의 배 관리 업무와 주집령의 업무를 『당육전』에서 인용한 것이다. B-①처럼, 도수사자는 川澤과 津梁의 政令을 관장하며, 운송의 遠近을 판별해 손익을 결산하였다. 이 외 어로 금지·강과 못을 지키는 衡虞之守·물고기와 젓갈(魚醢) 등 川澤의 산출물 공급·경기 내 제방(渠堰), 저수지(陂池)의 유지와 보수·수로(渠)와 갑문(斗門) 관리·관개농업 등도 도수사자가 총괄하나, B-①에 인용하지 않은 일은 河渠署와 諸津 令·丞을 통

---

54) 사농시는 국가 곡물창고의 저장·출납, 장작감은 국가 토목 공사에 쓰는 匠人의 정령을 관장하였다(金鐸敏 主編, 앞의 책, 2008, 127쪽 ; 金鐸敏 主編, 『譯註 唐六典 中』, 신서원, 2005, 598쪽).

55) 金鐸敏 主編, 앞의 책, 2008, 160쪽, "都水使者, 掌川澤·津梁之政令. 總舟檝·河渠二署之官屬.【舟檝署, 開元 二十三年省.】 辨其遠近, 而歸其利害."

56) 金鐸敏 主編, 앞의 책, 2008, 165쪽, "舟檝令, 掌公·私舟船, 及運漕之事. 丞爲之貳. 諸州轉運至京·都者, 則經其往來, 理其隱失, 使監漕監之."

해 실현되는 업무이다.[57]

B-①은 도수사자의 업무를 '辨其遠近, 而歸其利害'라 하므로, 도수사자는 운송을 위해 배 관리를 맡았다. 도수사자가 '천택·진량의 정령'을 맡은 것도 '운송 여건 유지'를 위해 필요한 업무이기 때문이겠다. 도수사자의 배 관리는 B-②를 통해 구체화할 수 있다.

B-②는 주집령의 업무가 公·私 선박을 활용한 조운(運漕·轉運)과 조운 과정의 감독임을 보여준다. 따라서 당의 도수감·주즙서는 江上 水運 등 수로 교통을 맡는 관청이었다.

이상에서 한~당은 주로 江上 水運을 활용하기 위한 수단으로서 배를 중시하고, 수형·도수를 독립적인 관청으로 운영하며 배를 관리하였다. 따라서 한~당의 배 관리는 비군사적 목적을 위주로 이루어졌다. 도수사자의 실질적 기원인 수형도위는 卒徒를 이끈 武職의 하나이나, 水軍 운용과 긴밀한 관계를 상정하기 어렵다. 배 관리의 목적상 수로 유지를 위한 노동력 징발·동원의 필요성에서 武職이 되었다고 보이기 때문이다. 曹魏의 도수사자는 '天下 水軍'을 관장하기도 하나(A), 일시적인 상황으로 보인다. 서진 이후 도수대는 江上 교통을 관장하기 때문이다. 즉 한~당의 배 관리는 비군사적 성격이 많고, 도수대(감)은 교통·운수·재정·공역 관계 관청으로 인식되었다. 수·당에서 도수대(감)을 司農寺·將作監에 隸屬하려는 시도도 이와 관계된다.

신라는 759년 선부를 利濟府로 개칭하므로, 한~당의 도수대(감)와 신라 선부의 업무가 유사한 성격을 가졌다고 볼 수도 있다. 그러나 이제부라 한 기간은 17년 정도이고, 3가지 이유에서 선부·도수대(감)의 업무·성격이 다르다. 첫째, 경주의 입지상 江上 水運의 활용이 어렵다. 山·谷 사이(間)에 斯盧 6촌이 있었다고 묘사되듯,[58] 경주는 분지이다. 따라서 江上 水運을

---

57) 金鐸敏 主編, 앞의 책, 2008, 160~168쪽.
58) 『三國史記』 권1, 新羅本紀1, 始祖 赫居世居西干 卽位條(BC57).

활용해 경주와 지방을 연결하기 어렵다.[59]

둘째, 〈표 2〉-⑤·⑧처럼, 선부(서) 설치 이전 신라의 배 관리는 군사적 목적을 위주로 이루어졌다. "왜병이 온다(倭兵至)"고 들어(聞) 주즙·갑병을 수리하거나(〈표 1〉-⑤), 戰艦의 수리를 下命하기(〈표 2〉-⑧) 때문이다.

〈표 2〉-⑨는 舟楫之利를 制定한 기사이다. ⑨는 대개 水運을 통한 물자의 유통 과정에서 생기는 이익(수취품 수송 및 대내·외 교역 수익)을 통제했다는 의미로 이해되었고, 배의 군사적 성격과 기능에 대한 조치일 수도 있다고 한다. 또 이사부의 활동과 신라의 동해안 경영·동해안 집단 간의 교류·동해의 제해권 확보와 관련해 논의되었다.[60]

舟楫之利와 利濟가 호응하므로 '水運의 경제적 이익 統制' 위주의 조치일 수 있으나, 이것은 군사적 목적을 위주로 '선박 利用 방법'을 제정했다는 의미이다. 수운의 경제적 이익은 국가 재정과 직결되며, 이사금시기부터 국가 재정은 稟主가 맡았다.[61] 505년은 우산국 정벌을 완료하지 못했으므로, 수운의 경제적 이익을 별도 통제할 필요가 있는지 의문이며, 품주 외수운 이익의 관리자를 찾기 어렵다. 또 ⑨에 포함될 각종 조치의 내용은 船府署의 업무로 계승될 것이다. 중고기 병부·선부서의 主·屬司 구조를 고려하면, 진평왕대 병부에서 수운 이익을 따로 맡을 이유도 찾기 어렵다.

〈표 2〉-⑨의 내용·성격은 '우산국 관련 해양 정보'와 '우산국 정벌에 쓴배의 규모·용도'(〈표 2〉-⑨~⑪)를 통해 볼 수 있다. 『삼국사기』·『三國遺事』

---

59) 경주는 河港都市가 아니므로, 조세 운송에 水運을 쓸 수 없다. 따라서 신라의 조세 운송은 水運과 연계된 陸運 및 海運을 위주로 이해해야 한다(韓禎訓, 「高麗時代 交通과 租稅運送體系 硏究」, 釜山大學校 大學院 史學科 博士學位論文, 2009, 19쪽).

60) 金昌錫, 「新羅의 于山國 복속과 異斯夫」『歷史敎育』111, 2009, 117~118쪽 ; 이경섭, 「고대 동해안 지역의 정치적 동향과 우산국」『新羅文化』39, 2012, 53~55쪽 ; 임평섭, 「신라 지증왕대 동해안 지배와 우산국 정복」『역사와 경계』99, 2016, 16~19쪽.

61) 전덕재, 「新羅 中央財政機構의 性格과 變遷」『新羅文化』25, 2005, 69~73쪽.

는 溟州~우산국 간 거리, 우산국의 위치·둘레·풍습, 우산국 주변 바다의 水深을 전한다.[62] 溟州는 후대 명칭이나, 우산국 관련 해양 정보는 우산국 정벌 준비과정에서 수집해 우산국 정벌(512)에 활용되었다. 또 우산국 정벌에 쓴 배의 용도·규모(戰船·戰舡·大艦) 등이 표현되었다. ⑨는 우산국 정벌 이전에 보이므로, 그 구체적인 내용은 해역과 바닷길(물길·해로) 등 해양 정보의 수집·관리, 유관 정보를 담은 지도의 제작, 造船을 위한 도량형의 정비, 배의 규격과 용도에 따른 관리·활용 원칙 등으로 판단된다.[63] 따라서 ⑨는 군사적 목적을 전제로 '公·私 선박, 戰艦 등의 이용 방법'을 정했다는 의미이다.

상고기의 배 관리 목적은 중고기 병부의 속사인 선부서로 계승되었다. 중대 선부의 前身이 선부서이므로, 선부서·선부의 업무·성격은 본질적으로 큰 차이가 없다. 반면 선부(서)와 도수대(감)의 업무·성격은 차이가 상당하다. 도수대는 江上 水運 활용 및 재정 관리를 위해 운영되었다. 선부(서)도 '致遠利濟' 등 운송의 중요도를 반영한 부분이 있을 것이다. 그러나 선부(서)는 군사적 목적을 위주로, 海上 선박의 건조·관리·운용을 위해 운영되었다.

셋째, 도수대(감)와 선부(서)는 운영방식의 차이가 있다. 중국의 都水官은 한~남북조시대까지 독립 관청인 臺로, 수·당에서는 監으로 운영하였다. 수·당은 도수감을 사농시·장작감에 예속하기도 하나, 대개 독립적으로 운영하였다. 반면 선부서는 병부의 속사로 두었고, 府가 된 후 영급·주요 관청으로 운영되었다. 즉 도수대(감)와 선부(서)는 主司의 유무·관청의 格에 차이가 있다.

또 도수대(감)와 선부(서)는 배의 관리·활용에 수반되는 업무의 집행방

---

62) 『三國史記』 권4, 新羅本紀4, 智證麻立干 13년(512) 夏 6월 ; 『三國遺事』 권1, 紀異2, 智哲老王.
63) 505년 舟楫之利 제정의 의미에 대해서는 '정덕기, 「신라 上古期 대외 방어 전략의 변화와 于山國 征伐」『新羅史學報』 50, 166~169쪽' 참고.

식이 다르다. 도수대(감)의 업무는 배의 활용·관리를 위한 시설물, 기술자·
노동자 등의 인력 관리, 물길의 유지·보수를 위한 인력 동원 업무가 수반
되어야 한다. 즉 도수대(감)의 업무는 役役·工役을 전제로 이루어지며, 이
러한 업무는 중앙행정의 구조상 戶部·兵部 및 工部·將作監 등의 업무와 중
복될 소지가 크다. 실제 당 工部의 虞部司는 山林·川澤 담당자와 山澤의
일을, 水部司는 하천·호수에 관한 政令 및 灌漑·水運·물길·뱃사공의 공급
등을 맡아,[64] 도수감의 업무와 중복이 있다. 즉 중앙행정체계의 구조상 도
수대(감)의 업무는 유사 업무를 맡는 관청과 중복될 소지가 많다.

반면 선부(서)는 유관 부서와 업무 중복의 소지가 적다. 중고기 선부서
는 병부의 속사이므로, 軍事와 직접적인 관계를 맺었다. 또 중대부터 선부
는 영급 관청이고, 신라 중앙행정체계에서 공역 관계 관청은 대개 관리대
상을 구분해 운영되었다.[65] 즉 선부(서)는 타 관청과 업무를 거의 중복하지
않고, 배의 관리·활용을 위한 제반 업무를 총괄하였다. 따라서 "掌舟楫事"
란 군사적 목적을 전제로 배를 제작·관리하고, 海上 활동·항해 관계 해양
정보를 수집하며, 배 운용을 위한 시설물과 조선 기술자·선원을 관리하는
일이다.

신라의 선부(서)는 한~당의 수형·도수와 기원·업무·운영방식이 다르므
로, 상고기의 전통적인 행정 운영을 반영한 신라 고유의 관청이다. 또 선부
(서)는 海運이 軍事의 범주에 포함되어 성장하였고, 신라 수군이 육군의 兵
種 중 하나로 인식되었음을 보여주는 관청이라 하겠다.

---

64) 金鐸敏 主編, 『譯註 唐六典 上』, 신서원, 2003, 682~691쪽.
65) 例作府는 造營나(金哲埈, 앞의 책, 1990, 60쪽 ; 李基東, 앞의 책, 1984, 122쪽 ;
    李仁哲, 앞의 책, 1993, 36쪽), 立法을 담당했다고도 한다(朴秀淨, 앞의 논문, 2017,
    190~193쪽). 자료적 보완이 필요하므로, 본고는 이에 대해 논의하지 않는다.

III. 船府署·船府의 정비과정과 水軍

전 장에서 선부(서)의 업무·성격을 논의하였다. 본 장에서는 선부(서)의 정비과정과 수군의 관계를 논의하기로 한다.

상고기 자료는 바다 관계 관명(波珍湌·海干, 海尺)과[66] 군사용 배의 국가적 관리를 전한다(〈표 2〉-④·⑦·⑧). 상고기에 監典·大舍典 등 관청이 운용되나,[67] 배의 제작·관리는 전문성이 필요한 업무이다. 따라서 신라는 일찍이 배를 관리하는 관청을 운영하고, 505년 유관 경험을 축적한 政令을 반포하였다. 그러나 상고기 배 관리 관청의 명칭·운영방식은 구체화하기 어렵다. 중고기 이후부터 선부서·선부를 통해 배를 관리하므로, 이를 살피기로 한다. C를 보자.

C-①. 船府. 옛날에 兵部의 大監·弟監이 舟楫의 일을 관장하였다. 문무왕 18년 (678)에 따로 두었다(別置). 景德王이 利濟府로 고쳤고, 혜공왕이 復故하였다. 令은 1인이다. 位가 大阿湌에서 角干인 자로 삼았다. 卿은 2인이다. 문무왕 3년(663)에 두었다. 神文王 8년(688)에 1인을 더했다. 位는 調府卿과 같다. 大舍는 2인이다. 경덕왕이 主簿로 고쳤고, 혜공왕이 다시 大舍를 칭하였다. 位는 調府大舍와 같다. 舍知는 1인이다. 경덕왕이 司舟로 고쳤고, 혜공왕이 다시 舍知를 칭하였다. 位는 調府舍知와 같다. 史는 8인이다. 神文王 元年(710) 2인을 더했다. 哀莊王 6년(805) 2인을 덜었다.[68]

---

66) 하일식, 『신라 집권 관료제 연구』, 혜안, 2006, 75~76쪽.

67) 정덕기, 「신라 상고기 典의 운영과 재편」 『韓國古代史硏究』 92, 2018(a), 44~64 쪽 ; 丁德氣, 앞의 논문, 2019(a), 24~36쪽.

68) 『三國史記』 권38, 雜志7, 職官 上, "船府. 舊以兵部大監·弟監, 掌舟楫之事. 文武 王 十八年, 別置. 景德王改爲利濟府, 惠恭王復故. 令, 一人. 位自大阿湌至角干爲 之. 卿, 二人. 文武王 三年, 置. 神文王 八年, 加一人. 位與調府卿同. 大舍, 二人. 景德王改爲主簿, 惠恭王復稱大舍. 位與調府大舍同. 舍知, 一人. 景德王改爲司舟, 惠恭王復稱舍知. 位與調府舍知同. 史, 八人. 神文王 元年, 加二人. 哀莊王 六年,

C-②. 처음으로 船府署에 大監·弟監 각 1員을 두었다.[69]

C-③. 船府 슈 1員을 두고, 船楫의 일을 관장하게 하였다.[70]

C-④. 船府 卿 1人을 더했다.[71]

C-⑤. … 調府·禮部·乘府·船府·領客府·左右議方府·位和府·例作典·大學監·大道署·永昌宮 등의 大舍를 主簿로 고쳤다. …[72]

C-⑥. … 船府 舍知를 司舟로 고쳤다. …[73]

C-①은 직관 상, C-②~⑥은 본기의 선부(서) 관계 자료이다. C-①은 C-④~⑥과 일치하나, C-②~③과 다소 차이가 있다. C를 통해 선부서·선부의 정비과정을 살펴보자.

C-①은 선부의 연혁·조직을 보여주며, 678년 '선부 별치'를 전하나, 슈의 始置 연대를 서술하지 않았다. C-③은 678년 正月 선부령 1인의 始置를 설명하였다. C-①·③은 678년 정월 선부가 별치되면서 슈 1인이 신설되었음을 알려준다.

C-①의 '별치'는 병부에서 독립해 府로 昇格했음을 말한다. C-①은 '舊'에 타 관청의 卿·大舍와 동급 관직인 병부의 대감·제감이 선부의 일을 관장했다고 하기 때문이다. 즉 677년 12월까지 병부·선부는 主·屬司 관계를 맺었다.

C-②는 583년 정월 선부서에 대감·제감을 始置했다고 한다. 신라에서

省二人."

69) 『三國史記』 권4, 新羅本紀4, 眞平王 5년(583) 春 正月, "始置船府署 大監·弟監, 各一員."

70) 『三國史記』 권7, 新羅本紀7, 文武王 18년(678) 春 正月, "置船府令, 一員. 掌船楫事"

71) 『三國史記』 권8, 新羅本紀8, 神文王 8년(688) 2월, "加船府卿, 一人."

72) 『三國史記』 권9, 新羅本紀9, 景德王 18년(759) 春 正月, " … 改調府·禮部·乘府·船府·領客府·左右議方府·司正·位和府·例作典·大學監·大道署·永昌宮等大舍爲主簿. … "

73) 『三國史記』 권9, 新羅本紀9, 景德王 18년(759) 2월, "船府舍知爲司舟."

署는 部의 속사이고,[74] 대개 경급 관청이다.[75] C-①·②로 보아, 별치 이전 선부는 大監이 장관인 경급 관청이자 병부의 속사였다. 따라서 신라의 배 관리는 중고기~중대 초(583~677년)까지 병부의 속사인 선부서에서, 중대 초(678년)부터 선부에서 주관하였다.

선부서 조직은 C-①·②와 병부 조직의 관계·직관 상의 서술 범례·중앙 행정관청의 구성 원리를 통해 살필 수 있다. C-②는 583년 선부서에 대감· 제감 1인씩을 두었고, C-①은 병부의 대감·제감이 선부서를 맡았다고 한 다. 그런데 583년 병부는 슈 2인-史 12인으로 운영되며, 대감·제감은 진평 왕 45년(623)·11년(589)에 두었다.[76] 이로 인해 병부의 정비과정을 C-②로 보완하기도 한다.[77] 그러나 직관 상은 주·속사를 별도의 조로 구분하며, 주·속사 관계를 반영해 條를 배치하지 않았다. 또 主司의 관원 총계에 屬 司의 관원 총계를 합산하지 않았다.[78] 이것과 직관 상의 정원·초치·개명 관계 정보 대부분이 신라의 원전을 직서했음을[79] 고려하면, C-①·②는 대 감·제감이 관장한 선부서를 병부령이 주관한 상황을 말한다. 즉 583년 선 부서는 대감 1인·제감 1인을 포함한 별도 조직으로, 병부령에게 '屬'한 상 태였다. 663년 卿 2인의 설치(C-①)는 기존에 둔 대감 1인을 罷하고 卿 2 인을 두거나, 대감을 경으로 고치고 1인을 증원한 조치이다.

대사 2인의 설치연대는 C-①에 전하지 않는다. 583년에 제감 1인을 두 었고, 678년 선부 별치 당시 대사 2인이 있었다. 따라서 583~677년에 제 감 1인의 개명·증원이 있었다고 보인다. 구체적인 개명 시점은 太宗武烈 王~문무왕代로 추정된다. 태종무열왕 5년(658) 병부제감을 대사로, 663년

74) 李仁哲, 앞의 책, 1993, 48~51쪽.
75) 丁德氣, 앞의 논문, 2019(a), 155~156쪽의 〈표 28〉 참조.
76) 『三國史記』권37, 雜志7, 職官 上, 兵部 大監·弟監.
77) 李仁哲, 앞의 책, 1993, 30쪽.
78) 『三國史記』권38, 雜志7, 職官 上, 倉部·賞賜署 및 禮部·大道署·國學·音聲署·典 祀署·司範署.
79) 정덕기, 앞의 논문, 2019(b), 96~106쪽.

선부대감을 경으로 개칭하기 때문이다. 대감·제감은 武官의 관직명이므로, 병부제감의 대사 개칭은 병마 행정 관리기구라는 성격을 강화한 조치였다.[80] 선부의 대감·제감도 병부의 제감과 비슷한 이유로 중대 초에 개명되었다고 판단된다.

대사 1인의 증원은 개명보다 빠를 수 있다. 진평왕~진덕왕代 대사 2인의 신설이 많기 때문이다. 〈표 4〉를 보자.

〈표 4〉직관 상에 수록된 대사와 그 동급 관직의 설치연대

No.	관청			大舍(동급 관직 포함) 初置				大舍 관련 비고
	명칭	왕력	서력	명칭	정원	왕력	서력	
①	①執事部	진덕5	651	大舍	2	진평11	589	진덕5년에 두었다고도 함 (분주)
②	②兵部	법흥4	517	弟監	2	진평11	589	태종 5년(658) 대사 개칭
③	③調府	진평6	584	大舍	2	진덕왕*	651	
④	⑫倉部	진덕5	651	大舍	2	진덕왕*	651	관청과 같이 설치
⑤	⑬禮部	진평8	586	大舍	2	진덕5	651	
⑥	㉒賞賜署	·	·	大舍	2	진덕5	651	
⑦	㉖國學	신문2	682	大舍	2	진덕5	651	
⑧	㉗音聲署	·	·	大舍	2	진덕5	651	
⑨	㉙工匠府	·	·	主書	2	진덕5	651	주서는 혹 主事·大舍(분주)
⑩	㉚彩典	·	·	主書	2	진덕5	651	
⑪	㉝典祀署	성덕12	713	大舍	2	진덕5	651	

①출전 :『三國史記』권37, 雜志7, 職官 上. 병부의 설치연대는『三國史記』권4, 新羅本紀 4, 法興王 4년 夏 4월 참조. ②네모 숫자 : 직관 상의 출전 순서. ③'*' : 본문은 眞德王으로 647~654년을 말하나, 직관 상의 연대표기방식 상 관청 내부에 중복되는 진덕왕 5년 (651)을 축약한 표기임(정덕기,『三國史記』職官 上으로 본 신라 중대 成典의 構成 原理와 운영방식』『新羅史學報』46, 2019(b), 98~99쪽).

〈표 4〉는 직관 상에서 大舍와 그 동급 관직의 설치연대·관청설치연대를 정리한 것이다. 선부서·병부의 관계 및 〈표 4〉-②를 참고하면, 제감 1인은 589년에 증원되었을 수 있다. 한편 신라의 중앙행정제도에서 대사는 대개

---

80) 한국고대사탐구학회 편, 앞의 책, 2020, 161쪽.

2인이고, 활용도가 높다. 〈표 4〉처럼, 설치연대를 전하는 대사 11職 중 9職
(〈표 4〉-①의 분주를 따르면 10職)은 진덕왕 5년(651)에 두었다. 이 점에서
제감 1인은 651년에 증원되었을 수 있다. 따라서 제감 1인은 589~651년
에 증원되었다.

舍知·史는 어떠할까? 사는 말단행정실무·기초 장부 담당자이므로, 사 8
인은 선부서를 둘 때도 있었다. 반면 사지는 선부로 승격하며 신설되었다.
사지·사의 업무는 본질적으로 동등하나, 사지는 특수한 업무·장부를 맡아
활용도가 낮고, 직관 상의 '屬司 署'는 사지를 두지 않는 것이 일반적이기
때문이다.[81] 사지 업무의 성격과 759년의 개칭명인 司舟를 고려하면, 선부
사지는 선부 업무와 관계된 특수 장부를 맡았겠다. 병부弩舍知가 弩兵·弩
師의 명부 및 弩의 수량에 대한 장부를 관장하므로,[82] 선부사지는 조선·선
박 수리 기술자 등의 명부, 용도·규모별 배의 수량에 대한 장부를 관장하
겠다. 선부서·선부의 정비과정·운영양상을 정리하면, 〈표 5〉와 같다.

〈표 5〉선부서·선부의 정비과정과 운영양상

조직 운영	연대	令 (5)대아찬 ~(1)각간	卿 (9)급찬 ~(6)아찬	大舍 (13)사지 ~(11)나마	舍知 (13)사지 ~(12)대사	史 (17)선저지 ~(12)대사
I기 3職 10人 (589~657)	진평5(583)	×	大監 1	弟監 1	×	8
	진평11~진덕5 (589~651)	×	·	+1	×	·
II기 3職 11人 (658~677)	태종5(658)	×	·	大舍(개칭)	×	·
	문무3(663)	×	卿(개칭)+1	·	×	·
III기 5職 17人 (678~804)	문무18(678)	1(신설)	·	·	1(신설)	·
	신문1(681)	·	·	·	·	+2
	신문8(688)	·	+1	·	·	·
	경덕18(759)	·	·	改稱主簿	改稱司舟	·
	혜공12(776)	·	·	復稱大舍	復稱舍知	·

81) 丁德氣, 앞의 논문, 2019(a), 156~160쪽과 171쪽의 〈표 33〉.
82) 한국고대사탐구학회 편, 앞의 책, 2020, 164~168쪽.

Ⅳ기 5職 15人 (805~935)	애장6(805)	·	·	·	·	-2
최종(5職 15人)		1	3	2	1	8
연대(기수)		583~677(Ⅰ·Ⅱ)	678~758(Ⅲ)	759~775(Ⅲ)	776~935(Ⅲ·Ⅳ)	
관청 변화		船府署	船府	利濟府	船府	

※①'×': 없음. ②'·': 변화 없음. ③'±': 정원 증감. ④셀 음영 : 필자 추정.

〈표 5〉처럼, 선부는 경급 관청·속사인 署가 영급·주요 관청인 府로 승격한 사례이며, 조직 운영은 4시기로 구분된다. Ⅰ기는 대부분 중고기에 해당하는 75년간으로, '대감 1인-제감 2인-사 8인'의 3職 10人의 署로 운영되었다. Ⅱ기는 중대 초의 20년간으로, '경 2인-대사 2인-사 8인'으로 운영되었다. Ⅰ기 선부서 조직 중 대감 1인·제감 2인은 다른 경급 署와 유사하나 사가 많다. 중고기의 경급 署인 賞賜署·大道署·國學·音聲署는 대개 '경 1인(상사서는 大正 1인 아래 佐 1인 설치, 음성서는 長 2인)-대사 2인'을 두고, 사는 6·8·2·4인을 두기 때문이다.[83] 중고기 경급 署 중 선부서의 사가 많으므로, 선부서는 다른 署보다 업무량이 많았다. Ⅱ기 선부서는 대감·제감을 경·대사로 개명해 "舟楫事"를 관리하는 기구의 성격을 강화하고, 경 1인을 증원하였다. 따라서 중대 초 선부서는 다른 署보다 중시되었다.

Ⅲ기는 중·하대의 127년간으로, 선부는 영급·주요 관청이 되었고, 선부서 설치 후 가장 많은 관원을 두고 운영되었다. 중대 초 영 1인·사지 1인이 신설되고, 경 1인·사 2인이 증원되기 때문이다. 중대 말의 17년간(759~775) 利濟府로 개명하고 관직명을 달리하기도 했으나, 일시적이었다. Ⅳ기는 하대의 131년간, Ⅲ기 선부보다 사 2인을 감원해 운영하였다.

선부서 설치~중대 초까지 선부(서)의 조직은 확충되었고, 府로 승격하였다. 이것은 중고기 이래 선부 업무의 중요도가 점증했음을 의미한다. 상고기의 배 관리 업무가 舟楫之利의 제정으로 일정 정도 정리되고, 경급 서

---

83) 『三國史記』 권38, 雜志7, 職官 上, 賞賜署·大道署·國學·音聲署.

등 상급 관청으로 계승된 것도 이와 관계되겠다. 따라서 상고기~중대 초 신라에서 배 관리 업무의 중요도는 계속 상향되었다. 선부 업무의 군사적 성격을 고려하면, 이 현상은 兵船軍(水軍)을 안정적으로 운용할 필요성이 증대하며 나타났겠다.

그런데 이와 관련한 4가지 문제가 있다. 첫째, 상고기에는 水戰이 희소하고, 중고기에는 수전이 없어 선부서·수군의 관계를 알기 어렵다. 둘째, 중대 초 신라 수군은 최소 兵船 100척을 보유해 규모가 상당하나, 삼국통일전쟁은 육군 위주로 수행되어 신라 수군의 戰時 활용 사례를 찾기 어렵다. 660년 金法敏이 통령한 兵船 100척이 보이나, 백제 공격의 主攻은 무열왕의 육군이 맡았다.[84] 662년 平壤으로 軍糧을 수송할 때도 수레(車) 2,000餘兩을 동원하였다.[85] 668년 金仁問이 黨項津에서 당군을 맞을 때도 배를 썼다는 서술을 볼 수 없다.[86] 「報薛仁貴書」는 당군이 수군, 신라가 육군을 主攻으로 삼아 "水陸俱進"의 전략 아래 삼국통일전쟁이 수행되었음을 보여준다.[87]

셋째, 중대 초 나당전쟁 중 수전이 많지 않다. 나당전쟁 초기 당은 웅진도독부의 구원·보급을 도모하였다.[88] 신라 수군은 이를 차단하고 제해권을 장악해 중요한 역할을 하였다. 그러나 나당전쟁 중 주요 전투는 陸戰으로 이루어졌다. 수전의 특성으로 인해, 상고기부터 수전의 戰果는 "溺死·赴水死"로 표현되나,[89] 나당전쟁 중 전과를 "淪沒死者"로 표현한[90] 전투는 1회

---

84) 『三國史記』 권5, 新羅本紀5, 太宗武烈王 7년(660) 5월 21일.
85) 『三國史記』 권6, 新羅本紀6, 文武王 元年(661) 冬 10월 29일·文武王 2년(662) 春 정월.
86) 『三國史記』 권6, 新羅本紀6, 文武王 8년(668) 6월 12일.
87) 『三國史記』 권7, 新羅本紀7, 文武王 11년(671) 秋 7월 26일,「大王報書」云, 至顯慶 5年(660), "聖上感先志之未終, 成曩日之遺緒, 泛舟命將, 大發船兵. … 應接大軍, 東西唱和, 水陸俱進. 船兵纔入江口, 陸軍已破大賊, 兩軍俱到王都, 共平一國. …."
88) 이상훈, 『나당전쟁 연구』, 주류성, 2012, 127~153쪽.
89) 『三國史記』 권2, 新羅本紀2, 助賁尼師今 4년(233) 秋 7월 ;『三國史記』 권45, 列傳5, 昔于老, 助賁王 4년(233) 7월 ;『三國史記』 권3, 新羅本紀3, 慈悲麻立干 2년

뿐이다. 기벌포 전투에서 沙湌 施得은 兵船을 써서 당군과 교전하나 수전은 敗積하였고, 大小 22戰을 싸워 "斬首 4,000餘級"의 전과를 올렸다.[91] 기벌포 전투는 동시다발적인 육·수전을 수행한 전투라 하며,[92] 육·수전의 비중을 고려해 성격을 규정할 필요가 있다.

넷째, 선부(서)의 정비과정과 특정 전쟁의 영향을 상정하기 어렵다. 대개 삼국통일전쟁·나당전쟁과정에서 수군·해양의 중요성을 인식해 선부를 확충했다고 한다. 그러나 신라는 상고기~중대 초까지 육전을 주로 수행하였고, 戰時 水軍 동원의 사례가 희소하다. 또 선부의 별치·승격·팽창은 나당전쟁이 종료된 678년에 이루어졌고, 팽창한 선부의 규모는 최소 804년까지 유지되었다. 특정 전쟁의 영향이 선부의 별치·승격·팽창을 초래했다면, 해당 전쟁 종료 후 선부의 격하·축소가 진행되지 않는 이유도 설명되어야 한다.

이것은 상·중대 선부(서)의 정비과정에 비해 戰時 兵船軍(水軍)의 동원이 적고, 수군의 국가적 활용도가 낮아 발생하는 문제이다. 선부(서)의 정비과정에 신라 수군의 활동이 반영되었겠지만, 상기 4가지 문제의 자료적인 해결이 어렵다.

선부(서)의 업무·성격으로 보아 수군과 관계가 있지만, 전시 수군 동원의 사례가 희박하므로, 상·중대 선부(서)가 계속 정비되는 원인은 상고기이래 육·수군의 운용방식·平時 수군의 용도와 관할 해역의 증대과정에서 찾아야 한다.

상고기부터 배가 군사적 목적에서 관리되어 수군 활동이 있으나, 주변 여건으로 인해 육군이 중시되었다. 상고기 신라는 東邊의 왜·西邊의 백제·南邊의 가야·北邊의 고구려·말갈 등 四方 敵國을 마주하였고,[93] 西·南·北

(459) 夏 4월.
90) 『三國史記』 권7, 新羅本紀7, 文武王 11년(671) 冬 10월 6일, "擊唐漕船七十餘艘, 捉郎將 鉗耳大侯·士卒百餘人. 其淪沒死者, 不可勝數. 級湌 當千, 功第一, 授位沙湌."
91) 『三國史記』 권7, 新羅本紀7, 文武王 17년(676) 冬 11월, "沙湌 施得領船兵, 與薛仁貴戰於所夫里州 伎伐浦, 敗績. 又進大小二十二戰, 克之, 斬首四千餘級."
92) 이상훈, 앞의 책, 2012, 242~253쪽.

邊의 침입은 陸戰으로 대응하기 때문이다. 이로 인해 육군 대비 수군의 국가적 활용도가 낮아 수군의 양·질적 성장이 더뎠다. D를 보자.

> D-①. 王이 신하에게 일러 말하였다. "倭人이 누차 우리 城邑을 침범하니, 백성이 편히 살 수 없다. 나는 백제와 도모해 일시에 바다를 건너 그 나라에 들어가 공격하고자 한다. 어떠한가?" 舒弗邯 弘權이 대답하였다. "우리는 水戰에 익숙하지 않아 위험을 무릅쓰고 遠征하면 뜻하지 않는 위험이 있을까 두렵습니다. 하물며 백제는 거짓이 많고, 항상 우리나라를 병탄하려는 마음을 가졌으니, 또한 함께 도모하기 어려울 것입니다." 왕이 말하였다. "옳다."[94]
>
> D-②. 王이 '倭人이 對馬島에 營을 두고, 兵革·군량을 비축해 우리를 습격할 것을 꾀한다'고 들었다. "나는 왜가 움직이기 전에 먼저 精兵을 뽑아 兵儲를 격파하려 한다." 舒弗邯 未斯品이 말하였다. "신은 '兵은 凶器이고, 戰은 危事이다'라고 들었습니다. 하물며 큰 바다를 건너 타인을 伐함에 만일 失利가 있으면 후회해도 돌이킬 수 없습니다. 험한 곳에 의지해 關門을 두고, 오면(來) 그를 막아(禦) 어지럽힐 수 없게 하며, 유리하면(便) 나와 그를 사로잡음만 못합니다. 이것이 이른바 '남을 끌어들이나 남에게 끌려다니지 않는다'는 것이니, 계책 중 으뜸입니다." 왕이 이 말을 좇았다.[95]

---

93) 상고기 전쟁 중 邊·境·鄙로 교전 지역을 전하는 기사를 검토하면, 왜는 東邊(6회)·南邊(2회), 백제는 西鄙·西境·西邊(각 1회), 가야는 南邊·南鄙(각 1회), 고구려·말갈은 北邊(9회)·北境(1회)으로 나타난다. 왜는 南邊을 침입하기도 하나, 타국가에서 東邊을 침입했다고 쓴 사례가 없다. 4방 변경과 교전 대상의 대응 관계가 상정되므로, 상고기의 四方 敵國이라 서술하였다.

94) 『三國史記』권2, 新羅本紀2, 儒禮尼師今 12년(295) 春, "王謂臣下曰. "倭人屢犯我城邑, 百姓不得安居. 吾欲與百濟謀, 一時浮海, 入擊其國. 如何?" 舒弗邯 弘權對曰. "吾人不習水戰, 冒險遠征, 恐有不測之危. 況百濟多詐, 常有吞噬我國之心, 亦恐難與同謀." 王曰. "善.""

95) 『三國史記』권2, 新羅本紀2, 實聖尼師今 7년(408) 春 2월, "王聞. '倭人於對馬島置營, 貯以兵革·資粮, 以謀襲我.' 我欲先其未發, 揀精兵, 擊破兵儲. 舒弗邯未斯品曰. "臣聞, '兵凶器, 戰危事.' 況涉巨浸以伐人, 萬一失利, 則悔不可追, 不若依嶮設

D는 유례이사금 12년(295)·실성이사금 7년(408)의 '왜·대마도 先攻 논의'에 대한 자료이다. D는 상고기 미약한 왕권·귀족회의와 의장의 권한을 보여준다고도 한다.[96] 그러나 D는 현실성이 높은 軍略 논의이므로 온전히 동의하기 어렵고, 상고기 수군 관계 자료로 주목된다.[97]

D-①에서 유례는 '倭人屢犯' 문제를 해결하고자, 백제와 함께 왜를 先攻하고자 하였다. 286년 백제는 신라에 和親을 요청하나,[98] 백제는 64~295년까지 26회나 신라를 침범한 西邊 적국이었다. 한편 왜는 295년까지 10회나 신라를 침범한 東邊 적국이고, 유례代에만 3회(287·292·293)나 신라를 침범하였다. 289년 주즙·갑병의 수리(〈표 1〉-④)도 이 상황에서 나타났다. 즉 295년 왜의 '屢犯'은 백제와의 연합 공격을 모색할 정도로 중대 문제였다.

홍권은 '不習水戰·백제 불신'을 이유로 반대하고, 유례는 이를 수용하였다. 백제가 신라를 침입한 이력·홍권의 위치·상고기 희소한 수전 사례로 보아 홍권의 반론은 유례도 동의할만한 것이었다. 유례가 '백제 불신'에도 연합을 모색한 원인은 신라 수군의 규모가 작기 때문이다. 즉 D-①은 3세기 말 신라 수군의 작은 규모·열악한 훈련 상태를 보여준다.

D-②에서 실성은 왜가 대마도에 軍營·兵儲를 두고 신라 공격을 준비한다는 보고를 받고, 유관 조치로 대마도를 先攻하려 하였다. 미사품은 전쟁과 해양 遠征의 불확실성·設關守備의 효용성을 들어 반론하고, 실성은 이를 수용하였다.

295년 주즙·갑병의 수리는 구체성 없는 첩보로 시작하나, 실성은 공격 지점·왜의 준비상태를 구체적으로 파악하였다. 실제 364년 이후 상고기

關, 來則禦之, 使不得侵猾, 便則出而禽之. 此所謂, '致人而不致於人' 策之上也." 王從之."

96) 金瑛河, 『韓國古代社會의 軍事와 政治』, 高麗大學校 民族文化研究院, 2002, 239~240쪽.

97) 상고기 수군과 우산국 정벌의 관계에 대해서는 '정덕기, 앞의 논문, 2020, 156~159쪽' 참고.

98) 『三國史記』 권2, 新羅本紀2, 儒禮尼師今 3년(286) 春 正月.

본기에는 왜의 침범을 猝至·急攻·大至로[99] 표현한 경우가 없다. 따라서 D-②는 5세기 초 신라 수군의 정보력 향상을 보여준다. 또 실성은 신라의 단독공격을 상정하고, 미사품도 규모 문제를 지적하지 않으므로, D-① 대비 수군 규모의 확대를 보여준다. 즉 D-②로 보아 5세기 초 신라 수군은 양·질적으로 성장해 있었다.

미사품의 반론은 전쟁·해양 원정의 불확실성, 유리한 장소에서 교전할 필요성에 기초하며, 수군의 양·질적 성장에도 수전 대비 육전에 우위가 있었음을 보여준다. 상고기에는 육군보다 수군의 발달이 더뎠고, 육군 위주 수군 운용, 즉 '陸主水從·陸主水助'이라 할만한 상태로 군사력을 운용하였다.

D-② 이후에도 왜는 침입하였다. 512년 戰船·戰舡·大艦을 활용해 우산국을 정벌하면서(〈표 1〉-④) 동해에 거점을 마련하였다. 상고기 왜를 대적한 경험은 505년 舟楫之利의 제정에 반영되었다. 따라서 505년 舟楫之利의 내용은 동해·동남해에 대한 군사·해양 정보를 위주로 구축되었다.

583년 선부서를 둔 이유는 무엇일까? 중고기 신라는 "사신 배·공물 바구니가 길(道)에서 서로 마주할" 정도로[100] 활발한 對中外交를 전개하였다. 이 과정에서 '道', 즉 서해(황해) 항로와 유관 해역의 관리·유지는 중요한 문제였다. 특히 진평왕 11년(589) '隋의 통일'은 신라 대중외교 대상의 단일화를 초래하였다. 진평왕 19년(594) 對隋 외교 개시 후 대중외교의 중요도는 계속 증대되었고,[101]「乞師表」등 중요 國書[102]·조공품·회사품 등이 서해 항로를 통해 중국·신라 사이에 授受되었다. 서해 항로는 각종 위험 요소가 常存하여 군사적 대응이 필요하였다. 중대 초까지 쓴 신라의 주요 서해 항로는 〈그림 1〉과 같다.

---

99) 『三國史記』 권2, 新羅本紀2, 助賁尼師今 3년(232) 夏 4월·詑解尼師今 37년(346) ; 『三國史記』 권3, 新羅本紀3, 奈勿尼師今 9년(364) 夏 5월.
100) 『三國史記』 권5, 新羅本紀5, 眞德王 4년(650) 6월, 論曰.
101) 진평왕대 對隋 외교의 의미에 대해서는 '정덕기,「신라 진평왕대 對隋 외교와 請兵」『新羅史學報』 52, 2021' 참고.
102) 『三國史記』 권4, 新羅本紀4, 眞平王 30년(608)·33년(611).

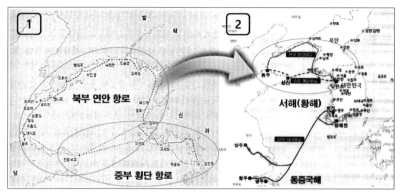

① : 정진술, 『한국의 고대 해상 교통로』, 한국해양전략연구소, 2009, 245쪽. ② : 최희준, 「탐라국의 대외교섭과 항로」 『耽羅文化』 58, 2018, 15쪽 지도를 기반으로 필자 편집.

〈그림 1〉한국 고대의 서해(황해) 항로

선부의 확대가 종료되는 신문왕 8년(688)까지, 신라가 중시한 서해(황해) 항로는 북부 연안 항로·중부 횡단 항로이다. 통일 이전 북부 연안 항로를 위주로 중국과 교류하나, 북부 연안 항로는 고구려의 제해권에 속해 寄港이 불가능하고, 나포될 위험이 상존하였다. 또 진평왕 47년(625)부터 고구려의 해상 차단이 강화되자, 중부 횡단 항로를 개척하였다.[103]

중고기의 중요 서해 항로가 고구려의 제해권에 포함되어 위험성이 상존하므로, 서해 항로의 활용·유지를 위한 군사적 대응이 필요하였다. 진덕왕 2년(648) 金春秋는 고구려 巡邏兵에게 나포·살해당할 위험이 있었고, 고구려 군사가 溫君解를 잡아 죽일(捉殺) 동안 춘추는 小船을 타고 도망쳤다.[104] 춘추가 소선에 탈 시간은 온군해가 마련했지만, 소선이 고구려 군사를 뿌리칠 수 있던 이유는 신라 수군의 활약이 있기 때문이다. 춘추가 小

---

103) 권덕영, 「신라의 대당(對唐) 항로와 항해상의 고난」 『황해문화』 8, 1995, 205~209쪽 ; 고경석, 「신라의 對中 해상교통로 연구」 『新羅史學報』 21, 2011, 109~119쪽.
104) 『三國史記』 권5, 新羅本紀5, 眞德王 2년(648).

船으로 갈아탔으므로, 小船은 춘추가 타던 배와 인접해 있었다. 온군해를 '捉殺'했다는 점에서 춘추가 타던 배는 나포되었고, 고구려 군사가 인접 거리에 있는 소선의 이탈을 放棄하지 않을 것이기 때문이다. 또 서해 항로를 쓰려면, 출발점인 唐恩浦 일대 해역 장악 및 유관 정보의 수집·관리가 항상 요구되었다. 당은포는 고구려·백제의 중간에 위치해 당·신라 교류를 차단할 수 있는 지역으로, 麗·濟의 주요 공격목표였다.[105] 따라서 당은포 일대 해역의 장악을 위한 水軍의 상주도 필요하였다.

즉 상고기에 동해·동남해의 장악·관리가 필요했다면, 중고기에는 唐恩浦 일대 및 서해 항로를 쓰기 위한 해역인 중북부 서해의 장악·관리가 더 필요해졌다. 또 동·서해의 자연환경 차이로 인해 舟楫之利의 내용을 개정하고, 동·서해의 해역 정보를 일원적으로 관리할 필요성도 있었다. 이로 인해 병부 아래 수군 담당 관청으로 선부서를 두고 조직을 확충하였다. 선부서가 군사적 업무를 맡지만, 선부 경·대사·사지의 相當位 기준이 調府 관직인 것도 대중교류에 원인이 있다. 조공·회사품 등은 대개 현물로 授受되므로, 조부·선부의 업무 계통이 상정되기 때문이다.[106]

이상에서 선부서 조직의 확충은 신라가 장악·관리할 해역의 증대와 긴밀히 관계되며, 중대 초 조직 확충의 원인도 유사하다. 문무왕 3년(663) 선부서경을 두거나 고치고, 증원한 것도 耽羅國의 항복과[107] 관계가 있다. 남해 거점을 확보하면서, 남해의 해역을 장악·관리할 필요성이 생겼기 때문이다.

678년 정월 선부의 별치·승격도 마찬가지다. 신라는 676년 11월 기벌포 전투로 당군을 철수시키고, 서해 제해권을 장악하였다.[108] 이후 677년 3월 백제 故地에 둔 所夫里州에서 白鷹을 獻上하였다.[109] 백제 故地의 완

---

105) 『三國史記』 권5, 新羅本紀5, 善德王 11년(642) 8월.
106) '간접서술방식'은 모범이 된 관청이나 업무의 계통 관계를 일정 정도 반영하는 표현이다(정덕기, 「신라 중고기 병부의 人事權 掌握과 그 영향」 『한국고대사탐구』 32, 2019(c), 187~193쪽).
107) 『三國史記』 권6, 新羅本紀6, 文武王 2년(662) 2월.
108) 이상훈, 앞의 책, 2012, 253~254쪽.

전 점령은 신라가 나당전쟁을 치른 주요 목표였고,[110] 소부리주는 나당전쟁의 마지막 전투가 발생한 지역이다. 자료적으로 나타나지는 않지만, 기벌포 전투 후 소부리주에 나당전쟁의 여진을 수습할 시간이 필요하겠다. 기벌포 전투 4개월 뒤에 이루어진 '白鷹 獻上'은 백제 고지에 나당전쟁의 여진이 수습되었음을 의미한다. 이로 인해 신라는 백제 고지와 그 연안 해역인 서해·서남해의 장악·관리가 필요해졌다. 즉 676년 11월~677년 3월을 거치며 신라의 해역에 서해·서남해가 추가되었다. 이것은 상고기의 동해·동남해, 중고기의 중북부 서해, 중대 초의 남해에 이어 동·서·남해를 신라 해역으로 편입하는 마지막 작업이었다.

678년 정월 선부의 別置·昇格 및 신문왕 8년(688)년까지의 선부 조직 확충은 신라가 마주한 3면 바다의 장악·관리를 위한 작업이었다. 병부의 속사인 선부서가 倉部·禮部의 속사와 달리 府로 승격한 것은 배·병선군(수군)을 장악해 신라가 장악·관리하는 모든 해역 정보·制海權·배·수군을 맡는 "舟楫事"의 주무 관청으로 성장하기 때문이다. 중·하대의 바다 통제도 국가적으로 중요한 문제이므로, 신라 말까지 선부는 9府의 하나로 중시되었다.

808년 『大同類聚方』의 '新羅 海部에 전하는 처방'도[111] 船府와 관계가 있다. 部·府의 격 차이가 있지만, 선부는 신라의 모든 해역 정보·制海權·배·수군을 맡으므로, 항해에 필요한 처방전의 수집·관리도 선부가 맡을 것이기 때문이다. 805년 선부는 사 2인이 감원되어 688년 대비 위상이 다소 쇠퇴하였다. 그러나 808년 일본에서는 海部라 할 정도이므로, 신라에서는 여전히 선부를 중시했다고 보인다.

이제 남은 것은 선부의 별치·승격 후 선부·병선군(수군)에 대한 문제이다. 중고기 선부서는 병마 행정과 직접적 관계를 맺었으므로, 선부서는 수

---

109) 『三國史記』 권6, 新羅本紀6, 文武王 17년(677) 春 3월.
110) 이상훈, 앞의 책, 2012, 103~108쪽.
111) 박준형, 「『大同類聚方』 典藥寮本과 고대 한반도 관련 처방」 『목간과 문자』 15, 269~270쪽.

군을 관장하였다. 선부의 별치·승격 후에도 선부가 수군을 맡았다. 중고기 이래 대중외교에 쓰는 서해 항로의 선택지가 많아지나, 北國인 발해 수군 및 중국·신라해적의 위협이 엄존하기 때문이다.[112]

　선부(서)의 '수군 관장'은 '수군의 軍政權'을 장악해 이루어졌다. 신라 수군은 육군과 제도적으로 구분되지 않는 兵船軍이고, 선부(서)는 중앙행정관청이다. 상대~중대 초 신라의 군사력은 수군보다 육군이 우세하고, 군사 운용도 육군이 主이고 수군이 從·助이었다. 상고기에 '陸主水從·陸主水助'가 군사 운용·전략의 기조로 성립한 이후 중대에도 계승되었다. 실제 신라 무관 자료에서 수군 관직·수병 부대를 전혀 찾을 수 없으므로, 수군의 군령권 자체를 논의하기도 어렵다.

　그러나 신라의 수군은 배의 海上 운용을 전제로 활동하였고, 수군은 배·바다를 활용하기 위한 장비·기술의 영향이 크다. 이로 인해 수군은 각종 해양 장비 및 기술의 관리·활용에 대한 훈련 없이 운용할 수 없다. 신라 수군의 제도적 분화는 상정이 어렵지만, 병선군의 활용은 전문성을 담보해야만 가능하다.

　선부(서)는 수군의 軍政權을 장악해 수군을 통제하였다. 중고기에는 군정 전담 관청인 병부에[113] 속해 수군의 군정권을 관장하였다. 선부가 別置·昇格한 후에는 95년간 수군의 군정권을 담당하며 축적한 경험을 활용하고, 원활한 업무 집행을 위해 수군의 군정권을 가졌다.

　部는 府보다 상위 관청이고, 신라의 군사 전략 원칙은 '陸主水從·陸主水助'이었다. 따라서 중대 초 병부는 部로, 전반적인 군정권을 육군 위주로 총괄하였다. 한편 선부는 병부의 통제를 다소 받는 府로, 수군의 군정권을 관리하였다.

　신라 상·중대 선부(서)는 신라가 장악·관리할 해역의 증대과정에서 정

---

112) 권덕영, 앞의 논문, 1995, 211~213쪽.
113) 한국고대사탐구학회 편, 앞의 책, 2020, 151~154쪽.

비되며, 배로 대표되는 수군의 군정권을 장악해 중고기 이래 신라 수군을 관장하였다. 이것은 신라 선부(서)의 정비과정이 '制海權'으로 상정되는 '해양 국경선'의 확대 과정과 신라가 마주한 3면의 바다를 '신라의 바다'로 편입하는 과정이었음을 의미한다. 선부가 7세기 중엽 동아시아, 전근대 한국사에서 쓴 배 관리 관청 중 가장 높은 격의 관청으로 나타나는 것은 신라의 '해양 국경선'을 확대하는 작업을 수행하는 관청이자, 신라가 바다를 확대했던 역사성이 반영된 관청이라는 점에서 이해할 수 있다.

Ⅳ. 맺음말

본고는 신라 상·중대 船府(署)의 업무·성격 및 정비과정과 水軍의 관계를 舟楫 行政의 중요도와 신라가 관리·장악할 해역의 증대를 위주로 논의한 것이다.

선부(서)는 상고기 신라의 전통적 舟楫 행정을 계승한 고유 관청으로, 배·水軍(兵船軍)·海運 등 "舟楫事"를 맡았다. 이것은 한~당의 수형도위·도수감과 비교하면 명료하다.

한~당의 배 관리는 전한의 都水·水衡都尉에서 시작되며, 수형도위는 재정관으로서 江上 水運을 활용해 부세 운송을 위한 造船·行船 여건 유지 업무를 맡았다. 서진~당은 都水臺(監)에서 유관 업무를 집행하였다. 수·당의 도수감은 배를 관장하는 속사로 舟檝署를 두었고, 도수감·주집서는 漕運의 운행·감독 등 江上 교통을 맡았다. 이를 위해 물길 유지를 위한 공역이 필요하였다. 따라서 도수감·주집서의 업무는 군사적 성격이 많지 않다.

반면 상고기의 배 관련 조치와 정령은 군사적 목적에서 나타나며, 신라는 江上 수운의 활용이 어려운 여건을 갖고 있었다. 상고기 말 제정된 舟楫之利는 우산국 정벌 과정에서 보이며, 중고기 선부서는 병부의 속사였다. 따라서 신라의 선부(서)는 水軍·海運 업무를 맡는 관청이다.

선부(서)의 운영은 4시기로 구분된다. Ⅰ기는 대부분 중고기에 해당하는 75년간으로, '大監 1인-弟監 2인-史 8인'으로 운영되었다. Ⅱ기는 중대 초의 20년간으로, '卿 2인-大舍 2인-史 8인'으로 운영되었다. Ⅰ·Ⅱ기 선부서는 병부의 속사이나, 여타 경급 속사보다 중시되었다. Ⅲ기는 중·하대의 128년 간으로, 船府로 승격하였다. Ⅲ기 선부서는 '슈 1인-卿 3인-大舍 2인-舍知 1 인-史 10인'을 두었고, 선부서 설치 후 가장 많은 관원을 배치해 운영되었 다. Ⅳ기는 하대의 130년간으로, Ⅲ기보다 史 2인을 감원해 운영하였다.

선부(서)는 중고기 署에서 중대 초 영급·주요 관청인 府로 승격하였다. 선부 업무는 兵船軍(水軍)과 관계되나, 상고기~중대 초 수군을 쓴 사례가 희소하다. 상고기에 수군은 계속 성장했지만, 상고기는 陸戰을 주로 수행 한 시기이다. 상고기에 수군보다 육군이 우세하였고, 신라의 군사력은 '陸 主水從·陸主水助'를 기조로 운영하였다. 중대 초에도 상고기 이래 육·수군 운용방식이 관철되므로, 선부(서)의 설치 원인·정비과정을 戰時 수군 활동 과 연결하기 어렵다. 유관 문제는 신라가 장악·관리할 해역의 증대과정에 원인이 있다.

신라는 상고기 말 우산국을 정벌하며 동해의 거점을 확보하고, 동해·동 남해를 장악하였다. 중고기에 여러 위험이 常存하여 군사적 대응이 필요한 서해 항로의 중요도가 증대되었다. 이로 인해 동해·동남해와 중북부 서해 를 장악·관리할 필요성에서 선부서를 두었다. 중대 초인 662년 耽羅國이 항복하고 남해의 거점을 마련하자, 남해를 장악할 필요성이 발생해 선부서 에 경을 증원하였다. 676년 기벌포 전투에 승리해 서해 제해권을 장악하였 다. 677년 백제 故地에서 나당전쟁의 여진을 수습하자, 백제 고지와 그 연 안 해역인 서해·서남해의 장악·관리가 필요해졌다. 이것은 신라의 해역에 동·서·남해가 단계적으로 편입되었음을 말한다.

이 과정에서 선부(서)는 신라의 해역을 장악·관리하고, 이에 필요한 업 무를 총괄하는 중요 관청으로 성장해 678년 府로 別置·昇格되었다. 중고 기의 선부서는 병부의 속사로, 수군의 軍政權을 맡았다. 별치 이후에도 수군의 군정권을 맡은 경험을 활용하고, 신라의 해역을 유지·관리하기 위한 군사적 대응의 필요성이 있었다. 따라서 선부는 병부의 통제를 다소 받으면서 수군의 군정권을 관장하였다.

선부(서)의 정비과정은 '해양 국경선' 확대과정이자 동·서·남해를 '신라의 바다'로 편입하는 과정이었다. 7세기 중엽의 동아시아·전근대 한국사에서 쓴 배 관리 관청 중 선부가 지니는 독특한 위상은 선부가 신라의 바다 확대 작업을 주도하는 관청이란 점에서 이해할 수 있다.

* 이 글은 『한국고대사탐구』 38(한국고대사탐구학회, 2021)에 실린 글을 수정·보완한 것이다

제2절
신라 문무왕대 삼국 통일의 완성과 水軍의 활약

한 준 수
(국민대학교 교양대학 교수)

I. 머리말

바다는 오래 전부터 육지와 더불어 인간에게 중요한 삶의 터전이 되어 왔다. 생활의 측면에서는 생존에 필요한 식량 자원을 제공하는 근원이었고, 정치·군사적 측면에서는 국가의 영역과 패권을 확인하는 무대였다. 고대에서 현대에 이르기까지 발생했던 수많은 해전은 모두 이와 관련이 있다. 그 과정에서 직접적으로 주요한 역할을 한 것은 水軍이었다.

한국 고대의 국가들이 바다를 무대로 보여준 해상 군사 활동은 매우 다양하고 활발하게 나타난다. 삼국의 해상 군사 활동은 국가의 성장과 직결되어 있던 만큼 치열하게 전개되었다. 삼국 가운데 약체로 여겨졌던 신라가 삼국통일을 달성하여 최후의 승자가 된 과정은 한 편의 드라마와 같다. 신라의 승리에 많은 요인들이 있었지만 그러한 요인들 가운데 신라 수군의 활약은 부정할 수 없으며 결코 우연도 아니었다.

현재 신라 수군과 관련해서는 독립적 軍種으로서 수군의 존재, 시기별 수군의 활동, 수군 관련 부서로서 船府, 해전과 수군의 기능 등이 고찰 대상이다. 먼저 수군의 활동과 관련하여 기본적 개념이라 할 수 있는 제해권에 대한 고찰이 있었는데, 미국의 군인이자 전쟁사가인 알프레드 마한(Alfred T. Mahan)의 견해를 인용하여 "제해권이란 해상 수송로에 대한 통제권"임을 제시하였다.[1] 비록 외부의 견해를 수용한 것이지만 해상 군사력인 수군에 대한 이해를 위한 토대로서 필요한 과정이었다.

다음으로 신라 수군이 독자적인 병종으로서 존재했는가에 대한 고찰인데, 유례이사금 시기 선박과 갑병의 정비, 왜구 근거지에 대한 공격 논의 기록을 통해 3세기 신라에 전선과 수군이 존재했음이 확인되어 논쟁의 여지는 없다.[2] 일부에서 고려 시대에 이르러 성립한 것으로 이해하는 시각도

---

1) 이종학, 「문무대왕과 신라해상세력 발전」 『경주사학』 11, 1992, 61쪽.

있지만,『삼국사기』나『일본서기』등에서 이른 시기부터 수사(水師), 선사 (船師), 선병(船兵), 전선(戰船) 등 수군 관련 용어가 확인되고 있어 그 존재 를 부인할 수는 없다. 다만 군사력과 국가 발전이 비례한다는 점에서, 1~3 세기 신라의 수군력이 상대적으로 미약했음은 지적할 수 있을 것이다.[3]

수군의 활동 및 해양 진출과 관련해서는 신라의 국력 신장과 영역 확장 을 토대로 고찰이 이루어졌다. 4~6세기 정치 안정과 경제 발달은 신라가 해양으로 진출할 수 있는 기반이 되었고, 수도인 경주와 가까운 동해를 시 작으로 하여 점차 남해와 황해로 진출이 이어졌으며,[4] 초기 왜의 침입에 대한 방어과정에서 등장한 수군은 신라 군사력의 주요한 축으로 성장하게 되었고, 진흥왕대 증강된 수군력은 삼국통일과 나당전쟁에서 큰 힘을 발휘 하였다고 한다.[5]

그런데 신라 수군력의 성장과 발전에 있어 공통적으로 船府(署)의 설치 가 언급되고 있어 주목된다. 동아시아의 유일하고 독창적인 독특한 제도라 거나,[6] 수군 발전의 계기로서 수군의 전투력 강화,[7] 병부 안에 미분리 상 태로 있던 수군이 별도로 창설된 것[8] 등이 그것인데, 이에 대해 선부를 병 선 건조나 운용과 관련지어 보면서도 수군 창설로 이해하는 것은 면밀한 검토가 필요하다는 견해가 있다.[9] 전함의 건조와 군사 지휘권은 별개라는

2) 고경석, 「신라 수군의 변화 과정 연구」『대외문물교류』8, 2009, 13쪽.
3) 조이옥, 「신라 수군제의 확립과 삼국통일」『STRATEGY 21』제2권 제2호, 1999, 227쪽.
4) 권덕영, 「삼국시대 신라의 해양진출과 국가발전」『STRATEGY 21』제2권 제2호, 1999, 208~216쪽 :『신라의 바다 황해』, 일조각, 2012, 57~67쪽.
5) 고경석, 앞의 논문, 2009, 13~21쪽.
6) 이종학, 앞의 논문, 1992, 75쪽.
7) 조이옥, 앞의 논문, 1999, 238쪽.
8) 井上秀雄, 『新羅史基礎研究』, 東出版, 1974, 275쪽 ; 권덕영, 앞의 논문, 1999, 217쪽 : 앞의 책, 2012, 55쪽.
9) 고경석, 앞의 논문, 2009, 24~25쪽 ; 김창겸, 「신라 문무왕의 해양의식」『탐라문 화』56, 2017, 137쪽.

것인데, 군사력의 정비 과정에서 기능과 조직이 전문화·세분화되는 것은 당연하므로 타당한 지적으로 여겨진다. 또한 선부의 설치를 전시 수군 활동과 연결하기는 어려우며 신라가 관리해야 할 해역의 증대 과정과 관련이 있는 것으로 보기도 한다.[10] 다만 선부의 설치가 신라 수군의 변화와 발전에 있어 획기적인 사건이었음은 분명해 보인다.

또한 신라의 가야 병합에 대해서도 접근이 이루어졌는데, 단순한 영토 확장을 넘어 해양 진출이나 대외 교류와 관련하여 고찰한 것이다. 가야가 남해와 낙동강 하구를 통해 바다로 적극 진출하며 해양 활동을 벌였는데, 가야 수군이 달성한 성과는 신라의 해상 활동이나 해상 군사력 강화에 중요한 요인이 되었고,[11] 신라가 금관가야의 조선술과 해양기술을 이어받아 한 단계 도약할 수 있었다는 것이다.[12] 수로왕이 탈해와 힘을 겨루는 과정에서 탈해가 달아나자 수군 500척으로 추격했다는 『삼국유사』의 이야기를 참고할 때,[13] 충분히 설득력 있는 추론이라 여겨진다.

신라 수군의 활동 및 해전과 관련해서는 이사부의 우산국 정복이나 삼국통일 및 나당전쟁 시기 전투가 주목되고 있다. 선부의 설치가 제도적 측면에서 커다란 진전이었다면, 우산국 정복은 동해안 제해권 확보를 위한 것으로,[14] 군사 전략이나 항해술 측면에서 그에 버금가는 변화였기 때문이다. 이사부의 출항지에 대해서는 강릉(하슬라)이나 삼척(실직)으로 견해가 나뉘어 있는데, 그보다는 장거리 원양 항해였음을 인식할 필요가 있다. 항해를 위한 조선술과 항해술이 뒷받침되어야하기 때문이다. 당시 해전을 위한 전문적인 선박이 존재했던 것이며,[15] 6세기 신라가 대형 진함을 긴조할

10) 정덕기, 「신라 상·중대 선부(서)의 정비와 水軍」 『한국고대사탐구』 38, 2021. 106~121쪽.
11) 조이옥, 앞의 논문, 1999, 234쪽.
12) 권덕영, 앞의 논문, 1999, 219쪽 : 앞의 책, 2012, 75쪽.
13) 『삼국유사』 권2, 기이 제2, 가락국기, "王竊恐滯留謀亂 急發舟師五百艘而追之"
14) 윤재운, 『교류의 바다 동해』, 경인문화사, 2015, 86쪽.
15) 조이옥, 앞의 논문, 1999, 233쪽.

수 있는 조선술과 원양 항해가 가능한 항해술을 갖추었던 것이다.[16] 이사
부가 비교적 안전한 연안 항로가 아닌 동해를 횡단하는 위험을 무릅쓰고
우산국 정복에 나섰던 것은 수군 운용과 해상 및 상륙시의 전술에 대한 지
식과 경험 없이는 불가능했을 것이기 때문이다.[17]

더하여 『삼국사기』 기록을 토대로 나당 전쟁기 신라 수군의 역할도 주
목되고 있다. 신라 수군이 당군(唐軍)을 지원하던 보급 부대가 아니라 전투
에 직접 참가하여 전쟁을 이끌었던 전투 부대였다는 것이다.[18] 이와 관련
하여 『삼국사기』 직관지 무관조에 수군과 연계시킬만한 무관직이 없다는
점을 근거로 하여 신라 수군이 지상군과 별도로 독자적인 작전 수행 능력
을 지녔는지 의문이라는 견해가 있지만,[19] 전투 관련 기록에 철천(徹川)이
나 시득(施得)처럼 수군 지휘관이 별도로 확인되는 점을 참고한다면 부정
적으로 인식할 필요는 없을 것 같다. 일단 신라 수군의 역할은 물론 삼국
통일의 역사적 의의를 규정하는데 있어 중요한 의미를 지니므로 더욱 관심
을 가져야 할 부분이라 여겨진다.

이상과 같은 연구에도 불구하고 신라 수군의 기지, 전략, 운용전술 및
무기체계 등에 있어서는 연구가 미진한 상태이다.[20] 사료 부족이 근본적
원인이기는 하지만 동시대 한·중·일 제도의 비교 검토를 통한 다각적 분
석이 필요한 시점이라 할 수 있다. 다행히 최근 한국 고대 군사사 전반으
로 연구가 확장, 심화되고 있어 긍정적인 기대를 해본다.

본고에서는 연구 성과를 바탕으로 하여 신라의 삼국 통일 과정 중 주요

16) 권덕영, 앞의 논문, 1999, 210쪽 : 앞의 책, 2012, 59쪽.
17) 김창석, 「신라의 우산국 복속과 이사부」『고대의 해양활동과 異斯夫 그리고 사
자 이야기』 이사부 연구 총서(II), 강원도민일보·강원도·삼척시, 2009, 97쪽 ;「신
라의 우산국 복속과 이사부」『역사교육』 111, 2009, 118쪽.
18) 이상훈, 「백제 멸망기 신라 수군의 성격과 역할」『한국고대사탐구』 27, 2017,
224쪽.
19) 고경석, 앞의 논문, 2009, 36쪽.
20) 신성재, 『후삼국 통일전쟁사 연구』, 혜안, 2018, 241쪽.

한 승인이었던 문무왕대 해상 군사 활동에 대하여 살펴보았다. 제2장에서는 신라 수군의 성장 과정으로서 외침의 극복과 수군력의 강화 모습을, 제3장에서는 삼국 통일 전쟁의 첫 관문으로서 대백제 수전과 백강 전투, 탐라국 복속을, 제4장에서는 나당 동맹 결렬 후 당 수군을 상대로 전개한 적극적 공세와 기벌포 해전을 검토하였다.

II. 외침의 극복과 水軍力의 강화

신라는 삼국 가운데 국가 체제의 정비와 발전이 가장 늦었으며, 그로 인해 5세기 초까지 군사력 역시 미약한 상태에 머물렀다. 신라 초기에는 국가의 존립이 위협받을 만큼 군사적으로 긴박한 상황이 자주 발생하였다. 『삼국사기』에 따르면 조분이사금 3년(232), 흘해이사금 37년(346), 눌지마립간 28년(444), 자비마립간 2년(459) 왜(倭)가 신라에 침입하여 수도인 금성까지 포위하였던 것으로 나타난다. 왜는 신라 최초의 외부 도전 세력으로서 선박을 이용하여 약탈과 교역을 하였는데,[21] 그들이 변방 지역이 아닌 수도를 직접 공격했던 기록에서 신라 초기의 군사적 대응력이 취약했음을 짐작할 수 있다. 그러한 여건 속에서 신라는 침략을 극복하며 성장하여 갔다.

> 가-1) 왜병이 이르렀다는 소문이 있어, 배와 노를 수리하고 갑병을 정비하였다.[22]

가-1)은 유례이사금 6년(289) 왜병의 침입 소문에 대응하던 신라의 모습을 전하고 있다. 이를 통해 3세기 말에 이르러 신라에도 군종의 하나로서 수군의 존재를 확인시켜 주는 기록으로 이해할 수 있는데,[23] 고려 이후

---

21) 권덕영, 앞의 논문, 1999, 202쪽 : 앞의 책, 2012, 47쪽.
22) 『삼국사기』 권2, 신라본기2, 유례이사금 6년 하5월.
23) 고경석, 앞의 논문, 2009, 13~14쪽 ; 오봉근, 『조선수군사(고대~중세편)』 개정판,

제도적으로 확립되었다고 인식하는 견해도 있으므로[24] 보완이 필요하다. 다만 수군의 시원적 형태로서 그 모습을 이해하는데 무리는 없다.

> 가-2) 왕은 왜인이 대마도에 군영을 설치하여 무기와 군량을 쌓고는 우리를 습격하려 한다는 말을 듣고서, 일이 터지기 전에 먼저 정병을 뽑아 격파하고자 하였다. 서불한 미사품이 말하기를 "… 지세가 험한 곳에 관문을 만들고 적들이 오면 막아, 그들이 침입하여 어지럽히지 못하게 하다가 유리한 시기가 되면 나가서 그들을 사로잡는 것이 좋을 것입니다. …"하니 왕이 따랐다.[25]

> 가-3) 왜인과 風島에서 싸워 이겼다.[26]

가-2)는 실성이사금 7년(408) 왜병의 신라 침입 기사이다. 왜가 신라를 공격하려 한다는 소식을 접하자, 그에 대응하여 왜병의 근거지인 대마도를 먼저 공격하려던 신라의 계획이 확인되고 있다. 실성이사금이 서불한 미사품의 건의를 받아들여 공격 계획은 중지하였으나, 침략에 대한 반격이라는 이전의 수동적 대응과는 다른 모습이다. 비록 작전이 실행되지는 않았지만 신라 수군이 이전보다 질적으로 성장했음을 보여준 것이라 할 수 있다.

가-3)은 신라가 왜인들을 상대로 한 전투에서 승리했음을 전하고 있다. 풍도의 자세한 위치는 알 수 없지만 섬을 중심으로 해전이 전개되었을 가능성을 예상할 수 있다. 앞서 신라가 대마도를 선제공격하려던 계획이 단순한 정치적 발상이 아니라 군사력에 기초했던 실제적 의도였음을 느끼게 한다. 신라 수군이 직접 참전하여 승리한 최초의 전투라는 점에서 더욱 의

사회과학출판사, 2012, 55쪽.
24) 조이옥, 앞의 논문, 1999, 227쪽 ; 신성재, 「청해진의 해상방위와 군사운용」『군사』 78, 2011, 26~27쪽.
25) 『삼국사기』 권3, 신라본기3, 실성이사금 7년 춘2월
26) 『삼국사기』 권3, 신라본기3, 실성이사금 14년 8월.

미가 큰 사건이라 할 수 있다.[27]

> 가-4) 담당 관청에 명하여 전함을 수리하게 하였다.[28]

> 가-5) 임해·장령 2鎭을 설치하여 왜적에 대비하였다.[29]

> 가-6) … 이찬 이사부가 하슬라주 군주가 되어 말하기를 "우산국 사람은 어리석
> 고도 사나워서 힘으로 다루기는 어려우니 계책으로 복종시켜야 한다."라고
> 하고, 바로 나무로 사자를 가득 만들어 戰舡에 나누어 싣고 그 나라 해안에
> 이르렀다. 이사부는 거짓으로 말하였다. "너희가 만약 항복하지 않으면 이
> 사나운 짐승을 풀어 밟아 죽이겠다." 그 나라 사람들이 두려워하며 즉시 항
> 복하였다.[30]

가-4)는 자비마립간 10년(467) 전함 수리를 전하고 있다. 신라에서 전투
를 목적으로 하는 함선의 존재가 충분히 예상되던 바이지만 구체적으로 전
함이라 표현되었다는 점에서 의미를 찾을 수 있을 것 같다. 실성마립간 시
기 풍도 전투 당시 신라의 함선이 활약했을 것이므로 이 기록은 신라 수군
의 존재를 보다 명확히 하는 사실로 여겨진다. 이후 신라는 우산국 정벌을
통해 동해의 제해권을 장악하고 법흥왕, 진흥왕대의 비약적인 발전을 이
룩할 수 있었다.[31] 가-5)는 소지마립간 15년(493) 임해진 등의 설치를 전
하고 있는데, 임해라는 표현에서 해안 지역임과 더불어 군사기지로서 진
(鎭)의 존재가 확인된다. 전문적인 수군 기지로서의 역할이 기대되는 부분

---

27) 고경석, 앞의 논문, 2012, 15쪽.
28) 『삼국사기』 권3, 신라본기3, 자비마립간 10년 춘.
29) 『삼국사기』 권3, 신라본기3, 소지마립간 15년 추7월.
30) 『삼국사기』 권4, 신라본기4, 지증마립간 13년 하6월.
31) 윤재운, 앞의 책, 2015, 88쪽.

이다.[32)]

가-6)은 지증마립간 13년(512) 이사부의 우산국 정복 기사인데, 나무로 된 사자를 전함에 나누어 실었다고 한 표현에서 전함의 존재를 다시 확인할 수 있다. 신라군의 출항지는 삼척(실직) 또는 강릉(하슬라)으로 추정되고 있는데,[33)] 당시로서는 원거리 항해였다는 사실에 차이는 없다. 동해를 횡단하는 위험을 무릅쓰고 우산국 정복에 나서 승리했던 것은 수군 운용과 해상과 상륙시의 전술에 대한 지식과 경험 없이는 불가능했다.[34)] 우산국까지의 항해는 서해를 횡단하여 중국에 도착하는 것보다 항해 기술상 어려웠으므로,[35)] 신라 수군은 다양한 항해술을 활용했을 것으로 여겨진다. 고대의 항해는 기본적으로 시인거리 연안 항해와 정방향 대양 항해가 사용되었는데,[36)] 아마도 지문, 수문, 천문, 지남기 항법 등이 활용되었을 것이다. 우산국은 동해의 거점이 되는 섬이었으므로 신라가 정복을 추진하기에 충분한 요인이 되었으며,[37)] 동시에 신라의 수군 전략이 방어에서 공세로 전환되었음을 보여주는 상징적 사건이었다.

특히 수군 함대의 존재와 운용을 생각하게 한다. 기록에서 '나무로 된 사자를 전함에 나누어 실었다'고 하였으므로 한 척이 아닌 여러 척의 전함이 우산국 정벌에 동원되었음을 알 수 있다. 대형 전함과 잘 훈련된 군사들로 구성된 수군이라 하겠다.[38)] 수군력을 성장시킨 신라는 조선술과 항해술을 바탕으로 국가의 해양력을 한 단계 도약시키려는 의지를 이어갔다.

32) 조이옥, 앞의 논문, 1999, 232쪽.
33) 김창겸, 「신라의 동북방 진출과 이사부의 우산국 정복 출항지」『사학연구』101, 2011 : 『신라와 바다』, 문현, 2018, 78~86쪽.
34) 김창석, 앞의 논문, 2009a, 97쪽 ; 앞의 논문, 2009b, 118쪽.
35) 장창은, 『신라 상고기 정치변동과 고구려 관계』, 신서원, 2008, 232쪽.
36) 정진술, 『한국의 고대 해상 교통로』, 한국해양전략연구소, 2009, 43~147쪽.
37) 강봉룡, 「신라의 삼국통일과 그 해양사적 의의」『도서문화』25, 2005, 15쪽.
38) 권덕영, 「삼국시대 신라의 해양진출과 국가발전」『고대의 해양활동과 이사부 그리고 사자 이야기』이사부 연구 총서(II), 강원도민일보·강원도·삼척시, 2009, 467쪽.

〈표 1〉 신라와 중국 남조의 교류

순서	대상국	시 기	비 고
가)	梁	법흥왕 8년 (527)	
나)		진흥왕 10년 (539)	양 → 신라
다)	陳	진흥왕 26년 (565)	진 → 신라
라)		진흥왕 27년 (566)	
마)		진흥왕 28년 (567)	
바)		진흥왕 29년 (568)	
사)		진흥왕 31년 (569)	
아)		진흥왕 32년 (570)	

〈표 1〉은 법흥왕대 양, 진흥왕대 양·진과의 교류를 정리한 것이다. 전통적으로 신라가 고구려 등의 중개로 중국 북조와 교류하였던 점을 생각하면, 두 나라가 모두 중국 남조라는 점에서 이채롭다. 법흥왕대 남조와 교류가 시작되고 진흥왕대 들어 본격화 한 느낌이다. 중국 남조에 외교력이 점차 집중되는 모습을 보이고 있어 교류의 중심이 남조에 있었음이 강하게 느껴진다.

아마도 이 시기가 신라의 한강 하류 점령 이후이므로 중국과 직접 교류가 가능해졌다는 현실이 크게 작용했던 것 같다. 다만 대중국 직접 교류가 가능해졌다 하더라도 서해를 횡단할 수 있는 조선술과 항해술이 확실하지 않았던 만큼, 연안 항로를 이용하는 장거리 사행이 되었을 것이다.[39] 서해 중부 횡단 항로가 안정적으로 운용되기 시작한 이후 신라 견당사의 사행 기간이 경주에서 당은포까지 15일, 당은포에서 등주까지의 항해 15일, 등주에서 장안까지 60일로서 편도 90일(3개월)이 소요되었다.[40] 여기에 태풍

---

39) 한국 고대의 해상 교통로에 대한 연구 성과는 윤재운, 2021, 「한국 고대 해상 교통로 연구의 성과와 과제」 『해양문화재』 14, 국립해양문화재연구소, 2021 참조.

등의 자연 재난이나 주변국의 군사적 압박은 사행 일정은 물론 생명을 위협하였다.[41] 험난한 사행에는 자연적인 요소뿐만 아니라 고구려와 백제의 견제도 영향을 주고 있었던 것이다.

> 가-7) (백제가) 또 고구려와 모의하여 당항성을 취해 신라의 대당통로를 끊으려
> 하니, (선덕여왕이) (당) 태종에게 위급함을 알렸다.[42]

가-7)은 선덕여왕대 백제와 고구려의 대신라 정책을 보여주고 있다. 진흥왕대 북진을 통해 한강 하류 지역을 점령한 이후 신라와 백제는 적대 관계로 전환되었는데, 신라가 상당한 위험을 무릅쓰면서까지 한강 하류를 장악하려 했던 것은 인적·물적 기반의 확보에 더하여 대중 직항로의 확보가 시급하고 중대하였기 때문이다.[43]

그렇다면 이 무렵 신라가 중국의 남조에 관심을 두게 된 요인은 무엇일까? 험난한 여정에도 불구하고 신라가 남조와 적극적 교류를 추진했던 것은 위험에 상응하는 성과를 얻을 수 있었기 때문일 것이다. 먼저 남조의 정치·문화적 역량을 지적할 수 있다. 유목 민족에 뿌리를 둔 북조와 달리 전통 한족 사회에 기반했던 남조는 문물 정비의 측면에서 보다 유용했을 것이기 때문이다. 비록 남조가 북조에 비해 군사적으로는 열세였지만, 정치·문화적인 면에 있어 절대적 우위를 점했던 것은 분명한 사실이었다. 남조는 신라가 체제 정비를 하는데 있어 정치·문화적 갈증을 해소할 수 있는 중요한 수원지 역할을 하였던 것이다. 다음으로 생각할 수 있는 것이 남조

---

40) 권덕영, 『고대한중외교사 - 견당사연구 - 』, 일조각, 1997, 220쪽.
41) 원효와 의상이 제1차 입당을 시도하였을 때 고구려 순라병 때문에 실패한 경우와 김춘추가 대당 사행 후 귀국할 당시 수행원이었던 온군해(溫君解)가 대신 희생함으로써 겨우 죽음의 위기를 모면했던 상황은 주변국의 군사적 견제가 상당히 위협적이었음을 보여준다.
42) 『삼국사기』 권5, 신라본기5, 선덕왕 11년 8월.
43) 주보돈, 『가야사 새로 읽기』, 주류성, 2017, 58쪽.

의 해양력이다. 백제의 전성기에는 수군이 중요한 역할을 하였다. 백제 근초고왕대 요서 진출설이 보여주는 바와 같이 해상 활동이 매우 활발했으며 중국과 한반도와 일본을 연결하는 고대 해상 무역권을 형성했다.[44] 그러한 백제의 대외 진출은 수군력의 뒷받침 없이는 불가능했을 것이다.[45] 고구려의 경우도 예외는 아니다. 「광개토왕릉비」에 '친히 수군을 이끌고 왜와 백제를 토벌하였다'고 하여 수군의 의미있는 역할이 확인되고 있다.[46] 이러한 요인들을 감안할 때 정복 군주였던 진흥왕 역시 수군력의 중요성을 충분히 인식하고 이를 강화하려 했을 가능성이 높다. 중국 남조와의 교류가 주목되는 이유가 바로 여기에 있다.

중국은 3세기 삼국 시대부터 수군이 활발히 활동하였고, 강남 지역에 위치한 吳나라는 水戰이 뛰어났다. 이 무렵부터 투함(鬪艦), 주가(走舸), 유정(遊艇) 등 새로운 군용 선박의 명칭도 나타나기 시작했으며, 남북조 시대에 이르러 팔조함(八槽艦), 오아함(五牙艦) 등이 새로이 등장했다.[47] 이러한 수준 높은 조선술과 수군 운용은 수·당 왕조에도 이어졌다.

> 가-8) (보장왕 3년) 황제(당 태종)가 병사를 출동시키기로 하고, 홍주·요주·강주의 3주에 명하여 배 4백 척을 만들어 군량을 싣도록 하였다.[48]

가-8)은 당 태종이 고구려 원정에 착수한 모습을 전하고 있다. 주목되는 것은 홍주·요주·강주 지역인데, 모두 강남 일대의 행정 구역에 해당한다는 점이다.[49] 홍주는 강소성 남창, 요주는 파양, 홍주는 구강으로 중국 3대 호

---

44) 노중국, 『백제정치사연구』, 일조각, 1988, 152~153쪽.
45) 이재준, 「백제의 해양 환경과 수군 운용」 『한국고대사탐구』 38, 2021. 20쪽.
46) 「廣開土王陵碑」, "… 以六年丙申王躬率水軍討伐殘國 …".
47) 김재근, 『속 한국선박사연구』, 서울대학교출판부, 1994, 15쪽.
48) 『삼국사기』 권21, 고구려본기9, 보장왕 3년 추7월.
49) 이상훈, 「백제 멸망기 신라 수군의 성격과 역할」 『한국고대사탐구』 27, 2017, 228쪽.

수의 하나인 파양호 주변에 위치했다. 당이 전쟁을 진행하는 과정에서 고구려에 근접한 요동이나 산동이 아닌 강남 지역에서 대규모로 병선을 건조했다는 것은 다소 의외라 할 수 있다.

중국은 예로부터 '남선북마(南船北馬)'라 하였는데, 『회남자』의 '호인은 말을 다루는데 익숙하며, 월인은 배를 다루는데 익숙하다.'는 표현에서 생겨났다.[50] 그만큼 남조가 위치했던 강남 지역의 조선술과 항해술이 다른 지역에 비해 뛰어났음을 의미한다. 중국의 지형은 양자강 유역에 수로가 많아 배를 중요한 교통 수단으로 삼았고, 북방의 황하 연안 평야에서는 말이 운송 능력을 제공하였는데 전쟁 시에도 마찬가지였다.[51] 이러한 요인들을 토대로 할 때 신라가 진흥왕 후반기 중국 남조와 집중적으로 교류했던 것은 정치·문화적 측면에 더하여 조선술과 항해술 등을 바탕으로 해양력을 강화하려던 군사적 측면이 복합적으로 작용했다고 하겠다. 신라가 제도적인 면에서 수군력을 강화하려던 모습을 살펴본다.

　가-9) 처음으로 船府署를 설치하고, 대감과 제감 각 1인을 두었다.[52]

가-9)는 진평왕대 선부서의 설치를 보여주는데, 선부서는 표현에서 드러나듯이 주된 기능은 선박과 관련된 업무였다. 본래 병부에 소속된 관부로 선박을 포함한 수군을 지휘·감독하는 기구였다. 구체적으로 선박, 조선술, 항해술, 수병 등에 대한 관리가 주 업무였을 것인데,[53] 수군의 군사 행정을 장악하고 수군을 통제하는 역할이었다고 정리할 수 있다.[54] 한강 유

---

50) 『회남자』 권11, 제속훈, "胡人便於馬越人便於舟"
51) 미야자키 이치사다 지음, 임중혁·박선화 옮김, 『중국중세사』, 신서원, 1996, 162쪽.
52) 『삼국사기』 권4, 신라본기4, 진평왕 5년 춘정월.
53) 송영대, 「6~7세기 신라의 전략·전술 입안과 활용」 『한국사연구』 107, 2015, 49~50쪽.
54) 정덕기, 앞의 논문, 2021. 85쪽.

역의 확보를 기반으로 신라의 해외 진출에 대한 적극적 의지를 보여준 것으로,[55] 중국 남조와의 교류를 통해 축적된 조선술과 항해술 등이 선부서의 설치와 운영에 어느 정도 영향을 주지 않았을까 생각된다. 진평왕대 설치된 이후 큰 변화가 없던 선부서에 문무왕이 재위 3년(663) 卿 2인을 둔 것은[56] 수군을 중요하게 인식한 모습의 반영이라 할 수 있다.[57]

Ⅲ. 나당 연합군의 덕물도 合軍과 대백제 水戰의 전개

신라는 여·제의 압박에서 벗어나고자 唐과 교섭을 시도하였는데, 당이 적극적 호응을 보임으로써 예상보다 좋은 외교적 성과를 이끌어낼 수 있었다. 김춘추가 그의 3자 문왕과 당에 갔을 때, 당 태종이 보여준 환대는 나당 동맹에 임하는 그들의 자세를 짐작하기에 충분하다.

> 나-1) … 이찬 김춘추와 그의 아들 文王을 당나라에 보내어 조공하였다. 당 태종이 광록경 柳亨을 교외까지 보내어 그들을 맞이하여 위로하였다. 이윽고 궐에 당도하자 춘추의 용모가 영준하고 늠름함을 보고 후하게 대우하였다. … (춘추가) 돌아올 때 당 태종이 3품 이상의 관료들에게 명하여 송별연을 열도록 하여 예를 극진히 하였다. 춘추가 말하기를 "신에게 일곱 명의 아들이 있습니다. 바라건대 고명하신 폐하 곁에서 숙위할 수 있기를 바랍니다." 하니 그의 아들 문왕과 대감□□을 머물러 숙위하도록 명하였다.[58]

---

55) 윤재운, 앞의 책, 2015, 92쪽.
56) 『삼국사기』 권38, 잡지7, 선부.
57) 이인철, 『신라정치제도사연구』, 일지사, 1993, 36~37쪽.
58) 『삼국사기』 권5, 신라본기5, 진덕왕 2년 동.

나-1)은 진덕왕 2년(648) 신라의 실질적 집권자로서 국가적 위기를 타개하고자 입당한 김춘추를 당 태종이 환대했음을 보여준다. 외빈 접대와 궁중 연회를 관장하는 광록시의 책임자인 광록경을 교외까지 보내어 맞이하고, 귀국할 때 3품 이상의 고관들에게 송별연을 열도록 명한 것은 그러한 분위기를 강하게 풍긴다. 나당 동맹의 성공적 결성이었다.

그런데 김춘추가 자신의 아들을 숙위로 청할 당시 대감□□도 함께 했다는 점이 주목된다. 숙위는 당과 주변국 사이에 고안된 외교적 존재로서 다양한 기능을 수행하였는데,[59] 신라의 대감 직책을 지닌 인물이 수행했다는 것은 군사적 측면이 깊이 고려되었음을 느끼게 한다. 나당 연합군의 군사 작전이 전개될 경우 직면하게 되는 양국 간 전략·전술의 차이를 보완하는데 역할을 했을 것이다.[60]

특히 신라에게 있어 군사 분야의 협력은 매우 중요한 현안이었다. 외침을 극복하며 지속적으로 군사력을 증강시켜 왔지만, 충분하다고 표현하기에는 미흡한 상태였기 때문이다. 더구나 삼국 통일이라는 대업을 시작하는 시점에서 근본적인 혁신이 이루어지지 않고서는 원대한 계획의 첫 발 조차 대딛기 어려웠을 것이다. 당에 머물던 대감□□은 군사 분야에서 긴요한 역할을 담당했다고 여겨진다.[61]

삼국 통일 전쟁의 전개에 있어 첫 대상이 백제였기에 당군은 서해를 횡단해야 했으므로 수군의 역할은 중요했다. 신라는 백제의 서남쪽 바다를 우회하여 해상에서 당군과 만나야 했으므로 백제 수군의 견제를 극복할 수 있는 실질적인 수군력의 강화가 필요했다. 신라 수군 역시 나당 연합 작전이 당연했으므로 상호 전략·전술에 대한 공통된 이해가 선행되어야만 했기 때문이다.

---

59) 신형식, 『한국고대사의 신연구』, 일조각, 1984, 353쪽.

60) 한준수, 『신라 중대 율령정치사 연구』, 서경문화사, 2012, 46~47쪽.

61) 한준수, 「신라 통일기 이절말당의 창설과 병참 지원」 『한국고대사탐구』 37, 2021, 271쪽.

나-2) 3월 당 고종이 좌무위대장군 소정방을 신구도행군대총관으로, 김인문을 부
대총관으로 삼아, 좌효위장군 유백영 등 수군과 육군 13만 명을 거느리고 백
제를 정벌하도록 하였다. 또 칙명으로 왕(무열왕)을 우이도행군총관으로 삼아
병사를 거느리고 그들을 지원하게 하였다. 여름 5월 26일, 임금이 유신, 진주,
천존 등과 함께 병사를 거느리고 서울을 출발하여 6월 18일에 남천정에 머물
렀다. 소정방은 래주에서 출발하여 천리에 이어질 정도로 많은 병선을 이끌
고 물길을 따라 동쪽으로 내려왔다. 21일, 무열왕이 태자 법민(문무왕)을 시
켜 병선 100척을 거느리고 덕물도에서 소정방을 맞이하도록 하였다.[62]

나-3) 태종(무열왕)은 백제에 괴변이 많다는 소문을 듣고, 5년 경신(660)에 인문
을 사신으로 보내 당나라에 군대를 요청하였다. 당 고종은 좌무위대장군 형
국공 소정방을 신구도행책(군)총관으로 삼아, 자가 인원인 좌위장군 유백영
과 좌무위장군 풍사귀, 좌효위장군 방효공 등을 거느리고 13만의 군사를 이
끌고 치게 하였다.(『향기』에는 군사가 122,711명이고 배가 1,900척이라 하
였지만 『당사』에는 자세히 말하지 않았다.)
　　신라왕 춘추를 우이도행군총관을 삼아 신라 군사를 거느리고 합류하도록
하였다. 소정방이 군사를 이끌고 성산(등주)에서 바다를 건너 신라 서쪽 덕물
도에 이르자, 신라왕은 김유신에게 정예병 5만을 거느리고 가게 하였다."[63]

　나-2)는 『삼국사기』, 나-3)은 『삼국유사』의 기록으로 소정방 등이 13만
명의 병력으로 백제 정벌에 나섰고, 신라는 무열왕이 직접 대규모 병력을
이끌고 남천정(이천)에 이르렀으며, 또한 태자(문무왕)로 하여금 병선 100
여 척을 이끌고 덕물도에서 당군과 합군하도록 했다는 내용이다. 나-3)에
서는 『향기』를 인용하여 당군이 122,711명이고 전함이 1,900척이라 하여

---

62) 『삼국사기』 권5, 신라본기5, 태종왕 7년 3월.
63) 『삼국유사』 권1, 기이1, 태종춘추공.

보다 상세히 전하고 있다. 두 사서의 내용은 대체로 비슷한데, 태자(문무왕)
자신이 직접 신라의 수군을 이끌고 전쟁에 나섰다는 사실을 전한다는 점에
서 의미가 깊다. 전쟁의 최고 지휘부로서 전장인 바다로 나아가 지휘관으
로서의 능력 발휘는 물론 수군의 전투력과 역할을 체감하는 소중한 경험을
쌓았기 때문이다. 이는 문무왕의 즉위 후에도 신라 수군이 삼국 통일 전쟁
에서 주요한 역할을 지속하는데 영향을 주었을 것이며, 문무왕을 비롯한
신라 지배층이 해양의 중요성을 인식하는 전환점이 되었을 것이다.[64]

　기록에서 신라군의 남천정 이동이 살펴지는데,[65] 남천정이 진흥왕대 신
주(新州)로 처음 개척된 이후 한강 하류에서 신라군의 전진 기지 역할을 했
던 점을 생각할 때 의도된 전략이 아니었을까 한다. 사실 나당은 이념 동
맹이 아닌 영토 동맹이고, 방어형이 아닌 공격형 동맹이었으므로 전쟁에
대한 양국의 전략은 이미 장기간에 걸쳐 충분히 협의되었을 것이기 때문이
다. 무열왕이 태자(문무왕)를 보내어 덕물도에서 신라군이 당군과 합류하
도록 한 것은 최초 설계된 작전 계획에 따라 수륙 양공 작전을 전개한 조
치였다고 생각된다. 결과적으로 나당의 덕물도 합군은 삼국 통일 전쟁의
시작이었으며, 신라 수군은 당사자로서 전쟁의 서막을 열었다. 여기에서
당시 백제 수군의 대응이 궁금하다.

> 나-4) "충신은 죽어도 임금을 잊지 않는 것이니 한 말씀 아뢰고 죽겠습니다. 신
> 이 항상 형세의 변화를 관찰하였는데 반드시 전쟁은 일어날 것입니다. …만
> 일 다른 나라 병사가 오거든 육로는 침현을 지나지 못하게 하고, 수군은 기
> 벌포의 연안에 들어오지 못하게 하여, 험준한 곳에 의거하여야만 막을 수
> 있을 것입니다."[66]

---

64) 김창겸, 앞의 논문, 2017, 121쪽.
65) 신라군의 남천정 이동에 대한 제 견해는 남정호, 「660년 당군과 신라군의 연합
　　작전에서의 몇 가지 문제」『역사와 담론』87, 2018, 87~88쪽 참조.
66) 『삼국사기』권28, 백제본기6, 의자왕 16년 춘3월.

나-5) 흥수가 말하였다. "… 당나라 병사가 백강으로 들어오지 못하게 하고, 신라 병사가 탄현을 통과하지 못하게 해야 합니다. 대왕께서는 성문을 굳게 닫고 지키면서 그들의 물자와 군량이 떨어지고 장수와 병졸들이 지칠 때를 기다린 후에 힘을 떨쳐 공격한다면 반드시 저들을 쳐부술 수 있을 것입니다."[67]

나-4)와 나-5)는 나당 연합군의 백제 침공이 현실화되자 의자왕이 여러 신료들의 의견을 듣는 과정에서 성충과 흥수가 간언한 내용이다. "당나라 병사가 백강으로 들어오지 못하게 하고"라 한데서, 육지에 상륙하지 못하도록 하는 것이 최선의 방책임을 이야기하고 있다. 당군의 경우 서해 해상을 통해 접근할 수밖에 없으므로 해상 작전을 통한 방어를 건의한 것이다. 대규모의 나당 연합군을 상대한다는 것이 쉽지는 않았겠지만 적어도 백제 수군의 활동을 추측해 볼 수 있는 장면이다. 백제 수군의 자취를 찾아본다.

나-6) 『면주도경』에 이르기를, 삼국시대에 평양(고구려)와 백제가 서로 공취한 후 석두성 창고를 설치하였다. 지금 가리저의 동쪽이다. 이곳에 곡식을 쌓아두고 수군의 식량으로 삼았다. 당 현경 중에 당병이 바다를 건너와 난으로 이해 창고가 폐지되었다가, 신라가 이 지역을 평정한 후 석두성 옛 터에 창고를 다시 설치하였다.[68]

나-6)은 『증보문헌비고』에 전하는 석두성 창고에 대한 기록이다. 석두성이 위치한 면주는 충청남도 당진군 면천 지역인데, 당시 고구려와 백제가 서로 차지하기 위해 싸우던 요충지였음을 알 수 있다. 주목되는 것은 이 지역에 창고를 두고 수군의 식량으로 삼았다는 표현이다. 백제가 한성

---

67) 『삼국사기』 권28, 백제본기6, 의자왕 20년.
68) 『증보문헌비고』 권33, 여지고21, "沔州圖經記郡在三國時平壤與百濟相攻取置倉於石頭 今加里渚東 積粟爲水軍之資 唐顯慶中 唐兵渡海因亂倉廢 新羅平此界 復置於石頭古址".

함락 이후 강화도나 당항성 같은 요충지를 상실한 후 이곳에 수군 기지를 설치했던 것으로 보여진다.[69] 사실 백제라는 국명이 '백가제해(百家濟海)'에서 유래한 것을 생각한다면,[70] 백제가 본질적으로 해양 국가였음은 어렵지 않게 떠올릴 수 있다. 일본 사서의 단편적인 기록을 통해서도 그 면모를 살펴볼 수 있다.

> 나-7) 왜한직현·백발부련등·난파길사호상 등을 안예국에 파견하여 백제선 두
> 척을 만들게 하였다.[71]

나-7)은 『일본서기』의 기록인데 효덕천황이 안예국(히로시마 동부)에 사람을 보내어 백제선을 만들게 했다고 한다. 백제의 조선술과 항해술 자체를 뜻하는 것은 아니지만, 백제선이라 칭할 만큼 고유한 형식의 선박임은 알 수 있다. 이는 당시 백제 선박의 우수성이 입증되었기에 일본에서 그 형태를 모델로 하여 배를 만들고자 했던 것으로 여겨진다. 조선술이 항해술과 밀접한 관련을 맺는 만큼 백제의 해양력을 상징하는 표현으로 이해해도 좋을 것이다.

이러한 상황을 감안할 때 100척으로 편제된 신라 수군은 덕물도 주변에 이르기 위해 백제 수군의 정찰과 기습에 대비해야 했을 것이다. 신라 수군이 백제 영해의 해로와 수심 등 항해 정보를 획득하기 위하여 사전에 탐색전을 전개했을 가능성이 높다. 나-4)·5)는 침략에 대비해야 함을 언급하고 있는데 시기가 다르다는 점이 고려되어야 할 것 같다. 나-4)는 성충의 간언으로 전쟁 4년 전(656) 이미 탄현과 백강을 지켜야 한다고 말하고 있다.[72] 신라가 백제 수군의 작전로나 기동로를 세밀하게 파악하지 않는다면

---

69) 이재준, 앞의 논문, 2021, 35쪽.
70) 『수서』 권81, 열전46, 백제, "初以百家濟海 因號百濟"
71) 『일본서기』 권25, 효덕천황 백치원년, 동10월, "冬十月 遣倭漢直縣·白髮部連鐙·
    難波吉士胡床 於安藝國 使造百濟舶二隻".

작전을 전개하기 어려웠을 것이다. 신라군의 정밀한 대응이 예상되는 상황
인데, 기록에서 그 모습을 엿볼 수 있다.

> 나-8) 황제(당 고종)가 인문을 불러 도로의 험한 곳과 행군의 편의에 대하여 물
> 었다. 인문이 한층 자세히 대답하니, 황제가 기뻐하여 인문에게 신구도부대
> 총관의 관직을 제수하고 종군하도록 명하였다. 인문은 마침내 정방과 함께
> 바다를 건너 덕물도에 이르렀다.[73]

나-8)은 나-2)와 내용이 같지만 보다 자세한 이야기가 담겨 있다. 당 고
종과 김인문의 대화 내용이 그것이다. 백제 정벌을 위한 청병사로 당에 파
견된 김인문에게 당 고종이 백제 공격을 위한 지리 정보를 물었고, 이에
상세히 답하자 흡족해 했다고 한다.[74] 대체로 백제의 수도인 사비까지의
주요 간선 교통로와 백제군 주둔지 등과 서해 횡단 항로에 대한 정보가 포
함되었을 것이다.[75] 이 시기는 조타 목표를 정확히 유지하며 항해하는 것
이 쉽지 않았으므로,[76] 당이 13만 명에 이르는 대규모 병력을 파병하면서
안전성이 입증되지 않은 항로를 이용했다고 보기는 힘들다.[77] 이때 신라
수군이 탐색전을 전개하여 수집한 항해 정보 등이 작전에 반영되었을 것이
다. 한반도 서해 연안의 지형에 익숙하지 않은 당 수군을 안전하게 인도하
는 안내자 역할을 수행했다고 하겠다.[78] 당군의 서해 횡단 성공은 간헐적

---

72) 이상훈, 『신라의 통일 전쟁, 백제 멸망에서 고구려 멸망까지』, 민속원, 2021,
   31~32쪽.
73) 『삼국사기』 권44, 열전4, 김인문.
74) 남정호, 앞의 논문, 2018, 83쪽.
75) 권덕영, 앞의 책, 2012, 85쪽.
76) 한준수, 「울릉도의 고분을 통해서 본 신라 중대의 지방통치」 『한국학논총』 41,
   2014, 156쪽.
77) 고경석, 「신라의 대중 해상교통로 연구 - 중부횡단항로와 남부사단항로 개설 시기
   를 중심으로 -」 『신라사학보』 21, 2011, 114~115쪽 : 남정호, 앞의 논문, 2018,
   83~85쪽.

해상 교통로로서 이용되던 서해 횡단 항로의 상시적 활용 가능성을 높여주
는 계기가 되었다.[79]

> 나-9) 용삭 3년(663)에 총관 손인사가 병사를 거느리고 와서 (웅진)부성을 구원
> 할 때, 신라의 병마 역시 정벌에 참여하였다. 행군이 주류성 아래에 이르렀
> 을 때 왜의 수군이 와서 백제를 도우려 하였다. 왜선 1천 척이 백강에 머물
> 러 있었고, 백제의 정예 기병들이 강가에서 배를 지키고 있었는데, 신라의
> 정예 기병들이 선봉이 되어 먼저 강 언덕의 진지를 쳐부수니, 주류성은 대
> 적할 용기를 잃고 곧바로 항복하였다.[80]

> 나-10) 무술(17일)에 적 장수가 주유에 이르러 그 왕성을 에워쌌다. 대당의 장
> 군이 전선 170척을 이끌고 백촌강에 진을 쳤다. 무신(27일)에 일본의 수군
> 중 처음에 온 사람들이 대당의 수군과 싸웠으나 일본이 져서 물러났다. 대
> 당이 전열을 굳게 하여 지켰다. 기유(28일)에 일본 장군들과 백제왕이 기상
> 을 살피지 않고 … 대당의 군사를 공격하였다. 그러자 대당이 곧 좌우에서
> 배를 둘러싸고 싸웠다. 눈 깜짝할 사이에 관군이 패하였다. 이때 물속으로
> 떨어져 익사한 자가 많았다. 또한 뱃머리와 고물을 돌릴 수가 없었다.[81]

나-9)와 10)은 백강(白江) 전투를 보여주고 있다. 『삼국사기』나 중국의
『구당서』·『신당서』·『자치통감』 등에는 백강으로, 『일본서기』에는 백촌강

---

78) 권덕영, 앞의 책, 2012, 172쪽.
79) 강봉룡, 앞의 논문, 2005, 46쪽 ;「고대~고려시대의 해로와 섬」『대구사학』110,
    2013, 7쪽.
80) 『삼국사기』 권7, 신라본기7, 문무왕 11년.
81) 『일본서기』 권27, 천지천황 2년, "戊戌 賊將至於州柔 繞其王城 大唐軍將 率戰船
    一百七十艘 陣烈於白村江 戊申 日本船師初至者 與大唐船師合戰 日本不利而退 大
    唐堅陣而守 己酉 日本諸將 與百濟王 不觀氣象 …進打大唐堅陣之軍 大唐便自左右
    夾船繞戰 須臾之際 官軍敗績 赴水溺死者衆 艫舳不得廻旋".

으로 기록되어 있다. 왜가 대규모 병력을 파병했음에도[82] 불구하고 나당 연합군에게 완패함으로써 백제는 역사 속으로 사라졌고, 또 다른 패전국인 일본 역시 후유증에 시달렸다. 나당 연합군이 일본 열도를 침략할지 모른 다는 두려움 속에 서일본 지역에 조선식 산성을 구축하며 방어에 힘쓰고 있었다.[83] 중국 사서에는 백강 전투의 전황을 "4백 척의 배가 불타고 화염은 하늘을 뒤덮었고 바닷물은 모두 붉게 물들었다"고 하여,[84] 구체적인 전투 장면을 묘사하고 있다.

그런데 기록에 왜 수군은 1천 척, 당 수군은 170척으로 표현되어 있어 관심이 간다. 당 수군이 열세인 상태이므로 공격이 쉽지는 않았을 것이다. 당 수군 전함 자체의 크기를 고려해야겠지만 그것만으로 수적인 열세를 상쇄하기는 힘들었을 것이다. 여기에는 신라 수군의 전함 100척도 참전했다고 보는 것이 순리일 듯싶다. 왜 수군의 선박이 백강에 머물렀다고 했으므로 당 수군의 덩치 큰 전함보다는 기동력이 뛰어난 신라 수군의 전함이 전투 환경에 적합했을 것이기 때문이다. 비록 기록에서 확인되지는 않지만, 신라 수군의 활약이 충분히 짐작되는 전투임은 분명하다. 대백제 수전에서 활약한 신라 수군은 백제의 동맹이라 할 수 있는 탐라국 복속에도 활동하였다.

> 나-11) 탐라국주인 좌평 도동음률(또는 진이라고도 한다.)이 와서 항복하였다. 탐라는 무덕 이래로 백제에 신속하였으며, 그런 까닭에 좌평을 관직의 호칭으로 삼았는데, 이때에 이르러 항복하여 (신라의) 속국이 되었다.[85]

---

82) 일본의 참전 동기에 대해서는 다양하게 견해가 제시되어 있지만, 본질적으로 백제 멸망 이후 당의 위협은 그들에게 국가의 존망이 걸린 현실적 위협의 문제였음을 명확히 인식할 필요가 있다(이재석, 「백촌강 전투의 사적 의의」『한국민족문화』 57, 2015, 157~161쪽).

83) 연민수, 「서일본 지역의 조선식 산성과 그 성격」『한국고대사논총』 8, 1996 ; 『고대한일교류사』, 혜안, 2003, 339~342쪽.

84) 『구당서』 권84, 열전34, 유인궤 ; 『신당서』 권108, 유인궤 ; 『자치통감』 권201, 용삭 3년 9월.

나-11)은 탐라국의 항복을 전하고 있다. 백제 멸망 이후 급변하던 주변 정세 속에서 탐라국 나름의 움직임이었는데,[86] 그 배경이 궁금하다. 항복으로 나타나고는 있으나 다른 모습도 확인되기 때문이다. 『구당서』에는 백강 전투(663)에서 다수의 백제인, 왜인과 더불어 '탐라국사(耽羅國使)'가 포로로 잡혔다는 기록이 전한다.[87] 어떠한 형태로든 탐라가 참전했었다는 사실에 변함은 없다.

그런데 기록의 선후 관계를 정리할 필요가 있다. 탐라국 항복은 문무왕 2년(662)이고, 백강 전투는 문무왕 3년(663)이다. 항복 후에 백강 전투에 참가했다면 신라에 대한 기만 전략이라 볼 수 있으며, 그것이 아니라면 백강 전투 이후의 사건이어야 모순되지 않는다.

나-12) 사신을 보내 탐라국을 경략하였다.[88]

나-12)는 문무왕 19년(679) 신라가 탐라국을 경략했다고 한다. 경략은 다른 국가나 지역을 공격하여 지배하는 행위를 말한다. 이미 복속한 탐라를 다시 경략한다는 것은 탐라의 복속이 기만이었거나 탐라가 복속 후 이반했음을 전제로 한다. 아마도 탐라국은 나당 연합군에 의해 백제 사비성이 함락되자 패배를 인정하였다가, 백제 부흥군이 활약하자 백제-왜로 이어지는 동맹의 라인에 참가했던 것 같다.[89]

이러한 탐라의 복속과 경략 과정을 생각할 때, 신라 수군의 군사적 압박을 통한 신라의 대응을 추측할 수 있다. 문무왕 2년 탐라의 항복은 서남 해안을 장악한 신라 수군의 무력 시위가, 문무왕 19년의 탐라 경략은 신라

---

85) 『삼국사기』 권6, 신라본기6, 문무왕 2년 2월.
86) 노태돈, 『삼국통일전쟁사』, 서울대학교출판문화원, 2009, 192쪽.
87) 『구당서』 권84, 열전34, 유인궤, "僞王子扶餘忠勝忠誌等 奉士女及倭衆並耽羅國 使 一時並降"
88) 『삼국사기』 권7, 신라본기7, 문무왕 19년 2월.
89) 박남수, 「탐라국의 동아시아 교섭과 신라」 『탐라문화』 58, 2018, 41쪽.

수군의 공격이 직접적인 요인이었다고 정리할 수 있겠다. 신라 수군은 백제와의 전쟁은 물론 탐라국 복속에도 활약했던 것이다. 신라 수군은 육군의 보완적 존재가 아니라 독립적 존재로서 승리에 기여하고 있었다.

Ⅳ. 나당 동맹의 결렬과 대당 水戰의 전개

공동 목표인 여·제 정벌이 달성되자 나당 동맹은 균열이 가기 시작했다. 고구려 멸망 이후 한반도 영유권을 둘러싸고 나당 관계는 급속히 냉각되었다.[90] 동북아 지역에서 팽창 전략을 실현하려던 당의 침략 의도가 근본적 원인이었다.[91]

결국 신라와 당은 동맹이 아닌 적으로 다시 만나게 되었다. 이념적 가치를 공유하는 이념 동맹이 아니라 여·제 정벌 후 영토를 분할하는데 목적을 같이 한 영토 동맹이었을 뿐이므로 처음부터 상호 동질성은 존재하지 않았다.[92] 당은 패강 이남의 지역을 신라가 점유하기로 했던 약속을 파기했다.[93] 신라의 선제 공격으로 나당 전쟁의 서막은 올랐다.

> 다-1) 3월, 사찬 설오유가 고구려 태대형 고연무와 함께 각각 정병 1만을 거느리고 압록강을 건너 옥골□□□에 이르렀는데, 말갈 병사들이 먼저 개돈양에 이르러 기다리고 있었다. 여름 4월 4일, 대하여 싸워서 우리 병사가 크게 이겼는데, 목 베어 죽인 숫자를 헤아릴 수가 없었다. 당나라 병사가 계속 이

---

90) 권덕영, 앞의 책, 2012, 172쪽.
91) 한준수, 「신라 통일기 신삼천당의 설치와 운용」 『한국고대사연구』 78, 2015, 285쪽.
92) 이상훈, 「나당전쟁기 문두루 비법과 해전」 『신라문화』 37, 2011, 277쪽.
93) 패강 이남 영역에 대한 제 견해와 비판에 대해서는 윤진석, 「648년 당태종의 '평양이남 백제토지' 발언의 해석과 효력 재검토 – '신라의 백제통합론과 삼한일통의식 9세기 성립설'에 대한 비판을 중심으로 –」 『한국고대사탐구』 34, 2020. 참조.

르렀기에 우리 병사는 물러나 백성에서 지키고 있었다.[94]

다-1)은 이른바 '오골성(개돈양) 전투'라 일컫는 것으로 전투의 양상이 잘 드러나 있다. 신라군과 고구려 부흥군이 연합하여 압록강 건너편 요동 지역에 주둔하던 말갈 병사들을 공격하였다고 한다. 이 때의 말갈은 당에 부용된 세력이었으므로 사실상 당군과 다름이 없었다. 신라군이 대승을 거두었음에도 불구하고 당군이 계속 투입되자 전술상 후퇴하고 있어 당군의 공세와 규모를 짐작하게 한다. 여기에서 주목되는 것은 신라가 선제공격하였다는 점인데, 당군이 신라군을 배신하고 공격하려던 이상 징후가 감지되었기에 먼저 대응했던 것이 아닌가 한다.

> 다-2) 총장 원년(668) (중략) 또한 '당나라가 배를 수리하면서 겉으로는 왜국을 정벌한다고 하지만 실은 신라를 치려는 것이다.'라는 소문이 들려오니, 백성들이 듣고서 놀라고 겁을 내면서 불안해하였다. 또 백제의 여자를 데려다가 우리의 한성 도독 박도유에게 시집보내고, 그와 함께 모의하여 몰래 신라의 병장기를 훔쳐 한 주를 습격하려 하였으나, 마침 일이 발각되어 즉시 도유의 목을 베어 음모를 성공하지 못하게 하였던 일도 있었다.[95]

다-2)는 당이 동맹국 신라를 배신하려던 모습을 보여주는데, 한성주 도독이었던 박도유가 모의에 가담했으나 사전에 발각되어 처형됨으로써 성공하지 못했다고 한다. 당의 신라 침략 의도를 확실하게 보여주는 사건이었다. 삼국통일을 온전히 마무리하려던 신라의 전략적 인내는 한계에 도달할 수밖에 없었고, 결국 당과의 최후 결전을 결심하게 만들었다. 다-1)의 오골성 전투는 동맹국인 당을 상대로 한 것인 만큼, 무열왕이나 김유신 등

---

94) 『삼국사기』 권7, 신라본기7, 문무왕 10년 3월.
95) 『삼국사기』 권7, 신라본기7, 문무왕 11년.

신라 지휘부의 결단 없이는 진행할 수 없었으므로, 신라의 결연한 전쟁 의
지를 느낄 수 있다.

  하지만 아쉽게도 나당 간 지상전이 점차 확대되자 신라군이 밀리며 한
강 유역과 춘천 지역을 중심으로 전역(戰域)이 형성되었다. 『삼국사기』 무
관조에 전하는 23군호 가운데 한산주와 우수주를 부대 명칭으로 하는 군
단이 많은 것은 이 시기의 전황이 반영된 결과이다.[96] 당군의 대규모 공격
이 시작되었다.

> 다-3) 9월, 당 장군 고간 등이 번병 4만을 거느리고 평양에 이르러 도랑을 깊이
> 파고 보루를 높이 쌓고서 대방(황해도)에 침입하였다. 겨울 10월 6일, 당 운
> 반선 70여 척을 공격하여 낭장 겸이대후와 병사 100여 명을 잡았는데, 물에
> 빠져 죽은 자는 헤아릴 수 없을 정도였다. 급찬 당천의 공이 제일이었으므
> 로 사찬 관등을 주었다.[97]

> 다-4) 다음 해(670) 고종이 … 군사 50만을 훈련시켜 설방을 장수로 삼아 신라
> 를 치려 하였다. 당시 의상 대사가 당에 들어가서 인문 등을 만났다. 인문이
> 이 사실을 알려주자, 의상 대사는 곧 동쪽으로 돌아와서 왕에게 아뢰었다.
> … 명랑 대사가 와서 말하기를 "낭산의 남쪽에 신유림이 있습니다. 그곳에
> 사천왕사를 창건하고 도량을 개설하면 될 것입니다."…유가 명승 12명에게
> 명랑을 우두머리로 삼아 文豆婁 비법을 쓰게 하였다. 그러자 당나라와 신라
> 의 군사가 아직 싸움을 하지도 않았는데 바람과 파도가 사납게 일어 당나라
> 배들이 모두 침몰하였다. 그 뒤 신미년(671)에 당나라가 조헌을 장수로 삼아
> 또 다시 5만의 군사로 쳐들어왔다. 그래서 또 그 비법을 사용하자 예전처럼

---

96) 『신증동국여지승람』 춘천도호부 건치연혁에 "신라 선덕왕 6년(637)에 牛首州(首
   는 頭라고도 한다)라 일컬었고, 문무왕 13년(673)에 首若州라고 일컬었으며" 라
   고 되어 있어, 우수주가 춘천 지역임은 물론 존재했던 시기도 확인할 수 있다.
97) 『삼국사기』 권7, 신라본기7, 문무왕 11년.

배가 모두 침몰하였다.[98]

다-3)은 고간이 이끄는 당군 4만의 침략 기사인데, 평양과 대방이 언급되고 있어 대략적 위치를 가늠할 수 있다. 계절적 요인을 감안할 때 당군은 다가올 동절기에 대비했을 것이다. 기본적으로 당은 육군의 진군에 맞춰 수군도 함께하는 수륙 병진 작전을 진행하였는데,[99] 70여 척 함선의 존재는 그것을 증명하는 것으로, 신라 수군에 대한 공격을 담당하였을 것이다. 이때 당 수군 70여 척을 보급함대로 이해하는 견해가 있으나,[100] 이는 육군은 전투, 수군은 보급이라는 이분법적 시각으로 근거 제시가 없어 동의하기 쉽지 않다. 당군은 정벌군인 행군 편성시 보급병인 치중병이 30% 정도로서[101] 자체 보급 기능을 지니고 있었다. 따라서 수군이 보급 기능을 수행했을 수는 있겠지만, 수군이 보급 기능만 담당했다고 이해하는 것은 논리상 보완이 필요하다.

다-3)에서 "평양에 이르러 도랑을 깊이 파고 보루를 높이 쌓고"라 하여, 평양이 당군의 침략 거점이자 병력 집결지로서 기능했음을 알 수 있는데, 신라 수군이 그 길목에서 당 수군을 상대로 하여 기습전을 전개한 것이다. 사로잡은 자가 100여 명이라는 것은 신라 수군이 해전에서 함선 간 당파전(撞破戰)은 물론 함선 탈취를 목적으로 격렬한 근접전까지 전개했음을 엿보게 한다. 장기간 나당 연합 작전의 경험을 통해 당 수군의 장·단점을 세밀히 파악하고 이를 체계적으로 전력화한 성과로 여겨진다.[102] 신라 수군의 적극적 공격을 보여준 전투였다.

다-4)는 신라가 당군이 대규모 침략을 다시 시도하자 명랑을 중심으로

---

98) 『삼국유사』 권2, 기이2, 문호왕법민.
99) 이상훈, 앞의 논문, 2017, 230~231쪽 : 앞의 책, 2021, 64쪽.
100) 서영교, 『나당전쟁사 연구』, 아세아문화사, 2006, 183쪽.
101) 이상훈, 앞의 논문, 2017, 235~236쪽 : 앞의 책, 2021, 62쪽.
102) 이상훈, 앞의 논문, 2011, 40~41쪽.

유가승을 모아 문두루 비법이라는 불력(佛力)으로 격퇴한 상황을 전하고
있다. 문무왕 10년(670), 11년(671) 연이은 당의 침략을 극복했다고 한다.
문두루 비법 자체가 신라 수군의 직접적인 활동은 아니지만, 서해 해상에
서 당 수군의 움직임을 살피며 대응 전략을 수립하는데 긴요한 역할을 했
음은 잘 보여준다. 신라가 당 수군의 동향을 면밀하게 파악하고 있었으며,
교전 준비를 완료한 상태였음을 전한다고 하겠다.[103] 문두루 비법 당시 당
수군의 침몰이 역사적 사실이었음을 보여주는 자료가 있어 주목된다.

> 다-5) 君諱行節 □□該 太原人也 … 屬靑丘背命 玄菟擬災 軍將等以公習戎昭 夙
> 閑韜略 遂表公爲鷄林道判官兼知子營總管 又奏公爲押運使 於是揚舲巨海 鼓
> 棹遼川 風起濤驚 船壞而溺 形沉水府 神往脩文 其化迹之時 卽唐咸亨二年之
> 歲也 春秋四十有一.[104]

> 다-6) 君諱□□□志該 太原人也……屬靑丘背命 玄菟擬災 軍將等以公習戎昭 夙
> 閑韜略 遂表公爲鷄林道判官兼知子營總管 又奏公爲押運使 於是揚舲巨海 鼓
> 棹遼川 風起濤驚 船壞而溺 形沉水府 神往脩文 其化迹之時 卽唐咸亨二年之
> 歲也.[105]

다-5)~6)은 신라가 문두루 비법으로 당의 침략을 물리쳤을 당시 전장에
투입되었던 당 지휘관의 묘지명이다. 묘지명의 주인공은 곽행절[106] 또는

103) 이상훈, 위의 논문, 2011, 41쪽.
104) 周紹良, 「大周故郭府君墓誌銘」『唐代墓誌彙編續集』上海古籍出版社, 2001, 326
  쪽 ; 양시은 외, 「곽행절묘지」『중국 소재 한국 고대 금석문』, 한국학중앙연구
  원출판부, 2015, 658쪽.
105) 陝西省古籍整理辦公室編, 『全唐文補遺』第5輯, 卷994, 「(上闕)縣令郭君(志該)墓
  誌銘幷書」
106) 권덕영, 「신라사 補正을 위한 당 금석문 기초 연구」『신라사학보』38, 2016,
  167쪽, 〈표 5〉中 ; 권덕영, 「중국 금석문을 활용한 신라사의 몇 가지 보완」『역

곽지해[107]로 파악된다. 자료에서 출신이 태원이고, 관직이 계림도판관, 지
자영총관, 압운사로 명문이 일치하여 동일인임을 알 수 있는데, 묘지의 개
석에 그 이름이 표현되어 있지 않아 면밀한 접근이 요구된다.

다-5)·6)에서 "군휘행절(君諱行節)"이라 하여 그의 이름이 곽행절임을 알
수 있는데, "지해(志該)"라는 표현 역시 나타나고 있어 확인이 필요하다. 추
측하건대 그의 휘가 행절이었고, 자는 지해가 아니었을까 생각해 본다.[108]
곽행절(또는 곽지해)은 계림도행군총관 설인귀가 이끄는 행군에 판관으로
서 참전하여 수군을 이끌고 한반도의 전장에 투입되었다가 폭풍 등의 영향
으로 인하여 전함이 침몰하자 익사한 실존 인물이었다.[109] 『삼국유사』에
당 수군의 침공이 문두루 비법을 매개로 하여 설화적이고 신비적인 내용으
로 서술되어 있지만, 묘지명을 통해 역사적 사실이었음이 확인되고 있는
것이다.[110] 하지만 행운에도 불구하고 전쟁 상황은 나아지지 않았다.

> 다-7) 9월 국원성(옛 완장성이다), 북형산성, 소문성, 이산성, 수약주의 주양성
> (혹은 질암성이라 한다), 달함군의 주잠성, 거열주의 만흥사산성, 삽량주의
> 골쟁현성을 쌓았다. 왕이 대아찬 철천 등을 보내 병선 100척을 거느리고 서
> 해를 지키게 하였다.[111]

다-7)에서 신라가 전국적으로 성곽을 쌓아 요새화하면서 해상 경계도
강화하여 전방위적 방어태세가 갖추어졌음을 보여주고 있다.[112] 소백산맥

사와 경계』105, 186쪽.
107) 이상훈, 앞의 논문, 2011, 33쪽.
108) 植田 喜兵成智,「唐人郭行節墓誌からみえる羅唐戰爭 - 六七一年の新羅征討軍派
遣問題を中心に -」『東洋學報』第96卷 第2號, 2014, 25쪽.
109) 이상훈, 위의 논문, 2011, 33~34쪽.
110) 권덕영, 앞의 논문, 2017, 187쪽.
111) 『삼국사기』권7, 신라본기7, 문무왕 13년.
112) 장원섭, 『신라 삼국통일 연구』, 학연문화사, 2018, 395쪽.

을 축으로 하는 후방의 방어선에 더하여 서해 방어까지 전개한 것이다. 덕물도 합군부터 병선 100여 척이 계속 확인되는 점을 볼 때, 당시 신라 수군은 전력의 큰 손실 없이 비슷한 수준을 유지했던 것으로 보인다. 철천으로 하여금 서해를 지키도록 한 것은, 당 수군에 대한 방어는 물론 반격을 고려한 수군 함대의 배치였을 것이다.

서해의 경우 당 수군의 접근이 예상되는 곳은 하천과 바다가 만나는 한강이나 금강이었으므로 이를 중심으로 대응 전략이 수립되었을 가능성이 크다. 서해는 섬이 많고 조류가 빠르며 조수간만의 차도 커서 현지인이 아닌 경우 항해나 정박이 쉽지 않은 지역이다.[113] 전쟁 초기 신라는 이러한 백제의 해역 정보를 당에게 상세히 제공하지는 않았던 것 같다. 나당 연합 작전을 위해 정보 공유가 필수적이었지만 당의 침략 야욕을 전혀 예상하지 못했던 것도 아니기 때문이다. 『삼국유사』에 "고구려 멸망 이후 옛 백제 지역에 잔류하던 당군이 신라를 공격하려다가 신라가 이를 알아채고 군사를 내어 막았다"는 기록은[114] 그러한 상황을 암시한다.

> 다-8) 가을 9월, 설인귀가 숙위학생인 풍훈의 아버지 김진주가 본국에서 처형 당한 것을 핑계로 풍훈을 향도(길잡이)로 삼아 천성에 쳐들어왔다. 우리 장군 문훈 등이 맞서 싸워 이겨서 1천4백 명의 목을 베고 병선 40척을 빼앗았다. 설인귀가 포위를 헤치고 도망하자, 전마 1천 필을 얻었다.[115]

다-8)은 천성 전투로서 기벌포 해전의 전초전 성격을 지닌다.[116] 설인귀가 지휘하는 당 수군을 신라군이 천성과 주변 해역에서 물리쳤다. 천성 자체는 육지에 위치했지만 병선 40척을 포획했다고 하였으므로 해안 지역임

---

113) 이상훈, 『나당전쟁연구』, 주류성, 2012, 169쪽.
114) 『삼국유사』 권5, 신주 제6 명랑신인.
115) 『삼국사기』 권7, 신라본기7, 문무왕 15년 추9월.
116) 이상훈, 앞의 책, 2012, 213쪽.

을 유추할 수 있다. 여기서 풍훈의 존재가 주목된다. 그의 아버지 진주는 문무왕 2년(662) 대당 총관이었는데, 남천주 총관 진흠과 함께 국사를 게을리 했다는 죄목으로 함께 처형당했다.[117] 풍훈은 당 국자감의 숙위 학생이었기에 목숨을 구했지만, 신라에 대한 적개심은 매우 컸을 것이다. 당은 그러한 그를 길잡이로 내세워 침략을 한 것인데, 아마도 당군이 신라 내륙으로 진군하는 과정에서 도움을 받고자 했던 것으로 보인다.[118]

그런데 신라 수군이 대규모 상륙전을 감행하던 당군을 상대로 승리하였다. 장기간 지속된 전쟁에 연이은 강대국 당과의 싸움은 신라인들에게 커다란 위협이었는데, 승리를 쟁취함으로써 삼국 통일의 원동력을 나당 전쟁에서도 이어갈 수 있었다. 나당 전쟁의 승기를 잡는데 중요한 전환점이 되었다.

> 다-9) 겨울 11월 사찬 시득이 수군을 이끌고 설인귀와 소부리주 기벌포에서 싸웠으나 패하였다. 다시 나아가 크고 작은 22회 싸움에서 승리하고 4천여 명의 목을 베었다.[119]

다-9)는 나당 전쟁의 최종 승자를 결정지었던 기벌포 해전이다. 시득이 이끄는 신라 수군이 초반에 패배하였지만 결국 22회에 걸친 싸움을 이겼고 4천여 명의 당군을 베었다고 한다. 신라 수군은 당 수군 함대를 맞이하여 접전 끝에 격퇴시키며 서해의 제해권을 완전히 장악하는 계기로 만들었다.[120]

신라는 삼국 통일 전쟁의 승자로서 자부심에 더하여 나당 전쟁의 승자로서 자신감까지 가지게 되었다. 한반도 동남부에서 생존을 위협받던 약소국이 명실공히 한반도의 주인으로 자리하게 된 것인데, 여기에는 외세의

117) 『삼국사기』 권6, 신라본기6, 문무왕 2년 8월.
118) 이상훈, 앞의 책, 2012, 215쪽.
119) 『삼국사기』 권7, 신라본기7, 문무왕 16년 동11월.
120) 강봉룡, 앞의 논문, 2005, 47쪽 ; 이상훈, 앞의 책, 2012, 253쪽.

끊임없는 침략을 이겨내며 성장해 온 신라 수군의 커다란 역할이 있었다. 신라 수군은 덕물도 합군을 통해 삼국 통일 전쟁의 서막을 열었으며, 기벌 포 해전을 통해 나당 전쟁을 매듭지은 전쟁의 당사자였다. 신라의 국가적 운명이 걸린 전쟁에서 처음과 끝을 이끌어 간 역사의 주인공이었다.

V. 맺음말

신라는 삼국 가운데 국가 체제의 정비와 발전이 가장 늦었으며, 그로 인해 5세기 초까지 군사력 역시 미약한 상태에 머물렀다. 국가의 존립이 위협받을 만큼 군사적으로 긴박한 상황이 자주 발생하였다. 『삼국사기』에 따르면 왜가 신라의 수도인 금성까지 포위하였던 것으로 나타난다. 신라는 침략을 극복하며 서서히 성장하여 갔는데, 이사부의 우산국 정복은 신라 수군의 성장을 상징적으로 보여준 역사적 사건이었다.

수군력을 성장시킨 신라는 조선술과 항해술을 바탕으로 국가의 해양력 을 도약시키려는 의지를 드러냈는데, 법흥왕·진흥왕대 중국 남조와의 교 류가 그것이다. 신라와 남조와의 교류는 조선술과 항해술 등을 바탕으로 해양력을 강화하려던 군사적 목적이 바탕에 있었다. 신라는 나당 동맹 결 성 후 새로운 군사 전략을 바탕으로 군사력을 강화하였다. 나당 동맹의 결 성부터 백제 정벌의 시작까지 약 10년은 신라가 군사 분야에서 내실을 다 지던 시기였다.

삼국 통일 전쟁이 시작되자 태자(문무왕)는 병선 100여 척을 이끌고 덕 물도에서 당군과 합류하였는데, 이는 삼국 통일 전쟁의 시작으로서 신라 수군이 전쟁의 주역으로서 서막을 연 사건이었다. 신라 수군은 백제 영해 의 해로와 수심 등 항해 정보를 획득하였으며, 백강 전투와 탐라국 복속에 서도 활약했다.

여·제 정벌이 끝나자 나당 동맹이 결렬되면서 나당 전쟁으로 이어졌다.

신라가 당군의 강력한 대응이 예상됨에도 불구하고 공격을 감행한 것은 신라에 대한 당의 침략 야욕을 사전에 감지하였기 때문이었다. 신라 수군은 한강 유역의 천성에서 당군을 물리쳤으며, 기벌포 해전을 통해 나당 전쟁을 최종적 승리로 마무리 지었다. 삼국 통일 전쟁의 승자로서 자부심에 더하여 나당 전쟁의 승자로서 자신감까지 가지게 되었다. 결론적으로 신라 수군은 덕물도 합군을 통해 삼국 통일 전쟁의 서막을 열었으며, 기벌포 해전을 통해 나당 전쟁을 매듭지은 당사자였다. 신라의 국가적 운명이 걸린 전쟁에서 처음과 끝을 이끌어 간 역사의 주인공이었다.

* 이 글은 『신라문화』 59(동국대학교 신라문화연구소, 2021)에 실린 글을 수정·보완한 것이다.

제3절
문무왕의 遺詔와 대왕암

조 범 환
(서강대학교 사학과 교수)

I. 머리말

신라 중대를 연 태종무열왕을 이어 왕위를 계승한 文武王(r.661~681) 金法敏은 626년에 태어났다.[1] 태종무열왕의 맏아들로 태어난 그는 655년 (무열왕 2년)에 태자에 책봉되었으며, 661년 父王이 사망하자 왕위에 올랐다. 임금이 된 문무왕은 아버지 태종무열왕의 유업을 계승하여 삼한을 통합하는 데 성공하였다. 비록 당군의 힘을 빌리기는 하였으나 삼국간에 치열하게 전개되었던 전쟁을 종식시켰고, 이후 당과 벌인 전쟁에서도 승리를 거두었다. 그리고 나이 55세 되던 해인 681년에 태자인 정명(신문왕)에게 유조를 남기고 사망하였다.

문무왕의 재위 기간이 대략 20년이고, 35세의 장년의 나이에 임금이 되었으므로 치적 또한 적지 않았다. 이러한 사실에 주목하여 적잖은 연구자들이 문무왕 혹은 문무왕대를 중심으로 하는 다양한 연구 성과를 도출하였다.[2] 대부분의 연구는 그를 중심으로 한 고구려와의 전쟁과 나당전쟁에 관한 것이며, 더 나아가 국제질서 재편까지도 검토하였다.[3] 또한 문무왕은 유교적 관료제의

---

1) 문무왕이 탄생한 해에 관해서는 「문무왕릉비」에 찾아볼 수 있으며, 이와 관련한 연구는 이영호, 「신라 문무왕릉비의 재검토」『역사교육논집』8, 1986, 8쪽의 각주 97) 참조할 것.
2) 문무왕에 관하여 제일 먼저 참고할 수 있는 논문은 김수태, 「문무왕」『신라중대 정치사연구』, 일조각, 1996이다.
3) 나당전쟁을 통한 국제질서의 재편과 관련하여 많은 논문과 저서들이 있으나 여기서는 최근의 연구 성과만을 나열하면 대략 다음과 같다. 이상훈, 『나당전쟁연구』, 주류성, 2016 ; 박남수, 「신라 문무대왕의 삼국통일과 종묘제 정비」『신라사학보』38, 2016 ; 김창겸, 「신라 문무왕의 해양의식」『탐라문화』56, 2017 ; 『신라와 바다』, 문현, 2018 ; 장원섭, 『신라 삼국통일 연구』, 학연문화사, 2018 ; 조범환, 「신라 중대의 동아시아 정책과 대응」『신라사학보』45, 2019 등이 참고된다. 그리고 문무왕대 일본과의 관계에 관해서는 연민수, 「통일기 신라와 일본 관계」『강좌 한국고대사』4, 가락국사적개발연구원, 2003 및 채미하, 「문무왕·신문왕대의 대일본관계」『사총』99, 2020 등을 참고할 수 있다.

추구, 대민정책의 추진, 불교계의 재편, 지배세력의 재편 등을 추진하였는데
이에 관해서도 여러 연구가 축적되었다.[4] 이와 같은 연구 결과로 문무왕대와
그 시대상을 이해하는 데 있어 큰 어려움이 없음은 이를 나위가 없다.

다만 문무왕과 관련하여 꼭 짚고 넘어가야 할 것은 죽기 직전 아들인
정명(신문왕)에게 남긴 유조이다.[5] 신라의 왕 가운데 유조를 남긴 사례가
여럿 있으나[6] 문무왕이 남긴 그것은 매우 특별한 것이라 할 수 있다. 왜냐
하면 그가 남긴 유조는 여러 가지 많은 사실을 알려주고 있으며 당시 신라
정치사를 이해하는 데 있어 매우 귀중한 자료이기 때문이다. 이러한 점에
주목하여 일정 부분 연구가 진행되었다.[7] 그리하여 그가 남긴 유조가 가지
는 의미와 특히 율령격식과 관련한 부분에 대해서 좀 더 잘 이해할 수 있
게 되었음은 다행한 일이라 하지 않을 수 없다.[8]

그러나 문무왕이 남긴 유조에 대한 분석에 있어서 현재까지도 궁금한

---

4) 연구 성과가 많은 관계로 일일이 열거하기 어려울 정도이다. 대략적인 것만 적어
보면 다음과 같다. 이기백, 『신라사상사연구』, 일조각, 1986 ; 김수태, 『신라중대
정치사연구』, 일조각, 1996 ; 김수태, 「신라 문무왕대의 대복속민 정책」『신라문
화』16, 1999 ; 박해현, 『신라중대 정치사연구』, 국학자료원, 2003 ; 김영하, 『신
라중대사회연구』, 일지사, 2007 ; 노태돈, 『삼국통일전쟁사』, 서울대학교출판부,
2009 ; 한준수, 『신라중대 율령정치사 연구』, 서경문화사, 2012 등을 들 수 있다.
5) 詔는 원래는 황제의 명령을 가리키지만, 신라에서는 이를 엄격하게 구분하지 않
고 최고 통치권자인 왕의 명령으로도 사용하였다(홍승우, 「문무왕의 하교와 유조」
『문자와 한국고대1』, 주류성, 2019, 574쪽).
6) 왕이 사망하기 전에 남긴 유조와 관련하여 김창겸, 「신라하대의 왕위계승과 유조」
『백산학보』56, 2000 및 최의광, 「신라하대 유조에 의한 왕위계승연구」『한국사
학보』44, 2011 등을 참고할 수 있다.
7) 정병준, 「신라 문무왕 21년(681) 유조에 보이는 율령격식 개정령」『한국고대사연
구』90, 2018 및 홍승우, 앞의 논문, 2019를 참고.
8) 홍승우는 문무왕이 남긴 유조가 가진 의미를 다음과 같이 설명하였다. "이 유조
는 단순한 유언이 아니라 다음 왕과 신하들에게 남기는 부탁이 아니라는 점이 분
명하다. 문무왕의 유조는 그가 남기는 마지막 명령이었고, 이 명령은 공식적인
문서를 통해 신하들과 신라 전역에 포고되고 시행되었던 것이다"(홍승우, 앞의
논문, 2019, 579~580쪽). 홍승우의 이와 같은 이해는 왕명과 법제라는 측면에서
주목한 것이라 할 수 있다.

점은 무엇 때문에 그와 같은 내용을 남겼을까 하는 것에 관해서는 적절한 답을 찾을 수 없는 실정이다. 더구나 유조의 내용 가운데 화장을 하라고 주문한 것을 주목하지 않을 수 없다. 이는 문무왕이 薄葬을 하라고 유언을 남긴 것이나 다름이 없는데, 왜 그러한 유언을 남겼는가 하는 것에 관해서도 천착해 볼 필요가 있다. 이와 아울러 현재 大王巖이 문무왕의 水中寢陵이 아니라고 하는 견해가 주류를 이루고 있는데,[9] 이에 관해서도 다시금 살펴볼 필요가 있다고 여겨진다. 왜냐하면 대왕암을 어떻게 인식하는가에 따라서 그것이 가지는 상징성이 사뭇 달라지질 수 있기 때문이다. 따라서 이와 같은 문제를 해결한다면 문무왕의 사망 후 동해를 중심으로 남겨진 유적에 대해서 좀 더 잘 이해할 수 있지 않을까 싶다.[10]

이에 본고에서는 먼저 문무왕이 남긴 유조를 간단하게 살핀 다음 화장할 것은 당부한 한 이유에 관해서 적극적으로 검토해 볼 것이다. 다음으로 현재 문무왕의 수중침릉으로 알려진 대왕암과 관련한 기존의 연구 성과들에 대해서 검토하고, 그것이 가지는 문제점이 무엇인지를 살핀 후 대왕암에 관하여 새로운 생각을 제시해 보고자 한다.

II. 문무왕의 火葬 유언

문무왕은 재위 21년째 되던 해인 681년 7월 1일에 사망하였다. 그가 돌아가자 신하들이 그에게 문무라는 시호를 추증하고 화장을 한 다음 동해

---

9) 남천우, 『유물의 재발견』, 학고재, 1997, 119쪽 및 신종원, 「문무왕과 대왕암 - 고려시대의 민속신앙과 관련하여 - 」 『한국중세사회의 제문제』, 한국중세사학회, 2001, 638~646쪽. 더욱이 유홍준은 『나의 문화유산 답사기』, 창작과비평사, 1993, 160~165쪽에서 정권과 영합한 학자들에 대하여 비난을 하면서 세계유일의 수중릉이라고 한 것에 대하여 비판하고 있다.

10) 문무왕과 관련한 동해 유적 가운데 주목되는 것이 감은사인데, 본고에서는 다루지 않는다.

어구 큰 바위에 장사를 지냈다고 한다. 그런데 문무왕이 죽기 직전에 태자인 정명에게 남긴 유조를 주목할 수 있다. 왜냐하면 그가 남긴 유조의 내용 가운데는 화장과 관련한 언급도 있을 뿐만 아니라, 당시의 사정을 헤아려 볼 수 있는 여러 가지 내용을 전해주고 있기 때문이다. 이에 그가 남긴 유조의 내용을 좀 더 잘 이해하기 위해서 그것을 다음의 네 부분으로 나누어 살펴보기로 하겠다.

> A-1. 과인은 나라의 운이 어지럽고 전쟁의 때를 당하여 서쪽을 정벌하고 북쪽을 토벌하여 영토를 안정시켰고, 배반하는 무리를 치고 협조하는 무리를 불러들여 가까운 곳을 모두 평안하게 하였다. 위로는 조상들이 남긴 염려를 안심시켰고 아래로는 부자의 오랜 원수를 갚았으며, 살아남은 사람과 죽은 사람에게 상을 두루 주었고, 벼슬을 터서 중앙과 지방에 있는 사람들에게 균등하게 하였다. 무기를 녹여 농기구를 만들었으며 백성을 어질고 長壽하도록 이끌었다. 세금을 가볍게 하고 요역을 덜어주니 집집이 넉넉하고 백성들이 풍요하며 인간의 삶이 편안해지고 나라 안에 근심이 없게 되었다. 곳간에는 (곡식이) 산언덕처럼 쌓여 있고 감옥은 풀이 무성하게 되니, 신과 인간 모두에게 부끄럽지 않고 관리와 백성의 뜻을 저버리지 않았다고 말할 만하다. 스스로 온갖 어려운 고생을 무릅쓰다가 마침내 고치기 어려운 병에 걸렸고, 정치와 교화에 근심하고 힘쓰느라 더욱 심한 병이 되었다. 목숨은 가고 이름만 남는 것은 예나 지금이나 마찬가지이니 홀연히 긴 밤으로 돌아가는 것이 어찌 한스러움이 있겠는가?
>
> A-2. 태자는 일찍이 밝은 덕을 쌓았고 오랫동안 태자의 자리에 있었으니, 위로는 여러 재상으로부터 아래로는 뭇 관원들에 이르기까지 죽은 사람을 보내는 도리를 어기지 말고 살아있는 이 섬기는 예의를 빠뜨리지 말라. 종묘의 주인은 잠시도 비워서는 안 되니 태자는 곧 棺 앞에서 왕위를 잇도록 하라.
>
> A-3. 또 산과 골짜기는 변하여 바뀌고 사람의 세대로 바뀌어 옮아가니, 오나라 왕의 북산 무덤에서 어찌 금으로 만든 물오리 모양의 빛나는 향로를 볼 수

있을 것이며 위나라 임금이 묻힌 서릉의 망루는 단지 銅雀이라는 이름만 전할 뿐이다. 지난날 만사를 처리하던 영웅도 마침내는 한 무더기의 흙이 되어 나무꾼과 목동은 그 위에서 노래하고, 여우와 토끼는 그 옆에 굴을 판다. 헛되이 재물을 쓰는 것은 書冊에 꾸짖음만 남길 뿐이요, 헛되이 사람을 수고롭게 하는 것은 죽은 사람의 넋을 구원하는 것이 못 된다. 가만히 생각하면 슬프고 애통함이 끝이 없을 것이나, 이와 같은 일은 즐겨 행할 바가 아니다. 죽고 나서 10일이 지나면 곧 庫門의 바깥의 뜰에서 西國의 의식에 따라 火葬하라. 상복을 입는 등급은 정해진 규정이 있거니와 장례 치르는 제도는 검소하고 간략하게 하는 데 힘쓰라!

A-4. 변경의 城·鎭을 지키는 일과 주·현의 세금 징수는 긴요한 것이 아니면 마땅히 모두 헤아려 폐지하고 律令格式에 불편한 것이 있으면 곧 고치도록 하라! 멀고 가까운 곳에 포고하여 이 뜻을 알게 하고, 맡은 자는 시행하라(『三國史記』 권7, 文武王 21년 가을 7월).[11]

A의 기록을 통해서 문무왕이 태자 정명에게 남긴 유조의 내용을 크게 네 가지 정도로 정리할 수 있는데, 첫째 부분에서는 문무왕 본인이 전쟁을 치렀던 일과 더불어 전쟁이 끝난 다음 취한 조치를 말하고 있다. 또한 그가 죽음 앞에 이르렀고 여한이 없다고 하였다(A-1의 기록). 둘째 부분에서

---

11) "寡人運屬紛紜, 時當爭戰, 西征北討, 克定疆封, 伐叛招携, 聿寧遐邇, 上慰宗祧之遺顧, 下報父子之宿寃, 追賞遍於存亡, 疏爵均於內外, 鑄兵戈爲農器, 驅黎元於仁壽, 薄賦省徭, 家給人足, 民間安堵, 域內無虞, 倉廩積於丘山, 囹圄成於茂草, 可謂無愧於幽顯, 無負於士人, 自犯冒風霜, 遂成痼疾, 憂勞政敎, 更結沉痾, 運往名存, 古今一揆, 奄歸大夜, 何有恨焉, 太子早蘊離暉, 久居震位, 上從羣宰, 下至庶寮, 送往之義勿違, 事居之禮莫闕, 宗廟之主, 不可暫空, 太子卽於柩前, 嗣立王位, 且山谷遷貿, 人代推移, 吳王北山之墳, 詎見金鳧之彩, 魏主西陵之望, 唯聞銅雀之名, 昔日萬機之英, 終成一封之土, 樵牧歌其上, 狐兔穴其旁, 徒費資財, 貽譏簡牘, 空勞人力, 莫濟幽魂, 靜而思之, 傷痛無已, 如此之類, 非所樂焉, 屬纊之後十日, 便於庫門外庭, 依西國之式, 以火燒葬, 服輕重自有常科, 喪制度務從儉約, 其邊城鎭遏及州縣課稅, 於事非要者, 並宜量廢, 律令格式有不便者, 卽便改張, 布告遠近, 令知此意, 主者施行"

는 태자의 위상을 높임과 아울러 왕의 관 앞에서 즉위하라고 한 것이다
(A-2의 기록). 셋째 부분에서는 아무리 화려한 무덤이라도 시간이 지나면
버려지게 되고 여우와 토끼의 굴이 됨을 말하고 있다.[12] 따라서 본인이 죽
은 후 장례 절차를 간소하게 할 것을 당부함과 아울러 화장할 것을 유언으
로 남겼다(A-3의 기록). 마지막 넷째 부분에서는 변경의 城·鎭을 지키는
일 및 세금 징수에 있어 긴요한 것이 아니면 폐지를 하라고 하였으며, 시
의에 맞게 법률을 개정할 것과 아울러 곧바로 유조의 내용도 공표하라고
한 것이다(A-4의 기록).

문무왕이 이와 같은 유조를 남긴 이유는 당시의 정치 및 경제 등 여러
가지 사정이 있었기 때문으로 짐작된다. A-1의 기록에서 보이는 바와 같이
그는 과거를 회상하는 것부터 시작하고 있는데 이는 삼국을 통일한 것에
관한 본인의 업적을 드러내고자 한 것으로 볼 수 있다. 또한 백성들을 위
하여 노력한 내용까지도 보여주고자 하였다. 그러한 노력을 하는 가운데
병을 얻었다고 하는 것은 국가와 백성을 위하여 몸과 마음을 다하였다고
하는 것을 나타내고자 한 것으로 이해할 수 있다.

그러면서도 문무왕은 나당전쟁이 끝나기는 하였으나 언제 당이 다시 군
사를 일으켜 신라를 침공할지 알 수 없는 상황이었으므로 항상 경계를 늦
출 수는 없었다.[13] 이에 태자인 정명에게 관 앞에서 즉위하라고 한 것도 당
시의 정치적인 사정과 밀접한 관련이 있었기에 그러한 유언을 남긴 것으로
이해할 수 있을 것이다.[14] 물론 국내 정치세력의 움직임도 간과할 수 없지

---

12) 이 부분은 현재 남겨진 「문무왕비」의 내용과 일치하고 있다(이영호, 앞의 논문,
   1986, 69쪽).
13) 서영교, 『나당전쟁사연구』, 아세아문화사, 2006, 294~310쪽에서 신라중앙 군단
   인 구서당의 완성은 나당 전쟁의 餘震으로 파악하고 있다.
14) 주보돈은 문무왕이 이와 같은 유조를 남긴 이유에 대해서 귀족 세력의 반발이
   만만치 않았기 때문으로 보고 있다(주보돈, 「남북국시대의 지배체제와 정치」『한
   국사』 3, 한길사, 1994, 298쪽). 박해현은 김유신의 사망을 계기로 구심점이 소
   멸되었고 상대적으로 김흠돌을 중심으로 한 세력이 결집되자 문무왕이 이와 같

만 중요한 것은 당시 당과 유기적인 관계에 있던 인물에 대한 견제도 아울러 요구한 것이라 할 수 있다. 관 앞에서 즉위할 것을 굳이 강조하여 명시한 것은 이와 같은 깊은 의도가 내재되어 있었다고 보아도 무리한 이해는 아닐 것이다.

또한 세금 징수의 일을 거론한 것은 오랜 전란으로 경제적으로도 많은 어려움에 직면해 있었는데 그러한 것을 극복하기 위한 노력을 요구한 것으로 볼 수 있다. 또한 시의에 맞게 법률을 개편하라고 한 것도 통합한 백제와 고구려의 인민들을 통치하기 위해서는 새로운 법이 필요하였음에 틀림이 없다고 짐작된다. 그 전과 같은 법으로는 통합된 삼한의 사람들을 다스리는 것이 쉽지 않을 것이기 때문에 기존의 법을 바꾸어 통치 질서를 확립하라고 한 것으로 이해할 수 있다.

그러면 이제 A-3의 유조에 보이는 내용에 관하여 좀 더 자세하게 살펴보기로 하자. A-3의 기록에서 먼저 주목할 것은 상복을 입는 등급이 정해져 있다고 한 사실이다. 상복의 등급이라고 하는 것은 죽은 사람과의 혈연관계가 가깝고 먼 정도에 따라 상복의 소재와 종류 및 입는 기간이 달라지는 것을 말한다. 이는 아무래도 지증왕이 상복법을 제정한 후 만들어 공포한 것을 따르라고 한 것을 의미하는 것으로 이해할 수 있다. 그러므로 상복의 등급이 정해져 있다고 하는 것은 정해져 있는 제도를 잘 지키라고 하는 것을 말하며, 정해진 규정에서 벗어나지 말라는 것을 의미하는 것으로 짐작된다. 이는 문무왕이 아들인 정명에게 장례 절차를 간소하게 할 것과 아울러 화장할 것을 주문한 것과 맥을 같이 하고 있다고 보아진다.

그렇다면 문무왕이 하필이면 薄葬인 화장을 하도록 유언을 남긴 이유가 어디에 있었을까 하는 것이다. 이와 관련하여 이미 많은 연구 성과가 도출되었다.[15] 기존의 연구 성과를 돌아보면, 먼저 중국 수·당의 황실에서 검

은 유조를 남긴 것으로 파악하였다(박해현, 앞의 책, 2003, 41쪽).

15) 손병국, 「통일신라시대 화장묘 연구」『문물연구』 28, 2015, 22~23쪽에서 화장과 관련한 기존의 연구 성과를 정리하여 두었고, 석병철, 「경주지역 신라 화장묘

약하기 위해 박장하였는데 그러한 당시의 사회적 분위기가 신라로 전해지면서 이러한 분위기를 따른 것으로 이해하였다.[16] 또 다른 연구에서는 불교 영향 및 호국정신이 그 바탕에 있었다고 보았다.[17]

그러나 이와 같은 의견과 달리 새로운 견해도 다수 발표되었는데, 문무왕 사후 화장을 한 이유는 삼국통일 전쟁을 수행하면서 막대한 재화가 투입되었기 때문에 경제적인 상황을 고려하여 스스로 검소한 장례를 채택하였을 것으로 판단하고 있다.[18] 다음으로 문무왕이 고약한 질병으로 사망하였기 때문에 전염병의 확산을 예방하는 차원에서 화장하였을 가능성을 시사하였으며,[19] 기존에 적석목곽분을 축조하고 막대한 부장품을 만들던 공인 집단이 해체된 후, 군대의 병사나 새로운 건축사업에 필요한 인부로 고용되었기 때문에 화장이 발생하게 된 것으로 설명하고 있다.[20]

문무왕의 화장 사실과 관련하여 이상과 같은 여러 가지 다양한 견해가 있으나 쉽사리 수용하기 어려운 것도 있다. 예컨대, 문무왕이 질병으로 사망하였다고 하거나 공인 집단의 해체를 거론하는 것은 이해하기 힘들다. 왜냐하면 그러한 것을 알려주는 기록을 쉬이 찾을 수 없다는 점에서 더욱 그러하다.

아무래도 신라가 오랫동안 전쟁을 치르는 과정에서 경제적 비용이 많이

에 대하여」『신라사학보』9, 2007에서도 화장묘 사례와 그 변화 양상까지 살펴보고 있다.
16) 齋藤忠,「新羅火葬骨壺考」『考古學論叢』2, 1936 :『新羅文化論考』, 吉川弘文館, 1973, 231쪽.
17) 森木 徹,「韓國における初期火葬墓の研究」『靑丘學術論集』13, 1998, 33쪽. 이와 유사한 견해는 나희라,『고대 한국인의 생사관』, 지식산업사, 2008, 58~59쪽에서도 잘 찾아볼 수 있는데, 당시 신라 사회에서 불교의 성행 등으로 인하여 박장 풍조가 퍼진 것과 연계하여 이해하고 있다.
18) 석병철,『통일신라 경주지역 화장묘 연구』, 경주대학교 석사학위논문, 2006, 57쪽.
19) 이근직,「新羅의 喪葬禮와 陵園制度」『신라문화제학술발표회논문집』28, 2007, 208~209쪽.
20) 김창호,「신라 횡혈식석실분의 등장과 소멸」『신라사학보』8, 2006, 70쪽.

발생한 상황에서 또 능을 조성하기 위해 인력과 물자를 징발하게 되면 반발이 일어날 수 있음을 예견한 것으로 볼 수 있다. 더구나 신문왕에게 관 앞에서 즉위하라고 한 것으로 미루어 볼 때 왕위계승에서 생겨날 수 있는 여러 가지 문제를 염려하였기 때문에 화장할 것을 유언한 것이라 할 수 있다. 화려한 장례를 치르기 위해서는 능을 조성해야 할 뿐만 아니라 그것의 조성을 위한 경비가 많이 소요되었기 때문이었다. 이에 그는 유조의 한 부분을 할애하여 사후 화장하도록 적극적으로 지시하였다고 할 수 있다.[21]

이제 문무왕 사후 장례 의례 및 안장처에 관해서 살펴보기로 하자. 문무왕의 안장처와 관련해서는 현재 수중침릉으로 알려진 대왕암을 떠올릴 수 있는데 이에 대해서는 다음 장에서 자세하게 검토하기로 하고 문무왕을 화장한 곳이 어디였을까 하는 것부터 먼저 검토해 보기로 하자.

A-3의 기록에 따르면 문무왕이 '庫門 바깥에서 화장'하라는 유언을 남겼으므로 그대로 시행되었을 것은 자명한 사실일 것이다. 그러면 고문은 어디였을까 하는 것이다. 유조의 내용이 유교적인 것과 밀접한 관련이 있으므로 이를 무시할 수 없다. 그러므로 중국 사서에서 이와 관련된 내용을 검토해 본 다음 실제 화장한 곳이 어디였는가 하는 것을 알아내는 것도 좋을 것이다.

『예기』에 의하면 고문은 첫째로 天子 5門의 하나로 볼 수 있고, 둘째로 諸侯宮의 外門의 뜻이 있다.[22] 그렇지만 이와 같은 이해만으로는 신라 성문 체계를 살피는 것이 어려울 뿐만 아니라 월성의 구조도 제대로 알 수 없는 형편이므로 고문을 어디라고 단정하는 것은 더더욱 어려운 실정이다.

---

21) 김흥규는 「정복자와 수호자 - 5~7세기 한국사의 왕립 금석문과 왕권의 수사 -」 『고전문학연구』 44, 2013, 374~375쪽에서 무덤에 묻힌 시신이 내세의 삶과 관련이 있다는 계세적 세계관을 지녔던 신라인의 입장에서는 거대한 고분을 축조해 그 업적을 기리고 내세의 평안을 기원해야 할 위대한 왕을 화장하고, 박장하는 데 대한 공개적인 설명이 필요했을지도 모르겠다고 하였다.

22) 신종원, 「문무왕과 대왕암」 『한국중세사회의 제문제』, 2001 : 『한국 대왕신앙의 역사와 현장』, 일지사, 2008, 158쪽.

비록 사정이 이러하나 고문과 관련하여 언급이 없는 것도 아니다. 몇몇
연구자들은 고문을 왕궁의 가장 바깥 출입구 문을 말하는 것으로 파악하였
다.[23] 또한 고문의 바깥을 사천왕사로부터 북쪽으로 약간 떨어진 곳인 현
재의 陵旨(只)塔으로 비정하는 경우도 있다. 능지탑의 유구가 塔廟의 성격
을 띠고, 여기에서 숯조각이 출토되며, 인근 사천왕사지에서 문무왕비편이
나온 것, 이 비가 꽂혀진 龜趺의 거북머리가 북향(대왕의 탑묘를 향하고 있
음)하는 있는 점, 신라 사람들이 문무왕의 화장터를 그냥 방치할 리 없다는
점 등을 그 이유로 내세웠다.[24] 또한『동경잡기』에는 '陵旨'라는 마을이 있
어 '陵只'와 같은 지명으로 볼 수 있다는 것이며, 능지탑이란 '陵의 塔'이란
의미이고, 마을 사람들이 이 일대를 '고문의 뜰'이라 부른다는 것으로 근거
로 삼은 것이다.[25]

　　그렇지만 이와 같은 견해에 관하여 현재 적잖은 연구자가 그곳을 문무
왕의 火葬遺址로 인정하지 않고 있다.[26] 그 이유는 능지탑의 복원이 잘못
되었을 뿐만 아니라 그 탑의 소조상의 형태가 신라 시대가 아닌 고려 시대
것으로 판명되었기 때문이다.[27] 또한 능지탑이 문무왕의 탑묘로 세워졌다
면, 그것은 검소한 장례를 바랐던 왕 자신의 유언을 거역한 것이 된다는
것이다.[28]

　　이와 같은 연구 성과로 말미암아 현재 능지탑이 문무왕의 화장유지가

---

23) 주보돈,「신라 狼山의 歷史性」『신라문화』44, 2014, 20쪽. 한편 김창호,「문무
　　왕의 산골 처와 문무왕릉비」『경주문화연구』9, 2007, 61쪽에서 동해 쪽 교외에
　　있는 문루 정도에서 화장한 것으로 이해할 수 있을 것이라고 하였다.
24) 황수영,「신라 낭산의 능지탑에 대하여」『신라문화제학술회의논문집』17, 1996,
　　74~75쪽 및 장충식,「문무대왕이 偉蹟」『신라문무대왕』, 경주군·동국대학교신
　　라문화연구소, 1994, 140~141쪽.
25) 장충식, 위의 논문, 1994, 140쪽.
26) 김창호, 앞의 논문, 2007, 65쪽 및 주보돈, 앞의 논문, 2014, 21쪽.
27) 강우방,「능지탑 사방불 소조상의 고찰」『신라문화제학술발표논문집』17, 1996
　　이 대표적이다.
28) 신종원, 앞의 책, 2008, 155쪽.

아니었을 가능성이 커지자 몇몇 연구자는 능지탑 대신 다른 장소를 문무왕의 화장지로 찾았다. 그 결과 사천왕사 입구에 문무왕릉비가 세워졌다는 것을 기초로 하여 그 근처에서 문무왕을 화장했을 것으로 추측하고 있다.[29] 사천왕사를 문무왕의 화장처로 손꼽는 이유는 국왕의 시신을 화장하면서 특정한 사찰의 경역 내 혹은 바로 앞에서 거행한 실례가 있기 때문이었다. 예컨대, 『삼국유사』 왕력편의 기록에 따르면, 孝成王과 景明王의 경우 法流寺와 皇福寺에서 화장한 것으로 되어 있다.[30] 이러한 점에서 볼 때 문무왕의 시신을 화장한 장소는 사천왕사일 가능성이 없지도 않다.

그런데 다음에 제시하는 기록에는 이와 조금 다른 내용이 있어 문무왕의 화장지와 관련하여 좀 더 살펴보지 않을 수 없다. 아래의 기록이 바로 그것이다.

> B-1. 유언에 따라 널을 法流寺 남쪽에서 태우고, 그 뼈를 동해에 뿌렸다(『삼국사기』 권9, 효성왕 6년 여름 5월).[31]
>
> B-2. 유언에 따라 널을 들어 奉德寺 남쪽에서 불태웠다(『삼국사기』 권10, 원성왕 14년 가을 12월 29일).[32]
>
> B-3. 師子寺 북쪽에서 화장하고 뼈는 仇知堤 동쪽산 허리에 두었다(『삼국유사』 권1, 왕력편, 효공왕).[33]

위의 B군의 기록을 살펴보면, 孝成王의 경우 법류사 남쪽에서 화장했다

---

29) 今西龍, 「新羅文武王陵碑に就きて」『新羅史研究』, 國書刊行會, 1933, 413쪽 ; 김상현, 「사천왕사의 창건과의 의의」『신라문화제학술발표논문집』17, 143쪽 ; 주보돈, 「통일신라의 (陵)墓碑에 대한 몇 가지 논의」『목간과 문자』9, 2012, 54쪽.
30) 『삼국유사』 권1, 왕력편의 기록에 따르면, 효성왕은 '法流寺火葬'으로 되어 있고, 경명왕은 '火葬皇福寺'라 되어 있다.
31) "燒柩於法流寺南 散骨東海"
32) "擧柩燒於奉德寺南"
33) "火葬師子寺北 骨藏于仇知堤東山脇"

고 되어 있고, 元聖王도 봉덕사 남쪽에서 화장한 것으로 되어 있다. 또한 孝恭王의 경우에는 사자사 북쪽에 장사지냈다고 하였다. 이와 같은 기록에서 볼 때 통일신라 이후 몇 명의 왕의 경우에는 돌아간 이후 특정한 사찰의 남쪽이나 북쪽에서 화장하였음을 알 수 있다. 그러니까 왕의 시신을 사찰내에서 화장한 것이 아니라고 하는 사실이다. 따라서 효성왕이나 경명왕에 관한 기록만으로 사찰에서 화장하였다고 한 것에는 문제가 있다고 판단되며, 돌아간 왕의 시신을 특정한 사찰에서 화장한 것으로 이해하는 것에는 문제가 있다고 생각된다. 효성왕의 경우에도 마치 사찰내에서 화장한 것처럼 기술되어 있으나 이는 사찰 경내라기보다는 그곳과는 거리가 있는 곳에서 화장한 것으로 이해하는 것이 올바를 것으로 판단된다. 그렇다면 문무왕을 사천왕사내에서 화장하였다는 설명도 곧바로 수용하기 어려운 것이 사실이다. 도리어 사천왕사는 문무왕의 시신을 화장하기 전에 장례의식을 거행한 곳으로 이해하는 것이 보다 타당하리라 생각된다.

그렇다면 문무왕 시신의 화장지가 어디였을까 하는 것인데 이는 기존의 연구 성과에서 드러나고 있는 것이 아닌가 하는 생각이 든다. 기존의 연구 성과에서 보았듯이 문무왕의 시신을 화장한 곳을 능지탑으로 보는 견해를 주목할 수 있다. 앞서 능지탑에 대하여 의문을 제기한 연구가 있으나, 이는 사천왕사지를 염두에 두었기 때문에 불거진 해석이다. 그렇지만 현재 사천왕사지와 능지탑 유지는 서로 상충되는 곳이 아니라 밀접한 관련성이 있다고 하는 점이다. 문무왕의 시신을 화장하기 위한 장례식은 사천왕사에서 치르고 그곳에서 조금 거리가 떨어진 능지탑에서 화장하였을 가능성을 생각해 볼 수 있다. 현재 사천왕사지에서 능지탑까지 도보로 멀지 않은 거리임을 감안하면, 사천왕사에서 장례을 위한 의식을 치른 다음 능지탑지에서 문무왕의 시신을 화장하였을 가능성이 크다고 하는 점이다.

이상에서 살펴본 것처럼 문무왕의 장례의례 장소와 화장한 곳은 사천왕사 및 능지탑지로 서로 불가분의 관계에 있었다고 해야 할 것이다. 또한 이러한 사실 때문에 사천왕사에 문무왕릉비를 세우게 된 것이라 할 수 있다.

사천왕사에 세워진 문무왕릉비는 비문의 내용으로 미루어 볼 때 그 시기가 신문왕 2년(682) 이후라고 볼 수 있다.[34] 신문왕이 문무왕의 능비를 그곳에 세운 것은 여러 가지 이유가 있었을 것으로 생각되지만, 아무래도 그곳에서 장송의례가 거행되었기 때문으로 짐작된다. 또한 그곳은 감은사로 향하는 길목일 뿐만 아니라 태종무열왕의 정신이 깃든 곳이었기 때문이기도 하였을 것이기 때문이다. 잘 알려져 있듯이 사천왕사는 문무왕이 670년부터 671년에 걸쳐 신라를 침공하였던 당의 대군을 몰아내기 위하여 창건한 호국사찰이었다.

결국 문무왕이 사망한 이후 그가 남긴 유조에 따라 사천왕사에서 장례의식이 거행되었고, 이후 능지탑지에서 화장한 이후 동해에 안장되었다. 이제 그가 안장된 곳에 관해 다음 장에서 자세하게 살펴보기로 하자.

Ⅲ. 문무왕의 장골처와 대왕암

문무왕이 사망한 후 신하들이 유언에 따라 '동해 어구 큰 바위 위에 장사지냈다(葬東海口大石上)'라고 하는 『삼국사기』의 기록을 어떻게 이해해야 할 것인가 하는 것이다. 또한 『삼국유사』의 기록에서는 유조에 따라 '동해 중의 큰 바위 위에 장사지냈다(葬於東海中大巖上)'의 기록도 주목된다.[35] 이는 앞서 살펴본 것처럼 문무왕을 능지탑지에서 화장한 이후 장골처를 따로 마련하였다는 것을 의미하는 것으로 받아들여도 될 것이기 때문이다.[36] 그런데 이에 관해서 『삼국사기』 문무왕 본기나 『삼국유사』 문무왕법민

---

34) 신라 문무왕릉비에 대한 연구사 검토는 최장미, 「사천왕사 출토 비편의 형태학적 검토」『역사와 경계』 85, 2012, 165~169쪽.

35) 『삼국유사』 권2, 기이 2 문호왕법민

36) 이와 같은 기록에 대하여 문무왕의 장례가 1차에 한정된 것으로 판단하여 화장한 뒤 수중침릉을 마련했다고 하는 것에 대해서는 의심의 눈길을 보내고 있는 것도 사실이다(신종원, 앞의 책, 2008, 158쪽).

조에 보이는 내용을 근거로 하여 어느 경우이든 장례 기사는 1차에 한정되어 있으므로 화장한 뒤 수장했다고 하는 것에 관해서 믿을 수 없다라고 하면서 부정적인 생각을 견지하는 연구자도 있다.[37] 그러니까 큰 바위 중에 장사지냈다고 하는 기록 즉 二重葬으로 설명하는 것에는 문제가 있다고 하는 것이다.

그렇지만 두 기록에 나타난 것처럼 '큰 바위 위에 장사지냈다'라고 한 것은 문무왕을 장사지낸 장골처가 있었다고 하는 명확하게 드러낸 것은 틀림없는 사실일 것이다. 그렇다면 과연 그 장소가 어디인가 하는 것이 제일 중요한 의문일 것이다. 지금까지 살펴본 바와 같이 특정한 장소에서 화장한 것은 틀림없는 사실일 것이고, 그런 다음에 동해안에 수중침릉을 마련하였을 가능성이 크다는 점이다. 왕을 화장한 후에 그대로 산골하였을 가능성은 크지 않다고 보는 것이 옳을 것이다. 문무왕의 유언에 따라 화장한 다음 장골처를 마련하였음에 틀림이 없을 것인데 이와 유사한 예가 다음과 같은 기록에서 찾아진다.

  C. 壬申에 즉위하여 5년간 다스렸다. 화장하여 뼈는 잠현 남쪽에 안장하였다(『
      삼국유사』 권1, 왕력 神德王).[38]

위의 기록에 의하면 神德王이 죽자 화장한 다음 잠현 남쪽에 장골하였다고 한다. 이는 왕의 시신을 화장한 이후 이중장을 하였음을 잘 알려주고 있다. 물론 신덕왕을 화장한 장소가 어디인지는 정확하게 밝히고 있지는 않으나 장골처가 뭍(육지)인 것을 알 수 있는데, 문무왕의 장골처인 수중과는 다른 장소이다. 비록 그렇다고 하더라도 신덕왕을 화장하여 특정한 장소에 장골하였다고 하는 것으로 볼 때 이중장을 하였음에는 틀림이 없다고

---

37) 신종원, 위의 책, 2008, 158쪽.
38) "火葬**藏骨**于箴峴南"

여겨지는 것이다. 이는 왕의 시신을 화장하였을 경우 장골처를 따로 마련하였음을 알려준다.[39]

　이러한 사실로 미루어 볼 때 문무왕의 시신도 화장한 이후 장골처를 따로 마련하였을 가능성이 크다. 이는 다음의 기록을 통해서도 입증이 가능할 것이다.

　　D-1. … 화장을 하라 하니, 그 달 초열흘에 화장하여 …(「문무왕릉비」 후면 제5행).[40]

　　D-2. 참됨으로 응집하게 하시고, 도는 귀하게 몸은 천하게 여기셨네. 부처의 가르침을 흠미하여, 장작을 쌓아 장사를 지내니 … 경진에 뼛가루를 날리셨네. 대를 이은 임금은 성실하고 공손하여, 마음에서 우러난 효성과 우애가 … (「문무왕릉비」 후면 제20행).[41]

　위의 두 기록은 「문무왕릉비」에서 찾아볼 수 있는 내용이다.[42] 화장을 위해 장작을 쌓아 장사를 지냈고, 뼛가루를 바다에 날렸다고 되어 있다. 여

---

39) 宣德王은 그가 죽은 후 불교 법식에 따라 시신을 불태워 뼈를 동해에 뿌리라는 조서를 남겼다(『삼국사기』 권9, 선덕왕 6년 봄 정월). 이와 같은 조서의 내용만으로 보면 장골처를 따로 마련하였는지 아닌지의 여부는 알 수 없다. 선덕왕의 유언을 그대로 따랐다면 그와 같이 하였을 가능성도 있으나 아무래도 그를 위한 상징적인 장소를 마련하였을 것임에는 틀림이 없다고 여겨진다. 이는 김지성이 돌아간 부모를 위하여 만든 감산사 두 석상 즉 아미타불상과 미륵보살상을 주목하지 않을 수 없다. 남동신은 「감산사 아미타불상과 미륵보살상 조상기의 연구」 『미술자료』 98, 2020, 44쪽의 각주 66)에서 두 불상의 정혈에 부모의 상징물을 안치하였을 가능성을 시사하고 있고 있다. 이러한 견해를 수용하면 왕의 경우에도 어떤 상징물을 설치하거나 두었을 가능성이 매우 높다고 판단된다.

40) "… 燒葬 卽以期十日 火 …"

41) "△命凝眞 貴道賤身 欽味釋典 葬以積薪 … 滅 粉骨鯨津 嗣王允恭 因心孝友 岡 …"

42) 문무왕비에 대해서는 이영호, 앞의 논문, 1986 참조할 것. 또한 최장미, 앞의 논문, 2012도 참고된다.

기서 뼛가루를 날렸다고 하는 것을 산골로 이해하기도 하나[43] 이는 특정한 용기에 담아 장골한 것으로 보는 것이 온당할 것이다. 비록 화장했다고는 하지만 뼈를 그대로 동해에 산골했다고는 생각되지 않기 때문이다. 이와 같은 이해를 하게 된 이유는 「문무왕릉비」라고 하는 것을 무시할 수 없기 때문이다. 비문에 '文武王陵之碑'라는 명칭을 통해서 이와 같은 생각을 하게 된 것이다. 이는 문무왕의 유골을 모신 왕릉이 있다고 하는 것을 전재하는 것이기 때문에 장골처가 따로 있었다고 하는 것을 의미한다고 해도 무리한 해석이 아닐 것이다. 물론 그 왕릉이 육지에 조성된 것이 아니라 수중에 조성된 것임을 상징하는 것으로 보아도 무리가 없다고 생각된다.

그렇다면 藏骨處라고 하였을 때 뼈를 담은 용기가 있어야 할 것이고, 다음으로 그 용기를 둔 곳이 바로 그곳일 것이다. 그렇지만 현재 그것이 찾아지지 않는다는 점에서 부정하기도 하지만 오랜 시간이 지난 만큼 없어졌을 가능성도 무시할 수는 없을 것이다. 그렇다면 문무왕의 장골처가 과연 어디일까 하는 것을 살펴보기로 하자.

E. 『寺中記』에 이르기를, 문무왕이 왜병을 진압하고자 이 절을 처음으로 짓다가 다 끝마치지 못하고 죽어 바다의 용이 되었다. 그 아들 신문왕이 왕위에 올라 개요 2년(682)에 끝마쳤다. 금당 섬돌 아래에 동쪽을 향해 구멍 하나를 뚫어 두었는데, 이는 용이 들어와서 서리고 있게 하기 위해서였다. 대개 유언으로 유골을 간직한 곳을 대왕암이라고 하고, 절을 감은사라고 이름했으며, 뒤에 용이 나타난 것을 본 곳을 利見臺라고 하였다(『삼국유사』 권2, 기이 만파식적).[44]

---

43) 김창호, 앞의 논문, 2007, 66쪽.
44) "寺中記云, 文武王欲鎭倭兵, 故始創此寺, 未畢而崩, 爲海龍. 其子神文立, 開耀二年畢排. 金堂砌下東向開一穴, 乃龍之入寺旋繞之備. 蓋遺詔之葬骨處, 名大王岩, 寺名感恩寺, 後見龍現形處, 名利見臺"

위의 기록은 감은사 및 이견대와 관련된 내용을 알려주고 있다. 잘 알려진 바와 같이 감은사는 문무왕이 왜병을 진압하고자 하여 건립한 사찰이다. 그렇지만 완공을 하지 못하고 돌아가자 그의 아들인 신문왕이 완공한 것으로 호국에서 추복을 위한 기능으로 변경되었음을 알려준다. 또한 신문왕이 문무왕을 동해에 장사지낸 다음 그를 추모하여 대를 쌓고 바라보았더니 큰 용이 바다 가운데 나타나 그로 인하여 이견대라 이름하였다고 한다. 이는 문무왕이 동해의 호국용이 되었다고 하는 것을 상징적으로 보여주는 것이라 할 수 있으며, 신라 사람들로 하여금 문무왕의 호국용으로 현신하였음을 드러내고자 한 것이다. 그리고 이견대라고 하는 상징적인 장소 혹은 성지를 만든 것이라 할 수 있다.

여기서 눈여겨 볼 사실은 승려 一然이 『寺中記』를 이용하여 전한 것으로 문무왕의 유골을 간직한 곳이 대왕암이라 하였고 곧 그곳이 藏骨處라 하였다. 이는 고문외정에서 화장을 한 후 동해에 장사를 지냈다고 한 것과 연결하여 이해할 수 있는 중요한 대목이다. 그러면 대왕암이 문무왕의 수중침릉일까 하는 것이다. 이를 알기 위해서 다음의 기록부터 살펴보기로 하자.

F-1. 왕이 죽었다. 시호를 문무라 하고 여러 신하들이 유언에 따라 동해 어구 큰 바위 위(大石上)에 장사지냈다. 민간에서 전하기를, 왕이 죽어 용이 되었다고 하고 또 그 바위를 가리켜 大王石이라 한다. (중략) 죽고 나서 10일이 지나면 곧 庫門 바깥의 뜰에서 서쪽의 의식에 따라 화장하라(『삼국사기』 권 7, 문무왕 21년 가을 7월 1일).[45]

F-2. 능은 감은사 동쪽 바다 중에 있다(『삼국유사』 권1, 왕력 제30 문무왕).[46]

F-3. 대왕이 나라를 다스린 지 21년만인 영륭 2년 신사(681)에 붕어하니, 유조를 따라 동해 중의 큰 바위 위에 장사지냈다. 왕이 평소에 항상 지의법사에

---

45) "王薨, 諡曰文武, 羣臣以遺言葬東海口大石上, (중략) 屬纊之後十日, 便於庫門外庭, 依西國之式, 以火燒葬"

46) "陵在感恩寺東海中"

게 이르기를, "짐은 죽은 뒤에 호국대룡이 되어 불법을 만들고 나라를 수호하고자 한다"고 하였다. 법사가 말하기를, "용이란 축생보가 되는 데 어찌합니까?"라고 하였다. 왕이 말하기를, "나는 세상의 영화를 싫어한 지 오랜지라, 만약 나쁜 응보를 받아 축생이 된다면 짐의 뜻에 합당하다"고 하였다(『삼국유사』 권2, 기이 2 문호왕법민).[47]

위의 F군의 기록을 통해서 보면, 문무왕은 죽기 전에 유언으로 화장할 것을 당부하였음을 알 수 있다. 그리고 그의 능이 감은사 동해중에 있다는 기록을 눈여겨 볼 수 있다(F-2의 기록). 또한 그는 죽은 후에 동해의 용왕이 되고자 지의법사에게 말하였다고 한다(F-3의 기록). 이러한 점으로 볼 때 그가 죽은 이후 화장한 다음 동해 바다에 장골처를 마련하였음을 알 수 있다.

그렇다면 문무왕의 2차 장례 장소로 알려진 수중침릉인 대왕암에 대한 의문이 발생할 수밖에 없다. 현재 문무왕의 수중침릉이라 알려진 대왕암에 관해서는 논란이 많다.[48] 다수의 연구자 및 일반인들도 그것을 사실로 인정하지 않고 있다.[49] 그러니까 실제 문무왕의 수중 무덤이라고 생각하지

---

47) "大王御國二十一年, 以永隆陰二年辛巳崩, 遺詔葬於東海中大巖上. 王平時常謂智義法師曰, 朕身後願爲護國大龍, 崇奉佛法, 守護邦家. 法師曰, 龍爲畜報何. 王曰, 我厭世間榮華久矣. 若麤報爲畜, 則雅合朕懷矣"

48) 1967년 신라오악학술조사단이 이 바위산에 올라 내부 모습을 조사하여 여기가 바로 대왕암이며 문무왕의 화장한 유해가 묻힌 수중릉이라고 하였다(황수영, 「선사의 길을 따라」 『한국사시민강좌』 11, 일조각, 1992, 187~190쪽). 이후 이곳은 사적으로 지정되었다. 그러나 2000년대 들어서 대왕암이 장골처 거석 하부 암반에 장골을 위한 인공구조물이 설치되지 않았다는 것을 확인하면서 거석은 산골을 위한 제단이라는 결론이 도출되었다(손호웅·김성범, 「문무대왕 수중릉에 대한 지질공학적 연구」 『지구물리』 6-3, 2003, 139~153쪽). 석병철, 앞의 논문, 2007, 86쪽에서 국립문화재연구소의 조사 결과, 문무왕의 장골처로 보이는 그 어떠한 시설도 확인되지 않아 산골의 가능성이 높다고 하였다.

49) 남천우, 『유물의 재발견』, 학고재, 1997, 119쪽 및 신종원, 「문무왕과 대왕암 - 고려시대의 민속신앙과 관련하여 -」 『한국중세사회의 제문제』, 한국중세사학회, 2001, 638~646쪽. 더욱이 유홍준은 『나의 문화유산 답사기』, 창작과비평사,

않고 있다는 점이다. 더욱이 2001년 4월 28일에 방영된 「역사스페셜, 최초 발굴 신라대왕암」에서 수중침릉이 아닐 가능성을 더욱 높였기 때문에 일반인들도 이와 같은 생각에 동의하는 경우가 많다. 사실과는 관계없이 세상 사람들에 의해 동해의 대왕암이 문무왕의 능으로 전해지고 있다는 것이다.[50] 이러한 주장에 따르면 문무왕이 사망한 후 동해의 큰 바위 위에서 화장과 동시에 산골한 것으로 이해할 수 있다. 그리고 이와 같은 이해는 결국 대왕암은 문무왕릉과는 전혀 관계없는 장소일 뿐이라고 하는 것이다.

그렇지만 『삼국유사』 왕력의 기록(F-2의 기록) 및 만파식적에 보이는 C의 기록을 무시할 수는 없다. 문무왕을 화장하여 동해에 장사지냈다고 하는 것은 틀림이 없는 사실일 것이다. 다만 그 흔적을 지금까지는 대왕암으로 생각하였으나 그것이 실제가 아니라고 하니 다른 것에서 찾을 수밖에 없다. 그러나 현재 문무왕이 수중침릉을 대왕암이 아닌 다른 것에서 찾기는 요원한 실정이다. 그렇다면 이와 같은 문제를 어떻게 해결할 것인가 하는 것인데, 대왕암으로 다시 눈을 돌리지 않을 수 없다. 왜냐하면 문무왕과 관련하여 감은사나 이견대 관련 기록을 무시할 수 없기 때문이며, 현재 감은사가 남아 있으므로 이는 서로 유기적인 관계가 있기 때문이다.

비록 대왕암이 문무왕의 수중침릉이 아니라고 하더라도 그를 화장한 후 동해에 장골하였다는 것은 명백하기 때문에 대왕암은 상징적인 장소라고 할 수 있다. 대왕암을 문무왕의 수중침릉이 아니라고 하는 것에 대해서 많은 연구자들이 동의하고 있으나 그 대안은 제시하지 못하고 있다. 대안을 찾기 어려운 상황에서 대왕암을 문무왕의 수중침릉이 아니라고 무조건 부

<hr/>

1993, 160~165쪽에서 정권과 영합한 학자들을 비난하면서 세계유일의 수중릉이라고 한 것에 대하여 비판하고 있다.

50) 신종원은 "사람들은 바다에 상주하는 문무왕을 마음에 두고 있다. 그것은 '海中陵·藏骨處'인 대왕암으로서 문무왕은 언제나 거기에 바위처럼 군림하며 나라와 백성을 보살피고 계신다고 한다. 지금까지의 이야기는 俗傳·世傳으로서 史實과는 별도로 그렇게 전해지고 또 믿어 왔다'라고 하였다(신종원, 앞의 책, 2008, 175쪽).

인하기보다는 그것이 가지는 상징성을 되살리는 것이 더 낫지 않을까 하는 생각을 하게 되는 것이다.[51]

신라 사람들에게 그리고 현재를 살아가는 사람들에게 대왕암은 문무왕과는 떼려야 뗄 수 없는 관계에 있다. 비록 대왕암이 문무왕과 전혀 관련이 없다고 하더라도 세상에는 그렇게 전해지고 있다는 사실과 그렇게 믿어온 사실을 결코 무시할 수 없다는 점이다. 신라 사람들에게 문무왕이 잠들어 있는 대왕암은 동해안으로 침입하는 왜군을 막기 위한 것에서 비롯된 것이라고 할 수 있을 것이다. 나당전쟁이 끝나기는 하였으나 왜군의 침입을 염려하였기 때문에 이와 같은 유언이 남게 된 것이고,[52] 신라 사람들의 뇌리에 그것이 깊이 뿌리박혔을 것이다.

현재를 살아가는 사람들에게도 동해의 대왕암은 문무왕의 존재를 다시금 일깨워 주는 장소이다. 대왕암을 문무왕과 연결하는 것은 그곳이 가진 상징성을 무시할 수 없기 때문이다. 발굴 조사 결과를 통해 대왕암이 문무왕의 수중침릉이 아니라고 한 연구가 있으나 아직도 대다수의 사람들은 그곳이 가지는 상징성을 무시하지 않고 있다. 역사적 사실을 가진 곳이 아니라고 해서 대왕암을 무시할 것이 아니라 왜 그러한 상징처를 만들어 내었고, 그것이 현재까지 전해지게 된 것을 이해할 수 있다면 대왕암은 문무왕을 떠올리는 중요한 매개체 역할을 한다고 해도 과언이 아닐 것이다.

Ⅳ. 맺음말

신라 문무왕은 죽음 직전에 유조를 남겼다. 또한 그가 남긴 유조의 내

---

51) 이채경, 「문무왕 신격화의 변전 양상과 현대적 의의 - 문화콘텐츠 활용 방안을 중심으로 - 」『한국문학논총』 68, 2014, 136~137쪽.
52) 서영교, 「감은사 창건배경에 대한 신고찰 - 나당전쟁 후 국제상황을 중심으로 - 」 『불교문화연구』 2, 2001이 크게 참고 된다.

용 중 일부는 현재 사천왕사에 세워졌던 「문무왕릉비」에서도 찾아볼 수 있어 주목된다. 문무왕이 남긴 유조는 유언이라기보다는 명령과 같은 것이 었다고 할 수 있으므로 이는 신라왕이 남긴 유조 가운데서도 매우 특징적 이라 할 수 있다.

문무왕은 생전에 쌓았던 업적과 그러한 일을 하기 위해 노력한 결과 병을 얻었다고 하면서 옛날을 돌아보고 있다. 또한 당시 당과 연결된 정치세력이 왕실내에서 큰 영향력이 지니고 있었으므로 태자의 왕위계승을 염려하여 관 앞에서 즉위토록 하였다. 또한 그가 죽은 후 화장하여 간소하게 장례를 치를 것을 요구하였다. 이와 같은 유조는 그대로 시행되었고, 이후 신문왕이 왕권을 강화하는 핵심으로 작용하였다고 해도 과언이 아니다.

문무왕이 남긴 유조와 관련하여 주목할 점 가운데 하나는 동해에 장골처를 마련한 것이다. 현재 그를 화장한 장소가 어디인가에 관해서 의견이 많으나, 사천왕사에서 장례의식을 거행한 다음 능지탑에서 화장하였을 가능성이 제일 크다. 이는 사천왕사와 능지탑의 거리가 그다지 멀지 않다는 점에서 추측이 가능하다.

문무왕의 시신을 능지탑에서 화장한 다음 남은 유골은 대왕암에 장골하였을 가능성이 크다. 현재 대왕암은 문무왕과는 관련이 없는 것으로 설명하고 있으며, 사람들의 마음속에 문무왕과 관련하여 남겨진 전설로 치부되고 있다. 그러나 남겨진 여러 가지 기록을 통해서 볼 때 대왕암이 문무왕의 장골처라고 해도 무리한 이해가 아니다. 대왕암이 문무왕의 수중침릉이 아니라고 한다면 어디서 그것을 찾을 수 있을 것인가에 대해서는 대안을 제시하지 못하고 있어 더욱 문제가 있다.

그를 기리는 「문무왕릉비」가 사천왕사에 세워진 것을 염두에 두면 수중능침의 존재는 분명하다고 할 수 있다. 왕릉비라고 한 데서 볼 때 왕릉 곁에 세워진 비이므로 수중침릉의 존재를 유추하기에는 어렵지 않다. 따라서 문무왕의 장골처에 대한 새로운 장소가 찾아지지 않는 이상 대왕암은 문무왕의 남은 육신과 영혼이 잠들어 있는 상징적인 곳으로 볼 수밖에 없

으며, 신라 사람들과 현재인들에게 있어 그곳은 문무왕의 영원한 장골처로
그리고 안식처로 남아 있을 수밖에 없다.

*이 글은『신라문화』59(동국대학교 신라문화연구소, 2021)에
실린 글을 수정·보완한 것이다.

제4절
신라 장구진의 위치 비정에 대하여

이 상 훈
(육군사관학교 군사사학과 교수)

I. 머리말

676년 신라는 나당전쟁에서 승리하면서 삼국통일을 이루었다. 통일신라는 북으로 대동강에서 원산만에 이르는 영토를 영유하였다. 하지만 신라가 예성강 이북에서 대동강 이남에 이르는 지역까지 실질적으로 영토화하는 것에는 상당한 시일이 소요되었다.

신라는 성덕왕 34년(735)에 당으로부터 패강(대동강) 이남의 땅을 공인받게 되었다.[1] 이후 경덕왕 7년(748)에 14郡縣을 설치하였고, 경덕왕 16년(757)에 전국 州郡縣을 정비하였으며, 경덕왕 21년(762)에 6城을 추가로 설치하였다. 宣德王 3년(782)에는 浿江鎭으로 백성들을 이주시켰다. 이러한 과정을 거쳐 대동강 이남의 땅은 실질적인 신라의 영토가 되었다.

학계에서는 신라의 서북지역에 대한 북진과정과 관련하여 꾸준한 관심이 있어왔다. 浿江鎭 자체의 설치 과정, 배경, 운영, 성격 등에 관한 연구가 진행되었고,[2] 신라의 서북 영토 확장 과정과 운영에 대한 관심이 두어졌으며,[3] 신라하대 軍鎭의 전반적인 운영 양상에 대한 검토도 이루어졌다.[4] 또

---

1) 『삼국사기』 권8, 신라본기8 성덕왕 34년.
2) 패강진과 관련된 대표적인 연구는 다음과 같다.
　이기동, 「신라 하대의 패강진 – 고려왕조의 성립과 관련하여 – 」 『한국학보』 4, 1976 ; 조이옥, 「통일신라 북방개척과 패강진」 『백산학보』 46, 1996 ; 강봉룡, 「신라하대 패강진의 설치와 운영」 『한국고대사연구』 11, 1997 ; 박남수, 「신라 성덕왕대 패강진 설치 배경」 『사학연구』 110, 2013 ; 전덕재, 「신라 하대 패강진의 설치와 그 성격」 『대구사학』 113, 2013.
3) 신라의 서북 영토 확장과 관련된 대표적인 연구는 다음과 같다.
　조이옥, 「8~9세기 신라의 북방경영과 축성사업」 『신라문화』 34, 2009 ; 박남수, 「신라 浿江鎭典의 정비와 漢州 西北境의 郡縣 설치」 『동국사학』 54, 2013 ; 전덕재, 「신라의 북진과 서북 경계의 변화」 『한국사연구』 173, 2016 ; 한준수, 「신라의 패강 지역 진출과 서북 도서의 지배」 『한국학논총』 52, 2019.
4) 신라 하대 군진 운영에 관한 대표적인 연구는 다음과 같다.
　전덕재, 「신라하대 진의 설치와 성격」 『군사』 35, 1997 ; 윤재운, 「신라하대 진

漢山州의 공간적 관점에서 이해하는 연구도 진행되었다.[5]

신라의 서북지역 진출과 관련하여 '長口鎭'이라는 지명이 있다. 『삼국사기』에는 확인되지 않지만, 『新唐書』 지리지 등 중국 사서에 등장하는 지명이다.[6] 신라의 서북지역 진출과 관련하여, 패강진이 육로의 중심지라고 한다면 장구진은 해로의 중심지라 할 수 있다. 현재 장구진의 위치는 다양하게 비정되고 있는데, 전론으로서 구체적으로 다루어지지 않았다. 본고에서는 먼저 장구진 관련 기록을 검토하여 장산곶과 어떠한 연관이 있는지를 밝히고, 이를 통해 장산곶의 오차진이 장구진일 가능성에 대해 논하고자 한다.

II. 장구진 관련 기록과 위치 문제

『신당서』 지리지에는 8세기 중국 산동반도에서 신라 서해안에 이르는 沿岸航路[7] 상황이 잘 묘사되어 있다. 여기에 신라 서북에 위치한 '長口鎭'의 존재가 확인된다.

A-① 登州에서 동북쪽으로 항행하여 大謝島(長山島)[8]·龜歆島(砣磯島)·末島(歆

의 재검토」 『사학연구』 58·59, 1999 ; 한준수, 「신라하대 軍鎭세력의 대두와 율령질서의 이완」 『한국고대사탐구』 20, 2015.

5) 박성현, 「6~8세기 신라 한주 '郡縣城'과 그 성격」 『한국사론』 47, 2002 ; 김창겸, 「신라시대 漢山州에 대하여」 『중앙사론』 21, 2005.

6) 『新唐書』 卷43下, 志33下 地理7下 河北道.

7) 서해 연안항로는 한반도 서해안에서 요동반도를 거쳐 산동반도로 이어지는 항로로서, 삼국시대 이전부터 보편적으로 이용된 것으로 파악된다(강봉룡, 「고대~고려시대의 해로와 섬」 『대구사학』 110, 2013, 26쪽). 서해 횡단항로는 황해도 서남단에서 중국의 산동반도를 향하여 정서쪽으로 서해를 가로지르는 항로로서, 대략 5~6세기에 개척되었지만 7세기 전반까지는 일반화되지 못하였다(권덕영, 『신라의 바다 황해』, 일조각, 2012, 82~83쪽).

8) 이하 지명 비정은 정수일, 『신라·서역교류사』, 단국대출판부, 1992, 516~518쪽 참조.

島)·烏湖島(隍城島)를 지나는 데 300리이다. ② 북으로 烏湖海(渤海)를 건너
馬石山(老鐵山) 동쪽의 都里鎭(旅順)에 이르는 데 200리이다. ③ 동쪽으로
바닷가를 따라 靑泥浦(大連)·桃花浦(大連)·杏花浦·石人汪·槖駝灣(大洋河)·烏
骨江(압록강)을 지나는 데 800리이다. ④ 여기에서 남쪽으로 바닷가를 따라
烏牧島(신미도)·貝江口(대동강)·椒島(초도)를 지나면 신라 서북의 長口鎭에
이른다. ⑤ 다시 秦王石橋(옹진반도)[9]·麻田島(교동도)·古寺島(강화도)·得物
島(덕물도)를 지나는데 1,000리이며, 鴨淥江[10]의 唐恩浦口(남양)에 이른다.
⑥ 다시 동남쪽으로 육로로 700리를 가면 신라의 王城(경주)에 이른다.[11]

　　중국 산동반도 登州에서 동북쪽으로 渤海를 건너 요동반도에 이르고,
다시 연안을 따라 동쪽으로 항해하여 鴨綠江 하구에 이른다. 압록강 하구
에서는 남쪽으로 항해하여 長口鎭에 이른 후, 다시 동남쪽으로 항해하여
唐恩浦에 이른다. 여기에서 상륙하여 육로로 신라의 王城까지 이동한다.
이 연안항로는 삼국시대 이전부터 사용되었는데, 통일신라시대에도 여전
히 활용되었음을 알 수 있다.[12]
　　『신당서』 지리지에 수록된 서해 연안항로는 당의 재상 賈耽(730~805)
이 저술한 『皇華四達記』(일명 『都里記』) 「登州海行入高麗渤海」의 逸文이

---

9) 중국 秦皇島에는 진시황이 海神의 협조를 얻어 바다에 돌다리를 지었다는 전설
   이 남아 있는데, 그 다리의 목적지가 한반도 쪽이었다고 한다면 옹진반도일 가능
   성이 높다(도도로키 히로시, 「신라 북요통 복원 서설」 『아시아리뷰』 8-2, 2019,
   147쪽).
10) 압록강이라 표현한 것은 한강을 잘못 인식했거나 혹은 남양 일대 소하천의 옛
   명칭일 가능성도 있다(도도로키 히로시, 앞의 논문, 147쪽). 해로로 볼 때 압록강
   은 사료 A-③에서 '烏骨江'이라 표현된 지점이다.
11) 『新唐書』 卷43下, 志33下 地理7下 河北道, "東北海行, 過大謝島·龜歆島·末島·烏
   湖島三百里. 北渡烏湖海, 至馬石山東之都里鎭二百里. 東傍海壖, 過靑泥浦·桃花
   浦·杏花浦·石人汪·槖駝灣·烏骨江八百里. 乃南傍海壖, 過烏牧島·貝江口·椒島, 得
   新羅西北之長口鎭. 又過秦王石橋·麻田島·古寺島·得物島, 千里至鴨淥江唐恩浦口.
   乃東南陸行, 七百里至新羅王城"
12) 강봉룡, 「고대~고려시대의 해로와 섬」 『대구사학』 110, 2013, 26쪽.

라 알려져 있다.[13] 賈耽은 801년 『海內華夷圖』 및 『古今郡國縣道四夷述』
40권을 저술하였는데, 『皇華四達記』는 『古今郡國縣道四夷述』의 四夷述 부
분이다.[14] 『신당서』 지리지는 賈耽의 『古今郡國縣道四夷述』을 기반으로
서술되었고, 또 『古今郡國縣道四夷述』은 당-발해-신라-당의 사행로를 왕
복한 唐使 韓朝彩의 견문에 바탕을 두었다고 한다.[15] 韓朝彩는 762년에서
764년 사이에 사행로를 왕복하였다. 그렇다고 한다면 8세기 중엽 황해도
연안에 이미 장구진이라는 軍鎮이 실재하였다고 볼 수 있다.[16]

　장구진은 사료 A-④와 ⑤를 참조해 보면, 烏牧島(신미도)·貝江口(압록
강)·椒島(초도)와　秦王石橋(옹진반도)·麻田島(교동도)[17]·古寺島(강화도)·得
物島(덕물도) 사이에 위치한다. 즉 장구진은 연안항로 상으로 볼 때 초도와
옹진반도 사이에 위치했던 것은 분명하다. 또 사료 A에는 섬의 경우 모두
'島'라고 표현하고 있어, 장구진은 섬이 아니라 해안에 위치한 지명임을 짐
작할 수 있다. 신라의 '長口鎮'은 당의 '都里鎮(旅順)'에 대응할 정도로 중
요한 해상 요충지였음에 틀림없다.

13) 정수일, 「동북아 해로고 - 나당해로와 여송해로를 중심으로 - 」『문명교류연구』 2, 2011, 44쪽.
14) 榎一雄, 「賈耽の地理書と都里記の稱とに就いて」『榎一雄著作集』 7, 1994, 197~200쪽.
15) 赤羽目匡由, 「8世紀中葉における新羅と渤海との通交關係 - 『三國史記』所引, 賈耽 『古今郡國縣道四夷述』逸文の分析 - 」『古代文化』 56-5, 2004, 38쪽 ; 아카바메 마사요시, 김선숙 역, 「8세기 중엽에 있어서 신라와 발해의 통교관계」『고구려발 해연구』 32, 2008, 300~302쪽.
16) 박남수, 앞의 논문, 60~61쪽.
17) 內藤雋輔는 마전도와 고사도를 교동도와 강화도로 비정하였는데(內藤雋輔, 「朝鮮支那間の航路及び其推移に就いて」『內藤博士頌壽紀念史學論叢』, 1927 ; 『朝鮮史研究』, 東洋史研究會, 1961, 373~374쪽), 정진술은 대청도와 연평도로 추정하였다(정진술, 『한국의 고대 해상교통로』, 한국해양전략연구소, 2009, 249~250쪽). 어느 쪽이었든 모두 경기만에 위치한 섬들이다(권덕영, 『신라의 바다 황해』, 일조각, 2012, 179쪽).

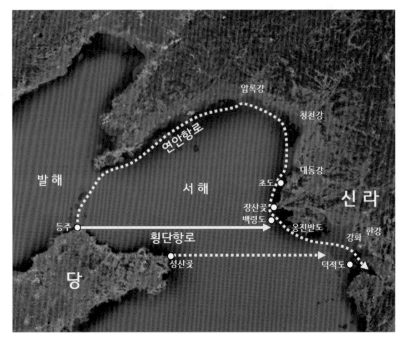

〈그림 1〉 고대 서해 항로

〈표 1〉 학자별 장구진 위치 비정

시 기	성 명	위치 비정
1800~1834	韓鎭書	長淵·殷栗
1861~1866	金正浩	豐川
1913	津田左右吉	所江鎭
1932	今西龍	長淵郡 海安面 해변
1997	권덕영	夢金浦 부근
2005	김창겸	長山串
2013	강봉룡	甕津半島 끄트머리
2013	박남수	松禾郡 豐川面
2013	전덕재	長淵郡 海安面 해안가
2019	도도로키 히로시	豐川 唐館浦

 장구진의 위치에 관해서는 19세기 한진서는 長淵이나 殷栗에 위치한다
고 보았고,[18] 김정호는 豐川이라고 인식하였다.[19] 1913년 쓰다 소키치는
옹진의 所江鎭이라고 하였고,[20] 1932년 이마니시 류는 장연군 해안면의
해변이라고 보았다.[21] 이후 1997년 권덕영은 장연군 해안면의 몽금포라고
비정하였으며,[22] 2005년 김창겸은 장산곶 일대로 보았다.[23] 2013년 강봉
룡은 옹진반도 끄트머리라고 하였고,[24] 박남수는 송화군 풍천면으로 보았
으며,[25] 전덕재는 장연군 해안면의 해안가로 비정하였다.[26] 최근 2019년
도도로키 히로시는 풍천 당관포라고 구체화하였다.[27]

 장구진은 연안항로 상으로 볼 때 초도와 옹진반도 사이에 위치하였다.
행정구역 개편을 거쳐 豐川 일대는 송화군이 되었다.[28] 장구진을 옹진반도
로 비정하는 견해를 제외하면, 크게 송화군 운유면 일대로 보는 견해와 장
연군 해안면 일대로 보는 견해로 구분할 수 있다. 위치를 구체적으로 언급
하자면 운유면의 당관포와 해안면의 몽금포로 수렴된다고 볼 수 있다. 두
곳 모두 초도 이남에서 장산곶 이북에 위치한다.

18) 韓鎭書, 『海東繹史續』 卷7 地理考7 唐恩郡 長口鎭.
19) 金正浩, 『大東地志』 卷17 豐川 宮室 皇華門.
20) 津田左右吉, 「新羅北境考」 『朝鮮歷史地理』 1, 1913, 321쪽.
21) 今西龍, 『新羅史研究』, 國書刊行會, 1932, 356쪽
22) 권덕영, 1997, 『고대한중외교사』, 일조각, 201쪽.
23) 김창겸, 「신라시대 漢山州에 대하여」 『중앙사론』 21, 2005, 44~45쪽.
24) 강봉룡, 「고대~고려시대의 海路와 섬」 『대구사학』 110, 2013, 26쪽.
25) 박남수, 「신라 浿江鎭典의 정비와 漢州 西北境의 郡縣 설치」 『동국사학』 54, 2013, 61쪽.
26) 전덕재, 「신라 하대 패강진의 설치와 그 성격」 『대구사학』 113, 2013, 25쪽.
27) 도도로키 히로시, 「신라 북요통 복원 서설」 『아시아리뷰』 8-2, 2019, 145~146쪽.
28) 태종 8년(1408) 청송현과 가화현이 병합하여 송화현이 되었다가 고종 32년
(1895) 송화군과 풍천군으로 나누어졌다. 다시 1914년 송화군에 풍천군이 병합
되었고, 동부 일부지역은 장연군과 신천군에 이속되었다.

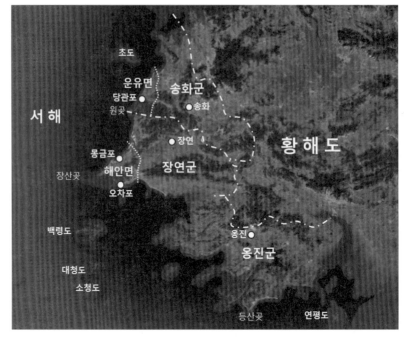

〈그림 2〉 황해도 서남해안 지형도

　송화군과 관련하여 조선시대에 작성된 『大東地志』에는 '天使館'과 '皇華
門'이라는 명칭이 남아 있다.[29] 천사관은 옛날 중국 사신이 이곳에 머물렀기
때문에 이름을 지었고, 황화문은 수로로 중국에 조회 갈 적에 뗏목이 경유하
던 곳이었기 때문에 이름지었다고 되어 있다. 또 송화군 운유면에는 '唐館
鄕'[30] '唐館浦'라는 지명이 남아 있는데, 『東輿圖』에는 당관포 옆에 당나라
사신을 迎送하던 곳이라는 설명이 붙어 있다. 이에 장구진을 고려 시대 豐川
都護府가 소재했던 현재 송화군 풍천면의 당관포로 보는 경향이 강하다.

29) 『大東地志』 卷17, 豐川都護府 宮室 皇華門.
30) 『新增東國輿地勝覽』 卷43, 豐川都護府 古跡. 唐館은 당 사신이 머물던 객관의 의
　　미로 이해되는데, 이는 天使館과 동일한 존재임을 짐작할 수 있다(한준수, 「신라
　　의 패강 지역 진출과 서북 도서의 지배」 『한국학논총』 52, 2019, 12~13쪽).

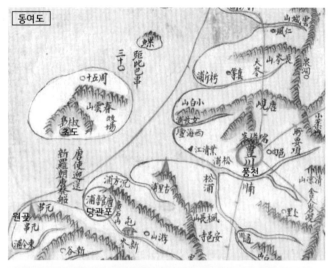

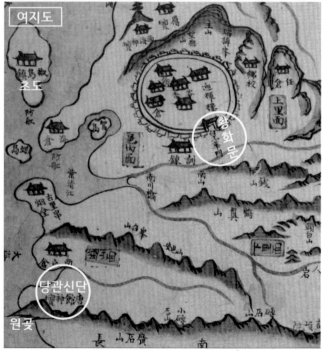

〈지도 1〉『동여도』와 『여지도』의 풍천 일대

조선시대 기록이나 지도의 경우 이미 국경이 압록강으로 북진해 있던
상황에서 작성된 것이다. 통일신라시기 황해도 일대는 조선시대와 달리 안
전하지 않은 지역이었음을 감안할 필요가 있다. 신라의 국경지대이자 최전
방으로서 군사적 기능이 강조될 수밖에 없는 위치였다. 따라서 장구진의
위치는 당시 신라의 교통로, 군사적 기능, 북진 상황 등을 종합적으로 검토
한 후 비정해야 마땅할 것이다.

Ⅲ. 장구진과 장산곶의 입지

장구진의 위치를 비정하기 앞서 '長口鎭'이라는 지명 자체에 대해 먼저
살펴보자. 『삼국사기』에 長口라는 지명은 직접 확인되지 않는다. 기본적으
로 장구진은 長口라는 지역에 설치된 鎭을 의미한다. 長口라는 지명과 관
련하여 여러 가능성을 염두할 필요가 있다.

<표 2> 『삼국사기』 지명과 이칭

지 명	이 칭		비 고
獐項口[31]	古斯也忽次		口=忽次 대응
楊口[32]	要隱忽次		
介山[33]	皆次山		次 생략 가능
童城[34]	童子忽	幢山	城=忽=山 대응
臂城[35]	馬忽		
泉井口[36]	於乙買串		口=串 대응

31) 『삼국사기』 권37, 잡지6 지리4 고구려 한산주, "獐項口縣 一云古斯也忽次."
32) 『삼국사기』 권37, 잡지6 지리4 고구려 우수주, "楊口郡 一云要隱忽次."
33) 『삼국사기』 권35, 잡지4 지리2 신라 개산군, "介山郡, 本高句麗皆次山郡."
34) 『삼국사기』 권35, 잡지4 지리2 신라 장제군, "童城縣, 本高句麗童子忽 一云幢山
縣."

獐項口는 古斯也忽次라고 하는데, 口와 忽次가 대응하고 있으며 次는 생략 가능하다. 童子忽은 童城이나 幢山이라고 하는데, 忽과 城 그리고 山이 대응한다. 또한 泉井口는 於乙買串이라고 하는데, 口와 串이 대응한다. 따라서 長口는 長山 혹은 長串의 또 다른 이름이었을 가능성이 크다. 그렇다고 한다면 長口는 長山(串)을 나타낸다고 할 수 있다.

사료 A의 지명들을 살펴보면, 특기할 만한 섬이나 강 그리고 포구를 언급하고 있다. 초도 이남에서 옹진반도 이북에서 가장 특기할 만한 장소는 장산곶이라고 할 수 있다. 왜냐하면 연안항로로 이동할 경우 남하하다가 장산곶을 기준으로 서쪽으로 크게 돌았다가 다시 동쪽으로 나아가야 했기 때문이다(〈그림 2〉참조). 전근대시기 바다를 향해 서쪽으로 크게 튀어나와 있는 장산곶을 돌아 항해하는 것 자체가 힘든 일이었다.[37]

> B-① "황해도 長淵 지경인 장산곶은 남쪽으로 바다에 4, 5息쯤 들어가 水路가 험난하기 때문에 경기도로부터 평안도에 이르는 漕轉이 통하지 못하니 진실로 염려하지 않을 수 없는 일입니다."[38]
> B-② "다시 생각해보니 장산곶 근처는 뱃길이 대단히 험하여 평상시에도 평안도 배들이 언제나 장산곶에서 파선당하곤 했으니 大駕가 이곳을 지나서는 안 됩니다. 龍川을 경유하여 급히 安岳에 정박하고 육로로 올라가 海州를

---

35) 『삼국사기』권37, 잡지6 지리4 고구려 한산주, "臂城郡 一云馬忽."
36) 『삼국사기』권37, 잡지6 지리4 고구려 한산주, "泉井口縣 一云於乙買串."
37) 『삼국사기』에 장산곶을 항해하는 것에 대한 어려움을 직접 언급한 내용은 없다. 다만 이와 관련하여 중국 田豫의 사례가 참고된다. 전예는 중국 삼국시기 위나라 장수로서, 232년 오나라의 선단이 요동반도로 상륙해 공손연과 우호관계를 맺자, 이를 격퇴하기 위해 파견되었다. 전예는 오나라의 선단이 귀항할 때는 산동반도를 크게 우회하는 원양항해는 불가능하다고 판단하고, 산동반도를 따라 항해하다가 동쪽 끝인 成山으로 돌아 남하할 것을 예상하였다. 미리 매복하고 있다가 오나라 선단이 성산에서 좌초되자 이들을 모두 포로로 삼는 전과를 거두었다 (『三國志』卷26, 魏書 田豫傳).
38) 『세종실록』권34, 세종 8년(1426) 12월 15일.

지나 牙山에 도착하는 것이 좋겠습니다."[39]

B-③ 海西의 稅船이 장산곶에 이르러 여러 번 엎어졌다.[40]

사료 B-①은 1426년 한성부윤 이명덕이 상소한 내용의 일부이다. 장산
곶이 바다를 향해 튀어나와 있기 때문에 수로가 험난하며, 경기도에서 평
안도에 이르는 조운이 원활하지 않다는 것을 언급하고 있다.[41] 사료 B-②
는 1592년 임진왜란 당시 어영대장 윤두수가 국왕에게 아뢴 내용의 일부
이다. 장산곶 일대는 수로가 대단히 험하며 평안도의 선박들이 장산곶에서
파선당하기 때문에, 육로를 이용해야 한다고 건의하고 있다. 사료 B-③은
1655년 황해도의 조세 운반선에 관한 기사이다. 17세기에 이르러서도 장
산곶 일대에서 선박이 자주 전복되었음을 알 수 있다.

C-① "만약 큰 적군을 만난다면 장산곶 이북의 각 浦 병선을 한 곳으로 모으고,
    장산곶 이남의 각 浦 병선을 또한 한 곳에 모아서 각기 要害地에서 모여 변
    고에 대응하는 것이 이미 前例가 있으므로 새로 병선을 만들 필요가 없습니
    다."[42]

C-② "왜구가 10척 이하이면 근방의 각 浦로 하여금 서로서로 전하여 알려서
    犄角으로 공격하게 하고, 15척 이상 25, 6척 이하의 적이 장산곶 이남에 횡
    행하면 僉節制使와 용매량·가을포·오예포 萬戶 등이 그 적선의 향하는 바
    를 따라서 배를 거느리고 추격하게 하고, 적이 장산곶 이북에 있으면 첨절
    제사와 아랑포·허사포·광암량 만호 등이 군사를 거느리고 추격하게 하면

---

39) 『선조실록』 권27, 선조 25년(1592) 6월 26일.

40) 『효종실록』 권14, 효종 6년(1655) 3월 22일.

41) 조선 세종대에는 장산곶 앞 바다를 경유하지 않고 평안도에서 경기도의 조운은
    육로로 이루어졌다. 장산곶 동북쪽의 阿郎浦와 동남쪽의 大串을 이용하면서 두
    지점 사이는 수레로 운반하게 하였다(한정훈, 「고려시대 13조창과 주변 교통로
    연구」 『한국중세사연구』 23, 2007, 177~178쪽).

42) 『세종실록』 권44, 세종 11년(1429) 6월 6일.

연변의 방어가 虛疏되지는 않을 것입니다. 만약 적이 대거 入寇하면 한 道
의 병선을 모두 징집하여 합해서 공격하는 것이 어떻겠습니까."[43]

C-③ "장산곶은 바닷길이 아주 험악하므로 황해도 操鍊하러 나가는 군사가 매
번 이곳에서 뒤집어지거나 빠지며, 荒唐船이 출몰하는 첫길이 바로 장연 앞
바다이니 진실로 우려가 있습니다. 그러므로 만약 장산곶의 북쪽에다 별도
로 한 軍營을 설치하여, 더러는 水使로 하여금 조련하게 하고 더러는 해당
병영으로 하여금 전적으로 관장하게 하여 그 조련을 주관하도록 한다면 군
사들이 빠져 죽는 근심은 없어질 것입니다. 황당선 또한 감히 멋대로 다니
지 못할 것입니다."[44]

사료 C-①은 1429년 좌의정 황희가 국왕에게 아뢴 내용의 일부이며,
C-②는 1440년 知中樞院事 성달생이 상소한 내용의 일부이다. 조선시대
황해도 해안에 외적이 침입할 경우 대처 방안을 잘 보여주고 있다. 장산곶
을 기준으로 남쪽과 북쪽으로 나누어 외적에 대처해야 한다는 것이 골자이
다. C-③는 1771년 長淵府使 홍화보가 영의정 김치인에게 보고한 내용이
다. 장산곶 일대를 항해하는 것이 어려우니, 장산곶 북쪽에 별도의 군영이
필요하다는 것이다.[45] 김치인이 이러한 내용을 영조에게 아뢰자, 영조는
장산곶 南北에서 군사를 나누어 조련하도록 명하였다.

사료 C는 18세기까지도 장산곶을 돌아 항해하는 것이 얼마나 어려운지
잘 보여주고 있다. 장산곶 항해의 어려움으로 인해, 외적 대처나 군사 조련
도 장산곶을 기준으로 남북으로 나누어 실시할 수밖에 없었다. 장산곶 일
대는 해상교통의 요충지였을 뿐만 아니라, 소나무 숲이 울창해[46] 선박 제

---

43) 『세종실록』 권88, 세종 22년(1440) 3월 11일.
44) 『영조실록』 권116, 영조 47년(1771) 3월 7일.
45) 17세기 후반부터 조선의 주변 정세는 일본이나 청의 침입 가능성이 줄어드는 가
운데, 황당선 등 비정규적으로 침입하는 해적이 우려되는 상황이었다. 이에 따라
조선의 군사 정책도 변모하기 시작하였다(송기중, 『조선 후기 수군 연구』, 역사
비평사, 2019, 148쪽).

조의 중심지이기도 하였다.

> D. 經理의 분부로 선박의 수를 나누어 정하였다. 평안도 鐵山에서 만들어야 할 배
> 의 숫자는 20척인데 이미 완성된 배가 8척이니 더 만들어야 할 배가 12척이
> 고, 황해도 長山串에서 만들어야 할 배의 숫자는 50척인데 이미 완성된 배가
> 40척이니 더 만들어야 할 배는 10척이며, 충청도 安民串에서 만들 배의 숫자
> 는 10척인데 방금 일을 시작하였다. 전라도 邊山에서 만들 배의 숫자는 20척
> 인데 전일 屬公船 13척을 그대로 더 수리했으므로 더 만들 것이 7척이다.[47]

사료 D는 1598년 선박 제조에 관한 기사이다. 당시는 임진왜란의 막바
지 단계였는데, 평안도 철산에서 20척, 황해도 장산곶에서 50척, 충청도
안민곶에서 10척, 전라도 변산에서 20척을 제조해야만 하였다. 새롭게 제
조할 선박 100척 가운데 절반인 50척이 장산곶에 할당된 점에서 장산곶이
서해안 선박 제조의 중심지였음을 짐작할 수 있다.

『삼국사기』에는 경덕왕 7년(748) 대곡성 등 14군현을 설치하였고,[48] 경
덕왕 16년(757) 전국 주군현을 정비하였으며,[49] 경덕왕 21년(762) 오곡 등
6성을 설치하였다[50]고 되어 있다. 『삼국사기』 지리지에 전하는 한산주 28
군과 49현은 신라가 의욕적으로 북방을 개척한 결과라 할 수 있다.[51] 다만
당시 신라가 설치한 군현은 주로 재령강 이동의 황해도지역에 위치하였던

---

46) 1448년 의정부가 병조의 첩정에 의거하여 상신한 적이 있다. 전국 해안의 소나무
   에 관한 감독 관리를 위해 상신한 내용으로 섬과 곶 지역에서 소나무가 잘 자라는
   곳을 서술한 것이다. 豊川郡의 경우 귀림곶·초도·석도, 長淵縣의 경우 보구장령·
   백령도·장산곶이 언급되어 있다(『세종실록』 권121, 세종 30년(1448) 8월 27일).
47) 『선조실록』 권97, 선조 31년(1598) 2월 22일.
48) 『삼국사기』 권9, 신라본기9, 경덕왕 7년 8월.
49) 『삼국사기』 권9, 신라본기9, 경덕왕 16년 12월.
50) 『삼국사기』 권9, 신라본기9, 경덕왕 21년 5월.
51) 이기동, 「신라 하대의 패강진 - 고려왕조의 성립과 관련하여 -」 『한국학보』 4,
   1976 ; 『신라 골품제사회와 화랑도』, 일조각, 1984, 210~216쪽.

것으로 파악된다.[52]

신라가 재령강 이동의 황해도지역으로 진출하였을 경우, 이와 보조를 맞추어 황해도 서남해안으로도 진출하였을 가능성이 크다. 당시 신라가 황해도 서해안 전체를 통제하기는 어려웠다고 볼 수도 있다.[53] 그렇다 하더라도 최소한 황해도 서해안쪽에 거점을 마련해 서해 항로를 통제해야만 하였다. 북쪽으로 발해와의 대립 상황이 지속되었고, 서쪽으로 직항로를 통한 당과의 교류가 필요했기 때문이다. 이러한 과정에서 長口鎭과 같은 군사거점이 설치되어 그 역할을 수행했던 것으로 추정해 볼 수 있다.[54] 당시 교통로와 세력권 확보면에서 볼 때 장산곶을 돌아 그 이북지역에 군사거점을 설치하기는 어려웠을 것이다.

장구진의 입지 조건은 다음과 같다.

① 기본적으로 초도 이남과 옹진반도 이북에 위치한다.
② 지명상으로 볼 때 장산곶 일대일 가능성이 크다.
③ 장산곶을 항해하는 것 자체가 어렵다는 점을 감안해야 한다.
④ 신라의 북진 과정을 고려할 필요가 있다.

---

52) 전덕재, 「신라의 북진과 서북 경계의 변화」『한국사연구』173, 2016, 118쪽.
53) 재령강 이서의 황해도 서해안지역에 군현을 처음으로 설치한 것은 궁예정권이라는 견해가 제시되어 있다(전덕재, 「신라 하대 패강진의 설치와 그 성격」『대구사학』113, 2013, 53~56쪽).
54) 한산주 관내의 唐城鎭, 穴口鎭, 長口鎭은 모두 해상교통상의 요충지였다. 신라는 서해안에서 안전한 해상교통로 확보와 해상무역 보호를 목적으로 이러한 鎭들을 설치하였을 것이다(김창겸, 「신라시대 한산주에 대하여」『중앙사론』21, 2005, 45쪽). 특히 초도, 대청도, 백령도 등에는 목마장이 위치했던 것으로 추정되며, 이 일대는 서해 횡단항로의 주요 기점 또는 경유지로서 지리적 요충지였다(한준수, 「신라의 패강 지역 진출과 서북 도서의 지배」『한국학논총』52, 2019, 17쪽). 신라 서북 경계의 대표적 군진이었던 長口鎭의 중요성을 주목해, 浿江鎭의 본영으로 추정하는 견해도 있다(박남수, 「신라 浿江鎭典의 정비와 漢州 西北境의 郡縣 설치」『동국사학』54, 2013, 62쪽).

Ⅳ. 오차진의 장구진 가능성

서해 횡단항로를 이용할 경우 중국 산동반도의 등주에서 곧장 正東 방향으로 이동하면 백령도와 대청도 일대에 도착한다(〈그림 1〉참조).[55] 중국 세력이 횡단항로를 이용할 경우 그 위협에 대비할 필요가 있다. 660년 백제 멸망 당시 당 수군 13만명은 1,900척에 승선하여 횡단항로를 이용하여 덕물도에 도착하였다.[56] 비록 당이 동맹국이었지만 신라에게 깊은 인상을 남겼음에 분명하다.[57] 신라로서는 중국 세력이 서해를 통해 접근하는 연항항로와 횡단항로를 모두 통제할 필요가 있었다.

> E-① 白翎島鎭은 본래 鵠島인데 신라 경덕왕 16년(757)에 瀑池郡의 領縣이 되었다가 고려 태조가 白翎으로 고쳤다.[58]
>
> E-② 이 왕(진성여왕) 때 아찬 良貝는 왕의 막내 아들이었다. 당나라에 사신을 갈 때에 후백제의 해적들이 津島에서 길을 막는다는 말을 듣고 활쏘는 사람 50명을 뽑아 따르게 하였다. 배가 鵠島에 이르니 풍랑이 크게 일어나 10여 일 동안 머물게 되었다.[59]

『大東地志』에는 757년 백령도가 폭지군의 영현이었다고 표현되어 있

---

55) 일본 승려 圓仁의 『入唐求法巡禮行記』 卷4, 會昌 7年(847)조에는 엔닌이 입당구법 활동 후 장보고 선단의 도움으로 귀국했던 과정이 기록되어 있다. 9월 2일 당 적산포를 출발하였고, 9월 3일 날이 밝자 신라국의 서쪽 산들이 멀리 보였다라고 되어 있다. 신라국 서쪽 산들이 보였다는 것은 황해도 연안과 백령도를 아우르는 표현으로 볼 수 있다(한준수, 「신라의 패강 지역 진출과 서북 도서의 지배」 『한국학논총』 52, 2019, 16~17쪽).

56) 『삼국사기』 권5, 신라본기5, 태종무열왕 7년.

57) 당시 나당연합군의 백제 공격 전략에 관해서는 이상훈, 「나당연합군의 군사전략과 백제 멸망」 『역사와 실학』 59, 2016 참조.

58) 『大東地志』 卷18, 長淵.

59) 『삼국유사』 권2, 기이2 진성여왕 거타지.

다. 하지만 『삼국사기』 지리지에 따르면 폭지군은 영현이 없이 郡만 존재
한 상태로 되어 있다.[60] 이는 당시 신라가 직접 백령도에 군현을 설치하지
는 않았다고 하더라도 백령도가 폭지군 예하의 군현 영향력 하에 놓였다는
의미로 여겨진다. 신라가 황해도 서남지역의 주요 도서에 대해서 군현 질
서를 강화해 나가고자 했음을 유추해 볼 수 있다.[61]

사료 E-②는 진성여왕대(887~897) 거타지 설화의 일부분이다. 양패가
당나라로 갈 때에 호위하던 50명과 함께 백령도에 10여 일 동안 머물렀다
는 내용이다. 백령도는 폭지군의 영현이라 해도 좋을 만큼 적어도 신라의
지방지배체제 내에 존재하며 국가에 의해 관리되고 있었음을 알 수 있다.
당시 발해가 고구려의 옛 땅을 차지하게 되면서 신라와 당의 육상 교통로
는 단절된 상태였으므로, 오직 해상 교통로에 의지할 수밖에 없었다. 백령
도는 신라 최서단에 위치한 섬으로 서해 횡단항로의 요충지였다.[62]

앞서 살펴보았던 사료 A를 상기해 보자. 『신당서』 지리지에 표현된 서
해 연항항로 상황은 대략 762년에서 764년 사이에 관찰된 것으로 파악된
다. 그렇다고 한다면 757년을 전후하여 백령도와 더불어 장구진이 중시되
었음을 짐작할 수 있다.

E-③ 白翎鎮은 본래 고구려의 鵠島로 고려 때에 지금 이름으로 고쳐 鎮으로 하
였다. 현종 9년(1018)에 鎮將을 두었다. 공민왕 6년(1357)에 수로가 험난하
다 하여 육지로 나와 文化縣 東村에 임시로 머무르게 하였다. 얼마 후에 땅
이 협소하여 鎮將을 폐지하고 문화현의 관할 하에 속하게 하였다.[63]

사료 E-③은 『고려사』 지리지의 백령진에 관한 내용이다. 1018년에 鎮

60) 『삼국사기』 권35, 잡지4 지리2 신라 폭지군, "瀑池郡, 本高句麗內米忽郡, 景德王
改名. 今海州."
61) 한준수, 앞의 논문, 11쪽.
62) 한준수, 앞의 논문, 11~13쪽.
63) 『고려사』 권58, 지12 지리3 서해도 백령진.

將을 두었으므로 1018년 무렵에 백령도에 鎭이 설치되었음을 알 수 있다. 1357년에는 수로가 험난하여 육지로 나와 임시로 머무르게 하였고, 이후 진장을 폐지하였다고 되어 있다. 文化縣은 현재 황해도 信川郡이다. 백령도가 군사적으로 중요한 곳임에는 분명하지만, 땅이 협소하여 유지하기 어려웠음을 알 수 있다. 농업생산력에 한계가 있던 백령도는 결국 육지에 의존할 수밖에 없는 구조였던 것이다.

백령도는 그 이전 통일신라시대에도 육지에 의존하는 구조였을 것이다. 그렇다고 한다면 백령도에서 가장 가까운 육지 혹은 조류를 타고 이동하기 편한 곳에 백령도를 지원하는 거점이 마련되어 있었을 가능성이 크다. 백령도에서 가장 가까운 육지는 장산곶 남쪽 해안이다. 신라 서북의 해안을 통제하기 위해, 전진기지인 백령도와 후방기지인 장구진은 하나의 세트로 기능했을 것으로 여겨진다.

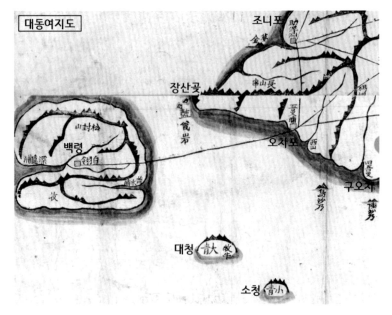

〈지도 2〉 『대동여지도』의 백령도와 오차포

『대동여지도』를 통해 백령도에서 吾叉浦로 항로가 이어져 있음을 알 수 있다. 오차포는 장산곶 남쪽에 위치하고 있으며, 북쪽으로 육로를 통해 助泥浦와 연결된다. 오차포에는 吾叉鎭이 설치된 적이 있다.[64] 오차진은 『備邊司謄錄』에서 1727년에 처음 등장한다.[65] 오차진이 설치된 시기는 명확하지 않지만, 늦어도 1727년 이전에 설치되었던 것은 분명하다.

오차진이 설치되었던 오차포는 『고려사』에서 1358년에 확인된다.[66] 1358년 왜선 400척이 오차포를 침략하자 최영이 매복하여 싸워 이겼다고 전한다. 고려시대에 왜구 수백척이 오차포를 공격하였고, 이에 맞서 고려군이 대승을 거두었던 것이다. 그렇다고 한다면 고려시대에 오차포 일대는 이미 번성한 포구였을 것이며, 적지 않은 수군이 정박할 수 있는 조건이 갖추어진 곳이라 이해할 수 있다.

> F-① "이달 3일에 중국 배 한 척이 白翎鎭 먼 바다에서 吾叉浦로 표류해 왔는데, 배 안의 사람은 모두가 머리를 깎은 중국 사람이었습니다. 그 중에 馬儒라는 자가 있는데, 자칭 청나라의 漕都司 라며 天津에 군량을 사들이러 나왔다가 풍랑을 만나서 표류하여 왔다고 합니다."[67]
>
> F-② "국적을 알 수 없는 배 한 척이 바람에 밀려와 홀연히 吾叉鎭 앞에 정박하였기에, 해당 僉使 張景泓이 軍校를 이끌고 器械를 지니고서 급히 포구 가로 달려가 활을 당기고 총을 겨누며 위엄을 보이려 하였습니다."[68]
>
> F-③ 吾叉鎭에 표류하여 도착한 중국의 登州府 사람 7명을 陸路로 좇아 北京으

---

64) 『新增東國輿地勝覽』卷43, 黃海道, 長淵縣, 山川條에는 "大串梁 [在縣南六十三里] 吾叉浦古營也"라고 되어 있고, 關防條에는 "吾叉浦營 [在縣西四十五里 水軍萬戶 一人]"라고 되어 있다. 원래 대곶량이 주요 항구로 사용되었다가 퇴적이나 교역로의 변화 등으로 항구로서 활용성이 낮아지게 되었을 가능성이 있다. 논문 심사 과정에서 조언해주신 무명의 심사위원께 감사드린다.
65) 『비변사등록』 81책, 영조 3년(1727) 6월 5일.
66) 『고려사』 권113, 열전26 최영.
67) 『인조실록』 권46, 인조 23년(1645) 10월 8일.
68) 『정조실록』 권43, 정조 19년(1795) 8월 1일.

로 보내라고 명하였다.[69]

사료 F-①은 1645년 황해도 관찰사 정유성이 치계한 내용의 일부이다. 조류 흐름이 백령도에서 오차포로 흐르고 있음을 알 수 있다. 다시 말해 백령도에서 조류를 타고 오차포로 수월하게 이동할 수 있던 것이다. 1777년 중국 복건성 漳州府 龍溪縣 상인 28인이 오차포로 표류해 오기도 하였다.[70] 이들의 구체적인 표류 경로는 알 수 없지만, 서해에서 동쪽으로 표류해 오차포로 이동해왔던 것은 분명하다. F-②는 1795년 국적을 알 수 없는 배 한 척이 오차진에 정박한 내용이다. 기록에 따르면 그 선박은 바람에 밀려왔다고 했으므로 표류해온 것으로 짐작해 볼 수 있다. F-③은 1801년 중국 산동성 登州府 사람 7명이 오차진에 표류한 내용이다. 登州에서 正東으로 이동하면 백령도 및 장산곶 일대에 이르게 된다. 이렇듯 중국 세력이 서해 직항항로를 통해 표류할 경우 백령도와 오차포 일대에 도착함을 알 수 있다.

> F-④ "방금 黃海監司 吳俊泳의 狀啓를 보니, '장연의 吾叉鎭은 장산곶에 위치하고 있는데 바로 서해에 배들이 드나는 길목이지만 鎭의 형편이 영락하여 변방 정사가 허술합니다. 그대로 독립된 鎭을 설치하여 전적으로 지휘하게 하되 군병을 증가시켜 초하루에 支放하며 관청 건물과 배들을 수리하고 만들도록 廟堂에서 稟處하게 하소서'라고 하였습니다."[71]
>
> F-⑤ "長淵의 吾叉鎭은 바로 서해의 배들이 드나드는 중요한 길목인 만큼 중국 상인들이 사사로이 무역하여 몰래 운반하는 것을 조사하고 금지하지 않을 수 없습니다."[72]

---

69) 『순조실록』 권3, 순조 1년(1801) 10월 30일.
70) 『정조실록』 권4, 정조 1년(1777) 10월 19일.
71) 『고종실록』 권26, 고종 26년(1889) 12월 8일.
72) 『고종실록』 권26, 고종 26년(1889) 12월 29일.

사료 F-④는 1889년 의정부에서 고종에게 아뢴 내용이다. 황해감사는 장산곶의 오차진을 독립된 진으로 편제해 줄 것을 의정부에 건의하였고, 다시 의정부는 前例가 있으니 장계의 내용대로 독립된 진으로 시행할 것을 고종에게 건의하였다. 고종은 이를 윤허하였다.[73] F-⑤는 1889년 統理交涉通商事務衙門이 고종에게 아뢴 내용의 일부이다. 장산곶 남쪽의 오차진이 서해의 배들이 드나드는 중요 길목이자 중국 상인들의 왕래가 많았음을 알 수 있다. 이를 통해 장산곶에 오차진이 위치하였고, 鎭이 설치되기 이전부터 오차포는 이미 중요한 포구로서 기능했었음을 충분히 짐작할 수 있다.

> G-① 장연 阿郞浦의 병선을 存伊浦로 이박하는데 대한 편의 여부는 臣 등이 심찰한 바로는 존이포도 역시 방어상 긴요한 곳이기는 하나, 물과 샘이 없고 또 큰 바다가 환히 통해 보이어 은폐할 곳이 없어 소수의 병선이 정박하기에는 매우 불편하게 보였습니다.
>
> G-② 장연 大串의 병선을 吾叉浦로 이박하는데 대한 편의 여부를 臣 등이 심찰한 바로는 오차포는 포구 안에 바람도 일지 않아 실로 요충지이나, 포구 안이 협작하고 또 강의 어구가 모두 모래땅이므로 닻줄을 내기리가 어렵습니다.[74]

사료 G-①②는 1425년 황해도 敬差官 황양은 황해도의 병선 재배치에 관해 보고 병조에 보고한 내용이다. 여러 곳에 흩어진 병선들을 要害地로 옮기는 것에 어떤 문제가 있는지 확인한 후 보고한 것이다. 장산곶 이북의 아랑포와 장산곶 이남의 오차포에 관한 설명이다. 장연의 아랑포는 물과

---

73) 1889년에 고종은 오차진을 독립된 진으로 만드는 것에 동의하였고, 1890년에 의정부에서는 오차진의 운영방안에 대해 논의가 이루어졌다(『고종실록』 권27, 고종 27년 윤2월 21일). 하지만 1892년에 인원 조정과 운영상 문제가 있어 다시 長淵府로 소속시켰다(『고종실록』 권29, 고종 29년 10월 1일). 비록 오차진이 독립된 진에서 장연부로 복귀하였지만, 위의 사례를 통해 19세기 말까지도 오차진이 얼마나 중요한지 엿볼 수 있는 대목이라 할 수 있다.

74) 『세종실록』 권27, 세종 7년(1425) 2월 25일.

샘이 없고 은폐할 곳이 없어 문제가 있다고 파악되었고(G-①), 오차포는 포구가 작고 정박하기가 곤란하다는 점이 부각되었다(G-②).

여기에서 장산곶 이남의 오차포는 포구 안에 바람이 일지 않아 선박을 정박시키는 것에 유리했음을 알 수 있다. 또 강의 어귀에는 모래땅이라 닻줄을 내리기 어렵다고 되어 있는데, 반대로 적선이 공격해 올 때 정박하기 어렵다는 것은 장점으로 작용한다. 오차포는 아랑포와 달리 물과 샘이 없다는 것이 언급되지 않고 있고, 큰 바다에서 훤히 보인다는 단점이 언급되지 않고 있다.

오차포는 협소하기는 하지만, 물과 샘이 있고 큰 바다에서 잘 보이지 않으며 바람이 일지 않는 요충지의 포구였음을 알 수 있다. 적과의 대치 상황이거나 적의 침입이 예상되는 경계지대에서는 적군에게 노출되지 않는

〈지도 3〉 오차포와 구진리의 위치

안전한 포구가 필요한 법이다. 이러한 맥락에서 오차포는 군사상으로 볼 때 적합한 위치였던 것이다.

1910년대 일본 육지측량부가 작성한 50,000:1 지도에는 吾叉鎭里와 舊鎭里(德洞)가 표시되어 있다.[75] 1914년 당시 오차진리와 구진리는 장연군 해안면 소속이었다. 〈지도 2〉『대동여지도』를 참고해보면 오차진리는 원래 '吾叉'였고, 구진리는 '舊吾叉'였음을 알 수 있다. '舊鎭里'는 옛 진이 있던 곳이라서 구진리가 되었다. 그렇다고 한다면 구진리(덕동)에 원래 '吾叉鎭'이 설치되어 있었음을 짐작할 수 있다.

고려시대 漕倉 가운데 가장 늦게 설치된 安瀾倉의 위치는 大同灣 연안으로 추정된다.[76] 구체적으로 장연군 해안면 舊鎭里 德洞으로 비정하는 견해가 제시되어 있다.[77] 안란창의 수세구역은 10개 군현으로 安西大都護府 관내였다. 豊州·甕津縣 조세는 장산곶 앞 바다를 경유하지 않고 대동만의 안란창으로 운반되었다. 이 일대의 지형은 연안평야인 만큼 육로를 통한 물자 수송이 용이하였다.[78] 장산곶이 서해안의 대표적인 漕難 지대임을 감안하면, 장산곶을 항해하는 것을 피해 장산곶 이남에 조창을 설치하였음을 알 수 있다.

고려 문종대(1046~1083)에 설치된 안란창은 다른 12개 일반 조창과 성격이 달랐다. 12개 조창은 수도인 개경으로 조세를 운반하는 역할을 하였지만, 안란창은 개경이 아니라 서경으로 조세를 운송하거나 유사시 북방에 곡식을 조달하기 위한 목적으로 운영되었다고 보는 견해가 제시되어 있다.[79] 관련 기록이 적어서 안란창에서 조세를 서경이나 개경 어느 쪽으로

---

75) 陸地測量部, 『朝鮮五万分一地形圖』, 1918.
76) 北村秀人, 「高麗時代の漕倉制について」『朝鮮歷史論集』 上, 龍溪書舍, 1979, 415쪽.
77) 吉田光南, 「高麗時代の水運機構'江'について」『社會經濟史學』 46-4, 1980, 422쪽.
78) 한정훈, 「고려시대 13조창과 주변 교통로 연구」『한국중세사연구』 23, 2007, 177~178쪽.
79) 문경호, 「고려시대의 조운제도와 조창」『지방사와 지방문화』 14-1, 2011, 39~40쪽. 안란창과 관련하여『고려사』에는 문종 21년 4월 浿西道에 흉년이 들자 안란창을 열어 구제하도록 한 기사(『고려사』 권30, 지34 식화 진휼)와 문종 21년 6월

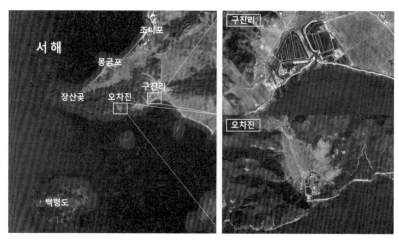

〈그림 3〉 오차진과 구진리의 지형

운반하였는지는 명확하지 않다. 하지만 어느 쪽으로 보건 안란창이 황해도 서남부의 육·해로의 교통 결절지로 기능했음을 분명하다고 할 수 있다.

장산곶과 백령도는 신라 서북에서 가장 중요한 군사·교통상 요지였다. 백령도와 장산곶을 통제하면 신라로 진입하는 외부 세력을 통제할 수 있었다. 백령도에서 오차진이 가깝기는 하지만, 배후 경작지가 좁고 육로 교통이 불편하다. 하지만 구진리는 배후 경작지가 넓고 육로 교통도 발달해 있다. 구진리는 남쪽으로 해로를 통해 백령도와 연결되며, 북쪽으로 육로를 통해 조니포와 연결되는 지점에 위치해 있다.

전근대 海路나 海戰을 이해하기 위해서는 반드시 海圖를 참고할 필요가 있다.[80] 〈지도 4〉는 1936년에 제작된 「長山串至鴨綠江口 : 朝鮮西岸」 해도의 일부다.[81]

___

쌀 2만 7천여 석을 朔北 지방으로 운반하여 군량으로 충당하게 한 기사(『고려사』 권82, 지36 병 둔전)가 남아 있다.

80) 박준형, 「신라 장구진의 위치 비정 시론에 대한 토론문」『북악사학회·국민대학교 교양교육설계연구소 공동개회 학술대회 발표집 – 삼국 통일기 정치와 군사 – 』, 2021, 23~26쪽.

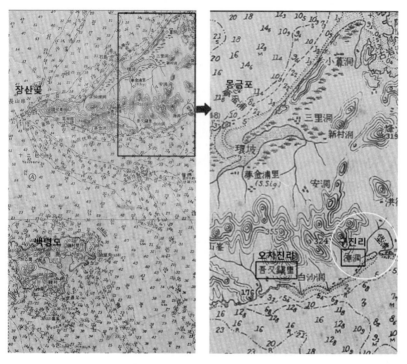

〈지도 4〉 海圖上 오차진과 구진리

해도상에서 일반 지도에서 확인할 수 없는 작은 섬과 암초, 砂堆[沙州]
가 많은 것을 알 수 있다. 지도는 지리지와 짝을 이루는 것처럼, 해도는 수
로지와 짝을 이룬다. 『朝鮮水路誌』 '大同灣附近諸島嶼'에는 섬과 섬 사이
에 암초가 많고 사퇴가 곳곳에 형성되어 있으며, 대청도와 소청도 사이는
조류 속도가 3노트인 반면 장산곶 부근은 5~7노트로 2배 정도 빠르다고
되어 있다.[82] 또 『朝鮮西岸水路誌』에는 백령도 동단 2.5km지점부터 남남

---

81) 海軍省水路部, 「長山串至鴨綠江口 : 朝鮮西岸」(No.326., 1/250,000), 1936. 전체
    107.7cm(가로)×77cm(세로) 크기로, 해군사관학교 박물관 박준형 관장께서 제공
    한 것이다. 관련 해도를 비롯해 『水路誌』까지 소개해주었는데, 연구를 완성하는
    데 큰 도움을 받았다. 이 자리를 빌어 감사의 말씀을 전한다.

asted.

동방향으로 폭 280~740m, 길이 10km 정도의 砂堆가 있음을 밝히고 있다. 백령도 주변에는 풍향, 풍력, 조류 방향이 자주 크게 바뀌어 日氣가 좋지 않으면 배의 운항을 매우 조심해야 한다고 되어 있다.[83] 이처럼 근대에 들어서도 백령도와 장산곶 사이를 항해하는 것은 매우 어려운 일이었음을 알 수 있다.

장구진은 기본적으로 초도 이남과 옹진반도 이북에 위치하고, 어원상으로 볼 때 장구와 장산은 동일한 지명인 것으로 추정된다. 장산곶 일대는 항해가 어려워 조선시대까지도 남북으로 나누어 조운과 군사를 운용하였고, 신라의 북진단계를 감안할 때 장산곶 이북으로 진출했다고 보기 어렵다. 장구진은 백령도와 세트로 신라 서북의 전초기지 역할을 했는데, 백령도에서 오차진으로 조류 흐름이 자연스럽게 이어진다. 구진리 일대는 황해도 서남부의 육·해로의 교통 결절지로서 고려시대에 안란창이 설치된 곳이다. 이러한 점들을 고려하면 장구진은 장산곶 이남에 위치한 장연군 해안면 구진리로 비정해 볼 수 있다.

V. 맺음말

『삼국사기』에는 보이지 않지만, 중국측 사서에는 長口鎭이라는 지명이 남아 있다. 장구진은 통일신라 서북의 軍鎭이지만, 그 중요성에 비해 구체적인 위치를 비정하기 어려운 실정이다. 현재까지 장구진의 위치는 장연군이나 송화군 일대로 비정되어 왔는데, 최근에는 송화군의 당관포로 보는 경향이 강한 편이다.

장구진은 당시 신라의 교통로, 군사적 기능, 북진 상황 등을 종합적으로

---

82) 海軍省水路部, 『朝鮮水路誌』(第2改版), 1907, 101~11쪽.
83) 海上保安廳, 『朝鮮西岸水路誌』, 1953, 207~215쪽.

검토하여 비정해야 한다. 장구진은 기본적으로 초도 이남과 옹진반도 이북
에 위치하며, 지명 자체를 검토해 볼 때 장구와 장산은 동일한 지명을 나
타내는 것으로 여겨진다. 장산곶을 돌아 항해하는 것 자체가 어려웠기 때
문에 조선시대까지도 조운이 불편하였고, 군사 대응도 장산곶 이북과 이남
으로 나누어 이루어졌다. 이러한 점을 감안하면 신라 또한 장산곶 이남부
터 장악한 이후 점차 장산곶 이북으로 진출했다고 볼 수 있다.

신라의 북진 과정을 고려할 때 8세기 중엽 신라가 황해도 서해안 전체
를 장악했다고 보기는 어려우며, 장산곶 이남과 백령도를 연계해 통제했을
가능성이 크다. 서해의 주요 항로는 연안항로와 횡단항로가 있었으며, 이
두 노선이 수렴하는 곳은 장산곶과 백령도 일대이다. 신라의 서북 군진으
로서 장구진도 두 노선을 통제하기 위해 설치된 것으로 판단된다.

백령도와 가장 가까운 육지는 장산곶 남쪽이며, 그곳에 오차진이 위치
하고 있다. 오차진은 원래 오차포였고, 또 오차포의 원위치는 보다 동쪽에
위치한 구진리였다. 구진리는 고려시대 안란창이 위치했던 곳으로 황해도
서남부 육로와 해로의 교통결절지였다. 이곳에 바로 장구진이 설치되었던
것으로 추정된다.

다만 본고에서는 장구라는 '鎭'의 의미와 기능에 대해서는 구체적으로
고찰하지 못하였다. 추후 이와 관련된 연구를 진행하여 보완할 것임을 밝
혀둔다.

* 이 글은 『북악사론』 15(북악사학회, 2022)에 실린 글을 수정·보완한 것이다.

제3장

발해·일본의 수군과 해양활동

제1절
8세기 전반 발해의 해양 교통로와 제해권 범위

신 범 규

(국방부 군사편찬연구소 선임연구원)

I. 머리말

고대의 해상활동은 그 국가의 국력과 주변 장악력을 보여주는 척도 중 하나라 할 수 있다. 특히 바다를 사이에 둔 주변국과의 교류는 발전된 항해술[1]이 뒷받침되지 않으면 이루어질 수 없으며, 유지하기도 힘든 부분이다. 발해는 국가가 존속되는 동안 활발한 대외활동을 통해 그들의 발전된 해상활동을 보여준다. 이는 발해의 강역이 서쪽으로는 발해만 및 서해와 인접하고, 동쪽으로는 한반도 동북면부터 연해주 연안에 이르기까지 광활한 해안선을 포함하고 있었던 지리환경적 조건이 뒷받침되었기 때문이다. 『新唐書』 발해 전에는 발해가 사용했던 5개의 교통로가 확인되는데, 그중에는 해상을 통과하는 교통로가 포함되어 있다.[2] 그만큼 발해에게 있어서 해양교통로의 확보와 해상장악, 즉 제해권 장악은 중요한 전략적 가치를 지닐 수밖에 없다.

제해권에는 군사적인 의미가 함유되어 있다. 현대에는 적 해군으로부터의 간섭을 배제할 수 있는 해양 우세의 정도를 제해권이라 한다. 다만 완벽한 제해권은 성립하기 어렵기 때문에 해양통제 정도의 개념으로 이해한다.[3] 물론 이러한 개념은 시기를 거슬러 올라갈수록 모호해진다. 따라서

---

1) 항해술이란 선박을 안전하고 효율적으로 목적지까지 도달하게 하는 기술을 말한다(정진술, 『한국해양사:고대편』, 景仁文化社, 2009, 35쪽).

2) 『新唐書』 卷219, 列傳144, 北狄 渤海, "龍原東南瀕每 日本道也 南海 新羅道也 鴨淥 朝貢道也 長嶺 營州道也 扶餘 契丹道也"
등주도(조공도), 일본도가 이에 해당된다. 각 교통로는 해로와 육로가 혼재되어 이루어져 있다. 그런데 최근에 신라도 역시 해상교통로가 포함되어 있다고 보는 견해들이 제기되었다(方學鳳, 『中國境內 渤海遺蹟 硏究』, 백산자료원, 2000, 399~409쪽 ; 윤재운, 「발해의 5경과 교통로의 기능」 『한국고대사연구』 63, 2011, 212쪽). 발해의 신라도는 신라의 북요통과 연결지어 보는데 동해안을 통과하는 육상교통로와 육상+해상교통로로 이루어져 있다는 견해로 나뉜다(윤재운, 「신라도의 노선과 교류」 『고구려발해연구』 69, 2021, 148~153쪽 참조). 신라도에 해상교통로가 포함되어 있는가에 대해서는 아직 논의가 진행 중이기에 본고에서는 등주도와 일본도만을 대상으로 검토하였다.

고대의 경우에는 제해권을 논하기가 쉽지 않다. 그렇지만 고대의 국가들 역시 해상을 통제하기 위한 선행 작업으로 제해권 장악을 필수적으로 수행하는 모습이 확인된다.[4] 바다를 통해 대외관계를 형성·유지하기 위해서는 사용하는 길의 안전성이 보장되어야 하고, 이를 위해서는 근방의 해상을 통제하고 있어야 하기 때문이다.

한편 해상을 장악하기 위해 선제적 조건으로 항구 또는 연안 주변에 군사적 거점을 마련하기도 한다. 대표적인 사례가 해안성이다. 해안성은 항구를 보호하고 주변의 해상을 감시하여 해적이나 적국의 침입을 대비하는 역할을 한다. 또한 해양교통로의 안전성을 더욱 높일 수 있는 조건에 해당된다. 이처럼 해양교통로의 운영과 제해권 장악에는 군사적인 요소가 깊숙하게 포함되어 있다.

발해만 및 서해를 사이에 둔 요동반도와 산동반도는 일찍부터 서로를 잇는 해양교통로가 발달하여 지속적으로 사용되었다. 따라서 해양교류를 통해 많은 발전을 이루어왔다. 특히 양 지역 사이에는 묘도군도가 있어 상대적으로 항해술이 덜 발달했던 고대에 양 지역을 연결하는 징검다리가 되었다.[5] 이는 대체로 외교·교역을 목적으로 활발하게 이용되었지만, 군사적인 목적으로도 이용되었다. 그중 대표적인 사례가 732년 발해의 登州 공격이다. 당시 발해는 단 한 번의 공격으로 당의 해양 전초기지라 할 수 있는 등주를 함락하고 자사까지 죽이는 큰 성과를 올릴 수 있었다. 이런 전과를

---

3) 군사용어대사전 편집위원회, 『군사용어대사전』, 청미디어, 2016, 704쪽.

4) 고구려의 서해 연안 장악을 통한 해상 차단이 대표적인 사례이다. 5~7세기에 고구려는 서해 연안의 제해권을 장악하여 백제와 신라가 중국과 통하는 것을 차단하였다. 『삼국사기』에는 이와 관련한 기록이 백제의 경우 2차례, 신라의 경우 4차례가 확인된다. 특히 648년 김춘추가 당으로부터 돌아올 때 바다 위에서 고구려의 巡邏兵을 만나 도망친 사례(『三國史記』 卷5, 新羅本紀5, 眞德王 2年條)를 통해 당시 고구려는 배를 띄워 연안을 순찰하는 방식으로 제해권을 장악했음을 알 수 있다.

5) 남창희·이인숙, 「환발해만 제해권과 고대 동북아 국제관계」 『한일군사문화연구』 15, 2013, 4쪽.

올릴 수 있었던 데는 발해가 당과 연결되는 해양교통로 및 해역에 관한 이 해도가 상당히 높았기 때문이 아닐까 한다. 즉 이 지역에 대한 발해의 제 해권 장악을 생각해 볼 수 있다. 그런데 대체로 발해의 서쪽 제해권을 논 할 때 압록강 유역 정도만을 언급하는 데 그치고 있다. 이는 부족한 사료 의 한계에 기인하거니와 특히 『도리기』에서 확인되는 泊灼口의 존재 때문 으로 보인다.[6] 이에 따르면 압록강 하류에 위치한 박작구를 발해의 경계로 언급하고 있다. 이로 인해 자연스럽게 발해의 제해권을 압록강 유역으로 한계를 짓고 있다. 그러나 압록강 하구의 환경과 등주 공격 관련 사료들을 다시금 검토한다면 당시 발해가 장악한 서쪽 제해권의 범위를 거칠게나마 재설정할 수 있지 않을까 한다.

한편 발해가 장악했던 바다는 서쪽뿐만 아니라 동쪽에도 존재했다. 바 로 발해의 주요 영역이었던 연해주와 인접한 환동해 일대이다. 발해에게 있어서 환동해는 또 다른 중요한 의미를 지닌다. 바로 발해와 일본을 연결 하는 주요 무대인 것이다. 주지하듯이 발해는 나라가 존속하는 동안 일본 으로 34차례에 걸친 사신 파견이 있었다. 이러한 다수의 파견이 가능했던 데는 안정적인 해로의 확보와 주변 제해권 장악이 선행되었기 때문이다. 그만큼 환동해에 대한 해상의 장악은 발해에게 있어서 중요한 과제 중 하 나였다. 특히 8세기 전반 일본과의 교류는 연안항로의 활용이 두드러졌을 것으로 보인다. 따라서 연해주 연안의 장악이 해로 확보 이전 선행되어야 할 부분이었다. 그러나 기왕의 연구들에서는 강역의 범위에 집중하다 보니

---

6) 박작구의 위치에 대해서는 大浦石河로 보는 전통적인 견해가 있었다(松井等, 앞 의 논문, 1913, 422쪽 ; 金毓黻, 앞의 책, 卷19 叢考, 1934). 그런데 靉河河口 부 근에서 고구려 때의 성인 虎山山城이 발견된 이후 대체로 이곳을 박작구로 이해 한다(侯莉閔, 「渤海初期通往日本陸路部分的研究」 『北方文物』 1994-4, 1994 ; 王 俠, 「渤海朝貢道白山區段及相關問題」 『北方文物』 1997-1, 1997). 그리고 이를 바탕으로 호산산성을 박작성으로 비정한다. 한편 이외에도 박작구 자체를 박작 성이라고 보는 견해도 있다(王綿厚·李健才, 『東北古代交通』, 瀋陽出版社, 1990 ; 동아시아교통사연구회 옮김, 『고대 동북아시아 교통사』, 주류성, 2020, 292쪽).

연안 장악에 대한 구체적인 분석이 이루어지지 못한 측면이 있다. 그런데 점차 연해주 연안 전반에 걸쳐 발해가 축조한 다수의 해안성들이 확인이 되고 있어 주목된다. 이를 검토한다면 과연 발해가 어떻게 환동해 제해권과 해양교통로를 장악, 운영했는지 거칠게나마 파악이 가능할 것으로 보인다.

본 글에서는 이러한 문제의식을 바탕으로 먼저 발해-당의 해양교통로와 교통로 상에서 중심이 되는 압록강 하구에 대한 검토를 진행하여 상정 가능한 발해의 서쪽 제해권 범위를 살피고자 한다. 그리고 이를 바탕으로 732년 등주 공격의 전황을 살펴 발해가 과연 당시 서쪽 제해권을 장악하고 있었는지 여부를 고찰해보고자 한다. 이어서 연해주 연안의 해안성들을 검토하고 초기의 일본도를 살펴 당시 발해가 사용한 동쪽 해양교통로와 제해권의 범위도 제시해보고자 한다.

II. 『道里記』에서 확인되는 등주도와 압록강 하구

발해의 제해권은 앞서 언급했듯이 그 성격으로 인해 범위를 명확하게 규정지을 수는 없다. 특히 육지의 강역과는 달리 해상은 성곽과 같은 거점을 확인하기 어려워 더욱 그러하다. 다만 그 근사치를 추정해 볼 수 있는 사료들이 있어 참고된다. 먼저 관련한 사료들을 제시하면 다음과 같다. .

> A-1. 등주에서 동북쪽 바다로 가면 대사도, 구흠도, 말도를 지나 오호도까지 300리이며, 북쪽으로 오호해를 건너 마석산 동쪽 도리진에 이르는 데 200리이다. 동쪽으로 해변을 끼고 청니포, 도화포, 행화포, 석인왕, 탁타만을 지나 오골강까지는 800리이다. 이내 남쪽 방면으로 해안을 따라 오목도, 패강구, 초도를 지나 @신라의 서북 장구진에 들어서게 된다. 또한 진왕석교, 마전도, 고사도, 득물도를 지나면 압록강에서 1,000리에 이르는 당은포구이다. … 압록강 입구에서 배로 100여 리를 가다가 작은 배로 동북쪽으로 30리를

더 거슬러 올라가면 ⓑ泊汋口에 이르고, 발해의 경계에 들어서게 된다. 또 500리를 거슬러 올라가면 환도현성에 이르는데, 여기는 옛 고구려왕의 도읍지이다. 다시 동북쪽으로 200리를 거슬러 올라가면 神州에 다다른다.[7]

A-2. 지금 이름은 압록수이다. … 고려 안에서 이 강이 가장 크고 물결이 맑으며 지나는 나루터에는 모두 큰 배를 모아두었다. 그 나라는 이 강에 의지하여 천연의 요새지로 삼는다.[8]

A-1은 賈耽이 저술한 『도리기』에 소개된 등주도의 일부이다.[9] 『도리기』는 가탐의 『古今郡國縣道四夷述』에 수록된 일문으로 貞元 17년(801)에 저술되었다.[10] 이에 따르면 당에서 발해로 들어가는 노선으로 등주부터 묘도

---

7) 『新唐書』 卷43下, 志33下, 地理7下, 覊縻州 嶺南道 峯州都督府, "登州東北海行 過大謝島 龜歆島 末島 烏湖島三百里 北渡烏湖海 至馬石山東之都里鎭二百里 東傍 海壖 過靑泥浦 桃花浦 杏花浦 石人汪 橐駝灣 烏骨江八百里 乃南傍海壖 過烏牧島 貝江口 椒島 得新羅西北之長口鎭 又過秦王石橋 麻田島 古寺島 得物島 千里至鴨 綠江唐恩浦口 … 自鴨綠江口舟行百餘里 乃小舫溯流東北三十里至泊汋口 得渤海 之境 又溯流五百里 至丸都縣城 故高麗王都 又東北泝流二百里 至神州"

8) 『翰苑』 卷30, 蕃夷部 高麗, "今名鴨淥水 … 高驪之中 此水最大 波瀾淸澈 所經津 濟 皆貯大船 其國恃此以爲天塹"

9) 『도리기』에는 이 교통로를 '조공도'라 기록하고 있다. 그런데 '조공도'는 당의 입장에서 일방적으로 명명된 표현이기 때문에 국내학계에서는 일반적으로 조공도를 '등주도'(權悳永, 『古代韓中外交史』, 一潮閣, 1997, 209쪽 ; 김은국, 「登州를 중심으로 한 渤海와 동아시아의 교류」 『동아시아고대학』 17, 2008, 84쪽) 또는 '압록도'(韓圭哲, 「渤海의 西京鴨綠府 硏究」 『한국고대사연구』 14, 1998, 390~391쪽 ; 윤재운, 「鴨綠道를 통해 본 발해사신의 여정」 『고구려발해연구』 60, 2018, 47쪽)라 지칭한다(윤재운, 「한국 고대 해상 교통로 연구의 성과와 과제」 『해양문화재』 14, 13쪽). 본고에서는 선행연구들과 마찬가지로 발해의 입장에서 교통로를 바라본다는 점과 『도리기』에서 당으로 가는 또 다른 교통로 명칭이 목적지의 지명에서 유래됐다는 점(영주도)에 주목하여 통일성을 주고자 등주도라 하겠다.

10) 榎一雄, 「賈耽の地理書と道里記の稱とに就いて」 『榎一雄著作集』 7, 1994, 194~195쪽. 특히 당 칙사였던 韓朝彩가 762~764년 동안 당-발해-신라-당으로 사행을 다니면서 수집된 정보가 기반이 되었을 것으로 보인다(赤羽目匡由, 「8世紀中葉における新羅と渤海との通交關係」 『古代文化』 56-5, 2004 : 김선숙 譯, 「8세

〈그림 39〉 산동반도와 요동반도를 잇는 묘도군도 해양루트
(정진술, 『한국의 고대 해상 교통로』, 한국해양전략연구소, 2009, 245쪽 참조)

군도를 지나 요동반도(〈그림 1〉), 그리고 압록강 하구에 이르는 해양교통로
를 확인할 수 있다. 이와 더불어 하구에서 강을 거슬러 올라가면서 신주까
지 이르는 수로가 있음을 알 수 있다.

그런데 『도리기』에는 박작구에 이르러서야 발해의 경계를 언급한 점
때문에 논란이 되고 있다. 이를 그대로 따르게 되면 발해가 영향력을 미칠
수 있는 범위는 박작구 주변 정도로 설정될 여지가 있다. 기왕의 연구들에
서는 이 기록을 통해 당시 발해의 서쪽 강역의 경계에 대한 검토가 활발하
게 이루어졌다. 이는 크게 두 견해로 나뉘는데, 박작구까지가 발해 강역의
끝에 해당된다고 이해하기도 하며,[11] 박작구는 강역의 경계가 아니고 발해

기 중엽에 있어서 신라와 발해의 통교관계」『高句麗渤海研究』 32, 2008).
11) 발해가 8세기 초에는 요동을 차지하지 못했다는 견해와 이어진다. 이 견해는 발
해의 서쪽 강역에 대한 전통적인 견해에 해당한다. 조선 후기 실학자들은『遼史』
지리지의 착란을 지적하면서 요동은 발해의 강역에 포함되지 않았다고 보았다
(柳得恭,『渤海考』; 丁若鏞,『我邦彊域考』; 韓鎭書,『海東繹史』). 이러한 견해는
초기 일본학자(松井等,「渤海國の疆域」『滿洲歷史地理』 1, 丸善株式會社, 1913 ;
鳥山喜一,『渤海史考』, 奉公會, 1913 :『渤海史考』, 三責文化社, 1984)와 중국학
자(金毓黻,『渤海國志長編』, 千華山館, 1934 : 발해사연구회 역, 『(신편)발해국지

영역 내의 첫 번째 항구일 뿐이라고 보기도 한다.[12] 그런데 이러한 강역 설정은 대체로 육지에 집중되어 이루어진 것이다. 특히 요동지역에 대한 점유 문제가 주요 쟁점이기 때문에 강안지역과 해안지역에 대한 검토는 소홀한 측면이 있다. 그런데 여기서 고대의 국경 또는 영역에 대한 개념이 현재처럼 면의 개념을 띠지 않았다는 점을 상기해 볼 필요가 있다. 즉 반드시 강안지역과 해안지역의 영향권 설정이 내륙의 확보가 전제될 필요가 없다는 것이다. 그렇다면 발해의 해양교통로 관장과 제해권 장악은 요동지역의 점유와는 별개로 검토해볼 여지가 생긴다. 오히려 그 중요성으로 볼 때 실제 발해의 영향권에 있는 지역의 범위는 박작구보다 서쪽으로 강과 해안을 따라 더욱 넓게 형성되어 있지 않았을까 한다. 특히 당시 안동도호부의 이동과 폐지[13]로 요동에 대한 당의 지배력이 상실되는 과정에서 발해가 보다 유동적으로 해안지역을 장악할 수 있는 여건이 마련되었다.

발해는 이미 고구려 때부터 이어져 온 중국과의 해상관계를 바탕으로 해양교통로와 제해권 장악이 중요한 군사전략 중 하나라고 판단하였을 것이다. 특히 내륙의 방어를 위해 해안지대로의 상륙을 저지해야 할 필요성

장편』, 신서원, 2008)들도 마찬가지였는데, 대체로 『요사』의 착오를 지적하고, 『도리기』의 기록을 바탕으로 박작구가 발해 강역의 서쪽 경계였다고 보았다. 이후 북한학계에서 대표적으로 요동의 발해영역설이 대두되었지만(손영종, 「발해의 서변에 대하여」 『력사과학』 1980-1, 2, 1980 : 『발해사연구론문집』(1), 과학백과사전종합출판사, 1992), 여전히 발해가 8세기 초에는 요동을 차지하지 못했다는 기왕의 견해를 따르는 연구들이 발표되고 있다(古畑徹, 「いわゆる小高句麗國の存否問題」 『東洋史研究』 51-2, 1992 ; 赤羽目匡由, 「いわゆる賈耽〈道里記〉の〈營州入安東道〉について」 『史學雜誌』 116-8, 2007 ; 김종복, 「발해시대 遼東지역의 귀속 문제」 『史林』 31, 2008).

12) 韓圭哲, 「발해국의 서쪽 변경에 관한 연구」 『역사와경계』 47, 2003, 81쪽.

13) 안동도호부는 總章 원년(688)에 평양성에 설치되었다가 上元 3년(676) 2월에 요동군고성으로 이동하였으며, 儀鳳 2년(677)에 신성으로 다시 옮겼다. 이후 開元 2년(714)에 平州로 옮겼다가 天寶 2년(743)에 요서고군성으로 이동하였고, 至德 연간 이후에 폐지되었다고 전한다(『舊唐書』 卷39, 地理2, 十道郡國2, 河北道 安東都護府).

을 인지하고 있었을 것이다. 이는 과거 唐이 고구려를 공격하는 과정에서 연안을 따라 압록강을 통해 상륙하여 공격하는 사례가 있었으므로 발해의 입장에서는 그 무엇보다도 압록강의 방어에 큰 관심을 두었다고 생각된다.[14] 따라서 지속적으로 압록강 하구를 비롯한 주변 해상을 장악하기 위한 노력을 했을 것으로 여겨진다.

한편 A-1에서는 당시 압록강 하구에서 수계를 따라 이동하는 교통로가 자세하게 언급되어 있다. 이에 따르면 당의 사신들은 연안항로를 따라 압록강 하구로 접근한 뒤 하구에서 100여 리[15]를 거슬러 올라가 작은 배로 갈아탄다고 기록되어 있다.(〈그림 2〉) 이 지점은 위화도를 비롯한 압록강 하류의 도서지역이 분포한 곳으로 생각된다. 시기상으로 많은 차이가 있지만 〈청구도〉(1834)와 〈대동여지도〉(1861)에서도 확인되듯이 압록강 하류에는 다수의 섬들이 존재했음을 알 수 있다(〈그림 3〉). 이로 인해 수심이 얕아지고 강폭이 줄어들어 배가 통과하기 어려웠고, 일부 섬은 수량이 줄어들면 육지와 연결이 된 것으로 보인다.[16]

---

14) 648년 당은 설만철을 보내 군사를 이끌고 고구려를 공격하게 하였다. 이때 설만철은 바다를 건너 압록강으로 들어가 박작성을 공격하였는데, 이로 보아 압록강 하구는 고구려 때부터 이미 군사적으로 중요한 거점이었음을 알 수 있다.『三國史記』卷22, 高句麗本紀10, 寶藏王 7年, "太宗遣將軍薛萬徹等來伐 度海入鴨淥 至泊灼城南四十里 止營 泊灼城主所夫孫 帥步騎萬餘拒之 萬徹遣右衛將軍裴行方 領步卒及諸軍乘之 我兵潰 行方等進兵圍之 泊灼城因山設險 阻鴨淥水以爲固 攻之不拔 我將高文 率烏骨安地諸城兵三萬餘人來援 分置兩陣 萬徹分軍以當之 我軍敗潰 帝又詔萊州刺史李道裕 轉糧及器械 貯於烏胡島 將欲大擧"

15) 唐尺을 토대로 당시 거리를 계산해보면, 1里가 약 543m이므로 100여 리는 약 54㎞ 정도가 된다. 압록강 하구에 위치한 지금의 신도에서부터 위화도가 있는 곳까지 거리는 대략 50㎞ 정도가 되어 『도리기』에서 언급하는 100여 리와 유사한 거리인 것으로 보인다. 배를 갈아탄 선착장은 위화도를 비롯한 도서지역에 들어서기 전인 지금의 단동시에서 이루어졌을 것으로 생각된다.

16) 『新增東國輿地勝覽』卷53, 平安道 義州牧 山川, "蘭子島 在威化島北周十里 水落則連陸"

〈그림 2〉 압록강 하구와 당 사신의 환승 추정 지점

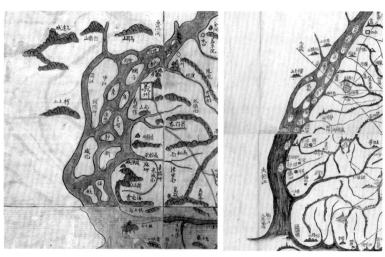

〈그림 3〉 〈청구도〉(좌)와 〈대동여지도〉(우)

작은 배로 옮겨 타 이동했다는 기록이 남았던 이유는 여기에서 비롯된 것이 아닐까 한다. 그런데 작은 배가 마련이 되어 있다 함은 배를 정박할 수 있는 선착장이 있음을 의미한다. 특히 사신이 안전하게 배를 옮겨 탈 수 있을 정도 수준의 선착장이 마련되려면 그 일대를 완전하게 장악하고 있어야 가능하다. A-2에서도 확인되듯이 압록강은 이미 고구려 때부터 나루터가 곳곳에 위치하였고 이곳에 배들을 두고 강줄기를 관장하였다. 또한 천연의 요새로 사용할 만큼 군사전략적으로도 주요한 곳이었다. 이러한 모습은 발해 때에도 마찬가지였을 것이다.

그런데 가탐은 『도리기』에서 왜 박작구에 이르러서야 비로소 발해의 경계로 이해하고 기록하였을까. 앞서 살핀 바에 따르면 발해는 서해에서부터 이미 압록강 하구 주변을 장악하고 있었을 것으로 여겨진다. 그럼에도 압록강 안으로 130리는 더 들어와야 발해의 영역인 듯하게 서술하였다. 이런 서술 방식은 발해뿐만 아니라 신라 역시 마찬가지였다. A-1-ⓐ에서 신라로 가는 교통로를 언급하면서 신라의 국명이 처음 확인되는 지점은 장구진이다. 문제는 『도리기』가 작성된 시점이 패강진이 설치된 이후라는 것이다. 『도리기』는 앞서 살폈듯이 정원 17년(801)에 저술되었다. 즉 이미 패강진이 설치된 뒤의 기록으로 당시 시대상을 잘 반영했던 점을 염두에 두면 가탐은 패강구 지역이 신라의 영향력 아래에 포함되어 있었다고 인지하고 있었을 것이다.[17] 특히 당시 서해안 지역 島嶼에 대한 통치력도 상당히 강화된 상황이었다.[18] 그런데 그럼에도 불구하고 『도리기』에서는 장구진에 이르러서야 국명을 언급하였다. 이는 곧 정박하는 지점에 어떠한 조건이 충족되어야 해당 국가의 경계에 들어섰다고 이해했음을 의미한다.

---

17) 패강진 본영의 위치에 대해서는 크게 平山과 鳳山으로 나뉜다. 이와 관련한 견해들은 박남수, 「신라 浿江鎭典의 정비와 漢州 西北境의 郡縣 설치」 『동국사학』 54, 2013, 37~38쪽에서 자세히 전한다.

18) 황해도 지역과 그와 연안한 서북 島嶼에 등장하는 군현은 신라의 패강진 주변 도서 지역에 대한 통치력 강화를 상징하는 것으로 목마장 등과 같은 시설을 운영하기 위한 목적이 그 바탕에 있었으며, 동시에 서해횡단항로의 주요 기점 또는 경유지로서 교통로를 관리 감독하는 기능을 수행하는 요충지로서 위치했다(한준수, 「신라의 浿江 지역 진출과 서북 島嶼의 지배」 『한국학논총』 52, 2019, 17쪽).

『신증동국여지승람』 풍천도호부 산천조에는 광석산 아래에 唐館이 있었다고 기록되어 있다.[19] 이 당관의 위치는 『삼국사기』에서는 확인되지 않지만, 〈대동여지도〉에서 당관포의 존재가 전해져 추정해볼 수 있다.[20] 당관포가 기록된 위치는 지금의 황해남도 과일군 운산리 일대에 위치하는데, 이곳에는 산내천의 하구가 있어 상륙에 용이한 지역 중 하나에 해당한다. 이와 더불어 『海東繹史續』에서 한진서가 장구진의 위치를 비정하면서 황해도의 은율과 장연을 언급한다.[21] 이를 염두에 두면 장구진의 위치는 이 지역 일대를 가리킨다고 볼 수 있다.[22](〈그림 4〉)

즉 장구진에는 당의 사신이 상륙하여 머무를 수 있는 객관이 마련되어 있었다고 여겨지며, 때문에 장구진에서 신라의 강역에 들어간 듯한 기록이 남게 된 것이다.[23] 따라서 발해의 경우도 박작구에 이르러서 당의 사신이 머무를 수 있는 공식적인 객관이 마련되어 있었고, 이 때문에 발해의 강역에 들어섰다고 이해한 듯하다. 결국 『도리기』는 해상은 배제한 채 육지만 염두에 두고 강역을 설정했다고 볼 수 있다. 그러나 앞서 검토했듯이 최소 압록강 하구까지는 발해가 장악하고 있었을 가능성이 높았음을 알 수 있다.

---

19) 『新增東國輿地勝覽』 卷43, 黃海道 豊川都護府, "廣石山 在府西南二十五里 世傳 古中國使臣渡海往來之路 山下有唐館古基"

20) 〈대동여지도〉에서는 광석산 남쪽에 당관포가 위치한 것으로 기록되어 있다. 그런데 실제로 광석산의 범위는 〈대동여지도〉에 표기된 부분과 함께 산내천 기준으로 반대편의 산도 포함된다. 이는 광석산 위치를 살피는 데 염두에 두어야 할 부분이다.

21) 『海東歷史續』 卷7, 地理考7, 新羅 長口鎭, "長口鎭 當在椒島近地 而椒島在今豊川海 意今長淵殷栗等處是也 唐時 新羅以大同江爲界故 椒島長口鎭 爲其西北界也"

22) 장구진 위치에 대한 비정 등 자세한 내용은 이상훈, 「신라 장구진의 위치 비정에 대하여」 『북악사론』15, 2021 참조.

23) 『신증동국여지승람』 풍천도호부 고적조에 확인되는 唐官鄕을 장구진으로 비정한 견해가 있어 참고된다(도도로키 히로시, 「신라 북요통(北徭通) 복원 서설」 『아시아리뷰』 8-2, 2019, 146쪽).

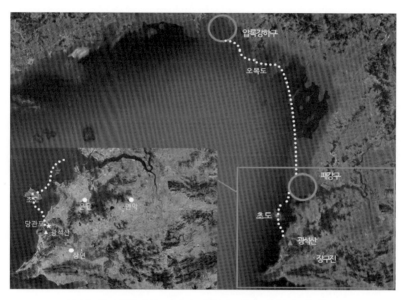

〈그림 4〉 장구진의 위치와 압록강 하구~장구진 해양루트

　그렇다면 과연 언제부터 발해가 이 지역의 제해권을 장악할 수 있었을까. 또한 강과 해안선을 따라 실제로 어디까지 장악하고 있었는지 역시 궁금해진다. 그 범위가 압록강 하구에 머물렀는지, 요동반도 남안과 발해만 일대에도 영향력을 행사할 수 있었는지이다. 이는 발해의 유일한 수군 운용 사례인 張文休의 登州 공격에서 그 실마리를 찾을 수 있지 않을까 한다. 이와 관련해서 장을 달리해 살펴보겠다.

III. 732년 등주 공격과 발해의 서쪽 제해권의 변화

　732년 발해 무왕은 장문휴로 하여금 수군을 운용해 당의 등주를 공격하도록 하였다. 발해의 등주 공격과 관련해서는 『삼국사기』뿐만 아니라 『舊唐書』, 『新唐書』 등 중국의 각종 사료에 그 기록이 남아 있어 당시 면면을 파악하는데 도움이 된다. 먼저 관련한 사료를 살펴보면 다음과 같다.

B-1 ⓐ[성덕왕 32년(733)] 가을 7월에 唐 玄宗은 渤海靺鞨이 바다를 건너 ⓑ등
주로 쳐들어오자 ⓓ太僕員外卿 金思蘭을 귀국하게 하여 왕에게 開府儀同三
司 寧海軍使를 더 제수하고 군사를 일으켜 말갈의 남쪽 변경을 공격하도록
하게 하였다. 마침 큰 눈이 한자 넘게 쌓이고 산길이 험하여 절반이 넘는
병사들이 죽고 아무 공 없이 돌아왔다.[24]

B-2 ⓐ개원 20년(732)에 천자의 조정을 원망하여 군사를 거느리고 ⓑ등주를
갑자기 습격하여 자사 위준을 살해했습니다. 이에 明皇帝께서 크게 노하여
ⓒ內史 고품·하행성과 태복경 김사란에게 명하여 군사를 동원하여 바다를
건너 공격하여 토벌하도록 하였습니다.[25]

B-3 ⓒ겨울 12월 각간 思恭, 이찬 貞宗·允忠·思仁을 각각 장군으로 삼았다.[26]

B-4 ⓐ개원 21년(733) 癸酉에 ⓓ당나라 사람들이 북쪽 오랑캐를 치려고 신라
에 군사를 청하여 사신 604명이 왔다가 본국으로 돌아갔다.[27]

C-1 ⓐ[개원 20년] 9월 乙巳에 … 발해말갈이 ⓑ등주를 침략하여 자사 위준을
살해하였다. ⓒ左領軍將軍 蓋福順에게 명하여 군사를 내 이들을 토벌하게
하였다.[28]

---

24) 『三國史記』 卷8, 新羅本紀8, 聖德王 32年, "秋七月 唐玄宗以渤海靺鞨越海入寇登
州 遣太僕員外卿金思蘭歸國仍加受王爲開府儀同三司寧海軍使 發兵擊靺鞨南鄙 會
大雪丈餘 山路阻隘 士卒死者過半 無功而還"

25) 『三國史記』 卷46, 列傳6, 崔致遠, "開元二十年 怨恨天朝 將兵掩襲登州 殺刺史韋
俊 於是 明皇帝大怒 命内史高品何行成大僕卿金思蘭 發兵過海討 仍就加我王金
某 爲正大尉·持節·充寧海軍事雞林州大都督 以冬深雪厚"

26) 『三國史記』 卷8, 新羅本紀8, 聖德王 31年, "冬十二月 以角干思恭伊湌貞宗允忠思
仁 各爲將軍"

27) 『三國遺事』 卷2, 紀異2, 孝成王, "開元二十一年癸酉 唐人欲征北狄 請兵新羅客使
六百四人來还國"

28) 『舊唐書』 卷8, 本紀8, 玄宗 開元 20年, "九月乙巳 … 渤海靺鞨寇登州 殺刺史韋俊

C-2 ⓐ[개원 20년] 무예가 그의 장수 장문휴를 보내어 해적을 거느리고 ⓑ등주 자사 위준을 공격하게 하였다.[29]

C-3 ⓐ[개원 20년] 9월 乙巳에 발해말갈이 ⓑ등주를 침략하여 자사 위준을 죽이니 ⓒ좌령군장군 개복신이 그들을 토벌하였다.[30]

C-4 ⓐ10년 뒤 무예가 대장 장문휴를 보내 해적을 이끌고 ⓑ등주를 공격하였다.[31]

C-5 ⓐ개원 20년 … 발해말갈의 왕 무예가 그 장군 장문휴를 보내어 해적을 거느리고 ⓑ등주를 침략하도록 하였다. 말갈이 자사 위준을 죽이니 上이 ⓒ 右領軍將軍 葛福順에게 군사를 내어 토벌하도록 명하였다.[32] … ⓓ개원 21 년 봄 정월 … 경신일에 태복원외경 김사란을 신라에 사신으로 보내어 군대 를 출동시켜 그들의 남쪽 변방을 치도록 하였다. 마침 큰 눈이 약 1장이 내 려 산길이 험하고 막혀서 사졸 중에서 죽은 자가 반을 넘으니 공로 없이 돌 아왔다.[33]

C-6 ⓐ20년 무예가 해적을 거느리고 ⓑ등주를 공격하여 자사 위준을 살해하였다.[34]

B군 사료는 국내사료, C군 사료는 중국사료로서 모두 장문휴의 등주 공

命左領軍將軍蓋福順發兵討之
29)『舊唐書』卷199下, 列傳149下, 北狄 渤海靺鞨, "武藝遣其將張文休率海賊 攻登州 刺史韋俊"
30)『新唐書』卷5, 本紀5, 玄宗 開元 20年, "九月乙巳 渤海靺鞨寇登州 刺史韋俊死之 左領軍衛將軍蓋福愼伐之"
31)『新唐書』卷219, 列傳144, 北狄 渤海, "武藝遣大將張文休率海賊攻登州"
32)『資治通鑑』卷213, 唐紀29, 玄宗至道大聖大明孝皇帝 開元 20年, "勃海靺鞨王武 藝遣其將張文休帥海賊寇登州 殺刺史韋俊 上命右領軍將軍葛福順發兵討之"
33)『資治通鑑』卷213, 唐紀29, 玄宗至道大聖大明孝皇帝 開元 21年, "春正月 … 庚申 命太僕員外卿金思蘭使于新羅 發兵擊其南鄙 會大雪丈餘 山路阻隘 士卒死者過半 無功而還"
34)『冊府元龜』卷1000, 外臣部45 讎怨, "二十年 武藝率海賊攻 登州殺刺史韋俊"

격에 관련한 다양한 정보를 담고 있다. 그런데 양자 간에 중점적으로 다루고 있는 내용에 조금 차이가 있다. 국내사료의 경우 발해의 등주 공격보다는 당에서 김사란을 보내 성덕왕을 寧海軍使로 책봉하고 군사를 요청하는 데에 집중을 하고 있다면, 중국사료는 발해의 등주 공격에 따른 토벌군 파견에 집중하고 있다. 이는 각자의 입장을 반영한 결과라 할 수 있겠다. 이를 토대로 당시 상황을 간략하게 복원해보면, 발해는 ⓐ732년 9월 즈음하여 장문휴가 수군을 이끌고 ⓑ등주를 공격하여 자사 위준을 살해하였다. 이를 보고 받은 현종은 ⓒ9월 을사일 개복순(갈복순)을 파견하여 토벌하도록 하고, 이와 함께 ⓓ신라에 김사란을 파견하여 발해의 남쪽 변경을 공격하도록 요청하여 견제를 하고자 하였다.

이러한 사건의 흐름은 상당히 급박하게 이어졌을 것으로 보인다. 따라서 당의 청병사신은 토벌군과 비슷한 시점에 출발했을 가능성이 높다. 대체로 신라와 당의 여정기간을 추정해보면 장안-등주(60일), 등주-당은포(15일), 당은포-경주(15일) 정도로 대략 3개월 정도의 기간이 걸린다.[35] 따라서 김사란이 9월에 장안을 출발하여 성덕왕을 만나 상황을 전달하고 병사를 요청한 시점은 732년 12월 즈음에 이루어졌을 것으로 생각된다. B-3에서 확인되듯이 신라는 4명의 장군을 임명하는데, 이는 바로 김사란이 전달한 당의 요청에 따른 조치였던 것이다. 그런데 C-5-ⓓ에서 김사란의 파견 시점이 733년 정월 경신일인 것처럼 기록되어 있어 혼란을 준다.[36] 이 기록을 그대로 따르면 토벌군은 732년 9월 을사일에 파견하였는데, 약 3개월이나 지난 시점에서야 관련된 군사 요청 사신을 파견한 것이다. 이는

35) 權悳永, 앞의 책, 1997, 220쪽.
36) 이 기록을 김사란 파견 시점으로 보아 『삼국사기』 성덕왕 32년(733) 7월조의 기록이 김사란이 도착하여 신라에 唐命을 전달한 것이라고 해석한 견해가 있다. 이 견해는 7월에 명을 받은 신라가 그 해(733) 겨울에 발해의 남쪽에 대한 공격을 시도했다고 본다. 또한 성덕왕 31년(732) 12월조의 장군 임명 기사는 당이 파견 요청하기 이전 미리 예측하여 전시체제를 실시한 것이라고 보았다(古畑徹, 앞의 논문, 1986 : 임상선 편역, 『발해사의 이해』, 신서원, 1991, 201~215쪽).

당의 입장을 생각해 볼 때 합리적이지 않다. 당에게 있어 등주 함락은 배
후를 공격당한 상당히 긴급한 상황에 해당한다. 이에 개복순의 파견도 빠
르게 이루어졌던 것이다. 심지어 당은 당시 동북지역의 힘을 쏟고 있었기
때문에 직접적으로 해상을 통제하는 데에 제약이 있었다. 따라서 신라를
통해 해상의 안전성을 확보하고자 한 것이다. 그런 상황에서 3개월이나 지
난 시점에 군사 요청 사신을 파견한다는 것은 정황상 맞지 않다. 오히려
C-5-ⓓ의 기록은 김사란의 파견 시점이 아닌 당의 요청을 받은 신라의 공
격이 실패한 시점으로 보아야 합리적일 것이다. 그리고 B-1-ⓐ/ⓓ 역시 7
월이라 기록되어 있어 큰 눈 때문에 공격에 실패한 상황과는 맞지 않는다.
따라서 이는 김사란이 당으로 복귀한 시점으로 보아야 함이 맞다.

그런데 주목할 점은 당이 발해의 등주 공격 이후에 신라에 사신을 파견
할 수 있는 여건이 되었다는 것이다. 주지하듯이 신라로 향하는 당의 사절
단 경로에는 등주가 포함된다. 이는 즉 발해의 수군이 이미 등주에 머무르
지 않고 있었음을 의미한다. 그렇다면 발해의 수군은 어떻게 된 것일까. 이
와 관련하여 대체로 발해의 수군은 등주를 공격한 이후 바로 퇴각을 했다
고 이해한다. 그런데 그 퇴각로가 모호하다. 이와 관련하여 등주 공격 이후
馬都山을 공격하기 위해 요서 지역으로 이동했다고 보는 견해가 있다.[37]
이 견해는 마도산 공격에 장문휴가 참전했다고 이해한다. 그러나 마도산
전투는 등주 공격과는 별개의 사건으로 보인다. 발해가 마도산을 공격한
시점은 개원 21년(733) 윤 3월로 보이는데[38], 장문휴가 등주를 공격한 이
후 마도산을 공격하기 위해 요서 지역에 상륙했다는 것은 시간상 격차가

---

37) 沈勝求, 「渤海 武王의 政治的 課題와 登州攻擊」 『軍史』 31, 1995, 30쪽 ; 조이옥,
「8세기 전반 신라의 對渤海攻擊과 浿江」 『동양고전연구』 14, 2000, 251쪽. 古烟
徹의 경우 등주를 공격한 장문휴가 바로 마도산으로 방향을 돌려 공격했다는 것
이 아니라 새로운 수군이 발해만을 건너 공격했다고 보아 조금 다르다(古畑徹,
앞의 논문, 1986 : 임상선 편역, 앞의 책, 1991, 208쪽).
38) 『舊唐書』 卷8, 本紀8, 玄宗 開元 21年, "閏月 幽州道副總管郭英傑等討契丹 爲所
敗於都山之下 英傑死之"

크기 때문에 쉽게 납득이 가지 않는다. 따라서 발해 수군이 요서 방향으로 퇴각했다고 보기는 어렵다.

이와는 달리 발해군이 자신들의 요충지인 황해도 방면으로 퇴각하여 머물렀으며, 신라가 734년 가을에 이들을 축출하고 지역을 차지하여 패강진을 설치한 것으로 이해하는 견해가 제기되기도 하였다.[39] 그러나 김사란 일행이 특별한 방해 없이 무사히 신라로 들어갈 수 있던 점으로 보아 등주를 공격했던 발해의 수군이 황해도 연안으로 퇴각했다고 보기 어렵다고 생각된다. 특히 이 시기 지속적으로 신라와 당 사이의 사신이 큰 방해 없이 오갈 수 있었던 점으로 보아 발해가 수군을 주둔시켜 황해도 연안의 해상권을 장악하고 있었다고 보기는 힘들다. 따라서 장문휴는 등주 공격 후 가장 안정적인 경로인 요동반도를 거쳐 압록강 하구 방향으로 퇴각했다고 여겨진다. 발해의 입장에서는 전투 이후 재정비를 하기 위해서는 가장 안전하고 확실한 압록강 하구가 적절할 것이다.

한편 장문휴가 요동반도 방향으로 돌아왔다면 본래 군사를 내어 출항했던 지점을 향해 돌아왔다고 볼 수 있다. 그렇다면 과연 정확한 출항지점은 어디일까? 이 역시 발해의 제해권을 추정할 수 있는 단서가 된다. 기왕의 연구에서는 장문휴가 등주를 공격하기 위해 출항했던 지점을 박작성으로 보거나[40], 등주를 공격할 만한 선박이 박작성의 압록강구에서 출발하기 어렵다고 보고 요동반도 일원에서 출발했다고 풀이하기도 한다.[41] 그중 대체로 박작성에서 출발했다는 견해가 우세한 편이다. 그런데 장문휴가 등주를 공격했던 9월에 즈음하여 압록강의 환경적 변화에 대한 기록이 남아있어 주목된다.

D-1. 9월에 개소문이 그 아들 남생을 보내 정예 병력 수만으로 압록강을 지키

39) 朴南秀, 「신라 聖德王代 浿江鎭 설치 배경」 『사학연구』 110, 2013, 25~33쪽.
40) 金毓黻, 앞의 책, 卷19, 韓愈烏氏廟碑云條, 1934. 이 견해가 제시된 이후 대체로 박작성 출발설을 따르고 있다.
41) 손영종, 앞의 논문, 1980 : 앞의 책, 1992, 70쪽.

니 여러 군대가 건너올 수 없었다. 계필하력이 도착하였을 때 얼음이 크게 얼었으므로 하력이 무리를 이끌고 얼음을 타고 물을 건너 북을 치고 소리지르며 진격하니 아군이 무너져 달아났다.[42]

D-2. 용삭 원년에 또 요동도행군대총관으로 임명되었다. 9월에 압록수에 이르렀는데, 그 땅이 고구려의 요새여서 막리지 남생이 정병 수만으로 지켜 건널 수가 없었다. 하력이 처음 이르렀을 때 마침내 얼음이 두껍게 얼어 병사들이 건너도록 재촉하니 북을 치고 소리를 지르며 진격하자 적이 마침내 크게 무너졌다.[43]

D군 사료는 661년 9월 당이 고구려를 공격할 때의 기록이다. 이에 따르면 계필하력이 9월에 압록강에 이르렀을 때 병사들이 걸어서 건널 수 있을 정도로 강이 두껍게 얼었음을 알 수가 있다.[44] 즉 9월 즈음에 이르러서는 압록강이 결빙되기 시작하여 항해가 쉽지 않은 상황임을 알 수 있다. 따라서 장문휴가 등주를 공격하는 시점에는 이미 압록강이 결빙되기 시작했을 가능성을 염두에 두어야 한다. 또한 앞서 언급했듯이 압록강 하구는 여러 섬으로 인해 강폭이 줄어들어 다수의 선박을 운영하기가 쉽지 않다.

---

42) 『三國史記』卷23, 高句麗本紀10, 寶藏王 20年, "九月 蓋蘇文遣其子男生 以精兵數萬守鴨綠 諸軍不得渡 契苾何力至 値氷大合 何力引衆乘氷度水 鼓噪而進 我軍潰奔"

43) 『舊唐書』卷109, 列傳59, 契苾何力, "龍朔元年 又爲遼東道行軍大總管 九月 次于鴨綠水 其地即高麗之險阻 莫離支男生以精兵數萬守之 衆莫能濟 何力始至 會層冰大合 趣即渡兵 鼓譟而進 賊遂大潰"

44) 압록강이 결빙되는 시기는 음력 9월 즈음으로 보인다. 시기가 멀지만, 구체적으로 결빙이 이루어졌음을 알려주는 조선총독부 관보 또는 당시 신문 기사들을 보면 이르면 음력 8월, 늦어도 음력 10월 초에는 압록강이 결빙되기 시작함을 알 수 있다. 이러한 기록은 지속적으로 확인되는데, 대표적으로 다음과 같은 자료들이 있다. 『朝鮮總督府官報』第80號, 大正元年 十一月五日[음력 9월 27일], "鴨綠江航路ハ結冰ノ爲船舶ノ航行不能ト爲ルヲ以テ左記ノ時期ニ於テ該航路ノ浮標全部ヲ撤去ス" 「北國엔 벌서 結氷! 鴨綠江上流에 薄氷이 「데뷰」(新義州)」『東亞日報』1937년 9월 12일[음력 8월 8일].

〈그림 5〉 압록강 하구의 여름(좌)과 겨울(우)

그렇다면 출발 지점의 후보로 박작성보다는 서해와 연결된 압록강 하구 또는 요동반도 남쪽 해안 어느 지역 중 한 곳을 들 수 있다. 이는 당시 발해의 해상에서의 영향력이 최소 압록강 하구, 최대로는 요동반도 해안 지역에까지도 이를 수 있음을 방증한다.

또한 발해가 등주를 기습할 수 있었던 이유는 당이 정보전달을 할 수 없는 상황에서 예측하기 어려울 정도로 빠른 접근과 상륙이 이루어졌기 때문으로 이해할 수 있다. 이는 곧 당시 요동반도 끝 해안지역이나 묘도군도 주변을 당이 점유하지 못했음을 의미한다. 그렇다면 본래 당의 제해권 범위는 어디까지였을까. 먼저 등주 일대의 근해 지역은 당이 장악하는데 문제가 없을 것이다. 그런데 묘도군도가 당의 영향력이 미치지 못하는 시점이 확인된다.

E-1. 烏湖戌는 현 북쪽바다 중 265리에 있으며, 오호도 위에 설치되었다. 당 태종 정관 20년(646) 동이를 정벌하기 위해 要路를 지키려 마침내 鎭을 설치

하였다. 영휘 원년(650)에 이르러 폐하였다. 大謝戍는 현 북쪽 바다 중 30리
에 있으며, 둘레가 122보이다. 역시 당 태종이 고구려를 정벌할 때 오호수
와 함께 설치하였다.[45]

E-2. 갑자일에 오호의 鎭將 고신감이 군사를 거느리고 바다로 가서 고려를 쳤
　　는데, 고려의 보병과 기병 5천을 만나서 역산에서 싸워서 그들을 격파하였
　　다. 그날 밤에 고려의 1만여 명이 고신감의 배를 습격하였는데, 고신감이 매
　　복을 두었다가 또 그들을 격파하고 돌아왔다.[46]

E-3. 9월 신사 등주 平海軍을 항구로 옮기었다.[47]

E-1은 宋代에 편찬된 지리지인 『太平寰宇記』 등주조의 일부이다. 이에
따르면 정관 20년(646)에 묘도군도의 섬들 중 오호도와 대사도에 鎭을 설
치했다는 내용이 전한다. 즉 당이 해상 교통로를 장악하기 위한 방책으로
주요 섬에 군사시설을 설치하여 제해권을 확보했음을 알 수 있다. E-2에서
는 당시 당이 묘도군도를 비롯한 주변의 제해권을 장악한 듯한 사례를 확
인할 수 있다. 정관 22년(648)에 오호수의 鎭將인 고신감이 수군을 이끌고
고구려를 공격하였는데, 역산에서 한 차례 전투가 있고 난 후 그날 밤 군
대를 배에서 머무르게 했음을 알 수 있다. 이는 요동반도 연안에 배를 정
박할 수 있을 정도로 주변의 해상을 장악하고 있었음을 방증하는 것이다.
그런데 E-1에 따르면 영휘 원년(650)에 이르러 鎭을 폐한 이후 다시 설치
하지 않았음을 알 수 있다. 이로 보아 650년 이후로 당은 묘도군도에 대한
제해권을 공고히 했다고 인식하였고, 따라서 이후 특별한 방비의 필요성을
느끼지 않았던 것으로 보인다. 이러한 상태는 732년 발해가 등주를 공격할

---

45) 『太平寰宇記』 卷20, 河南道20, 登州, "烏湖戍在縣 北海中二百六十五裏 置烏湖島
　　上 唐太宗貞觀二十年爲伐東夷 當要路 遂置爲鎭 至永徽元年廢 大謝戍在縣北海中
　　三十裏 周回一百二十二步 亦唐太宗征高麗時與烏湖戍同時置"
46) 『資治通鑑』 卷199, 唐紀15, 太宗 貞觀 22年, "甲子 烏胡鎭將古神感將兵浮海擊高麗
　　遇高麗步騎五千 戰於易山 破之 其夜 高麗萬餘人襲神感船 神感設伏 又破之而還"
47) 『舊唐書』 卷8, 本紀8, 玄宗 開元 22年, "九月 辛巳 移登州平海軍於海口安置"

때까지 유지가 되었는데, 발해는 이러한 빈틈을 공략해 등주를 기습하여
큰 성과를 거둔 것이다. 즉 이 시기에 발해가 요동반도에서 묘도군도로 이
어지는 해상을 장악했다고 볼 수 있겠다.[48]

　이처럼 당이 묘도군도를 비롯한 해상 장악력이 느슨해진 원인에는 위협
을 느낄만한 세력이 등장하지 않았거니와 서북·동북지역 정책에 집중했던
데서 찾을 수 있다. 특히 당은 8세기에 들어서면서 동북지역에 대한 지배
력을 강화하는 조치들을 취하기 시작한다. 725년 1월 유주도독부를 대도
독부로 승격시키면서 거란, 해, 발해, 말갈 등에 대한 영향력을 확대하려
했던 것이다.[49] 결국 당이 그간 한 번도 사례가 없었던 寧海軍使를 성덕왕
에게 제수하면서까지 신라에게 공식적인 제해권 확보를 인정해준 것은 해
상을 직접 통제할 여력이 없었다는 것을 방증한다. E-3에서 확인되듯이 등
주를 공격당하고 난 2년 뒤에야 비로소 해안 경계를 강화한 점도 당시 당
으로서는 해상까지 신경 쓸 여유가 없었음을 보여준다. 다만 평해군을 해
안가에 옮겨 설치한 것은 이후 당의 주변 제해권 장악에 큰 역할을 했다고
여겨진다. 발해의 등주 공격이 단발성에 그친 이유도 여기서 찾을 수 있다.
『신당서』兵志에 따르면 당은 변경을 방어하는 기구로서 상위단위의 軍과
하위단위의 守捉·城·鎭을 설치하였는데, 이는 무덕연간부터 천보연간까지
유지되었다고 전한다.[50] 즉 해안지역에 변경을 방어하는 가장 상위단위의
군대를 배치하면서 새롭게 방비를 구축한 것이다.

---

48) 최근 당시 등주의 상황과 관련하여 최근에 발견된 〈위준묘지명〉에 기록된 내용
이 소개되어 주목된다. 이에 따르면 등주는 바다에 면한 천험의 요새였지만 '고
립된 성'이라고 표현되어 주변 해상 장악이 원활하지 않았음을 알 수 있다(임상
선, 「732년 渤海와 唐의 戰爭과정 재검토」 『동국사학』 69, 2020, 168쪽).

49) 권은주, 「발해의 등주공격을 통해 본 국제동맹과 외교」 『역사와 세계』 44, 2013,
130쪽.

50) 『新唐書』 卷50, 志40, 兵, "唐初 兵之戍邊者 大曰軍 小曰守捉 曰城 曰鎭 而總之者
曰道 … 平海軍一 東牟東萊守捉二. 蓬萊鎭一 曰河南道 此自武德至天寶以前邊防之
制"

한편『구당서』지리지에는 각 지역의 군사시설에 대한 정보가 남아있
는데, 등주에는 東牟守捉이 설치가 되어 있었으며, 등주자사가 관장하고
1,000명의 管兵을 두었다고 전한다.[51] 이와 더불어 무측천시기에 하남도·
하북도에 武騎團을 배치하였는데, 150호마다 15명과 말 한필을 차출하였
다.[52] 당은 현종시기에 전국적으로 團練兵이 설치가 되는데, 이는 무기단
이 확대된 지방의 民兵으로 이해된다.[53] 개원연간에 등주 동모의 戶가
28,533호라고 전하는데[54], 이 기록을 바탕으로 볼 때 장문휴가 등주를 공
격했던 당시 군역제가 정상적으로 작동을 했다면, 등주의 무기단병의 수는
대략 2,800여 명 정도로 추정할 수 있다. 그렇다면 장문휴가 등주를 공격
했을 당시 등주자사 위준이 직접 지휘했던 당군의 수는 동모수착의 관병
1,000명과 무기단병 2,800여 명을 합산하여 최대 3,800명 정도였음을 알
수가 있다.[55]

그렇다면 장문휴가 등주를 공격할 당시 군사 수가 최소 등주의 군사 수
에 준하는 정도라 추정해 볼 경우 발해는 대규모의 전선을 편성하여 등주
를 공격했다고 볼 수 있다. 당시 발해가 운용했던 선박의 크기는 일본에
사신을 태워 보냈던 선박의 규모를 참고해볼 수 있겠다. 물론 군사적 목적
의 선박과 교류 목적의 선박은 다르겠지만, 발해가 운용한 기본적인 선박
의 크기나 구조는 유사할 것으로 생각된다. 그 중 일본으로 출항했던 사례
들로 미루어 보아 발해의 선박은 20여 명 정도가 승선할 수 있는 소형선박
과 100명 넘는 인원을 수용할 수 있는 대형선박으로 나눌 수 있다.[56] 이로

---

51)『舊唐書』卷38, 志18, 地理1, "東牟守捉 登州刺史領之 管兵千人"
52)『唐會要』卷78, 諸使中 節度使, "萬歲通天元年九月 令山東近境州置武騎團兵 至
　　聖曆元年臘月二十五日 河南河北置武騎團 以備默啜 每一百五十戶 共出兵十五人
　　馬一匹"
53)『中國軍事史』編寫組,『中國軍事史』第3卷, 解放軍出版社, 1987, 274~275쪽.
54)『元和郡縣圖志』卷11, 河南道 登州, "登州 東牟 中 開元戶二萬八千五百三十三"
55) 冯晓晓, 「唐代登州刺史韦俊墓志铭考析」『鄂州大學學報』24-2, 2017, 34쪽.
56) 이 숫자는 사공을 제외한 수이다. 발해가 일본에 보낸 최초의 사절단 사례를 보

보아 등주 공격 군사의 수를 최소 약 4,000명으로 추정해볼 수 있다면, 최소 40척에서 최대 200척에 가까운 대규모 군단으로 편성했다고 추정해볼 수 있겠다. 이 정도의 대규모 군단이 해상에서 운용되기 위해서는 해당 해역을 장악하고 있지 않으면 어려울 것이다. 즉 발해가 등주를 공격했던 732년을 기점으로 하여 발해가 압록강 하구를 비롯한 묘도군도에 이르는 지역에 대한 제해권을 장악했다고 상정할 수 있을 것이다.[57]

한편 앞서 언급했다시피 발해의 해양교통로는 등주도 뿐만 아니라 환동해를 무대로 하는 일본도의 존재도 확인된다. 또한 연해주 동해안을 따라 제해권 장악의 요소 중 하나인 해안성에 대한 내용을 살필 수 있다. 이는 발해의 동쪽 제해권을 검토하는데 또 다른 단서를 제공한다. 장을 달리하여 검토해보도록 하겠다.

IV. 연해주 연안 제해권 장악과 초기 일본도

발해는 국가가 존속하는 동안 당 뿐만 아니라 일본과의 교류도 지속적으로 이루어져 왔다. 따라서 앞서 살폈듯이 『신당서』에는 발해의 교통로로 일본도가 기록되어 있을 만큼 주요 교통로로 인식되었다. 일본도는 육상교통로와 해양교통로로 이루어져 있는데, 그 기점은 용원의 동남쪽 빈해

면, 당시 1척에 24명이 승선하여 이동하였는데, 에미시에게 습격당하여 8명만이 생존하였다. 그런데 생존한 8명이 모두 입경하여 천황을 만났으며, 모두 正6位上을 받았다(『續日本紀』 卷10, 聖武天皇 神龜 5年條). 이는 즉 8명이 사공이 아닌 주요 사신의 위치에 있는 사람임을 알 수 있다.

57) 발해가 묘도군도 지역의 제해권을 지속적으로 장악하고 있는 시점이 언제까지일 지는 명확하게 판단하기 어렵다. 특히 平海軍의 설치는 등주와 인접한 묘도군도 중 일부 섬 주변 지역의 장악에 영향력을 발휘할 수 있기 때문이다. 다만 당이 신라에게 성덕왕 이후로도 지속적으로 영해군사를 책봉하는 점은 여전히 서해 지역에 대한 관장이 어려웠음을 방증한다고 할 수 있겠다. 따라서 발해의 서쪽 제해권 장악은 상당 기간 유지되었다고 생각해 볼 수 있다.

지역으로 이해된다.[58] 육상교통로를 통해 용원부에 다다른 발해 사신은 다시 동남쪽으로 이동하여 염주성에 이르러 이곳에서 배를 타고 일본으로 나아갔다.[59]

일본도의 해양교통로 시작이 염주성이며, 염주성은 지금의 크라키시노성이라는 점은 이견이 없다. 그런데 일본도의 해양교통로 노선의 경우는 의견이 분분하다. 이는 크게 동해횡단항로·북회항로·동해연안항로 정도로 나눌 수 있는데, 그중 가장 많은 지지를 받고 있는 노선이 바로 동해횡단항로이다.[60] 이 항로는 두만강 하구나 포시예트만 혹은 북청 부근에서 출항을 하여 동해를 가로질러 北海道나 山陰道에 도착했다고 이해된다. 동해횡단항로는 양국 간에 가장 보편적으로 사용되었다고 이해되는데 이는 신라 및 에미시와의 관계 등 국제정세 변화에 따른 위험성과 발해 사신이 山陰道에 도착하는 예가 더 많은 점이 근거가 된다.[61] 그러나 8세기 전반까지는 횡단항로가 아닌 연안항로를 이용했을 가능성이 높다.

고대 어느 지역이나 마찬가지이듯이 환동해 역시 연안항로가 가장 안전한 항로 중 하나였다. 따라서 발해와 일본 간의 항로를 언급할 때 어김없이 연안항로인 북회항로의 존재가 제기가 된다. 이 항로는 크라키시노성에서 출발하여 포시예트만으로 나와 연해주 해안을 따라 북상한 뒤 사할린 또는 北海道 등지로 횡단한 후 일본 열도를 따라 남하하여 도착하는 경로이다.[62] 이 항로의 사용 시기는 연구자마다 조금씩 견해를 달리하지만 대체로

---

58) 정석배, 「발해의 육로구간 일본도 연구」 『고구려발해연구』 69, 2021, 10쪽.
59) 김은국, 「8~10세기 동아시아 속의 발해 교통로」 『한국사학보』 24, 2006, 389쪽.
60) 沼田賴輔, 『日滿の古代國交』, 明治書院, 1933 ; 新妻利久, 『渤海國史及び日本との國交史の硏究』, 東京電機大學出版局, 1969 ; 上田雄·孫榮健, 『日本渤海交涉史』, 彩流社, 1994.
61) 동북아역사재단 편, 『고대 환동해 교류사 - 2부 발해와 일본』, 동북아역사재단, 2010, 152쪽.
62) 연해주 북부 해안인 소베츠카야가반에서 건너편인 사할린의 오롤보까지는 150km 이고, 연해주의 가장 북부지역에서는 2.5km 정도에 불과하다. 이 지역은 겨울인 12월~4월까지 결빙되어 도보로 건널 수 있을 정도이다. 또한 사할린 중간에는

발해와 일본의 초기 교류 당시를 중심으로 사용이 되었다고 이해된다.[63]

이와는 달리 북회항로와 반대로 설정되는 동해 연안항로의 존재도 제기된다. 이는 동해안 연안의 해류를 주목하여 발해에서 일본으로 갈 때는 북한(리만) 해류를 이용하고, 일본에서 발해로 갈 때는 동한(쿠로시오) 해류를 이용했다고 본다.[64] 다만 동해 연안항로는 신라의 존재로 인하여 이용에 제한이 있었을 가능성이 제기된다. 연안을 따라 형성된 신라의 제해권으로 인해 양국의 관계가 소원할 경우에는 이용하기 어려웠다고 보는 것이다.[65] 신라는 이미 상고기에 우산국의 정벌을 통해 동해안의 제해권을 확보했다고 이해된다.[66] 이렇듯 제해권은 항로 설정에 큰 영향을 끼치는데, 그중에서도 특히 연안항로의 경우는 불가분의 관계에 있다고 할 수 있다.

그렇다면 발해에게 있어서 신라의 견제로 인한 동해 연안항로와 보다는 북회항로가 보다 안전성이 보장되는 루트였다고 할 수 있겠다. 따라서 발해는 초기 일본과 교류를 할 때 이 항로를 적극 활용했을 것으로 보인다.

동사할린 산맥이 지나가는데, 최고봉인 로파티나 산은 1,609m에 달해 지문항해가 가능하다(윤명철, 「연해주 및 동해북부 항로에 대한 연구 – 고대를 중심으로 –」 『이사부와 동해』 1, 2010, 103쪽).

63) 奧田淳爾, 「渤海使·遣渤海使等の日本海橫斷について」 『富山史壇』 79, 1982 ; 谷內尾晉司, 「對渤海交涉と福良港」 『福浦の歷史 - 客人の湊』, 石川縣富來町, 1991 ; 新野直吉, 「古代日本と北の海みち」 『藝林』 41-2, 1992 ; 高畑徹, 「渤海·日本間航路の諸問題」 『古代文化』 46-8, 1994 ; 小嶋芳孝, 「蝦夷とユーラシア大陸の交流」 『古代蝦夷の世界と交流』, 名著出版, 1996 ; 小嶋芳孝, 「渤海と日本列島の交流經路」 『歷史と地理』 577, 山川出版社, 2004.

64) 金毓黻, 앞의 책, 卷16 族俗考, 1934 ; 森克己, 『遣唐使』, 至文堂, 1955 ; 日下雅義, 「攝河泉における古代の港と背後の交通路について」 『古代學硏究』 107, 1985 ; 中西進·安田喜憲 編, 『謎の王國·渤海』, 角川書店, 1992 ; 윤명철, 위의 논문, 2010.

65) 대체로 동해횡단항로와 북회항로를 언급하면서 동해 연안항로의 이용이 어려움을 제기한다. 특히 신라의 존재뿐만 아니라 당대의 사람들이 해류에 대한 부족한 상식과 긴 항해시간에 대한 부담감도 작용했을 것으로 이해한다(구난희, 「渤海와 日本의 交流 航路 變化에 관한 연구」 『역사교육』 126, 2013, 157~158쪽).

66) 김호동, 「삼국시대 신라의 동해안 제해권 확보의 의미」 『대구사학』 65, 2001, 73쪽.

그런데 이를 위해서는 연해주 동해안에 대한 장악이 우선시 되어야 한다는 문제가 발생한다. 이에 연해주 해안을 따라 존재했던 말갈 집단의 복속 여부에 대한 확인이 선행되어야 한다.

발해가 건국되던 당시 연해주 지역에는 여러 말갈집단이 정치적 통일을 이루지 못하고 분산되어 있었다. 바로 鐵利·拂涅·越喜·黑水·虞婁 등이 이에 해당된다. 이들의 위치에 대해서 불열은 목단강 유역의 영안시 일대로 보는 견해가 다수이며, 납림하 유역의 오상시 일대로 보기도 한다. 흑수는 대체로 흑룡강 중하류, 하류 등 흑룡강 유역으로 보는데, 목릉하와 우수리강 상류지역 또는 하얼빈 북서쪽으로 보거나, 이외에도 의란현에서 동강시까지의 지역으로 파악하기도 한다.[67] 철리는 흑룡강성 依蘭 일대, 월희는 송화강 하류와 우수리강 동쪽에 분포했던 것으로 추정된다.[68] 그런데 이들은 대체로 중심지 비정 지역이 시호테 알린 산맥을 기준으로 서쪽에 위치하고 있다. 즉 연해주 동해안과는 지형적으로 분리가 되었던 것을 알 수 있다. 그렇다면 동해안에 위치했던 말갈 집단은 어느 집단일까. 먼저 다음의 사료를 살펴보자.

> F-1. 처음에 黑水 서북으로 또 思慕部가 있고, 더 북으로 10일을 가면 郡利部가 있다. 동북으로 10일을 가면 窟說部가 있다. 屈設이라고도 부른다. 약간 동남으로 10일을 가면 莫曳皆部가 있고, 또 불열·우루·월희·철리부 등이 있다. 그 땅은 남으로 발해에 이르고, 북과 동으로 바다에 닿으며, 서로는 실위에 다다른다. 남북으로 2천리, 동서로 천리이다.[69]

---

67) 기왕의 연구들에서 비정하는 말갈의 위치에 대해서는 김락기, 「6~7세기 말갈 제부의 내부 구성과 거주지」 『고구려발해연구』 36, 2010, 185~196쪽에 자세하게 정리되어 있다.

68) 王承禮 著·宋基豪 譯 『발해의 역사』, 翰林大學아시아文化硏究所, 1987, 67~ 69쪽.

69) 『新唐書』 卷219, 列傳144, 北狄, 黑水靺鞨, "初黑水西北又有思慕部 益北行十日得郡利部 東北行十日得窟說部 亦號屈設 稍東南行十日得莫曳皆部 又有拂涅虞婁越喜鐵利等部 其地南距渤海 北東際於海 西抵室韋 南北袤二千里 東西千里"

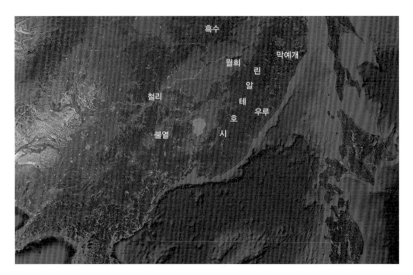

〈그림 6〉 8세기 초 말갈 집단 추정 위치

F-1은 『신당서』 흑수말갈전에서 확인할 수 있는 말갈의 위치이다. 이에 따르면 흑수말갈을 중심으로 동쪽 방향에 위치한 말갈집단은 굴설부와 막예개부가 있다. 그리고 불열부·우루부·월희부·철리부가 있는데, 이들은 따로 방위를 언급하지 않고 막예개부 뒤에 소개된 것으로 보아 흑수말갈의 동남쪽에 위치했을 가능성이 높다. 그런데 앞서 살핀 일부 말갈집단에 대한 기왕의 위치비정으로 보아 바다와 인접했다고 추정할 수 있는 집단은 막예개부와 우루부 정도가 된다. 그렇다면 발해의 연해주 동해안의 장악 여부는 우루부와 막예개부의 복속 여부를 통해 설명할 수 있다. 관련 사료가 적어 파악하기 어렵지만, 참고할 만한 부분이 있는데, 다음과 같다.

F-2. 불열 또는 대불열이라고도 한다. 開元·天寶 연간에 8번 와서 鯨睛·貂鼠·白兎皮를 바쳤다. 철리는 개원 연간에 6번 왔다. 월희는 7번 오고 貞元 연간에 1번 왔다. 우루는 貞觀 연간에 2번 오고, 정원 연간에 1번 왔다. 후에 발해가 강성해지자 말갈은 모두 그들에게 역속되어 다시는 왕과 만나지 못했다.[70)]

　F-2는『신당서』흑수말갈전에서 확인되는 말갈의 입당 관련 기록이다. 이를 보면 우루부는 고구려를 통해 2번에 걸쳐 입당했던 것으로 보인다. 그러나 발해가 건국된 이후에는 다른 말갈과는 달리 입당을 하지 못하다가 9세기에 들어서야 다시 입당하게 된다.[71] 이에 따르면 우루부는 7세기에도 존속하고 있었던 것으로 보인다. 그런데 일반적으로 인식되는 7세기 당시 말갈 제부[72]는 소위 말갈 7부라 하여『수서』에 처음 소개가 된다.[73] 그 명칭을 살펴보면 속말부·백돌부·안거골부·불열부·호실부·흑수부·백산부가 확인된다. 즉 당시 우루부는 말갈 7부보다 작은 집단으로서 유지되었던 것으로 보인다. 위치는 앞서 살폈듯이 연해주 동해안 지역에 자리하고 있었을 것으로 보이는데, 이 때문에 정관 연간에는 고구려를 통해서, 정원 연간에는 발해를 통해서 입당했다고 여겨진다.

　8세기 초 말갈의 입당은 교통로 상 발해의 영향력이 클 수밖에 없었다. 따라서 발해와 당, 양국의 관계 변화에 따라 말갈의 입당 횟수는 크게 차이가 났는데, 특히 726년~735년에 걸친 기간에는 상대적으로 급감하였다가 735년 이후 양국의 관계가 회복되면서 다시 입당이 이루어졌다. 그러다가 741년을 마지막으로 더 이상 말갈 집단의 입당이 확인되지 않고 있다. 이는 발해가 말갈 집단을 완전히 복속시켰기 때문에 당 입장에서는 기록에

---

70)『新唐書』卷219, 列傳144, 北狄, 黑水靺鞨, "拂涅 亦稱大拂涅 開元天寶間八來 獻鯨睛貂鼠白兎皮 鐵利 開元中六來 越喜 七來 貞元中一來 虞婁 貞觀間再來 貞元一來 後渤海盛 靺鞨皆役屬之 不復與王會矣"

71)『册府元龜』卷972, 外臣部, 朝貢5, 貞元 18年條, "正月 驃國王始遣其弟 悉利移來朝 獻其國樂凡十曲與樂工三十五人來朝樂曲 皆演釋氏經論之詞意 是月南詔使來朝 虞婁越喜等首領見"

72) 중국과 한국 등에서는 7세기대까지 말갈 집단의 계통성과 정체성에 대한 많은 연구가 이루어져왔다. 이에 대한 연구사 정리는 김현숙, 「고구려사에서의 말갈' 연구의 현황과 과제」『동북아역사논총』61, 2018 참조

73)『隋書』卷81, 列傳46, 東夷, 靺鞨, "凡有七種 其一號粟末部 與高麗相接 勝兵數千 多驍武 每寇高麗中 其二曰伯咄部 在粟末之北 勝兵七千 其三曰安車骨部 在伯咄東北 其四曰拂涅部 在伯咄東 其五曰號室部 在拂涅東 其六黑水部 在安車骨西北 其七曰白山部 在粟末東南 勝兵並不過三千 而黑水部尤爲勁健"

서 말갈 집단과 발해를 구분할 필요가 없었기 때문으로 보인다.[74]

우루부는 독자적인 정치 집단으로서 정원 18년(802)에 입당을 한 점으로 보아 9세기 초까지도 그 집단 자체는 유지가 되었던 것으로 보인다.[75] 그러나 상당히 이른 시기부터 발해에게 복속되어 있었다는 것은 발해가 초기 일본과의 교류에서 북회항로를 사용할 수 있었던 점에서 추정할 수 있다. 북회항로는 본래 말갈과 에미시(蝦夷)의 교류 항로에서 찾을 수 있는데, 발해는 이 항로를 통해 초기 일본과의 교류를 안정적으로 수행했던 것으로 보인다.

한편 발해는 제해권을 장악하기 위한 하나의 방편으로 강 하구에 해안성을 축조하여 활용하였는데, 그 모습이 연해주 동해안 지역에 두드러지게 나타난다. 이러한 양상은 이 지역의 지리적 환경 조건에 크게 영향을 받았다. 앞서 언급했듯이 연해주 지역에는 시호테 알린 산맥이 남서에서 북동 방향으로 약 1,200km 정도로 길게 뻗어있다. 즉 산맥을 기준으로 영동과 영서로 나뉘는데 영동지역이 바로 해안과 인접하여 육로로 이루어진 해안로와 바닷가를 통한 해양교통로가 형성되어 있다. 이 산맥에서 발원하는 수많은 강들은 동해안으로 흘러나가는데, 짧고 유속이 빠르다는 특징을 가지고 있다.[76] 발해는 이 강들의 하구에 해안성을 축조하여 교통로와 제해권 장악을 위한 기지로 활용하였다. 주지하듯이 안정적인 항로의 운영은 제해권의 확보가 우선이 되어야 한다. 특히 연안항로의 경우 항로 중간에 기항지의 존재가 필수적이다. 그런데 연해주 동해안의 경우 서쪽 요동반도 주변과는 달리 근처에 섬이 확인되지 않는다. 이러한 지리적 환경때문에

---

74) 김종복, 「8세기 渤海와 靺鞨諸部의 대당교섭에 대한 기초적 검토 -『册府元龜』 朝貢·褒異條를 중심으로-」『역사문화연구』 39, 2011, 56쪽.

75) 9세기 초 우루, 월희, 흑수 등이 당과 교섭을 할 수 있었던 배경에는 발해가 내분기에 처해 중앙의 통제력이 이완되었기 때문으로 이해된다(김종복, 「발해사의 전개와 영역 변천」『발해 5경과 영역 변천』, 동북아역사재단, 2007, 106~107쪽).

76) O.V.D'yakova 지음·김재윤 옮김, 『러시아 연해주의 성(城) 유적과 고대 교통로』, 서경문화사, 2019, 309쪽.

발해는 해안의 강 하구마다 성곽을 축조하여 해안방어는 물론 교통로 활용을 위한 기항지로 활용했던 것이다.

〈그림 7〉은 연해주 동해안에서 확인된 해안성들을 표시한 것이다. 연해주 연안 지역은 이미 리도프카 문화(청동기) 때부터 성곽이 축조되어 교통로와 방어를 위한 역할을 수행하였다. 이러한 해안성은 발해 때 이르러 그 수가 급격하게 증가한다. 이는 발해가 연안에 대한 제해권 확보에 상당히 심여를 기울였다는 것을 방증한다. 각각의 강 하구에 위치한 해안성들은 크라스키노성(염주성)에서 출발한 배들이 북회항로를 따라 안전하게 항해를 할 수 있도록 주변을 장악하는 역할을 하였다.

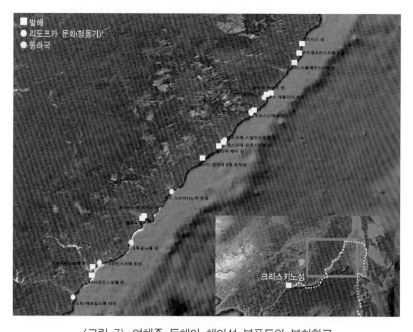

〈그림 7〉 연해주 동해안 해안성 분포도와 북회항로

(O.V.D'yakova 지음·김재윤 옮김, 『러시아 연해주의 성(城) 유적과 고대 교통로』, 서경문화사, 2019, 82쪽, 지도 1 ; 동북아역사재단 편, 『고대 환동해 교류사−2부 발해와 일본』, 동북아역사재단, 2010, 133쪽, 그림 1 참조하여 재편집)

　　그런데 발해의 초기 일본도인 북회항로는 횡단 이후에 안전성의 보장이
확보되지 못하였다. 이는 727년 첫 사신 파견 사례에서부터 확인이 된다.
당시 발해는 寧遠將軍 高仁義 등 24명을 파견했는데, 에미시 경계에 이르
러 습격을 당해 고인의를 비롯한 16명이 살해당하고 말았다.[77]

　　이러한 사례로 미루어 보아 발해는 초기에 북회항로를 통해 에미시 영
역을 통과하는 연안항로를 이용했던 것으로 보인다. 그러나 8세기 중후반
기에 들어서 일본 조정과 에미시의 대립이 점차 격화되어 갔고, 이로 인해
발해는 보다 안전한 항로를 확보하기 위해 횡단을 시도했다고 이해된다.[78]
따라서 점차 일본도는 연안항로에서 횡단항로로 바뀌었고, 호쿠리쿠 등 일
본 영역으로 직행하는 항로를 사용하게 되었다. 물론 횡단항로의 개척은
출항지의 중요성을 염두에 둔다면 역시 연해주 연안의 해안성에서 비롯되
는 제해권의 장악이 뒷받침되었기 때문에 가능했다고 볼 수 있겠다.

V. 맺음말

　　지금까지 발해의 해양교통로와 제해권을 등주 공격의 검토를 통해 새롭
게 그 범위를 상정해 보았다. 발해는 고구려 때부터 이미 군사적으로 주요
거점이었던 압록강 하구의 중요성을 인식하고 이를 장악하여 해양교통로
와 주변 해역을 관장했음 확인할 수 있다. 이러한 경험을 바탕으로 발해는
당이 해상에 대한 통제를 소홀히 하는 틈을 타 요동반도 연안을 중심으로
묘도군도에 이르는 해양교통로와 주변 해역을 장악할 수 있었다. 그 결과
732년 등주를 선제 공격하여 함락시킴과 동시에 자사인 위준을 죽이는 성
과를 거두게 된다. 이처럼 기민한 발해 수군의 활동은 제해권의 장악이 이

루어지지 않는 한 수행하기 어려운 것이다. 다만 이 지역에 대한 발해의
제해권 장악은 오랫동안 유지되지는 못한 듯하다. 당은 등주를 공격당하고
난 2년 뒤 변경 군사시설 중 가장 상위 단위인 軍(平海軍)을 항구에 설치함
으로서 다시금 주변 해상을 장악하기 위한 행보를 보여준다. 732년 이후
발해가 등주를 다시금 공격하는 사례가 확인되지 않는 것은 이러한 조치가
나름의 효과를 거두었음을 방증한다고 생각된다. 그럼에도 불구하고 8세
기 전반 발해가 요동반도 연안에서 가지는 해상에서의 영향력은 주변국에
비해 한발 앞서 있었다고 볼 수 있지 않을까 한다.

한편 발해가 장악했던 바다는 서쪽뿐만 아니라 동쪽에도 존재했다. 바
로 발해의 주요 영역이었던 연해주와 인접한 환동해 일대이다. 주지하듯이
발해는 나라가 존속하는 동안 일본과 34차례에 걸친 사신 파견이 있었다.
이러한 다수의 파견이 가능했던 데는 안정적인 해로의 확보가 선행되었기
때문이다. 그만큼 환동해에 대한 해상의 장악은 발해에게 있어서 중요한
과제 중 하나였던 것이다. 당시 환동해에 관한 발해의 해양활동은 대일본
교류를 토대로 매우 활발하게 연구가 진행되었다. 이는 당시 발해가 연해
주 연안의 제해권과 일본과의 해양교통로를 완전하게 장악하고 있었을 가
능성을 제시해준다. 발해의 환동해 제해권 장악의 밑바탕에는 연해주 연안
을 따라 바다로 흐르는 강 하구들을 중심으로 축조된 해안성이 있다. 강의
하구를 비롯해 주변 해역의 관장이 가능하기 때문이다. 발해는 이를 기반
으로 일본과의 교류를 활발하게 이끌어갔으며, 항로 역시 보다 안전하게
점차 횡단항로를 개척하는 방향으로 변화해 나갈 수 있었다.

* 이 글은 『한국고대사탐구』 38(한국고대사탐구학회, 2021)에
실린 글을 수정·보완한 것이다.

제2절
일본 헤이안시대 수군의 존재 여부

김 현 경
(서울대학교 동양사학과 강사)

Ⅰ. 머리말

일본 열도는 사방이 바다로 둘러싸여 있는 만큼 해상을 활동 기반으로 삼는 세력 집단이 형성되기 쉬운 환경을 갖추었다. 일찍이 열도의 여러 지역에서는 배를 이용하여 해상을 장악하는 세력들이 등장했는데, 국가 권력은 이러한 세력들을 통제하고 국내 여러 지역을 장악하기 위해 선박을 확보하고 수상의 군사력을 운용했다. 또한 해외로부터의 물리적 위협을 막거나 군사적인 대외 진출을 꾀하기 위해서도 수상 군사력이 필요했다. 水軍은 이처럼 국가 권력에 의해 동원 내지 편성되는 수상 군사력을 가리키며, 일본의 수군은 일본사를 구성하는 요소 중 하나일 뿐만 아니라, 한반도에서 발생한 수전과도 연관되어 있다는 점에서 중요한 연구 대상이라 하겠다.

일본의 문헌사료 상에 나타나는 수군 관련 용어의 사례를 찾아보면 우선 『日本書紀』에서는 舟師 혹은 船師(일본어로 '후나이쿠사')라는 표현을 확인할 수 있는데, 肅慎과 唐軍을 가리키는 일부 용례를 제외하고는 대부분 일본 측 병력에 해당한다. (표 1 참조)

〈표 1〉『日本書紀』에 보이는 舟師, 船師 표현

	연도 (서기)	월일	해당 문장
①	繼體天皇9年 (515)	2月	"物部連率**舟師**五百, 直詣帶沙江."
②	欽明天皇15年 (554)	5月戊子	"內臣率**舟師**, 詣于百濟."
③	欽明天皇17年 (556)	正月	"百濟王子惠請罷. … 於是, 遣阿倍臣·佐伯連·播磨直, 率筑紫國**舟師**, 衛送達國."
④	推古天皇31年 (623)	是歲	"天皇將討新羅, ……. 於是, **船師**滿海多至."
⑤	推古天皇31年 (623)	11月	"然見**船師**至, 而朝貢使人更還耳."
⑥	齊明天皇4年 (658)	4月	"阿陪臣〈闕名〉率**船師**一百八十艘伐蝦夷."
⑦	齊明天皇4年 (658)	11月 庚寅	"或本云, 有馬皇子曰, 先燔宮室, 以五百人, 一日兩夜, 邀牟婁津, 疾以**船師**斷淡路國, 使如牢圄, 其事易成."

⑧	齊明天皇5年	(659)	3月	"遣阿倍臣〈闕名〉率**船師**一百八十艘討蝦夷國."
⑨	齊明天皇6年	(660)	3月	"遣阿陪臣〈闕名〉率**船師**二百艘伐肅愼國." "肅愼**船師**多來將殺我等", "肅愼乃陳**船師**"
⑩	齊明天皇6年	(660)	9月癸卯	"或本云, 今年七月十日, 大唐蘇定方率**船師**, 軍 于尾資之津, 新羅王春秋智率兵馬, 軍于怒受利 之山, 夾擊百濟."
⑪	天智天皇元年	(662)	5月	"大將軍大錦中阿曇比邏夫連等率**船師**一百七十 艘, 送豐璋等於百濟國."
⑫	天智天皇2年	(663)	8月戊申	"日本**船師**初至者, 與大唐**船師**合戰."
⑬	天智天皇2年	(663)	9月甲戌	"日本**船師**及佐平余自信·達率木素貴子·谷那晉 首·憶禮福留, 并國民等至於弖禮城."

*게이타이(繼體) 천황 이전의 사례는 생략.
서기 연도는 『일본서기』에 기록된 재위년을 환산한 것을 바탕으로 한다.

그런데 나머지 六國史를 살펴보면 『續日本紀』에 '船師', 『日本三代實錄』
에 '水軍'이라는 단어가 등장[1]하는 정도이며, 그밖의 사료에서도 '선사',
'수군' 등의 표현을 찾기 어렵게 되었다. 해상에서 나타나 물자를 탈취하거
나 지상의 민가를 약탈하는 집단인 海賊의 존재는 사료 상에서 확인되고
있으며, 이들을 진압하기 위해 조정 측에서 동원하였던 수군에 해당하는
군사력도 분명 존재했을 것이다. 하지만 비슷한 시기의 한반도와 중국 측
사료에서 '수군'이라는 표현이 빈번히 등장하는 데 비해, 그에 대응되는 일
본의 수상 군사력을 가리키는 단어가 잘 보이지 않는 점이 의문스럽다.[2]

---

1) 『續日本紀』 天平寶字 7年(763) 10月 乙亥(6)條, "乙亥, 左兵衛正七位下板振鎌束至
自渤海. … 初王新福之歸本蕃也, 駕船爛脆. 送使判官平群蟲麻呂等慮其不完, 申官
求留. 於是, 史生已上皆停其行, 以修理船, 使鎌束便爲船師, 送新福等發遣.";『日
本三代實錄』 貞觀 17年(875) 11月 16日條, "出羽國言, 渡嶋荒狄反叛, 水軍八十艘,
殺略秋田·飽海兩郡百姓卄一人."

2) '수군'이라는 말은 에도시대(江戸時代)에 들어서 다시 본격적으로 등장한 듯하다.
중세 시대에는 해안 지역을 본거지로 삼아 수상 활동을 하던 소세력들을 '해적'
혹은 海賊衆이라 불렀는데, 이들은 전국시대 무렵에는 유력 다이묘들의 해상 군
사력으로 편성되기도 하였다. 에도시대에는 軍學者들이 중세 해적들에게 화려한
활약을 벌인 '수군'이라는 허상을 덧씌우게 되었고, 이 시기부터 중세 해적들을 가

　그렇다면 헤이안시대(平安時代), 즉 9~12세기의 수군에 관해서는 어떠한 논의가 이루어져 왔는가? 미시마 야스키요(三島安精)는 『수군』이라는 저서에서 수군을 '海權을 파악하기 위한 실력행사단체', 즉 해상에서의 권리를 획득하고 지배할 수 있는 집단이라고 정의하면서, 유랑자의 집합체인 해적과 엄연히 구분되는 존재로 보았다. 이에 따르면 해적의 발흥을 단속하기 위한 경고사의 제정으로 수군의 내용이 충실해졌고, 12세기 말 겐페이(源平) 전쟁의 해전 이후 수군의 형태가 마침내 갖추어졌다고 한다.[3] 한편 마쓰시타 미타카(松下三鷹)는 '上古시대의 수군은 국가의 해군'에 해당한다고 하면서도 고대의 수군은 군사 작전이 벌어지는 곳과 동일 지역 또는 그 연고지역의 해적으로 편성되었다고 하였다.[4]

　이에 대하여 사토 가즈오(佐藤和夫)는 수군을 '체제(국가나 권문)의 군사력으로 편성된' 해상 군사력으로 규정하면서, 10세기에 발생한 후지와라노 스미토모의 난을 사례로 들어 당시 정부 측 수군은 상비군이 아니고 직업군인으로서의 수군 간부도 없었으며, 유사시에는 정부가 지방의 수군력을 가진 호족군을 기용하여 임시로 수군이 편성되었다고 보았다. 즉, 수군은 본질적으로 각 지역의 지방관들에 의해 편성된 지방 호족의 군사력이 그 주력을 이루었으며, '고전적 고대 수군'에서 아직 벗어나지 못하였거니와 오히려 한반도로 군사를 파견하던 시기나 나라시대 신라 원정 계획 시절에 비하면 중앙의 국가적 수군력은 후퇴했다는 것이다.[5] 그러나 데라우

　　리키는 '수군'이라는 단어가 사용되었다(宇田川武久, 『瀬戸内水軍』, 敎育社, 1981, 3쪽 ; 山內譲, 『海賊の日本史』, 講談社, 2018, 228쪽).
　3) 三島安精, 『水軍』, 靑磁社, 1942, 34~44, 164~165쪽. 다만, 미시마는 가마쿠라시대 이후 상업의 발달과 더불어 해적의 발흥이 촉진되었고, 이들이 지역 호족에 종사하거나 기존의 수군에 종속되어 '수군으로 轉化'하는 현상을 보인다고도 적고 있다.
　4) 松下三鷹, 「日本水軍發達史(4)」 『舵』 12(2), 1943, 20~21쪽.
　5) 佐藤和夫, 『日本水軍史』, 原書房, 1985, 6, 70~75쪽 ; 佐藤和夫, 『水軍の日本史 上卷 古代から源平合戰まで』, 原書房, 2012(←佐藤和夫, 『海と水軍の日本史』, 原書房, 1995), 153쪽.

치 히로시(寺內浩)는 스미토모의 난을 진압하는 정부군이 중앙파견군을 주력으로 형성되어 지방 호족의 모습은 거의 보이지 않는다[6]고 하여 사토의 논설과 배치되는 지적을 하였다.

한편 헤이안시대 수군과 대비되는 '고대 수군'에 대해서는, 대외교섭을 담당하며 해상 군사력으로 활용되었던 씨족 세력들에 대한 연구가 주를 이루었다.[7] 백제에 파견되어 백강 전투에 참전한 호족 세력들은 열도의 각지에서 해상 루트를 장악하고 그 휘하에 海民 집단과 造船 기술자를 통솔하고 있었다.[8] 애초에 고대의 수군 자체는 해상에서의 전투가 주가 되는 것이 아니라 신속히 군사를 이동시키기 위해 배를 사용하는 데 지나지 않았다며, 해상으로 적을 끌어들여 싸우는 중세의 '해적'과는 근본적으로 다르다는 논설도 제기된 바 있다.[9]

일본의 헤이안시대는 律令格式에 입각한 통치의 체제가 이완되면서 고대에서 중세로 사회적 전환이 일어나는 시기에 해당하는데, 수군에 국한해서 생각해 보면 고대 이래로 근본적인 변화가 발견되지 않았다는 시각도 존재한다. 오히려 고대 전반에 걸쳐 본격적인 수군이 존재했는가에 대한 의문이 들기도 한다.[10] 이처럼 연구자에 따라 수군의 존재에 대한 의견이 갈라지는데, 수군이라는 개념에 대한 엄밀한 정의가 합의되지 않은 것도 그 이유 중의 하나로 여겨진다.

---

6) 寺內浩, 「藤原純友の亂後の伊像國と東國」 『平安時代の地方軍制と天慶の亂』, 塙書房, 2017(←『日本歷史』 642, 2001), 173쪽.

7) 三浦圭一, 「吉士について - 古代における海外交涉 -」 『日本史研究』 34, 1957 ; 岸俊男, 「紀氏に關する一考察」 『日本古代政治史研究』, 塙書房, 1966 ; 笠井倭人, 「古代の水軍」, 大林太良 編, 『日本古代文化の探究·船』, 社會思想社, 1975 등.

8) 佐藤和夫, 『水軍の日本史 上卷 古代から源平合戰まで』, 107쪽.

9) 武光誠, 『古代を檢證する① 九州水軍國家の興亡』, 學習研究社, 2001(←武光誠, 『九州水軍國家の興亡』, 學習研究社, 1990), 279~280쪽 ; 武光誠, 『大和朝廷は古代の水軍がつくった!』, JICC出版局, 1992, 27쪽.

10) 수군의 존재와 수전의 실체에 대한 논고로는 服部英雄, 「水軍とはなにか」 『別冊歷史讀本』 29(32), 2004 등이 있다.

따라서 본고에서는 단순히 국가가 동원, 편성한 수상 군사력을 '수군'으로 정의하는 데 그치지 않고, 육군과 분리되어 편제됨으로써 별도의 명칭을 가지며, 병선을 운용하여 전술적으로 사용하는 군사 조직을 엄밀한 의미의 수군으로 규정하고자 한다. 그리고 기존의 연구들에서 논의된 내용들을 바탕으로 하여, 헤이안시대에 국가 차원에서 운용된 수상 군사력이 어떠한 형태를 보였고 그것이 본격적인 수군에 해당하는지 여부를 살펴보고자 한다. 이 작업을 통하여 이전 시대와 비교되는 헤이안시대 수군의 특징과 그 역사적 의의를 보다 명확히 하며, 아울러 같은 시기 한반도 수군과 비교 가능한 힌트를 얻기를 희망한다.

II. 후지와라노 스미토모의 난

1. 전투의 전개와 성격

먼저 헤이안시대 당시 국가의 수상 군사력이 어떤 형태로 운용되었는지를 살펴보고자 한다. 이 시대에 수상 군사력이 활약한 대표적인 사례 중 하나로 후지와라노 스미토모의 난을 들 수 있다. 덴교(天慶) 2년(939)에 전직 관리인 후지와라노 스미토모가 병사를 이끌고 巨海로 나가려고 하여 이요(伊豫) 지역의 정세가 불안정해진데다, 스미토모 일당이 비젠노스케(備前介) 후지와라노 사네타카(藤原子高)에게 린치를 가하고 하리마노스케(播磨介) 시마다노 고레모토(島田惟幹)를 붙잡는 등 지방관을 습격하는 사건까지 발생하였다.[11]

---

11) 『本朝世紀』 天慶 2年 12月 21日(940.2.1.)條, "…今日, 伊豫國進解狀, 前掾藤純友 去承平六年可追捕海賊之由蒙宣旨. 而近來有相驚事, 率隨兵等, 欲出巨海, 部內之 騷, 人民驚(원문 그대로). 紀淑人朝臣雖加制止, 不承引. 早被申[召]上純友, 鎭國郡 之騷云々. 可召件純友官符等請內外印, 下攝津·丹波·但馬·播磨·備前·備中·備後

〈그림 1〉 산요도(나가토~하리마), 난카이도(이요~기이)와 그 주변
(https://commons.wikimedia.org/wiki/File:Gokishichido.svg를 바탕으로 작성)

　이에 대하여 이듬해인 덴교 3년(940) 정월에 산요도(山陽道) 追捕使가 임명되었다.[12] 하지만 마침 동쪽에서는 다이라노 마사카도(平將門)가 반란을 일으켜 동서 양쪽에서 兵亂이 발생한 상황이었기 때문에 조정에서는 우선 2월에 스미토모에게 五位의 위계를 주며 회유책을 썼다.[13] 산요도사(山

國等. …”;『日本紀略』天慶 2年(939) 12月 26日(940.2.6.)條, “卄六日壬戌, 備前
守子高, 於攝津國須岐驛, 爲前伊豫掾藤原純友〈爲海賊首.〉被圍. 雖放矢合戰, 隨兵
員少. 子高乞降, 卽縛子高. 子高太郞爲賊被殺了. 又播磨介嶋田惟幹朝臣爲伴兵被
虜掠.”

12)『日本紀略』天慶 3年(940) 正月 1日條, “今日, 任東海東山山陽道等追捕使以下十
五人. 其中, …山陽道使正五位下小野好古.”

13)『貞信公記抄』天慶 3年(940) 正月 30日條, “卅日, 左丞相來儀(원문 그대로)議, 奏
可叙純友五位事, …”;同年 2月 3日條, “三日, 明方還來, 進伊豫解文·純友等申文.
純友位記給蝹淵有相遣之. …”;『扶桑略記』天慶 3年(940) 11月 21日條 所收「純
友追討記」, “公家大驚, 下固關使於諸國. 且放於純友, 給敎喩官符, 兼預榮爵, 叙
從五位下.”

陽道使) 오노노 요시후루(小野好古)에게는 진격하지 말라는 명이 내려졌고, 요시후루는 스미토모 측의 동태를 주시하였다.[14]

스미토모 세력에 대한 본격적인 토벌이 시작되는 것은 다이라노 마사카도의 반란군이 진압당한 뒤의 일이었다. 덴교 3년(940) 6월, 산요도사로 하여금 스미토모의 포악한 사졸을 추포하도록 하는 명령이 내려졌다.[15] 그리고 같은해 8월 22일에는 오미국(近江國)에 勅符를 내려 아와국(阿波國)을 치기 위한 병사 백명을 징발하였다.[16] 이처럼 토벌을 위한 움직임이 가시화되던 때, 賊이 사누키국(讚岐國)·이요국(伊豫國)을 노략하고 빈고국(備後國)의 배를 불태웠다는 소식이 조정에 전해졌다.[17] 『모로모리키(師守記)』 조와(貞和) 3년(1347) 12월 17일조에는 천하의 병란이 일어났을 때 기도를 행한 사례 중 하나로 스미토모의 난에 대한 기록을 싣고 있어 조금 더 구체적인 상황을 확인할 수 있다. 이에 따르면 8월 18일에 賊船 4백여 척이 돛을 나란히 하고 이요국을 포위해 들어와 백성들과 구고닌(供御人, 궁중에 특산물을 공납하는 집단)이 습격을 받았고, 이어서 사누키국에도 쳐들어왔다고 한다. 또한 비젠(備前)·빈고에서는 '兵船' 백여 척이 불탔다고 하여 불태워진 배가 병선이었음이 명시되었다. 이에 같은 달에 오노노 요시후루를 산요도와 난카이도(南海道)의 追捕凶賊使로 정하고 여러 國들로부터 병사들을 징집하기에 이르렀다.[18]

---

14) 『貞信公記抄』天慶 3年(940) 2月 4日條, "四日, 左閤入坐, 定好古豈可不向前之事, 仰左中弁." ; 同月 22日條, "… 成國解文入夜到來云, 好古朝臣移文云, 純友乘船浮海漕上云々者. …"

15) 『貞信公記抄』天慶 3年(940) 6月 18日條, "十八日, 左中弁公卿令[定?]緣兵事. 左丞相許不等傳告. 隨其議定可給官符仰了. 其一, 可令山陽道使追捕純友暴惡士卒事也. 自余在別." ; 同月 19日條, "十九日, 左中弁令見可追捕純友士卒官符案."

16) 『日本紀略』天慶 3年(940) 8月 22日條, "廿二日乙酉, 賜勅符於近江國, 應徵發兵士百人. 爲討阿波國也."

17) 『日本紀略』天慶 3年(940) 8月 26日條, "廿六日己未, 讚岐國飛驛使來. 頃之, 阿波國飛驛使來, 云讚岐國·伊豫國爲賊被虜掠, 備後國舟爲賊被燒之由."

18) 『師守記』貞和 3年 12月 17日(1348.1.18.)條 裏書「天下兵革時被行御祈例」, "天

시모무카이 다쓰히코(下向井龍彦)는 산요도 추포사 요시후루가 비젠·빈
고의 병선 백여 척을 동원하여 사누키로 건너갔고, 사누키의 반란 세력을
구원하기 위해 스미토모가 4백여 척을 이끌고 사누키로 들어가 정부군과
싸우고 비젠·빈고의 병선을 불태워 사누키를 점령하였다고 추정하였다.[19]
하지만 덴교 3년(940) 정월에 西國의 병선이 많이 와서 빗추군(備中軍)이
도망쳐 흩어지는 사건[20]이 발생했던 것을 보면, 비젠·빈고의 병선이 불태
워진 일은 반란 세력의 선단에 의한 습격의 결과일 가능성이 있다. 11세기
말 이전에 성립된 것으로 추정되는『스미토모 추토기(純友追討記)』[21]에 따
르면 스미토모와 사누키국의 전투가 벌어진 뒤 오노노 요시후루 등의 추포
사를 하리마(播磨)·사누키 2개 국에 보내 2백여 척의 배를 만들게 하여 賊
地인 이요국을 향해 출항시켰다고 한다.[22]

그로부터 반란이 진압될 때까지 정부군과 반란군 사이에서 벌어진 전투

慶三年 … 八月 … 卄六日, 伊豫·讚岐國飛驛使等參上. 是今月十八日賊船四百余
艘比帆圍來, 人民舍宅·供御人等被燒亡之由也. 虜伊与國之後來讚岐國云々. 卄七
日, 太政大臣被候式御曹司. 諸卿參宜陽殿. 以右近少將小野朝臣好古, 被定追捕山
陽·南海兩道凶賊使. 又勅符幷國々可送兵士之由, 有內外印官符事. … 卄八日, …今
日依南海賊徒事, 被立諸社奉幣(伊·石·賀上下·松·平·原·稻·春·石·和·神·住·廣.)
事. 若平安者, 京中畿內七道諸國大神各奉授一階. 若極位神社, 祢宜·祝等叙位可奉
御封·太神寶. 虜掠伊与·讚岐國, 燒亡備前·備後國兵船百余艘之由, 見 宣命."
19) 下向井龍彦,「天慶藤原純友の亂についての政治史的考察」『日本史研究』348, 1991,
23~24쪽.
20)『貞信公記抄』天慶 3년(940) 正月 20日條, "…早朝左丞相入坐, 被告西國兵船多
來, 備中軍逃散之狀. 仍仰五所修法事. 相弁奉."
21)『扶桑略記』덴교 3년(940) 11월 21일조 등에 인용되어 있으며,『군서유종』에도
수록되었다. 巖井市史編さん委員會 編,『新裝版 平將門資料集 付·藤原純友資料』,
新人物往來社, 2002, 171~172쪽 참조.
22)『純友追討記』"而純友, 野心未改, 猶賊彌倍, 讚岐國與彼賊軍合戰大破, 中矢死者
數百人. 介藤原國風軍敗, 招警固使坂上敏基, 竊逃向阿波國也. 純友入國放火燒
亡, 取公私財物也. … 于時, 公家遣追捕使, 左近衛小將小野好古爲長官, 以源經基
爲次官, 以右衛門尉藤原慶幸爲判官, 以右衛門志大藏春實爲主典, 卽向播磨·讚岐
等二國, 作二百餘艘船, 指賊地伊像國艤向."

상황을 살펴보면 다음과 같다. 덴교 3년(940) 9월 2일, 사누키국에서 기노 후미노리(紀文度)를 붙잡아 올렸다.[23] 같은해 10월에는 다자이후(大宰府)의 추포사 아리와라노 스케야스(在原相安) 등이 반란군에게 격파되었다는 소식이 전해졌고, 11월에는 반란군에 의해 스오국(周防國)의 주전사(鑄錢司) 가 불에 탔다. 12월에는 도사국(土佐國) 하타군(八多郡, 幡多郡)이 해적에 의해 불태워졌는데 전투 중에 화살에 맞아 죽은 양측 사람들이 많았다고 한다.[24] 이듬해인 덴교 4년(941) 정월에는 해적 중에서 포악한 자로 사누 키국의 반란을 일으킨 후지와라노 미쓰토시(藤原三辰)의 목을 이요국에서 진상하였다.[25] 이어서 효고노조(兵庫允) 미야지노 다다모치(宮道忠用)와 원래 스미토모의 次將이었다는 후지와라노 쓰네토시(藤原恒利) 등이 이요국으로 향해 반란군을 공격했다.[26] 5월에는 반란군이 다자이후 안을 노략질하자, 參議 후지와라노 다다후미(藤原忠文)가 정서대장군에 임명되었고 다음달에 교토에서 諸家의 병사들과 다이라노 사다모리(平貞盛)의 병사들, 그리고 오미·미노(美濃)·이세(伊勢) 등의 병사들에 대한 훈련이 이루어졌다.[27] 그런데 이미 5월에 지쿠젠국(筑前國) 하카타노쓰(博多津)에서 추포사

---

23) 『師守記』 貞和 3年 12月 17日(1348.1.18.)條 裏書「天下兵革時被行御所例」, "天慶三年 … 九月二日 …. 是日, 讚岐國捕進凶賊黨類紀文度."
24) 『日本紀略』 天慶 3年(940) 10月 22日條, "廿二日甲寅, 安藝國·周防國飛驛來, 申大宰府追捕使左衛門尉相安等兵爲賊被打破由."; 同年 11月 7日條, "七日戊辰, 周防國飛驛, 言鑄錢司爲賊被燒之由."; 同年 12月 19日條, "十九日庚戌, 土佐國言, 八多郡爲海賊燒亡. 合戰之間, 御方人幷賊類多中箭死者."
25) 『師守記』 貞和 3年 12月 17日(1348.1.18.)條 裏書「天下兵革時被行御所例」, "同四年正月廿一日, 伊与國進上前山城橡[掾]藤原三辰頸. 海賊之中暴惡者也. 讚岐國之亂發於斯. 遣西獄所邊."
26) 『日本紀略』 天慶 4年(941) 2月 9日條, "二月九日己亥, 讚岐國飛驛來云, 兵庫允宮道忠用·藤原恒利等, 向伊豫國, 頗擊賊類."
27) 『日本紀略』 天慶 4年(941) 5月 19日條, "五月十九日戊寅, 征蕃海賊使小野好古飛驛言, 賊徒虜掠大宰府內, 仍以參議右衛門督藤原忠文任西征(원문 그대로)大將軍. 又任副將軍軍監以下."; 同年 6月 6日條, "六月六日乙未, 於右近馬場試瀧口中戶諸家及貞盛朝臣兵士."; 同月 24日條, "廿四日癸丑, 於右近馬場試近江·美濃·伊勢等兵士."

요시후루 등이 스미토모를 격파하였고, 이요국으로 도주하였던 스미토모
는 이요의 경고사 다치바나노 도야스(橘遠保)에 의해 목숨을 잃었다.[28] 이
후 반란 세력의 잔당으로 비젠에 상륙하여 하리마·다지마(但馬)에 출현한
후지와라노 후미모토(藤原文元) 등이 소탕되었고, 규슈(九州) 지역에서도
토벌이 이루어졌다.[29]

위의 전투 내용들에 대해서는, 비슷한 시기 동쪽에서 발생한 전투가 육
지에서 적의 생산 기반을 파괴하여 전투력을 상실시키기 위한 초토작전의
양상을 보이는 데 반해, 전투가 바다 위 혹은 해안부에서 이루어지는 일이

---

28) 『本朝世紀』 天慶 4年(941) 11月 5日條, "…藤原純友, 今年五月卄日於大宰博多津,
爲使右近衛少將小野好古朝臣等被討散. 逃到伊与國之日, 彼國警固使橘朝臣遠保斬
獲純友并男重太丸, 七月七日進其頭. 是尤神明誅罰也. …"

29) 『本朝世紀』 天慶 4年(941) 9月 19日條, "…又備前國馳驛使健兒額田弘則二人參着.
其解文云, 凶賊藤原文元·其弟文用·三善文公等到着部下邑久郡桑濱, 各帶弓箭, 率
從一人, 并六人罷登陸也. 國宰且移送播磨·美作·備中等國, 且徵發人兵, 警固要害,
搜求山野云々. …"; 同月 22日條, "…午剋, 播磨國馳驛使山吉蔭·飯高主丸到來,
申云, 賊徒藤原文元·同文茂·三善文公等, 自備前國邑久郡桑濱下, 越來播磨國之由,
以今月十七日移文持來也. 爰國驚移文, 搜求之間, 於部下赤穂郡八野鄉石窟山合戰
之間, 煞三善文公. 但文元·文用等未捕獲. 仍言上其由者."; 同年 10月 26日條, "卄
六日壬子, 天晴. 巳剋, 居住但馬國朝來郡朝來鄉蔭孫賀茂貞行, 爲彼國進上凶賊藤
原文元·弟文用等頭之使到來, 申云, 今月十八日酉剋許, 貞行私宅門, 法師二人來
着, 卽逃云, 欲相逢貞行者, 自垣間伺見. 件文元等新剃頭也. 卽出相, 先加從者三人,
令宿居當山寺, 酒食豊饒勞送. 相次貞行罷向彼folio, 靜介逃本意. 爰文元語云, 文元凌
宮[官]軍之中, 尋來此處. 以汝之一願, 欲遂我思慮. 若不忘舊意, 相加衣粮數足踏并
從者一人, 可送北陸道, 指坂東國々逃去. 若達本意所, 汝之恩必以相報云々. 貞行
一々承諾, 且令調此事. 而間, 左方袴中有隱兵, 以方便伺取, 得太刀一柄. 丑時許,
還却中廻計催發數百之兵, 明十九日未時, 圍捕其實[室]之間, 文元拔太刀, 襲向貞
行. 然而不顧身命, 尤庶成功, 適射煞兩人. 卽取其首了. …"; 同年 11月 29日條,
"… 此日, 西國賊首藤原純友之次將者佐伯是基, 乍生將來左衛門府. 但大宰府解文
云, 賊徒襲來管日向國, 去八月十七八兩日合戰. 官軍有利, 討煞凶賊之中, 生獲件是
基. … 又斬獲同賊首桑原生行首所副進也. 同府解云, 豊後國九月十三日解同十六日
到來稱, 追討凶賊使權少貳源朝臣經基今日下文同日到來云, 賊徒今月六日襲來當國
海部郡佐伯院. 爰始從申時至于酉剋合戰之間, 生獲件生行并擊煞賊徒, 及討取馬·
船·絹·綿·戎具·雜物之由, 以同七日, 相副合戰日記, 進送大府已了. …"

많고, 육상 전투가 없었던 것은 아니지만 농민의 생산 수단에 대한 피해는 적었다는 지적이 있었다.[30] 물론 다이라노 마사카도의 난과 비교했을 때 상대적으로 해안부에서의 전쟁이 주를 이루는 것은 사실이다. 그런데 사료의 기술이 단편적인 탓도 있겠지만 대부분의 사례가 해안부를 통해 침입해 온 반란군이 육지의 관청과 민가를 공격하거나, 정부군이 반란군의 근거지를 공략하는 전투로 표현되었다. 반란군 잔당의 제거 또한 육지에 상륙한 이후에 이루어지는 양상을 보이고 있는 것도 주목할 만하다.

2. 배를 이용한 전투의 방식

그럼에도 불구하고 비젠·빈고에 병선이 배치되어 있었던 점이나 중앙에서 파견된 정부군이 배를 새로 건조하였던 점으로 미루어 보아 병선을 사용한 수전 자체는 분명히 발생하고 있었다. 그렇다면 이들은 어떠한 방식으로 전투를 벌이고 있었는가?

스미토모의 난 당시 전투 장면을 비교적 자세하게 보여주는 『스미토모 추토기』의 기록에 따르면, 사누키노스케(讚岐介) 후지와라노 구니카제(藤原國風)가 투항한 반란군 인물인 후지와라노 쓰네토시(藤原恒利)로부터 적들의 숙소와 은거지, 해륙 양도의 사정을 안내받아 반란군을 대패시키자 반란군은 나뭇잎처럼 흩어져 바다 위로 배를 타고 나갔는데, 구니카제는 육로를 막고 해상에서 추격하였지만 풍파를 만나 놓쳤다. 반란군은 다자이후에 나타나 수비군을 패배시킨 뒤 재물을 탈취하고 관청에 불을 질렀다. 이에 추포사 요시후루가 육로로, 후지와라노 요시유키(藤原慶幸)·오쿠라노 하루자네(大藏春實) 등이 해상에서 하카타노쓰로 향하였다. 육상에서의 전투가 벌어지는 한편 반란군이 배를 타고 싸우자, 관군은 적선에 들어가 불을 붙여 배를 태움으로써 반란군을 격파했다. 취득한 적선이 8백여 척, 화살에 맞은

---

30) 寺内浩, 「藤原純友の亂後の伊像國と東國」, 173쪽.

사상자가 수백 명이었고, 관군의 위세를 두려워하여 바다에 뛰어든 남녀가 이루 셀 수 없었다.[31] 이 기록을 통해서 정부군이 수륙 양면으로 반란군을 공격하였고, 그 중 수전 자체는 배에 들어가서 방화를 하거나 승선 중인 전투원을 사살하여 배를 빼앗는 방식으로 이루어졌음을 알 수 있다.[32]

당시의 수전과 전투원들의 모습을 시각적으로 보여주는 자료로는 『가쿠온지 엔기 에마키(樂音寺緣起繪卷)』(가쿠온지 소유, 히로시마현립 역사박물관 보관)를 들 수 있다. 『가쿠온지 엔기 에마키』는 지금의 히로시마현 미하라시(三原市)에 위치한 절인 가쿠온지(樂音寺)의 창건 유래와 연혁, 본존불의 영험담 등을 글과 그림으로 표현한 작품이다. 간분(寬文) 연간(1661~1673)에 가노 야스노부(狩野安信)가 모사한 작품이기는 하나, 붓놀림과 채색 등이 가마쿠라시대 원본의 회화적 특색을 보여준다. 이 에마키에 따르면, 아키국(安藝國)에 유배되어 있던 후지와라노 도모자네(藤原倫實)가 勅宣을 받고 스미토모의 본거지인 비젠국 가마시마(釜島)를 공격하여 처음에는 참패하였으나, 元服 때 상투 속에 넣어둔 약사여래상의 가호로 목숨을 건진 뒤 다시 싸워서 스미토모의 목을 베었다. 그 공적으로 아키국 누타(沼田)의 땅을 하사받은 도모자네는 약사여래에 보답하고자 가쿠온지를 세웠다는 것이다.[33]

---

31) 『純友追討記』"官使未到以前, 純友次將藤原恒利, 脫賊軍竊逃來, 着國風處, 件恒利, 能知賊徒宿所·隱家, 并海陸兩道通塞案內者也. 仍國風置爲指南, 副勇捍者令擊賊, 大敗散如葉浮海上. 且防路絕其便道, 且追海上認其泊處, 遭風波難, 共失賊所向. 相求之間, 賊徒到太(원문 그대로)宰府. 更所儲軍士出壁防戰, 爲賊被敗. 于時, 賊奪取太(원문 그대로)宰府累代財物, 放火燒府畢. 寇賊部內之間, 官使好古, 引率武勇自陸路行向, 慶幸·春實等, 鼓棹自海上赴向筑前國博多津. 賊卽待戰一擧欲決死生. 春實戰酣裸袒亂髮, 取短兵振呼入賊中, 恒利·遠方等亦相隨, 遂入截得數多賊. 賊陣更乘船戰之時, 官軍入賊船着火燒船, 凶黨遂破, 悉就擒殺. 所取得賊船八百餘艘, 中箭死傷者數百人, 恐官軍威入海男女不可勝計."

32) 핫토리 히데오(服部英雄)도 해상의 전투는 '배를 쟁탈하는 형태로 이루어졌다고' 보았다. (服部英雄, 「水軍とはなにか」, 62쪽)

33) 廣島縣立歷史博物館 編, 『安藝國樂音寺 - 樂音寺緣起繪卷と樂音寺文書の全貌 - 』,

물론 에마키의 내용은 도모자네를 시조로 삼는 누타씨(沼田氏)의 전승이 과장된 형태로 역사적 사실과는 전혀 다르지만, 비젠국에 근거지를 삼은 후지와라노 후미모토(藤原文元)를 정부군이 공격한 사실을 바탕으로 한다.[34] 이 점을 감안하면, 비록 『가쿠온지 엔기 에마키』의 원본은 가마쿠라 시대에 제작되었으나, 수전의 구체적인 장면 묘사도 스미토모의 난 당시의 모습을 상당 부분 반영하였을 가능성이 높다.

첫 번째 장면은 스미토모가 '비젠국 안의 가마시마에 성곽을 세우고 병선을 몰아 멋대로 시코쿠(四國), 규슈의 연공을 억류'[35]하는 모습을 묘사한 것이다. 핫토리 히데오(服部英雄)는 이 장면에서 육지의 무사들은 갑옷을 입고, 해상에서 배를 조종하는 사람은 맨몸에 가깝다고 지적하였다.[36] 이 장면에서는 연공미를 옮기는 장면만 묘사되어 있지만, 전투 상황을 표현한 세 번째 장면에서는 갑옷 입은 무사와 가벼운 차림의 선원이 한 배에 탄 모습을 확인할 수 있다.

세 번째 장면에는 육상에서와 마찬가지로 갑주를 두른 무사들이 배 위에서 화살을 쏘며 전투를 벌이는 모습이 묘사되어 있다. 해당 장면에는 스미토모 군이 승리하고 도모자네 측이 살육당하여 '어떤 이는 베어서 바다에 빠지고, 어떤 이는 배 밑바닥에서 살해되었다'는 설명이 적혀 있다. 도모자네는 목숨을 부지하여 시체 밑에 숨었으나, 시체를 파먹으려고 새들이 날아들자 살짝 움직여서 새들을 날려 보냈다. 이를 보고 살아있는 사람이 있다고 여긴 스미토모는 부하들에게 배 안의 죽은 사람들을 하나하나 찔러 숨통을 끊도록 명령하였다.[37]

廣島縣立歷史博物館, 1996, 12~15쪽.
34) 下向井龍彦, 「『樂音寺緣起』と藤原純友の亂」『藝備地方史硏究』 206, 1997, 12~13쪽.
35) 『安藝國樂音寺』, 17쪽. 『樂音寺緣起繪卷』 "純友備前國內釜嶋構城郭艤兵船, 橫抑留四國九國年貢, …."
36) 服部英雄, 「水軍とはなにか」, 59쪽.
37) 『安藝國樂音寺』, 20~21쪽. 『樂音寺緣起繪卷』 "純友方鬪載勝, 倫實方被打落畢. 或

해상의 전투는 이처럼 적의 배를 탈취하거나 전투 불능에 빠뜨리는 방식으로 진행되었으며, 이는 『스미토모 추토기』에서 묘사되는 전투 장면과 유사하다. 또한 후대의 전투에 대한 묘사이기는 하나, 1185년에 일어난 단노우라(壇ノ浦, 지금의 야마구치현 시모노세키 인근) 해전에서는 병사들이 적의 배에 옮겨타서 水手와 키잡이들을 쏘거나 베어 죽이면서 배의 진로를 잡지 못하게 하였다고 전한다.[38]

요컨대 헤이안시대에 수상에서 전투를 벌인 병력은 육상에서의 군사력을 그대로 병선에 탑재시키고 배를 조종할 수수를 승선시킨 형태의 것이었다. 여러 지방에 걸친 대규모 반란을 진압하는 과정에서도 이러한 양상은 똑같이 나타났다. 갑주를 착용한 무사가 바다나 하천에 빠질 경우 대개 수영이 불가능하고 이것이 곧 죽음을 의미한다[39]고 본다면, 갑주를 착용한 무사와 병사들은 수군에 특화되었다고 보기는 어렵다. 이들은 기본적으로는 육지에서 활동하는 전투원들이나, 수상 또는 해안가에서 바다로부터 오는 적과 싸워야 하는 지역적 특성 때문에 배를 이용하였을 뿐이었다.

Ⅲ. 군의 편성과 지휘관 구성

1. 7세기의 원정군

앞의 장에서는 10세기 중엽에 발생한 후지와라노 스미토모의 난에 대한

被切落海中, 或被殺害舟底. 雖然倫實被打漏將存命. 倫實擒死人腹膚, 置自身腹上. 于是, 飛攢鴉鳥翔着鵰鷲, 抓裂彼肉鹽啄眼精. 倫實少令動搖, 鴉鳥卽飛散. 純友見之疑有生者, 仰着郎從, 舟中死人于一々可刺留云々. 郎從遂命以手鉾于一々令刺留."
38) 『平家物語』(日本古典文學大系本) 卷11, 先帝身投, "源氏の兵ども, すでに平家の舟にのりうつりければ, 水手梶取ども, ゐころされ, きりころされて, 船をなをすに及ばず, 舟ぞこにたはれふしにけり."
39) 服部英雄,「水軍とはなにか」, 56~57쪽.

정부군의 대응을 중심으로 헤이안시대 수군적 존재의 실태에 대하여 살펴보았다. 이번에는 수상에서 싸우는 병력이 어떤 식으로 편제되고 그 지휘관은 어떻게 구성되었는지 이전 시대와의 비교를 통하여 살펴보고자 한다.

먼저 헤이안시대 이전에 분명히 船師라는 명칭으로 불렸던 660년대 백제 파견군을 보면, 필연적으로 도해 작전을 동반하기 때문에 부대 편성 자체가 수군적 기능을 발휘하는 점이 중시되었다.[40] 660년, 사이메이(齊明) 천황은 백제를 구원하기 위해 신라를 치려고 하여 스루가(駿河, 지금의 시즈오카현 일부)에서 배를 건조하게 하였다.[41] 662년에도 백제를 구원하기 위해 무기와 갑옷을 수선하고 선박을 갖추었으며 군량을 비축하였다.[42]

백제 파견군 편성 계획은 우선 사이메이 천황이 사망한 직후인 661년 음력 8월에 확인되는데, 前將軍과 後將軍의 전군·후군으로 구성되었다.[43] 다만, 이때의 구원군은 실제로는 파견되지 않은 것으로 추정된다.[44] 이듬해인 662년 음력 5월, 대장군 아즈미노 히라후 등이 船師 170척을 이끌고 부여풍을 백제로 데려왔다. 그리고 663년 음력 3월, 전장군·중장군·후장군의 3군으로 구성된 2만 7천 명의 군대가 신라 공격을 위해 편성되어 한반도로 건너왔다.[45] 6월에는 전장군 가미쓰케누노 와카코(上毛野稚子) 등

---

40) 笠井倭人, 「古代の水軍」, 92쪽.

41) 『日本書紀』 齊明天皇 6年(660) 是歲條, "是歲, 欲爲百濟, 將伐新羅, 乃勅駿河國造船. …"

42) 『日本書紀』 天智天皇 元年(662) 是歲條, "是歲, 爲救百濟, 修繕兵甲, 備具船舶, 儲設軍粮."

43) 『日本書紀』 天智天皇 卽位前(661) 8月條, "八月, 遣前將軍大花下阿曇比邏夫連·小花下河邊百枝臣等, 後將軍大花下阿倍引田比邏夫臣·大山上物部連熊·大山上守君大石等, 救於百濟. 仍送兵仗·五穀〈或本, 續此末云, 別使大山下狹井連檳榔·小山下秦造田來津, 守護百濟.〉."

44) 坂本太郎·家永三郎·井上光貞·大野晉 校注, 『日本書紀 下』, 岩波書店, 1993(新裝版. 원본은 1965), 353쪽의 주 25.

45) 『日本書紀』 天智天皇 元年(662) 5月條, "五月, 大將軍大錦中阿曇比邏夫連等, 率船師一百七十艘, 送豊璋等於百濟國. …"; 同2年3月條, "三月, 遣前將軍上毛野君稚子·間人連大蓋, 中將軍巨勢神前臣譯語·三輪君根麻呂, 後將軍阿倍引田臣比邏夫·

이 신라의 성을 점령하기도 하였다.[46)]

그해 8월, 마침내 신라군이 주류성에 당도하여 왕성을 포위하였다. 이때 일본의 수군은 전선 170척을 이끌고 백강에 늘어서 있던 당나라의 수군과 맞붙게 되었다. 일본 측이 패퇴하자 당군은 진형을 견고히 하여 지켰다. 그런데 선제 공격을 하게 되면 저절로 물러갈 것이라 하여 대오가 흐트러진 일본의 中軍 병사들이 진격하여 진형을 갖춘 당군을 공격하였고, 당군에 의해 좌우에서 배로 둘러싸인 일본군은 크게 패배하여 물에 빠져 익사하는 자가 많았다.[47)]

구원군으로 파견될 예정이었거나 실제 파견된 장군들은 표 2와 같이 정리해볼 수 있는데, 이들 중 아즈미노 무라지(阿曇連)는 '海人'의 통솔자로 전승 기록상에 등장하며 사공과 수부 집단을 휘하에 편성하여 수군과 매우 밀접한 연관을 가진 씨족에 해당한다. 또한 가와베노 오미(河邊臣)·모노노베노 무라지(物部連)·하타노 미야쓰코(秦造)처럼 신라 공격에 파견되거나 造船 명령을 받는 등 수군과 연관이 있는 씨족들, 그리고 모리노 기미(守君)·하시히토노 무라지(間人連)·미와노 기미(三輪君)처럼 신라를 비롯한 해외 국가들에 사신으로 파견된 경력을 가진 씨족들이 다수 포함되어 있어, 당시 파견군이 수군적 능력을 갖춘 호족들을 중심으로 편성되었음을 추측해 볼 수 있다.[48)]

大宅臣鎌柄, 率二萬七千人, 打新羅."

덧붙이자면 『삼국사기』 권7, 신라본기7, 문무왕 11년(671) 7월 26일조에서는 당시 왜 수군의 선박이 1천 척이었다고 문무왕이 회고하고 있다.

46) 『日本書紀』 天智天皇 2年(663) 6月條, "六月, 前將軍上毛野君稚子等, 取新羅沙鼻岐奴江二城, …"

47) 『日本書紀』 天智天皇 2年(663) 8月條, "戊戌(17), 賊將至於州柔, 繞其王城. 大唐軍將, 率戰船一百七十艘, 陣烈(원문 그대로)於白村江. 戊申(27), 日本船師初至者, 與大唐船師合戰. 日本不利而退. 大唐堅陣而守. 己酉(28), 日本諸將, 與百濟王, 不觀氣象, 而相謂之曰, 我等率先, 彼應自退. 更率日本亂伍中軍之卒, 進打大唐堅陣之軍. 大唐便自左右夾船繞戰. 須臾之際, 官軍敗績. 赴水溺死者衆. 艫舳不得廻旋. …"

48) 수군 관련 호족들의 내역에 대해서는 笠井倭人, 「古代の水軍」을 참조하였다.

〈표 2〉 백제 파견군 참가 호족 명단

이 름	씨 족	비고
아즈미노 히라후(阿曇比邏夫)	아즈미노 무라지★	전장군(661)
가와베노 모모에(河邊百枝)	가와베노 오미★	전장군(661)
아베노 히케타노 히라후 (阿倍引田比邏夫)	아베노 히케타노 오미★	후장군(661, 663)
모노노베노 구마(物部熊)	모노노베노 무라지	후장군(661)
모리노 오이시(守大石)	모리노 기미★	후장군(661)
사이노 아지마사(狹井檳榔)	사이노 무라지	
하타노 다쿠쓰(秦田來津)	하타노 미야쓰코★	
가미쓰케누노 와카코(上毛野稚子)	가미쓰케누노 기미	전장군(663)
하시히토노 오후타(間人大蓋)	하시히토노 무라지★	전장군(663)
고세노 가무사키노 오사 (巨勢神前譯語)	고세노 가무사키노 오미	중장군(663)
미와노 네마로(三輪根麻呂)	미와노 기미★	중장군(663)
오야케노 가마쓰카(大宅鎌柄)	오야케노 오미	후장군(663)
이오하라노 오미(廬原臣)	이오하라노 기미	

(笠井倭人, 「古代の水軍」의 第1表를 바탕으로 하여 작성)
※씨족명의 ★ 표시는 수군 또는 대외교섭 관련 행동이 사료상 확인되는 씨족

　　한편 비슷한 시기에 있었던 도해 작전을 동반한 원정 사례로 북방의 에
미시(蝦夷) 정벌을 들 수 있다. 658년 음력 4월, 아베노 히라후는 선사 180
척[49]을 이끌고 지금의 아키타현 지역인 아기타(齶田)·누시로(淳代)의 에미
시를 쳐서 항복시켰다. 이때 군사를 정렬하고 아기타의 포구에 배를 포진
시켰다고 한다.[50] 아베노 히라후는 658년, 659년, 660년의 세 차례에 걸쳐
에미시 원정에 나서고 있는데 그 중 660년에는 미시하세(肅愼)를 공격하였

---

49) 180척이라는 숫자에 대해서는 구체적인 배의 수를 명시한 것이 아니라 그 수가
　　많은 것을 상징적으로 표현한 것이라고도 한다. 坂本太郎·家永三郎·井上光貞·大
　　野晉 校注, 『日本書紀 下』, 331쪽의 주27.
50) 『日本書紀』 齊明天皇 4年(658) 4月條, "夏四月, 阿陪臣〈闕名.〉, 奉船師一百八十
　　艘, 伐蝦夷. 齶田·淳代, 二郡蝦夷, 望怖乞降. 於是, 勒軍, 陳船於齶田浦. …"

다는 기록이 보인다. 그 기록에 따르면 아베노 히라후는 선사 200척을 이끌고 원정에 나서고 있다. 이때 와타리노시마(渡島)의 에미시 1천여 명이 바닷가에 무리를 지어 강에 면하여 머무르고 있었는데 거기서 두 명의 에미시가 나와서 미시하세의 선사가 많이 와서 우리들을 죽이려고 한다고 급하게 외쳤다. 이에 아베노 히라후는 미시하세가 숨어있다는 곳으로 가서 그들을 유인하였는데, 미시하세의 선사는 깃털을 나무에 묶어 깃발로 삼고 노를 나란히 저어서 이동하는 모습을 보였다.[51] 여기서 아베노 히라후는 바로 나중에 백제 구원군으로 파견되었던 아베노 히케타노 히라후이다.

7세기 중엽의 대외 원정 및 에미시 정벌에서 등장하는 船師는 배를 활용하는 군사들이라고 볼 수 있을 것이다. 원정의 대상 지역이 필연적으로 배를 이용할 수밖에 없는 공간일 경우 군사들을 배에 태워 이동하게 되며 경우에 따라서는 바다 위에서 전투가 벌어지기도 하였다. 이러한 원정에 참가한 장수들은 선사의 운용에 적합한 인물로 선정되었고, 그들은 대개 해상의 운송을 장악하고 수상 군사력을 보유하거나 조선 집단을 휘하에 둔 호족 출신이었음을 알 수 있다.

2. 8세기의 신라 원정 계획

한편 8세기에는 신라 원정 계획이 수립되었는데, 최종적으로는 실현되지 않았으나 이때의 원정군 편성을 수군으로 볼 수 있는 여지도 있다. 편성 계획까지의 움직임을 간단히 정리하자면 다음과 같다.

---

51) 『日本書紀』齊明天皇 6年(660) 3月條, "三月, 遣阿倍臣〈闕名.〉, 奉船師二百艘, 伐
肅愼國. 阿倍臣, 以陸奧蝦夷, 令乘己船, 到大河側. 於是, 渡嶋蝦夷一千餘, 屯聚海
畔, 向河而營. 營中二人, 進而急叫曰, 肅愼船師多來, 將殺我等之故, 願欲濟河而仕
官矣. 阿倍臣遣船, 喚至兩箇蝦夷, 問賊隱所與其船數. 兩箇蝦夷, 便指隱所曰, 船卄
餘艘. 卽遣使喚, 而不肯來. 阿倍臣, 乃積綵帛·兵·鐵等於海畔, 而令貪嗜. 肅愼, 乃
陳船師, 繫羽於木, 擧而爲旗, 齊棹近來, 停於淺處. …"

신라와의 갈등이 깊어지던 덴표호지(天平寶字) 3년(759) 3월, 다자이후에서 올린 보고에 따르면 다자이후의 府官이 보는 현재의 불안 요소 네 가지 중 하나로 다음과 같은 내용이 지적되고 있다. 警固式에 따르면 하카타와 이키 섬, 쓰시마 섬 등 요충지에 배 100척 이상을 배치하여 뜻밖의 사태에 대비해야 한다고 규정되어 있으나, 현재로서는 가용 선박이 없어 요소의 방비를 못하고 있다는 것이다.[52] 그로부터 6개월 뒤, 신라를 정벌하기 위해 호쿠리쿠도(北陸道)에서는 89척, 산인도(山陰道)에서는 145척, 산요도에서는 161척, 난카이도에서는 105척, 도합 500척의 배를 3년 안에 완성하라는 명령이 내려졌다.[53] 그리고 덴표호지 5년(761) 11월, 도카이도(東海道)·난카이도(南海道)·사이카이도(西海道)의 정·부 절도사 등이 임명되었고, 각 도에서는 배와 병사, 子弟(郡司의 자제를 가리킴), 水手의 동원 점검이 이루어졌다. 이들에게는 田租 3년치가 면제되었고, 모두 弓馬를 연습하고 五行의 진법을 익히게 했다.[54] 그 자세한 내역은 다음과 같다.

---

52) 『續日本紀』天平寶字 3年(759) 3月 庚寅(24)條, "庚寅, 大宰府言, 府官所見, 方有不安者四. 據警固式, 於博多大津及壹岐·對馬等要害之處, 可置船一百隻以上, 以備不虞. 而今无船可用, 交關機要, 不安一也. …"

53) 『續日本紀』天平寶字 3年(759) 8月 壬午(19)條, "壬午, 造船五百艘. 北陸道諸國八十九艘, 山陰道諸國一百卅五艘, 山陽道諸國一百六十一艘, 南海道諸國一百五艘, 並逐閑月營造, 三年之內成功. 爲征新羅也."

54) 『續日本紀』天平寶字 5年(761) 11月 丁酉(17)條, "丁酉, 以從四位下藤原惠美朝臣朝狩爲東海道節度使, 正五位下百濟朝臣足人·從五位上田中朝臣多太麻呂爲副. 判官四人, 錄事四人. 其所管遠江·駿河·伊豆·甲斐·相摸·安房·上總·下總·常陸·上野·武藏·下野等十二國, 撿定船一百五十二隻, 兵士一萬五千七百人, 子弟七十八人, 水手七千五百卄人. 數內二千四百人肥前國, 二百人對馬嶋. 從三位百濟王敬福爲南海道使, 從五位上藤原朝臣田麻呂·從五位下小野朝臣石根爲副. 判官四人, 錄事四人. 紀伊·阿波·讚岐·伊豫·土左·播磨·美作·備前·備中·備後·安藝·周防等十二國, 撿定船一百卄一隻, 兵士一萬二千五百人, 子弟六十二人, 水手四千九百卄人. 正四位下吉備朝臣眞備爲西海道使, 從五位上丹(가나자와문고본과 유취국사에는 多)治比眞人土作·佐伯宿祢美濃麻呂爲副. 判官四人, 錄事四人. 筑前·筑後·肥後·豊前·豊後·日向·大隅·薩摩等八國, 撿定船一百卄一隻, 兵士一萬二千五百人, 子弟六十二人, 水手四千九百卄人. 皆免三年田租, 悉赴弓馬, 兼調習五行之陣. 其所遣兵士者,

[도카이도]

　절도사: 후지와라노 에미노 아사카리(藤原惠美朝狩)

　부절도사: 구다라노 다루히토(百濟足人), 다나카노 다다마로(田中多太麻呂)

　판관: 4명 / 녹사: 4명

　배: 152척 / 병사: 15,700명 / 자제: 78명 / 수수: 7520명

　　(2400명은 히젠, 200명은 쓰시마)

[난카이도]

　절도사: 구다라노 교후쿠(百濟敬福)

　부절도사: 후지와라노 다마로(藤原田麻呂), 오노노 이와네(小野石根)

　판관: 4명 / 녹사: 4명

　배: 121척 / 병사: 12,500명 / 자제: 62명 / 수수: 4920명

　　(『유취국사』에는 122척)

[사이카이도]

　절도사: 기비노 마키비(吉備眞備)

　부절도사: 다지히노 하니쓰쿠리(多治比土作), 사에키노 미노마로(佐伯美濃麻呂)

　판관: 4명 / 녹사: 4명

　배: 121척 / 병사: 12,500명 / 자제: 62명 / 수수: 4920명

　먼저 원정을 앞둔 시기의 정·부 절도사 인선에 대하여 살펴보면, 7세기 중엽의 대외 원정에서 수상 군사력을 보유했던 호족 출신의 인물들이 다수 포진했던 것에 비해, 백제계 도래 씨족 출신 인물들이 보이는 것 외에 이전의 해상 호족 출신자들은 전혀 보이지 않는다. 후지와라, 다지히, 오노 가문의 경우 나라시대(8세기)에 유력 귀족으로서 議政官을 배출하는 씨족에 해당한다.[55] 구다라노 교후쿠를 비롯한 구다라노 고니키시(百濟王) 가문

便役造兵器."

출신 인물들은 나라시대부터 중앙의 군사 관련 관청에서 상급 관리로 취임하고, 동쪽 변경의 지방관과 무관을 역임하였으며, 에미시와의 전쟁에서 활약하는 등 씨족 자체가 군사면에서 중용되고 있었다.[56] 하지만 이는 오히려 당시의 군 지휘관이 수군으로서의 활약만을 염두에 둔 것이 아님을 이야기해준다.

게다가 병사와 수수가 분리되어 있고, 병사들에게는 궁마를 훈련하고 오행 진법을 익히게 한다는 점으로 보아, 군대의 편성 자체는 신라에 상륙한 이후의 육지전에 주안점이 두어져 있었다. 배와 수수는 결국 부대를 수송하는 목적을 달성하기 위한 존재일 가능성이 크다고 하겠다.

요컨대, 7세기의 대외 원정군은 다분히 수군적인 성격을 띠고 있는데 반해, 8세기에 기획된 원정군은 상대적으로는 수군의 이미지가 약화되어 있는 느낌을 준다. 지휘 상층부에 해당하는 인물들도 7세기에는 수상 군사력이나 대외 교섭과 밀접한 관련이 있는 인물들로 구성되었지만, 8세기에는 軍事 전반과 관계된 인물이 기용되는 경향은 있으되 수군과의 연결성은 잘 보이지 않는다. 이 차이는 백강 전투 이후 해외로부터의 침입 가능성이 커지는 위기 상황에서 수군의 비중이 작아지는 경향이 반영된 것이라고 볼 수도 있는데, 한편으로는 국가 체제의 정비에 따른 영향도 있을 수 있다. 수군에 대한 규정이 軍防令 등에 따로 보이지 않는 것은 이미 지적된 바 있는데[57], 국가의 체제가 율령격식에 의해 정비되는 시기에 들어서, 국가의 군사력이 적어도 표면적으로는 육상의 군대를 기본 개념으로 삼는 군단으로 편성되고 있었다. 이러한 배경 속에서 고대 수군의 변화가 발생하는 것으로 추정해 볼 수 있다.

---

55) 長山泰孝, 「古代貴族の終焉」 『古代國家と王權』, 吉川弘文館, 1992(←『續日本紀研究』 214, 1981), 117쪽.

56) 上野利三, 「律令制下の百濟王氏」 『前近代日本の法と政治 – 邪馬臺國及び律令制の研究 –』, 北樹出版, 2002(←利光三津夫·上野利三, 「律令制下の百濟王氏」 『法史學の諸問題』, 慶應通信, 1987), 61~65쪽.

57) 佐藤和夫, 『水軍の日本史 上卷 古代から源平合戰まで』, 121쪽.

3. 10세기의 반란 진압군

그렇다면 헤이안시대에는 이전 시기 수군의 변화가 어떠한 형태로 연결되는지, 앞서 언급하였던 후지와라노 스미토모의 난 당시 반란 진압군의 사례를 다시 살펴보도록 하겠다.

『일본기략』 덴교 3년(940) 정월 1일조에 따르면 산요도 추포사로 임명된 인물은 오노노 요시후루이다. 요시후루는 신라 원정군 중 난카이도 부절도사로 지정되었던 오노노 이와네와 같은 오노 가문 출신이다. 본격적인 진압이 시작되었을 때 정서대장군에 임명된 후지와라노 다다후미는 후지와라 式家 출신의 인물로, 중앙 관직과 지방관을 역임하며 참의에 임명되는 등 군사면에 특화된 인사는 아니었다. 실제로 전투에 참가한 것이 확인된 다자이후 추포사 아리와라노 스케야스나 이요 경고사 다치바나노 도야스의 경우에도 그 출신 가문은 반드시 군사적인 활동을 독점하지는 않았다.

또한 후지와라노 다다후미의 경우, 정서대장군으로 임명되기 전에는 다이라노 마사카도의 반란을 진압하는 역할로서 정동대장군으로 기용되었다.[58] 마사카도 진압에 공을 세운 다이라노 사다모리의 병사들도 서쪽 반란군 진압에 동원되었다. 수상전이 거의 벌어지지 않았던 마사카도 진압군의 병사 구성과 지휘관이 스미토모 진압군에서도 마찬가지로 적용되었다는 점에서, 역시 진압군의 구성은 반드시 '수군'에 특화되지는 않았다고 할 수 있다.[59]

이상의 내용으로 보아, 헤이안시대에 들어서도, 수상에서의 전투를 염두에 두는 진압군에서 육상의 군대를 기본 개념으로 하는 편성이 여전히

---

58) 『日本紀略』 天慶 3年(940) 正月 19日條, "十九日乙酉, 勅, 以參議修理大夫藤原朝臣忠文任右衛門督, 爲征東大將軍."
59) 단, 오미와 미노의 경우 바다에 면해 있지 않은 지역이기는 하나 비와호와 스노마타강과 같은 내륙 호수와 하천에서의 수상 이동과 작전을 경험한 병사들을 동원한 것으로 보인다.

이루어졌고, 지휘관의 구성 차원에서도 수군과의 연결성이 불명확하였음을 알 수 있다.

Ⅳ. 선박과 해안 경비

1. 배의 동원과 관리

이번에는 수군을 구성하는 요소 중 하나인 병선이 헤이안시대 당시 어떤 식으로 관리되었는지를 살펴보고자 한다. 율령에 의한 국가 체제 정비 후 중앙 및 지방의 군사력으로 '수군'이 따로 배치되지 않았음은 앞서 언급하였으나, 그대신 公·私 선박에 관한 사무를 담당하는 主船司가 兵部省 산하에 설치되어 있었다. 구체적으로는 셋쓰(攝津, 지금의 오사카 일대)에서 官·私 선박의 수와 배의 용적을 모두 조사하는 일을 맡기도 하였다.[60] 이처럼 주선사가 관리하는 공·사 선박들 중에 병선도 포함되어 있다는 논의가 일찍부터 있었다.[61]

마쓰바라 히로노부(松原弘宣)는 주선사와 官船 관련 율령 규정을 분석하여, 營繕令 有官船條에 지방 國들의 관선 간수에는 兵士가 파견된 것으로 알 수 있듯이, 관선은 군사적인 성격을 강하게 띠는 것으로 추정하였다. 그리고 관선은 각 국에 배치되어 있기는 하나, 관선을 새로 건조할 경우에

---

60) 『令集解』 卷4, 職員令, 兵部省, 主船司條, "正一人.〈掌公私舟檝,【… 古記云, 公私船檝及舟具事, 常在津官[私]舟數, 及受斛斗數, 悉檢校知. 但自他國往來者, 臨時檢察耳.】及舟具事.";卷6, 職員令, 攝津職條, "大夫一人.〈掌 … 檢校舟具,【跡云, 舟具在津國公私舟也. 穴云, 檢校舟具, 未知其色. 答, 在其津舟是也. 但自外往來, 亦合勘私度越度之狀. 《師同之.》問, 主船司與此何別. 答, 主船司, 勘知天下公私船. 但此司只的在津耳. 《師同之.》古記云, 檢校舟具, 是主船所掌舟檝, 共檢校知耳.】… 事.〉"

61) 住田正一, 『日本海法史』, 巖松堂書店, 1927, 13~14쪽.

는 태정관에 上申해야 한다는 법률 해석이 있으므로, 관선을 國衙 소속이
라기보다는 태정관 소속 선박으로 보고 있다.[62]

이에 대하여 모리타 데이(森田悌)는 병사에 의해 간수된다는 이유로 관
선을 군사적인 용도로 쓰이는 선박이라 볼 수는 없다고 하며, 國에 소속되
어 있는 水驛船, 운반선 등도 관선으로 분류되며 역시 병사의 간수 대상이
라고 보았다. 또한 모든 배에 다소나마 군사적인 성격이 존재하며, 에미시
와의 전투에서 여러 국으로부터 수십, 수백 척의 배가 징발되지만 이는 해
상 전투를 위한 배가 아니라 병력과 물자의 수송을 목적으로 하며 평시에
는 官物 등의 수송에 사용되어도 이상하지 않을 배라며, 관선과 국아 소속
선박을 일부러 구분하는 마쓰바라의 논설에 반대하였다.[63] 마쓰바라는 모
리타의 반론에 대해 수역선은 驛長과 驛子에 의해 관리되고 있으며, 그밖
에 운송용 선박은 郡司 또는 병사에 의한 간수 대상이라고 재반박하였
다.[64] 하지만 전투를 목적으로 하는 배가 만들어지는 것이 아니라 일반 수
송용 배가 전시에 활용된다고 하는 선박 활용의 실태에 대해서는 생각해
볼 필요가 있다.

그렇다면 중앙의 주선사에 대응되는 지방의 선박 전담 기관에는 어떤
것이 있었을까? 신조 쓰네조(新城常三)에 따르면, 1127년에 작성된 문서에
서 가가국(加賀國, 지금의 이시카와현 일부)의 國務를 담당하는 기관 중 하
나로 船所의 이름이 보이는 것을 비롯하여, 고대 말기부터 해안 지역에 해
상 수송을 담당하는 기관인 선소가 등장하였다. 이는 율령제 하의 지방 지
배 구조가 변질되고 실무를 담당하는 분장 기관이 자체적으로 성립되면서
나타난 기관의 일종으로, 신조 쓰네조는 11세기에는 이미 해안 지역 대부
분에 선소가 성립되어 있을 것으로 추정하였다. 국아는 관내의 선박과 水

---

62) 松原弘宣, 「律令制下における船」『日本古代水上交通史の研究』, 吉川弘文館, 1985
 (←「律令制下における海上交通」『日本史研究』237, 1982), 141~147쪽.
63) 森田悌, 「官船について」『交通史研究』9, 1983, 77~78쪽.
64) 松原弘宣, 「律令制下における船」, 145쪽.

手를 징발할 권한을 갖고 있었고, 선소는 그 권한을 행사하여 조세나 공물의 중앙 수송, 요인 행차 시의 선박 조달 등의 기능을 수행하였다.[65]

겐랴쿠(元曆) 2년(1185)에 미나모토노 요시쓰네(源義經)가 헤이케(平家) 세력과의 결전을 위해 단노우라(壇ノ浦)로 향하던 도중 비로 인해 지연이 되자, 스오국의 在廳(국아 실무에 종사하는 지방관료)이자 스오국 舟船奉行이었던 후나도코로 고로 마사토시(船所五郎正利)가 배 수십 척을 바쳤다는 기록이 보인다.[66] '후나도코로(船所)'라는 묘지(名字, 토지나 관직 등에서 유래하는 일종의 성씨)를 칭하고 스오국의 배를 관리하는 마사토시가 수십 척의 배를 장악할 수 있었던 것도 중요하지만, 해전을 앞둔 요시쓰네에게 바쳐진 배의 성격은 역시 평시에는 수송용으로 사용하다가 전시에는 병선으로 전용되는 것이었다고 하겠다.

유사한 사례로 지쇼(治承) 5년(1181) 2월, 이세 신궁의 여러 장원(미쿠리야)들로부터 배 48척이 파악되어 이 중 45척이 동원되었다는 기록이 보인다. 각 배의 소유자로는 장원 관계자 혹은 무사로 보이는 인명이 적혀 있고, 한 척 당 적게는 4명 혹은 6명, 많게는 18명의 수수가 붙어 도합 298명의 수수가 확인된다.[67] 가와이 야스시(川合康)는 이 배들이 헤이케(平家)

---

65) 新城常三,「古代水運より中世水運へ - 國船所考 - 」『中世水運史の研究』, 塙書房, 1994.

66) 『吾妻鏡』元曆 2年(1185) 3月 21日條, "廿一日甲辰. 甚雨. 廷尉爲攻平氏, 欲發向壇浦之處, 依雨延引. 爰周防國在廳船所五郎正利, 依爲當國舟船奉行, 獻數十艘之間, 義經朝臣与書於正利, 可爲鎌倉殿御家人之由云々."

67) 治承 5年(1181) 2月 24日「大神宮司廳出船注文」(書陵部所藏壬生家古文書,『平安遺文』3956號), 3016~3017쪽, "□□船日記/□□御厨船/□□淸追捕□[使]船〈水手九人〉, 一〻同住高太〻〈水手九人〉/□□新別當分船〈水手十六人〉, 一〻三川檢校〻〈水手七人〉/□〻淸四郎〻〈水手六人〉, 一〻伴別當〻〈水手□人〉/□〻備後〻〈水手六人〉, 一〻中太〻〈水手六人〉/… / 伴追捕使〻〈水手八人〉, 一〻伊太郎〻〈水手四人〉/… / 高別當〻〈水手八人〉, 一〻諸司太郎〻〈伊勢守 兵粮米積, 水手八人〉/… / 塩濱御厨〻/□〻同御厨中別當〻〈細船〉/□□坪細船〈但乘用不叶〉/… /石田御厨〻/ 若松御厨〻/一艘伴三郎〻〈十七人〉, 一艘坪四郎〻〈八人〉/三艘高太〻〈十八人〉, 一艘美乃檢校重元〻〈十人〉/燒出御厨〻/一艘檜榮舍弟〻〈十人〉, 一艘

가 반란군과 스노마타(墨俣)에서 전투를 벌일 때 징발되었다고 보았다.[68] 이 배들 중에는 병량미를 싣는 배나 승용에 적합하지 않은 배도 포함되어 있어 모든 배가 전투용으로 사용되었다고 단언하기 어렵지만, 그렇기 때문에 오히려 전투용과 비전투용이 구분되지 않았다고 하겠다.

정리하자면, 대외 원정이나 대규모 반란 진압과 같은 상황에서는 수백 척의 배를 건조하게 하는 명령이 내려지는 데 반해, 일본 전국의 선박은 원칙적으로는 주선사의 관리 하에 놓여 있었다. 한편 해안에 면해 있는 지방 각 국의 국아에서는 해당 지역의 선박을 파악하였다. 이렇게 관리되고 있었던 선박들 중에 수군을 위한 전투용 선박이 따로 분류되어 있었던 것은 아니었고, 평시에 수송 등 여러 용도로 사용하던 선박을 필요에 따라 병선으로 전환하여 사용하였다고 볼 수 있다. 앞서 언급하였지만, 759년에 다자이후 측이 요해지를 지키기 위해 배치되어야 할 선박이 부족한 상황을 보고하고 있는 데서도 상시 파악되는 병선의 존재를 파악하기는 쉽지 않아 보인다.

2. 해적 대책과 해안 방어

6~8세기에는 주로 외교 행위나 대외 원정이라는 특수한 상황 속에서 수군 편성이 이루어졌다. 수군 관련 용어의 등장 사례(머리말의 표 1 참조)를 살펴보더라도, 외교 사절이나 要人의 귀환을 돕고자 수행(①②③)하거나 신라(④⑤), 에미시(⑥⑧), 당나라(⑫)와 전투를 벌이는 수상 병력을 대상으로 舟師·船師 표현이 쓰이고 있으며, 국내의 치안 상황과 관련해서는 수군의 명칭이나 존재를 확인하기 어렵다.

凡次郎·〈九人〉/已上四十八艘內「件水手二百九十八人」/四十五艘出立了〈在請文.〉. …"
68) 川合康, 『源平合戰の虛像を剝ぐ – 治承·壽永內亂史硏究 – 』, 講談社, 2010(講談社學術文庫版. 원본은 1996년), 106~107쪽.

그렇다면 대외 상황이 달라진 헤이안시대에는 바다나 해안에서 발생한 군사적 사태에 대한 대비가 어떻게 이루어졌을까? 후지와라노 스미토모의 난을 일으킨 스미토모는 원래 해적을 진압하는 입장에 있었던 인물이었다.[69] 스미토모가 해적 진압에 어떠한 역할을 하였고 어느 정도의 공이 있었는가에 대해서는 연구자들에 따라 의견이 갈라지지만 대체로 스미토모가 해적과 교섭을 벌여 이들을 귀순시킨 것으로 추정되고 있다.[70] 해적을 진압하는 관군의 일원이 해적 세력과 모종의 연관성을 갖고 있으며 나중에는 해적으로 돌변하게 된 것을 보더라도, 해적 대책이 수군적 존재와 밀접하게 연관되어 있음을 짐작할 수 있다.

그렇다면 스미토모의 활동 시기보다 앞선 시대인 9세기에 등장한 해적들에 대해 이루어진 물리적 대응을 통하여 당시 수군의 존재와 정부 측의 수군에 대한 인식을 확인할 수 있지 않을까? 먼저 생각해 볼 수 있는 것은 弩의 설치와 弩師 배치이다. 그런데 정순일은 헤이안시대의 노사 배치가 신라에 의한 군사적 도발에 대한 海防 정책으로서 파악되던 기존 연구의 시각에 대하여, 신라해적의 출현이 노사 배치의 직접적인 원인이 되었다고 보기는 어려우며, 오히려 관련 지역 주민들이 신라 상인 등과 결탁하여 이반하는 국내적 현상을 차단하는 것을 일차적인 목적으로 하였음을 밝혔다.[71] 이처럼 노사 배치를 해적의 출현이라는 군사적 상황과 직결시키기에는 어려운 점이 있다. 게다가 노와 노사가 일정한 방어 효과를 지니기는

---

69) 『本朝世紀』天慶 2年 12月 21日(940.2.1.)條, "… 前掾藤純友去承平六年可追捕海賊之由蒙宣旨. …"

70) 조헤이 연간의 해적 진압에서 스미토모가 수행한 역할과 그 비중에 대한 논의의 정리에 대해서는 下向井龍彦, 「承平六年の紀淑人と承平南海賊の平定」 『史學研究』 274, 2012, 5쪽 등을 참조.

71) 鄭淳一, 「貞觀年間における弩師配置と新羅問題」 『九世紀の來航新羅人と日本列島』, 勉誠出版, 2015(←『早稲田大學大學院文學研究科紀要』 56(4), 2011), 184~186쪽 ; 정순일, 「9세기 후반 일본의 弩師 배치 배경」 『한국고대사탐구』 34, 2020, 237~240쪽.

하였을 것이나, 그것은 어디까지나 해상에서 해안으로의 군사적 위협에 대한 육상의 조치였으므로 이들로부터 수군의 존재를 찾을 수는 없다.

또 다른 해적 대책으로는 俘囚를 고용하거나 浪人을 모집하여 병사로 삼아 실력으로 해적 추포를 꾀하는 방법이 있었다. 낭인 용병에 대해서는 수군으로서 공적으로 조직된 최초의 사례라는 지적도 있으나, 실질적인 효과를 거두지는 못했다고 평가되기도 한다.[72] 실제 사료의 기록을 살펴보면, 우선 부수 고용에 대해서는 조간(貞觀) 9년(867), 셋쓰와 이즈미(和泉), 산요도, 난카이도 지방에 내려진 명령에 그 내용이 보인다. 이요에서 해적들이 약탈을 일삼고 해상 통행이 단절되었다. 이전에도 해적 체포의 명령이 내려지고 각지에서 해적을 잡았다는 보고가 올라오기도 했지만 이번에는 쉽게 잡히지 않았다고 한다. 이에 오가는 배들과 움직이는 사람 및 물건을 기록하고 병사를 선발하며 부수를 모집해 해적의 소굴을 찾아내 철저히 토벌하여 모두 잡아들이라는 지시가 내려진 것이다.[73] 일본 조정 측에 귀순한 에미시 집단인 부수가 모집된 것은 에미시 중에도 배를 활용한 수군의 존재[74]가 확인되기 때문에 이러한 수군으로서의 군사력을 활용하기 위함일 수도 있으나, 육지와 해상에 상관없이 단순히 강력한 군사 집단을 배치시키는 수준의 조치였을 가능성도 배제할 수는 없다.

한편 낭인 용병에 대해서는 간교(元慶) 7년(883), 비젠국의 해변 섬에 奸賊이 모여들어 백성들을 살해하고 재물을 약탈하며 오가는 이들을 방해

72) 佐藤和夫, 『水軍の日本史 上卷 古代から源平合戰まで』, 128~129쪽 ; 山內讓, 『海賊の日本史』, 43쪽.

73) 『日本三代實錄』 貞觀 9年(867) 11月 10日條, "十日乙巳, 下知攝津·和泉·山陽·南海道等諸國曰, 如聞, 近來伊豫國宮崎村, 海賊羣居, 掠奪尤切, 公私海行, 爲之隔也[絶]. 凡可捕件職[賊]之狀, 頻繁仰下, 督促慇懃. 其後, 播磨·備中·備後·阿波等國, 相尋言上獲賊之狀. 而今寇盜難休, 流聞如此. …須緣海諸國戮力同謀, 具記往來之舟舡[航], 勤[覲]舂[詳]舂[詳]加去就之人物. 儻聞有奸謀, 則彼我相移. 差發人兵, 招募俘囚, 搜其厓穴, 尋其風聲, 窮討盡捕, 令无遺類."

74) 『日本三代實錄』 貞觀 17年(875) 11月 16日條, "十六日乙未, 出羽國言, 渡嶋荒狄反叛. 水軍八十艘, 殺略秋田·飽海兩郡百姓廿一人. 勅牧宰討平之."

하므로, 낭인 중에 용감한 사람 224명을 뽑아 요충지에 숙소를 만들어 병기와 선박을 지급해서 수비를 담당케 하였다고 한다.[75] 배가 지급되었기 때문에 수상 이동과 전투를 상정한 것으로 여겨지나, 해적의 소굴을 토벌하는 등의 능동적인 군사 행동까지는 포함되지 않았고 수비에 중점을 두었다는 점에서 본격적인 수군이라고 볼 수 있을지는 의문이 든다.

백강 전투의 패배 이후 해상을 통한 수군의 원정이 자취를 감추었고, 대외 위협에 대응하는 조치는 해안에서 바다를 향해 적의 상륙을 저지하는 방식으로밖에 이루어지지 않았다. 국내에서 발생한 해적들의 경우에는 때때로 본거지를 토벌하는 식의 적극적인 공세를 취하기도 하였지만, 피해를 막는 데 주력하는 소극적인 해상 경비가 일반적이었다. 이러한 해적 대응과 해안 경비를 담당하는 군사 집단은 각 국의 지방관이 통솔 하에 놓여 있었으나, 별도로 '수군'이라는 호칭을 붙일 만한 제도적 구분이나 전문화의 움직임은 역시 찾아보기 어렵다.

V. 맺음말

이상으로 일본 헤이안시대에 본격적인 수군이 존재했는가에 대하여, 이전 시대와의 비교도 시도하면서 고찰해 보았다. 수군을 활용한 대외 원정이 비교적 활발하게 이루어지고 있던 7세기 중엽을 지나, 예상되는 바다 밖으로부터의 해안 침략에 대응하는 소극적인 자세로 전환하면서 고대 일본에서의 수군적 존재는 서서히 약화되었다고 할 수 있다. 율령제 하에서 제도

---

75) 『日本三代實錄』 元慶 7年(883) 10月 17日條. "十七日庚戌, 勅令備前齟國司公廨稻二万束別出擧, 以其息利得充御圍劇賊兵十二百卅四人粮. 先是, 國宰言, 境內海畔別嶋, 是多爲奸賊之所聚, 非公私之易制. 常殺略人民, 掠奪財物. 往還之輩, 被侵害者衆. 由是, 擇浪人有勇幹者二百卅四人, 造宿舍於要害之處, 給兵器舟檝, 守禦非常. …"

화된 국가의 군사력은 육지의 군단을 기본값으로 하여 설정되는 점도 있어서 단독으로 편성되는 엄밀한 의미의 수군이 등장했다고 보기는 어렵다.

애초에 수상에서 배를 활용하여 전투를 벌이는 행위 자체가 후대에 나타나는 수군(해군)의 해전술과는 다소 거리가 있다. 고대 일본의 수전은 水手(水夫)가 배를 움직이고 그 배에 탑승한 전투원이 화살을 쏘거나 상대방 배에 올라타 배를 탈취하는 식으로 이루어졌다. 이러한 전투 방식은 12세기 말의 단노우라 해전에서도 상당 부분 계속되고 있었던 것으로 추정된다. 그렇기 때문에 헤이안시대에는 관군으로서 수상 이동력을 확보한 병력이 수전에 활용되었다고 볼 수 있을 것이다. 그리고 그 수상 이동력을 담당하는 선박은 지방의 수송선이 병선으로 전용되거나 국가에 의해 새로이 건조되는 배들로 충당되었다. 그러한 점에서는 '조직적·계획적으로 편성된 수군의 성립은 아직 보이지 않는다'[76]는 견해에 동의할 수 있다.

다만, 기존에 헤이안시대의 국가적 수상 군사력이 호족의 군사력을 주축으로 하여 편성되고 있었다는 평가에 대해서는 재고의 여지가 있다. 정부 측은 분명 국가적인 차원에서 여러 지방에 선박 건조를 지시하고 다양한 지역에서 군사와 수수들을 동원하고 있다. 물론 그 과정에서 동원된 지역의 해상 세력들도 포함될 수 있으나, 이는 결코 호족들의 느슨한 연합체와는 다르며, 오히려 중앙으로부터 파견된 지휘관에 의해 통솔되는 관군으로서의 성격을 띠는 것이다.

한편, 헤이안시대 말기, 즉 중세 시대에 접어들어 지방 각지에 출현한 영주들은 자신이 차지한 영지를 거점으로 교역과 수송 활동을 벌여야 했고, 이들 역시 선박과 수상 군사력을 필요로 하였다. 특히 해안이나 도서 지역에 영지를 확보한 경우에는 수상 교통과 떼려야 뗄 수 없는 관계에 있었고, 이들이 해상을 활동 영역으로 삼는 '바다의 무사단'으로 등장하게 된다.[77]

---

76) 佐藤和夫, 『水軍の日本史 上卷 古代から源平合戰まで』, 153쪽.
77) 綱野善彦, 「海の領主, 海の武士團」 『朝日百科 日本の歴史 別冊 歴史を讀みなおす 8 武士とは何だろうか 「源氏と平氏」再考』, 朝日新聞社, 1994, 44~46쪽.

헤이케 정권을 수립한 다이라노 기요모리(平淸盛)는 세토내해 해적 토벌의 전공을 세웠던 다다모리(忠盛)의 아들로 해안에 위치한 장원들을 거점으로 바다의 무사단을 휘하에 두고 있었다. 또한 가마쿠라 막부 성립기에는 여러 바다의 무사단들이 고케닌(御家人, 막부의 쇼군과 주종관계를 맺고 영지 지배를 인정받은 가신)으로 편입되었다. 이처럼 바다의 무사단을 기용하여 국가적 차원에서 편성한 중세의 수군 조직은 헤이안시대에 국가 권력에 의해 동원된 수상 군사력과는 다소 다른 경향을 보이게 되었던 것이다.

그밖에 본고에서 자세히 다루지 못한 내용들 중 하나로 水手의 성격에 관한 것이 있다. 핫토리 히데오는 갑옷을 입은 육지의 무사와 맨몸의 선원이 모두 '전투원'이라고 지칭하였다. 반면, 1181년 스노마타 전투 때 동원된 것으로 추정되는 선박과 수수들에 대하여, 가와이 야스시는 그 수수들을 일반 민중이 水夫로서 전장에 동원된 사례라고 해석하였다. 내란이 총력전적인 양상을 보이면서 인부들이 전투에 참여하는 사례도 발견되지만, 원래는 직접적인 전투원이 아닌 존재라고 파악한 것이다.[78] 수수가 병력 내지 전투원으로 파악되었는지 아니면 민간의 비전투원으로 동원되었는지에 대해서는 수전 이외의 등장 사례를 함께 검토하여 따로 논하도록 하겠다.

* 이 글은 『한국고대사탐구』 38(한국고대사탐구학회, 2021)에
실린 글을 수정·보완한 것이다.

---

78) 川合康, 『源平合戰の虛像を剝ぐ』, 106~107,111~112쪽.

제3절
마쓰라·아키타·쓰시마에 출현한 신라해적

정 순 일

(고려대학교 역사교육과 교수)

I. 머리말

新羅海賊은 헤이안 시대(平安時代) 초기의 국제교류가 가지는 특질을 이해함에 있어 대단히 중요한 존재이다. 그 때문인지 이전부터 이에 주목하는 연구도 적지 않다.[1] 그런데 선행연구를 분석해보는 한, 그 대부분은 9세기의 각 시기에 출현한 신라해적을 동질적·연속적인 존재로 파악하고 있는 듯 보인다. 그러한 입장이 중시되는 경우, 설령 사료상에는 '신라해적'이라 명기되어 있지 않더라도,[2] 해상활동 중에 갈등이나 트러블을 일으킨 것처럼 묘사되고 있는 신라인이라면 모두 '신라해적'으로 간주되곤 한다.[3] 물론 유사한 사례를 서로 관련지어 파악하고자 하는 연구 자세는 중요하고 또 존중되어 마땅하지만, 반면 복잡하고 다채로운 국제교통의 양상이나 각 사항이 가지는 개별성·특수성이 간과되어버리게 되는 게 아닌가 하는 우려를 갖게 하는 것도 사실이다.

게다가 출몰배경, 세력규모, 활동범위, 사용항로, 행동양식, 조직화 정도 등의 여러 요소로 보아 9세기의 신라해적을 하나의 덩어리로 논하기는

---

1) 遠藤元男, 「貞觀期の日羅關係について」『駿台史學』 19, 1966 ; 平野邦雄, 「新羅來寇の幻影」『日本の古代(3)九州』, 角川書店, 1970 ; 佐伯有清, 「九世紀の日本と朝鮮 - 來日新羅人の動向をめぐって -」『日本古代の政治と社會』, 吉川弘文館, 1970 [初出은 1964] ; 石上英一, 「日本古代10世紀の外交」『東アジアにおける日本古代史講座(7)東アジアの變貌と日本律令國家』, 學生社, 1982 ; 石上英一, 「古代國家と對外關係」『講座日本歷史·古代2』, 京大學出版會, 1984 ; 生田滋, 「新羅の海賊」『海と列島文化(2)日本海と出雲世界』, 小學館, 1991 ; 山崎雅稔, 「貞觀八年應天門失火事件と新羅賊兵」『人民の歷史學』 146, 2000 ; 山崎雅稔, 「貞觀十一年新羅來寇事件の諸相」『國學院大學大學院紀要(文學研究科)』 32, 2001 등 많은 연구가 있다.

2) '新羅海賊'은 '新羅賊', '新羅賊兵', '新羅凶賊', '新羅賊盜', '新羅寇賊', '新羅賊徒' 등으로 표기되는 경우도 있다. 본고에서는 편의상 '新羅海賊'으로 통일한다.

3) 生田, 주1)의 논문 ; 濱田耕策, 「王權と海上勢力 - 特に張保皐の淸海鎭と海賊に關連して -」『新羅國史の研究』, 吉川弘文館, 2002[初出은 1999] 등을 예로 들 수 있다.

어렵다고 판단된다. 지금까지의 연구와는 달리 앞으로는 시기적인 변화양상에 유의하면서 그 실체에 접근해야 하는 이유도 바로 여기에 있다.

필자는 헤이안 시대 초기에 있어 명료하게 '신라해적'이라 불려도 좋은 존재를 크게 두 단계로 나누어 생각하고 있으며, 그 하나인 '조간(貞觀) 11년(869) 신라해적'에 대해서는 별고에서 상론한 바 있다.[4] 나머지 하나는 이 글의 검토대상이기도 한 '간표 신라해적(寬平新羅海賊)'이다.[5] 상세한 것은 본론에서 다루게 되겠지만, 여기서 말하는 '간표 신라해적'이란, 간표 연간(寬平年間, 889~898년)에 일본열도의 곳곳을 습격한 신라인 해상세력 일체를 가리키는 표현이다.

이 '간표 신라해적'에 대해서는, 관련 기록도 체계적이지 않을뿐더러 얻을 수 있는 정보량에도 한계가 있어서 종래의 연구에서는 전론으로 다루어진 적이 없는 실정이다. 그렇다고는 해도 당시의 시대상을 파악하는 데 있어 매우 중요한 논의가 이루어지는 경우에는 오히려 빠짐없이 언급될 정도로 주된 관심의 대상이 되어 왔다. 간표 견당사의 정지 문제라는 관점에서의 접근이라든지,[6] 군사사·군제사의 입장에서 시도되는 어프로치[7]는 그

---

4) '貞觀11年 新羅海賊'이란, 貞觀11년(869) 5월 22일 밤, 2艘의 배를 타고 博多津에 나타나 부젠노쿠니(豊前國)의 年貢絹綿을 약탈한 뒤, 도망한 신라인을 가리키는 용어인 동시에, 이 글의 분석대상인 '寬平新羅海賊'에 대비되는 말이기도 하다. 이에 대한 自說은 鄭淳一, 『九世紀の來航新羅人と日本列島』, 勉誠出版, 2015의 제5장~제7장 논문을 참조해주었으면 한다.

5) 이 글에서 말하는 '신라해적'이란, 특별한 구분 내지 설명이 없는 경우, 모두 寬平新羅海賊을 가리킨다.

6) 佐藤宗諄, 「寬平遣唐使派遣計劃をめぐる二, 三の問題 - とくにその前史について -」『平安前期政治史序說』, 東京大學出版會, 1977; 鈴木靖民, 「遣唐使の停止に關する基礎的研究」『古代對外關係史の研究』, 吉川弘文館, 1985 ; 李炳魯, 「寬平期(890年代)日本의 대외관계에 관한 일고찰」『日本學誌』16, 1996; 石井正敏, 「寬平六年の遣唐使計劃と新羅の海賊」『アジア遊學』26, 2001 등.

7) 關幸彦, 「平安期, 二つの海防問題 - 寬平期新羅戰と寬仁期刀伊戰の檢討 -」『古代文化』41-10, 1989; 戸田芳實, 「國衙軍制の形成過程」『初期中世社會史の研究』, 東京大學出版會, 1991 ; 森公章, 「古代日麗關係の形成と展開」『海南史學』46,

대표적인 예이다. 또 동아시아해역의 민중 교류를 보여주는 사례로써 논하
여지는 경우도 있으며,[8] 그 이외에도 헤이안 귀족이 가지고 있던 국제의식
의 변용이라는 입장에서,[9] 그리고 신라 말기의 정치적 혼란 및 국가 재정
문제와의 관련성 속에서 다루어진 적도 있다.[10] 이와같이 다양한 시점에서
고찰이 시도되어 오긴 하였지만, 유감스럽게도 신라해적 그 자체에 대해서
는 충분히 검토된 일이 없는 듯 보여진다. 특히 '①신라해적이 왜 특정한
시기에, 특정한 지역을 노렸는가', '②이때의 신라해적이란, 한반도의 어느
세력이 해적화한 것이며, 또 해적화한 이유는 무엇인가'와 같은 행위론적·
실체론적 주제를 둘러싸고서는 여전히 논의의 여지가 있다고 할 수 있을
것이다. 그래서 이 글에서는 일찍이 상론된 바 없는 ①·②와 같은 물음에
대해 적극적으로 답하면서 '간표 신라해적'의 실체에 접근해보고자 한다.

Ⅱ. 9세기 말 신라해적의 동향

우선은 간표 신라해적(寬平新羅海賊) 등장 전야의 상황에 대해서 살펴
보도록 하자. 9세기 후반의 시작에 해당하는 조간 연간(貞觀年間, 859~877
년)에는 일본 측이 내항 신라인에 대해 강한 경계의식을 표출하였기 때문
인지,[11] 뒤이은 간교 연간(元慶年間: 877~885년)에는 신라인의 도착 사례

---

8) 山內晋次,「九世紀東アジアにおける民衆の移動と交流－寇賊·反亂をおもな素材と
 して－」『奈良平安期の日本とアジア』, 吉川弘文館, 2003[初出은 1996]을 대표적
 인 예로 들 수 있다.

9) 森, 주7)의 논문.

10) 生田, 주1)의 논문 ; 石井, 주6)의 논문 ; 李炳魯, 주6)의 논문 ; 濱田, 주3)의 논문
 등.

11) 貞觀年間에 일본 측이 취하였던 대외자세에 대해서는 鄭淳一, 주4)의 책 제5장 및
 정순일,「신라해적과 國家鎭護의 神·佛」『역사학보』 226, 역사학회, 2015 참조.

가 보이지 않는다. 사료상에서 다시 신라인의 일본 방문이 확인되는 것은
닌나(仁和) 원년(885년)의 단계이다.

관련 기록에 의하면, 닌나원년 4월 12일, 新羅國使라 칭하는 徐善行 일
행이 집사성첩을 지참하여 히고노쿠니 아마쿠사군(肥後國 天草郡)에 내착
하였다고 한다.[12] 다자이후(大宰府)가 행한 듯 보여지는 심문의 결과, 서선
행 일행에게는 국왕의 啓(신라국왕 명의의 외교문서)가 없었으며, 소지하
고 있는 집사성첩의 형식도 종래의 예와 다르다는 이유로, 같은 해 6월 20
일에 방환(放還)이 결정되는 사건이 일어난 것이다. 일본 측은 이 사건을
불길한 예조로 인식하였는지, 그 후 8월 1일에는 호쿠리쿠도(北陸道)의 여
러 쿠니, 나가토노쿠니(長門國), 다자이후 등에게 警固에 힘쓰도록 하고 있
다.[13] 표면적으로는 이러한 조치가 '北境西垂'에서 '兵賊'이 발생할지 모른
다고 말한 陰陽寮의 보고에 근거한 듯하지만,[14] 실질적으로는 바로 그 무
렵 문제시되고 있던 唐 상인의 다자이후 내착에 강하게 영향을 받은 것이
라 생각된다. 일본 조정은 10월 12일, 다자이후에 下知하여 王臣家의 使者
및 다자이후 관내의 吏民이 당 상인의 장래품을 다투어 사들이는 것을 금
지하고 있는데, 그 원인을 당 상인의 내착 상황에서 찾고 있는 것이다.[15]
실제로 이러한 사적인 교역행위 그 자체가 '병적'이라 불릴 만한 군사적 도
발이라고는 말하기 힘들고, 오히려 그것과는 관계없는 듯 보인다. 하지만
대외교역에 있어 선매권의 행사를 유지하고자 했던 중앙정부의 입장에서
보는 경우, 사무역 내지 밀무역의 근본적 원인이 되기도 하는 외국 상인의
내항 자체가 ─ 국가 질서를 교란하는 災異의 일종이라고도 말할 수 있는 ─
'병적'으로 받아들여졌을 가능성은 충분하다.[16] 어쩌면 신라인 서선행 일

---

12) 『日本三代實錄』 仁和元年(885) 6月 20日 癸酉條.
13) 『日本紀略』 仁和元年 8月 癸丑朔(1일)條.
14) 주12)와 동일.
15) 『日本三代實錄』 仁和元年 10月 20日 辛未條.
16) 이듬해인 仁和2年(886)에도, 石淸水八幡宮에 怪異가 있었다는 이유로 陸奥·出羽
   두 쿠니와 大宰府에 下知하여 警固에 힘쓰도록 하고 있는데(『日本三代實錄』 仁

행이 '僞使'처럼 인식되었던 것도 당 상인과 같은 외부집단의 내항과 그에 동반하는 무질서한 교역의 횡행이 민감한 문제로 작용하고 있었기 때문일 지도 모른다.

간표 2년(890) 10월 3일에는 신라인 35인이 오키노쿠니(隱岐國)에 표착 하였다는 기사가 있어 주목을 끈다. 이러한 사실은 다음해(891) 2월 26일 오키노쿠니가 언상(言上)한 내용을 통해 알 수 있는데, 그 내용에 따르면 내착한 신라인들에 대해 쌀, 소금, 생선, 해조류(사료에서는 '米·鹽·魚·藻) 등이 지급되는 모습이 확인된다.[17] 또, 간표 5년(893)에는 신라승려 神彦 등 3인이 나가토노쿠니에 표착하였다고 전해지고 있다. 겉으로는 '표착'이 라 칭하고 있지만, 실제로는 특정한 목적을 가지고 내항하였을 것으로 판 단해서인지, 일본 측의 담당관사는 신라승려에 대해 '詰問'을 실시하였다 고 한다. 호된 심문 끝에 무고함이 판명되었는지 신언 일행에게 식량('粮') 을 지급하여 귀국시키고 있다.[18]

이상의 두 가지 사례에서는, 표류한 신라인에 대해 路糧에 해당하는 물 품을 지급하고 있다는 공통점도 발견되지만, 양자 사이에는 어느 정도의 온도 차도 감지된다.[19] 우선은 오키노쿠니에 표착한 신라인에 대한 처우와 는 다르게 나가토노쿠니에 표착한 신라승려 일행에 대해서는 보다 엄중한 조사를 실시하였다는 점이다. 게다가, 사료의 결락에 의한 것일지도 모르지 만, 전자에 대해서는 약 4개월의 체재를 허락한 듯 보여지는 반면, 후자의 경우는 거의 즉시 '放却'이라는 엄격한 조치가 내려진 것도 상이한 점이라 말할 수 있을 것이다. 이것은 어쩌면 간표 2년(890) 단계와는 크게 다른 간 표 5년(893) 무렵의 대외적 사정 변화가 있었기 때문은 아닐까 생각된다.

和2年 6月 7日 乙卯條), 이는 이전의 상황이 지속되었기 때문일지 모른다.

17) 『日本紀略』寬平3年(891) 2月 26日 丙午條.

18) 『日本紀略』寬平5年(893) 3月 3日 壬寅條.

19) 漂流民에 대한 처우에 대해서는 山內晋次, 「朝鮮半島漂流民の送還をめぐって」주 8)의 책[初出은 1990]이 참고가 된다.

아니나 다를까 간표 5년 5월이 되자, 신라해적이 히젠노쿠니의 마쓰라
군(松浦郡)을 습격하는 사건이 발생한다. 다자이후의 飛驛使에 의해 알려
진 이 사건에 대해서, 중앙정부는 다자이 소치(大宰帥) 고레타다 친왕(是忠
親王)과 다자이 다이니(大宰大貳) 아베노 오키유키(安倍興行)에게 勅符를
내려 追討를 명하고 있다.[20] 약 2개월 전에 있었던 신라승려의 표착과 신
라해적의 출몰이 어떻게 관계하는지는 명확하지 않지만, 어쩌면 당시 서일
본의 여러 구니(國)에서는 바다를 건너오는 신라인들의 움직임으로부터 이
미 이상한 기류를 느꼈으며, 그에 대비하는 차원에서 경계 강화라는 내부
적 방침을 정했던 것이라 추찰된다.[21]

이번에는 신라해적이 히고노쿠니(肥後國)의 아키타군(飽田郡)을 습격하
였다는 보고가 올라온다. 아키타군에서 '人宅'을 불태웠다는 내용이 윤5월
3일, 조정에 전해지고 있는 것이다.[22] 이 해적들은 아키다군에서 히젠노쿠
니의 마쓰라군으로 이동한 뒤 그 모습을 다시 나타낸 듯하다. 이들이 마쓰
라군에서 구체적으로 어떠한 행위를 하였는지 알 수 없지만, 그 지역에서
해적이 도망하는 모습을 보았다는 보고에 근거하여, 신라해적의 추토를 명
하는 칙부가 내려진 것이다.[23]

이어지는 6월 20일에도 신라해적에 대한 내용을 상주하는 비역사에게 칙
부를 내리는 장면이 확인된다.[24] 이번은 어느 지역을 노리고 온 것인지 명확

---

20) 『日本紀略』寛平5年 5月 22日 庚申條. 이 기사에는 '新羅賊'이라고 되어 있으나,
본고에서는 편의상 '신라해적'으로 통일한다. 이후에 인용하는 관련기사도 마찬
가지이다.
21) 같은 해 10月 25日, 長門國 阿武郡에 표착한 신라인에 대해, 그 '流來'의 이유를
'詰問'하여 신속하게 言上하는 장면이 확인된다(『日本紀略』寛平5年 10月 25日
己未條). 힐문한 결과를 빨리 중앙에 보고하지 않으면 안 될 정도로 급박한 사정
이 있었다고 생각된다. 그 전후로 출몰한 신라해적의 존재가 그것과 관련이 있을
것이다.
22) 『日本紀略』寛平5年 閏5月 3日 庚午條.
23) 주22)와 동일.
24) 『日本紀略』寛平5年 6月 20日 丙辰條.

하지 않지만, 마쓰라군에 등장한 신라해적이 달아난 직후에 해당하는 윤5월 7일과 6월 6일에 다자이후의 비역사가 헤이안 경(平安京)에 오고 있는 것으로 보아,[25] 윤5월 3일에 보고된 세력이 연이어 출몰한 것이라 생각된다.

조금 진정된 듯 보였던 신라해적의 출몰이 다시금 보고된 것은, 다음 해인 간표 6년(894) 2월 22일이었다.[26] 이번에도 사이카이도(西海道)의 한 지역을 습격한 신라해적을 추토하라는 명령을 내리고 있는데, 추토 작전이 그다지 효과를 보지 못했던 탓인지, 같은 해 3월 13일 무렵에는 어떤 섬 (사료에는 '邊島'라고 나온다)이 해적의 타깃이 되고 만 듯하다.[27]

행동범위를 조금씩 넓혀가는 신라해적으로 인해 일본 측이 얼마나 고민 하고 있었는지는 4월 10일, 다자이후 관내의 여러 신에게 폐백을 바치고 있는 장면에서도 알아차릴 수 있다.[28] 그러나 신들의 영험은 신통하지 않 았던 것 같다. 그 직후인 4월 14일에도 거듭 신라해적의 출몰이 보고된 것 이다. 이번에는 쓰시마(對馬島)로의 내착이었다.[29] 마침내 다자이후는 '凶 賊討平'을 위해 중앙에게 장군의 파견을 요청하기에 이른다. 아마도 종래 의 해상 방비 체제로는 체계적이고 효과적인 방어작전이 불가능할 것이라 는 판단했던 듯하다. 조정은 다자이후의 요구에 신속하게 응하였다. 비역 사로부터의 상주가 있었던 4월 16일 당일, 參議 후지와라노 구니쓰네(藤原 國經)를 다자이후 곤노소치(大宰府權帥)에 임명하고 신라해적의 추토를 명 령한 것이다.[30] 호쿠리쿠(北陸)·산인(山陰)·산요도(山陽道)의 여러 구니에 하지하여, 무구를 정비하고 '精兵'을 선발하여 경고에 힘쓰도록 한 일이나, 도산(東山)·도카이도(東海道)의 '勇士'를 소집하도록 한 일도 바로 이 무렵 인데,[31] 이러한 조치들이 신라해적 추토와 직접적으로 관련된 것인지는 뚜

---

25) 『日本紀略』 寬平5年 閏5月 7日 甲戌條. 同 6月 6日 壬寅條.
26) 『日本紀略』 寬平6年(894) 2月 22日 乙酉條.
27) 『日本紀略』 寬平6年 3月 13日 丙子條.
28) 『日本紀略』 寬平6年 4月 10日 壬寅條.
29) 『日本紀略』 寬平6年 4月 14日 丙午條.
30) 『日本紀略』 寬平6年 4月 16日 戊申條. 同 17日 乙酉條.

렷하지 않다. 분명한 사실은 신라해적 추토를 위해서 주요한 신사에 폐백을 바치는 의례가 계속되었다는 것이며, 그 실례로써 이세신궁(伊勢神宮)에 대한 봉폐가 확인된다는 점이다.[32] 이 시기에 무쓰(陸奧)·데와(出羽) 양 구니에 경고를 명한 것, 幣帛使들을 여러 신사에 파견한 것, 山陵使를 보낸 것 등도 對신라해적 방어전략과 연동되어 있었을지 모른다.[33]

신라해적이 도망쳐버렸다는 연락이 조정에 닿은 것은, 5월 7일 다자이후 비역사가 상경하였을 때이다. 그러나 비역사가 '도망쳐버려 잡지 못하였다(逃去不獲)'라고 상주한 것에서도 알 수 있듯이, 신라해적이 완전히 제압된 것은 아니었다. 해적의 출몰이 언제 또 있을지 전혀 모르는 상황에서 경계태세의 유지는 당연한 일이기도 하였다.[34] 실제로도 사이카이도에서는 방어체제가 정비된다. 간표 6년(894) 8월 9일에 조간 18년(876)에 정지되었던 쓰시마에 대한 사키모리(防人)의 差遣을 부활시키는 太政官符가 내려진 것은 좋은 사례라 할 수 있다.[35]

전열을 정비하였기 때문인지, 간표 6년 9월에는 드디어 승전 소식이 전해진다. 이 시기의 신라해적에 대해서는 두 계통의 사료가 전해지고 있는데, 우선 『扶桑略記』에 의하면, 9월 5일, 쓰시마 도사(對馬島司)는 신라해적의 배 45소(艘)가 도착하였다는 사실을 언상한다. 그 4일 후인 9월 9일에는 다자이후가 비역사를 進上한다. 실제로 신라해적과의 싸움이 며칠에 시작되었는지는 뚜렷하지 않지만, 9월 17일부의 '記'('日記'일지 모름)에는, 쓰시마노카미(對馬守) 훈야노 요시토모(文室善友)가 郡司·士卒 등을 이끌고 전장에서 혁혁한 공을 세웠다는 이야기가 전해지고 있다. 요시토모의 부대는 신라해적 302인을 사살하고, 배 11소 이외에, 적군이 소지하고 있

---

31) 『日本紀略』寬平6年 4月 17日 乙酉條, 同 18日 庚戌條.
32) 『日本紀略』寬平6年 4月 19日條.
33) 『日本紀略』寬平6年 4月 20日條, 同 22日條.
34) 『日本紀略』寬平6年 5月 7日條.
35) 『類聚三代格』卷18·寬平6年 8月 9日 官符. 이에 대해서는 뒤에서 상세히 논한다.

던 무기·무구 등을 탈취하는 커다란 전과를 올렸다고 한다.[36]

한편, 『日本紀略』에 의하면, 9월 19일에 '新羅賊' 200여명을 打殺하고 여러 구니에 軍士警固의 정지를 명했다고 한다.[37] 이들 두 계통의 기록은 날짜 및 전과의 구체적인 내용이라는 면에서 다소 상이한 측면이 있지만, 쓰시마에 주둔하는 관군이 신라해적을 크게 이겼다고 하는 내러티브의 구조가 흡사하고, 거의 같은 시기의 일이라는 점으로 보아 동일한 사건을 전하는 것이라 간주해도 좋다고 생각된다.

사이카이도 근해에서 신라해적의 활동이 겨우 잠잠해진 줄 알았더니 9월 30일에는 다시금 신라해적의 출몰이 보고된다. 20인의 해적을 퇴치하였다는 내용이었다. 다자이후는 아직 신라인에 의한 해적행위가 진정단계에는 이르지 않았다고 판단했는지, 또다시 관내 여러 구니에 경고를 명하게 된다. 같은 날, 쓰시마의 와다쓰미신(和多都美神) 등에 대해 神位를 각각 한 단계씩 올려주고 있는데, 그것은 이번에야말로 신라해적을 진압할 수 있었으면 하는 뜨거운 염원의 반영이라 보여진다.[38]

이처럼 끝이 나지 않을 듯하던 일본 측과 신라해적의 치열한 공방은, 결국 신라해적의 퇴거를 알리는 10월 6일부의 상주를 끝으로 일단락된다.[39] 그 후도 신라해적에 대비하기 위한 병력의 증치나 弩師의 배치 등이 행해지지만,[40] 실질적으로 해적이 출몰하였다고 하는 기록은 보이지 않는다.

이상, 간표 신라해적의 움직임을 시계열적으로 검토해보았는데, 이로부터는 몇 가지 특징을 지적할 수 있다. 먼저, 신라해적의 출몰은 크게 보아, 간표 5년(893) 5월말~6월말, 간표 6년(894) 2월말~5월초, 그리고 간표 6년 9월의 3단계로 나눌 수 있다는 점이다. 다음으로는, 일본 측이 취하고 있

---

36) 『扶桑略記』 寬平6年 9月 5日條.
37) 『日本紀略』 寬平6年 9月 19日 戊寅條.
38) 『日本紀略』 寬平6年 9月 30日 乙丑條.
39) 『日本紀略』 寬平6年 10月 6日 乙未條.
40) 『類聚三代格』 卷18·寬平7年(895) 3月 13日 官符, 同卷5·昌泰2年(899) 4月 5日官符.

던 군사적 방비태세가 시간의 흐름에 따라 서서히 강화되었다는 점, 그리고 처음에는 다자이후 관인이 지휘체계의 중심이었던 데 대해, 나중에는 중앙에 지휘관 파견을 요구하게 되었다는 점이다. 또 한 가지는, 신라해적이 특정한 시기에, 특정한 지역을 의도적으로 노렸다는 사실이다. 그들은 간표 5년·6년의 2년에 걸쳐 일본열도의 다른 지역이 아니라 바로 히젠노쿠니 마쓰라 군, 히고노쿠니 아키타 군, 쓰시마와 같은 특정한 지역을 중심으로 출몰하였던 것이다.

Ⅲ. 쓰시마의 사키모리제(防人制)와 물자조달방식

신라해적은 왜 간표 5년·6년이라는 시기에 특정한 지역을 집중적으로 공략하였던 것일까? 이 질문에 대해서는 공간적 측면과 시간적 측면에서의 접근이 가능하다. 이 절에서는 우선 공간·지리적 관점에서 생각해보도록 하자.

우선은 쓰시마(對馬島)에 대해서이다. 애당초 쓰시마는 경지가 부족하고 농업생산력도 현저히 낮은 것으로 잘 알려져 있다.[41] 그럼에도 불구하고 신라해적이 이 섬을 노린 이유는 어디에 있는 것일까? 이에 대해서는 사키모리제(防人制)의 변천과정과 쓰시마에 대한 경비조달방식이 주목된다.

사키모리제(防人制)란, 백촌강 싸움 이후, 쓰시마·이키(壹岐島)·쓰쿠시노쿠니(筑紫國)에 사키모리(防人)와 봉수('烽')를 설치하였던 것에서 비롯된다. 이때의 사키모리는 3년 교체를 기본으로 하는, 東國에서 파견되어 온 병사를 가리킨다(이상, 『日本書紀』 天智3년(664) 是歲條 참조). 그런데 덴표(天平) 9년(737)에는 동국 사키모리(2000여 명)의 사이카이도 파견을 중지하게 된다. 그 대신에 사이카이도 현지의 쓰쿠시 사람('筑紫人')을 사키

---

41) 新川登龜男, 「東アジアのなかの古代統一國家」『長崎縣の歷史』, 山川出版社, 1998.

모리로서 이키·쓰시마에 파견하게 된 것이다(이상, 『續日本紀』 同年 9月 癸巳(22일)조 참조). 덴표쇼호(天平勝寶) 7세(755) 이전의 어느 시점에는 동 국 사키모리제가 일시적으로 부활된 듯 하나, 덴표호지(天平寶字) 원년 (757)에 그것을 다시 정지시키고, 사이카이도 7국(지쿠젠[筑前]·지쿠고[筑 後]·히젠[肥前]·히고[肥後]·부젠[豊前]·분고[豊後]·휴가[日向])의 병사 1000 명으로 그를 대신한다. 그 후, 동국 사키모리제는 확인되지 않는다. 그러나 현실적으로는 동국의 사키모리 다수가 사이카이도 북부에 잔류하고 있었 던 듯하다(이상, 『續日本紀』 天平寶字 元年 閏8月 壬申條(27일)조 및 天平 神護2년 4월 壬辰(7일)조 참조). 엔랴쿠(延曆) 11년(792)에는 군단병사제가 철폐되는 커다란 군제개혁이 단행되는데, 다자이후 관내 등의 '邊要'는 예 외지역이었다(이상, 『類聚三代格』 卷18·同年 6月 7日 官符 참조). 같은 맥 락인지 엔랴쿠 14년(795)에도 사키모리제를 광범위하게 폐지하는 방침이 정해져, 필요한 곳은 해당지역('邊要')의 군단병사제로 적절히 보충하도록 하였으나, 이키·쓰시마에서만큼은 사키모리가 유지되었다. 변방 상의 사정 도 하나의 이유였지만, 무엇보다도 사이카이도 6국(6국이란, 앞에 나온 7 국에서 휴가[日向]를 제외한 6개의 쿠니)의 군단 병사를 머나먼 두 섬까지 왕복하게 하는 일이 곤란하였기 때문에 중장기적인 사키모리제(3년 교체 가 원칙이며, 이 경우는 동국에서 오는 것이 아님)를 남긴다는 측면에 있었 다고 한다(이상, 『類聚三代格』 卷18·同年 11月 22日 官符 참조). 또, 엔랴 쿠 23년(804)에는, 지금까지 사이카이도 6국에서 이키로 파견되고 있던 사 키모리 20인을 정지하고, 이키 내의 병사 300인으로 하여금 교체하게 한 다. 이키에 주둔한 사키모리의 보급품('防人糧')이 지쿠젠노쿠니(筑前國)의 물자('糧')에서 지급되고 있었는데, 그 해상운송의 곤란함이 극에 달하였기 때문이다(이상, 『日本後紀』 同年 6月 甲子(21일)조 참조). 한편, 다이도(大 同) 원년(806)에는 오우미노쿠니(近江國)에 있는 이부(夷俘) 600명 이상 (640명인가)을 다자이후에 옮겨 사키모리로 충당하였다고 하는 기록도 보 인다(이상, 『類聚國史』 卷190·風俗·俘囚·同年 10月 壬戌(3일)조 참조).

이상, 9세기 초까지 사키모리제가 변천되어온 과정을 개관하여 보았다.[42] 이로부터 파악할 수 있는 것은 재정적·교통운수 상의 곤란과 위기에 조우하면서도, 또 일본열도 전체의 경향에도 불구하고, 이키·쓰시마 및 사이카이도 북부의 사키모리제를 어떻게든 지속하려고 하는 일본 측의 강한 의지이다. 뿐만 아니라 운영 방법적인 측면에서의 변화는 다소 있었다고 하더라도, 특히 쓰시마·이키에 한해서는 방어병력으로서의 사키모리를 어떻게든 유지하려고 했던 자세를 엿볼 수 있다. 한편, 사이카이도에서 사키모리제 운용이 단순히 병력 운용이라는 인사적 측면뿐만 아니라 물류·교통·재정부담 등의 여러 측면, 즉 재지 병력을 어떻게 뒷받침하는가 하는 물자 조달방식의 여러 문제와도 밀접하게 연관되어 있었다는 사실도 주목된다.

그럼, 9세기 말에 해당하는 간표 연간에 들어서 쓰시마의 사키모리 운용 실태는 어떠했으며, 또 사키모리 운용에 필요로 하는 경비는 어떤 식으로 충당하였던 것일까? 이 문제를 해결하기 위해 먼저 간표 연간에 이르기까지의 사정 변화에 대해 검토해보도록 하자.

9세기 초에서 중엽까지의 실태를 상세히 전하고 있는 『일본삼대실록』 조간(貞觀) 18년(876) 3월 9일 정해(丁亥)조는 좋은 참고가 된다.

九日丁亥, 參議大宰權帥從三位在原朝臣行平起請二事, 其一事, 請營壹伎嶋水田一百町使充對馬嶋年粮日, 文簿, 六國一年所漕運對馬嶋年粮穀二千斛, 運賃并雜用秔穀穎三万四千五十束, 就中筑前, 筑後, 肥前, 豊前, 豊後等國各三百卅斛, 肥後國四百斛, 運賃穀一万七千四束, 并綱丁挾秒水手百六十五人, 徭丁稻三千二百八十束, 凡厥所費, 大略如件, 而往古以來, 全到者寡, 年中漂五六之三四, 以故, 運輸之國, 人物徒尽, 領之嶋, 粮儲常空, 壹伎嶋司并習俗人民等皆申云, 壹伎嶋者, 肥前國眛旦發程, 入夜着岸, 對馬嶋与壹伎嶋, 又亦如之, 其潮落潮來, 不似他処,

---

42) 사키모리제(防人制)의 변천에 대해서는, 新川, 주41)의 논문을 참조. 군사사의 입장에서 사키모리제를 정리한 대표적인 연구로는 長洋一, 「古代西邊の防衛と防人」 『古代文化』 47-11, 1995 등을 들 수 있다.

而陸地人民, 不詳波程, 故蕩沒連踵, 溺死不絕者, 今謹故實, 延曆以往, 件年粮籾, 從六ヶ國, 遞送於壹岐嶋, 壹岐嶋受領, 轉送於對馬嶋, 而大同以來已停廃, 伏以, 古人遠圖, 深達物理, 但令六國漕運, 猶未由救弊, 因撿文簿, 壹伎嶋課丁二千余人, 並是牛輸者也, 千人貢御油, 千人進府儲油幷雜穀等, 又同嶋水田六百十六町, 而沒八十六步, 就中除百姓口分田幷雜田等之外, 死者口分幷疫死口分, 國造田等一百余町也, 今商量, 役千人丁, 營百町田, 其勢易於反掌, 停進府之雜物, 運對馬嶋年糧事, 又便於人民, 仮令停壹岐嶋所進雜油幷雜穀等, 令進六國, 停六國所運年粮, 令營壹伎嶋田, 相折利害, 所返納稻二万九千六百册余束, 卽其支度用途載在別紙, 但反經之可否, 利害難明, 因召彼嶋守賀茂直峯幷練事書生等, 令陳利害, 勘署已訖, (中略)今行平所請上件二條, 漸欲省風浪運漕之費, 存封疆任土之規, 有以詳矣, 臣等伏以商量, 營水田充年糧事, 頗乖仍舊謀, 合權宜, 請試許二年, 先明息耗. (下略)

이 사료는 冒頭의 기록에서도 알 수 있듯이, 다자이 곤노소치(大宰權帥)인 아리와라노 유키히라(在原行平)가 상신한 起請文이다. 유키히라의 기청에서는 크게 두 가지 사항에 대해 언급되고 있는데, 이 글에서 분석하고자 하는 것은 그 가운데 첫 번째 내용이다.[43] 이로부터 쓰시마를 둘러싼 논의의 일단을 엿볼 수 있는 것이다.

유키히라의 상주에 따르면, 9세기의 쓰시마도 이전과 마찬가지로 사이카이도의 여러 구니에 의해 지탱되고 있었던 듯하다. 지쿠젠(筑前)·지쿠고(筑後)·히젠(肥前)·히고(肥後)·부젠(豊前)·분고(豊後) 등 사이카이도 6국은 매년에 걸쳐 쓰시마의 年粮을 분담하고 있었던 것이다. 연량은 기본적으로 穀 2000석 규모였으며, 지쿠젠·지쿠고·히젠·부젠·분고 5국이 각 320석을, 히고는 그보다 많은 400석을 부담하였다고 한다. 이들 구니들은 운임 등의 제반 비용도 부담해야 했기 때문에, 실질적인 책임은 보다 무거웠을 것이라 생각된다. 그러나 6국에서 모인 물자의 50% 이상은 운송 도중에 표몰

---

43) 나머지 하나에 대해서는, 鄭淳一, 주4)의 책 제6장 및 新川, 주41)의 논문을 참조.

했던 것 같다. 그래서인지 쓰시마까지 도달하는 물자는 언제나 부족했던 듯하며, 자연스레 연량의 비축도 많지는 않았다고 한다. 이것은 규슈 본토에서 쓰시마까지 물자를 운반하는 일이 그만큼 어려웠음을 의미한다.

그런데 사이카이도 6국이 쓰시마로의 조운을 담당하였던 것은 다이도 연간(大同年間, 806~810년)에 들어서부터이며, 그 이전인 엔랴쿠 연간(延曆年間, 782~806년)까지는 이키(壹岐島)가 그 업무를 담당한 모양이다. 이전에는 규슈 본토인 히젠노쿠니(肥前國)에서, 이키, 쓰시마로 이어지는 조운 루트가 이용되었으나, 다이도 연간 이후에는 그 루트가 규슈 본토의 히젠에서 쓰시마를 직접 잇는 형태로 바뀌게 된 것이다. 조수 간만이나 파도 사정에 밝지 않았던 육지의 인민에게는, 많은 물자를 적재하여 출항하는 일 자체가 그야말로 사활이 걸린 문제였다.

6국의 불만이 극에 달했기 때문인지, 아니면 아리와라노 유키히라 스스로의 판단인지는 알 수 없지만, 그러한 가운데 상신된 것이 바로 위의 기청문인 것이다. 그런데 조간 18년(876) 3월 시점에 유키히라가 요구하고 있었던 것은, 다시 조운 방식을 바꾸는 일이었다. 이번의 제안은 '이키⇒쓰시마' 루트로의 변경이었는데, 이는 해상운송에 밝고, 쓰시마로의 접근에도 지리적으로 유리한 이키에 다시금 조운을 위임하려고 하는 움직임이기도 하였다. 그러나 그렇게 되면, 거꾸로 이키의 재정적 부담이 상당히 커지기 때문에, 그 대신 그동안 이키가 부담해 왔던 다자이후 進納을 사이카이도 6국에 부과한다고 하는 절충안도 동시에 제시하였던 것이다. 결국, 이키에 대해서는 다자이후 진납을 면제해주는 대신에 쓰시마의 연량과 그 운송을 부담시키는 반면, 사이카이도 6국에 대해서는 쓰시마의 연량과 운송을 면제해주는 대신에 이키의 다자이후 진납분을 부담시키는 방식이 시도되었던 것이다. 말 그대로 서로의 이해를 상쇄하는 방식이었다. 위에서 인용한 『일본삼대실록』기사의 말미를 보게 되면, 아리와라노 유키히라의 제안은 공경·대신에 의한 심사를 거쳐 – 2년간의 시범적 실시이긴 하지만 – 일단 재가되었다고 한다.

이상에서 조간 연간에 이르기까지의 상황을 검토하여 보았다. 여기서 알 수 있는 것은, 우선, 과거에는 '사이카이도 6국⇒이키⇒쓰시마'로 되어 있던 조운 루트가 다이도 연간부터 '사이카이도 6국⇒쓰시마'로 바뀌었고, 조간 18年(876) 단계에는 오히려 '이키⇒쓰시마'로의 변경이 요청되고 있다는 점이다. 이것은 조운 부담의 주체가 시기에 따라 변화해왔다고는 해도 쓰시마에 연량이 공급되는 일 자체는 단 한 번도 바뀌지 않았음을 잘 보여준다. 쓰시마로의 물자조달은 지속되고 있었던 것이다. 이어서 두 번째는, 사이카이도 6국이 조운을 부담하고 있는 경우에는, 여러 구니의 물자가 일단 히젠노쿠니로 모였으며, 바로 그곳에서 해상운송이 시작되고 있다는 점이다. 세 번째는 사이카이도 6국 가운데 히고노쿠니의 재정부담이 나머지 구니들보다 월등히 컸다는 사실이다.

쓰시마로의 轉漕 시스템이, 조간 연간 이후에 어떻게 운용되고 있었는지는 간교(元慶) 3년(879) 10월의 정책변화에서도 엿볼 수 있다.[44] 쓰시마의 연량을 이키가 단독으로 부담하고 있던 패턴이 사이카이도 6국에 의한 '分力運送'으로 바뀌게 된 것이다. 『엔기식(延喜式)』편찬 단계(10세기 초)까지도 여전히 지쿠젠·지쿠고·히젠·히고·부젠·분고의 6국이 매년 곡 2000석을 쓰시마로 조운하고 있는 것에서 보더라도,[45] 그 '분력운송'방식은 신라해적의 출몰 빈도가 절정에 달한 간표 5·6년 시점까지도 유지되고 있었다 생각해도 무리가 없을 것이다.

오랜 기간 동안 문제시되어 온 쓰시마의 연량은 기본적으로 島司 및 사키모리(防人)의 급료로 사용되었다.[46]

그럼 지금까지의 이해를 바탕으로 다시 한번 신라해적 이야기로 돌아가, 간표 연간의 사키모리 운용 실태에 대해 살펴보도록 하자. 사키모리제와 물자조달방식과의 연관성, 또 그들과 신라해적 출몰과의 관련을 집약적

---

44) 『日本三代實錄』 元慶3年(879) 10月 庚申(4日)條.
45) 『延喜式』 主稅上·對馬糧條.
46) 주44) 및 주45)와 동일.

으로 보여주고 있는『類聚三代格』권18, 간표 8년(894) 8월 9일 태정관부
는 다음과 같이 전하고 있다.[47]

> 太政官符
>
> 　應依舊差遣對馬嶋防人事
>
> 　右得大宰府解稱、太政官去貞觀十八年三月十三日下府符稱、參議權師從三位
> 在原朝臣行平起請稱、防人九十四人、是六國所点配也、配遣年久、漂亡者多、仍問
> 嶋司等、申云、往年配遣之人、或因嫁娶爲居、或習漁釣爲業、留住不歸、往往而有、
> 今新点之民、或蕩沒或逃亡、徒失課役之人、還非扞城之士、望請、停止配遣、令輸
> 役料、便以其物雇留住人者、宣、奉勅、依請者、自爾以降、停件防人只送功物、而今
> 新羅寇賊屢窺彼嶋、燒亡官舍、殺傷人民、加以弊亡有漸、民氓衰耗、況便弓矢者、
> 百分一二、因玆討賊使少貳從五位上淸原眞人令望更留府兵五十人、權宛援兵備其
> 不虞、今尋差遣防人之興、元爲邊戎、而停彼兵士令輸役料、是兵革不用之時權議
> 也、謹案物意、安不忘危、存不忘亡、豈不愼非常之謂乎、若不置件戎何以備守、望
> 請、簡択精勇、復舊差遣、謹請官裁者、大納言正三位兼行左近衛大將皇太子傅陸奧
> 出羽按察使源朝臣能有宣、奉勅、依請、
>
> 　寬平六年八月九日

이 관부에 의하면, 지난 조간(貞觀) 18년(876), 아리와라노 유키히라(在
原行平)는 쓰시마의 사키모리를 6국에서 차견하는 것을 중지하고, 役料만
을 나른 후, 그 물자로 쓰시마의 留住人을 고용하게 하도록 요청하여, 이후
재가를 받았다고 한다. 유키히라가 그와 같은 기청을 올린 이유로는, 기존
에 보내어진 사키모리의 경우, 결혼 및 전업 등으로 現地化해버려서, 결국
고향으로 돌아가지 않고 정주하고 있으며, 새롭게 파견되어 온 사키모리의
경우, 蕩沒하거나 도망하여 실제로는 사키모리로서 임무수행이 제대로 이루

---

47) 長洋一, 주42)의 논문, 45쪽에도 이 사료에 대한 간략한 설명이 있다.

어지지 않게 된 상황이 제시되고 있다. 그러나 조간 연간 이래, 사키모리의 파견이 정지되고, 功物만을 보내게 되었기 때문에, 간표기에 이르러서는 신라해적의 출현빈도가 증가하고 피해규모도 커지게 된 듯하다. 그래서 동북 지방에서 에미시와의 실전경험을 가지고 있는 기요하라노 요시모치(淸原令望)를 賊討使에 임명하는 한편,[48] 비상시에 대비하기 위해 견실한 사키모리의 충원(사키모리의 차견)을 요청하게 된 것이다. 다자이후 관내의 여러 구니로부터 '강건한 자'(强健者)를 선발하여 쓰시마의 사키모리로 파견한다는 방침이 『엔기식』 편찬 단계에도 확인되고 있는 것으로 보아,[49] 이 시기에 정해진 사키모리 규정이 적어도 잠시 동안은 지속되었을 것으로 생각된다.

앞에서도 확인한 바와 같이, 신라해적의 출몰은 간표 5·6년에 집중적으로 나타나고 있으며, 간표 6년(894) 5월 7일의 퇴거 소식을 끝으로 잠시 소강상태를 맞는다.[50] 신라해적이 다시 그 모습을 드러낸 시점은 간표 6년 9월 무렵인데, 바로 5월과 9월 사이인 8월에 쓰시마의 사키모리제 운용이 정비된 것이다. 한편, '정예롭고 용맹하며'(精勇) 강건한 사키모리의 공급이 잘 이루어지지 않았던 시기에도, 곡 2000석 등의 연량은 쓰시마로 잇달아 조달되고 있었던 사실 또한 앞에서 확인한 대로이다.

사키모리제가 느슨해져 있는 가운데에, 다량의 병력유지용 물자가 매년 빠짐없이 모이고 있는 쓰시마의 상황이 신라해적에게 있어 대단히 매력적으로 느껴졌을 개연성은 충분하다 할 수 있다.

Ⅳ. 히젠 마쓰라 군과 히고 아키타 군

간표 6년(894)에는 쓰시마를 주된 공격의 타깃으로 삼았던 신라해적이

---

48) 戸田, 주7)의 논문, 118쪽
49) 『延喜式』 兵部省·壹岐防人條.
50) 주34)와 동일.

지만, 그보다 앞선 간표 5년(893) 5월 무렵에는 히젠노쿠니 마쓰라 군(肥前國 松浦郡)과 히고노쿠니 아키타 군(肥後國 飽田郡)을 습격하였다고 한다.[51] 그럼 왜 마쓰라 군과 아키타 군이었을까?

우선은 마쓰라 군에 대해서 보도록 하자. 고대의 마쓰라 군은 히젠노쿠니(肥前國)의 북부 및 서부, 일본열도의 최서단에 위치한 군이었다. 기타 마쓰우라 반도 및 히라도시마(平戸島)·이키쓰키시마(生月島)·오오시마(大島)·다카시마(鷹島), 고토열도(五島列島) 등의 도서로 구성되어 있으며, 남부는 소노키 군(彼杵郡), 동부는 기시마 군(杵島郡)·오기 군(小城郡)과 접한다. 郡域은 현재의 나가사키현(長崎縣)의 기타 마쓰우라 군(北松浦郡)·미나미 마쓰우라 군(南松浦郡)과 사세보 시(佐世保市)·마쓰우라 시(松浦市)·히라도 시(平戸市) 및 후쿠에 시(福江市)에 걸쳐 있었으며, 사가현(佐賀縣) 서부의 히가시 마쓰우라군(東松浦郡)·가라쓰시(唐津市)·니시 마쓰우라 군(西松浦郡)·이마리 시(伊万里市)에도 미치는 대단히 넓은 범위였다.[52] 간표 5년(893) 5월 11일 및 같은 해 윤5월 3일, 신라해적이 히젠노쿠니 마쓰라 군에 출현하였다는 기록이 알려져 있더라도, 구체적으로 어떤 지점을 노렸는지 특정하기가 상당히 어려운 이유도 실은 거기에 있다고 말할 수 있다.

그러나, 쓰시마의 사례와 마찬가지로 신라해적이 물자의 집적장소를 타깃으로 하였다고 가정한다면, 마쓰라 군의 경우도 어느 정도 출몰지점을 추정하는 것은 가능하다. 그때, 앞 절에서 살펴보았던 『일본삼대실록』조 간 18년 3월 정해(9일)조는 좋은 참고가 된다. 여기에는 히젠노쿠니가 수행하고 있던 조운상의 역할이 기록되어 있기 때문이다. 이 내용에 의하면,

---

51) 주20) 및 주22)와 동일.

52) 肥前國 松浦郡의 위치관계와 영역에 대해서는 古代交通研究會編,『日本古代道路事典』, 八木書店, 2004의 第8章 西海道 肥前國 항목(小松讓 집필분) ; 小松讓,「肥前國松浦郡の交通路と官衙」『條里制·古代都市研究』23, 2008 외에 角川日本地名大辭典編集委員會編,『角川日本地名大辭典(41)佐賀縣』, 角川書店, 1982의 645쪽 浦郡 항목 ;『日本歷史地名大系(43)長崎縣の地名』, 平凡社, 2001, 92쪽의 松浦郡 항목도 참고가 된다.

쓰시마의 연량으로 보내어진 물자가 규슈 본도를 떠날 때에는 언제나 히젠노쿠니가 출발지점이 되고 있었다는 것을 알 수 있다.

엔랴쿠 연간 이전에는 '사이카이도 6국⇒이키⇒쓰시마'로 연결되는 조운 경로가 사용되었는데, 사이카이도 6국의 물자가 일단 히젠노쿠니로 모여, 거기서부터 이키로 옮겨진 것이다. 다이도 연간 이후에는 이키의 부담을 경감하기 위해 '사이카이도 6국⇒쓰시마'라는 다이렉트 방식이 채용되었다고 전해지는데, 그때에도 쓰시마행의 물자운송선은 이전과 마찬가지로 히젠노쿠니에서 출항하였을 것으로 추정된다.

잘 알려진 바와 같이, 히젠노쿠니에서 시작되는 고대 해로의 출발점은 마쓰라 군이었다. 그 가운데 창구항(窓口港)으로 충실히 기능하고 있던 곳은, 히가시 마쓰우라 반도(東松浦半島) 연안에 위치한 도모 역(登望驛), 오우카 역(逢鹿驛)이다. 남동계절풍이 탁월한 하계에는 도모 역을, 북서계절풍이 부는 동계에는 오우카 역을 이용한 것이다. 게다가 고대 교통로 및 관아와 관련하여 대단히 중요한 유적으로 평가되는 자치카후루조노(千々賀古園) 유적 및 나카바루(中原) 유적도 두 역의 연장선상에 입지한다. 두 지역 모두 현재의 사가 현(佐賀縣) 가라쓰시(唐津市) 영역에 속한다. 『히젠노쿠니 풍토기(肥前國風土記)』 마쓰라 군(松浦郡)조에는, 이키를 거쳐 쓰시마, 나아가 대륙으로 이동할 때 그 기점이 되는 '가가미노 와타리'(鏡の渡り)가 있었다고 기록되어 있는데, 지치카후루조노 유적과 나카바루 유적 사이가 바로 '가가미노 와타리'로 상정되는 지역이다. 또, 현재의 가라쓰시(唐津市) 부근 유적에서 확인되는 상황으로 보아, 해당 지역은 이키, 쓰시마, 한반도로 이어지는 해상교통의 중핵이었을 뿐만 아니라, 히젠 국부(國府) 및 다자이후 방면으로도 연결되는 육상교통의 중심지이기도 했다는 사실에 유의해야 할 것이다.[53]

---

53) 小松, 주52)의 논문 ; 佐伯弘次, 「壹岐·對馬·松浦を步く」『(街道の日本史·49)壹岐·對馬と松浦半島』, 吉川弘文館, 2006 ; 木下良, 『(事典)日本古代の道と驛』, 吉川弘文館, 2009, 327쪽. 또, 唐津市의 동쪽에 있는 鏡山에는 大伴狹手彦과 松浦

한편, 근년 나카바루 유적에서 고대 사키모리제의 일단을 보여주는 목간이 출토하여 학계의 주목을 모으고 있다. 나카바루 유적 5區에서 발굴된 '8호 목간'(8세기 후반의 것으로 추정)에는 '甲斐國 戌人'이라는 표기가 보이는데, 이것이 가이노쿠니(甲斐國: 현재의 야마나시 현[山梨縣]) 출신의 병사, 즉 동국 사키모리와 관련된 문서라는 사실이 판명된 것이다.[54] 최근의 연구에 의하면, 이 가이노쿠니의 사키모리는 3년의 임기가 만료된 후에도 고향으로 돌아가지 않고 북부 규슈에 머물러 있던 자, 즉 '옛 사키모리'(舊防人)에 해당한다고 한다.[55]

당시에는 '戌人'이라 불린 듯한 '8호 목간' 속의 사키모리에 대해서는, 역사학뿐만 아니라 추후 고고학, 어문학 등 인접 학문 분야의 입장이나 방법론이 반영된 충분한 검토가 이루어져야 할 것이다. 다만 이 글에서는 바다에 면해 있으면서 대외적으로도 중요한 의미를 가지는 '가가미노 와타리' 부근의 나카바루 유적에서 사키모리의 주둔을 연상시키는 목간이 출토한 사실, 그리고 그 지역이 마쓰라 군의 영역이라는 사실을 우선적으로 확인해두고자 한다.

이상의 검토를 바탕으로 하면, 다음과 같은 점을 지적할 수 있다. 첫째, 쓰시마로 향하는 사이카이도 6국의 물자는 히젠 마쓰라 군에 일시 집적되었다. 둘째, 히젠 마쓰라군 가운데, 토모 역·오우카역과 같은 항구는 쓰시마로 향하는 물자운송선의 출항지로 기능하였다. 셋째, 그 두 역으로부터

作用姫의 悲戀傳說이 남아 있는데, 이것은 진구황후(神功皇后)에 의한 이른바 신라정벌담과 관계가 있는 것이며, 설화상에는 '가가미노 와타리(鏡の渡り)'가 出兵의 起点이 되고 있다(『肥前國風土記』 松浦郡條). 이와 같은 사례는 해당 지역이 한반도와의 왕래에 유리한 입지조건을 갖추고 있었음을 간접적으로 보여준다.

54) 佐賀縣敎育委員會文化課編, 『古代の中原遺跡 - 解き明かされる鏡の渡し - 』, 國土交通省九州地方整備局佐賀縣國道事務所·佐賀縣敎育委員會, 2005. '8호 목간'에 대해서는 平川南 씨, 田中史生 씨가 집필을 담당하였다.

55) 平川南, 「見えてきた古代の「列島」 - 地方に生きた人びと」 『木簡から古代がみえる』, 岩波新書, 2010, 87~90쪽 ; 佐賀縣敎育委員會文化課編, 주54의 책, 8쪽.

그다지 떨어지지 않은 장소인 현재의 가라쓰시 일대는 오래전부터 대외적
으로도 국내적으로도 중요한 교통로로써의 역할을 수행하고 있었다. 넷째,
해당 지역은 사키모리를 배치할 필요가 있을 정도로 지정학적으로 중요한
장소였다. 이 네 가지 사실에 유의한다면, 신라해적이 마쓰라 군을 특정하
여 노리게 되었던 일을 납득할 수 없는 것도 아니라 생각된다. 다음으로는
히고노쿠니 아키다 군(肥後國 飽田郡)에 대해 보도록 하자. 우선 히고노쿠
니의 지역적 특질을 검토하고, 그 후에 아키타 군으로 신라해적이 내습하
게 된 배경을 생각해보도록 하겠다.

『엔기식』 민부성·상(民部省上)에 의하면, 히고노쿠니는 14군을 관할하
는 '대국(大國)'으로 전역이 현재의 구마모토 현(熊本縣)에 해당한다.[56] 특
히 주목되는 것은 이 구니가 가지고 있던 생산력이다. 히고노쿠니의 생산
력은 이 글에서 주목하고 있는 간표 연간보다 훨씬 이전부터 인정되고 있
었던 것 같다. 안칸(安閑) 천황의 皇妃를 위한 기사이베(私部)라든지, 군사
관계의 다케루베(健部)와 관련이 깊은 미야케(屯倉)의 흔적에서도 그 일단
을 엿볼 수 있다.[57]

9세기 단계에 들어서면 실상이 더욱 명확해진다. 당시 상황을 잘 보여
주는 『엔기식』(『와묘쇼(和名抄)』도 마찬가지)에서는 다음과 같은 기록이
확인된다.

먼저 『엔기식』 주세·상(主稅上)의 제국본도(諸國本稻)조이다. 여기에는
히고노쿠니와 관련하여 '正稅·公廨各四十万束, 國分寺料四万七千八百八十
七束, 文殊會料二千束, 府官公廨三十五万束, 衛卒料三万五千七百九十五束,
修理府官舍料一万束, 池溝料四万束, 救急料十二万束, 俘囚料十七万三千四
百三十五束'이라고 기록하고 있다. 이것은 사이카이도에 속해 있는 나머지

---

56) 古代 肥後國의 일반사항에 대해서는 『日本歷史地名大系(44)熊本縣の地名』, 平凡
　　社, 1985, 31~32쪽 ; 古代交通硏究會編, 『日本古代道路事典』, 八木書店, 2004의
　　제8장·西海道 肥後國 항목(鶴嶋俊彦 집필분)이 참고가 된다.
57) 花岡興輝編, 『飽田町誌』, 飽田町, 1972, 60쪽.

구니들, 특히 이른바 사이카이도 6국에 포함되는 나머지 다섯 개의 구니들과 단순비교를 해보더라도 두 배 이상에 달하는 양이다.[58] 다음으로는『엔기식』주계·상(主計上)에 보이는 조(調)·용(庸)·중남작물(中男作物)의 현황이 주목된다. 해당기록에 따르면 히고노쿠니의 물품이 다른 구니의 그것에 비해 질적으로도 양적으로도 훨씬 우위에 있다. 특히 '조(調)'의 항목에 '絹二千五百九十三疋'이라 기재되어 있는데, 이처럼 '견'이 언급되고 있는 것은 다른 구니의 항목에서는 찾아볼 수 없는 히고노쿠니만의 특징이라 할 수 있다. 이러한 점은 해당 지역에 신라해적이 출몰한 이유와도 밀접한 관계가 있는 것으로 보이기 때문에 유의해두고자 한다.

8~9세기에는 이국에서 히고노쿠니로 표착 내지 내착하는 사례가 적지 않았던 듯하다. 먼저, 호키(寶龜) 8년(777)에 파견된 제10차 견당사 일행의 예를 들 수 있다. 이들이 탄 배는 이듬해인 호키 9년(778) 당에서 일본으로 돌아오는 길에 난파되어 6일간 바다 위를 떠돌게 되는데, 11월 13일이 되어서야 41명만이 겨우 아마쿠사 군(天草郡)에 표착하였다고 보고된다.[59] 다음으로, 조간 15년(873)에는 발해인 崔宗佐 일행이 다자이후로부터 배를 이용해 당으로 향하던 도중, 아마쿠사군에 표착한 사례를 지적할 수 있다.[60] 또 앞 절에서도 살펴본 것처럼, 닌나 원년(885) 4월 20일에는, 신라 국사를 자칭하는 서선행 일행 48인이 마찬가지로 히고노쿠니 아마쿠사에 내착한 사실이 알려진다.[61] 이러한 도착 사례는 간표 연간의 신라해적이 아키타 군으로 상륙한 일과 성격을 달리하는 것임에 틀림없지만, 이로부터

---

58) 名古屋市博物館編集,『名古屋市博物館資料叢書(2)和名類聚抄』, 名古屋市博物館, 1992의 해설편 252~257쪽에는『延喜式』主稅上의 諸國本稻와『和名抄』(名博本·東急本)의 官稻를 대조할 수 있도록 작성한 '官稻對照表'가 게재되어 있는데 이에 의하면, 일본열도 전체 가운데서도 히고노쿠니(肥後國)의 官稻는 압도적으로 많다.

59)『續日本紀』寶龜9年(778) 10月乙未(23日)條 ; 同 11月 乙卯(13日)條.

60)『日本三代實錄』貞觀15(873)年 7月 8日 庚午條.

61) 주12)와 동일.

히고노쿠니가 대외적으로도 '열려있는 지역'이었다는 점은 확인할 수 있다고 생각된다.[62]

아키타 군은 이러한 히고노쿠니의 중핵이었던 듯하다. 신라해적의 출몰이 문제시되었던 간표 연간에는 히고노쿠니의 國府가 이곳에 놓여져 있었을 가능성이 대단히 높은 것이다. 사실 종래에는 헤이안 시대 전기에 국부가 다쿠마 군(詑麻郡)에서 아키타 군으로 옮겨졌다고 하는 학설이 의심의 여지도 없는 정설이었으나, 최근 들어 반드시 그렇다고 할 수는 없다는 반론이 제기된 상태라 조금 검토해볼 필요가 있다.

논의의 핵심은 '국부가 어디에서 어디로 옮겨졌는가', 또 '그 시기가 언제인가'라는 두 가지 부분이며, 시대적 요청에 따라 국부를 수차례에 걸쳐 이전하였다는 사실 자체에 대해서는 오히려 의견이 합치하는 상황이다. 관련 견해는 크게 두 흐름으로 나눌 수 있는데, 간단히 소개하자면 다음과 같다.

먼저, 초기 국부는 마시키 군(益城郡)에 있었지만, 國分寺 창건기(8세기 중엽)에 다쿠마 군(詑麻郡)으로 옮겨져, 9세기 중엽 무렵에는 아키타 군(飽田郡)으로 이전하였다고 하는 마쓰모토 마사아키(松本雅明) 씨의 학설이다.[63] 나머지 한 가지는, 수륙교통의 편리성을 가지는 다쿠마 군에 건설된 국부가, 그 후 9세기 중엽 무렵에는 홍수로 인해 파괴되어버려서, 마시키 군으로 옮기게 되었으며, 11세기 초가 되어서야 아키타 군으로 이전하였다고 보는 기노시타 료(木下良) 씨의 견해이다.[64] 현재는 후자인 기노시타 설이 설득력을 얻어 통설적 위치를 점하고 있는 듯 보인다. 즉 9세기 말에

---

62) 『類聚三代格』卷5·昌泰2年(899) 4月 5日 官符에는, 肥後國의 史生一員 대신에 弩師를 두기로 하였다고 나오는데, 그 논리로 '此國地接海崖, 隣賊防備'가 제시된다. 이로부터는 적어도 9세기말의 단계까지 대외적 요소가 강하게 의식되고 있었음을 엿볼 수 있다.

63) 松本雅明, 『城南町史』, 熊本縣城南町, 1965 ; 松本雅明, 「肥後の國府 – 詑麻國府址發掘調査報告 –」『古代文化』17-3, 1966 등.

64) 木下良, 「肥後國府の變遷について」『古代文化』27-9, 1975 ; 木下良, 「古辭書類に見る國府所在郡について」『國立歷史民俗博物館研究報告』10, 1986 등.

해당하는 간표 연간에는 히고노쿠니의 국부가 마시키 군이었다는 이야기가 된다. 그러나 설령 기노시타의 견해가 옳다고 하더라도 간표 연간의 아키타 군이 가지는 지정학적 중요성은 여전히 인정된다고 할 수 있다. 아키타 군은 아리아케 해(有明海)에 면하고 있어서 외부세력이 마시키 군 소재의 국부를 타깃으로 상륙하는 경우라도, 결국은 도중에 있는 아키타 군을 거쳐서 가게 되어있기 때문이다.[65]

이상의 검토를 바탕으로, 신라해적이 히고 아키타군을 습격한 이유를 정리해보면 다음과 같다. 첫째, 당시 압도적인 수준이었던 히고노쿠니의 생산력과 그에 동반한 풍부한 물산의 집적. 둘째, 히고노쿠니의 국부 내지는 주요 군아의 소재지였을 것으로 보이는 아키타 군에 풍부한 물자가 집중되었을 가능성. 셋째, 해외로부터도 접근하기 용이한 임해의 입지조건. 넷째, 히고노쿠니의 '조'로서 등장하고 있는 '견'(『엔기식』주계·상에 의하면 이는 히고노쿠니가 유일)은 신라해적이 습득하고자 했던 물자의 하나였다는 점.[66] 게다가 아키다 군의 영역에 그것과의 관련성을 연상하게 하는 '蚕養驛'(『엔기식』兵部省 驛傳조의 기재를 참조)이 위치하고 있었다는 사실 등이다.

지금까지는 신라해적의 출몰지역이 가지는 지역적 특성을 사키모리제의 운용실태, 물자의 이동경로 및 조달방법, 교통로로서의 역할, 생산력 등의 측면에서 검토해보았다. 그런데 일본 측에게 '신라해적'이라 인식되었던 집단, 그들 스스로가 이처럼 농밀한 정보를 입수하였다고는 생각하기 힘들다는 점에 유의하는 경우, 어쩌면 그들에게 호응 내지 협력하는 현지세력이 존재하였을 가능성도 배제할 수 없는 것이 아닌가 생각된다.[67]

---

65) 게다가 飽田郡域으로 판단되는 二本木遺跡群에서는 國府推定地에 걸맞는 9세기경의 유구가 발견되고 있어, 이 지역이 9세기 단계에 매우 융성하였음을 추측할 수 있게 한다(古代交通硏究會編, 주56)의 책, 369쪽).

66) 주36)과 동일. 이 사료에 의하면 新羅海賊은 '穀', '絹'을 취하려 왔다고 한다. 상세한 것은 뒤에서 다시 논한다.

67) 예를 들면, 『日本三代實錄』貞觀8年(866) 7月 15日 丁巳條에 보이는 肥前國의 郡

V. 『扶桑略記』의 신라해적기사를 둘러싸고

그러면, 여기서부터는 '시간적 측면'에 유의하면서 신라해적의 실체에 다가가고자 한다. 우선은 간표 5·6년에 마쓰라, 아키타, 쓰시마를 습격한 신라해적의 주체세력을 밝혀보도록 하자. 앞 절에서는, 두 해에 걸친 해적의 출몰을 크게 세 단계로 나눌 수 있음을 지적하였는데, 필자는, 짧은 기간에 유사한 행동양식을 보인 그들을 동질적인 세력으로 보고 있다. 따라서 그들이 특정한 지역에 출현한 이유나 배경도 성격을 같이 하는 게 아닌가 생각된다.

이 절에서는 신라해적의 출현 배경을 해명하기 위해, 관련 기사 가운데 가장 상세한 정보를 전하고 있는『扶桑略記』간표 6년(894) 9월 5일조를 검토해보자. 논의의 편의상 사료의 전문을 제시해두면 다음과 같다.

> 九月五日, 對馬島司言新羅賊徒船四十五艘到着之由, 太宰府同九日, 進上飛驛使. 同十七日記日, 同日卯時, 守文室善友召集郡司·士卒等, 仰云, 汝等若箭立背者, 以軍法將科罪, 立額者, 可被賞之由言上者, 仰訖, 卽率列郡司·士卒, 以前守田村高良令反問, 卽島分寺上座僧面均·上縣郡副大領下今主爲押領使, 百人軍各結廿番, 遣絶賊移要害道, 豊円(혹은 國)春竹(혹은 行)卒弱軍四十人, 度賊前, 凶賊見之, 各銳兵而來向守善友前, 善友立楯令調弩, 亦令亂聲, 時凶賊遶亦亂聲, 卽身戰, 其箭如雨, 見賊等被射并逃歸, 將軍追射, 賊人迷惑, 或入海中, 或登山上, 合計射殺三百二人, 就中大將軍三人·副將軍十一人, 所取雜物, 大將軍縫物·甲冑·貫革袴·銀作太刀·纏弓·革胡籙·宛夾·保呂各一具, 已上附脚力多米常継進上, 又每取船十一艘·太刀五十柄·桙千基·弓百十張·胡籙百十房·楯三百十二枚, **僅生獲賊一人, 其名賢春, 卽申云, 彼國年穀不登, 人民飢苦, 倉庫悉空, 王城不安, 然王仰爲取穀絹, 飛帆參**

領層이나, 同 貞觀12年(870) 11月 13日 辛酉條에 보이는 筑後國의 官吏와 같은 존재가 주목된다. 이에 대해서는 鄭淳一, 주4)의 책, 제5장 및 제7장을 참조해주었으면 한다.

來, 但所在大小船百艘, 乘人二千五百人, 被射殺賊其数甚多, 但遺賊中, 有最敏將
軍三人, 就中有大唐一人. 〈已上日記〉(괄호 안은 雙行細字, 밑줄 및 강조는 필자)

우선은 이 사료에서 확인할 수 있는 내용을 사항별로 정리해보자. 첫째,
신라해적 내습시기 및 전투 발발 경위이다. 간표 6년(894) 9월 5일, 쓰시마
도사(對馬島司)는 '新羅賊徒'의 도착을 다자이후에 보고한다. 같은 달 9일, 다
자이후는 비역사를 상경하게 하여, 이 일을 중앙에 보고한다. 상세한 경위는
명확히 알 수 없지만, 같은 달 17일의 '記'에 따르면, '같은 날(同日)'(단, 이것
이 구체적으로 며칠을 가리키는지는 알 수 없음)의 卯時 무렵, 훈야노 요시토
모(文室善友)가 이끄는 군사·사졸 등과 '賊徒' 사이에 싸움이 시작되었고, 그
결과 요시토모가 지휘한 일본 측 관군이 대승을 거두었다고 한다.[68]

둘째는, 신라해적의 규모 및 조직체계이다. 실질적으로 쓰시마에 나타
난 배는 45艘였던 듯 하다. 일본 측과의 전투에서 302인이 사살된 사실로
미루어보아, 적지 않은 인원이 승선하고 있었던 것으로 보인다. 신라인 포
로의 진술에 의하면, 그들의 본거지에는 크고 작은 배 100소가 있으며, 승
원은 2500명이나 있다고 한다.[69] 이러한 규모로 보아 그들은 신라본토에
서도 유력한 해상세력으로 활동하고 있었을 것이라 추측된다. 또 일본 측
이 올린 전과를 참조하면, 신라해적은 대장군·부장군과 같은 체계적인 조
직은 물론, 전문 전투집단을 연상하게 하는 무기·무구를 갖추고 있었던 사
실도 알 수 있다. 단순한 '무장상인단'이라고 생각하기는 힘든 것이다.[70]

---

68) 石井, 주6)의 논문, 45쪽에서는 冒頭의 날짜 부분에 다소 誤脫 및 混亂이 있는
듯하다는 점을 지적하고 있다.
69) 濱田, 주3)의 논문은, 일본에 온 해적의 규모를 100艘·2500人으로 보고 있으나,
石井, 주6)의 논문이 지적하는 바와 같이, 그것은 그들의 본거지 상황이며, 실제
로 일본에 출현한 것은 배 45艘의 규모였을 것으로 생각된다.
70) 권덕영, 「고대 동아시아의 황해와 황해무역 - 8·9세기를 중심으로 - 」『대외문물
교류』 7, 2007에서는, 寛平新羅海賊에 대해 한반도 서남해역에 재지적 기반을
다고 있던 해상세력출신 호족의 군대였을 가능성을 지적하면서도, 그들을 해상

셋째는, 신라해적의 전투능력이다. 앞 절에서도 검토한 바와 같이, 간표 6년(894) 9월 무렵의 해적 활동은 약 1개월간 지속된다(해적활동의 진정은 9월 30일로 보임). 이것은 그들이 일본의 정규군을 상대로 장기간에 걸쳐 대항할 수 있는 전투력을 보유하고 있었음을 의미한다. 특히 일본군을 통솔하였던 요시토모는 간교(元慶) 7년(883)에 일어난 俘囚의 반란 시에도 승전을 경험한 바 있는 유능한 군사적 관료였던 사실을 아울러 생각해보면,[71] 신라해적이 얼마나 싸움에 능하였는지를 예측할 수 있을 것이다. 그러나, 쓰시마에서 벌어진 전투가 그들에게 큰 피해와 충격을 주었기 때문인지, 해적활동은 서서히 소강 국면에 접어들게 된다.

이상, 『부상략기』에서 얻을 수 있는 정보를 바탕으로, 세 가지 측면에서 신라해적이 가지는 특질을 검토해보았다. 이에 따르면, 이들 해적집단은 간표 5(893)년~6년(894) 시점에 이미 수십 소 내지 100소 정도의 선박 및 2000명 이상의 대규모 조직을 운용할 수 있는 해상세력이었으며, 또 뛰어난 전투능력을 갖추고 있는 무장세력이었음을 알 수 있다.

한편, 사료 말미(밑줄 부분)에 보이는 포로 賢春의 진술로부터는, 동시기 신라의 국내상황을 엿볼 수 있다. 특히 '然王仰爲取穀絹, 飛帆參來'라는 부분은, 그와 같은 신라의 정세와 해적집단의 출현이 연동되어 있는 듯한 정황설명으로 볼 여지가 있어 주목된다. 이에 대한 해석은, 신라해적이 어떠한 정치 환경에서 태동하였는가 하는 문제와도 연결되어 있으며, 그것은 신라해적의 실체는 무엇인가 하는 논제와도 깊이 관련되어 있기 때문에 면밀히 검토해볼 필요가 있다고 생각된다.

그러면 우선 해당 구문에 관한 선행연구의 여러 견해를 간단히 살펴보

무역에 종사하던 '海商'으로 규정하고 있다. 약탈자인 동시에 약탈물을 거래하는 상인으로 보고 있는 듯하다.

71) 戸田, 주7)의 논문, 117~118쪽. 또한, 寬平年間에 賊討使로서 실전경험을 가지는 淸原令望이 임명된 것에서도 일본 측이 취한 방어태세의 충실함을 엿볼 수 있다 (關, 주7)의 논문, 4~5쪽).

도록 하자. 먼저 나이토 슌포(內藤雋輔) 씨는 "이 진술이 어디까지 사실인
지는 의심스러우나, 이 賊船이 국내의 飢乏을 국외의 약탈로 해결할 작정
으로 국왕의 명에 의해 조직적으로 행해졌다고 하는 것은 賊徒의 꾸며낸
말(원문: 構言)일 것이다"라고 추론하고 있다. 이어서 하마다 고사쿠(濱田
耕策) 씨는 "신라왕의 명령에 의한 해적행위였다고 하는 현춘의 고백은, 현
춘이 목숨을 구걸하기 위해 말한 虛言은 아닌 듯 생각된다"고 하였으며,
이쿠타 시게루(生田滋) 씨는 "분명히 신라 조정에 의해 조직되어 파견된,
이른바 '수군'이었음에 틀림없다"고 단언하고 있다.

　이에 대해 이시이 마사토시(石井正敏) 씨는 문제의 구절을 "그런데도, 왕
이 명령하여 穀絹을 취하기 위해 (원문: 然るに, 王, 仰せて穀絹を取るがた
め)"라고 읽고, 그것을 "(사람들이 기근에 시달리고 있음에도 불구하고) 그런
데도 신라왕은 곡물·견 등의 징수를 명하였기 때문에, (어쩔 수 없이 우리들
은) 일본으로 오게 된(습격하게 된) 것이다"라고 해석하고 있다. 즉 "신라왕
이 명한 것은 일본을 공격하는 것이 아니라 기근에 시달리는 신라의 인민에
게 또 穀物·絹 등을 징수하게 한 것이었다"고 보고 있는 것이다. 한편, 야마
우치 신지(山內晋次) 씨는 해당 구절을 "그리하여 왕의 명령으로 穀絹을 취
하려고(원문: 然して, 王の仰せもて, 穀絹を取らんがため)"라고 훈독하고, 앞
서 소개한 이시이 씨의 해석방법에 의문을 제기하면서도, 신라왕권을 해적
의 주체라고 보는 하마다·이쿠타 씨의 견해에도 찬동하지 않고 있다. "이때
신라왕의 명령이, 상당히 왜곡된 형태로 쓰시마를 습격한 신라인들에게 전
해져 있었다"고 주장하면서 "어딘가의 지방 호족이 이 신라왕의 명령을 이용
하여, 그것을 왜곡한 형태로 부하들에게 전달하고, 문제의 신라인들에게 쓰
시마를 습격하게 하였을 가능성이 높다"고 추측하고 있는 것이다.[72]

---

72) 內藤濱田, 주3)의 논문, 294쪽 ; 生田, 주1)의 논문, 336쪽 ; 濱田 씨의 견해는 최
　　근의 논고에까지 이어지고 있다(濱田耕策, 「朝鮮古代史からみた鞠智城 - 白村江
　　の敗戦から隼人·南島と新羅海賊の對策へ - 」『古代山城·鞠智城を考える』, 山川出
　　版社, 2010, 102쪽).

이상의 여러 견해는, 각각 신라국왕의 약탈명령=현춘의 꾸며낸 이야기
설(이하, 나이토설), 신라해적의 쓰시마침공=신라국왕의 명령설(이하, 하마
다설), 신라해적=신라왕권의 수군설(이하, 이쿠타설), 신라해적의 내일-신
라왕권의 명령 무관설(이하, 이시이설), 신라해적=신라지방호족설(이하, 야
마우치설)이라 명명할 수 있으리라 생각된다.

그런데, 그와 같은 견해를 면밀히 검토해보면, 신라왕권과 신라해적과
의 관련성이라는 부분이 대단히 중요한 논점이 되고 있다는 사실을 알 수
있다. 하마다설이나 이쿠타설은 신라해적이 신라왕권과 긴밀하게 관련되
어 있다고 보고 있는 입장이며, 그 반면, 나이토설·이시이설·야마우치설
은, 양자의 직접적인 연관성을 부정하는 입장인 듯 보여진다.

이 논점을 어떻게 정리할 수 있을까? 우선 하마다설·이쿠타설로 대표되
는 〈신라해적 - 신라왕권 有關論〉에 대해 생각해보자. 이 논리는 신라왕권
이 配下 세력에게 쓰시마 공격을 명령하였다는 사실, 그리고 신라왕권이
상당한 규모의 수군을 운용할 수 있는 힘을 보유하고 있었을 가능성을 대
전제로 한다. 그러나, 신라 중앙정부의 통치권력은 9세기 초엽의 단계에
이미 약화하기 시작하였으며, 게다가 간표 신라해적이 문제시되는 9세기
말에 이르면, 중앙에 의한 지방통제 자체가 거의 불가능한 상태였다고 판
단되기 때문에, 신라왕권이 직접 수군을 동원하여 일본의 물자를 취하려고
했다거나, 혹은 '신라해적'으로 인식되던 집단이 신라국왕의 명령을 받아
일본을 습격하였다고 하는 해석에는 동의하기 어렵다.[73]

그렇게 되면, 남게 되는 것은 〈신라해적 - 신라왕권 무관론〉이다. 신라
왕권이 신라해적의 주체가 아니라면 어떠한 세력이 신라해적의 배후에 있
었던 것일까? 이에 관해서는 야마우치설이 주목된다. 야마우치 씨의 연구
에 따르면, 880년대 말부터 시작되는 신라국내 반란의 중심은, 지방의 농
민이나 호족이었으며, 특히 각지의 호족들은 자신의 거주지를 근거로 하여

---

73) 이병로, 주6)의 논문, 34쪽.

무력을 기반으로 세력을 확대하였다고 한다. 그렇게 성장한 호족들은 '城主', '將軍' 등을 자칭하여 독자의 小권력기구를 만들어냈다는 것이다. 각지에 대두한 이와 같은 호족들은 서로 대립, 항쟁을 반복하며, 그 가운데에서 보다 강대한 세력을 태동시켜 나갔다고 설명하면서, 그 대표적인 예로는, 고구려의 옛 땅을 근거지로 한 궁예세력과, 백제의 옛 땅을 기반으로한 견훤세력을 들고 있다. 단정적인 표현을 피하고는 있지만 궁예나 견훤과 같은 지방호족이 신라해적의 배후였을 것이라 추정하고 있는 것이다.[74] 신라가 일개 지방정권의 형태로 전락해버린 상황 속에서 『부상략기』에 묘사되고 있는 신라해적과 같은 해상세력을 보유할 만한 세력 혹은 인물로는, 그 두 사람이 가장 적합한 듯 느껴지는 것도 사실이다.

VI. 견훤세력과 신라해적

유의해야 할 점은 신라해적이 문제시된 간표 5년(893)·6년(894) 단계에는 위에서 제시한 궁예세력이나 견훤세력을 제외하고는 수 십 소 내지는 100소 정도의 선박 및 2000명 이상의 병력을 보유할 수 있는 해상세력을 상정하기가 힘들다는 사실이다. 그렇게 생각할 수 있다면, 이들 가운데 한 세력이 신라해적과 연계되었을 것이라고 가정해보는 것도 가능하지 않나 생각된다.

먼저 궁예와 그 세력에 대해서 보도록 하자. 궁예는 일찍이 竹州(현재의 경기도 안성 일대)의 '賊魁' 기훤의 휘하에 있다가 다시 北原(현재의 강원도 원주시)의 '賊帥'라 불린 양길의 부하로 들어가 성장한 인물이다. 892년 무렵에는 양길의 병사를 이끌고 북원의 동쪽 부락을 공략하였으며, 溟州 관내의 酒泉(강원도 영월군 주천면), 柰城(강원도 영월군 영월면), 鬱烏(강원도 평창군 평창읍), 御珍(경북 울진군 울진읍) 등의 군현을 확보하였다. 894년 10

74) 山內, 주8)의 논문, 111~112쪽.

월에 명주(현재의 강원도 강릉시)로 들어갔을 때는 거느리고 있던 3500명으로 14개의 부대를 편성하고 '舍上'이라 불리는 部長을 두었다고 전해진다. 그가 '將軍'이라 불리기 시작한 것도 바로 그 무렵부터이다. 이후, 猪足(강원도 인제군 인제읍), 猩川(강원도 화천군 화천읍), 夫若(강원도 철원군 김화읍), 金城(강원도 금성현), 鐵圓(강원도 철원군) 등의 군현을 격파하고 군세를 확대해 나갔다. 897~8년 무렵에는 松岳郡(현재의 개성지방)에 도읍을 정하고, 901년(孝恭王5年＝延喜元年)에는 '왕'을 자칭하였다고 전해진다.[75]

　이상의 성장 과정에서도 알 수 있듯이 고구려의 옛 땅을 근거지로 하고 있었으며, 주된 활동무대는 신라의 도읍을 기준으로 했을 때 북측에 해당하는 지역이었다. 초기에는 주로 강원도의 내륙지방을 중심으로 세력을 확장하였던 것으로 보아 해전보다는 육상전을 통하여 성장해갔던 것으로 추정된다. 이러한 궁예세력의 성격은 신라해적의 그것과는 상당히 거리가 있는 듯 생각된다.

　다음으로는 견훤과 그 세력에 대해 검토해보자. 『삼국사기』 및 『삼국유사』에 의하면, 견훤은 국가기강의 문란, 기근, 유망백성의 증가, 群盜의 봉기 등을 명분으로 자립하였다고 한다.[76] 그가 독립된 정치세력으로 자립한 시점은 889년(眞聖王3年＝寬平元年) 무렵이었다고 생각된다.[77] 게다가 세

<hr>

75) 『三國史記』 卷11, 新羅本紀11, 眞聖王 6年(892)條 ; 同 卷12, 新羅本紀12, 孝恭王 3年(899)條 ; 同 孝恭王5年(901)條 및 同卷50, 列傳10, 弓裔條를 참조. 궁예의 성장과정에서 확인되는 기훤과 양길도 신라해적이 출현한 893년 이전에 어느 정도 힘을 갖춘 세력으로 성장하였다고 생각된다. 특히 양길은 899년(孝恭王3年) 단계까지도 독자 세력을 이끌고 있었던 것으로 보인다. 따라서 본고에서 말하는 궁예세력이란 기훤 및 양길세력과 인적 구성상 중첩되는 측면이 있으며, 또 그 양 세력을 흡수·계승하고 있다는 측면도 있음에 유의해야할 것이다. 다만 신라해적이 문제시되고 있는 893년, 894년 단계에는 이미 궁예가 '장군'을 칭하는 등 해당지역의 확실한 맹주로 활약하였던 것으로 보아 기훤 및 양길세력이 신라해적의 규모를 연상케 할 정도였다고 보기는 힘들다.

76) 『三國史記』 卷50, 列傳10, 甄萱條 ; 『三國遺事』 卷2, 紀異2, 後百濟甄萱條.

77) 자립시기를 둘러싸고 889년설과 892년설이 양립하고 있는 상황인데, 최근에는 세

력의 독자화를 시도하기 전에는, 신라의 정규군에 들어가 '西南海防戍'를 맡았던 적도 있다. 그 때의 업적이 높게 평가되어 '裨將'의 자리까지 오르는 등,[78] 해전에도 또 육상전에도 능할 수 있는 입장에 있었다고 판단된다.

견훤은 백제의 옛 땅이기도 한 신라의 서남지역을 장악해갔다. 자신의 정규군 활동 경험은 신라 왕권에 대항해나가는 가운데에도 커다란 역량이 되었던 듯하다. 정치적 자립을 선언하고 1개월 만에 세력규모를 5000명으로 증가시켰으며, 게다가 독자화 초기임에도 불구하고 '京(경주)의 西南州縣'이면서 '武州(현재의 광주광역시 또는 전라남도 전역에 해당하는 지역)의 東南郡縣'인 주요지역을 확보하기도 하였다.[79] 견훤세력이 점령한 이 지역은 현재의 전라남도와 경상남도의 경계지역 가운데, 바다에 가까운 곳이며, 구체적으로는 전라남도 여수시, 순천시, 광양시 일대, 그리고 경상남도 하동군, 남해군, 사천시 일대로 추정된다.[80] 이 지역은 당시 康州 관할이었던 것으로 보여진다. 견훤은 신라의 중심부로의 접근성이 좋고, 대외교통에 있어서도 중요한 역할 - 특히 對일본교섭의 창구 기능 - 을 수행하고 있던 해당지역을 확보함으로써, 신라의 대외접촉루트를 차단함과 동시에 신라를 압박하는 효과를 노렸던 것이라 생각된다.[81]

첫째, '서남해방수' 및 '비장'을 경험한 자로 해상세력과의 제휴가 가능

889에 자립하였다고 보는 견해가 지지를 얻고 있는 듯 하다. 申虎澈,『후백제 견훤정권 연구』, 一潮閣, 1993, 47쪽 ; 李允未, 「9세기 후반 무주지역의 정치적 동향과 甄萱의 自立」『歷史敎育論集』44, 2010, 189~191쪽.
78) 주76)과 동일.
79) 주76)과 동일 ; 『三國史記』卷11, 新羅本紀11, 眞聖王 6年(892)條. '武州'는 도시의 명칭이기도 하면서, 그 도시가 관할하고 있는 광역행정구역의 명칭이기도 하다.
80) 해당지역의 比定을 둘러싼 논쟁에 대해서는 이도학, 「신라말 견훤의 세력형성과 교역」『新羅文化』28, 2006, 9~10쪽을 참조.
81) 鄭淳一, 주4)의 책, 제3장 참조. 한편, 한반도의 남해안을 중심으로 활약한 신라말의 유력한 인물로는 왕봉규(강주지역), 박영규(승주=순천 출신) 그리고 소충좌·소율희 형제(김해지역) 등을 들 수 있다. 다만 이들의 등장시기 및 활동시기는 신라해적이 문제시되던 893~894년보다 훨씬 이후라는 점에서 신라해적과의 직접적인 관련성을 상정하기 힘들다고 생각된다.

하며, 해상세력을 운용할 수 있는 능력을 보유하고 있었던 점. 둘째, 일본 측 사료에서 신라해적의 출몰이 확인되는 893년 이전에 이미 독자화에 성공한 점. 셋째, 자립초기 단계부터 5000명 이상을 규합하고 대규모 세력을 이끌고 있었던 점. 넷째, 893년 무렵에 이미 일본으로의 접근이 용이한 항구(강주 관할)를 확보하고 있었던 점. 이상의 네 가지 측면만을 보더라도, 앞 절에서 확인할 수 있었던 간표신라해적의 특성, 즉, 893~894년 무렵에 이미 수십 소 내지 100소 정도의 선박 및 2000명 이상의 대규모 조직을 운용할 수 있는 해상세력, 게다가, 뛰어난 전투능력을 갖추고 있는 무장세력이었다는 점과 잘 부합하는 듯 보여진다. 이로부터 견훤세력과 신라해적의 상관성을 상정할 수 있는 것이다.

한편, 『삼국사기』 권11, 신라본기11 眞聖王 3년(889)조에는, '國內諸州郡不輸貢賦, 府庫虛竭, 國用窮乏, 王發使督促, 由是所在盜賊蜂起'라 보인다. 여러 州郡에서 조세가 걷혀지지 않는 상황이 이어져, 국가재정이 궁핍해졌기 때문에 국왕이 납부를 독촉하게 하였더니, 각지에서 도적이 봉기하였다고 하는 신라말기의 사회상을 전하고 있는 것이다. 사실 이 사료는 앞 절에서 검토한 바 있는 신라인 포로 현춘이 공술한 이야기의 사실성을 뒷받침하는 방증자료로 자주 인용되어 왔다.[82] 그런데 이 내용은 앞서 서술한 것처럼, 견훤이 자립할 당시 그 자립의 명분으로 내세운 논리(=국가기강의 문란, 기근, 유망백성의 증가, 군도봉기 등)와도 일맥상통한다고 생각된다.[83] 궁핍한 생활이 이어지는 가운데 납세까지 독촉하는 신라왕권의 가렴주구에 항전을 선언한 '도적'의 봉기논리와 견훤의 자립논리가 상당히 닮아 있는 듯 보여지는 것이다. 게다가, 군도의 봉기와 견훤의 자립은 그 시기 또한 889년으로 일치하고 있다.[84]

---

82) 濱田, 주3)의 논문, 294쪽. 한편, 山內晋次 씨는 『扶桑略記』에 나오는 賢春의 말이 그 사료와 관련되어 있다는 점은 인정하면서도, 신라왕 본인이 현춘 등에게 쓰시마 습격을 명하였다고 하는 내용은 의심스럽다고 본다(주8)의 논문, 112쪽).
83) 주76)과 동일.

흥미로운 점은『부상략기』에 보이고 있는 현춘의 진술(앞 절에 제시한
『부상략기』사료의 밑줄 친 부분)에서도 흉작('年穀不登'), 기근의 만연('人
民飢苦'), 비축재정의 고갈('倉庫悉空'), 정치의 불안정('王城不安') 등이 언
급되고 있다는 사실이다. 이러한 상황임에도 불구하고, 국왕이 곡·견 등의
조세를 징수하려고 하였기 때문에, 쓰시마까지 오게 되었다면서 자신들의
來日 경위를 설명하고 있는 것이다. 이것은 견훤을 비롯한 각 지방세력이
내세운 정치적 독자화의 명분과도 합치한다. 현춘이 일본으로 건너오게 된
배경을 진술하는 장면에서 신라국왕의 가렴주구를 강조하고 있는 것은, 어
쩌면 '해적'(사료에서는 '賊徒')행위를 정당화하기 위한 하나의 방편으로써
자국 내에서 통용하던 정치적 명분을 이용하려고 했기 때문일 가능성도 생
각해 볼 수 있다.

만약 신라해적이 견훤세력과 관련된 존재라는 견해가 인정된다고 한다
면, 현춘이 언급한 '穀絹' 및 '대당 1인(大唐一人)'에 대해서는 어떻게 이해
하면 좋을까?

먼저 '곡견'에 대해 생각해보자. 신라국왕의 명령과의 관련성은 제쳐놓
고서라도, 현춘의 진술에서 신라해적이 곡·견을 취하기 위해 왔다고 말한
부분은 어느 정도 신용해도 좋은 게 아닌가 생각된다. 이상의 검토에서도
확인할 수 있었던 것처럼, 신라해적이 집중적으로 공략한 지역이 곡물의
집적지였거나 견의 산지였던 점에서도 그 사실성을 엿볼 수 있다. 오히려
문제는 그 용도일 것이다. 필자는 견훤세력과의 관련성이 예측되는 신라해
적이 특별히 곡·견을 노렸던 것은 병량미 등의 군수물자를 조달하기 위함

---

84) 「五臺山寺吉祥塔詞」(895년 성립) ; 「海印寺護國三寶戰亡緇素玉字」(895년 성립) ;
「海印寺妙吉祥塔記」(895년 성립) 등의 금석문에 그려지고 있는 890년대 전후의
전란 상황은 심각했던 것으로 보인다(금석문 본문에 대해서는 한국고대사연구소
편,『역주 한국고대금석문』Ⅲ, 가락국사적개발연구원, 1992를 참조). 그런데「五臺
山寺吉祥塔詞」에는 전란의 시기를 '己酉年(889)에서 乙卯年(895)까지의 7년간'이
라 기록하고 있다. 그 기점이 마찬가지로 '889년'이라 되어 있는 점이 주목된다.

이었다고 보고 있다. '곡'이 식량에 해당하는 물품이었다면, '견'의 경우는 의복의 제작에 사용되었을 것이라 생각된다. 9세기 당시 사료에서는 '견'이 반드시 고급의복만이 아니라 일반 민중의 옷을 만드는 재료로써도 자주 등장하고 있다는 점에서,[85] 군수물자로서의 유용성이 상정되는 것이다. 흉작, 기근, 재정적 궁핍에 시달리고 있는 가운데 전투를 계속 수행할 수밖에 없었던 신라의 국내세력으로서는, 곡·견과 같은 물자확보를 위해 시선을 바깥으로 돌렸을 가능성은 충분히 있다고 여겨진다.

다음으로, 앞에서 보았던 현춘의 진술 가운데 해적 그룹에 당인 장군 1명(사료에서는 '大唐一人')이 포함되어 있다는 부분에 주목해보자. 사실 그 이유를 명확히 설명하기는 어렵지만, 이미 여러 연구자들에게서 지적되고 있는 것처럼, 당 말기 지방세력의 반란 및 그에 따른 遺民·流民의 발생이라는 시대배경을 고려한다면 당인이 신라인 그룹, 특히 9세기 말 무렵부터 정치적 자립을 선언한 지방세력의 일원으로 편입되는 경우는 그리 드문 일이 아니었을 것이라 추정된다.[86] 당시의 상황을 전하고 있는 금석문의 기재에서는 신라-당 간의 해상왕래가 상당히 빈번했음을 알 수 있는데, 흥미로운 점은 금석문에 등장하는 항구(지명)의 대부분이 견훤의 영향 아래에 있던 지역이라는 사실이다.[87] 그만큼 당인과 견훤세력과의 접촉빈도 내지는 접촉가능성이 높았음을 의미한다.

Ⅶ. 맺음말

이 글에서는, 9세기 신라해적문제를 다루는 경우 시기적인 변화양상에

---

85) 대표적으로는 『入唐求法巡礼行記』 卷4·大中元年(846) 10月 6日條를 예로 들 수 있다.
86) 山內, 주8)의 논문, 113~117쪽.
87) 이도학, 주80)의 논문.

유의하면서 그 진상 및 실체에 접근할 필요가 있다는 점을 지적하고, 간표 연간에 있어 크게 문제시되던 신라해적을 '간표 신라해적'이라 명명한 뒤 고찰을 진행해왔다. 먼저, 신라해적의 전반적인 동향을 분석하면서, 간표 5~6년(893~894) 2년간, 크게 세 차례에 걸쳐 히고노쿠니 아키타 군, 히젠노쿠니 마쓰라 군, 쓰시마와 같은 특정한 지역을 노렸다는 사실을 확인하였다. 다음, 신라해적이 해당지역을 중심으로 활동을 전개한 이유에 대해서는 사이카이도에서의 사키모리제 운용 및 물자조달방식과의 관련성 속에서 따져보고, 이 분석을 바탕으로 신라해적이 물자의 집적지로 판단되는 지역을 타깃으로 하였을 가능성을 지적하였다.

한편, 신라해적의 주체에 대해서는, 자립시기, 보유병력의 규모, 해상세력의 운용능력, 일본으로의 접근성 등으로 보아, 견훤세력과의 상관성이 상정된다고 논하였다. 독자화를 선언한 견훤은, 세력확장을 위해 신라왕권을 비롯한 여러 지방세력과 크고 작은 싸움을 지속할 필요가 있었는데, 한반도에서는 흉작, 기근 등의 재이가 잇달아 발생하고 있었기 때문에, 눈을 해외로 돌릴 수 밖에 없었을 것이라 추론한 뒤, 사이카이도의 주요지역을 노린 것도 군수물자의 보급과 밀접하게 관계가 있을 것이라 보았다.

그러나 시종 억측으로 일관한 이 글의 고찰만으로는 신라의 일개 지방세력에 불과한 견훤이 어떠한 국제 네트워크를 바탕으로, 또 어떤 경위로 來日할 수 있었는가 등의 부분은 여전히 의문시되는 것도 사실이다. 앞으로 견훤세력의 동향을 보다 다각적이고 입체적으로 분석해보지 않으면 안 되는 이유도 여기에 있다.[88]

간표 연간보다 뒤의 일이긴 하지만, 견훤세력이 보였던 대외자세는 하나의 유용한 시점을 제공해줄 지도 모르겠다. 900년(新羅 孝恭王4年 = 昌泰 3年)에 '後百濟王'을 자칭한 견훤은 국가체제를 정비한다. 주목해야 할 부

---

88) 정순일, 「'백제해적'와 '신라해적' -『삼국유사』'진성여대왕 거타지'조에 보이는 해역세계 -」『삼국유사의 세계』, 세창출판사, 2018에서는 9세기 말의 견훤세력과 신라해적의 상관성에 대해 보론하고 있으므로 아울러 참고해주기 바란다.

분은 그 직후 吳越로의 사신파견(900년)에서 시작하는 대외교섭의 행보이다. 정식으로 정권을 수립한 후, 918년에는 고려 및 오월로, 924년에는 고려로, 925년에는 후당으로 외교사절을 파견하고 있으며, 게다가 927년에는 거란과도 교섭하고 있는 것이다.[89] 흥미로운 점은 견훤의 외교가 일본에까지 미치고 있었다는 사실이다. 922년(延喜22년), 929년(延長7년) 두 차례에 걸친 사절의 방문(일본 측 사료에는 이들이 '朝貢'의 형식을 띠었다 하고 있음)이 있었는데, 두 번 모두 쓰시마가 외교창구로써의 중요한 역할을 수행하였다고 한다.[90] 당시 견훤세력이 일본으로 사신을 보낸 배경에는 신라, 고려 양쪽으로부터의 공격에 대응하지 않을 수 없는 현실적 상황이 있었다고 생각된다.[91] 어떤 의미에서 난국을 타개하기 위해 일본으로 시선을 돌리게 되었다는 점은 간표 연간의 상황과 마찬가지였다고도 볼 수 있다. 그러나 절박함의 차이에 의한 결과인지 - 어디까지나 본고의 추론이긴 하지만 - '세력'으로서의 견훤이 마쓰라, 아키타, 쓰시마 등으로 진출하는 등 강경노선을 취하였다면, '정권'으로서의 견훤은 사신의 파견이라고 하는 유화자세를 선택하게 되었다는 사실이 매우 흥미롭다.

　　　* 이 글은 『한국고대사탐구』 14(한국고대사탐구학회, 2013)에 실린 「마쓰라·아키타·쓰시마에 출현한 寬平新羅海賊」을 수정·보완한 것이다.

---

89) 『三國史記』 卷50, 列傳10 甄萱條.

90) 제1회째의 견사에 대해서는, 『扶桑略記』 卷24, 延喜22年(922) 6月 5日條 및 『本朝文粹』 卷12, 「大宰答新羅返牒」 ; 제2회째의 견사에 대해서는, 『扶桑略記』 卷24, 延長7年(929) 5月 17日 및 同21日條.

91) 대표적인 연구로는 日野開三郎, 「羅末三國の爭翻と海上交通貿易」 『日野開三郎東洋史學論集 第9卷 北東アジア國際交流史の研究』 上, 三一書房, 1984[初出은 1961] ; 山崎雅稔, 「견훤정권과 일본의 교섭」 『韓國古代史研究』 35, 2004 ; 石井正敏, 「『日本書紀』金春秋來日記事について」 『前近代の日本列島と朝鮮半島』, 山川出版社, 2007 등을 들 수 있다.

제4장

후삼국·고려의 수군과 해양활동

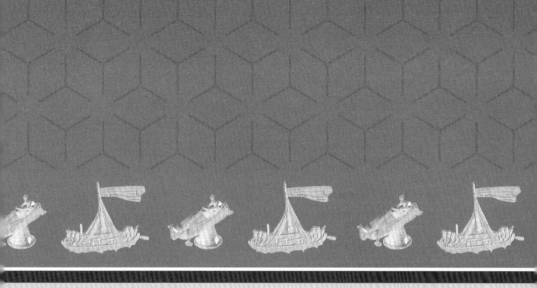

제1절
후삼국시대의 水軍 운용과 주요 水戰 및 水路 활용 검토

송 영 대
(건국대학교 강사)

I. 머리말

後三國時代는 水軍이 매우 활발하게 활동하였던 시대였다. 泰封과 後百濟, 高麗는 각각 수군을 활용하여 상대 국가를 공격하여 큰 전과를 거두었다. 陸軍의 運用과는 달리 수군의 운용은 서로의 意表를 찌르는 기습으로 이어지곤 하였으며, 戰況을 역전시키는 機才로 기능하였다. 또한 海上을 통해 物資와 人馬를 운송하는 兵站으로 활용되기도 하였다.

張保皐의 淸海鎭이 몰락한 이래로 신라 각지에서는 다양한 해상세력이 성장하게 되었다. 해상 세력은 신라 각지와의 교류 및 해외 무역 등을 통해 막대한 財貨를 축적하였다. 특히 西南海는 西海와 南海가 교차하는 교통의 要地라는 점에서 크게 부각되었다. 서남해 일대의 주도권을 두고 여러 세력이 경쟁하였으며, 이 지역의 정세에 따라 후삼국 간의 주도 세력이 流動的으로 바뀌게 되었다.

후삼국을 주도하였던 주요 인물로는 甄萱·弓裔·王建이 있다. 이 중에서 진훤은 서남해를 防戍하는 수군 출신의 인물이었다.[1] 이에 맞선 왕건은 후고구려의 장군으로, 『高麗史』에 기재된 『編年通錄』을 통해 조상들이 해상 세력 출신이었음을 알 수 있다. 왕건의 군사적 공적 중 나주 공략은 가장 큰 성과로, 이를 통해 서남해 일대의 制海權을 주도할 수 있었다.

수군의 의미는 좁게는 '水上에서 전투를 수행하는 군대'로 정의할 수 있다. 수군은 水上戰 즉 水戰의 수행이 주요 역할이었지만, 이 외에도 使臣船 수행, 군대와 물자의 운송 등의 역할도 맡았다. 특히나 후삼국시대 전쟁터

---

1) 본 글에서는 安鼎福이 『東史綱目』에서 밝힌 바와 마찬가지로, 甄萱의 讀音을 '견훤'이 아닌 '진훤'으로 표기함을 밝힌다. 『東史綱目』 第5上, 壬子 眞聖女主 6년, "壬子[六年] 南海守卒 甄[音眞]萱叛據武州 自稱漢南郡開國公". 이 외에 진훤이라는 讀音에 대해서는 다음의 연구서를 참고하길 바란다. 이도학, 『후백제 진훤대왕』, 주류성, 2015, 25~28쪽.

를 보면 陸上이라고 하더라도 江邊을 근거리에 두고 있는데, 이는 陸戰에서도 수상 물자 운송이 이루어졌음을 추정할 수 있게 한다. 넓은 의미에서 수군은 선박을 이용하여 다양한 활동을 하였던 존재로 볼 수 있다.

후삼국시대의 활발한 수군 활동은 해상 세력의 발흥과 활동이 기반이 되었다. 학계에서도 이 점을 주목하여, 수군 및 해상세력, 서남해의 여러 세력 및 주요 수전 등을 대상으로 다양한 연구가 이행되었다. 후백제의 전쟁에 주목하여 서남해지역 경략과 호족세력의 추이에 대한 내용을 포함한 연구서가 출간되었다.[2] 후삼국시대 전쟁 중에서 덕진포 해전과 강주 일대의 전쟁, 예성강 유역 급습 등에 대한 분석을 수행한 연구서도 발간되었다.[3] 또한 후삼국시대 수군과 관련하여 태봉과 후백제, 고려의 수군전략과 해전 사례, 전략전술 및 나주와 고려전기 해군 고찰 등을 복합적으로 다룬 연구서가 참고되고 있다.[4]

후삼국시대 해상세력과 관련해서는 순천·나주·강주의 해상 세력 및 왕건과의 대립에 대한 연구가 수행되었다.[5] 해양사 연구 중에서 나말여초 해상세력 중 능창의 성격을 고찰한 연구가 있다.[6] 서남해 일대의 해상세력 활동을 주목한 연구들도 이루어졌다.[7] 후백제의 해상활동을 주목하여 고찰한 연구도 있다.[8] 제해권 장악의 문제라는 차원에서 왕건의 고려 건국 및 후삼국 통일과 연계하여 살펴본 사례도 있다.[9]

---

2) 문안식, 『후백제 전쟁사 연구』, 혜안, 2008.

3) 이도학, 『후삼국시대 전쟁 연구』, 주류성, 2015.

4) 신성재, 『후삼국시대 수군활동사』, 혜안, 2016.

5) 강봉룡, 「後百濟 甄萱과 海洋勢力: 王建과의 海洋爭覇를 중심으로」 『역사교육』 83, 2002.

6) 강봉룡, 「한국 해양사 연구의 몇 가지 논점」 『도서문화』 33, 2009.

7) 변동명, 「9세기 前半 武州 西南海地域의 海上勢力」 『한국사학보』 57, 2014 ; 정청주, 「신라말·고려초 海上勢力의 대두와 그 역사적 의미: 왕건의 海上勢力 장악을 중심으로」 『역사학연구』 59, 2015.

8) 변동명, 「後百濟의 海上活動과 對外關係」 『한국고대사탐구』 19, 2015.

9) 강봉룡, 「왕건의 제해권 장악과 고려 건국 및 후삼국 통일」 『역사학연구』 75,

후삼국시대 수군 활동의 주요 무대였던 나주에 대해 여러 연구가 수행되었다. 왕건의 나주 공략과 능창의 제압이라는 주제로 연구가 이루어졌으며,[10] 나주지역을 해양전략적 가치로 고찰한 연구도 있다.[11] 나주 호족의 활동을 통해 서남해 지방 세력의 동향을 살펴본 연구들도 있으며,[12] 후삼국 통합 과정에서 나주와 관련한 다양한 연구를 종합한 연구서도 발간되었다.[13] 이 외에도 백령도와 유검필의 수군활동에 대한 고찰도 있으며,[14] 후백제의 예성강 기습을 살펴본 연구도 이행되었다.[15]

현재까지 후삼국시대 수군과 관련하여 다양한 연구가 이행되었다. 후삼국시대에 있어 제해권의 장악은 곧 후삼국 정세의 주도와도 연관되었다. 이번 논문에서는 후삼국시대의 수군 기록을 살펴보면서 당시의 수군 운용 방식에 대해 고찰하였다. 이후 후삼국시대의 주요 수전에 대해 정리하였는데, 후백제와 후고구려의 나주쟁탈전, 제1차와 제2차 德眞浦 海戰, 후백제의 禮成江 기습 순으로 살펴보았다. 다음으로 후삼국시대의 주요 전투에서 水路 활용이 이루어졌을 가능성에 대해 고찰하였다.

II. 후삼국시대의 水軍 운용

후삼국시대를 주도하였던 후백제의 진훤과 고려의 왕건은 모두 해상세력 출신이었다. 진훤은 尙州 加恩縣 즉 지금의 경상북도 문경 출신이기에

2019.

10) 김명진, 「太祖王建의 나주 공략과 압해도 능창 제압」 『도서문화』 32, 2008.
11) 신성재, 「후삼국시대 나주지역의 해양전략적 가치」 『도서문화』 38, 2011.
12) 신호철, 「高麗 건국기 西南海 지방세력의 동향: 羅州 호족의 활동을 중심으로」 『역사와 담론』 58, 2011 ; 문안식, 「궁예정권의 서남지역 경략과 토착세력의 동향」 『백산학보』 96, 2013.
13) 호남사학회 편, 『고려의 후삼국통합과정과 나주』, 景仁文化社, 2013.
14) 신성재, 「나말여초 백령도와 유금필의 수군활동」 『이순신연구논총』 26, 2016.
15) 신성재, 「고려와 후백제의 해양쟁패전」 『한국중세사연구』 47, 2016.

내륙에서 출생하였지만, 서남해에서 防戍하면서 裨將으로 일컬어지게 되었다.[16] 진훤은 전라남도 동부권의 昇州 즉 順天 지역을 중심으로 세력을 성장시킨 것으로 볼 수 있다.[17] 반면 왕건은 松嶽 출신의 인물로 조상대부터 해외 무역에 종사하였던 해상세력이었다.[18] 진훤과 왕건은 제해권의 중요성을 일찍부터 주목하고 있었기에, 후백제와 고려는 수군 운용을 중시하며 성장하였다.

후백제와 고려는 모두 水軍(海軍)을 운영하였다. 이는 수군 관련 職銜을 통해 추론할 수 있다. 909년에 마진의 왕건은 韓粲 海軍大將軍이 되었으며,[19] 914년에 태봉에서는 水軍帥의 지위가 낮아서 적에게 위엄이 서지 않는다는 이유로, 왕건이 다시 수군을 이끌게 되었다.[20] 927년에 고려의 海軍將軍 英昌과 能式의 존재가 확인되고,[21] 932년에 후백제에서는 海軍將 尙哀가 보인다.[22] 莊和王后 吳氏에 대한 기록에서 왕건은 水軍將軍으로 기재되었다.[23]

---

16) 『三國史記』卷50, 甄萱傳, "甄萱 尙州加恩縣人也 … 從軍入王京 赴西南海防戍 枕戈待敵 其勇氣恒爲士卒先 以勞爲裨將".

17) 이도학, 『진훤이라 불러다오』, 푸른역사, 1998, 85~87쪽 ; 변동명, 「金惣의 城隍神 推仰과 麗水・順天」 『전남사학』 22, 2004, 164~165쪽. 진훤은 해안 지역 출생은 아니었지만, 젊은 시절부터 서남해의 수군으로 복무하며 해상활동을 전개하였기 때문에, 해상세력으로 규정할 수 있다.

18) 朴漢卨, 「王建世系의 貿易活動에 대하여: 그들의 出身究明을 중심으로」 『史叢』 10, 1965.

19) 『高麗史』卷1, 太祖世家1, 太祖 總序, 後梁 開平 3년, "遂令太祖往鎭之 進階爲韓粲**海軍大將軍**".

20) 『高麗史』卷1, 太祖世家1, 太祖 總序, 後梁 乾化 4년, "四年 甲戌 裔又謂 **水軍帥** 賤 不足以威敵 乃鮮太祖侍中 使復領水軍".

21) 『高麗史』卷1, 太祖世家1, 太祖 10년, "夏四月 壬戌 遣**海軍將軍**英昌・能式等 率舟師往擊康州".

22) 『高麗史』卷2, 太祖世家2, 太祖 15년, "冬十月 甄萱**海軍將**尙哀等攻掠大牛島 命大匡萬歲等救之 不利".

23) 『高麗史』卷88, 后妃列傳, 太祖后妃, 莊和王后吳氏, "未幾 太祖以**水軍將軍** 出鎭羅州 泊舟木浦 望見川上 有五色雲氣".

후삼국시대에 水軍將軍과 海軍將軍은 유사한 의미로 사용되었다. 다만 海軍은 직함과 관련하여 쓰이는 사례가 많으며, 水軍은 직함으로도 사용되나 병력 운용에 대한 기록에서도 확인된다는 점에서 차이가 있다.[24] 이렇듯 수군(해군)과 관련된 직함이 존재한다는 점이나, 수군의 운용에 대한 기록이 여럿 확인된다는 사실은 당시 수군 활동이 매우 활발하게 이루어졌다는 점을 직접적으로 보여준다.

『高麗史』의 기록을 보면 당시 수군을 '舟師'로 표기한 사례가 여럿 확인된다. 주사는 '배를 이용한 군대' 즉 水軍을 의미하며,[25] 바다와 강, 호수 등에서 운용되는 군대이다. 909년에 왕건은 주사를 이끌고 光州 塩海縣에서 후백제가 吳越로 보내는 使臣船을 나포하는 성과를 거두었다.[26] 927년에 영창과 능식 관련 기록에서 주사의 용례가 확인되며, 932년에 후백제의 주사가 禮成江으로 침공하여 鹽州·白州·貞州 3곳과 선박 100척을 불사른 사건도 있었다.[27]

이렇듯 후삼국시대에 海上 즉 水上에서 싸우는 군대는 海軍·水軍·舟師와 같은 용어로 확인되며, 이들을 포괄적으로 일컫는 말은 '水軍'이라 할 수 있다. 때문에 이번 논문에서는 수군으로 통칭하여 논지를 전개하였다.

후삼국시대의 수군은 다양한 분야에서 활동하였다. 기록에서 확인되는

---

24) 『三國史記』 卷12, 新羅本紀, 孝恭王 14년, "十四年 甄萱躬率步騎三千 圍羅州城 經旬不解 弓裔發 水軍 襲擊之 萱引軍而退";『高麗史』 卷1, 太祖世家1, 太祖 總序, 後梁 乾化 3년, "乾化三年 癸酉 以太祖屢著邊功 累階爲波珍粲兼侍中 以召之 水軍 之務 盡委副將金言等 而征討之事 必令稟太祖行之".

25) 諸橋轍次, 『大漢和辭典』 9, 東京:大修館書店, 1985, 479쪽 ; 檀國大學校 東洋學研究所, 『漢韓大辭典』 11, 단국대학교 출판부, 2007, 681쪽. 『春秋左氏傳』에서는 楚가 舟師를 동원하여 吳를 공격했다고 하였고, 『水經注』에서는 長安에 들어선 후 주사를 이용하여 洛陽으로 갔다고 하였다. 『春秋左氏傳』 襄公 24년, "楚子爲 舟師以伐吳" ; 『水經注』 卷15, 洛水, "義熙中 劉公西入長安 舟師所屆 次于洛陽".

26) 『高麗史』 卷1, 太祖世家1, 太祖 總序, 後梁 開平 3년, "以舟師 次于光州塩海縣 獲 萱遣入吳越船而還 裔喜甚 優加褒奬".

27) 『高麗史節要』 卷1, 太祖神聖大王 15년 9월, "九月 百濟遣一吉粲相貴 以舟師入侵 禮成江 焚鹽白貞三州船一百艘 取猪山島牧馬三百匹而歸".

바로는 수상전 수행, 병력 이송, 사신선 나포, 해상 기습의 사례가 있으며 군량 수송의 역할도 수행하였을 것으로 여겨진다.[28]

수전의 대상지는 나주 지역으로 대표되는 서남해 지역이다. 이 외에 기록에 정확하게 기재되지는 않았지만, 더 많은 지역에서 수전이 일어났을 가능성이 크다. 이를테면 진훤이 防守하였던 전남 동부권 일대에서는 海賊과 신라군 간에 여러 交戰이 있었다고 볼 수 있다. 이 당시 해적은 『三國遺事』의 居陀知 설화에서 百濟海賊의 존재로 나타나며,[29] 왕건이 創業하였을 때 해적이 우환이 되자 安惠와 朗融의 후예인 廣學과 大緣이 진압하였다.[30] 해적의 존재 때문이라도 자국 선박의 보호를 위해 수군이 필요하였고, 수전 역시 이루어졌다고 할 수 있다.

수전은 白兵戰이나 火攻戰 등의 형태로 이행되었다고 추측된다. 다만 아직 火砲가 등장하기 이전이었기 때문에, 水上에서 승부를 가리기에는 여러모로 한계가 있었다. 때문에 수전도 중요하지만 上陸戰을 통해 해안이나 주요 거점을 점령하는 방식의 전투도 다수 이루어졌다. 후백제의 예성강 급습 또한 상륙전의 일환으로 볼 수 있다. 이때 수군의 역할은 주로 병력 이송에 있었다. 해안 상륙 이후 초토화 작전을 펼치면서 고려의 항구를 불태우거나 물자를 掠取하여 상당한 타격을 줄 수 있었다.

후삼국시대의 수군 운용과 관련하여 흥미로운 장면은 왕건의 사신선 나포이다. 909년에 마진의 韓粲 海軍大將軍에 임명된 왕건은 舟師를 거느리

---

28) 또한 해상에서 運輸를 할 때 護衛의 역할을 담당하였을 가능성이 있다. 조선시대에도 漕運船을 운행할 때 兵船도 함께 운용하여 왜구의 약탈을 막고 보호하게 하였다. 『中宗實錄』卷65, 中宗 24년 5월 21일, "臣意以爲在祖宗朝 設立兵船及漕船 兵船則用水軍 漕船則用漕卒 使便於漕轉 而宜於禦侮也 然其船隻必須運用 然後可以堅固 故漕船載穀時 并用兵船 以防倭寇而護行 祖宗朝 兼用兵漕船之意 蓋以此也 如此故米穀雖多 而無弊載來矣".

29) 『三國遺事』卷2, 紀異2, 眞聖女大王·居陀知, "此王代阿飧良貝王之季子也 奉使於唐 聞百濟海賊梗於津島 選弓士五十人隨之".

30) 『三國遺事』卷5, 神呪6, 明朗神印, "及我太祖創業之時亦有海賊來擾 乃請安惠·朗融之裔廣學·大緣等二大德作法禳鎭 皆朗之傳系也".

고 光州의 鹽海縣에 머물다가, 후백제가 吳越에 보내는 선박을 나포하는 성과를 올렸다. 염해현은 오늘날의 전라남도 신안·무안 일대에 해당한다. 당시 사신선은 全州에서 출발하여 서남해를 거쳐 서남쪽으로 항해하여 서해를 건너 杭州로 향했을 것으로 보이는데, 이 과정에서 신안과 무안 일대의 여러 섬을 거쳐 가게 된다. 왕건은 당시 주요 수로를 파악하고, 事前에 관련 정보를 입수하였기 때문에 사신선 나포가 가능하였다.

후삼국시대의 수군 운용은 제해권의 장악이 1차적인 목표였다. 당시 제해권의 범위는 크게 서해와 남해, 그리고 이 둘을 잇는 전략적 요충지인 서남해 지역이 있었다. 후백제와 태봉, 고려는 제해권을 장악하기 위하여 분투하였으며, 이는 후삼국시대 주도권 경쟁에서 주요 변수로 작용하였다. 특히 왕건은 궁예의 수하에 있을 때부터 서해는 물론 남해까지도 세력을 확장하였다. 후백제의 진훤도 이에 맞서 서해와 남해에서의 제해권을 장악하고자 노력하였다.

III. 후삼국시대 주요 水戰 사례 분석

후삼국시대의 주요 수전으로는 德眞浦 海戰을 들 수 있다. 덕진포가 소재한 서남해 지역은 후삼국시대의 주요 격전지였다. 서남해 지역은 진도를 기점으로 한 서북부 해안 일대이다. 이곳은 島嶼 지역이 많으며, 오늘날과는 달리 內海가 형성되어 있었고, 서해와 남해를 잇는 것은 물론 중국 남부로 항해하는 기점이기도 했다. 서남해 지역의 제해권을 선점한다는 것은 후삼국시대의 주도권을 쥔다는 의미였다. 이번 장에서는 서남해 지역을 배경으로 후백제와 후고구려의 羅州 쟁탈전, 제1·2차 덕진포 해전을 고찰하고, 이에 대한 반격적 의미를 담은 후백제의 예성강 기습을 살펴보았다.

1. 후백제와 후고구려의 羅州 쟁탈전

후백제는 武珍州와 完山州를 점거하게 되면서, 신라의 9州 중 2州는 물
론 그 이상의 영역을 차지하게 되었다. 진훤의 본래 세력 기반은 순천을
중심으로 한 전라남도 동부 지역이었다.[31] 전라남도 동부 지역은 진훤이
防戍하던 곳으로, 그는 해적들과의 싸움과 商船 보호 등을 통하여 세력을
확장하게 되었다. 남해안 일대는 張保皐 이후로 여러 해양 세력들이 할거
하였고, 군인 출신으로 군사적 재능을 보인 진훤에게 전남 동부권의 세력
이 힘을 합치게 된 것이다.

전라남도 지역에서 또 다른 중심 세력은 서부의 나주 지역이었다. 이곳
은 영산내해(남해만)를 끼고 있는 곳으로, 후삼국시대의 지형은 오늘날과
비교하여 차이가 컸다. 개략토양도에 나타나는 해안저습성 토양의 분포 등
을 종합해 볼 때 영산내해 주변에 조수의 영향을 받은 범위는 석기시대에
는 해발 10m, 농경사회가 되면서 해발 5m 정도였다.[32] 또한 영산강 유역
의 5~6세기 方大形·圓大形 墳丘墓는 영산내해의 해안선과 포구 주변에 입
지하였던 것으로 보았다.[33]

朝鮮總督府 官房土木部의 기록에 따르면 1910년대 영산포는 滿潮 때
배가 자유롭게 출입이 가능하였다.[34] 1970년대 榮山江 河口堰이 조성되기
이전에는 나주시 老安面 부근까지 바닷물이 유입되었다. 이전에는 滿朝 때

31) 변동명, 「金惣의 城隍神 推仰과 麗水·順天」『전남사학』22, 2004, 164~165쪽 ;
　　이도학, 『후백제 진훤대왕』, 주류성, 2015, 92~102쪽. 순천 일대에서 진훤이 활
　　동하였음은 引駕別監 金摠의 존재나 海龍山城 일대의 전승 등을 통해 알 수 있다.
32) 金京洙, 「榮山江 流域의 景觀變化 硏究 : 榮山江 市街地 形成과 干潟地 開墾을
　　中心으로」, 전남대학교 박사학위논문, 2001, 40쪽.
33) 최영주, 「마한 방대형·원대형 분구묘의 등장배경」『百濟學報』14, 2015, 88쪽.
34) 朝鮮總督府官房土木部, 『治水及水利踏査書』, 1920, 300쪽. '金京洙, 「榮山江 流
　　域의 景觀變化 硏究 : 榮山江 市街地 形成과 干潟地 開墾을 中心으로」, 전남대학
　　교 박사학위논문, 2001, 26쪽'에서 재인용.

에는 대형의 海船이 榮山倉까지 왕래하였으며, 작은 海船은 나주 치소 인근까지 入出港하였고, 榮山浦 일대의 수심은 10m 안팎에 이를 정도였다. 기존의 영산내해와 영산강이 만나는 河口는 나주시 多侍面 會津浦였다.[35] 조선시대 이래로 간척 사업이 전개되고, 영산강 하구언이 조성되면서 오늘날은 內海의 모습이 아닌 영산강의 모습으로 크게 바뀌게 되었다.[36]

후삼국시대 서남해 일대에서는 나주 지역이 중심이 되었으며, 회진포가 대표적인 항구로 성장하였다. 이와 대비되게 남해안 일대에서는 昇平 즉 순천만 지역이 부상하였으며, 이는 후백제 초기의 세력 기반이 되었다.[37] 당시 주요 항구는 신라 말 禪僧들의 귀국을 통해 유추할 수 있는데, 이 당시 주요 항구로 武州 會津과 함께 승평의 존재가 함께 확인된다.[38] 진훤이 전남 동부 지역 세력을 중심으로 형성되었다는 점은 전남 서부 세력에게 있어서는 경계되는 요소로 받아들일 수 있다. 이러한 상호 경계는 추후 진훤과 전남 서부의 나주 세력과의 대립으로 이어지게 되었다.

후백제와 나주 지역의 대립 및 후고구려와의 나주 쟁탈전 양상은 다음의 기록들을 통하여 유추할 수 있다.

A-1. (901년) 가을 8월에 後百濟王 甄萱이 大耶城을 공격하였으나 함락시키지 못하자, 군사를 錦城 남쪽으로 이동시켜 沿邊 部落을 약탈하고 돌아갔다.[39]

---

35) 문안식, 「나주지역의 역사지리적 위상과 고려 팔관회」 『남도민속연구』 29, 2014, 71~72쪽.

36) 현재 해군사관학교에서 전시하고 있는 거북선의 경우 全長 34.2m(선체 25.5m, 폭 10.3m)로 吃水線이 1.4m이라고 한다. 전통선박이 평저선인 점을 감안한다면, 영산포 일대의 수심이 만조 시 10m일 때 戰船이 충분히 운용되었을 것으로 볼 수 있다.

37) 邊東明, 「甄萱의 出身地 再論」 『震旦學報』 90, 2000, 41~42쪽 ; 문안식, 「견훤의 후백제 건국과 전남지역 호족세력의 추이」 『慶州史學』 22, 2003, 121~122쪽.

38) 승평으로 귀국한 대표적인 선승으로 大鏡大師 麗嚴이 있다. 한국역사연구회 編, 『譯註 羅末麗初金石文(上) 原文校勘 篇』, 혜안, 1996, 52쪽. 「菩提寺大鏡大師玄機塔碑文」, "此時 天祐六年七月 達于武州之昇平".

A-2. 羅州牧은 본래 百濟의 發羅郡으로, 新羅 景德王 때 錦山郡으로 고쳤다. 신라 말에 甄萱이 後百濟王을 칭하며 그 땅을 모두 차지했으나, 얼마 지나지 않아 고을의 사람들이 後高麗王 弓裔에게 歸付하였다. 궁예는 太祖를 精騎大監으로 임명하여 舟師를 이끌고 공격하여 차지하도록 한 뒤, 羅州로 고쳤다.[40]

A-3. 天復 3년(903) 癸亥 3월 (太祖가) 舟師를 거느리고 西海부터 光州 경계까지 錦城郡을 공격하여 함락시키고 10여 군현을 공격하여 차지하였다. 인하여 錦城을 고쳐서 羅州라 하고 군사를 나누어서 지키게 한 뒤 돌아왔다.[41]

A-1은 후백제와 나주 지역과의 관계를 처음으로 알려주는 기사이다. 사실 이 기록에서 大耶城 공격 이후 곧장 錦城 남쪽을 공격한 점은 다소 의아하게 받아들여진다. 이에 대해서는 Ⅳ장에서 상세하게 다루도록 하겠다. 군대를 남쪽으로 돌려 금성 남쪽을 공격한 사유는 명확히 알 수 없지만, 대야성 공격에 대한 방해 공작이 있거나 후백제의 안위를 위협하는 모종의 사건이 일어났을 가능성이 있다. 이 사건은 후백제와 금성 일대의 불편한 관계를 보여주는 주요 사례로 볼 수 있다.

A-2를 통해 후백제가 금성 지역을 짧은 기간 동안 혹은 901년 8월 이후에 병합하였다는 사실을 알 수 있다. 그렇지만 금성 지역이 후백제의 영역으로 오랫동안 존속하지는 못하였다. A-2에 나와 있듯이 얼마 지나지 않아 금성 지역은 스스로 후고구려에 귀부하였으며, 이때 왕건이 파견되었다.

A-3을 통해 알 수 있듯이 왕건이 군대를 이끌고 간 시점은 903년 3월이었다. 왕건은 단순히 병력을 이끌고 후백제의 금성군을 공격하여 차지한

<hr/>

39) 『三國史記』 卷12, 新羅本紀, 孝恭王 5년, "秋八月 後百濟王甄萱攻大耶城 不下 移軍錦城之南 奪掠泏邊部落而歸".
40) 『高麗史』 卷57, 地理志2, 全羅道 羅州牧 沿革, "羅州牧本百濟發羅郡 新羅景德王 改爲錦山郡 羅季 甄萱稱後百濟王 盡有其地 未幾 郡人附于後高麗王弓裔 弓裔命太祖 爲精騎大監 率舟師攻取 改爲羅州".
41) 『高麗史』 卷1, 太祖世家1, 太祖 總序, 唐 天復 3년, "天復三年癸亥 三月 率舟師 自西海抵光州界 攻錦城郡拔之 擊取十餘郡縣 仍改錦城爲羅州 分軍戍之而還".

것이 아니라, 금성군 내부의 호응에 맞춰 후백제군을 몰아내고 주변 일대
를 장악하게 되었다. 이전부터 금성 일대는 후백제에 대한 반감이 강했다.
이러한 갈등은 901년 8월에 표면화되었으며, 결국 궁예와 나주 지역 세력
이 결탁하여 903년에 후백제를 몰아내게 되었다. 이때 왕건에게 吳富仳과
吳多憐 父子와 같은 전통적인 호족 세력[42)]과 지방의 무장 세력이 협조하였
다고 볼 수 있다.

다만 A-3에 기재된 것처럼 903년에 금성군의 명칭이 나주로 완전히 바
뀌게 된 것인지는 확실하지 않다. 當代의 상황을 기술한 金石文에서는 나
주의 주요 항구인 會津을 武州로 표기하였기 때문이다. 이는 905년 先覺大
師 逈微[43)]와 909년 法鏡大師 慶猷[44)]의 귀국 기록에서 확인된다. 반면 911
년에 眞澈大師 利嚴은 羅州의 會津으로 입국하였다고 기록되어,[45)] 회진의
소속 州名 변화가 확인된다.[46)] 「無爲寺先覺大師遍光塔碑文」(이하 「先覺大
師碑文」으로 약칭)에서는 "이때 羅州는 항복하였으므로 浦嶼에 군대를 멈
추었지만, 武府는 저항하였으므로 郊畿에서 무리를 크게 일으키셨다"고 하
였는데,[47)] 여기에서 羅州는 마진의 영역, 武府는 武州 즉 후백제의 영역으

---

42) 『高麗史』卷88, 后妃列傳, 太祖后妃, 莊和王后吳氏, "莊和王后吳氏 羅州人 祖富
仳 父多憐君 世家州之木浦 多憐君娶沙干連位女德交 生后".

43) 한국역사연구회 編, 『譯註 羅末麗初金石文(上) 原文校勘 篇』, 혜안, 1996, 170쪽.
「無爲寺先覺大師遍光塔碑文」, "迺於天祐二年六月 △退定武州之會津".

44) 한국역사연구회 編, 『譯註 羅末麗初金石文(上) 原文校勘 篇』, 혜안, 1996, 132쪽.
「五龍寺法鏡大師普照慧光塔碑文」, "天祐五年七月 達于武州之會津".

45) 任世權·李宇泰 編著, 『韓國金石文集成 17: 高麗1碑文1(解兌篇)』, 韓國國學振興
院·青溟文化財團, 2014, 9·14쪽. 「廣照寺眞澈大師寶月乘空塔碑文」, "迺於 天祐
八年 乘查巨寖 達于羅州之會津".

46) 『三國史記』弓裔傳에서도 錦城을 羅州로 개칭한 시점을 911년 이후로 기술하였
다. 『三國史記』卷50, 弓裔傳, "朱梁乾化元年辛未 改聖册爲水德萬歲元季 改國號
爲泰封 遣太祖率兵 伐錦城等 以錦城爲羅州 論功以太祖爲大阿湌將軍".

47) 한국역사연구회 編, 『譯註 羅末麗初金石文(上) 原文校勘 篇』, 혜안, 1996, 171쪽.
「無爲寺先覺大師遍光塔碑文」, "此時 羅州歸命 屯軍於浦嶼之傍 武府逆鱗 動衆於
郊畿之場".

로 받아들일 수 있다.[48]

이 때문에 『高麗史』에서의 나주 설치는 903년이 아닌 이후 시점으로 볼 수 있다. 다만 금성군에서 나주로 개칭하였다는 것은 남다른 의미를 갖는다. 주지하듯이 신라는 9州 5小京의 행정 체계를 갖추었으며, 그전까지 오늘날의 전라남도는 武州 즉 武珍州로 일컬어졌다. 궁예는 후백제의 영역인 무주와는 별개의 행정구역으로 羅州를 설정하게 된 것이며, 이에 속한 영역은 10여 州郡이었기에 결코 적은 수가 아니었다. 나주는 기존의 무주와 대치되는 별개의 지역으로 구분된 것이다.[49]

나주는 지리적으로 후백제의 무주를 견제하고, 고려가 서해안 제해권을 장악하는 주요 기점으로 활용되었기 때문에 지속적으로 중시되었다. 이는 羅州道大行臺의 설치와 운용을 통해서도 알 수 있다.[50] 후삼국통일 이후에는 나주의 위상이 더 높아져서, 신라시대 무진주의 위상을 나주가 대체하게 되었다.[51]

2. 제1차 德眞浦 海戰과 能昌

908년부터 나주에는 戰亂의 움직임이 보였다. 이는 法鏡大師 慶猷에 대

---

48) 이도학, 『후백제 진훤대왕』, 주류성, 2015, 87~89쪽.

49) 이는 928년 왕건의 答書를 통해서도 짐작할 수 있다. 公山 전투 이후 후삼국의 주도권을 후백제가 장악하게 되면서, 진훤은 호기롭게 왕건에게 親書를 보냈다. 왕건도 이에 대응하는 차원에서 答書를 작성하였는데, 여기에서 나주를 '羅府'로 지칭하였다. 『高麗史』 卷1, 太祖世家1, 太祖 11년 1월, "羅府則自西而移屬". 이는 무주를 '武府'라 지칭한 것과 마찬가지로, 나주 또한 별도의 행정구역으로 대우하였다고 볼 수 있다.

50) 『高麗史』 卷1, 太祖世家1, 太祖 원년 9월, "癸巳 以前侍中具鎭爲羅州道大行臺侍中 鎭辭以久勞前主 不肯行". 羅州道大行臺에 대해서는 다음의 연구가 참고된다. 朴漢卨, 「羅州道大行臺考」 『江原史學』 1, 1995.

51) 결국 顯宗代인 1018년에 全州牧과 羅州牧을 합쳐 全羅道가 형성되기에 이르렀다. 나주의 위상 강화 및 변화는 다음의 연구가 참고된다. 김갑동, 「전라도의 탄생과 그 의의」 『歷史學硏究』 63, 2016.

해 기록한 「五龍寺法鏡大師普照慧光塔碑文」(이하 「法鏡大師碑文」으로 약칭)을 통해 추정할 수 있다.[52] 경유가 무주의 회진에 도착하자 兵戎은 땅에 가득 차고, 賊寇가 크게 일어나니, 三佛이 머무는 곳은 사방에 壘가 많다고 하였다.[53] 즉 908년에 이미 나주 지역은 후백제의 군대가 압박하면서 전쟁 분위기가 고조되고 있었다.

909년에는 제1차 德眞浦 海戰이 일어나게 되었다. 『高麗史』에 수록된 당시 戰況의 기록을 제시하면 아래와 같다.

> B-1. 梁 開平 3년(909) 己巳. 太祖는 弓裔가 날로 교만하고 포악해지는 것을 보고 다시 변방[闕外]에 (나가야겠다는) 뜻이 있었다. 마침 궁예가 羅州를 근심하여 드디어 태조에게 가서 지키도록 명령하고, 품계를 올려 韓粲 海軍大將軍으로 삼았다. 태조가 정성을 다해 군사를 어루만지고 위엄과 은혜를 아울러 행하니, 군사들이 두려워하고 사랑해 모두 힘껏 싸우리라 생각하였으며 국경의 적도 두려워하며 복종하였다.[54]
>
> B-2. (태조가) 舟師를 거느리고 光州의 鹽海縣에 머물다가 甄萱이 吳越에 보내는 배를 사로잡아 돌아오니, 弓裔는 매우 기뻐하여 후하게 포상하였다. 또 太祖로 하여금 貞州에서 戰艦을 수리하고 閼粲 宗希와 金言 등을 副將으로 삼아 군사 2,500명을 지휘하여 광주의 珍島郡을 공격하게 하였다. (태조가) 진도를 함락하고 나아가서 皐夷島에 머무니, 성 안 사람들이 군대의 위용이 엄정한 것을 멀리서 보고는 싸우지 않고 항복하였다.[55]

---

52) 이도학, 『후삼국시대 전쟁 연구』, 주류성, 2015, 126~127쪽.

53) 한국역사연구회 編, 『譯註 羅末麗初金石文(下) 譯註 篇』, 혜안, 1996, 190쪽. 「五龍寺法鏡大師普照慧光塔碑文」, "此時 兵戎滿地 賊寇滔天 三佛所居 四郊多壘".

54) 『高麗史』卷1, 太祖世家1, 太祖 總序, 後梁 開平 3년, "梁開平三年 己巳 太祖見裔日以驕虐 復有志於闕外 適裔以羅州爲憂 遂令太祖往鎭之 進階爲韓粲海軍大將軍 太祖推誠撫士 威惠並行 士卒畏愛 咸思奮勇 敵境讋服".

55) 『高麗史』卷1, 太祖世家1, 太祖 總序, 後梁 開平 3년, "以舟師 次于光州塩海縣 獲萱遣入吳越船而還 裔喜甚 優加褒獎 又使太祖修戰艦于貞州 以閼粲宗希·金言等副之

B-3. 羅州의 浦口에 이르니, 甄萱이 직접 군사를 거느리고 戰艦을 늘어놓았는
데, 木浦부터 德眞浦까지 머리와 꼬리가 서로 잇닿았고 水陸 縱橫으로 얽혀
있어서 그 兵勢가 매우 성하였다. 여러 장수가 근심하자 太祖가 말하기를,
"걱정하지 말라. 군대가 이기는 것은 화합에 있지 수가 많은 데 있지 않다"
고 하였다. 이에 진군하여 급히 공격하자 적 함선이 조금 물러났다. 바람을
타고 불을 지르니 불에 타고 물에 빠져 죽은 자가 절반이 넘었으며 5백여
명의 머리를 베어 죽이자, 진훤이 작은 배를 타고 달아났다. 처음에는 나주
官內의 諸郡이 우리와 막혀있는 데다 적병이 가로막고 있어 서로 응원할 수
가 없어 자못 근심과 의심을 품었으나, 이에 이르러 진훤의 정예군이 꺾이
자 사람들의 마음이 다 안정되었다. 이로 인해 三韓의 땅을 弓裔가 절반 넘
게 차지하였다.[56]

B-4. 드디어 光州의 서남쪽 경계 潘南縣의 포구에 이르러 첩자를 적의 경내에
풀어놓았다. 이때 壓海縣 도적의 우두머리 能昌이 있었는데, 섬에서 일어나
水戰을 잘하였으므로 水獺이라 불리었다. 亡命한 자들을 불러 모아 드디어
葛草島의 小賊과 서로 결탁하여, 太祖가 이르기를 기다렸다가 맞아 치려고
하였다. 태조가 여러 장수에게 말하기를, "능창이 이미 내가 오리라는 것을
알고 반드시 島賊과 더불어 변란을 꾀할 것이다. 도적떼가 비록 적으나 만
약 힘을 아우르고 세를 합쳐 앞뒤로 막고 끊는다면 승부를 알 수 없다. 헤엄
을 잘 치는 10여 인에게 갑옷을 입고 矛를 들게 하여, 가벼운 배[輕舫]에 태
워 밤에 갈초도 나룻가에 가서 오가며 일을 계획한 자를 사로잡아 그 계책
을 막는 것이 좋겠다"고 하니, 여러 장수가 모두 그를 따랐다. 과연 작은 배
[小舸] 한 척을 잡으니 곧 능창이었다. 잡아서 弓裔에게 보내니 궁예가 크게

領兵二千五百 往擊光州珍島郡 拔之 進次皇夷島 城中人望見軍容嚴整 不戰而降".
56)『高麗史』卷1, 太祖世家1, 太祖 總序, 後梁 開平 3년, "及至羅州浦口 萱親率兵列
戰艦 自木浦至德眞浦 首尾相銜 水陸縱橫 兵勢甚盛 諸將患之 太祖曰 勿憂也 師克
在和 不在衆 乃進軍急擊 敵船稍却 乘風縱火 燒溺者大半 斬獲五百餘級 萱以小舸
遁歸 初羅州管內諸郡 與我阻隔 賊兵遮絶 莫相應援 頗懷虞疑 至是 挫萱銳卒 衆心
悉定 於是 三韓之地 裔有大半".

기뻐하고 능창의 얼굴에 침을 뱉으면서 말하기를, "海賊이 모두 너를 받들어 영웅이라고 하였지만 이제 포로가 되었으니 어찌 나의 신묘한 계책 때문이 아니겠는가?"라 하고 이에 사람들이 보는 데서 목을 베었다.[57]

나주 지역의 군사 활동은 『高麗史』 909년 기록부터 다시 확인된다. B-1에 기재된 것처럼 왕건은 궁예의 虐政을 피하여 변경으로 나가기로 마음먹고, 당시 나주의 상황 때문에 파견을 자처하였다. 이에 왕건은 韓粲 海軍大將軍이 되어 내려와서 적을 복종시켰다. 이어서 B-2에 기재된 것처럼 왕건은 光州의 鹽海縣에 대기하다가 후백제가 吳越에 보내는 使臣船을 나포하는 戰果를 올리게 되었다. 이는 나주 호족들의 정보력에 도움을 입은 결과물로 생각된다. 908년까지 나주 지역의 상황은 후백제에게 유리하게 돌아가고 있었는데, 왕건이 이끄는 摩震軍의 등장으로 국면의 반전이 일어나게 되었다.[58]

궁예는 왕건을 불러 閼粲 宗希와 金言 등을 副將으로 삼아 貞州에서 출발하여 珍島를 공격하게 하였다. 이후 왕건은 북상하여 皐夷島를 공격하여 함락시켰다. 이러한 사실은 『高麗史』는 물론 『三國史記』에도 관련 기사가 확인된다.[59] 고이도는 현재 전라남도 신안군 압해읍에 위치한 섬으로, 당시 염해현과 영산내해 사이에 있는 지리적 요충지에 해당한다.[60]

---

57) 『高麗史』 卷1, 太祖世家1, 太祖 總序, 後梁 開平 3년, "遂至光州西南界潘南縣浦口 縱諜賊境 時有壓海縣賊帥能昌起海島 善水戰 號曰水獺 嘯聚亡命 遂與葛草島小賊 相結 候太祖至 欲邀害之 太祖謂諸將曰 能昌已知我至 必與島賊謀變 賊徒雖小 若 并力合勢 遏前絕後 勝負未可知也 使善水者十餘人 擐甲持矛 乘輕舫 夜至葛草渡口 擒往來計事者 以沮其謀 可也 諸將皆從之 果獲一小舸 乃能昌也 執送于裔 裔大喜 乃唾昌面曰 海賊皆推汝爲雄 今爲俘虜 豈非我神筭乎 乃示衆斬之".

58) 904년부터 궁예는 국호를 摩震으로 바꾸었으므로, 본 절부터는 마진으로 지칭한다.

59) 『三國史記』 卷12, 新羅本紀, 孝恭王 13년, "十三年 夏六月 弓裔命將領兵舡 降珍 島郡 又破皐夷島城".

60) 고이도 위치와 관련하여 현재 완도군 고금도설, 신안군 고이도설, 목포 고하도설이 있다. 신성재, 「왕건의 수군활동과 皐夷島: 皐夷島의 전략상 위치에 주목하여」

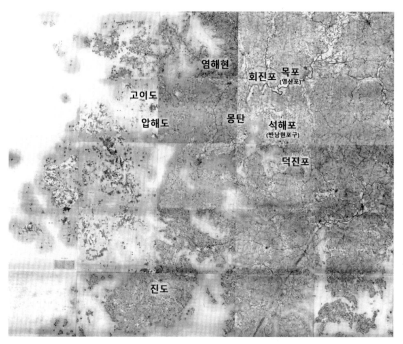

〈지도 1〉 일제강점기 지도에 표시한 영산내해 주요 지점
(출전: 국토정보플랫폼 국토정보맵 구지도)

이러한 왕건의 행보와 관련하여, 당시 서남해안의 島嶼地域에는 여러 海
賊 세력도 공존하고 있었다는 점을 상기할 필요가 있다. 「法鏡大師碑文」에
기재된 賊寇의 존재가 당시의 분위기를 보여주며, 能昌과 葛草島 小賊도 해
적으로 잘 알려져 있다. 이들의 근거지는 서해안의 도서지역으로, 왕건의
수군이 활동한 지역과 서로 겹친다. 기존에 능창을 비롯한 해적 세력은 親

『한국중세사연구』 57, 2019, 27쪽. 최근 고이도 인근이 연안해로의 요충지라는
점을 주목하면서, 신안의 고이도를 圓仁의 『入唐求法巡禮行記』에 기록된 高移島
와 동일한 곳으로 보고, 皇夷島城을 王山城과 동일하다고 본 연구가 제시되었다.
국립해양문화재연구소, 『고이도: 해양문화유산조사 보고서 16』, 2019, 98~103
쪽. 고이도는 대규모 군대가 머무르기보다 지리적 거점으로 주로 활용되었다고
여겨진다.

後百濟 세력으로 이해되었다. 그렇지만 『高麗史』의 기록을 보면 이러한 이해에 다소 의문이 생긴다. 909년 왕건의 덕진포 해전 이전까지의 기록에서는 마진의 수군과 해적 세력이 서로 충돌하는 모습이 보이지 않는다.

909년 당시 왕건의 움직임을 보면 염해현·진도군·고이도·반남현·갈초도 등 전남 서부 일대를 縱橫無盡으로 다니는 모습으로 나타난다. 이는 전남 서부 일대의 지형을 잘 아는 嚮導의 존재가 있기 때문에 가능한 것으로, 그 역할은 나주 지역 호족의 협조로 볼 수 있다. 그렇지만 후백제의 수군이나 해적의 존재는 결코 만만하지 않았다. 왕건의 수군이 후백제 세력을 피하여 용이하게 기동하기 위해서는 물길을 잘 알고 적대적 관계가 형성되지 않은 해적들의 협조가 있어야 가능하였다. 더구나 덕진포 해전 이후에 해적들과 마진의 수군이 갈등을 겪게 되는 것 또한 이러한 정황에 맞물려서 주목된다.

더구나 염해현과 진도군 사이에는 押海島가 있다. 압해도에는 당시 壓海縣이 소재하였으며, B-4를 통해 알 수 있듯이 水戰에 뛰어나서 水獺이라는 별명이 붙은 能昌의 세력이 이곳에 있었다.[61] 특히 압해도의 북쪽에 고이도가 있다는 점에서, 압해도 능창의 세력과 마진은 사전에 결탁하였을 가능성이 크다. 왕건의 서남해안 활동에서 능창의 세력이 묵인하거나 후백제의 편을 들지 않는 방향으로 협조하였다고 볼 수 있다. 후백제의 진훤은 해적 소탕의 역할을 맡은 防戍 출신이기 때문에, 해적과 적대적 관계에 있었으며, 후백제는 國初부터 승평 지역 호족의 세력과 연계하여 영향력을 넓혀갔다. 즉 후백제의 세력 확장을 견제하던 나주 호족과 서남해안 해적

---

61) 능창의 성격을 독자적인 해상 세력 혹은 친후백제 성향의 세력으로 보는 견해가 있다. 독자적인 해상세력으로 보는 견해는 다음의 연구가 주로 참고 된다. 姜鳳龍, 「羅末麗初 王建의 西南海地方 掌握과 그 背景」『島嶼文化』 21, 2003, 349쪽 ; 신성재, 『후삼국시대 수군활동사』, 혜안, 2016, 37쪽. 반면 친후백제 성향으로 본 견해는 다음의 연구가 주로 참고 된다. 문안식, 「궁예정권의 서남지역 경략과 토착세력의 동향」『白山學報』 96, 2013, 230쪽.

이 1차적으로 서로 결탁하고, 2차적으로는 마진의 수군이 합세하여 후백제의 수군에 대응하였다고 추정할 수 있다.

진도 점령 또한 이러한 맥락에서 이해할 수 있다. 진도는 서해와 남해를 구분 짓는 경계선에 해당한다. 진도와 고이도는 후백제가 서남해에서 세력을 확장하는 과정에서 확보한 거점 혹은 친후백제 세력의 거점으로 볼 수 있다. 왕건은 울돌목을 통해 전남 동부권의 수군이 서해로 진격하는 것을 사전에 차단하고자 하였다. 왕건은 주요 거점으로 진도와 고이도를 선택하였고, 압해도와 협력 관계를 맺어 背後를 안정시킨 후 영산내해로 진격하였다.

이에 맞서 후백제의 진훤은 직접 군사를 거느리고 戰艦을 늘어놓아 木浦부터 德眞浦까지 首尾가 서로 잇닿고, 수군은 물론 육군까지도 준비하여 대응하였다. 당시 전쟁의 배경이 되었던 주요 포구는 木浦·德眞浦·潘南縣 浦口였는데, 이들은 각각 나주 영산포, 영암 덕진포, 석해포로 비정되고 있다.[62] 이들은 영산내해 동편의 주요 포구였으며, 후백제가 장악하고 있었다.

후백제군은 마진군의 접근을 차단하고 압도적 위용을 과시하기 위하여 長蛇陣을 펼쳤다. 마진군이 쉬이 자신들에게 접근하지 못할 것이라 판단하였던 것이다. 이에 맞서 왕건은 열세에도 불구하고 도리어 후백제군에게 곧장 진군하였다. 후백제군에서는 예상 외의 強攻에 당황하며 잠시 뒤로 병력을 물리게 되었다. 이때 왕건은 바람을 이용한 火攻作戰을 펼쳐 상황을 역전시켜, 덕진포 해전의 승자가 되었다. 기존까지 마진군에 대해 半信半疑하던 나주 세력은 왕건의 승리를 계기로 마진에 완전히 귀순하게 되었다.

덕진포 해전 이후를 기술한 B-4를 보면 왕건은 첩자를 적의 경내에 풀어놓았다고 하였는데, 이는 압해도의 능창에 대적하기 위함이었다. 능창이 亡命한 이들을 모으고 갈초도의 小賊과 결탁하여 왕건을 공격하려고 한 사실을 눈치챘기 때문이라고 기록되었다. 그렇지만 『高麗史』 기록을 자세히

---

62) 이도학, 『후삼국시대 전쟁 연구』, 주류성, 2015, 139~140쪽.

들여다보면 능창이 왕건을 공격한 구체적인 사례는 보이지 않으며, 오직 갈초도로 가는 작은 배에 능창이 타고 있었다고만 하였다. 능창이 왕건을 제압하기 위해 준비하고 있었을 가능성도 있긴 하지만, 정작 기록에서는 "도적떼는 비록 그 세력이 적다[賊徒雖小]"라고 할 정도로, 왕건에게 결정타를 날리기에는 부족하였다. 즉 능창이 왕건을 공격하려는 구체적인 의도는 정확히 나타나지 않으며, 도리어 마진군을 공격하려고 했다는 죄목을 왕건이 뒤집어 씌웠다고도 볼 수 있다.

능창은 해적 출신으로 서남해안에서 독자적인 세력을 구축하였다. 후백제에게 마냥 충성하거나, 깊은 협력 관계에 있던 인물로는 보기 어렵다. 이는 왕건의 서남해 진출 당시 능창이 별다른 행동을 하지 않았다는 점을 통해 알 수 있다. 능창의 입장에서 생각해 보면 왕건이 서남해에서 활동하던 시점에 충분히 공격할 여유가 있었다. 특히 왕건 船團이 영산내해에 진입하였을 때, 후백제와 연계하여 동서로 협공하거나 후방을 공략하면 마진군에게 심대한 타격을 줄 수 있었다. 더구나 능창의 근거지인 압해도는 서남해 전체를 관망하는 교통의 중심지에 해당하므로, 마진군의 움직임을 즉각적으로 파악할 수 있었다. 그러한 好期를 모두 놓치고, 왕건이 후백제군에게 승리한 시점에 소규모 세력이 연계하여 왕건 제압을 圖謀했다는 사실은 쉬이 납득되지 않는다.

당시 정황으로 보았을 때 능창은 親後百濟 계열이 아닌, 도리어 마진과 연계한 세력이었으며 왕건의 서남해안 원정에 적극적으로 협조하였을 것으로 추정된다. 압해도라는 지리적 이점을 생각한다면 후백제의 수군을 마진이 제압하였을 때, 이로 인한 경제적 이득을 함께 누릴 수 있다고 판단한 것으로 보인다.[63]

나주 호족은 이전까지 마진을 완벽하게 신뢰하진 못했으나, 덕진포 해전

---

63) 그렇지만 능창은 해적 세력이었으며, 해적의 주요 타겟은 서남해안의 나주 호족일 수밖에 없었다. 해적 세력은 나주 호족의 재물을 掠取하지는 않더라도 소위 보호세를 걷는 敵對的 共存 관계였을 가능성이 있다.

을 계기로 완전히 신뢰하게 되었다. 또한 서남해 일대의 경제적 이득과 관련하여, 자신들에게 위협이 되었던 서남해 해적과의 공존을 반대하였던 것으로 보인다. 왕건 또한 서남해안에서 자신의 세력을 공고히 하기 위해서, 해적의 세력은 장기적으로 걸림돌이 될 가능성이 있었다. 때문에 왕건은 능창에게 죄를 뒤집어씌워서 궁예에게 보내고, 배신자의 혐의를 씌운 것으로 보인다.[64] 이로 인하여 능창은 온갖 모욕을 겪고 죽임을 당하게 되었으며, 왕건과 마진군은 서남해에서 자신들의 세력을 공고히 할 수 있었다.

3. 제2차 德眞浦 海戰과 弓裔의 親征

909년의 제1차 덕진포 해전의 결과 서남해 지역은 마진의 영토로 완전히 편입되었다. 후백제의 입장에서 서남해가 독립 세력으로 존재하는 것과 마진의 세력 하에 있는 것은 서로 다른 차원의 문제였다. 한반도의 자웅을 겨루는 상황에서 후백제의 최대 라이벌은 마진이었다. 마진은 戰線을 확대하여 남북 양쪽에서 후백제에 압박을 가할 수 있게 되었다. 결국 후백제는 다시 서남해 지역을 완전히 수복해야 되는 상황이 오게 되었으며, 이를 차지하기 위해 군대를 동원해야 했다. 마진의 입장 또한 이왕 만든 트로이의 목마를 이용하여 戰勢의 주도권을 장악하고자 하였다. 910년 이후의 정세와 관련된 기록들을 제시하면 다음과 같다.

C-1. 14년(910년)에 甄萱이 몸소 보병·기병 3천을 이끌고 羅州城을 포위하고

---

64) 궁예는 능창의 얼굴에 침을 뱉고 죽였는데, 이는 강한 적개심을 가진 능멸 행위였다. 고구려군의 향도가 되었던 백제인 再曾桀婁가 蓋鹵王의 얼굴에 침을 3번 뱉고 죄상을 따졌으며, 達率 德執得이 豊王에게 福信을 죽이라고 부추기자, 복신이 덕집득에게 침을 뱉으며 욕을 한 사례가 있다. 이도학, 『후삼국시대 전쟁 연구』, 주류성, 2015, 157쪽. 이러한 前例를 생각한다면 궁예가 능창에게 모욕을 준 행위는 단순히 자기 과시 때문만이 아닌, 그에 따른 모종의 사유가 있었기 때문으로 할 수 있다.

열흘이 지나도록 풀지 않았다. 弓裔가 水軍을 보내어 이를 습격하니, 진훤이 군사를 끌고 후퇴하였다.[65]

C-2. 甄萱 20년(911) 辛未[梁 太祖 乾化 원년]에 後高麗王 弓裔가 高麗 太祖를 精騎太監으로 삼아서 舟師를 거느리고 武珍界를 공략하여 차지하게 하였는데, 城主 池萱은 바로 진훤의 사위였으므로 진훤과 서로 應하여 굳게 지키고 항복하지 아니하였다.[66]

C-3. 乾化 2년(912)에 甄萱이 弓裔와 德津浦에서 싸웠다.[67]

C-4. (天祐) 9년(912) 8월에 이르러 前主께서 북쪽 지역을 완전히 평정하시고 남쪽을 평정하고자 하시었다. 그래서 큰 배들을 일으키어 친히 車駕를 몰고 오셨다. 이때 羅州는 항복하였으므로 浦嶼에 군대를 멈추었지만, 武府는 저항하였으므로 郊畿에서 무리를 크게 일으키셨다. 이때 大王께서는 일찍이 大師가 근래에 吳越에서 秦韓으로 들어오셔서서 摩尼를 바닷가에 감추시고 美玉을 하늘 바깥에 감추고 계시다는 것을 들어 알고 계셨다. 그래서 먼저 글을 보내어 스님의 道竿에 공경을 표시하니, 대사는 왕명을 받들어 험한 파도를 무릅쓰고 거친 파도를 헤치고 달려왔다.[68]

C-1은 『高麗史』나 『高麗史節要』에서 같은 연도의 기록으로 확인되지

---

65) 『三國史記』卷12, 新羅本紀, 惠恭王 14년, "十四年 甄萱躬率步騎三千 圍羅州城 經旬不解 弓裔發水軍 襲擊之 萱引軍而退".

66) 『世宗實錄』卷151, 地理志, 全羅道 長興都護府 茂珍郡, "甄萱二十年辛未[梁太祖 乾化元年] 後高麗王弓裔 以高麗太祖 爲精騎太監 帥舟師 略定武珍界 城主池萱 乃 甄萱之壻也 與甄萱相應 堅守不降".

67) 『三國史記』卷50, 甄萱傳, "乾化二季 萱與弓裔戰于德津浦".

68) 「無爲寺先覺大師遍光塔碑文」, "至九年八月中 前主永平北 △須△南征 所以△發舳 艫 親駈車駕 此時羅州歸命 屯軍於浦嶼之傍 武府逆鱗 動衆於郊畿之場 此時惑大 王聞 大師近從吳越 親到秦韓 匿摩尼於海隅 藏美玉於天表 所以先飛 丹詔 遠屈道 竿 大師奉制奔波 趍風猛浪". 해당 원문과 해석문은 '최연식,「康津 無爲寺 先覺大 師碑를 통해 본 弓裔 행적의 재검토」『木簡과 文子 연구』6, 2011, 205~208쪽' 을 참고하여 작성하였음을 밝힌다.

않기 때문에, 앞서 살펴본 제1차 덕진포 해전의 기록과 동일하게 여기는 경향이 있다. 그렇지만 이는 별개의 역사적 사실을 기술한 것으로 보인다. 제1차 덕진포 해전의 기록 즉 B-3에서 후백제가 水陸으로 종횡하여 공격하였다고 기술되었음에 비해, C-1은 후백제의 수군에 대한 기술이 나타나지 않는다. 게다가 이 기록에서 당시 군대를 이끈 이가 누구인지는 명확하게 적시되지 않았다. 마진의 수군은 무조건 왕건이 이끈 것이 아니라 宗希와 金言 등이 지휘하기도 했다. 910년에 군대를 이끈 이가 왕건이 아니라면 사실 『高麗史』나 『高麗史節要』에 기록될 이유가 없다. 때문에 910년은 왕건이 아닌 나주 근처에 주둔하고 있었던 마진의 다른 장수가 진훤에 맞선 기록으로 보는 것이 자연스럽다.

C-2에 따르면 911년에 泰封의 왕건은 수군을 이끌고 武珍界를 공격하였다고 하였다.[69] 『高麗史』 地理志에서는 이 기록의 연대가 정확히 나오지 않았음에 비해,[70] 『世宗實錄』 地理志에서는 911년으로 기술되었다. 왕건은 나주 지역 확보를 기반으로 삼아 武珍州城을 공략하고자 하였지만, 진훤의 사위인 城主 池萱의 방어로 무진주 확보는 실패하게 되었다. 이로써 자연스럽게 태봉과 후백제는 나주와 무진주의 경계 즉 武珍界를 사이에 두고 대치하게 되었다.

912년에는 궁예가 나주로 親征을 하게 되었다. 이는 2가지 기록을 통해서 확인할 수 있다. C-3에서는 진훤이 궁예와 덕진포에서 싸웠다고 기록되었다. 이 기록은 그동안 후백제의 군대와 태봉의 군대가 싸운 것으로 인지되었지만, 기록 원문 자체에서는 '萱與弓裔'라고 하여 그 대상을 확실히 명기하였다.

---

69) 911년 1월부터 궁예는 국호를 泰封으로 바꾸었으므로, 본 절부터는 태봉으로 지칭한다.
70) 『高麗史』 卷57, 地理志2, 全羅道 海陽縣 研革, "眞聖王六年 甄萱襲據 稱後百濟 尋移都全州 後 後高麗王弓裔 以太祖 爲精騎大監 帥舟師 略定州界 城主池萱 以甄萱壻 堅守不降".

또 다른 근거는 C-4 즉 「先覺大師碑文」의 기록이다. 912년의 시점에 前主가 북쪽에서 내려왔다고 하였으며, 大王의 존재도 확인된다. 이에 대한 연구에서는 前主가 '궁예', 大王이 '왕건'이라고 지목하였으며, 前主가 친히 車駕를 몰고 내려왔다는 내용을 주목하여 궁예의 親征 가능성을 제시하였다.[71] 이처럼 『三國史記』와 「先覺大師碑文」에서 공통적으로 912년에 전쟁이 있었음이 확인되며, 모두 궁예가 직접 등장한다는 점에서 912년의 제2차 덕진포 해전의 지휘관은 궁예였다고 볼 수 있다.[72]

그동안 마진(태봉)의 나주 경략은 온전히 왕건의 몫으로 여겨졌다. 그렇지만 기록을 세부적으로 살펴보면 다른 가능성도 想定할 수 있다. 왕건은 최후의 승자였고, 莊和王后 吳氏가 나주 출신이었기 때문에 결국 나주 경략의 업적은 모두 왕건의 차지가 되었다. 그러나 『三國史記』에서는 명백하게 후백제의 왕 진훤과 태봉의 왕 궁예가 덕진포에서 맞붙었다고 되어 있다. 「先覺大師碑文」에 기재된 것처럼 前主 즉 궁예가 직접 나주에 왔던 흔적도 보이기 때문에 제2차 덕진포해전의 주인공은 궁예였다고 할 수 있다.

태봉과 후백제의 勝敗는 정확히 알 수 없다. 다만 이후로도 나주는 태봉의 영토였기 때문에 궁예의 영토 守城이 성공했다고 볼 수 있다. 더구나 궁예는 친정을 통해 태봉이 나주를 중시한다는 사실을 나주 세력과 후백제에 강하게 각인시켰다. 결국 후백제로서도 나주 병합을 쉽게 도모하지 못하게 되었다.

---

71) 최연식, 「康津 無爲寺 先覺大師碑를 통해 본 弓裔 행적의 재검토」『木簡과 文字 연구』 6, 2011, 205~208쪽. 이 외의 여러 연구에서도 궁예의 친정 가능성을 긍정적으로 보고 있다. 문안식, 「궁예정권의 서남지역 경략과 토착세력의 동향」『白山學報』 96, 2013 ; 정성권, 「나주 철천리 석불입상의 조성시기와 배경」『新羅史學報』 31, 2014, 259쪽.

72) 좀 더 가능성을 열어둔다면 앞서 909년의 제1차 덕진포 해전 이후 궁예는 능창에게 모욕을 주고 살해하였는데, 이때도 궁예가 직접 南征에 참여하였을 수도 있다. 왕건이 이후 궁예를 폐위하면서, 궁예의 군사적 업적을 축소하고 주요 전과를 왕건에게 집중시켰을 가능성도 있다.

913년에 왕건은 波珍粲 겸 侍中이 되었으며, 수군의 일은 副將 金言 등
이 맡게 되었다. 그렇지만 나주 공방전에서의 활약과 명성으로 인하여 수
군 관련 업무 중 주요 업무는 왕건의 재가 후에 시행하게 되었다.[73] 914년
에는 다시 水軍帥의 지위가 낮아 위엄이 서질 않는다는 이유로 왕건이 다
시 수군을 지휘하고, 나주 지역으로 가서 후백제와 海上 草竊 즉 해적들을
상대하게 되었다.[74]

913년과 914년의 기록을 통해 알 수 있듯이 나주 지역은 태봉의 영역
이 되긴 하였지만 아직 불안한 요소들이 남아 있었다. 왕건은 官階로 보아
중앙에 진출하여 重臣으로 활동해야 하였지만, 나주 지역의 불안정성과 지
리적 요충지라는 의의 때문이라도 계속 나주 지역으로 가게 되었다. 나주
지역의 불안정성은 태봉의 뒤에 건국된 고려에서도 지속되었으며, 여전히
당시 정세의 주요 변수로 작용하게 되었다.

4. 후백제의 禮成江 기습

후백제는 고려의 예성강을 기습하면서, 덕진포 해전에서의 수모를 설욕
하게 되었다. 이와 관련된 기록은 고려의 입장에서 소략하게 작성되었지
만, 당시 고려로서는 상당한 피해를 입은 것으로 추정된다. 후백제의 예성
강 기습 관련 기록을 제시하면 다음과 같다.

> D-1. (태조) 18년(935) 太祖가 여러 장수에게 말하기를, "羅州 경계의 40여 郡
> 은 우리의 울타리로서 오래전에 항복하여 교화를 입어 왔다. 일찍이 大相

---

73) 『高麗史』 卷1, 太祖世家1, 太祖 總序, 乾化 3년, "乾化三年 癸酉 以太祖屢著邊功 累
階爲波珍粲兼侍中 以召之 水軍之務 盡委副將金言等 而征討之事 必令稟太祖行之".
74) 『高麗史』 卷1, 太祖世家1, 太祖 總序, 乾化 4년, "四年 甲戌 裔又謂 水軍帥賤 不
足以威敵 乃鮮太祖侍中 使復領水軍 就貞州浦口 理戰艦七十餘艘 載兵士二千人 往
至羅州 百濟與海上草竊知太祖復至 皆懾伏莫敢動".

堅書·權直·仁壹 등을 보내어 가서 위무하게 하였다. 근래에 百濟의 침략을 받아 6년 동안 海路가 통하지 않으니, 누가 나를 위해 (나주를) 위무하겠는 가?"라고 하였다. … 마침내 (유검필을) 都統大將軍으로 삼았다. 禮成江에 가서 전송하였는데, 御船을 하사하여 보냈다. 3일을 머무르며 유검필이 바다로 떠나는 것을 기다렸다가 돌아왔다. 유검필은 나주에 가서 잘 經略하고 돌아왔고, 태조는 또 예성강으로 행차하여 그를 맞으며 위로하였다.[75]

D-2. (932년) 9월 甄萱이 一吉粲 相貴를 보내 수군으로 禮成江에 침입하여, 鹽 州·白州·貞州 3州의 배 100척을 불사르고 猪山島에서 기르던 말 300필을 취하여 돌아갔다.[76]

D-3. 勃城 전투에서 太祖가 포위를 당하였으나 朴守卿이 힘써 싸운 덕분에 탈출할 수 있었다.[77]

D-4. (932년) 겨울 10월. 百濟의 海軍將 尙哀 등이 大牛島를 공격하여 약탈하였다. 왕이 大匡 萬歲 등을 보내어 구원하게 하였으나, 우리 군사들이 불리하여 왕이 이를 근심하였다. 庾黔弼이 鵠島에서부터 上書하여 말하기를, "臣이 비록 죄를 짓고 귀양을 와 있으나, 백제가 우리의 바닷가 고을을 침공하였다는 소식을 듣고, 신이 이미 壯丁들을 선발하고 戰艦을 수리하였으며, 적군을 방어하고자 하니, 전하께서는 근심하지 마시기 바랍니다."라고 하였다. 왕이 글을 보고 눈물을 흘리며 말하기를, "참소를 믿어 어진 이를 쫓아내었으니, 이는 내가 현명하지 못한 것이로다."라고 하였다. 사자를 보내어 다시 불러들이고, 그를 위로하며 말하기를, "卿이 진실로 죄가 없었는데도 일찍이 원망하거나 분개하지 않고 오직 나라를 도울 길만을 생각하였으니, 내가

---

75) 『高麗史』卷92, 諸臣列傳5, 庾黔弼傳, "十八年 太祖謂諸將曰 羅州界四十餘郡 爲我藩籬 久服風化 嘗遣大相堅書·權直·仁壹等往撫之 近爲百濟劫掠 六年之間 海路不通 誰爲我撫之 … 遂以爲都統大將軍 送至禮成江 賜御船遣之 因留三日 候黔弼下海 乃還 黔弼至羅州 經略而還 太祖又幸禮成江 迎勢之".

76) 『高麗史』卷2, 太祖世家 太祖 15년 9월, "九月 甄萱遣一吉粲相貴 以舟師入侵禮成江 焚塩·白·貞三州船一百艘 取猪山島牧馬三百匹而歸".

77) 『高麗史』卷92, 諸臣列傳, 朴守卿傳, "勃城之役 太祖被圍 賴守卿力戰得出".

매우 부끄럽고 후회되오. 장차 후세에 대대로 포상을 함으로써 경의 충성과
절의에 보답할 수 있기를 바라오."라고 하였다.[78]

　본격적으로 후백제의 예성강 기습을 살펴보기에 앞서, 나주의 상황을
먼저 살펴볼 필요가 있다. D-1의 기록을 보면 935년으로부터 6년 전에 후
백제의 공격으로 海路가 不通하게 되었다고 하였다. 즉 929년 경에 나주
일대가 공격당하였고, 이곳에 주둔하던 고려군이 패배하게 되었던 상황이
었다.

　마진 때부터 확보한 나주 일대가 무너지게 된 계기는 927년의 공산 전
투의 영향으로 지목할 수 있다. 당시 고려군은 막심한 피해를 입었으며, 왕
건 또한 겨우 목숨을 부지하였다. 한 번의 決戰으로 후삼국의 정세가 후백
제로 크게 기울게 되었다. 당시 정세로 보았을 때 고려가 나주 지역을 방
어하기는 다소 벅찬 상황이었을 것으로 추측된다. 결국 후백제가 나주 지
역을 장악하거나 군사적으로 압도하는 상황이 일어나게 되었다. 나주 지역
의 호족들도 상당한 피해를 입었으며, 고려 조정과 나주와의 연락도 끊기
게 되었다.[79] 고려의 입장에서 나주 지역의 회복은 전략상 반드시 필요한
과업이었다. 930년 고창전투에서 고려군은 후백제에게 설욕하게 되었으
며, 자연스럽게 나주 지역 확보를 목표로 하게 되었다.

　왕건의 나주 경략 관련 기록을 살펴보면 전함이 출진하는 주요 도시로
貞州가 자주 거론된다. 909년에 왕건은 정주에서 전함을 수리하고 알찬 종

---

78) 『高麗史節要』 卷1, 太祖神聖大王 15년 10월, "冬十月 百濟海軍將尙哀等攻掠大牛
　　島 王遣大匡萬歲等 往救之 我軍不利 王憂之 庾黔弼自鵠島上書曰 臣雖負罪在貶
　　聞百濟侵我海鄕 臣已選丁壯 修戰艦 欲禦之 願上勿憂 王見書 泣曰 信讒逐賢 是予
　　不明也 遣使召還 慰之曰 卿實無辜 不曾怨憤 唯思輔國 予甚愧悔 庶將賞延于世 報
　　卿忠節".
79) 惠宗의 外家인 羅州 吳氏 세력들도 929년 후백제의 나주 공략으로 상당한 피해
　　를 입게 되었을 가능성이 크다. 그로 인하여 왕건의 사후에 혜종이 즉위하고서,
　　고려 초기 정국 운영에 어려움을 겪는 결과로 이어지게 되었다고도 볼 수 있다.

희와 김언 등을 부장으로 삼아 군사 2,500명을 거느리고 珍島郡을 공격하였다.[80] 914년에 왕건은 정주 포구에서 전함 70여 척을 수리하고, 병사 2천 명을 거느리고 나주로 가서 후백제와 해적을 공격하였다. 주지하듯이 왕건의 第1妃는 神惠王后 柳氏로, 그 父親이 정주 호족이었던 柳天弓이었다.[81] 즉 정주 호족의 전폭적인 지지로 인하여 정주를 고려의 海軍 基地로 사용하게 되었다.[82]

　　태봉이나 고려는 주로 후백제를 공격하였기 때문에, 정주를 주요 방어 대상으로 여겨지지 않았다. 더구나 나주 지역의 회복을 위해서는 기존처럼 전함을 집결시켜서 후백제를 공격할 준비를 해야 했다. 공격에 대한 준비에만 몰두하면, 정작 수비에 대한 대비를 못하게 된다. 후백제는 이러한 고려의 허점을 포착하였고, 과거 덕진포 해전에서의 패배를 설욕하고자 하였다. 결국 932년에 후백제는 대대적인 반격 겸 선제공격을 수행하게 되었다.

〈지도 2〉 후백제의 예성강 기습 관련 주요 지점
(출전: 구글지도 지형도)

---

80) 『高麗史』卷1, 太祖世家1, 太祖 總序, 後梁 開平 3년(909), "又使太祖修戰艦于貞州 以閼粲宗希·金言等副之 領兵二千五百 往擊光州珍島郡 拔之 進次皐夷島 城中人望見軍容嚴整 不戰而降".

81) 『高麗史』卷88, 后妃列傳1, 太祖 神惠王后柳氏, "太祖 神惠王后柳氏 貞州人 三重大匡天弓之女 天弓家大富 邑人稱爲長者".

82) 김갑동, 「高麗 太祖妃 神惠王后와 貞州 柳氏」『韓國人物史研究』11, 2009, 126쪽.

D-2에 따르면 932년 9월에 후백제는 정주를 비롯하여 鹽州·白州를 공격하고 전함 100척을 불사르는 전과를 거두게 되었다. 『三國史記』와 『三國遺事』에서는 당시의 습격이 예성강에서 3일간 머물면서 이루어졌다고 하였다.[83] 염주는 黃海道 延安, 백주는 황해도 白川, 정주는 개성 豊德에 해당하며,[84] 모두 開京에서 근거리에 위치한다. 아울러 914년에 왕건이 나주를 공격할 때 전함 70여 척을 수리하여 공격하였다는 점을 상기한다면, 100여 척은 이를 훨씬 웃돈다는 점에서 고려의 상당한 戰力이 상실되었다고 할 수 있다.

100여 척의 전력은 914년의 전례로 보아 나주를 재탈환하기 위하여 준비하였던 병력으로 추정할 수 있다. 즉 932년에 고려는 나주를 재탈환하기 위한 준비를 하였으며, 사전에 정보를 입수한 후백제가 선제공격을 감행한 것으로 여겨진다. 예상치 못한 기습은 주효하였으며, 이후 935년에 이르기까지 고려의 수군은 쉬이 회복되지 못했다.

염주·백주·정주는 모두 개성 주변에 해당하며, 예성강은 개성의 咫尺에 위치한다. 그럼에도 불구하고 후백제의 군대가 정작 개성을 공격한 기록이 없다는 점은 다소 어색하다. 개성의 防備가 철통같다고 하더라도, 후백제군의 입장에서 가장 중요한 목표지는 왕건이 있는 개성이 될 수 밖에 없다. 이러한 정황과 관련하여 주목되는 기사가 D-3의 勃城 전투이다.[85] 발성 전투에서 왕건은 포위를 당했지만 박수경이 힘써 싸워서 탈출할 수 있었다.

여기에서 勃城은 다른 기록에서 동일한 성이 찾아지지 않는다. 다만 그 명칭으로 보았을 때, 勃禦槧城의 略稱일 가능성이 있다.[86] 발어참성은 896

83) 『三國史記』 卷50, 甄萱傳, "秋九月 萱遣一吉湌相貴 以舡兵入高麗禮成江 留三日 取鹽·白·貞三州舡一百艘焚之 捉猪山島牧馬三百匹而歸".
84) 신성재, 「고려와 후백제의 해양쟁패전」 『한국중세사연구』 47, 2016, 272쪽.
85) 『高麗史』 卷92, 諸臣列傳, 朴守卿傳, "勃城之役 太祖被圍 賴守卿力戰得出".
86) 이도학, 『후삼국시대 전쟁 연구』, 주류성, 2015, 375쪽.

년에 궁예가 왕건에게 지시하여 개성에 축성하게 한 성에 해당한다.[87] 발어참성에서 전투가 일어났다고 한다면, 그 시점은 개경이 공격받았던 932년 9월이 유력하다. 즉『高麗史』나『高麗史節要』에서 왕건이 개경에서 습격 받은 기록이 없는 것과는 달리, 실제로는 발어참성에서 전투가 있었을 가능성이 높으며, 여기에서 박수경의 도움으로 왕건은 위기에서 벗어났다고 볼 수 있다.

후백제의 공격은『高麗史』의 932년 10월 기록에서도 확인된다. 海軍將尙哀 등이 大牛島를 攻掠하자, 大匡 萬歲 등에게 이를 구원하게 했지만 不利했다고 기록되었다.[88] D-4에서는 이보다 상세하게 庚黔弼에 대한 내용이 부가되어 서술되었다. 즉 유검필은 鵠島에서 장정을 선발하고 전함을 수리하여 후백제를 방어하고자 하였다. 이는 본디『高麗史』「庚黔弼傳」의 기록을 반영한 것이다. 여기에서의 내용은『高麗史節要』와 거의 같지만, 곡도에 유배 간 것이 931년이며, 本島와 包乙島의 장정을 선발했다고 밝힌 점에서 차이를 보인다.[89] 곡도는 지금의 백령도, 포을도는 지금의 대청도에 해당한다. 유검필은 귀양 간 몸이었지만, 수전 전개의 가능성을 염두에 두고 事前에 전쟁을 대비하였다.

다만 이 병력이 후백제군에 맞서 싸웠다고 보기는 어렵다. 931년의 9월

---

87) 『高麗史』卷1, 太祖世家1, 太祖 總序, 唐 乾寧 3년, "裔從之 使太祖築勃禦塹城 仍爲城主". 발어참성의 성벽은 송악산마루의 북문으로부터 서쪽 북창문을 거쳐 서남쪽의 도차리고개와 눌리문을 지나서 주작고개를 돌아 북쪽으로 뻗어 다시 송악산으로 올라간다. 리창언,『고려 유적연구』, 백산자료원, 2003, 159쪽.
88) 『高麗史』卷2, 太祖世家 太祖 15년 10월, "冬十月 甄萱海軍將尙哀等攻掠大牛島 命大匡萬歲等救之 不利". 여기에서 大牛島의 위치에 대해 경기도 안산의 大阜島, 압록강 하구 龍川郡의 섬으로 보는 견해가 있으나, 충남 서산시 지곡면 도성리 앞 바다의 大牛島로 지목한 견해도 있다. 신성재,「나말여초 백령도와 유금필의 수군활동」『이순신연구논총』 26, 2016, 21쪽.
89) 『高麗史』卷92, 諸臣列傳, 庚黔弼, "十四年 被讒竄于鵠島 明年 甄萱海軍將尙哀等攻掠大牛島 太祖 遣大匡萬歲等往救 不利 太祖憂之 黔弼上書曰 臣雖負罪在貶 聞百濟侵我海鄕 臣已選本島及包乙島丁壯 以充軍隊 又修戰艦以禦之 願上勿憂".

과 10월 전투에서 모두 후백제가 승리하였으며, 고려가 곧바로 전력을 회복하기는 불가능에 가까웠다. 유검필의 船團은 수군 재건을 위한 기반이 되었다고 보는 것이 자연스럽다. 유검필은 이후 성공적으로 수군 재건을 하였으며, 935년에 그가 주도하여 나주 경략을 성공하게 되었다.

Ⅳ. 陸戰에서의 水路 활용 가능성 검토

후삼국시대의 서남해 일대의 수전은 당시 정세의 주요 변수로 작용하였다. 그렇지만 후삼국시대 전체와 관련하여 살펴보면, 주요 전장은 오늘날의 경상북도 일대가 중심이었다고 할 수 있다. 경상북도는 신라의 수도 경주가 있는 곳이다. 경상북도는 다른 지역에 비해 신라의 영향력이 잔존하고 있었기 때문에, 후백제와 고려는 각자의 방식으로 이 일대에 영향력을 미치고자 하였다.

후백제의 입장에서 경상북도로 진군하기 위해서는 大耶城을 경유해야 한다. 백제가 대야성을 공격하고서 신라에 절체절명의 위기감을 안겨주었듯이, 후백제 또한 대야성을 장악하고서 경주 입성이 가능하게 되었다. 이는 대야성과 연결된 黃江의 水路를 이용하여 洛東江 상류로 올라갈 수 있기 때문이다.[90]

후삼국시대의 대야성 전투 기록 중에서 901년에 발발한 전투는 여러모로 인상 깊다.[91] 후백제가 건국 초반의 역량을 쏟아 공격하였다는 점도 그

---

90) 黃江 수로를 이용할 경우 경상남도 서부의 居昌과 山淸으로 접근할 수 있고, 남부의 三嘉 방면은 南江의 상류와 연결되어 晉州 지역으로의 남하도 가능하다. 金昌錫, 「6세기 후반~7세기 전반 百濟·新羅의 전쟁과 大耶城」 『新羅文化』 34, 2009, 97쪽.
91) 『三國史記』 卷12, 新羅本紀, 孝恭王 5년, "秋八月 後百濟王甄萱攻大耶城 不下 移軍錦城之南 奪掠沿邊部落而歸".

러하지만, 함락시키지 못한 다음 錦城之南의 沿邊部落으로 移軍하였다는
점이 더욱 주목된다. 지리적으로 보았을 때 대야성은 경상북도 북서부에
위치하며, 금성 남쪽의 연안은 전라남도 서남부로 볼 수 있다. 둘의 연결
관계로 보았을 때 육로 진군이 이뤄졌다고 보기에는 다소 비효율적이다.

대야성에서 금성의 남쪽까지 육로 진군으로는 비효율적이지만, 수로로
이동하였다고 본다면 이야기가 달라진다. 대야성은 황강을 통해 낙동강 하
류로 이어지며, 낙동강 하구에서 남해안을 따라 서쪽으로 이동하면 금성의
남쪽까지 어렵잖게 도착하게 된다. 또한 남해안에는 승주 일대의 수군이
존재한다. 즉 후백제는 남해안에서 낙동강 하류로 진입하여 황강을 통해
거슬러 올라가 대야성을 공격하고, 함락 실패 후에는 왔던 길을 되돌아가
면서 후백제 세력권에 완전히 편입되지 않은 錦城之南의 연변 일대를 공격
한 것이다.

후백제는 916년에 다시 대야성을 공격하나 함락시키지 못하고, 920년
이 되어서야 대야성을 함락하게 되었다. 그런데 이보다 앞선 907년에 후백
제는 一善郡 이남의 10여 성을 빼앗는 전과를 올리게 되었다.[92] 일선군은
오늘날의 경상북도 구미시에 해당하며, 후삼국시대 최후의 戰場인 一利川
전투가 벌어진 곳이기도 하다. 901년의 대야성 공격이 낙동강 수로를 이용
하였다면, 일선군 이남 지역 또한 낙동강 수로를 이용한 공격일 가능성이
있다. 즉 후백제는 남해안의 제해권을 장악하고 낙동강을 이용해 북상하면
서 주요 거점들을 차지해 나간 것이다.[93] 이때 강폭이 넓거나 수량이 풍부
한 곳은 선박을 이용하여 진군하고, 강폭이 좁거나 수량이 부족한 곳은 육
로로 이동하고 군량 등은 수로를 통해 보급하였는 식의 水陸竝進이 이뤄졌
을 것으로 여겨진다.

---

92) 『三國史記』 卷12, 新羅本紀, 孝恭王 11년, "一善郡以南十餘城 盡爲甄萱所取".
93) 낙동강 수로 중 중류지역의 수로 이용과 관련하여 다음의 논문이 주로 참고 된
    다. 전덕재, 「삼국시대 낙동강 수로를 둘러싼 신라와 가야세력의 동향: 낙동강
    중류지역을 중심으로」 『大丘史學』 93, 2008.

이처럼 대야성 전투의 사례를 통해 후백제가 낙동강 수로를 이용하였을
가능성이 있음을 살펴보았다. 그렇다면 낙동강 일대의 여러 도시와 이 일
대에서 이루어진 전투, 즉 公山 전투와 古昌 전투, 一利川 전투에 대해서도
주목할 필요가 있다.

공산 전투는 927년 후백제의 경주 함락 이후에 일어난 전투이다. 당시
왕건이 이끄는 5천 精騎와 진훤의 군대가 公山 桐藪에서 맞붙었는데, 이곳
에서 고려는 大敗하게 되었다.[94] 이 전투에 대한 기록은 상세하지 않지만,
현지에 다양한 口傳이 전해지고 있어서 당시의 戰況을 파악할 수 있다.[95]
당시 후백제군은 대야성을 거쳐 낙동강 중류로 北上하였으며, 이 과정에서
낙동강 수로는 군대 이동로 혹은 보급로로 기능하였다고 볼 수 있다.

공산 전투 이후 후백제는 大木郡을 침공하였는데,[96] 이곳은 오늘날 경
북 漆谷郡 若木面에 해당한다. 왕건은 당시 대구 앞산을 거쳐 서쪽의 낙동
강 수로를 따라 도주하였으며, 이를 추격하던 후백제군은 낙동강을 따라
대목군까지 이르게 된 것으로 보인다.

공산 전투로부터 3년 뒤에 고려는 후백제에 대한 설욕전을 펼쳤다. 이
번에는 경북 안동에서 싸우게 된 고창 전투이다. 여기에서 고려군은 瓶山,
후백제군은 石山에 진을 치고 싸웠으며,[97] 在地勢力의 도움을 받은 고려군
이 승리하게 되었다. 당시 전투가 벌어진 지역은 안동시 와룡면 서지리 일
대에 해당한다. 이곳의 남쪽에는 낙동강이 흐르며, 그 지류인 외야천도 흐

---

94) 『高麗史』卷1, 太祖世家, 太祖 10년 9월, "王聞之大怒 遣使弔祭 親帥精騎五千 邀
萱於公山桐藪 大戰不利 萱兵圍王甚急 大將申崇謙·金樂力戰死之 諸軍破北 王僅以
身免 萱乘勝 取大木郡 燒盡田野積聚".
95) 공산 전투의 정황과 관련하여 다음의 연구가 주로 참고 된다. 류영철, 『高麗의
後三國 統一過程 硏究』, 景仁文化社, 2005, 95~124쪽 ; 이주연, 「공산전투의 전
개과정과 관련 지명 및 유적지 연구」, 한국전통문화대학교 석사학위논문, 2015.
96) 『三國史記』卷12, 新羅本紀, 孝恭王 11년, "十二月 甄萱侵大木郡 燒盡田野積聚".
97) 『高麗史』卷2, 太祖世家, 太祖 13년 1월, "丙戌 王自將 軍古昌郡瓶山 甄萱軍石山
相去五百步許 遂與戰 至暮萱敗走 獲侍郎金渥 死者八千餘人 是日 古昌郡奏 萱遣
將 攻陷順州 掠人戶而去 王卽幸順州 修其城 罪將軍元奉".

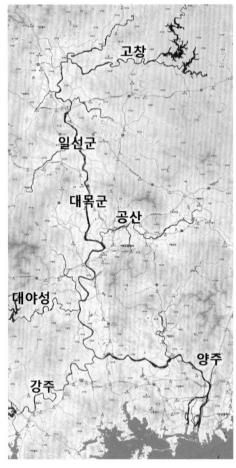

〈지도 3〉 낙동강 일대 주요 지점
(출처: 국토정보플랫폼 국토정보맵)

르고 있다. 낙동강 상류는 중류나 하류에 비해 수량이 부족하지만 선박의 운행이 가능하였다. 갈수기에는 尙州 洛東津, 평수기에는 醴泉 龍宮의 達池, 중수기에는 安東까지 선박 운항이 가능하여 포구가 있었다고 한다.[98]

고창 전투 또한 공산 전투와 마찬가지로 현지에 전투와 관련된 지명이 여럿 전해진다. 이 중에서도 진모래(진몰개) 전설은 安東市 象牙洞의 낙동강변을 배경으로 하였다. 전설에 따르면 진훤은 지렁이의 화신이라 戰時에는 모래땅에 진을 쳐서 위태로우면 지렁이로 변해 모래 속으로 들어갔다고 하였다. 이에 三太師가 가수천에 소금물을 흘려보내 둔갑한 지렁이를 물리쳤으며, 진훤이 숨었던 모래를 진모래라고 하였다.[99] 이는 단순한 전설일 수도 있다. 그렇지만 당시 전황과 관련하여 해석한다면, 지렁이는 농경과 관련된 토템이고

---

98) 金在完, 「19世紀末 洛東江 流域의 鹽 流通 硏究」 『地理學論叢』 別號32, 서울대학교 국토문제연구소, 1999, 105~107쪽.
99) 安東民俗博物館, 『安東의 地名由來』, 安東民俗博物館, 2002, 416쪽.

강변의 모래땅은 나룻배나 뗏목이 군량을 이송하는 수로의 선착장으로 볼수 있다.

후삼국시대 통일을 가져온 최후의 전투는 일리천 전투이다. 일리천 전투는 936년에 오늘날 경상북도 구미시 선산읍 일대에서 발발하였다. 일리천은 『東史綱目』과 『世宗實錄』에 따르면 일리천은 餘次尼津 즉 여진나루를 중심으로 한 일부 구간을 의미한다.[100] 즉 일리천은 낙동강 중류에 해당하며, 대목군의 북쪽에 위치한다. 선산의 북쪽으로는 尙州와 聞慶으로 이어진다. 즉 선산은 天安府로 집결했던 고려군이 鷄立嶺을 지나 문경에서 南進하는 지점에 위치한다. 당시 기록으로 보았을 때 고려군은 87,500명의 압도적인 병력으로 후백제를 공격하였다. 그렇지만 천안부에서 運州와 公州를 거쳐 全州 방향으로 直功하지 않고, 굳이 경상북도 쪽으로 우회하여 후백제를 공격한 점은 쉽게 이해가 되지 않는다.

일리천 전투는 고려에 투항한 진훤을 비롯하여 87,500명의 병력을 동원한 최후의 원정이었다. 더구나 이때에는 각지 호족의 병력은 물론 黑水나 鐵勒 등 외부의 병력까지 고려가 동원할 수 있는 모든 병력 자원을 총망라하였다. 선산에서 兩軍이 대치하게 된 이유는 후삼국시대의 주요 전투가 경북에서 일어났기 때문이거나, 고려의 병력 중 오늘날의 경북이나 강원 지역의 병력을 집결시키기 위한 목적으로 볼 수도 있다. 그렇지만 낙동강을 끼고 일어난 전투라는 점을 상기하였을 때, 고려나 후백제가 낙동강 수로를 활용하기 위한 목적에서 戰場으로 선택하였을 가능성을 배제할 수 없다.

낙동강은 하류에서 중류와 상류로 보급이 가능하지만, 역으로 하류로 내려가면 남해안으로 나아갈 수 있다. 후백제는 건국 초반의 거점이었던 승주 일대에서 군량을 공급받았다고 볼 수 있다. 진훤의 지지기반이었던 승주 지역은 진훤의 둘째 아들인 康州都督 良劍과 셋째 아들인 武州都督

---

100) 이도학, 『후삼국시대 전쟁 연구』, 주류성, 2015, 436~438쪽.

龍劍의 물자를 집결할 수 있는 지역이었다.[101] 더구나 승주는 진훤의 사위 朴英規의 세력권에 해당하기 때문에 믿고 맡길 수 있는 보급처였다. 승주에서 강주를 거쳐 낙동강을 따라 후백제의 군량은 안정적으로 공급되었으며, 이는 후백제가 경북 일대에서 戰役을 수행하는 데에 막대한 도움이 되었다.

고려는 남해안 일대의 해상권을 장악하기 위하여 노력하였고, 결국 927년에 고려의 海軍將軍 英昌과 能式 등이 강주를 공격하고 轉伊山·老浦·平西山·突山 등 4鄕을 함락시키기까지 하였다.[102] 그렇지만 강주 지역이 완전히 고려의 세력으로 편입되진 않았다. 935년 신검의 정변 당시 양검이 강주도독이었던 것을 보면, 강주에 후백제의 세력은 여전히 남아 있던 것으로 보인다. 더구나 『扶桑略記』 醍醐 延長 7년(929) 5월 17일의 기록을 보면, 후백제가 일본에 사신을 보낸 사실이 나온다.[103] 이는 강주 일대의 해상권을 후백제가 여전히 확보하였기에 가능하였다.

그렇지만 이러한 상황은 936년에 들어서 변화가 일어나게 되었다. 승주의 박영규가 고려에 內附하게 된 것이다.[104] 이로 인하여 고려는 남해안에서 대대적인 군사적 협조를 얻을 수 있게 되었다. 조선시대의 全羅右·左水營과 慶尙右·左水營처럼 남해안은 전남 서부와 동부, 경남 서부와 동부로 구분할 수 있다. 이 중 전남 서부는 고려가 확보한 나주 지역에 포함되나, 전남 동부는 박영규의 세력권이다. 경남 서부는 강주도독 양검의 세력권에

---

101) 『三國史記』 卷50, 甄萱傳, "時良劍爲康州都督 龍劍爲武州都督 獨神劍在側".
102) 『高麗史』 卷1, 太祖世家, 太祖 10년, "夏四月 壬戌 遣海軍将軍英昌·能式等 奉舟師往擊康州 下轉伊山·老浦·平西山·突山等四鄕 虜人物而還".
103) 『扶桑略記』 卷24, 醍醐 延長 7년 5월 17일, "五月 十七日 新羅甄萱使張彦澄等二十人 來着對馬嶋". 당시 후백제와 일본의 외교적 상황은 다음의 논문이 참고된다. 박현숙, 「외교문서를 통해 본 후백제와 일본의 외교 양상」 『歷史學報』 236, 2017.
104) 『高麗史』 卷2, 太祖世家, 太祖 19년 2월, "十九年 春二月 甄萱壻将軍朴英規 請內附".

해당하지만, 927년에 고려의 공격을 받기도 하였다. 아울러 경남 동부는 良州帥 金忍訓의 세력권이었다.

김인훈은 903년에 궁예에게 도움을 요청하면서 왕건과 관계를 맺게 되었다.[105] 당시의 상세한 정황은 알 수 없지만, 후백제가 공격적으로 康州와 良州로 세력을 확장하던 상황에서 김인훈의 세력과 맞붙게 되었다고 할 수 있다. 적의 적은 동지라는 원칙에 따라 김인훈은 궁예에게 도움을 청하였고, 왕건이 직접 도와주게 된 것이다.

『新增東國輿地勝覽』에 따르면 梁山郡 祀廟의 城隍祠 條에 김인훈은 고려 태조를 도와서 벼슬이 門下左侍中에 이르렀으며, 죽은 후에 祀神이 되었다고 하였다.[106] 김인훈은 나말여초 양주의 新基里山城을 중심으로 일정한 군사적 기반을 가진 군소 호족으로, 궁예의 군사적 도움 이후 왕건 세력과 연계하였고, 후삼국 통일전쟁에까지 직접 참여하였던 인물로 보고 있다.[107] 『高麗史』에서는 왕건이 김인훈을 도운 것만 기록되었다. 『新增東國輿地勝覽』의 기록처럼 김인훈이 왕건을 도운 것은 정황상 2가지 가능성이 있다. 즉 927년에 고려의 영창과 능식의 4향 공격 당시에 김인훈이 지원하였거나, 936년 일리천 전투 때의 지원하였을 가능성이다. 즉 김인훈은 박영규와 더불어 고려가 남해안의 제해권을 장악할 수 있도록 도와주었고, 이 공로가 인정되었을 가능성이 있다.

일리천 전투 당시 상황으로 돌아가면 남해안 중에서 경남 서부를 제외한 전남 서부와 동부, 경남 동부는 모두 고려의 편으로 돌아서게 되었다. 때문에 고려군은 일리천 전투가 일어난 낙동강을 따라 南下하면, 남해안

---

105) 『高麗史』卷1, 太祖世家, 太祖 總序, 唐 天復 3년, "是歲 良州帥金忍訓告急 裔令
太祖往救 及還 裔問邊事 太祖陳安邊拓境之策 左右皆屬目 裔亦奇之 進階爲閼
粲".

106) 『新增東國輿地勝覽』卷22,「慶尙道」, 梁山郡, 祀廟, "世傳金忍訓 佐高麗太祖 位
至門下左侍中 死爲祀神".

107) 이종봉,「羅末麗初 梁州의 動向과 金忍訓」『지역과 역사』13, 2003, 109~110
쪽.

일대 海上力의 지원을 받을 수 있게 된다. 설령 全軍이 낙동강 하류로 내려가지 않더라도, 군대의 분산을 통해 한쪽은 神劍을 추격하고, 다른 한쪽은 남해안 수로와 서남해를 따라 전주로 우회 기동할 수 있다. 이렇게 된다면 후백제로서는 쉬이 방어하지 못하고 막대한 타격을 입게 된다. 실제로 후백제는 전주로 입성하지 못하고 黃山에서 고려에 항복하게 되는데, 전주성 입성이 실패하게 된 것은 육로든 수로든 고려군 進軍의 다변화 때문으로 짐작할 수 있다.

V. 맺음말

후삼국시대에는 활발한 水軍 운용을 바탕으로 다양한 水戰이 수행되었다. 태봉과 후백제, 고려는 모두 制海權을 중시하였으며, 특히 서남해 일대는 주요 전장으로 이용되었다. 제해권의 장악을 통해 후삼국시대의 정세를 주도할 수 있었으며, 정치적인 측면은 물론 경제적·군사적인 면에서도 우위를 선점할 수 있었다.

기록 상 후삼국시대의 수군은 '水軍' 이외에도 '海軍'과 '舟師'라는 표현으로 나타난다. 수군과 해군은 혼용되는 양상을 보이는데, 이는 수군의 주요 활동이 海上에서 전개되는 양상을 보이기 때문이다. 그렇지만 실제로는 河口와 內海에서도 다양한 수군 활동이 전개되었다. 당시 수군은 수상전 수행, 병력 이송, 사신선 나포, 해상 기습의 사례로 운용되었다. 또한 군량 수송의 역할을 수행하였을 것으로도 여겨진다. 수상전은 주로 서남해 일대에서 일어났으며, 榮山內海의 德眞浦 일대에서 주요 교전이 일어났다.

서남해 일대에서 교전이 일어나게 된 이유는 錦城의 호족들이 후백제에 독립적인 성향을 보였고, 후백제 또한 지리적인 이점 때문에 이 일대를 차지하려고 했기 때문으로 볼 수 있다. 이러한 경향은 901년 대야성 전투 이후 후백제군이 돌연 금성 이남 지역을 공격하고, 금성의 호족들이 후고구려에 손을 내미는 결과로 이어지게 되었다. 결국 903년에 왕건이 내려와서 금성 일대를 차지하게 되었으며, 금성 일대는 武州와 구분되는 羅州로 명칭이 변경되었다.

「法鏡大師碑文」에 따르면 908년부터 나주에 전운이 감돌기 시작하였다. 909년에 들어서 제1차 덕진포 해전이 일어나게 되었다. 왕건은 진도와 고이도를 먼저 공략하고, 영산내해로 들어가서 후백제의 군대에 맞서 싸우게 되었다. 火攻을 통해 마진군이 승리하게 되었으며, 이후 압해도의 능창을 제압하게 되었다. 제1차 덕진포 해전 이후에 능창이 제압된 점은 다소 의아하다. 능창이 후백제의 편이었다면 왕건이 영산내해에 진입하기 전에 공격하는 것이 훨씬 효과적이었다. 그럼에도 불구하고 제1차 덕진포 해전 이후에 능창이 제압되었다는 것은 본래 능창이 마진을 도와주는 입장이었지만, 제1차 덕진포해전 이후 도리어 마진의 부담이 되자 兎死狗烹되었을 가능성이 있다.

912년에는 후백제의 진훤과 태봉의 궁예가 제2차 덕진포전투를 하게 되었다. 이는 『三國史記』와 「先覺大師碑文」의 기록을 통해 알 수 있다. 궁예는 단순히 왕건에게 나주 지역의 戰役을 一任한 것에 그치지 않고 親征에 나섰다. 이 때에도 후백제는 결국 태봉을 제압하지 못하였기 때문에, 나주 지역은 이후 태봉과 고려의 영토로 남게 되었다.

929년에 후백제는 다시 나주 지역을 확보하게 되었다. 이는 공산 전투에서 후백제가 승리하게 된 것이 주요 원인이었던 것으로 추측된다. 이후 고려에서는 나주 지역을 회복하고자 하였는데, 932년 경에 후백제의 예성강 기습을 통해 100척의 배가 불살라지면서 나주 원정 船團이 파괴된 것으로 보인다. 아울러 당시 후백제군은 勃禦槧城으로 추정되는 勃城에서 왕건을 공격하는 상황에까지 이르게 되었다. 그렇지만 유검필이 다시 鵠島에서 병력을 모집하여 수군을 보완하였고, 935년에 유검필은 나주 지역을 회복하게 되었다.

이번 논문에서는 陸戰에서의 水路 활용에 대해서도 검토하였다. 901년 대야성 전투 당시 후백제는 대야성 함락이 실패되자 군사를 돌려 금성 이남 지역을 공격하였는데, 이는 황강과 낙동강 하류를 거쳐 남해안 수로를 이용해야 원활한 進軍路가 형성된다. 당시의 수로는 주로 해안 연안과 강을 따라 형성되었던 것으로 보이며 병력이나 군량의 보급이 주로 이행되었을 것으로 추측된다.

후삼국시대의 대표적인 전투였던 공산 전투, 고창 전투, 일리천 전투 모두 낙동강과 연관되어 있는 전투였다. 공산 전투는 후백제군이 대야성에서 북진하거나 대목군을 함락시키는 과정에서 낙동강을 활용하였다고 볼 수 있다. 고창 전투는 낙동강 상류에서 발발하였으며, 진모래 전설을 통하여 당시 군량 보급을 추정할 수 있다. 일리천 전투는 낙동강 중류에서 발발하였다. 이곳을 전쟁터로 삼은 이유로 낙동강 수로를 통해 남해안으로 내려올 경우 경남 동부의 김인훈, 전남 동부의 박영규, 전남 서부의 나주 호족 등의 지원을 받아 사방에서 후백제를 협공할 수 있었기 때문으로 추정하였다.

후삼국시대는 수군의 운용이 다양하게 이루어졌으며, 정세 전환의 주요 원동력이 되기도 하였다. 이번 논문에서는 여러 수전 사례 및 수로 활용 가능성을 검토하여 기존 수군 운용의 폭을 더 넓혀보고자 하였다. 다양한 검토를 통해 수군의 운용은 곧 국가의 명운과도 직결됨을 확인할 수 있었다.

* 이 글은 『한국고대사탐구』 38(한국고대사탐구학회, 2021)에 실린 글을 수정·보완한 것이다.

제2절
왕건의 서남해 도서지방 경략과
해양사적 의미

신 성 재

(해군사관학교 군사전략학과 교수)

I. 머리말

고려를 건국한 王建은 弓裔가 後高麗를 건국하던 시절부터 그 휘하 장수로 들어가 두각을 보이면서 수많은 전투에서 큰 활약을 하였다. 그는 후백제와 접경지대를 형성하고 있던 충청지역을 비롯하여 신라로 진출하는 경상지역의 요충지에서 甄萱과 싸워 여러 차례 승리를 거두었다. 그가 거둔 승리는 궁예정권의 지배 영역과 세력 확장에 실질적인 기반이 되었고, 장기적으로는 고려 왕조의 후삼국 통일에도 든든한 밑거름이 되었다.

왕건은 내륙지역에서의 군사활동 못지않게 후백제와 대치하던 서남해역에서도 괄목할만한 해상전을 전개하였다. 특히 전략거점으로 확보한 羅州와 연결되는 항로상에 위치한 도서지방에서 후백제의 도전을 물리치고 海上交通路를 안정적으로 보호하였던 것은 지상전에서 거둔 성과 못지않게 훗날 후삼국 통일을 가능케한 결정적인 기반이 되었다.[1] 서남해상에서 이룩한 왕건의 군사적 성과에 주목하는 입장에서 보아 그가 수군활동을 벌인 무대이자 海上權 장악의 공간이었던 서남해 도서지방에 대한 연구적 관심은 마땅하면서도 자연스러워 보인다.

궁예정권이 등장하던 시기부터 고려에 의해 후삼국이 통합되는 시점까지 왕건이 서남해상에서 벌인 군사활동과 관련해서는 나주지역을 비롯한 당 해역을 둘러싼 후백제와의 해상권쟁탈전을 중심으로 왕건의 세력 성장과 해상세력 확보, 왕건의 서남해 經略 과정과 지방사회의 동향, 궁예정권·고려·후백제의 수군전략과 수군활동, 나주지역의 해양전략적 가치와 경제군사적 위상, 궁예정권 및 고려의 수군제도 운영과 그 특징 등을 중심

---

[1] 훗날 후백제왕 견훤이 정변 발생으로 말미암아 나주를 경유하여 해로를 통해 고려왕조로 망명해옴으로써 후삼국 전쟁이 종식되었다고 하는 사실은 서남해역 해상권 장악과 해상교통을 보장하는 수군활동이 고려의 후삼국 통일에 결정적인 기반이 되었음을 보여준다.

으로 다양하면서도 심도 있는 연구들이 선행되었다.[2]

이에 따라 왕건이 서남해상에서 벌인 수군활동의 배경과 전개 과정, 나주지역을 중심으로 하는 지지세력의 확보와 해상세력의 결집 양상, 후삼국통일전쟁에서 나주지역이 차지하고 있던 경제군사적 위상과 가치, 궁예정권 및 고려와 후백제의 수군전략과 수군운용의 전술적 차이, 서남해안 지방의 정치·사회적 동향과 토착세력들의 입장 등 전반적인 측면에서의 이해가 가능하게 되었다. 하지만 이러한 성과에도 불구하고 당시 나주지역으로 통항하는 해상교통로상에 산재하였던 도서지방이 지닌 전략적인 자산과 그 가치의 중요성, 서남해 도서지방에 대한 왕건의 경략이 궁예정권·고려가 추진하던 후삼국 통일전쟁과 연관하여 어떠한 상관성을 지니고 있었던 것인지 등에 관해서는 해양사적인 안목에서의 적극적인 서술이 요구된다.

이 글에서는 기왕의 연구를 통해 식별된 미흡한 부분과 문제의식에 기초하여 왕건이 견훤과 해상권쟁탈전을 벌였던 서남해상을 무대로 당시 그곳에 산재하였던 주요 도서지방에 주목하여 '왕건의 서남해 도서지방 경략

---

2) 주요 성과를 소개하면 다음과 같다. 金南奎, 「高麗의 水軍制度」『高麗軍制史』, 陸軍本部, 1983 ; 鄭壽柱, 「王建의 成長과 勢力 形成」『全南史學』7, 1993 ; 姜鳳龍, 「後百濟 甄萱과 海洋勢力」『歷史敎育論集』83, 2002 ; 姜鳳龍, 「羅末麗初 王建의 西南海地方 掌握과 그 背景」『島嶼文化』21, 2003 ; 문안식·이대석, 「왕건의 서남해 지역 경략과 토착세력의 동향」『한국고대의 지방사회』, 혜안, 2004 ; 이창섭, 「高麗 前期 水軍의 運營」『史叢』60, 2005 ; 김명진, 「태조왕건의 나주 공략과 압해도 능창 제압」『島嶼文化』32, 2008 ; 신성재, 「후삼국시대 나주지역의 해양전략적 가치」『島嶼文化』38, 2011a ; 신성재, 「고려의 수군전략과 후삼국통일」『東方學志』158, 2012 ; 육군본부 군사연구소, 「수군의 설치와 운용」『한국군사사 ③』, 경인문화사, 2012 ; 김대중, 「王建의 後三國統一과 羅州의 戰略的 位相」『고려의 후삼국통합과정과 나주』, 景仁文化社, 2013 ; 신성재, 「후백제의 수군활동과 전략전술」『한국중세사연구』36, 2013 ; 신성재, 「후삼국시대 수군의 운영체제와 해전」『역사와 경계』88, 2013 ; 정청주, 「신라말·고려초 海上勢力의 대두와 그 역사적 의미」『歷史學硏究』59, 2015 ; 신성재, 「고려와 후백제의 해양쟁패전」『한국중세사연구』47, 2016 ; 신성재, 『후삼국시대 수군활동사』, 혜안, 2016.

과 해양사적 의미'를 주제로 검토해보고자 한다. 왕건이 추진한 서남해 도서지방에 대한 경략이 도서지방이 처해 있던 어떠한 상황과 맞물려 실행될 수 있었던 것인지 살펴보고, 도서지방이 통일전쟁을 벌이던 상황에서 어떠한 전략적인 자산과 가치를 지니고 있었던 것인지 알아보고자 한다. 나아가 왕건의 도서지방에 대한 경략이 전쟁을 수행하는 군사 및 경제적인 문제와 관련해서는 해양사적으로 어떠한 의미를 갖고 있었던 것인지, 또 경략 이후에는 어떠한 영향을 끼쳤던 것인지에 대해서도 그동안 제시된 여러 성과들과 관련 자료들을 중심으로 새롭게 해석하면서 정리하고자 한다.

이상과 같은 연구 목적과 의도는 신라 말 고려 초기 서남해 도서지방에서 활동하던 해상세력들의 정치사회적 동향과 존재 양태, 서남해 도서지방의 전략적 자산과 그 가치 등을 순차적으로 검토하는 가운데 구체적인 결론에 도달할 것으로 기대한다.

Ⅱ. 서남해 도서지방 해상세력의 동향과 존재 양태

궁예정권과 고려, 후백제가 등장하여 후삼국 구도가 정립되어 가던 신라 말 고려 초기는 진골귀족 중심으로 짜여진 신라의 지배체제가 흐트러지고 새로운 사회 건설을 표방하면서 등장한 豪族이 정국을 주도해가던 시대였다. 이들은 신라의 통치체제가 이완되어 가던 9세기 후반대에 등장하여 자신들이 활동하던 지역과 지역민들의 안전를 보장하는 自衛組織을 갖추고 지방사회를 실질적으로 이끌어간 주인공들이었다.[3]

---

3) 신라 말 고려 초기에 등장한 호족의 활동과 역사적 의미를 검토한 성과는 대단히 많다. 시대별 연구사의 흐름 파악에 유용한 성과는 다음과 같다. 朴漢卨, 「豪族과 王權」『한국사연구입문』, 지식산업사, 1987 ; 李純根, 「羅末麗初 '豪族' 용어에 대한 연구사적 검토」『聖心女大論文集』19, 1987 ; 李純根, 「羅末麗初 地方勢力의 構成形態에 관한 一研究」『韓國史研究』67, 1989 ; 金甲童, 『羅末麗初 豪族과

신라 말 고려 초기에 등장한 호족의 출신과 구성은 매우 다양하였다. 중앙의 권력 투쟁에서 패배하여 연고지가 있던 지역으로 낙향한 귀족 출신 중에서 성장한 경우가 있는가 하면, 張保皐가 지배하던 淸海鎭과 신라 서북방 개척의 전진기지였던 浿江鎭의 사례처럼 해상과 육상의 군사적 거점을 기반으로 등장한 세력도 존재하였다. 이른바 軍鎭勢力 출신으로 알려진 호족들이 그들이다. 그런가 하면 민들의 생활 영역이었던 촌락사회에서 村政을 담당하면서 세력가로 변신한 村主 출신의 호족들도 존재하였다.[4]

호족의 등장과 활동은 분립된 후삼국의 형세와 전쟁의 향방에 중요한 변수로 작용하였다. 호족들이 해당 지역사회의 정치사회적인 입장과 이익을 대변하고 있었으므로 궁예정권과 고려, 후백제는 마땅히 이들의 동향에 주목할 수밖에 없었다. 충청도와 경상도 내륙의 전략적 요충지에 웅거하고 있는 세력들은 물론, 서남해상의 다도해 지방에 산거하면서 주변 해역에 영향력을 행사하고 있던 해상세력들은 단연 이목을 끌만한 대상이었다. 왕건이 서남해 도서지방을 중시한 것도 그 때문이었고, 실제 서남해안 지방을 대상으로 수군활동을 벌이게 된 것도 그러한 이유 때문이었다. 왕건이 수군활동을 벌이던 당시 서남해 도서지방에 산거하던 해상세력의 동향과 분위기에 대해서는 『고려사』 기록에 남아 있는 몇 가지 사례를 통해 가늠해 볼 수 있다. 당대 기록에 등장하는 珍島, 皐夷島, 壓海島는 서해 남단에 위치하던 대표적인 도서지방이었다.

社會變動 硏究』, 高麗大民族文化硏究所, 1990 ; 나말려초연구반, 「나말려초 호족의 연구동향」『역사와 현실』 5, 1991 ; 김갑동, 「호족의 대두와 집권화 과정」『한국역사입문 ②』, 풀빛, 1995 ; 윤경진, 「고려초기의 정치체제와 호족연합정권」『한국 전근대사의 주요 쟁점』, 역사비평사, 2002 ; 申虎澈, 「호족의 종합적 이해」『後三國時代 豪族硏究』, 개신, 2002.

4) 정청주는 당시에 활동한 호족을 낙향귀족 출신의 호족, 군진세력 출신의 호족, 해상세력 출신의 호족, 촌주 출신의 호족 등으로 분류하였다(鄭淸柱, 『新羅末高麗初 豪族硏究』, 一潮閣, 1996, 7~36쪽).

梁 開平 3年(909) 己巳에 … 또 太祖에게 명하여 貞州에서 전함을 수리하게 하고 闕粲 宗希와 金言 등을 부장으로 삼아 병사 2천5백 명을 거느리고 가서 光州 珍島郡을 치게 하여 함락시켰다. 이어 皐夷島로 나아가니 城 안에 있던 사람들이 군용이 엄정한 것을 보고 싸우지도 않고 항복하였다.[5]

위는 왕건이 909년에 휘하의 수군을 거느리고 서남해역에 위치한 진도와 고이도를 공략한 사실을 전하는 기록이다. 왕건은 진도와 고이도를 공략하는 수군활동을 벌이기 이전인 903년에 이미 나주지역에 진출하여 군사적 거점을 마련한 상태였다.[6] 그리고 이를 발판으로 서남해안에 산재한 도서지방으로 그 영향력을 확대하기 위해 진도군에 대한 정벌을 실행한 것이었다.

왕건이 공략한 진도는 원래 백제의 因珍島郡으로 바다 가운데에 위치한 섬이었다. 진도는 그 뒤 신라 경덕왕대에 이르러 진도현으로 개명된 적이 있고, 무안군의 관할하에 있었다. 이후 고려 왕조에 들어와서는 나주 소속으로 변경되었다. 고려는 이 섬을 관할하는 지방관으로 현령을 두어 다스리게 하였다.[7]

진도는 신라 말 고려 초의 전란기에 서남해 도서지방 중에서 비중 있는 위상을 차지하고 있던 섬이었다. 왕건이 나주에 진출한 뒤 진도를 공략의 첫 대상으로 선정한 점에서나, 이 섬을 정벌하기 위해 출정한 원정군의 규모가 2,500명이었다고 하는 사실은[8] 서남해역에서 수군활동을 벌이기 위

---

5) 『高麗史』 권1, 세가1, 태조 양 개평 3년, "己巳 … 又使太祖修戰艦于貞州 以閼粲 宗希金言等副之 領兵二千五百往擊光州珍島郡拔之 進次皐夷島 城中人望見軍容嚴 整不戰而降."

6) 『高麗史』 권1, 세가1 태조 천복 3년.

7) 『高麗史』 권57, 지11 전라도 진도현.

8) 후삼국전쟁기에 왕건이 거느린 수군 원정군은 적게는 2천명에서 많게는 3천명으로 구성되었다. 이는 육상전에서 거느렸던 보기병이 3천명을 상회하지 않았던 점과 비교해볼 때 큰 규모의 수군을 운용하였음을 짐작케 한다.

해서는 전략적으로 꼭 확보해야 할 도서였음을 짐작케한다. 그런데 주목되는 점은 진도를 공취하는 과정에서 드러나는 해상세력가와 지역민들의 대응 양상이다. 이들은 수군을 동원한 왕건의 공격에 맞서 강하게 반발하며 저항하였다. 이러한 대응은 진도의 해상세력과 지역민들이 특정 정권과 결탁하지 않고 독자적인 행보를 표방하던 상황에서 왕건으로부터 군사적인 공격을 받게 되었고, 결국 왕건의 압도적인 군세에 눌려 항복하면서 지배를 받게 되었음을 보여준다.

지금의 古今島로 비정되는 고이도[9] 또한 진도와 마찬가지로 독자적인 행보를 지향하던 도서지방이었던 것 같다. 다만 진도와 비교해 차이점이 있다면 현실적인 위협과 힘의 우열관계에 유연하게 대처하면서 지역사회의 안위를 도모하고 있다는 점이다. "왕건이 수군을 거느리고 고이도로 나아가니 성 안의 사람들이 (고려군의 - 필자 주) 군용이 엄정한 것을 보고 싸우지 않고 항복하였다"고 하는 기록은 강력한 외부세력의 침투에 적절히 타협하면서 지방사회의 존립을 보장받고자 하던 이 시대 호족들의 보편적인 모습을 보여준다. 왕건이 나주를 거점 삼아 서남해안 지방으로 해상권을 확대해 가던 900년 초기에 도서지방 해상세력가들의 정치적인 입장과 태도는 대체로 이러한 모습이었다. 강력한 외부세력의 위협이 가시화되기 전까지는 독자성을 지향하던 입장이었지만, 해상세력과 지역사회의 명운이 걸린 현실적인 위험 앞에서는 영향력을 행사해오던 정권에 귀속되거나 이를 지지하는 태도를 취하였던 것이다.

---

9) 申虎澈, 『後百濟 甄萱政權硏究』, 一潮閣, 1993, 67~68쪽 ; 한정훈, 『고려시대 교통운수사 연구』, 혜안, 2013, 53쪽 ; 정청주, 앞의 논문, 2015, 43쪽. 오늘날의 진도 서북방에 인접한 河衣島(日野開三郎, 「羅末三國の鼎立と對大陸海上交通貿易(一)」 『朝鮮學報』 16, 1960, 54쪽), 압해도의 북쪽에 위치한 古耳島로 보기도 한다(文秀鎭, 「高麗建國期의 羅州勢力」 『成大史林』 4, 1987, 16쪽 ; 姜鳳龍, 「押海島의 번영과 쇠퇴」 『島嶼文化』 18, 2000, 42쪽). 최근에는 영산강 하구에 위치한 고하도로 비정하는 견해가 제시되기도 하였다(정진술, 「왕건의 나주 공략과 고하도」 『해양담론』 창간호, 목포해양대학교 해양문화연구정책센터, 2014, 161~166쪽).

이 시대에는 특정 정권에 포섭되기를 거부하고 저항하면서 독자적인 노선을 고수하던 해상세력가도 존재하였다. 能昌이 바로 그러한 인물이었다.[10] 능창은 압해도(신안군 압해면 압해도)에서 자립한 이 시대의 대표적인 해상세력이었다. 그는 수상에서의 전투에 능숙하다 하여 수달이라고 불려지던 인물이었다. 그는 자신이 장악하고 있던 압해도와 인접한 葛草島[11]에서 활동하고 있던 소규모 세력들과 결탁하여 왕건을 해치고, 궁예정권이 서남해 도서지방을 대상으로 추진하던 경략사업을 무력화시키려고 하였다. 당시 능창의 위세는 압해도는 물론 인근 해역 도서지방에 영향력을 미칠 정도로 강성한 수준이었다.[12] 수군활동 역량이 출중했던 왕건조차도 능창 세력의 위세를 의식하여 사전에 치밀한 계략을 수립하고 정예 병력을 동원하여 사로잡았다고 하는 기록은 능창이 압해도에서 차지하고 있던 군사적 위상을 짐작케 한다. 왕건은 사로잡은 능창을 궁예에게 보냈다. 능창은 궁예정권에 귀속되거나 우호적인 입장을 취하지 않았던 것 같다. 궁예가 능창에 대해 "해적이 모두 너를 영웅으로 추대하지만, 지금은 나의 포로가 되었으니 어찌 나의 계책이 신묘치 않은가? 하고 여러 사람에게 보인 뒤 참하였다"[13]고 하는 기록은 능창이 궁예정권에 포섭되기를 거부하고 독자적인 입장을 고수하였음을 짐작케 한다.

능창의 존재에 대해서는 그동안의 연구를 통해 다양한 견해가 제시되었다. 우선적으로 제시된 견해는 능창을 후백제 견훤의 부하로 파악하는 입장이다.[14] 다음으로 압해도를 근거지로 활동한 독자적인 해상세력[15] 혹은

10) 압해도에서 능창의 활동과 왕건의 수군활동은 『高麗史』권1, 세가1 태조 양 개평 3년 참조.
11) 압해도 부근의 섬으로 짐작된다(申虎澈, 앞의 책, 1993, 67쪽).
12) 신성재, 앞의 논문, 2010, 221쪽(앞의 책, 2016, 36쪽).
13) 『高麗史』권1, 세가1, 태조 양 개평 3년, "海賊皆推汝爲雄 今爲俘虜 豈非我神算乎 乃示衆斬之."
14) 申虎澈, 앞의 책, 1993, 31~32쪽.
15) 鄭淸柱, 앞의 책, 1996, 154쪽 ; 姜鳳龍, 앞의 논문, 2000, 42~44쪽 ; 姜鳳龍, 앞

보다 구체적으로 도서 해상세력[16]으로 해석하는 견해도 있다. 또 견훤의
휘하세력으로 보면서도 독립적으로 활동한 해적으로 파악하는 견해도 있
다.[17] 근래에는 이 같은 견해에서 나아가 원래 해적이었지만 당시 정치 상
황의 변화에 따라 공리적인 이데올로기를 내세우면서 호족으로 변신한 해
상호족으로 파악하기도 한다.[18] 능창의 존재적 성격이 어떠하든 간에 중요
한 사실은 그가 압해도를 위시한 주변 도서지방의 여러 세력들을 결집하여
왕건의 서남해 진출에 위해를 가할 정도로 강력한 세력이었다는 점과 궁예
정권의 회유 노력에도 불구하고 독자노선을 지향하였다고 하는 점이다. 이
는 능창의 경우처럼 당시 서남해 도서지방에는 독자적인 위상을 표방하는
강성한 역량을 지닌 해상세력가들이 적지 않게 활동하고 있었음을 의미한
다. 결국 이러한 해상세력들을 포섭하여 정권을 지지하는 기반으로 삼고자
하였던 궁예정권의 정치군사적 목적은 왕건으로 하여금 서남해 도서지방
을 경략케 하는 수군활동의 직접적인 배경이 되었을 것이다.

독자성을 표방하던 해상세력과 달리 도서지방의 해양지리적 위치와 특
성, 정치적인 입장 등에 따라 특정 정권에 협력하면서 이들과 공존을 도모
해가던 세력가도 존재하였다. 서해 중북부 해역에 위치한 백령도와 包乙島
(대청도)[19]에서 활동하던 해상세력은 궁예정권과 고려를 지지하던 주요한
인적 기반이었다.

　　14년에 참소를 당하여 鵠島에 유배되었다. 이듬해에 견훤이 海軍將 尙哀 등
　　으로 大牛島를 공략하게 하였다. 태조가 大匡 萬歲 등을 보내어 구하게 하였으

　　의 논문, 2002, 124~125쪽.
16) 姜鳳龍, 앞의 논문, 2003, 348~349쪽.
17) 권덕영, 「장보고와 동아시아 해역의 해적」 『재당 신라인사회 연구』, 일조각, 2005,
　　299~300쪽.
18) 權悳永, 「新羅下代 西·南海域의 海賊과 豪族」 『韓國古代史硏究』 41, 2006, 316~
　　329쪽.
19) 신성재, 앞의 논문, 2012, 54쪽(앞의 책, 2016, 91쪽).

나 불리하였다. 태조가 이에 근심하니 금필이 글을 올려 말하기를, '신이 비록 죄를 입어 귀양살이를 하고 있지만 백제가 우리의 바다 고을들을 침범한다는 소식을 듣고 本島와 包乙島의 丁壯들을 선발하여 군대에 충원하고 또 전함을 수리하여 방어하게끔 하였으니 원컨대 주상께서는 근심하지 마십시오'하였다. 태조가 글을 보고 울며 말하기를, '참소를 믿고 어진 사람을 내쫓은 것은 나의 어리석음이다.' 사자를 보내어 소환하고 위로하며 말하기를, '경은 실로 무고함에도 귀양을 살게 되었건만 일찍이 원망하거나 분하지 않고 오직 나라를 보위할 생각을 했으니 내가 심히 부끄럽고 후회스럽다. 자손에 이르기까지 상을 연장하여 경의 충절에 보답하고자 한다'하였다.[20]

위 기록은 태조 14년(931) 3월에[21] 鵠島(백령도)[22]로 귀양을 가있던 고려의 명장 庾黔弼이 서해 중북부 해역을 침탈해오던 후백제의 수군에 대응하여 도서민들을 동원하여 해상방어체제를 구축하였음을 왕건에게 상소한 사실을 전한다.

기록을 통해 알 수 있듯이, 930년대 백령도와 포을도는 고려의 영향하에 있었다. 유금필이 백령도에 유배된 것 자체는 물론, 그가 죄인의 신분임에도 불구하고 현지의 도서민들을 규합하여 전함을 건조하고 군대에 충원할 수 있었던 것은 이 섬들이 고려의 지배하에 있었기에 가능한 일이었다. 물론 이 두 도서지방이 어느 시점에 고려의 영향력하에 들어오게 된 것인지는 명확하지 않다. 다만 892년 진성여왕대의 상황을 전하는 居陀知 설화를 보면 새로운 해상세력으로 등장하는 거타지가 백령도에 진출하는 과정

---

20) 『高麗史』 권92, 열전5, 유금필, "十四年 被讒竄于鵠島 明年甄萱海軍將尙哀等 攻掠大牛島 太祖遣大匡萬歲等往救不利 太祖憂之 黔弼上書日 臣雖負罪在貶聞 百濟侵我海鄕 臣已選本島及包乙島丁壯 以充戰隊 又修戰艦 以禦之 願上勿憂 太祖見書泣日 信讒逐賢 是予不明也 遣使召還慰之日 卿實無辜見謫 曾不怨憤 惟思輔國 予甚愧悔庶 將賞延于世 報卿忠節."

21) 『高麗史節要』 권1, 태조신성대왕 태조 14년 3월.

22) 鄭淸柱, 앞의 책, 1996, 116쪽.

에서 현지 토착세력의 도움을 받아 이 도서에 대한 지배권을 장악해가는 과정이 설화적으로 묘사되어 있다.[23] 이 새로운 해상세력에 대해서는 기왕의 연구에서 고려와 연대하던 세력이거나 고려왕조 자체로 추정하고 있다.[24] 이에 주목해보자면 백령도와 인접한 포을도는 890년대 후반 즈음부터 궁예정권의 영향력을 받게 되고, 고려가 건국되면서 보다 공고한 지배를 받게 된 것이 아닌가 추정된다. 이러한 사실은 특정 정권의 영향력하에 있거나 인접한 해역에 위치하던 도서지방은 비교적 이른 시기부터 해당 정권에 귀속되어 존립을 도모해가는 가운데 지지적 입장을 표명하였음을 짐작케 한다.[25]

이와 같이 신라 말 고려 초기 서남해 도서지방에는 다양한 규모를 갖춘 해상세력가들이 등장하여 활동하였다. 이들은 인접한 세력들과 상호 연대를 통하여 세를 불리면서 지방사회를 대표하는 세력가로 성장하였다. 이들의 존재 양태와 정치적 입장은 동일하지 않았다. 궁예정권과 고려, 후백제가 등장하여 영향력을 행사해가던 상황에서 독자적인 정치 노선을 표방하면서 저항하는 세력이 있는가 하면, 강성한 군사적 위협 앞에 굴복하면서 특정 정권을 지지하는 세력으로 변모하기도 하였다. 해양지리적으로 특정 정권과 인접한 해역에 위치하였거나 애초부터 이러한 정권의 영향력하에 놓이기 쉬웠던 해상세력들은 현실적 지배를 수용하면서 실리를 추구하는 입장을 취하기도 하였다. 서남해 도서지방에서 활동하고 있던 이들 해상세력들을 얼마나 우호적인 입장에서 지속적으로 포섭하여 정권을 지지하는

---

23) 전기웅, 「삼국유사 소재 '眞聖女大王居陀知條' 설화의 검토」 『한국민족문화』 38, 2010 ; 정연식, 「거타지 설화의 새로운 해석」 『東方學志』 160, 2012 참조.
24) 신성재, 「나말여초 백령도와 유금필의 수군활동」 『이순신연구논총』 26, 2016, 227~229쪽.
25) 궁예정권과 고려의 지배하에 있던 도서 이외에 후백제의 영향력하에 있던 도서지방도 존재하였을 것이다. 견훤이 왕건에게 절영도산 명마를 보낸 사례가 있는데(『高麗史』 권1, 세가1 태조 7년 8월), 후백제의 영향력이 부산 앞 바다의 절영도에까지 미치고 있었기에 방물로 보낼 수 있었을 것이다.

기반으로 삼는가 하는 문제는 당 해역에 대한 해상권 확보는 물론 후삼국 전쟁의 주도권을 장악하는데 있어 중요한 사안이었다. 왕건이 나주를 공취하여 전략적 거점으로 확보한 뒤 후속하여 서남해 도서지방을 대상으로 수군활동을 벌이면서 해상권 확대를 도모하였던 것은 도서지방을 근거지로 활동하던 해상세력과 지역민들의 정치적 향배가 통일왕조 수립에 중요한 인적·물적 자산이 될 것임을 인식하였기 때문이었다.

Ⅲ. 서남해 도서지방의 전략적 자산과 가치

왕건의 서남해 도서지방 경략은 도서와 인근 해역을 무대로 활동하던 해상세력들의 정치적 동향과 지역사회의 분위기 등이 고려되는 가운데 추진된 것이었다. 그리고 그 목적에는 전쟁이라고 하는 시대적 조건 속에서 후백제와 접경을 맞대고 있던 지역의 안정적인 방위를 도모함은 물론 지배영역의 확장을 달성해가는 방안이 포함된 것이었다. 전략적인 차원에서 이러한 목적은 왕건이 이미 나주에 처음 진출을 시도하던 903년 단계부터 모색되고 기획되었던 것 같다. 나주를 공취하던 당시 良州 지방에서 위기에 처해 있던 金忍訓을 구원하고 돌아온 왕건에게 궁예가 변경지방에 관한 사안을 묻자 왕건이 변경지대를 안정시키고 境域을 개척하는, 이른바 '安邊拓境策'을 건의하였던 사실이 이를 뒷받침한다.[26]

왕건이 궁예에게 건의한 방책에는 그 자신 스스로 나주를 공취하기까지의 과정에서 경험한 해상 항로와 교통 조건, 지방사회의 현지 사정 등을 고려하여 수군을 효과적으로 운용하는 방안이 중점적으로 반영되었을 가능성이 높다.[27] 특히 오늘날의 양산에 해당하는[28] 양주지방에서 도움을 요

---

26) 『高麗史』 권1, 세가1, 태조 천복 3년 3월, "率舟師自西海抵光州界 攻錦城郡拔之 擊取十餘郡縣 仍改錦城爲羅州 分軍戍之而還 是歲 良州帥金忍訓告急 裔令太祖往救 及還裔問邊事 太祖陳安邊拓境之策 左右皆屬目."

청한 김인훈을 구원하기 위해 남해상에까지 항해하여 수군활동을 벌였을 가능성을 고려하면 수군의 원정작전 능력과 전술적인 운용 가치를 포함하는 방안이 구체적으로 마련되어졌던 것으로 보여진다.[29] 그리고 그 구체적인 방안에는 서해와 남해상을 항해하면서 경험한 주요 도서지방이 지닌 전략적인 자산과 가치를 확보하여 적극 활용하는 내용이 반영되었을 것으로 짐작된다. 이러한 차원에서의 이해는 왕건이 914년(乾化 4)에 다시금 나주지방으로 내려가 후백제와 재지해상세력들의 준동을 제압하고 귀환한 뒤에 舟楫의 이로움과 응변의 마땅한 방책을 궁예에게 보고한 사실을 통해서도 입증된다.[30] 이 때 왕건이 보고한 방책은 해상운송이 자유로운 선박의 이점을 활용하여 서남해안 지방에서 발생하는 경제적 이익을 적극적으로 확보하고, 유사시에는 기동력과 전술적 융통성이 뛰어난 수군을 동원하여 적절히 대응하자는 것이었다. 요컨대 수군활동을 효과적으로 전개하여 진도와 고이도, 압해도를 비롯한 서남해 도서지방으로부터 산출되던 전략적 자산을 적극 확보하여 활용하자는 것이었다.

그렇다면 당대 서남해 도서지방이 지녔던 전략적 자산과 가치는 무엇이었을까? 우선적으로 눈여겨볼 점은 당시 왕건이 점령한 여러 도서지방이 서남해상에 대한 해상권 확보에 교두보 역할을 하였다는 점이다. 궁예정권의 수군기지였던 貞州(풍덕)로부터[31] 항해해온 왕건의 수군이 군사작전을

27) 신성재, 앞의 논문, 2010, 216~217쪽(앞의 책, 2016, 31쪽).
28) 文暻鉉, 「王建太祖의 民族再統一의 硏究」『慶北史學』1, 1979, 76쪽.
29) 신성재, 앞의 논문, 2010, 216~217쪽(앞의 책, 2016, 31쪽). 김인훈 구원에 대해서는 해로가 아닌 남한강을 경유하거나(河炫綱, 『韓國中世史硏究』, 一潮閣, 1988, 27쪽) 육로를 통한 것으로 보는 견해도 있으나(金甲童, 「高麗建國期의 淸州勢力과 王建」『韓國史硏究』48, 1985, 41쪽), 필자는 남해상을 항해하여 구원한 것으로 이해한다.
30) 『高麗史』권1, 세가1, 태조 건화 4년 갑술, "就貞州浦口 理戰艦七十餘艘 載兵士二千人 往至羅州 百濟與海上草竊知太祖復至 皆慴伏莫敢動 太祖還告舟楫之利應變之宜."
31) 鄭淸柱, 앞의 책, 1996, 113쪽.

벌이기에 앞서 공취하였던 도서지방을 함선이 주둔하는 공간으로 운영함
은 물론 현지민들로부터의 경제적인 조력 또한 이끌어낼 수도 있었을 것이
다. 남방 지방에 기근이 들자 왕건이 배고픔에 시달리던 衛戍 병졸들을 정
성을 다하여 구원하여 그 덕으로 모두 살아날 수 있었다고 하는 914년의
기록은[32] 원정작전을 벌이기 위해 정주로부터 운송해온 군량을 사용한 것
도 있었겠지만 서남해 도서지방으로부터 확보한 것도 포함되었을 것이다.
이 때 확보한 군량 중 일부는 군사들 외에 지역민들에게도 공급되어졌을
것이다. 결국 왕건은 서남해 도서지방을 교두보로 삼아 수군활동을 안정적
으로 전개함은 물론 후백제의 배후를 견제하기 위해 확보한 전략거점 나주
를 순조롭게 왕래하면서 지방사회에 대한 지배력을 강화하였을 것이다.

다음으로 주목되는 점은 왕건이 이들 도서지방을 후백제 수군의 해상
공격을 방어하거나 해상권을 확대하는 전략거점으로도 활용하였던 것이
아닌가 싶다. 특히 유속이 빠르고 협수로가 형성되어 통항이 어려웠던 진
도는 그와 같은 거점으로 활용되어졌을 가능성이 높다.

> 경상과 전라의 貢賦는 모두 육상으로 수송하지 못하고 반드시 水運으로 운
> 반해야 하는데, 지금 역적들이 거점으로 삼고 있는 珍島는 水程의 咽喉와 같은
> 요충인 까닭에 왕래하는 선박들을 통과시킬 수 없으니, 군량과 소의 사료, 종자
> 를 징수하여도 운반할 길이 없다.[33]

위는 三別抄가 원종 12년(1271)에 반란을 일으켜 진도를 장악하자 개경
으로 통하던 貢賦의 운송길이 막혔던 사정을 전하는 기록이다. 기록을 통

---

32) 『高麗史』 권1, 세가1, 태조 건화 4년 갑술, "領軍三千餘人 載粮餉往羅州 是歲 南
 方饑饉 草竊蜂起 戍卒皆食半菽 太祖盡心救恤 賴以全活."
33) 『高麗史』 권27, 세가27, 원종 12년 3월, "慶尙全羅貢賦 皆未得陸輸 必以水運 今
 逆賊據於珍島 玆乃水程之咽喉 使往來船楫不得過行 其軍糧牛料種子 雖欲徵斂致
 之無路."

해 유추해 볼 수 있듯이, 진도를 통항하는 해상교통로는 1270년 당시 조세
와 군량, 종자, 우마의 사료 등이 운송되던 핵심 항로였다. 그러나 이 항로
는 삼별초의 군대가 진도를 장악하자 물자의 이송이 불가능하게 되었다.
진도가 지닌 해상교통로의 이점은 왕건이 수군활동을 벌이던 시기에도 별
다른 차이가 없었을 것이다. 왕건은 진도 해역이 지닌 전략 전술적인 이점
을 현지민들과의 유대관계 속에서 적극적으로 활용하였을 것이다. 여수와
순천을 위시한 인근 남해안지방에 친후백제적인 성향을 띤 호족들이 활동
하였다고 하는 견해에[34] 주목하자면 왕건이 공취한 진도는 남해상에 근거
지를 두고 활동하였을 친후백제적 해상세력들과 후백제 수군들의 군사적인
도전에 효과적으로 대응하는 방어 거점으로 활용되어졌을 가능성이 높다.

반면에 진도는 고려의 수군이 남해안 방면으로 진출하면서 해상권을 확
대하는 전략적인 거점으로도 활용되어졌을 것이다. 정청주의 견해에 따르
면, 918년 고려 건국 후 왕건의 해상활동은 남해안의 康州(진주)지방으로
확대되는 추세였다고 한다.[35] 920년 1월에 강주의 장군 尹雄이 고려로 歸
附해온 사례가 전하는데,[36] 그 경로는 해상 방면으로부터 나주를 경유하는
해로였다고 한다. 또한 동년 10월에 고려의 군사들이 大良城(대야성)과 仇
史郡(창원), 進禮郡(김해시 진례면)까지 출병하여 그곳에 주둔하고 있던 견
훤의 군사들을 퇴각시켰는데,[37] 이때의 이동 경로 역시 해로였다고 한다.
고려군이 이동한 경로 모두를 해로로 파악하는 것에 의문이 없지 않지만,
훗날 고려의 수군이 수륙 양면으로 격화되던 전쟁을 주도하기 위해 남해안
방면으로 진출하였던 것은 명백하다. 왕건이 927년(태조 10) 4월에 파견한

---

34) 鄭淸柱, 「新羅末·高麗初 順天地域의 豪族」『全南史學』18, 2002 ; 姜鳳龍, 앞의
   논문, 2002 ; 邊東明, 「金惣의 城隍神 推仰과 麗水·順天」『歷史學硏究』22, 2004 ;
   李道學, 「新羅末 甄萱의 勢力 形成과 交易」『新羅文化』28, 동국대 신라문화연구
   소, 2006 참조.
35) 정청주, 앞의 논문, 2015, 46쪽.
36) 『高麗史』권1, 세가1, 태조 3년 정월.
37) 『高麗史』권1, 세가1, 태조 3년 10월.

고려의 수군장수 英昌과 能式 등이 수군을 거느리고 강주를 공략하였다고
하는 기록은[38] 비록 뒷 시기의 사실이지만 고려의 수군이 남해안 방면에까
지 진출하여 해상권을 확대하였음을 입증한다. 아마도 이 시기에 남해안 일
대를 대상으로 원정작전을 벌였던 고려의 수군은 나주를 출발하여 진도를
거쳐 고이도에 잠시 머무른 다음 東進하여 강주 공략을 감행하였거나, 나주
를 출발한 뒤 남해안으로 진입하기에 앞서 진도 해역의 조수 시간대를 고
려하여 이 섬을 중간거점으로 활용하였을 가능성도 없지 않다. 여러 가능성
속에서 유의해볼 점은 왕건이 진도를 비롯한 서남해역에 산재한 여러 도서
지방을 해상권을 확대하는 전략거점으로 적극 활용하였으리라는 점이다.

왕건은 서남해 도서지방을 전쟁 수행에 소요되는 자산을 확보하는 거점
으로도 적극 활용하였다. 즉 전쟁지속능력을 보장해주는 전략물자의 확보
공간으로 활용하였다. 이러한 사실은 서남해 도서지방에서 인력을 확보하
여 군사활동을 뒷받침하는 병력으로 활용하였음직한 사례를 통해 입증된
다. 유금필이 930년 초에 백령도와 포을도에서 벌인 군사활동은 그러한 사
례와 잘 부합한다.[39] 당시 유금필은 죄인의 몸으로 백령도에 유배되어 있
던 처지였다. 신체적으로 자유롭지 못한 처지였음에도 불구하고 유금필은
후백제 수군이 서해로 북상하면서 大牛島[40]를 공략하던 상황을 접수한 뒤
백령도와 포을도의 장정들을 선발하여 군대에 충원하고 전함을 수리하여
방어하게끔 하였다. 백령도가 890년 후반 즈음에 궁예정권의 영향하에 들
어갔던 사정을 상기해볼 때[41] 도서민들을 대상으로 하던 군대 편입과 노동

---

38) 『高麗史』 권1, 세가1, 태조 10년 夏4월, "壬戌 遣海軍將軍英昌能式等 率舟師往擊
   康州 下轉伊山老浦平西山突山等四鄕 虜人物而還."
39) 『高麗史』 권92, 열전5, 유금필.
40) 대우도의 위치에 대해서는 경기도 남양 해상에 위치한 대부도, 압록강 하구 용천
   군에 위치한 섬으로 파악하기도 하였으나 필자는 현재의 충남 서산시 지곡면 도
   성리 앞 바다에 위치한 대우도로 파악한다. 이에 대한 비판적 검토는 신성재, 앞
   의 논문, 2016, 276~279쪽 참조.
41) 이에 대해서는 제 Ⅱ장에서 진성여왕대 거타지 설화를 해석하면서 백령도가 대

력 징발은 가능한 일이었을 것이다. 그러나 이러한 인력의 확보와 활용이
정권의 영향력하에 있던 도서지방에만 국한된 것은 아니었던 것 같다. 수
군을 동원하여 원정작전을 벌이는 경우에도 확보되어졌다고 보여진다. 왕
건이 927년에 파견한 영창을 비롯한 고려의 수군이 남해안의 강주와 주변
도서지방을 공략한 사례를 보면 4개의 도서를 함락시키고 사람과 물자를
포획해온 사실이 확인된다.[42] 이 때 사로잡혀온 사람들은 부족해진 병력에
충당되거나 전쟁 물자를 생산하는 노역이나 부역 등에 활용되어졌을 것이
고, 포획된 물자 중 곡식은 전투에 소요되는 군량으로 쓰여졌음직하다. 왕
건이 공취한 진도와 자발적으로 항복해온 고이도에서도 인력과 군량의 공
수급이 이루어졌을 것으로 짐작된다.

　인력 및 군량과 함께 전쟁을 수행하는데 요구되는 전략물자 또한 도서
지방과 해안지방으로부터 확보되어졌을 것이다. 당시 왕건이 주목한 전략
물자는 군용으로 사용하던 말과 소금이었다. 기병들이 전투시에 운용하는
군마는 매우 중요한 전략물자에 해당한다. 기병은 속도전과 돌파력에 강하
고 보병들보다 뛰어난 전투력을 발휘하기 때문에[43] 전쟁을 효과적으로 수
행하기 위해서는 안정적인 공수급이 필수적으로 이루어져야 한다. 그런데
흥미로운 점은 군마로 사용되는 상당량의 마필이 서남해 도서지방에서 방
목되고 있었다는 점이다. 도서지방이 목마장으로 활용되었던 이유는 기후
적 조건이 겨울철에도 춥지 않고, 목초를 쉽게 얻을 수 있는 양호한 목축
환경을 갖추고 있었기 때문이었다.[44] 특히 전라도 지역은 겨울철에도 춥지
않은 관계로 목마가 풀을 얻을 수 있었기에 牧馬場으로 적합하였다.[45] 신

　략 890년 후반기에 이르면서 궁예정권의 영향하에 들어간 것으로 추론하였다.
42) 『高麗史』 권1, 세가1 태조 10년 夏4월. 고려 수군의 공략 대상이 된 轉(尹)山·老
　　浦·平西山·突山 등 4개의 도서지방에 대한 위치는 姜鳳龍, 앞의 논문, 2002, 130
　　쪽 ; 문안식, 『후백제 전쟁사 연구』, 혜안, 2008, 147쪽 참조.
43) 평지의 경우 기병 1기는 보병 8인에 필적하고, 산악 지형의 경우에는 보병 4인에
　　필적할 정도였다고 한다(『六韜』 권6, 견도 균병55).
44) 『世宗實錄』 권33, 세종 8년 8월 8일 기사.

라가 삼국을 통일한 이래 조선왕조에 이르기까지 대다수의 목장이 한반도 서남해 도서지방을 중심으로 운영되었던 것은 결코 우연이 아닌 것이다.[46]

서남해 도서지방이 목마장으로 적극 운영되었던 실질적인 사례는 932년(태조 15) 예성강 수역으로 침투한 후백제의 수군이 고려의 전함들을 불태워버리고 猪山島에서 방목하고 있던 말 300필을 약탈해갔다고 하는 기록을 통해 입증된다.[47] 또 견훤이 924년에 왕건에게 사절단을 파견하면서 絶影島에서 기른 말을 보낸 경우를 통해서도 짐작해볼 수 있다.[48] 9세기 중반대 기록이지만 당나라에서 불법을 수학하고 귀국길에 올랐던 일본 승려 圓仁이 신라의 남쪽 경계 지역에 위치한 雁島를 왕실의 말을 기르던 섬이었다고 기록한 점이나[49] 신라시대 재상가들이 海中에서 우마를 길렀다고 하는 기록[50] 역시 이를 뒷받침한다. 조선 태종 13년(1413) 제주도에서 사육하던 말을 진도로 옮겨 사육하자는 논의를 통해 이듬해에 암수 목마 1,800필을 옮겨 진도 목장을 운영하였던 사례가 있는데,[51] 이전 왕조대부터 진도가 목장으로 활용되어졌거나 방목하기에 적합한 도서로 인식되었기에 가능하였을 것이다. 고려와 후백제가 벌인 최후 결전인 一利川 전투 기록을 보면 왕건이 후백제군을 정벌하기 위해 무려 49,500명의 기병들을 동원하였음이 확인된다.[52] 물론 이 기병들 중에는 북방의 이민족들로 구성된 諸蕃勁騎兵 9,500명이 포함되었다. 그러나 이를 감안하더라도 일시에

45) 김경옥, 『朝鮮後期 島嶼硏究』, 혜안, 2004, 68쪽.
46) 高慶錫, 「장보고 세력의 경제적 기반과 신라 서남해 지역」 『韓國古代史硏究』 39, 2005, 219쪽.
47) 『三國史記』 권50, 열전, 견훤.
48) 『高麗史』 권1, 세가1, 태조 7년 8월.
49) 『入唐求法巡禮行記』 권4, 회창 7년 9월 8일.
50) 『新唐書』 권220, 신라.
51) 『太宗實錄』 권27, 태종 14년 1월 6일 신사.
52) 『高麗史』 권2, 세가2, 태조 19년 秋9월 ; 『高麗史節要』 권1, 태조신성대왕 태조 19년 秋9월. 정벌군의 총 병력은 87,500명이었고, 이 중에서 기병이 49,500명이었다.

동원된 40,000명의 기병은 대단한 규모가 아닐 수 없다.[53] 왕건이 통일전쟁에 소요되는 군마들을 지방의 호족들로부터 체계적으로 확보하였음은 물론 정권 차원에서도 서남해 도서지방과 같은 방목 공간으로부터 안정적으로 수급하는 체계를 구축하였음을 짐작케 한다.

군마 못지않게 소금 역시 중요하게 취급되던 전략물자의 하나였다. 소금은 평상시 인간이 삶을 영위하기 위해서는 물론이거니와 전시에도 중요하다. 소금은 장에 기생하는 기생충과 그로 인해 발생하는 질병을 구제하는 약으로 여겨졌고, 출혈로 실신한 사람을 치료하거나 수술 후 생기는 상처의 치료제로도 널리 사용되었다.[54] 이러한 까닭으로 말미암아 고대 이래 소금의 생산과 유통 과정에는 국가 권력이 깊숙이 개입하는 경우가 많았다. 삼국시대 각 지역이나 성에는 소금을 보관하는 창고(鹽庫)가 존재하였다. 후삼국전쟁기에도 소금을 보관하는 창고는 존재하였고, 비축해둔 소금은 군사활동에 적극 활용되었다. 왕건이 후삼국을 통일하는데 기여한 李悤言이라는 인물의 일대기를 적은 열전 기록은 이를 잘 말해준다. 기록에 따르면, 이총언은 신라 말기에 碧珍郡(성주)[55]를 수호하던 호족이었다. 이총언의 인물됨을 눈여겨본 왕건은 그에게 사자를 보내어 서로 합심하여 난세를 평정할 것을 설득하였다. 왕건의 의중을 알아차린 이총언은 후삼국전쟁 기간 동안 고려를 경제군사적으로 지원하였다. 왕건은 이총언의 협력에 대한 대가로 그를 本邑將軍에 임명하고 충주, 원주, 廣州(하남), 竹州(안성), 堤州(제천) 창고에 보관하던 곡식 2,200석과 소금 1,785석을 하사하였다.[56]

왕건이 이총언에게 하사한 소금 1,785석은 장기전으로 격화되던 후삼국전쟁에서 전략물자로 중시되었음을 상징적으로 보여준다. 아울러 왕건

53) 왕건이 동원한 정벌군의 병종 구성 및 부대 편성은 류영철, 『高麗의 後三國 統一 過程 硏究』, 景仁文化社, 2004, 211~212쪽 ; 신성재, 「일리천전투와 고려태조 왕건의 전략전술」 『韓國古代史硏究』 61, 2011b, 343~345쪽 참조.
54) 새뮤얼 애드셰드 지음·박영준 옮김, 『소금과 문명』, 지호, 2001, 54~55쪽.
55) 류영철, 앞의 책, 2004, 75쪽.
56) 『高麗史』 권92, 열전5, 왕순식 부 이총언.

이 수군활동을 통해 서남해 도서지방과 주변 해안지방을 공략하는 시기부
터 소금을 꾸준히 확보하고 이를 내륙에 위치한 거점으로 운송하는 항로를
개척하였음을 보여준다.[57] 앞서 열거한 충주, 원주, 광주, 죽주, 제천 지방
에 설치된 창고가 한강 및 남한강 수로와 연결되는 요충지에 위치하고 있
음은[58] 해안지방과 도서지방에서 생산되던 소금이 해로와 내륙 수로를 따
라 운송·보관되어지던 사정을 적절히 설명해준다. 전매제가 시행되던 고
려후기에 소금을 생산하는 鹽盆의 70% 이상이 下三道에 해당하는 양광도,
전라도, 경상도에 집중적으로 설치되었다고 하는 사실[59] 역시 후삼국이 상
쟁하던 시기에 서남해 도서지방으로부터 다량의 소금이 생산 및 유통되고
있었음을 시사해준다.

고려 의종대(1147~1170)에 활동한 尹承解의 묘지명에는, 공이 진도지
방에 현령으로 부임했을 당시 진도민들이 어염의 이익을 믿고 농사에 힘쓰
지 않고 있다는 기록이 전한다.[60] 권문세족들의 토지 겸병과 침탈에 따라
민들이 토지로부터 이탈하여 제염업으로 전업하던 실상을 전하는 기록이
지만,[61] 이를 통해 진도지방이 고대 시기 이래 전통적으로 소금 생산에 큰
역할을 하였음을 짐작해볼 수 있다. 이러한 사실은 후삼국전쟁기에도 서남
해 도서지방에서 소금이 생산되고 있었음을 반영하는 것으로, 생산된 소금
은 해상교통로와 수로를 따라 전략적 요충지로 운송되어지면서 왕건이 주
도하는 후삼국 통일전쟁에 전략자산으로 활용되어졌을 것이다.

---

57) 신성재, 앞의 논문, 2012, 63~64쪽(앞의 책, 2016, 101~103쪽).
58) 신성재, 앞의 논문, 2011b, 367쪽.
59) 高慶錫, 앞의 논문, 2005, 219~220쪽. 충선왕대에 설치된 염분은 양광도 126, 경
   상도 174, 전라도 126, 평양도 98, 강릉도 43, 서해도 49개소였다(『高麗史』 권
   79, 지33 식화2 염법 충선왕 원년 2월).
60) 『東國李相國集』권35, 碑銘·墓誌 登仕郎 檢校尙書戶部侍郎 行尙書都官員外郎 賜
   紫金魚袋 尹公墓誌銘.
61) 權寧國, 「14세기 榷鹽制의 成立과 運用」『韓國史論』13, 서울大國史學科, 1985,
   17쪽.

Ⅳ. 왕건의 도서지방 경략과 해양사적 의미

주지하듯이 왕건의 서남해 도서지방 경략은 궁예가 통치하던 시절부터 후삼국전쟁을 주도적으로 수행하기 위한 전략적인 목표하에 추진된 것이었다. 신라를 둘러싸고 견훤과 전쟁 주도권 장악을 다투던 왕건은 903년 3월에 후백제의 배후에 위치한 나주를 기습적으로 공취하였다. 이후 왕건은 나주를 후백제의 배후를 견제하는 전략거점이자 수군활동을 수행하는 근거지로 삼았고, 이를 발판으로 서남해 도서지방을 경략하는 본격적인 행보에 나섰다. 왕건은 909년부터 914년에 이르기까지 수군활동을 집중적으로 전개하여 나주에 대한 지배력을 공고히 하는 한편 서남해 주요 도서지방을 확보하였다. 이 때 확보한 진도, 압해도, 고이도 등 주요 도서지방은 고려 왕조 등장 이후 해상권을 확대하는데 중요한 거점으로 이용되었고, 궁극적으로는 고려의 후삼국 통일에 핵심적인 전략거점으로 활용되었다. 나아가 도서지방을 경략하는 과정 속에서 축적된 수군운용 경험과 해상권 장악, 해상교통 보장을 위한 노력 등은 해양사적인 측면에서 당대는 물론 후삼국 통일 이후의 시기에도 커다란 영향을 끼쳤다.

해양사적인 차원에서 왕건의 서남해 도서지방 경략은 무엇보다도 고려의 후삼국 통일을 해양으로부터 이룩하게끔 하는 효과를 보이게 하였다. 이는 서남해 도서지방에 대한 지속적인 해상권 장악 노력과 그에 따른 안정적인 해상교통 보장이 정치적인 효과로 이어진 사실을 통해 입증된다. 왕건은 903년 나주지역을 공취한 이래 서남해 도서지방에 대한 해상권을 장악하기 위해 지속적인 노력을 기울였다.[62] 비록 후백제가 930년대에 이르러 나주지역을 6년 동안이나 점령함에 따라 일시적으로 해상권을 상실당하기도 하였지만[63] 유금필의 활약으로 935년에는 해상권을 다시금 확보

---

62) 신성재, 앞의 논문, 2010, 212~222 ; 신성재, 앞의 논문, 2012, 48~73쪽(앞의 책, 2016, 25~38쪽 및 84~112쪽) 참조.
63) 『高麗史』 권92, 열전5, 유금필. 후백제에게 나주지역을 점령당한 6년의 구체적인

하면서 송악과 나주를 연결하는 해상교통을 재개할 수 있게 되었다. 나주
로부터 松嶽으로 이어지는 해상교통로를 안정적으로 보호하는 왕건의 수
군활동은 견훤이 해로를 경유하여 고려 정부로 망명을 결정하는데 정치군
사적으로 중요한 기반이 되었다. 후백제의 내분으로 금산사에 갇혀 있던
견훤이, "막내 아들 能乂, 딸 哀福, 애첩 姑比 등을 데리고 나주로 도망해와
입조를 청해오자 장군 유금필과 대광 萬歲, 원보 香乂·吳淡·能宣·忠質 등
을 보내어 군선 40여척으로 해로를 경유하여 맞아오게 하였다"고 하는
935년(태조 18) 6월의 기록은[64] 이 같은 사실을 단적으로 보여준다. 왕건
이 송악과 서남해 도서지방, 나주를 연결하는 해역을 대상으로 추진한 해
상권 장악 노력과 해상교통을 보장하기 위한 수군활동이 결과적으로 바닷
길을 통한 후백제왕 견훤의 망명을 가능케 함으로써 후삼국을 통일하는 전
쟁에서 정치적인 명분을 거머쥐게 하였던 것이다.

　왕건의 서남해 도서지방 경략은 후삼국 통일의 경제군사적 기반으로 크
게 활용되었던 점에서도 해양사적인 의미를 갖는다. 인간의 삶에 있어 평
화의 시기에도 경제적 비용은 늘 발생한다. 그런데 전시체제하에서는 평상
시에 비해 월등히 많은 자산 소요가 발생한다. 인력은 물론이고 물자의 수
요 또한 그 규모가 월등히 크다. 이 같은 양상은 전쟁 초기보다 대결구도
가 격화되어 가는 후반부로 갈수록 더욱 심해지기 마련이다. 왕건이 후삼
국 통일을 2년여 앞둔 934년(태조 17)에 禮山鎭에 행차하여 내린 조서에는
그러한 분위기가 역력히 묻어난다. 남자는 모두 군대에 나갈 정도로 병력
소모가 심각하게 발생하고 있었고, 여자들 역시 부역에 동원되어 고통을
견디지 못한 백성들이 도망하는 사례가 허다한 실정이었다.[65] 전란기를 살

시기에 대해서는 신성재, 앞의 논문, 2012, 69~71쪽(앞의 책, 2016, 107~109쪽)
　참조.
64)『高麗史』권2, 세가2, 태조 18년 夏6월, "甄萱與季男能乂女哀福嬖妾姑比等 奔羅
　州請入朝 遣將軍庾黔弼大匡萬歲元甫香乂吳淡能宣忠質等 領軍船四十餘艘 由海路
　迎之."
65)『高麗史』권2, 세가2, 태조 17년 夏5월 을사, "幸禮山鎭 詔曰 … 由是男盡從戎

았던 민들의 참혹한 실상을 전하는 사례지만, 당시에는 인력과 물자의 공
급이 그야말로 절실하게 요구되던 상황이었다. 왕건은 이러한 인적·물적
자산을 서남해 도서지방으로부터 적극적으로 확보하였다.

> 14년(1388) 8월에 憲司가 상소하기를, "여러 섬에서 나오는 어염의 이익과
> 목축의 번성, 해산물의 풍요로움은 국가에서 없어서는 안될 것입니다. 우리 神
> 聖이 아직 신라와 백제를 평정하지 못하였을 때에 먼저 수군을 다스려 친히 樓
> 船을 타고 錦城에 내려가 그곳을 점령하니 여러 섬의 이익이 모두 국가의 자원
> 으로 속하게 되었고, 그 재력으로 마침내 三韓을 하나로 통일하였습니다."[66]

위는 왜구의 거듭된 침탈로 고려의 연해안 지방이 황폐화되어가자 憲司
가 이를 해결하기 위해 1388년(우왕 14) 8월에 건의한 여러 방책 중 하나로,
왕건이 서남해역을 대상으로 벌인 수군활동과 도서지방이 지닌 전략적 가치
를 엿볼 수 있는 기록이다. 『고려사절요』에는 헌사가 아닌 당시 전제 개혁을
주창하던 趙浚이 위와 동일한 내용의 상소문을 올린 것으로 나온다.[67]

헌사의 관리들이 올린 상소문을 통해 알 수 있듯이, 전근대 시기 도서
지방은 국가의 통치와 경영에 소요되는 물자를 충당해주던 특별한 공간이
었다. 특히 서남해 도서지방은 국정 운영에서 없어서는 안될 공간이었다.
그 이유는 도서지방에서 생산되는 물고기와 소금의 이익, 말과 가축의 번
성함, 해산물의 풍요로움이 평상시 국정 운영의 중요한 부분을 차지하였기
때문이었다. 그런데 이러한 물자는 전시의 상황에서는 더욱 긴요하게 취급
되던 것이었다. 앞서 언급한 것처럼 특히 소금은 병사들의 질병 치료와 생

　婦猶在役 不忍勞苦 或逃匿山林 或號訴官府者 不知幾許."

66)『高麗史』권82, 지36, 병2 둔전, 신우 14년 8월, "憲司上疏曰 諸島魚鹽之利 畜牧
　之蕃 海産之饒 國家之不可無者也 我神聖之未定新羅百濟也 先理水軍 親御樓船 下
　錦城而有之 諸島之利 皆屬國家資 其財力遂一三韓."

67)『高麗史節要』권33, 우왕4 신우 14년 8월.

명 연장에 필수적이었고, 말은 기병들의 전투 수단이었기 때문에 전쟁을 수행하기 위해서는 꼭 확보해야 할 전략물자였다.

왕건은 소금과 말로 대표되는 전략물자를 궁예가 통치하던 시절부터 꾸준히 확보하는 방책을 강구하여 실행하였다.[68] 왕건이 아직 신라와 백제를 평정하지 못하였을 때에 먼저 수군을 다스려 친히 樓船을 타고 錦城(나주)에 내려가 정벌하였다고 하는 기록은 나주를 통일전쟁을 수행하는 전략거점으로 삼는 한편 전략물자를 확보하기 위해 수군을 핵심적인 수단으로 운용하였던 사정을 짐작케 한다. 왕건은 이를 바탕으로 나주와 서남해 도서지방, 서해 중북부 항로를 거쳐 송악을 연결하는 해상운송망을 구축하였다. 왕건이 금성을 점령하니 여러 섬의 이익이 모두 국가의 자원으로 속하게 되었다고 하는 내용은 나주와 서남해 도서지방으로부터 확보되던 소금과 말, 인력 등이 왕도인 송악과 전략적 요충지로 운송되어지던 사정을 설명해준다. 이러한 사실은 왕건이 서남해 도서지방으로부터 생산되던 전략물자의 가치에 주목하여 수군을 동원하여 이를 확보하는 군사활동을 지속적으로 전개하였고, 이러한 점을 중시한 수군활동이 후삼국을 통일하는데 있어 결정적인 경제군사적 기반이 되었음을 반영한다. 헌사의 관리들이 역설한 바와 같이 왕건이 이룩한 후삼국 통일은 실로 서남해의 여러 섬으로부터 나오던 경제군사적 재력에 기반한 것이었다.

왕건이 서남해 도서지방을 경략하였던 경험과 수군활동은 후삼국 통일 이후 고려 왕조의 조세운송체계의 형성에도 큰 기여를 하였던 것으로도 여겨진다.

---

68) 말과 소금으로 대표되는 전략물자의 확보는 왕건이 903년에 금성군을 공취한 이후 911년에 금성군이 나주로 격상되고, 또한 912년에 왕건이 덕진포에서 후백제 수군을 대파하여 이 지역에 대한 지배권을 확고하게 장악하던 시점부터 더욱 활발하게 추진되었던 것으로 추정된다. 신성재, 앞의 논문, 2010, 223~224쪽(앞의 책, 2016, 39~40쪽) 참조.

　　국초에 남도의 水郡에 12개의 倉을 설치하였다. 忠州에는 德興을, 原州에는
興元을, 牙州에는 河陽을, 富城에는 永豐을, 保安에는 安興을, 臨陂에는 鎭城을,
羅州에는 海陵을, 靈光에는 芙蓉을, 靈岩에는 長興을, 昇州에는 海龍을, 泗州에
는 通陽을, 合浦에는 石頭를 설치하였다.[69]

　　위 기록은 고려가 건국 초기에 남도지방을 대상으로 운영하였다고 전해
지는 12개 조창의 존재이다. 고려는 후삼국을 통일한 뒤 수로와 연결되는
남도 지방의 여러 군들을 대상으로 조세를 보관 및 운송하는데 거점이 되
는 倉을 설치하여 운영하였다. 이들이 설치된 시점은 명확하지 않으나, 고
려가 건국하던 초창기부터 점진적으로 설치하여 운영하였던 것 같다. 이들
조창은 대체로 충청·전라·경상도의 서해와 남해 바닷길과 연결되는 연해안
의 주요 길목에 설치되어 있다. 그런데 흥미로운 사실은 고려가 운영한 조
창 중 충주에 설치된 德興倉과 원주에 설치된 興元倉, 나주에 설치된 海陵
倉이다. 그 이유는 이들 창고가 왕건이 서남해 도서지방을 대상으로 수군활
동을 벌이며 확보한 전략물자의 운송 거점과 무관치 않아 보이기 때문이다.
　　기왕의 연구에 따르면 덕흥창은 수운이 편리한 충주의 서쪽 10리 金遷
서쪽 언덕의 麗水浦에 위치하였다고 한다. 흥원창은 횡성의 동북쪽 덕고산
에서 발원한 蟾江이 횡성과 원주 서쪽을 지나 남한강에 합류하는 지점에
위치한다. 해룡창은 나주의 通津浦에 위치하였고, 고려 말이 되면 이곳에
藍浦鎭이 설치되기도 하였다.[70] 대체로 해로와 수로가 연결되는 곳에 위치
한 이들 조창지는 일찍이 후삼국 전쟁이 한창이던 시기부터 왕건에게 주목

---

69) 『高麗史』 권79, 지33, 식화2 조운, "國初南道水郡置十二倉 忠州曰德興 原州曰興
　　 元 牙州曰河陽 富城曰永豐 保安曰安興 臨陂曰鎭城 羅州曰海陵 靈光曰芙蓉 靈岩
　　 曰長興 昇州曰海龍 泗州曰通陽 合浦曰石頭." 고려는 남도 지방의 12개 水郡에 더
　　 하여 서해도의 장연현에 안란창을 설치하여 모두 13개의 조창을 운영하였다.
70) 한정훈, 「고려시대 13조창과 주변 교통로 연구」 『한국중세사연구』 23, 2007,
　　 155~169쪽.

을 받았을 가능성이 높다. 그 직접적인 근거는 앞서 인용한 왕건의 후삼국 통일전쟁을 지원한 이총언이 그 대가로 충주와 원주창에 보관하던 곡식 2,200석과 소금 1,785석을 하사받은 경우를 통해 확인할 수 있다.[71] 해릉창의 경우 왕건이 나주를 공취하던 903년 이후 어느 시점부터 곡식과 물자를 보관하는 창고로 활용되어졌을 가능성이 있다. 물론 고려 건국 초기에 설치된 덕흥창과 흥원창이 왕건이 이총언에게 하사한 곡식과 소금을 보관하던 충주창 및 원주창의 위치와 동일하였던 것으로 확신하기는 어렵다. 그러나 충주와 원주지방이 한강과 남한강 수로를 통해 연결되는 전략적 요충지에 위치하였던 점을 감안한다면,[72] 고려가 국초부터 남도 지방에서 운영하였다고 하는 12개의 조창 중 일부는 왕건이 서남해 도서지방을 대상으로 경제군사적 재원을 확충하던 시기부터 개척되어졌던 것이 아닌가 여겨진다. 고려 왕조가 훗날에 60浦制를 근간으로 12漕倉制를 운영할 수 있었던 것은[73] 시원적이나마 왕건의 서남해 도서지방 경략과 이들을 연결하는 해로와 수상교통망의 확보 노력이 그 기반이 되었던 것이 아닌가 추정해봄직하다. 이러한 추정은 왕건이 서남해 도서지방을 대상으로 추진한 경략활동이 통일 이후 고려 왕조의 조세운송시스템 구축에 근간을 형성하였음은 물론 국가의 재정 운영과 지방지배에도 큰 역할을 담당하였음을 시사해준다 하겠다.

한편 왕건의 서남해 도서지방 경략과 이에 따른 수군활동은 장기적인 차원에서 보아 고려와 조선 왕조의 군선 발달에도 영향을 끼쳤음직하다. 왕건은 수군활동을 시작하는 초기부터 정주지방을 수군기지로 운영하였다. 그는 수군기지 정주에서 전함을 수리하는가 하면[74] 원정작전을 수행하기 위해 새로이 전함을 대거 건조하기도 하였다.

---

71) 『高麗史』 권92, 열전5, 왕순식 부 이총언.
72) 신성재, 앞의 논문, 2011b, 367쪽.
73) 이에 대해서는 한정훈, 「고려 초기 60浦制의 실시와 그 의미」 『지역과 역사』 25, 2009, 131~157쪽 참조.
74) 『高麗史』 권1, 세가1, 태조 양 개평 3년.

> 태조는 舟舸 백여 척을 증치하였는데, 그 중 대선 10여척은 각 方이 16步요, 그 위에는 樓櫓를 세웠는데 가히 말을 달릴 만하였다. 군사 3천여 명을 거느리고 군량을 싣고 나주로 갔다.[75]

위는 궁예가 통치하던 말기에 왕건이 추진한 전함 건조 상황을 보여주는 기록으로 그 시기는 대체로 914년 이후의 일로 사료된다.[76] 이 기록에서 주목되는 것은 왕건이 추가적으로 건조한 군선 100여 척 중 대선 10여 척의 존재이다. 이들 대선은 그 크기가 각 方이 16步이고, 그 위에는 樓櫓를 세웠는데 가히 말을 달릴 정도였던 것처럼 장대하게 묘사되어 있다. 근래에 미터법으로 환산한 견해에 따르면 이 선박의 길이는 약 31미터에 달한다고 한다.[77] 이 정도 크기라고 한다면 당시로서는 보기 드문 대형 군선이었던 것 같다. 이 군선들은 비록 속력이 느린 단점이 있지만, 선체가 높아 성벽과 같은 역할을 하므로 적병이 기어오르기 어려울뿐더러 병력을 많이 태울 수 있는 장점이 있어 실전에서는 집중 사격의 효과를 높일 수 있다.[78] 뿐만 아니라 한꺼번에 많은 양의 물자를 운송할 수도 있기 때문에 원정작전을 벌이는 상황에서는 유리한 측면이 있다. 아마도 왕건은 전술적인 측면에서의 전투 효용성과 원정작전시의 운송 활용능력 등을 고려하면서 대선들을 건조하였을 것이다. 927년(태조 10)에 남해안 강주지방을 원정하는 수군작전에 참가한 고려의 군선 중에는 궁예정권 말기에 건조된 크기와 유사한 규모의 군선들이 포함되었을 것이다.

왕건이 건조한 대형 군선과 이를 운용해본 경험은 뒷 시기 동여진 해적의 침입시에 활약한 고려의 군선 건조술에도 영향을 끼쳤던 것이 아닌가

---

75) 『高麗史』권1, 세가1, 태조 건화 4년 갑술, "太祖增治舟舸百餘艘 大船十數各方十六步 上起樓櫓可以馳馬 領軍三千餘人 載粮餉往羅州."

76) 신성재, 앞의 논문, 2012, 50쪽(앞의 책, 2016, 87쪽).

77) 곽유석, 『고려선의 구조와 조선기술』, 민속원, 2012, 37쪽. 오붕근『조선수군사』, 한국문화사, 1998, 107쪽에서는 대략 17.5~35미터로 파악하였다.

78) 임용한, 「고려후기 수군개혁과 전술변화」『軍史』54, 2005, 279쪽.

집작된다. 고려는 현종대에 이르면서부터 동북면 해안지방으로 침입해오던 동여진에게 시달리던 상황이었다. 이에 고려는 戈船 75척을 만들어 鎭溟口에 배치하는 등 이들의 침입에 대처하였다.[79] 당시 고려가 배치한 과선의 실체는 분명하지 않다. 다만 1019년(현종 10)에 이들 동여진에게 납치되었다가 구출된 일본 여인 石女가 남긴 기록에 따르면 고려의 군선은 선체가 크고 높았으며, 다량의 병장기를 보유하고 있었고, 배를 뒤집고 사람을 죽이는데 그 맹렬함을 감당할 수 없었다고 한다. 또한 선체의 구조는 2층으로 만들어져 있고, 위에는 櫓를 세웠다고 한다.[80] 현종대에 활약한 고려의 군선을 왕건이 건조한 대선과 곧바로 등치시키기에는 무리가 있을 수 있다. 그러나 선박의 규모면에서나 동일하게 누노를 설치하여 운용한 것으로 보아서는 현종대에 활약한 고려의 과선이 태조 왕건대에 건조하였던 대선의 형태나 구조적인 특징 등을 계승하였을 가능성을 배제하기 어렵다.

현종대에 활약한 고려의 군선과 그 조선 기술은 대몽항쟁기에 압해도민들이 건조하여 대응한 것으로 나오는 大艦[81]과도 어떤 연관성이 있지 않나 추정된다. 뿐만 아니라 고려가 몽고의 압력에 의해 일본을 정벌하기 위해 건조한 大船 300척에도[82] 영향을 끼쳤지않았나 여겨진다. 나아가 이와 같은 대선 중심의 군선 건조술과 운용체제는 그 뒷 시기에 등장하는 조선 왕조의 대형 중심의 군선체제에도 영향을 끼쳤던 것으로 보여진다. 근래 현종대 동여진 해적에게 납치되었다가 구출된 석녀가 남긴 기록에 주목하여 고려 수군의 전통적인 특징을 대선중심주의로 해석하는 견해가 제시된 바 있다.[83] 이 견해를 수용하는 입장에서 보자면 왕건이 건조하여 운용하였던

---

79) 『高麗史節要』 권3, 현종 즉위년 3월. 동여진 해적의 침입에 대한 고려의 대응은 이창섭, 「11세기 초 동여진 해전에 대한 고려의 대응」 『韓國史學報』 30, 2008, 91~104쪽 참조.
80) 「寬仁三年七月十三日 內藏石女等解申進申文事」(張東翼, 『日本古中世日本資料研究』, 서울대학교출판부, 2004, 88쪽).
81) 『高麗史』 권130, 열전43, 한홍보.
82) 『高麗史』 권27, 세가27, 원종 15년 6월.

대선은 시기적으로 얼마 떨어지지 않은 현종대의 군선 건조에도 일정한 영향을 끼쳤다고 보아도 무방할 것이다. 이러한 관점에서의 이해는 왕건이 서남해 도서지방을 경략하는 과정에서 축적한 조선술과 수군운용 경험이 고려 현종대와 대몽항쟁기를 거쳐 조선시대에까지 영향을 끼쳤음을 설명해준다 하겠다.[84]

요컨대 고려와 조선 왕조가 대선 중심의 군선을 건조하고 또한 이를 주력으로 해전을 수행하는 체제를 발전시켜 나아갈 수 있었던 근원적인 배경에는 왕건의 서남해 도서지방 경략과 그 과정에서 축적된 수군운용 경험이 제도적·기술적으로 변화 발전하면서 장기 지속적으로 영향을 끼쳤기 때문이 아닌가 여겨진다.[85]

V. 맺음말

왕건이 분열된 후삼국을 통일함에 있어 전쟁은 피할 수 없는 도전이자 과정이었다. 신라를 대체하는 새로운 왕조 건설을 추진하던 상황에서 왕건은 견훤과 한반도에 대한 패권 장악을 둘러싸고 전쟁을 벌일 수밖에 없었다. 양국이 주도하던 전쟁은 내륙지역은 물론 서남해안 지방에서도 치열한 양상을 띠고 전개되었다. 거의 반세기에 걸쳐 진행된 후삼국 통일전쟁은 왕건의 승리로 귀결되었고, 통합된 고려왕조가 출현하는 데에는 서남해역

83) 임용한, 앞의 논문, 2005, 276쪽.
84) 임용한은 고려전기 이래 대선 중심의 군선 운용이 고려 말기의 수군개혁을 거쳐 조선 왕조로 이어졌고, 임진왜란 승리 역시 대선 중심체제를 유지하면서 병선과 화기, 무기를 지속적으로 개량한 노력의 결실이었던 것으로 파악하였다(임용한, 앞의 논문, 2005, 301~302쪽).
85) 물론 여기에는 보다 앞선 시대인 삼국 및 통일신라시대의 해상활동과 우수한 조선술, 뛰어난 항해술이 장기지속적인 차원에서 영향을 끼쳤음을 부인할 수 없을 것이다.

을 무대로 활약한 수군과 수군활동을 통해 도서지방으로부터 확보한 경제
군사적인 기반이 크게 작용한 결과였다.

왕건이 서남해 도서지방을 확보하여 전략적 거점으로 삼을 수 있었던
배경에는 당시 이 지방을 중심으로 활동하던 해상세력의 존재 양태와 정치
사회적인 동향 등이 크게 작용한 결과였다. 후삼국간의 전쟁이 격화되어
가던 시기, 서남해 도서지방에서는 독자적인 역량을 갖춘 해상세력들이 등
장하여 활동하였다. 또한 이 지역에서는 강력한 외부세력의 영향력에 귀복
하면서 연대를 모색하고 실리를 추구하던 해상세력들도 존재하였다. 해양
지리적으로 특정 정권과 가까운 곳에 위치한 도서지방에 산거하던 해상세
력은 일찌감치 그 정권에 귀속되어 지지하는 입장을 표방하기도 하였다.
왕건은 이러한 분위기를 인식하고 회유를 통한 포섭을 시도하거나 강력한
수군력에 기초한 정벌을 통해 해상세력과 지역민들을 지지기반으로 확보
해 나아갔다. 이러한 노력에 따라 서남해의 주요 도서지방은 궁예정권과
고려를 지지하는 지방으로 변화되어 갔고, 이는 왕건이 서남해를 무대로
수군활동을 벌일 수 있는 직접적인 배경이 되었다.

왕건이 서남해 도서지방을 대상으로 수군활동을 벌이면서 해상권을 장
악하였던 것은 통일전쟁을 수행함에 있어 이들 도서지방이 전략적으로 유
용한 자산과 가치를 지니고 있었기 때문이었다. 우선 왕건은 진도, 고이도,
압해도 등이 지닌 군사전략적인 가치에 주목하여 이들 도서지방을 공취하
여 해상권을 확대하는 교두보로 삼았다. 특히 협수로가 형성된 진도는 남
해안 방면으로부터 침투해오는 해상세력과 후백제 수군을 방어하는 길목
이자 남해안으로 해상권을 확대하는데 있어 전략거점으로 활용하기 적합
한 곳이었다. 왕건은 서남해 도서지방을 통일전쟁에 소요되는 전략물자를
확보하는 거점이자 공간으로 주목하였다. 당시 서남해 도서지방에서는 전
쟁 수행에 소요되는 전략물자인 소금과 군마를 비롯하여 다수의 현지민들
이 활동하고 있었다. 왕건은 소금, 군마, 인력으로 대표되는 전략 자산을
확보하고 공급하기 위해 서남해 도서지방을 적극적으로 활용하였다.

해양사적인 차원에서 왕건의 서남해 도서지방 경략은 고려의 후삼국 통일에 직접적인 원동력이 되었다. 왕건이 통일전쟁 기간 동안 개척해놓은 나주와 송악을 연결하는 해상교통로를 경유하여 견훤이 귀부해온 사실은 이를 단적으로 입증한다. 왕건의 도서지방 경략은 후삼국 통일의 경제군사적 기반이 된 점에서도 해양사적인 의미를 갖는다. 전쟁물자로 긴요했던 소금, 군마, 인력의 상당량이 도서지방으로부터 확보되었는데, 이러한 자산들은 왕건이 후삼국을 통일하는 전쟁에서 유용한 인적·물적 기반으로 활용되었다. 고려 말기에 사헌부의 관리들이 인식한 것처럼, 왕건의 서남해 도서지방 경략은 국가운영에 필요한 자원의 확충을 가져오게끔 하였고, 확보된 자원은 후삼국 통일전쟁에서 핵심적인 재원으로 활용되었다.

왕건의 서남해 도서지방 경략은 후삼국 통일 이후 고려왕조의 조세운송 시스템의 구축과 효과적인 국정운영, 지방지배에도 큰 영향을 끼쳤다. 전란기에 나주와 송악, 중간 해역에 위치한 도서지방을 연결하는 운송체계는 내륙수로망의 개척과 물자의 운송을 가능하게 하였고, 이는 통일 이후 12개 중심의 조창제 성립에도 일정한 기여를 하였던 것으로 여겨진다. 장기간에 걸쳐 누적된 수군활동 경험과 대선을 중심으로 하는 조선술은 이어지는 현종대의 과선 운용과 대몽항쟁기의 대함 및 대선 건조술에도 영향을 끼쳤을 것이다. 나아가 이는 조선 왕조로까지 이어지면서 선박사적으로 큰 영향을 끼쳤던 것으로 짐작된다.

요컨대 해양사적인 차원에서 왕건의 서남해 도서지방 경략은 고려가 후삼국을 통일함에 있어 결정적인 기반이 되었음은 물론 통일 이후 고려의 국가 운영과 수군 발전에도 장기 지속적으로 커다란 영향을 끼친 매우 중대한 사건이었다고 할 수 있다.

* 이 글은 『한국중세사연구』 51(한국중세사학회, 2017)에
실린 글을 수정·보완한 것이다.

제3절
고려 전기 水軍의 운영

이 창 섭

(해군사관학교 해양연구소 충무공연구부장)

I. 머리말

水軍은 바다나 하천 또는 그 연안 등의 작전 지역에서 무력을 통하여 유리한 지위를 획득하며 적국의 활동을 방해함으로써 상대의 전쟁의지에 영향을 주는 군대이다. 여기에는 적 함대의 격파와 봉쇄, 연안에 대한 공격과 초계, 적 함대의 공격에 대한 방어, 자국의 해상 교통로를 포함한 해양경제활동은 보호하고 적의 해양경제활동은 봉쇄하는 등의 임무가 포함된다. 우리나라는 삼면이 바다로 둘러싸여 있는 지형상 특징 때문에 역사전개 과정에서 수군이 중요한 역할을 담당하였다. 이는 고려 왕조 성립 과정에서도 나타난다.

고려를 건국한 왕건은 궁예에게 귀부한 뒤 그 휘하에서 많은 軍功을 세웠는데, 그는 海戰과 陸戰에서 모두 뛰어난 능력을 발휘하였다. 이를 바탕으로 왕건은 빠르게 정치적 입지를 굳히고 세력을 확장하였다. 이 때문에 궁예의 견제를 받게된 왕건은 중앙 정계에서 몇 차례 물러났는데, 이때 海軍大將軍, 百船將軍과 같이 수군과 관련된 직책을 맡은 경우가 많았다.[1] 이는 궁예의 입장에서 왕건은 위협적인 존재였지만, 그럼에도 '수군 지휘관'으로서 왕건의 능력만큼은 궁예도 인정했다는 사실을 입증한다. 이런 면에서 적어도 고려 건국 직전까지 왕건과 수군 활동은 밀접하게 연결되어 있다.

고려를 건국한 뒤에는 왕건이 스스로 수군을 이끌고 전투를 벌이는 기록은 나타나지 않으나 왕건의 지휘 여부와 상관없이 고려 수군은 여전히 강력하였다. 이 수군력을 토대로 고려는 羅州와 康州 등 후백제의 후방 요지를 차지하기도 하고, 오랫동안 서해의 제해권도 확보하여 후백제의 대중국외교와 무역, 교통에 커다란 타격을 주었다.

---

[1] 『高麗史』 卷1, 世家 太祖 卽位前 開平 3年 己巳(909) ; 『三國史記』 卷50, 列傳 弓裔傳 乾化 4年 甲戌(914).

그런데 후삼국 통일전쟁 시기에 큰 역할을 했던 고려의 수군은 통일 후 그 활약상이 잘 나타나지 않는다. 동해안을 통하여 침략하는 동여진 해적을 막아내는 등, 수군이 작전을 벌인 기록을 찾을 수는 있으나 후삼국 통일전쟁 과정에서 보였던 수군의 위상, 수군의 전투력과 비교하면 고려 군제 확립 이후에는 수군 활동이 상대적으로 적게, 단편적으로 나타난다.

이같은 이유로 고려 전기 수군에 대한 본격적인 연구는 많지 않다. 당시 수군에 대한 연구 성과는 우선 海戰史를 서술하면서 散見되는 고려 전기 수군 관련 기록을 모아 정리한 연구에서 찾을 수 있다.[2] 그리고 후삼국 통일 과정에서 해상 세력이 끼친 영향을 밝히려고 시도하며 수군과 관련된 내용을 언급한 것도 있다.[3] 또한 兩界 등지의 해안을 방어하는 일종의 수군 사령부 기능을 담당했던 都部署에 대한 연구가 있고,[4] 그밖에 고려 군제에 대해 서술하면서 단편적으로 언급한 연구가 일부 있다.[5]

---

2) 海軍本部 政訓監室,『韓國海戰史』上, 海軍本部, 1962, 131~149쪽 ; 崔碩男,『韓國水軍活動史』, 鳴洋社, 1965, 57~85쪽 ; 俞炳勇·李允熙,「羅末 麗初 水軍과 海防」『研究報告』13, 1980 ; 오붕근 편,『조선수군사』, 사회과학출판사, 1991, 102~127쪽 ; 張學根,『韓國 海洋活動史』, 해군사관학교박물관, 1994, 102~120쪽.

3) 최근의 연구성과로는 다음과 같은 것이 있다.
姜鳳龍,「押海島의 번영과 쇠퇴 - 고대·고려시기의 압해도 - 」『島嶼文化』18, 2000 ;「後百濟 甄萱과 海上勢力 - 王建과 海上爭覇를 중심으로 - 」『歷史敎育』83, 2002 ;「羅末麗初 王建의 西南海地方 掌握과 그 背景」『島嶼文化』21, 2003.

4) 金南奎,「高麗都部署考」『史叢』11, 1966 ; 金好鍾,「東南海都部署使의 設置와 그 機能 - 金州本營을 中心으로 - 」『民族文化論叢』20, 1999, 129~136쪽.

5) 고려 군제를 서술하면서 수군에 대해 언급한 연구자들은 대체로 2군 6위의 하나인 千牛衛에 소속되어 있는 海領을 수군이라고 파악하고 있다. 이러한 입장을 수용한 연구성과로 다음의 것이 있다.
李基白,「高麗軍人考」『震檀學報』21, 1960 :『高麗兵制史研究』, 一潮閣, 1968 ; 洪元基,「高麗 二軍·六衛制의 性格」『韓國史研究』68, 1990 ; 鄭景鉉,『高麗前期 二軍六衛制 研究』, 서울대 박사학위논문, 1992.
그런데『高麗圖經』卷12, 仗衛2에 나타나는 龍虎下海軍의 모습을 근거로 하여 海軍은 해령과 監門軍을 포함한 諸衛의 특수군을 의미하는 것이 아닌가 하는 견해를 제시한 연구성과도 있다.

그런데, 韓國海戰史를 서술하면서 고려시대의 수군에 접근한 논저의 경우 사료를 그대로 옮겨 정리하는 데 머물거나, 혹은 각각의 해전에 관해 분석하면서 지나치게 논리적으로 비약한다는 한계가 있으며, 후삼국 통일과정을 서술하면서, 또는 고려 군제를 연구하면서 수군에 대해 언급한 논저는 '수군' 자체에 대해서는 피상적으로 접근하고 있음이 아쉽다. 都部署에 대한 연구를 빼면 고려 전기 수군에 대해 본격적으로 연구한 것은 찾기 어렵다.

이는 고려 전기 수군에 대한 사료가 많지 않으며, 남아있는 사료에서도 고려 전기 수군을 일목요연하게 설명할 수 있는 특정한 흐름을 쉽게 찾아낼 수 없기 때문이다. 이러한 제약이 고려 전기 수군의 모습을 복원하는 데 많은 어려움을 주지만, 그럼에도 남아있는 자료를 좀 더 세밀하게 검토하면 분명하게 밝혀지지 않은 더 많은 부분을 해명할 수 있다고 생각한다.

이 글에서는 먼저 수상에서 활동한 군대를 나타내는 사례를 사료에서 확인한 뒤 후삼국 통일전쟁 시기 이래 수군의 규모와 체계가 어떻게 변화하고 있는지 추적하고자 한다. 이때 자료 검토는 후삼국 시기부터 시작할 것인데, 이는 고려 수군이 泰封 수군을 계승하는 형태로 성립되었을 것이기 때문이다.[6]

이로써 후삼국 시기에서부터 고려 전기에 이르기까지 수군이 운영되었던 상황을 좀 더 분명히 알 수 있을 것이다. 이 정도의 탐구만으로 고려 수군의 세부 구성, 담당 업무 또는 군사제도의 차원에서 당시 수군이 차지하는 위치 등을 밝히는 데까지 이르지는 못할 것이나, 고려 시대 수군의 활동상 전체를 조망할 수 있는 기초를 마련하는 데 도움이 될 것이다.

이혜옥, 「고려 전기의 軍役制 - 保勝·精勇을 중심으로-」『國史館論叢』 46, 1993, 9~10쪽.
6) 金南奎, 「高麗의 水軍制度」『高麗軍制史』, 陸軍本部, 1983, 205쪽.

II. 수상 활동 군대의 명칭

고려 전기에 수상에서 활동한 군대가 어떻게 지칭되었는지 사료를 통해 살펴보겠다. 먼저 '水軍'이라는 명칭을 찾아볼 수 있다.

> 가-1) (乾化) 4년 甲戌(914)에 궁예가 또 이르기를 水軍帥가 賤하여 적을 위압하는 데 부족하다 하고는 태조를 시중에서 해임하여 다시 水軍을 거느리게 하였다(『高麗史』 卷1, 世家 太祖 卽位前).
>
> 2) (문종 즉위년 7월) 辛巳에 制하기를 "八音島 水軍 殷質과 壤島 水軍 匡恊, 寬達, 英吉은 적을 사로잡은 공이 있으니 모두 中尹을 제수하라." 하였다 (『高麗史』 卷7, 世家 文宗).

가-1)에서 水軍은 모두 수상에서 활동하는 특정한 병종이나 군대를 일컫는다. 그런데 가-2)에서는 똑같이 水軍이라는 명칭이 쓰이지만 여기에서의 水軍은 병종 혹은 군대를 일컫는 명칭이 아니라 여기에 속하여 있는 병사 하나하나를 일컫는 말이다. 水軍은 병종과 병사를 포괄하는 폭넓은 개념으로 사용되었다.

다음으로는 '海軍'이라는 이름도 확인할 수 있다.

> 나-1) 梁 開平 3년 己巳에 태조는 궁예가 날로 교만하고 포악해지는 것을 보고 다시 閫外에 뜻을 두었는데, 마침 궁예가 나주의 일을 근심하다가 드디어 태조로 하여금 가서 진압하게 하고, 階를 올려 韓粲 海軍大將軍으로 삼았다(『高麗史』 卷1, 世家 太祖 卽位前).
>
> 2) (태조 10년 4월) 壬戌(927)에 海軍將軍 英昌과 能式 등을 보내어 舟師를 이끌고 가서 康州를 치게 하니 轉伊山, 老浦, 平西山, 突山 등 4鄕을 함락한 뒤 사람을 사로잡고 물자를 노획하여 돌아왔다(『高麗史』 卷1, 世家 太祖).
>
> 3) (문종) 23년 10월에 判하기를 "軍人으로 연로하고 몸에 병이 있는 자는

자손·친족이 대신할 것을 허락하고, 자손·친족이 없는 자는 나이가 70살이 될 때까지 監門衛에 開屬시키고 70살이 넘으면 단지 구분전 5결만 주고 나머지 토지는 회수하라. 海軍에 있어서도 또한 이 예에 의거하라" 하였다(『高麗史』 卷78, 食貨志 田制 田柴科).

나)를 살펴보면 海軍은 모두 수상에서 활동하는 병종이나 군대를 지칭하는 표현으로 쓰이고 있다. 단 나-3)의 경우에서는 海軍이 병종과 병사를 모두 가리키는 것으로 볼 여지가 있다. 여기에서 언급한 軍人은 육상에서 활동하는 병사라기보다는 병사 일반을 가리키는 것으로 보아야 하겠는데, 이 경우 '海軍에 있어서도'라는 말은 '해군이라는 병종에 있어서도' 혹은 '海軍에 속한 군인에 있어서도'라는 두 가지 뜻으로 모두 해석할 수 있다.

또 사료에서는 수상 활동 군대를 가리키는 이름으로 '舟師'도 자주 보인다.

다-1) 天復 3년 계해(903) 3월에 舟師를 거느리고 서해로부터 光州 지경에 이르러 錦城郡을 공격하여 빼앗고, 10여 군현을 쳐서 취하고는 인하여 금성을 고쳐 羅州라 한 뒤, 군사를 나누어 지키게 하고 돌아왔다(『高麗史』 卷1, 世家 太祖 卽位前).

2) (예종 3년 7월) 癸酉에 行營兵馬判官 御史 申顯 등이 舟師로 寧仁鎭에서 적을 쳐서 20급을 참하였다(『高麗史』 卷12, 世家 睿宗).

3) 이에 이르러 또 上將軍 李祿千과 大將軍 金台壽, 錄事 鄭俊, 尹惟翰, 軍候 魏通元 등을 보내어 서해로부터 舟師 50艘를 거느리고 토벌을 돕게 하였다(『高麗史』 卷98, 列傳 金富軾傳).

舟師에서 '師'는 사전적으로 軍隊라는 의미를 지니고 있다. 그래서 적어도 고려 전기의 기록에서 舟師가 병사 하나하나를 가리키는 의미로 사용된 사례는 찾아볼 수 없다. 때때로 다-3)에서처럼 舟師가 戰船을 가리키는 듯한 경우가 가끔 나타나지만 그 의미상 舟師 뒤에 戰船艦隊를 가리키는 표

현이 생략되어 있는 것으로 보아야 할 것이다. 또한 舟師가 관직명 앞에
붙는 경우는 고려 전기의 기록에서 찾을 수 없다.

마지막으로 '船兵'이라는 명칭도 찾아볼 수 있다.

> 라-1) (현종 20년 윤2월) 己亥에 여진 적선 30여척이 동쪽 변경에 침입해 왔는
> 데, 船兵都部署判官 趙閏貞이 쳐서 달아나게 하였다(『高麗史』卷5, 世家
> 顯宗).
>
> 2) 船兵別監 吏部員外郎 梁惟悚, 元興都部署使 鄭崇用, 鎭溟都部署副使 甄應
> 圖 등은 船兵 2,600으로써 道鱗浦로 나아가게 하였다(『高麗史』卷96, 列
> 傳 尹瓘傳).

사료에서 확인해 보면 船兵은 관서 이름, 관직명에도 두루 사용되고,
'선병 2,600'이라는 표현에서도 알 수 있듯이 병사 하나하나를 가리키는
데에도 쓰인다.

이같이 고려에서는 대개 수상에서 활동하는 군대를 지칭할 때, 위에 언
급한 水軍, 海軍, 舟師, 船兵과 같은 명칭을 사용하였으나, 이들의 활약상을
살펴보면 각각의 명칭이 직능에 따라 분명하게 구별되어 쓰이지는 않았다.

수상에서 활동한 부대를 일반적으로 지칭할 때에는 대체로 위에 언급한
명칭을 사용하였으나[7] 경우에 따라서는 수상에서 활동한 군사의 임무를
들어 이들을 표현하는 사례도 발견된다.

> 마) 이에 앞서 왕이 內侍祗候 鄭襲明, 濟危寶副使 許純, 雜織署令 王軾을 보내
> 어 西京 西南海島에 가서 弓手·水手 4,600餘人을 모아서 전함 140艘로써

---

7) 船軍, 兵船軍과 같은 용어도 비슷한 의미로 쓰였겠지만 고려 전기 기록에는 나타
나지 않는다. 『高麗史節要』卷3, 顯宗 4년 2월 기사에 '船軍'이라는 용어가 나타
나는데, 船頭의 오기일 가능성이 많다.

順化縣 南江에 들어가 적선을 막게 하였다(『高麗史』 卷98 列傳 金富軾傳).

이 사료는 仁宗 때 김부식 등이 서경 반란을 진압하는 과정을 서술한 부분 중 일부인데, 작전에 동원되는 사람을 弓手와 水手로 구분하고 있다. 이 작전은 수상에서 벌어졌으므로 작전을 수행하기 위해 당연히 수상 활동을 주된 임무로 하는 군사가 동원되었을 것이다.

그런데 이 기록으로는 작전에 참여한 궁수가 몇 명이고, 수수가 몇 명인지 알 수 없다. 그러므로 궁수와 수수가 모두 전투 요원인지 아니면 궁수는 전투 요원이고, 수수는 운항 담당 乘組員인지는 확인되지 않는다.[8] 이때 '궁수'라는 명칭은 육상에서 활동하는 병력에게도 쓰일 수 있다. 그러므로 수수와 함께 승선한 궁수가 지상군으로서 단지 전투 지역에 상륙하기 위해 승선한 병력인지 아니면 수상에서 활동하는 전투병을 대표하는 명칭인지 파악하기 쉽지 않다.

만약 이 기록상의 궁수가 수상 활동 전투병이 아니라면 이들은 말 그대로 활쏘기를 특기로 하는 병사로, 본래 활동 지역은 육상인데, 단지 전투를 위해 배편으로 이동하는 병력이다. 그렇다면 앞서 언급했듯이 이 작전에는 수상 활동 병력이 반드시 필요하므로 수수를 수상에서의 전투를 담당한 병력으로 보아야 한다.[9] 하지만 고려 전기의 기록에서는 승조원으로서 궁수

---

8) 이런 점을 고려해야 하는 까닭은 水手가 水兵의 의미로 쓰이는 경우도 있기 때문이다. 『漢語大詞典』에서 水手 항목을 찾아보면 아래와 같은 뜻을 갖고 있다고 설명되어 있다.
  (1) 船工, 뱃사람
  (2) 水兵
  (3) 선원의 직을 칭하는 것 중 하나, 선박의 선실이나 선창 등에서 일하는 노동자, 조타를 책임지고, 닻줄을 끌고, 선체를 보전하고, 소방, 방수, 장비를 수리하고 용구를 부리는 일을 담당(漢語大詞典編輯委員會, 『漢語大詞典』 第五卷, 三聯書店有限公司, 1990, 855쪽).
9) 북한에서 1991년 발간한 『조선수군사』에서는 특별한 설명 없이 이들을 활쏘는 군사와 수군(선군) 4,600명이라고 서술하고 있다[오봉근 편, 『조선수군사』, 사회

와 수수가 동시에 나타나는 사례를 더 찾을 수 없으므로 이 시기의 기록만
으로는 위의 가정이 타당한지 아닌지 더 이상 분명하게 검증하기 어렵다.
　이 의문점을 해결하기 위해서는 다른 나라의 사례인 데에다 시기가 다
소 이른 감은 있으나 9세기에 저술된 圓仁의 『入唐求法巡禮行記』를 참고
할 수 있을 듯하다.

> 바-1) (承和 5年(838) 7월 2일) 강이 점점 얕아지자 水手 등을 내리게 하여 배를
> 　　끌어서 갔다(『入唐求法巡禮行記』 卷1).
> 　2) (承和 5年 7월 20일) 배가 가는 것이 너무 느려서 이에 물소를 멈추고 다
> 　　시 배 3척을 엮어 1번으로 하고 매 번에 水手 7인을 분속시켜서 엮은 배
> 　　를 끌어가게 하였다(『入唐求法巡禮行記』 卷1).
> 　3) (承和 5年 8월 25일) 第4舶은 높은 파도에 표류하다가 다시 높은 급류에
> 　　얹혀 浮廻하기 어려워졌다. 水手 등이 작은 배에 타고 舶上으로 갔으나
> 　　중도에 닿지도 못하여 潮波가 逆曳함으로써 선상에 이르지 못하였고, 향
> 　　하는 바를 알지 못하였다(『入唐求法巡禮行記』 卷1).
> 　4) (開成 4년(839) 3월 25일) 바람은 바뀌지 않았으나 第1船의 신라 水手와
> 　　梢功(梢功은 梢工이다)가 배에서 내린 뒤 아직 돌아오지 않으므로 여러
> 　　배가 이에 拘留되어 출발하지 못하였다(『入唐求法巡禮行記』 卷1).

　바-1)~3) 사료에 등장하는 水手는 그 활동상으로 미루어 운항을 담당하
는 승조원을 지칭하고 있다고 일단 추정된다. 이는 바-4) 사료에서 水手와
梢工이 돌아오지 않아 배가 출발하지 못하였다는 기록에서 더 분명해진다.
　그런데 『入唐求法巡禮行記』에 등장하는 함선에는 전투병임이 분명한
승조원이 포함되어 있어 주목된다.

　과학출판사, 1991, 126쪽].

바-5) (承和 5年 7월) 14일 辰時에 縣州(縣州는 池本에 州縣으로 씌어 있다)의 迎船이 오지 않으므로 大使 1인, 判官 2인, 錄事 1인, 知乘船事 1인, 史生 1인, 射手와 水手 등 총 30인이 수로를 따라 縣家를 향해 갔다(『入唐求法巡禮行記』卷1).

6) (開成 4년 4월 17일) 곧 작은 배를 내려 射手 2인과 水手 5인을 보내어 육지로 찾아가 그곳의 이름을 묻게 하였다(『入唐求法巡禮行記』卷1).

7) (開成 4년 7월) 21일 申時에 본국 相公 이하가 탄 9척의 배가 와서 이 赤山浦에 정박하였다. 곧 惟正을 보내어 상공에게 문안하고 겸하여 여러 판관·녹사 등에게 자문하게 하였다. 상공은 近江權博士 粟田家繼와 射手인 左近衛 丈部貞名 등을 보내어 請益僧을 위문하고 겸하여 第2舶이 위해를 당한 일을 물었다(『入唐求法巡禮行記』卷2).

바-5)~7) 사료는 射手라는 이름의 승조원이 水手와 함께 승선하고 있음을 알려준다. 그런데 射手는 弓手와 같은 의미를 지니는 무사이다. 이들 무사는 해상에서 해적을 만나는 등의 돌발 사태에 무력으로 대응하기 위해 호위병으로 승선했을 것이다. 한 배에 射手와 水手가 동시에 승선했다면 만약 해상에서 돌발 상황이 발생했을 경우 무력을 행사하는 것은 주로 射手였고, 水手는 앞서 바-1)~4) 사료에 나타고 있는 것처럼 주로 운항을 담당했을 것으로 추측할 수 있다. 즉 사료에서 水手가 射手와 동시에 나타날 경우 이때 수수를 굳이 군인이라는 의미로 사용하지는 않았을 것이다.

이 점을 염두에 두고 마) 사료를 다시 검토하면 궁수와 수수가 동시에 등장하는 이 기록에서 궁수가 전투병이고 수수가 운항 담당 요원이었다고 추정할 수 있겠다. 전근대 수군은 육군과 명확하게 구별하기 어렵기 때문에 수군을 '수상에서 작전을 수행하는 병력'으로 한정하여 생각한다면 이때 사료에서 언급되고 있는 궁수는 수군에 속해 있었다고 보아야 할 것이다.[10]

---

10) 후대의 기록이긴 하지만 『東史綱目』에서도 같은 사실을 언급하면서 이때의 궁수

지금까지 서술한 내용을 정리하면 고려 전기에 수상에서 활동한 병종을 일반적으로 지칭하는 용어로는 水軍, 海軍, 舟師, 船兵 등이 있는데, 경우에 따라서는 弓手 등과 같이 승선한 병사가 담당한 임무로 이들의 병종을 代喩하기도 하였음을 알 수 있다.

이 글에서는 특별한 경우가 아니라면 수상에서 활동한 부대를 가장 일반적으로 일컫기에 충분하고, 다른 의미로 해석할 여지가 적다고 판단되는 '水軍'으로 용어를 통일한 가운데 이후의 논의를 전개하고자 한다.

III. 고려 전기 수군의 발전과 변화

궁예 휘하에서 세력을 꾸준히 확장하였던 왕건과 그 지지세력은 궁예를 축출하고, 태봉의 국가 기구를 흡수하였다. 이러한 양상은 수군 건설에 있어서도 마찬가지로 나타났다. 그런 면에서 고려 수군의 모태는 泰封 수군과 직접 연결된다. 따라서 고려가 건국되는 918년을 기점으로 하여 먼저 고려 수군 형성의 前史로서 그 이전 시기에 존재했던 태봉 수군의 규모와 체계를 알아보고, 다음으로 고려가 건국된 후 수군의 위상 변화에 따라 편제와 활동상이 어떻게 바뀌었는지를 살피는 것이 고려 전기 수군에 대해 종합적으로 고찰하는 데 반드시 필요하다 하겠다.

가 수군이었다고 파악하고 있다. 이 부분을 인용하면 다음과 같다.
  (윤2월) 왕이 내시 정습명 등을 보내어 서경의 남서해의 섬에 가서 수군 4,600여 인을 모아 전함 140소로써 순화현(지금의 순안) 남강에 들어가서 적선을 막게 하였다[王遣內侍鄭襲明等 往西京南西海島 會水軍四千六百餘人 以戰艦百四十艘 入 順化縣令順安南江 以饗賊船 … 『東史綱目』第8下, 乙卯(仁宗)13年 閏2月)].
  이때 안정복은 『高麗史』의 기록을 거의 그대로 옮기고 있으나 『고려사』에서 弓手·水手로 쓴 부분을 합해서 '水軍'으로 지칭하고 있다.
  이러한 점까지 종합하여 고려할 때 '궁수'라는 이름의 병력이 전함에 승선하고 있는 경우에는 이들을 수상에서 전투를 담당하는 병력으로 파악하는 것이 옳다고 생각한다.

태봉을 건국한 궁예가 세력을 확장한 경로를 추적해 보면 궁예가 처음부터 강력한 수군을 보유할 수는 없었음을 알 수 있다. 궁예가 최초로 수군을 보유하게 된 때는 溟州를 세력권에 포함시키고, 왕건 일가의 귀부로 송악과 패서 지방까지 진출함으로써 동·서 양쪽 해안에 도달할 수 있었던 894년 즈음이었을 것으로 보인다.

이미 국세가 쇠락하고 있었던 신라보다는 후백제와 대치하던 전선이 더 중요하였다는 점을 고려할 때 태봉 수군의 주력이 주로 동해안보다는 서해안에 집중되어 있었을 가능성이 매우 높다. 특히 송악 일대와 패서 지방에는 해상 무역을 통해 부를 축적한 세력이 다수 존재하였기 때문에 주로 이들을 규합하여 수군을 건설하고 운용하였을 것으로 보인다. 이러한 해상세력이 애초부터 수군을 따로 운용하지는 않았겠지만, 이들은 상선의 선원임과 동시에 해적을 만나는 등 돌발 상황이 발생할 경우 무력으로 상선을 지켜낼 수 있는 유능한 乘組員을 확보하고 있었을 터이다. 그러므로 해상세력의 충성을 얻어낼 수 있다면 이들이 보유하고 있는 船團을 수군으로 편성하는 것은 크게 어렵지 않았을 것이다.[11] 이 선단이 태봉 수군을 처음

---

11) 이때 수군의 모습은 근대 해군의 모습과 달랐다. 근대적 의미의 해군은 영국의 海軍史家 Michael Lewis가 언급한 것처럼 국가의 비용으로 유지되고, 언제나 전투할 수 있는 상태의 설비를 갖춘 조직이다. 특정의 목적을 위해 일시적으로 만들어진 조직이나, 전쟁이 끝나면 해체되어 버리는 조직, 국가 이외의 단체나 개인의 자금으로 유지되거나, 평시에는 무역에 종사하다가 전시에 전투집단으로 변신하는 것은 근대적 의미의 해군이라고 볼 수 없다. 전근대에 상선의 선원은 해상 상인인 동시에 전사로서 1인 2역을 해야만 했다고 생각된다. 그리고 해양을 사이에 두고 있는 두 육상세력이 서로 다툴 때에도 국가가 많은 선단을 상비하고 있는 경우는 많지 않았고, 상인으로부터 징발하거나, 필요한 선박을 급조하여 수요를 충당하였다가, 사태가 수습되고 나면 그 선박을 반환하거나 그대로 방치하는 것이 보통이었을 것이다. 유럽의 경우 근세 초기까지 해군은 평시에는 商船隊나 海賊의 형태로 유지되다가 전시에 필요하면 용이하게 전투력으로 바뀌는 형태였다[靑木榮一(崔在洙 譯), 『시파워의 世界史』①, 韓國海事問題硏究所, 1995, 34~37쪽]. 상업의 발달 정도에는 차이가 있었을 지 모르지만 수군에 대한 인식이나 조직·편제에 있어서는 비슷한 시기의 동아시아 지역에서도 크게 다르지 않

으로 구성하였고, 곧 주력이 되었다고 생각한다.

　당시 태봉 수군의 규모를 파악하면 고려 건국기의 수군 규모를 어림잡아 짐작할 수 있겠다. 앞서 언급했듯이 이들이 고려 수군으로 거의 그대로 연결되는 것으로 보이기 때문이다. 태봉 수군에 대한 기록은 비교적 많이 남아 있는데, 이는 고려를 건국한 왕건이 태봉 수군에서 뛰어난 활약을 보였던 덕분이다. 그 가운데 일부를 뽑아보면 다음과 같다.

> 사-1) 天復 3년 계해(903) 3월에 舟師를 거느리고 서해로부터 光州 지경에 이르러 錦城郡을 공격하여 빼앗고, 10여 군현을 쳐서 취하고는 인하여 금성을 고쳐 羅州라 한 뒤, 군사를 나누어 지키게 하고 돌아왔다(『高麗史』卷1, 世家 太祖 卽位前).
>
> 2) (궁예가) 또 태조로 하여금 貞州에서 전함을 수리하게 하고, 閼粲 宗希와 金言 등을 부장으로 삼아 兵 2,500을 거느리고 가서 光州 珍島郡을 쳐서 빼앗았다(『高麗史』卷1, 世家 太祖 卽位前).[12]
>
> 3) 태조는 화가 미치는 것을 두려워하여 다시 闔外로 나갈 것을 구하였는데 (乾化) 4년 갑술(914)에 궁예가 또 이르기를 水軍帥가 賤하여 적을 위압하는 데 부족하다 하고는 태조를 시중에서 해임하여 다시 水軍을 거느리게 하였다. 貞州 포구로 나아가서 전함 70餘艘를 수리하고 兵士 2천 명을 싣고 가서 나주에 이르렀다(『高麗史』卷1, 世家 太祖 卽位前 乾化 4年 甲戌).
>
> 4) 태조가 舟舸 100餘艘를 증치하였다. … 軍 3천여인을 거느리고 粮餉을 싣고 나주로 갔다(『高麗史』卷1, 世家 太祖 卽位前).

앉을 것으로 보인다. 전시가 아니라면 국가의 비용으로 유지되며 언제나 출동할 준비를 갖추고 있는 수군은 수가 그리 많지 않았다. 고려의 수군도 후삼국 통일 전쟁 당시에는 그 수가 꽤 많았던 것으로 보이나 전쟁이 끝난 뒤에는 그 수가 크게 감소하였던 것으로 보인다.

12) 이 기사는 梁 開平 3년(909) 기사로 보이나 姜鳳龍은 이 기사가 가리키는 사실이 실제로는 909년부터 912년 사이에 일어났다고 보고 있다(姜鳳龍, 「後百濟 甄萱과 海洋勢力 - 王建과의 海洋爭覇를 중심으로 -」 『歷史敎育』83, 2002, 126~127쪽).

사) 사료에 나오는 내용을 종합하여 판단하면 당시 태봉에서 수군이 필요할 때 동원할 수 있는 총 병력 수를 대체로 추산할 수 있다. 그러기 위해서는 위의 사료에서 승선한 병력을 각각 어떻게 표현했는지를 살펴보아야 한다. 사-1)에서는 왕건이 거느린 병력이 舟師로, 사-2)에서는 兵, 사-3)에서는 兵士, 사-4)에서는 軍으로 표현되어 있다.

표현은 다르지만 이들은 모두 같은 대상, 즉 수상에서 전투를 벌이는 특정한 병종을 지칭하는 것으로 보인다. 해결의 열쇠는 사-1)에 드러나는데, 이 사료는 왕건이 처음으로 나주에 상륙할 때의 모습을 기술한 것이다. 이때 왕건은 舟師를 거느렸다고 기록되어 있다. 이 舟師는 서해로부터 광주 지경에 이르러 금성군과 10여 군현을 공격하였다. 10세기 초의 수군에 해전과 상륙전을 벌이는 병력이 구별되지는 않았을 터이니 이 舟師는 陸戰과 水戰을 동시에 수행할 수 있는 능력을 갖추고 있었을 것이다.[13]

한편 이 시기에는 적선을 제압하기 위한 전술 형태가 본질적인 면에서 육전의 전술과 유사했다. 전투는 戰船이 앞뒤로 줄지어 일렬로 노를 저어 접근한 뒤 적군 진형이 가까워지면 옆으로 늘어서서 포진하면서 시작된다. 노가 나와 있는 舷側이 약하기 때문에 뱃머리가 적의 현측을 향하게 하고는 거리가 좁혀지면 지휘관의 뜻에 따라 노를 저어 신속하게 선박을 움직여 적선을 향해 돌진한다. 접근하면서 활과 쇠뇌 등을 발사하여 상대편 인명에 손상을 가하거나 화공으로 적선에 불이 붙게 한다.

그러다가 뱃머리에 부착된 예리한 衝角으로 적선의 옆구리를 들이받아 그 충격으로 파괴 또는 침몰시키거나 적선의 노를 부러뜨려 최소한 기동성

---

13) 상륙전의 형태는 고대부터 확인되지만, 상륙전을 전담하는 편제는 17세기 유럽에서 처음으로 나타났다[Merrill L. Bartlett & Jack Sweetman, *The U.S. Marine Corps: An Illustrated History* (Annapolis, Maryland: Naval Institute Press, 2003), pp.1-9]. 이 舟師는 해상 무역으로 경제적 기반을 닦은 호족들의 세력권 안에 있으면서 해상 무역에 종사하는 자들로 구성하였을 가능성이 높다. 이들은 자기 세력권을 육상과 수상에서 동시에 지켜내야 했으므로 육전과 수전을 동시에 수행할 능력을 갖추었다고 보아도 무리는 없다.

을 약화시킨다(撞破, Ramming). 적선과 舷側을 맞대고 있는 상태에서 최후에는 어느 쪽으로부터이든 갈퀴같은 장구를 이용하여 적선을 끌어당기고는 戰士를 적선에 승선시켜 백병전으로 상대편 승조원을 제압하고 배를 탈취한다(Boarding).[14] 적함을 향하여 直進, 衝擊, 돌격하는 전투 유형은 전술적 측면에서 육상의 전투법을 그대로 해상으로 옮긴, 해상에서의 백병전이라 할 수 있다.[15]

이런 싸움이라면 육지에서 치르는 것이나 선상에서 하는 것이나 다를 바가 없었다.[16] 즉 이런 전술을 사용하여 선상에서 전투를 벌이는 병사에게 요구되는 기술적 능력은 육상에서의 전투를 효과적으로 수행하기 위해 요구되는 능력과 큰 틀에서 같았다. 따라서 육상에서 근무하는 병력이 바다 위에 떠 있는 함선에 적응할 수만 있다면, 필요한 경우 수군으로 전환하여 편성할 수 있었을 것이다.[17]

---

14) 靑木榮一, 앞의 책, 65~69쪽 ; 金在瑾, 『우리 배의 歷史』, 1989, 167쪽 ; 海洋戰略研究部 編, 『세계해전사』, 海軍大學, 1998, 15~16쪽 ; 『韓國海戰史』, 海軍大學, 2000, 10~11쪽.

15) 靑木榮一, 앞의 책, 98~99쪽.

16) 海洋戰略研究部 編, 위의 책, 2000, 11쪽.

17) 이 점을 입증하기 위해서 후대의 기록이긴 하지만 다음 기록을 참고할 수 있다.
   (1) 충청도 병마 도절제사가 보고하기를 "道內의 別牌로 射御에 능하지 못하고 鞍馬에 익지 못한 자가 매우 많으니 청컨대 다시 덧붙여 가려 뽑는데, 비록 사어에 단점이 있어도 능히 창검을 쓰는 자와 능히 멀리 달릴 수 있는 자는 그대로 이전처럼 별패에 소속시키고, 步射에 능하나 안마에 익숙하지 못한 자는 水軍에 속하게 하고, 한 가지 재능도 취할만한 것이 없는 자는 雜色軍에 속하게 하고, 또 수륙 군정 가운데에서 富實하고 용감한 자를 뽑아서 별패에 속하게 하소서" 하였다(『世宗實錄』 卷1 卽位年 9月 戊辰).
   (2) 상왕이 묻기를 "경상도와 전라도의 선군 중에 재능이 없는 자를 가리어 侍衛軍으로 환속시키는 것이 어떻겠느냐?" 하자 박은과 변계량이 아뢰기를 "모름지기 먼저 시위군을 충실하게 한 연후에 마땅히 선군을 고려할 것이니, 바꾸어 정함이 불가합니다." 하였고 유정현은 아뢰기를 "왜구가 염려되니 兩道의 선군을 모두 마땅히 충실한 군사로 바꾸어 정하여 뜻밖의 재난에 대비해야 할 것입니다." 하였다(『世宗實錄』 卷7 2年 正月 戊申).

수군과 육군이 전투 기술의 차이 때문이 아니라 작전을 전개하는 공간의 차이로 구별되는 것이라면, 비록 수군이라고 직접 지칭하지 않았더라도 수상에서 작전을 전개하고 있었음이 분명한 병력은 적어도 작전 당시에는 수군에 편제되어 있었다고 보아도 될 것이다. 따라서 사-1)~4)에 인용한 사료에 나타나는 舟師, 兵, 兵士, 軍은 모두 수군에 편제되어 있었던 병력을 의미한 것으로 생각할 수 있다.

또한 사-4) 사료에 궁예는 왕건을 시중에서 해임하여 다시 수군을 거느리게 하였다고 기록되어 있는데, 이때 왕건이 병사 2천명을 싣고 나주에 이르렀다고 하고 있다. 이 기록은 승선하고 있던 인원, 즉 왕건이 거느리고 있던 인원이 모두 수군에 편제되어 있었음을 더욱 분명히 해준다. 왕건의 병력을 '수군'이라고 굳이 명시한 점도 그렇지만 시중이라는 고위직에서 해임되어 수군을 이끄는 자리로 옮겼는데, 휘하의 병력이 터무니없이 적었을 리 없다는 점을 고려하면 왕건과 함께 나주로 간 병력 모두가 왕건 휘하로 배속될 당시에는 수군에 소속되어 있었다고 보아도 될 것이다.

또한 당시의 정치적 상황으로 미루어 보면 왕건이 수군을 이끌게 된 이유로 水軍帥가 천하여 적을 위압할 수 없다는 점 따위를 들고 있는 것은 구실에 불과하며, 왕건이 정치적으로 급성장하였으며 인심을 많이 얻었기에 궁예의 지위를 위협할 수 있는 잠재력을 가졌던 것이 실제 이유라고 볼

위의 두 기사는 조선 세종 때 기록이지만 수군을 편성하는 방법에 있어 매우 중요한 실마리를 제공한다. (1)에서는 步射에는 능하나 鞍馬에 익숙하지 못한 병력을 수군으로 편성하려 하고 있다. 이는 육상에서의 전투 병력과 해상에서의 전투 병력 사이의 차이는 주로 전투를 벌이는 장소에서 나타났을 뿐이고, 적과 조우하였을 때 실제 전투 기술면에서는 여전히 별 차이가 없었다는 것을 알려준다. 이는 (2)에서도 알 수 있다. 초점은 병력 자원 하나하나의 군사적 능력일 뿐이다. (2)에서 의견을 개진한 인물들에게는 수군과 시위군이 서로 역할을 맞바꾸어도 임무 수행 자체에는 별 문제가 없다는 공감대가 이미 형성되어 있었다. 화포의 등장으로 인해 수상 전투의 양상이 바뀌었다는 조선조에서도 이같이 수군과 육군 사이에 전투 기술의 차이가 없었다면 후삼국이나 고려 때에도 역시 수군과 육군 사이에 전투 기술의 차이는 없었다고 할 수 있을 것이다.

수 있다. 왕건이 수군을 다시 지휘하게 된 것은 왕건의 성장을 꺼리는 궁예와 그런 궁예를 의식한 왕건의 이해관계가 어느 정도 맞았기 때문에 이루어진 일이다. 그런데 궁예가 왕건에게 수군을 거느리게 하고 적지 않은 군사를 준 것은 궁예가 왕건에게 준 병력이 궁예의 신변에 그다지 위협적이지 않다고 판단했기 때문이라고 생각한다. 이같은 관점에서 유추해볼 때 왕건에게 지휘하게 한 병력이 배치되어 있는 위치는 수도와는 멀고 해안과 가까웠을 것이다.

이러한 점을 종합하면 사료에서 戰船에 승선한 인원으로 명시한 인원은 적어도 작전 당시에는 모두 수군에 배속되어 있었던 병력으로 보인다. 사) 사료에 언급된 병력 모두가 수군에 편제되어 있었다고 판단한다면 후삼국 통일전쟁 당시 필요에 따라 중앙에서 수군이라는 이름으로 작전에 동원 가능한 수를 대체로 추산할 수 있다.

사-4) 사료를 보면 100여 艘의 舟舸가 增治되었다고 기록되어 있다. 이는 사-3) 사료에 정주에서 수리하였다고 기록되어 있는 전함과는 별도로 새롭게 건조하거나 혹은 징발한 배로 추정된다. 이 경우 기존에 있던 최소 70여척의 전함을 단 몇 년만에 모두 퇴역시키거나 혹은 방치하지는 않았을 것이다. 사-3), 4) 사료를 보면 당시 70여척으로 구성된 선단에는 2천 명, 100여척으로 구성된 선단에는 3천 명 가량의 승조원이 승선하였으니 중앙 권력이 필요에 따라 통제하고 수군으로 동원할 수 있는 잠재적 자원이 단순 계산으로도 최소한 5천 명 정도는 되지 않았을까 조심스럽게 추산할 수 있겠다.[18]

---

18) 단 주 11)에서 언급하였듯이 이때 수군의 모습은 근대 해군의 모습과 달랐다는 점을 반드시 고려해야 한다. 5천 명 이상으로 추산하는 것도 '유사시에' 수군으로 동원될 수 있는 인원, 전투에 투입되는 선단을 구성하는 인원을 일컫는 것이지, 고정 불변의 병종으로서 수군을 지칭하는 것은 아니다. 당시 전투에 동원되었던 인원도 전투를 주업으로 삼는 군인이었다고 확언할 수 없다는 점을 분명히 해둔다. 이는 후삼국 통일전쟁이라는 전시 상황이었기에 동원 가능한 인원이었다고 생각한다.

한편 당시 태봉 수군의 직제는 비록 독자적인 편제를 가지고 있기는 했으나 어느 정도 항구성을 지닌 정비된 체제로 확정되어 있는 것이 아니라 사안이 발생하면 그에 따라 관직을 설치하는 임시적인 것이었다고 생각된다. 하지만 태봉 수군은 독자적 편제를 갖고 있으면서 많은 戰功을 수립하고, 상당한 역량 축적도 이루어냈으며, 성과물을 고려 수군에 전승함으로써 고려 수군을 태동시키는 역할을 수행하였다.[19]

고려 건국 직후의 수군은 태봉 때보다 활약상이 적게 보이지만, 후삼국 분립 상황이 변하지 않았고, 서해와 남해의 제해권 쟁탈전도 계속되었기에 수군의 필요성이 여전하였다는 점은 분명하다.[20] 따라서 수군은 태봉 시절의 전투력을 대개 보존하였다고 생각한다.

이는 당시 고려 중앙군의 편제를 살펴봄으로써 더 분명히 알 수 있다. 장군급의 무관 직제로 미루어 파악할 때 고려 태조대 중앙군 편제는 馬軍, 步軍, 海軍, 內軍, 이렇게 네 가지로 나뉘어 있었다.[21] 당시에 장교 이상급의 武職 제도는 마련되지 않았는데, 이는 제도적 정비를 도모할 여유가 없어서이기도 했겠지만 전쟁을 수행하는 데 있어 병력 범주를 전투 기능에 따라 구분하는 것이 편리했기 때문일 것이다.[22] 중요한 것은 여기에 海軍이 독립된 역할을 담당하고 있는 점이다.

후삼국 통일 직전까지만 해도 이 海軍이 독자적인 위상을 잃지 않았을 것이다. 태조 15년(932) 9월에 견훤이 一吉粲 相貴를 보내어 舟師를 거느리고 예성강으로 침입하여 鹽州, 白州, 貞州에 정박해 있던 배 100艘를 불사르고 猪山島의 牧馬 300필을 빼앗아 돌아갔으며, 같은 해 10월에 海軍將

---

19) 金南奎, 「高麗의 水軍制度」『高麗軍制史』, 陸軍本部, 1983, 205쪽.

20) 이때에 이르러 달라진 점이라면 能昌으로 대표되는 이른바 '도서 해양세력'(姜鳳龍, 「羅末麗初 王建의 西南海地方 掌握과 그 背景」『島嶼文化』 21, 2003, 348~350쪽)이 더 이상 힘을 발휘하지 못하게 되었다는 정도이고, 그밖의 상황은 고려 건국 전과 크게 다르지 않았다.

21) 鄭景鉉, 『高麗前期 二軍六衛制 研究』, 서울대 박사학위논문, 1992, 41쪽.

22) 鄭景鉉, 위 논문, 42쪽.

尙哀가 大牛島를 공격하였다.[23] 이같이 후백제 수군은 후삼국 통일 직전까지 고려의 심장부를 위협할 수 있는 능력을 유지하고 있었다. 이런 상황에서 후백제 수군을 제압하거나, 최소한 그들의 자유로운 활동을 억제할만한 수군을 보유하여야 함은 당연하다. 비록 통일을 가능케 한 결정적인 계기는 육상 전투에서 나왔지만, 직접적인 위협이 상존하는 한 통일이 될 때까지 수군을 축소할 계획은 세우기 어려웠을 것이다.

하지만 건국 이후 후삼국 통일에 이르는 시기에 수군 제도가 확립되었다고 보기는 어렵다. 이때에도 수군 제도는 태봉 때와 마찬가지로 사안이 발생하면 그에 적합한 관직을 설치하는 임시적인 것이었다. 태조 즉위 초에 중앙관서 관원의 대폭적 임명이 있는데, 그 가운데 都航司令과 都航司卿이 포함되어 있으니 당시에 중앙관서로서 도항사가 설치되었음을 알 수 있고, 그 관서명으로 볼 때 이는 수군과 어떤 연관이 있는 것으로 보인다.[24] 그러나 더 자세한 사항은 알 수 없다.

한편 후삼국 통일 후 태조는 국가의 기틀을 다지면서 통일전쟁에서 활약하였던 군대를 평화시에 알맞은 수준으로 재정비하기 시작하였다. 끊임없이 전투를 수행해야 했던 태조 때의 중앙군은 고도의 기동성을 지닌 馬軍 중심으로 짜여 있었다. 기병으로 구성된 마군은 전투뿐 아니라 왕과 궁성을 지키고 수도를 방어하고 치안을 유지하는 임무도 담당하고 있었다. 그런데 통일 전쟁이 끝난 뒤에는 비용이 많이 드는 기병을 대규모로 유지할 필요성이 줄었기 때문에 태조는 통일 전쟁이 끝나자 기병 위주의 중앙군 편성을 보병 위주로 바꾸었다.[25]

고려군이 보병 중심으로 재편되는 과정에서 해군도 재편성되면서 축소되었던 것으로 추정된다.[26] 중앙군으로서의 수군은 고려 왕조가 확립되는

23) 『高麗史』 卷2, 世家 太祖.
24) 金南奎, 앞 논문, 1983, 206~207쪽.
25) 洪承基, 「高麗초기 中央軍의 組織과 役割」 『高麗軍制史』, 1983, 39쪽.
26) 이전까지 중앙군의 핵심이었던 마군을 보군 중심으로 재편한 까닭이 통일전쟁이

격변기에는 오랫동안 그 활동상을 보이지 않고 있다가 성종조에 6위가 확립될 때 함께 정비되었을 것이다..[27]

고려의 중앙군에도 수군과 관련있는 부대가 존재하였다는 사실은 다음 사료에서 확인할 수 있다.

> 아) (문종) 23년 10월에 判하기를 "군인으로 연로하고 몸에 병이 있는 자는 자손·친족이 대신할 것을 허락하고, 자손·친족이 없는 자는 나이가 70살이 될 때까지 監門衛에 開屬시키고 70살이 넘으면 단지 구분전 5결만 주고 나머지 토지는 회수하라. 해군에 있어서도 또한 이 예에 의거하라" 하였다(『高麗史』 卷78, 食貨志 田制 田柴科).

여기에서 언급되고 있는 해군은 給田의 대상이 되고 있다는 점에서 중앙군에 소속되어 있는 병종이었음이 분명하다. 선행 연구에서는 고려 중앙군제 정비 과정에서 천우위에 소속되었던 海領이 수군이었다고 파악하고 있다. 이밖에는 중앙군에서 수군의 임무를 띠었을만한 부대를 찾을 수 없다. 이 부대는 천우위에 소속되어 있었던만큼 직접 전투에 투입되지 않고 의장대 역할을 맡았을 것으로 추정하였다.[28]

끝난 뒤 전쟁 과정에서 대폭 확대된 군사력을 축소하여 비용을 줄이기 위함이었다 하면 수군 또한 군비축소의 대상이 되었을 것이다. 병력 수만을 놓고 보면 규모가 마군보다 크지 않았겠지만, 戰船을 전투 목적으로 계속 유지한다면 여기에 필요한 유지·보수비용이 적지 않았을 것임은 분명하다.

27) 그런데 홍원기는 6위의 예하 부대가 동시에 갖추어진 것이 아니라 성종 14년 6衛가 완비될 당시에 保勝·精勇으로 구성된 38령이 먼저 갖추어진 뒤 상층 군인으로 구성된 천우위의 海領, 常領과 금오위의 役領, 감문위의 監門軍이 추가 편성되었다고 보고 있다. 洪元基, 「高麗 京軍內 上層 軍人의 檢討」 『東方學志』 77·78·79, 1993, 150~156쪽.

28) 李基白, 「高麗 軍人考」 『震檀學報』 21, 1960 : 『高麗兵制史研究』, 一潮閣, 1968, 90쪽.
그런데 중앙군에서 수군의 임무를 수행했을만한 부대가 단지 의장의 기능만을

이 해령은 1령에 머물고 있어 2군 6위의 정원 45령과 비교할 때 그 비중
이 매우 작으며, 이는 후삼국 통일 전쟁 시기의 수군 규모와 비교할 때 수
군의 필요성과 위상이 하락했음을 보여주는 단적인 예라 할 수 있겠다.[29]

　이러한 양상은 지방군에서도 나타난다. 연해 지방에 있었던 수군은 적
극적으로 해양을 개척하기 위해 존재했던 것이 아니라 주로 해상교통로에
서 해적의 침입을 막고 감시하며, 바다를 통해 오고가는 사신과 상인을 보
호하는 역할, 혹은 外來人·外船 관련 사무를 담당하는 데 머물렀다. 따라
서 이들의 규모는 해적의 자유로운 활동을 봉쇄하는 수준을 크게 넘지 않
았다.[30]

수행했다고 생각하기는 어렵다. 기록을 조금 더 살펴보면 이 부대가 외국 사신에
대한 영접과 호위 업무를 수행하는 동시에 감시를 하기도 했던 사례를 확인할 수
있다. 그리고 漕運에 관여하기도 했음도 알 수 있다. 한편 수군 관련 업무를 담당
한 중앙의 부서가 단지 千牛衛에 소속된 海領 밖에 없었는지도 좀 미심쩍으나 아
직은 이 이상의 설명이 어렵다.

29) 그러나 중앙 수군의 잠재력은 상당하였을 것이다. 靖宗 10년(1044)에 예성강 兵
船 180艘로 軍資를 실어 날라 西北界 州·鎭의 倉廩을 채웠다는 기록(『高麗史節
要』 卷4 靖宗 10年 2月)이 있는데, 이 병선 180艘는 예성강에 배치되어 있었다
는 점에서 중앙 수군에 배속되어 있었다고 생각한다. 이 배가 수군에 소속되어
있었다고 해서 모두 항상 전투 태세를 갖추고 있지는 않았고, 전근대수군의 특징
을 고려할 때 이 병선은 다양한 용도로 이용되었을 것이다. 하지만 그럼에도 평
시에 이 정도 규모의 병선을 동원 혹은 유지할 수 있었다는 점에서 유사시에 전
투력으로 바뀔 수 있는 가능성은 확인할 수 있다.

30) 물론 해적이 위협하는 정도에 따라 규모의 변화가 있었다는 점을 생각하면 중앙
군에 속한 수군의 위상이 하락한 것과는 좀 달랐을 것이다. 예를 들면 동여진의
배 100餘艘가 경주를 노략질하는 기록이 보이는데[東女眞百餘艘寇慶州(『高麗史』
卷4 世家 顯宗 2年(1011) 8月)] 이런 시기에는 수군의 규모가 확장되었을 것이다.
변화 과정을 사료에서 명확하게 알 수는 없지만 주 38)에 인용한 사료에서 고려
병선 수백 소가 襲來하였다고 언급한 점으로 미루어 해적의 활동이 커질 때에는
고려 수군의 규모도 이를 억제할 수 있는 수준으로 증강되었음을 알 수 있다. 그
렇기에 고려 해안을 지키던 수군이 계속 규모가 축소되기만 했다고 볼 수는 없
다. 수군 규모가 축소되었다는 설명은 중앙군에 있어서는 잘 들어맞는 편이나,
지방군에 있어서는 경향적으로 그러하였다고 해야 적절하다.

　　규모 뿐 아니라 그 체계도 일목요연하게 파악하기 어렵다. 고려의 지방
수군으로는 동계에 鎭溟都部署와 元興都部署, 북계에 通州都部署와 鴨江都
部署, 동남해 지역에 東南海都部署가 있어서 해당 지역에서 벌어지는 수상
전투와 경비를 담당하였다. 도부서의 창설은 어느 정도의 항구성과 정비된
체제를 지니는 수군제도가 성립되기 시작함을 알려준다.[31] 그런데 도부서
가 수군을 관장하는 기관으로 수상 전투와 경비를 담당하였음은 분명하지
만, 도부서가 설치된 지역 내에서도 수군 활동 전체를 관장하지는 못했다
고 생각된다.[32]

　　도부서의 위상을 놓고 보아도 양계 지역의 경우 도부서의 최고 관직인
都部署使의 품계는 6품을 넘지 못하였는데,[33] 서반에서 이 품계는 郎將에
해당한다. 중앙군의 경우 낭장이 200명 정도의 병력을 거느렸다는 점을 감
안하면 비록 都部署使가 특수한 임무를 수행하고 있었다고 해도 이보다 월
등히 많은 병력과 함선을 지휘할 수 있었다고 보기에는 무리가 따른다. 동
남해도부서의 경우는 대개 5품관이 임명되었으나[34] 이는 船兵都部署로서
실질적 전력면에 있어 규모가 컸기 때문이 아니라 왕래하는 外人 및 外船

---

31) 金南奎, 앞 논문, 1983, 207쪽.
32) 다음과 같은 기록에서 확인할 수 있다.
　　(1) 동북로병마사가 아뢰기를 "연해의 分道判官 皇甫瓊이 홀로 전함을 거느리고
　　　큰 바다 깊이까지 들어가 水賊을 奮擊하여 사로잡고 斬한 것이 매우 많으니
　　　포상할 것을 청합니다." 하니 따랐다(『高麗史』 卷6, 世家 靖宗 9년(1043) 6월).
　　(2) 己亥에 동북면병마사가 아뢰기를 "해적이 烈山縣을 寇掠하므로 兵馬錄事 文
　　　楊烈을 보내어 전함 23艘로 쫓아서 椒子島에 이르러 奮擊하여 크게 패하게
　　　하였는데 9級을 베고 그 부락의 屋舍 30여소를 불살랐으며, 전함 8艘를 훼손
　　　시키고 노획한 병기가 百數이니 그 공로에 상을 주시기를 청합니다."하니 따
　　　랐다(『高麗史』 卷7, 世家 文宗 4년(1050) 9월).
　　(1)에서는 분도판관이 수상 작전을 단독으로 수행하고 있으며, (2)에서는 동북면
　　병마사가 도부서를 거치지 않고 직접 수상 작전에 병력을 동원하였다.
33) 金南奎, 「高麗都部署考」『史叢』 11, 1966, 478~479쪽.
34) 金南奎, 위 논문, 499~500쪽 ; 金好鍾, 「東南海都部署使의 設置와 그 機能 - 金州
　　本營을 中心으로 -」『民族文化論叢』 20, 1999, 117쪽.

에 대한 조처가 그 직무 가운데 중요 부분을 점하고 있었기 때문이다.[35]

이렇게 볼 때 각각의 도부서가 관할하는 병력과 함선으로 동계와 북계, 동남해 전체 해역을 지키고, 담당 업무를 전담하였다고 볼 수는 없다. 즉 수군 부서가 존재했으나 실제 이들의 관할 구역과 소속 병력, 보유 함선은 적었으며, 이 부서의 위상은 수상 전투와 경비 업무 전체를 완전히 담당하는 데에까지는 미치지 못했다. 이런 점을 종합하여 생각하면 고려의 양계와 동남해 지방에 있어 수군 활동은 都部署, 兵馬使의 직속 부대, 각 지역의 州鎭軍이나 州縣軍이 상황에 따라 각기 담당할 수 있었다고 생각한다.

한편 宋과의 교류가 잦았을 것으로 생각되는 서해 방면의 수군 체계에 대해 알 수 있는 기록은 찾기 어려운데, 다음 기록에서 시사받을 수 있는 점이 있다고 생각한다.

> 카) [선종 10년(1093)] 가을 7월 계미일에 西海道按察使가 아뢰기를 "安西都護府 관할 하에 있는 延平島 巡檢軍이 海船 1艘를 나포했는데, 宋人 12명과 倭人 19명이 타고있었으며, 弓箭, 刀劍, 甲冑와 아울러 水銀, 眞珠, 硫黃, 法螺 등이 실려있었는데 이는 반드시 두 나라 해적이 함께 우리의 邊鄙를 침입하려는 것입니다. 청컨대 兵仗 등은 官所에 수납하고, 잡은 해적은 모두 嶺外로 유배하고 巡捕한 군사에게는 상주십시오." 하니 따랐다(『高麗史』 卷 10, 世家 宣宗).

여기에서 연평도 순검군의 활동 영역과 담당한 임무를 보아 이들은 서해상에서 수군의 업무를 수행하고 있다. 이들의 소속에 대해서는 정확히 알 수 없지만, 해안에 닿아 있는 지방 행정구역의 경우 해상 질서를 유지하거나 무역 관련 사무를 처리하기 위해 카) 사료에 등장하는 것과 같은 부대를 보유하고 있었을 것으로 생각된다.

---

35) 金南奎, 앞 논문, 44쪽.

요컨대 고려 수군은 후삼국 통일전쟁 시기를 거친 뒤 전시가 아닌 평시에 알맞는 수준으로 위상과 규모가 조정되고, 성격과 임무도 주어진 환경에 걸맞게 변화하였다.[36] 국가 체계가 완비되는 과정에서 수군은 중앙에 千牛衛에 속해 있는 海領 1령이 설치되고, 양계와 동남해 지방에 수군을 관장하는 역할을 담당하는 都部署가 설치됨으로써 정비되었다. 그러나 도부서 관할 지역의 경우 도부서가 모든 수군을 지휘·통제하지 못하였고, 수군의 소속, 수군 운용의 주체가 일관되지 않았던 점을 볼 때 지방 수군 제도가 도부서와 같은 특정 기구로 정연하게 집중되는 체제를 갖추지는 않았다.

Ⅳ. 맺음말

고려 전기의 수군은 水軍, 海軍, 船兵, 舟師 등으로 불리었다. 고려 수군의 기원은 태봉 수군에서 찾을 수 있는데, 태봉 당시에 중앙정부에서 필요에 따라 수군으로 동원할 수 있는 잠재적 병력 자원은 최소한 5천 명 이상이었을 것으로 추정한다. 당시 이 정도의 많은 인원 동원이 가능했던 까닭은 후삼국 통일전쟁 시기에 서로 유리한 위치를 차지하기 위해 태봉과 후백제가 서해·남해의 제해권을 놓고 날카롭게 대치하고 있었기 때문이다. 하지만 이 수군이 국가에서 유지 비용을 전담하는 근대적 정규 해군의 성격을 가졌을 것으로 생각되지는 않는다.

태봉 수군을 이어받은 고려 수군도 후삼국 통일 이전에는 그 규모와 위상을 대체로 유지했을 것으로 생각한다. 그런데 후삼국이 통일된 뒤에는 전투 병력으로서 수군의 필요성이 상대적으로 감소하였다. 고려 국경을 주

---

36) 이러한 변화를 이끌어낸 가장 큰 원인은 후삼국을 통일함으로써 해상으로부터 직접적인 위협이 거의 사라진 것이다. 통일 후 고려군의 主敵은 북방에 자리잡고 있는 遼의 군대였는데, 이들이 고려를 무력으로 위협할 때 공격 경로를 수상으로 잡은 경우는 사료에서 거의 찾을 수 없다.

로 위협한 것은 북방 민족이었는데, 이들은 대개 육로를 통해 침공하였기 때문이다. 해상을 통한 위협이 줄면서 고려 중앙군에 있어 수군은 千牛衛에 속한 海領 1領(1,000명)만 남을 뿐이었다. 해상을 통해 가해지는 대외적인 위협의 강도에 따라 변화가 있긴 하였으나, 지방군에 있어서도 대체로 수군 규모가 축소되었고, 특정 기구를 중심으로 한 정연한 체계를 갖추지는 못하였다.

지금까지 간략하나마 후삼국 시기에서부터 고려 전기에 이르기까지 수군이 발전·변화하는 과정을 확인하였다. 이를 앞 시기인 신라 하대의 해상활동과 적절히 연결시키고, 아울러 후삼국 시기에 해상활동을 통해 성장한 호족과 고려 수군 건설 사이의 관계를 더 명확하게 설정함으로써 문제의식을 더 분명히 하는 데에도 미치지 못하였다. 또 이 글은 고려 전기 수군의 상을 복원하는 데 가장 기초가 되는 부분에만 논의를 한정함으로써 군사제도의 차원에서 고려 전기의 수군이 어떤 위치에 놓였는지, 전술적 차원에서 수군이 적을 맞아 어떻게 대응하였는지 등을 파악하는 데에도 이르지 못하였는데, 추후의 과제로 삼겠다. 이런 점을 하나하나 밝혀냄으로써 고려시대의 수군 활동, 더 나아가 고려시대 해상 활동의 像을 보다 명확한 모습으로 되살릴 수 있을 것이다.

* 이 글은 『史叢』 60(고려대학교 역사연구소, 2005)에 실린 글을 수정·보완한 것이다.

【참고문헌】

제1장 고조선·고구려·백제의 수군과 해양활동

제1절 고조선의 산동지역 교류와 해상 교통로

1. 사료

『管子』『史記』『三國志』『水經注』『隋書』『鹽鐵論』『爾雅』『戰國策』『前漢紀』
『漢書』『淮南子』『後漢書』,

2. 연구서

권오중, 『낙랑군연구』, 일조각, 1992
박준형, 『고조선사의 전개』, 서경문화사, 2014
정진술, 『한국해양사(고대편)』, 해군사관학교, 2009

郭墨蘭·呂世忠, 『齊文化硏究』, 齊魯書社, 2006
王綿厚·李健才, 『東北古代交通』, 沈陽出版社, 1990
王綿厚·朴文英, 『中國東北與東北亞古代交通史』, 遼寧人民出版社, 2016
王靑, 『海岱地區周代墓葬硏究』, 山東大學出版社, 2002
劉鳳鳴, 『山東半島與古代中韓關係』, 2010

3. 연구 논문

노태돈, 「고조선의 중심지의 변천에 대한 연구」『한국사론』 23, 1990
동아시아교통사연구회 옮김, 『고대 동북아시아 교통사』, 주류성, 2020
박대재, 「古朝鮮과 燕·齊의 상호관계 - 기원전 4세기말~3세기초 전쟁 기사를 중심으로 -」『사학연구』 83, 2006
박순발, 「고고자료로 본 산동과 한반도의 고대 해상교류」『백제와 주변세계 - 성주탁

교수 추모논총』, 진인진, 2012

박준형, 「古朝鮮의 海上交易路와 萊夷」『북방사논총』 10, 2006

박준형, 「대릉하~서북한지역 비파형동검문화의 변동과 고조선의 위치」『한국고대사연구』 66, 2012

박준형, 「기원전 3~2세기 고조선의 중심지와 서계의 변화」『사학연구』 108, 2012

박준형, 「산동지역과 요동지역의 문화교류 – 산동지역에서 새로 발견된 선형동부를 중심으로 – 」『한국상고사학보』 79, 2013

박준형, 「고조선과 춘추 제와 교류 관계」『백산학보』 95, 2013

박준형, 「고조선~삼국시기 교역사 연구의 검토」『한국고대사연구』 73, 2014

준형, 「문헌을 통해 본 고조선의 대외교류와 익산」『고조선과 익산』, 익산시·한국고대사학회, 2015

裵眞永, 「燕昭王의 政策과 '巨燕'의 成立」『中國史研究』 25, 2003

서영수, 「고조선의 위치와 강역」『한국사시민강좌』 2, 1988

송호정, 「고조선의 위치와 중심지 문제에 대한 고찰」『한국고대사연구』 58, 2010

오강원, 「고조선 위치비정에 관한 연구사적 검토(1·2)」『백산학보』 48·49, 1996·97

오강원, 「춘추말 동이계 萊族 木槨墓 출토 비파형동검」『한국고대사연구』 23, 2001

王　靑, 「산동 출토 동북계통 청동단검과 그와 관련된 문제에 대해」『동북아역사논총』 13, 2006

윤용구, 「三韓의 朝貢貿易에 대한 一考察 – 漢代 樂浪郡의 교역형태와 관련하여 – 」『역사학보』 162, 1999

이도학, 「고대국가의 성장과 교통로」『국사관논총』 74, 1997

이성규, 「고대 중국인이 본 한민족의 원류」『한국사시민강좌』 32, 2003

이성재, 「고조선·연 전쟁의 개전 시점과 주요 원인」『동북아역사논총』 73, 2021

이청규, 「한중교류에 대한 고고학적 접근」『한국고대사연구』 32, 2003

李慧竹·王靑, 「後期靑銅器~初期鐵器時代 中國 山東地域과 韓國間의 交流」『백산학보』 64, 2002

이후석, 「尹家村類型의 변천과 성격」『중앙고고연구』 19, 2016

楊深富·胡膺·徐淑彬, 「山東日照市周代文化遺存」『文物』 6, 1990

煙台市文物管理委員會·栖霞縣文物事業管理處, 「山東栖霞縣占瞳鄉杏家庄戰國墓淸理簡報」『考古』 2, 1992

王獻唐, 「山東的歷史和文物 – 在山東省文物工作會議上的報告 – 」『文物參考資料』 2, 1957

李步青·林仙庭, 「山東黄県歸城遺址的調査與發掘」『考古』10, 1991

張光明, 「齊刀幣研究槪論」『齊國貨幣研究』, 2003

張政烺, 「史前的中朝關係」『五千年中朝友好關係』, 開明書店, 1951

鳥居龍藏, 「中國石棚之研究」『燕京學報』31, 1946

朱活, 「從山東出土的齊幣看齊國的商業和交通」『文物』5, 1972

松田壽男, 「蘇子の貂裘と管子の文皮」『早稻田大學大學院文學研究科紀要』3, 1957

後藤直, 「總括 – 爭點の整理と研究の展望」『東アジアと日本の考古學Ⅲ – 交流と交易 – 』,
    同成社, 2003

제2절 4세기 전반 고구려의 해양활동과 황해

1. 연구서

강봉룡, 『바다에 새겨진 한국사』, 한얼미디어, 2005.

孔錫龜, 『高句麗 領域擴張史 研究』, 書京文化社, 1998.

宮岐市定 著, 林仲爀·朴善嬉 譯, 『中國中世史』, 신서원, 1996.

권덕영, 『신라의 바다 황해』, 일조각, 2012.

권오중, 『요동왕국과 동아시아』, 영남대학교 출판부, 2012.

김한규, 『요동사』, 문학과지성사, 2004.

李丙燾, 『韓國古代史研究』, 博英社, 1976.

徐仁漢, 1991 『高句麗 對隋·對唐戰爭史』, 國防部戰史編纂委員會.

梁時恩, 『高句麗 城 研究』, 서울대학교 박사학위논문, 2013.

여호규, 『고구려 초기 정치사 연구』, 신서원, 2014.

여호규, 『고구려성』3 – 요하 유역편 – , 국방군사연구소, 1999.

윤명철, 『고구려 해양사 연구』, 사계절출판사, 2003.

정진술, 『한국의 고대 해상교통로』, 韓國海洋戰略研究所, 2009a.

정진술, 『한국해양사』, 해군사관학교, 2009b

조익 저, 박한제 역, 「裵松之三國志註」『이십이사차기』, 소명출판, 2012.

池培善, 『中世東北亞史研究 – 慕容王國史 – 』, 一潮閣, 1986.

千寬宇, 『古朝鮮史·三韓史研究』, 一潮閣, 1989.

海軍本部, 『韓國海洋史』, 啓文社, 1954.

南滿洲鐵道株式會社, 『滿洲歷史地理』 第1·2卷, 丸善株式會社, 1913.
內藤雋輔, 『朝鮮史研究』, 東洋史研究會, 1961.

王錦厚·李健才, 『東北古代交通』, 沈陽出版社, 1990.
楊秀祖, 『高句麗軍隊與戰爭研究』, 吉林大學出版社, 2010.
馮立君, 「試論南北朝時期高句麗黃海交通活動的影向」 『延邊大學學報(社會科學)』 2015-4.

2. 연구 논문

공석구, 「高句麗와 모용 '燕'의 갈등 그리고 교류」 『강좌 한국고대사』 4, 駕洛國史蹟
　　開發研究院.
권오중, 「고대 중국 正史에서의 예맥 – '요동예맥'의 자취에 관한 검토로서 –」 『동북
　　아역사논총』 49, 2015.
권오중, 「낙랑 석암리 9호분 小考」 『한중관계 2000년 – 동행과 공유의 역사 –』, 소나
　　무, 2008.
金貞培, 「北韓出土 延熙二年銘 土器」 『泰東古典研究』 10, 1993.
김효진, 「高句麗 東川王代 對중국 외교의 변천과 목적」 『고구려발해연구』 52, 2015.
노태돈 교수 정년기념논총 간행위원회 엮음, 『한국고대사 연구의 시각과 방법』, 사계
　　절, 2014.
李基東, 「高句麗史 발전의 劃期로서의 4世紀 – 慕容 '燕'과의 항쟁을 통해서 –」 『東國
　　史學』 30, 1996.
李龍範, 「大陸關係史·古代篇(上)」 『白山學報』 18, 1975.
박세이, 「4세기 慕容鮮卑 前燕의 성장과 고구려의 대응」 『한국고대사연구』 73, 2014.
심호섭 외 번역, 「수·당 두 왕조의 고구려 원정의 지리」 『한국고대사탐구』 14, 2013.
안정준, 「高句麗의 樂浪·帶方 故地 영역화 과정과 지배방식」 『한국고대사연구』 69,
　　20.
余昊奎, 「3세기 전반 동아시아 국제정세와 고구려의 대외정책」 『歷史學報』 194,
　　2007.
여호규, 「高句麗 初期의 梁貊과 小水貊」 『韓國古代史研究』 25, 2002.
余昊奎, 「鴨綠江 중상류 연안의 高句麗 성곽과 東海路」 『역사문화연구』 29, 2008.

이정빈, 「5~6세기 고구려의 농목교역과 요서정책」 『역사와 현실』 91, 2014.

임기환, 「고구려와 낙랑군의 관계」 『한국고대사연구』 34, 2004.

정동민, 「612년 고구려 원정 隋軍의 군단 편성과 兵種 구성」 『韓國古代史硏究』 82, 2016.

정진술 외 공편, 『다시 보는 한국해양사』, 해군사관학교, 2007.

Park, Dae Jae, 2013 "The Interchanges between Koguryŏ and Sun-Wu and "Under the Fruit Horse", *International Journal of Korean History* 18-1.

제3절 광개토왕대의 대백제전 수군 운용

1. 사료

「광개토왕릉비」 『삼국사기』 『고려사』 『신증동국여지승람』 『동사강목』 『대동지지』. 국사편찬위원회 한국사데이터베이스 한국고대금석문 사이트 (http://db.history.go.kr/item/level.do?itemId=gskh).

2. 연구서

공석구, 『高句麗 領域擴張史 硏究』, 서경문화사, 1998.

국립중앙박물관, 『금석문자료1 - 삼국시대』, 2013.

동북아역사재단 편, 『혜정 소장본 廣開土太王碑 원석탁본』, 2014.

문안식, 『백제의 흥망과 전쟁』, 혜안, 2006.

박시형, 『광개토왕릉비』, 사회과학원, 1966.

서영교, 『고구려, 전쟁의 나라』, 글항아리, 2007.

서인한, 『한국고대 군사전략』, 국방부 군사편찬연구소, 2005.

손영종, 『고구려사(1)』, 과학백과사전종합출판사, 1995.

손영종, 『조선단대사 - 고구려사1』, 과학백과사전출판사, 2006.

신채호, 『조선상고사(단재신채호전집 제1권 역사)』, 독립기념관 한국독립운동사연구소, 2007.

오붕근, 『개정판 조선수군사(고대~중세편)』, 사회과학출판사, 2012.

윤명철, 『고구려 해양사 연구』, 사계절, 2003.

이병도, 『韓國古代史硏究(수정판)』, 박영사, 1985.

이정빈, 『고구려-수 전쟁 : 변경 요서에서 시작된 동아시아 大戰』, 주류성, 2018.

이종학, 『한국군사사 연구』, 충남대학교 출판부, 2010.

임기중, 『廣開土王碑原石初期拓本集成』, 동국대학교출판부, 1995.

임세권·이우태 편저, 『韓國金石文集成(1)-高句麗1』, 한국국학진흥원·청명문화재단, 2002.

장창은, 『고구려 남방 진출사』, 경인문화사, 2014.

정진술, 『한국해양사』, 경인문화사, 2009.

정진술·이민웅·신성재·최영호, 『다시 보는 한국 해양사』, 신서원, 2008.

정호섭, 『고구려 비문의 비밀』, 살림출판사, 2017.

耿鐵華, 『好太王碑新考』, 吉林人民出版社, 1994.

楊秀祖, 『高句麗軍隊與戰爭硏究』, 吉林大學出版社, 2010.

王健群, 『好太王碑硏究』, 吉林人民出版社, 1984.

今西龍, 『訂正增補 大日本時代史-古代 上』, 早稻田大學出版部, 1915.

武田幸男, 『廣開土王陵碑原石拓本集成』, 東京大學出版會, 1988.

武田幸男, 『高句麗史と東アジア』, 岩波書店, 1989.

佐伯有淸, 『廣開土王碑と七支刀』, 吉川弘文館, 1977.

津田左右吉, 『朝鮮歷史地理(第1卷)』, 南滿洲鐵道株式會社, 1913.

3. 연구 논문

고광의, 「廣開土太王碑 釋文 一考」 『혜정 소장본 廣開土太王碑 원석탁본』, 동북아역사재단, 2014.

공석구, 「고구려의 남진과 백제·신라」 『고구려의 정치와 사회』, 동북아역사재단, 2007.

권인한, 「廣開土王陵碑文의 새로운 판독과 해석」 『목간과 문자』 8, 2011.

김수태, 「5세기 고구려의 패권과 서남해 연안항로의 경색」 『한국해양사Ⅰ-선사·고대』, 한국해양재단, 2013.

김영하, 「廣開土大王陵碑의 정복기사해석-신묘년기사의 재검토와 관련하여-」 『한국고대사연구』 66, 2012.

김윤우, 「廣開土王의 南下征服地에 대한 一考-關彌城의 位置를 中心으로-」 『高句

麗 南進 經營史의 硏究』, 백산문화, 1995.

노태돈, 「광개토왕릉비」 『譯註 韓國古代金石文(Ⅰ)』, 가락국사적개발연구원, 1992.

박성봉, 「廣開土好太王期 高句麗 南進의 性格」 『한국사연구』 27, 1979.

박성봉, 「高句麗의 漢江流域進出과 意義」 『高句麗 南進 經營史의 硏究』, 백산자료원, 1995.

박종서, 「고구려 고국원왕 - 광개토태왕대 남진로 검토」 『사학지』 49, 2014.

서영일, 「고구려의 백제공격로 고찰」 『사학지』 38, 2006.

서영일, 「한성 백제의 교통로 상실과 웅진천도」 『서울과 역사』 72, 2008.

안병찬, 「장수산성 일대의 고구려 유적 유물에 대하여」 『조선고고연구』 1990-2, 1990.

여호규, 「4세기 후반-5세기 초엽 고구려와 백제의 국경 변천」 『역사와 현실』 84, 2012.

여호규, 「廣開土王陵碑의 문장구성과 서사구조」 『영남학』 25, 2014.

여호규, 「고구려 韓半島 中部地域 지배와 漢城 別都의 건설」 『한국고대사연구』 99, 2020.

윤일녕, 「관미성위치고」 『북악사론』 2, 1990.

이기동, 「광개토왕릉비문에 보이는 백제관계 기사의 검토」 『백제연구』 17, 1986.

이도학, 「永樂 6年 廣開土王의 南征과 國原城」 『高句麗 南進 經營史의 硏究』, 백산자료원, 1995.

이용현, 「광개토왕비문의 고구려와 가야」 『광개토왕비의 재조명』, 동북아역사재단, 2013.

이정빈, 「광개토왕릉비 탁본 연구방법의 성과와 과제」 『동북아역사논총』 49, 2015.

임기환, 「고구려의 부도 한성과 지방통치」 『한국 고대 중세 지방제도의 제문제』, 집문당, 2002.

임기환, 「고구려본기 전거 자료의 계통과 성격」 『한국고대사연구』 42, 2006.

정진술, 「교역항의 개발」 『한국해양사Ⅰ - 선사·고대』, 한국해양재단, 2013.

정호섭, 「『三國史記』 高句麗本紀 4-5세기의 기록에 대한 검토」 『신라문화』 38, 2011.

채희국·전제헌, 「대현산성 답사기」 『고고민속』 1966-2, 1966.

천관우, 「廣開土王의 征服活動」 『한국사 시민강좌』 3, 일조각, 1988.

최승택, 「장수산성 1호 건물터에 대하여」 『조선고고연구』 1991-4, 1991.

최창빈, 「4세기 말~5세기초 고구려의 국남7성과 국동6성에 대하여」 『력사과학』 1990-3, 1990.

최항순, 「三國의 흥망과 京畿灣에서의 해양활동」 『대한조선학회지』 40, 2003.
徐建新, 「호태왕비 발견과 초기 탁본 제작에 관한 새로운 자료 – 이초경의 『요좌일기』를 중심으로」 『광개토왕비의 탐색』, 동북아역사재단, 2015.
武田幸男, 「광개토왕비 연구의 제문제」 『광개토왕비의 재조명』, 동북아역사재단, 2013.
鈴木靖民, 「광개토왕비에 보이는 왜」 『광개토왕비의 재조명』, 동북아역사재단, 2013.

關野貞, 「滿洲輯安縣及び平壤附近に於ける高句麗時代の遺跡(1)~(2)」 『考古學雜誌』 5-3·4, 1914.
那珂通世, 「高句麗古碑考」 『史學雜誌』 49, 1893.
三宅米吉, 「高麗古碑考追加」 『考古學會雜誌』 2-5, 1898.
水谷悌二郎, 「好太王碑考」 『書品』 100, 1977.
酒井改藏, 「好太王碑面の地名について」 『朝鮮學報』 8, 1955.

제4절 660~661년 당의 고구려 공격군 편성과 水軍 운용 전략

1. 사료

『三國史記』 『三國遺事』 『三國志』 『集神州三寶感通錄』 『舊唐書』 『新唐書』 『冊府元龜』 『唐會要』 『資治通鑑』 「契苾嵩墓誌銘」 「高乙德墓誌銘」 「南郭生墓誌銘」 「婁敬墓誌銘」 「唐柴將軍精舍草堂碑」 「薛萬備墓誌銘」 「阿史那忠碑」 「阿史那忠墓誌銘」 「伫欽墓誌銘」 「王慶墓誌銘」 「張脛墓誌銘」 「張素墓誌銘」 『日本書紀』

2. 연구서

김용만, 『새로쓰는 연개소문傳』, 2003.
노중국, 『백제 부흥운동사』, 일조각, 2003.
노태돈, 『고구려사 연구』, 사계절, 1999.
노태돈, 『삼국통일전쟁사』, 서울대학교출판부, 2009.
劉矩·姜維東, 『唐征高句麗史』, 吉林人民出版社(東北史地研究叢書), 2006 ; 김봉숙 외 역, 『당의 고구려 정벌사』, 동북아역사재단 내부자료 – 번역18.
서영교, 『고대 동아시아 세계 대전』, 글항아리, 2015.

徐仁漢, 『한민족전쟁통사 1 - 고대편』, 국방부군사연구소, 1994.

손영종, 『고구려의 제문제』, 사회과학출판사, 2000.

宋毅, 『那時英雄 隋唐戰史』, 陝西人民出版社, 2009.

呂思勉, 『隋唐五代史』 下, 上海古籍出版社, 1984.

온창일, 『한민족 전쟁사』, 지문당, 2014.

윤명철, 『고구려 해양사 연구』, 사계절, 2003.

이정빈, 『고구려-수 전쟁 변경에서 시작된 동아시아 大戰』, 주류성, 2018.

이재성, 『고구려와 유목민족의 관계사 연구』, 소나무, 2018.

이병도 역주, 『삼국사기 상』, 을유문화사, 2002.

임용한, 『한국고대전쟁사2』, 혜안, 2012.

장학근, 『삼국통일의 군사전략』, 국방부군사편찬연구소, 2002.

정구복 외, 『譯註 三國史記』 3 주석편(上), 한국학중앙연구원출판부, 2012.

정진술, 『한국해양사 고대편』, 景仁文化社, 2009.

胡戟, 『珍稀墓誌百品』, 陝西師範大學出版總社, 2016.

3. 연구 논문

葛繼勇·이유표, 「신출토 入唐 고구려인 〈高乙德墓誌〉와 고구려 말기의 내정 및 외교」 『한국고대사연구』 79, 2015.

김강훈, 「고구려 영류왕 후기 대외정책의 변화와 연개소문의 정변」 『歷史學報』 249, 2021.

김병곤, 「661~662년 당 수군의 평양 직공책의 전략과 한계」 『韓國史學報』 50, 2013.

김수진, 「含資道捴管柴將軍精舍草堂之銘」에 대한 새로운 이해」 『大丘史學』 140, 2020.

김용만, 「2次 高句麗-唐 戰爭(661-662)의 進行 過程과 意義」 『민족문화』 27, 2004.

김지영, 「7세기 중반 거란의 동향 변화와 고구려 - 660년 거란의 이반을 기점으로 - 」 『만주연구』 12, 2011.

김창석, 「고구려-수 전쟁의 배경과 전개」 『동북아역사논총』 15, 2007.

劉矩, 「蘇定方東征高句麗得失析」 『地域文化研究』, 2018-6, 2018.

閔德植, 「唐柴將軍精舍草堂碑에 대한 檢討」 『百濟文化』 31, 2002.

박경철, 「麗唐戰爭의 再認識」 『東北亞歷史論叢』 15, 2007.

박현규, 「膠東半島 高句麗 관련 해양유적과 전설 - 당 태종 연간 고구려 전쟁을 중심으로 - 」 『中國史研究』 52, 2008.

방용철, 「7세기 고구려 불교정책의 한계와 國祖神」『한국고대사연구』 72, 2013.

方香淑, 「7세기 중엽 唐 太宗의 對高句麗戰 전략 수립과정」『中國古中世史研究』 19, 2007.

拜根興, 「激動의 50年 – 高句麗와 唐 關係 研究」『高句麗研究』 14, 2002.

拜根興, 「新見初唐名將薛万备墓志考釋」『唐史论丛』 27, 2018.

서영교, 「唐高宗 百濟撤兵 勅書의 背景」『東國史學』 57, 2014.

徐榮教, 「唐의 고구려 內戰介入과 新城·大行城 점령」『中國史研究』 131, 2021.

송호정, 「신라의 삼국통일」『아틀라스 한국사』, 사계절, 2004.

余昊奎, 「高句麗 後期의 軍事防禦體系와 軍事戰略」『韓國軍事史研究』 3, 1999.

우석훈, 「遼河 유역의 高句麗 千里長城」『군사』 92, 2014.

李玟洙, 「高句麗 遺民 李他仁의 族源과 柵城 褥薩 授與 배경에 대한 고찰」『大丘史學』 128, 2017.

이민수, 「李他仁의 唐 投降과 扶餘城의 高句麗 復國運動 鎭壓에 대한 分析」『역사와 경계』 106, 2018.

이민수, 「백제 멸망기 당의 신라 침공 계획」『한국고대사탐구』 33, 2019.

이상훈, 「661년 북한산성 전투와 김유신의 대응」『국학연구』 31, 2016.

李成制, 「어느 고구려 무장의 가계와 일대기 – 새로 발견된 〈高乙德墓誌〉에 대한 譯註와 분석 –」『중국고중세세연구』 38, 2015.

이재성, 「아프라시아브 궁전지 벽화의 '조우관사절(鳥羽冠使節)'이 사마르칸트[康國]로 간 원인, 과정 및 시기에 대한 고찰」『동북아역사논총』 52, 2016.

李昊榮, 「Ⅲ. 수·당과의 전쟁」『신편 한국사 5 – 삼국의 정치와 사회 고구려Ⅰ』, 국사편찬위원회, 2002.

장창은, 「660~662년 고구려와 신라·당의 전쟁」『新羅史學報』 38, 2016.

田中俊明·東潮, 『高句麗の歴史と遺跡』, 中央公論社, 1994.

정동민, 『高句麗와 隋전쟁 연구』, 한국외국어대학교 박사학위 논문, 2017.

鄭媛朱, 『高句麗滅亡研究』, 한국학중앙연구원 박사학위 논문, 2013.

정원주, 「男生의 失脚 배경과 그의 行步」『한국고대사연구』 75, 2014.

최현화, 「7세기 중엽 당(唐)의 한반도(韓半島) 지배전략(支配戰略)」『역사와 현실』 61, 2006.

제5절 백제의 해양 환경과 수군 운용

1. 사료

『三國史記』『三國遺事』『增補文獻備考』「광개토대왕비문」
『舊唐書』『三國志』『隋書』『宋書』『梁職貢圖』『梁書』『南齊書』『日本書紀』

2. 연구서

李秉道, 『國譯 三國史記』(下), 乙酉文化社, 1983.
이재준, 『백제멸망과 부흥전쟁사』, 경인문화사, 2017.
이종학, 『한국 군사사 연구』, 충남대학교 출판부, 2010.
전영래, 『백촌강에서 대야성까지』, 신아출판사, 1996.
정진술, 『한국 해양사 - 고대편』, 경인문화사, 2009.
충청남도역사문화연구원, 『백제사료 역주입 - 일본편』, 아디람, 2008.
충청남도역사문화연구원, 『百濟史資料譯註集(日本篇)』, 도서출판 아디람, 2008.
합동참모교범 10-2, 『합동·연합작전 군사용어 사전』, 국군인쇄창, 2010.

3. 연구 논문

KHOA(National Hydrographic and Oceangraphic Adminstration, 2005, COastwise
        Passage Pilot.
강종훈, 「4세기 백제의 遼西지역 진출과 그 배경」『한국고대사연구』 30, 2003.
고우진, 「동계 한국 서해의 해황과 기상인자와의 관계에 관한 연구」, 부경대학교 박
        사학위 논문, 2005.
김병남, 「백제 성왕대 북방영역 관련 지명의 분석」『韓國上古史學報』 52, 2006.
金庠基, 「백제의 遼西經略에 대하여」『白山學報』 3, 1967.
김성준, 「고대 동중국해 사단(斜斷)항로에 대한 해양기상학적 고찰」『海洋環境安全學
        會誌』 19, 2012.
김영관, 「나당연합군의 백제공격로와 금강」『백제와 금강』, 서경문화사, 2007.
김혜경, 「나주 복암리 목간 출토의 고고학적 의미」『Korean Journal of Cultural
        Heritage Studies』 Vol. 49-2, 2016.

노영택, 「한국사에 있어서 강화도의 위상」『누리와 말씀』1, 1996.

노중국, 「漢城時代 百濟의 魯制 실시와 編制 기준」『啓明史學』2, 1991.

李明揆, 「백제 대외관계에 관한 일시론」『사학연구』37, 1983.

박순발, 「백제의 해상교통과 기항지 – 對中國航路를 중심으로 –」『百濟學報』16, 2016.

박현숙, 「백제 동성왕대 대외정책의 변화」『백제연구』32.

박찬우, 「백제 동성왕대 대남제 외교전략」『한국고대사연구』85, 2017.

方善柱, 「百濟軍의 華北進出과 그 背景」『白山學報11, 1971.

신동혁, 「한국 서해안 가로림만 퇴적환경과 홀로세 해수면 변동」, 인하대학교 박사학
    위 논문, 1998.

愼成在, 「궁예정권의 나주진출과 수군활동」『軍史』57, 2005.

유원재, 「魏虜의 백제침입 기사」『백제연구』23.

윤명철, 「강화지역의 해양방어체제연구 – 관미성의 위치와 관련하여」『사학연구』58·
    59, 1999.

이도학, 「泗沘都城의 編制와 海外交流」『東아시아古代學』30, 2013.

이상훈, 「나당연합군의 군사전략과 백제멸망」『역사와 실학』59, 2016

이재준, 「군사적 관점에서 본 주류성과 백강의 위치」『한국고대사탐구』31, 2019.

이재준, 「나당연합군의 침공전략과 백제의 대응」『한국군사학논집』72-3, 2016.

이한상, 「5세기대 서산 부장리 세력의 성장 배경과 위상」『백제문화』55, 2016.

이희진, 「백제의 멸망과정에 나타난 군사상황의 재검토」『사학연구』64, 2001.

정재윤, 「중국 요서(遼西) 지역에 보이는 백제의 실체」『동북아역사논총』61, 2018.

崔相哲, 「西海岸 沿岸管理의 現況과 課題」『東西研究』2, 1989.

沈勝求, 「부안 죽막동 해양제사유적의 세계유산 가치와 등재 방향」『한국학 논총』44,
    2015.

황보경, 「7세기 초 삼국의 정세와 당항성 전투의 의의」『軍史』96, 2015.

제2장 신라의 수군과 해양활동

제1절 신라 상·중대 船府(署)의 정비와 水軍

1. 사료

『三國史記』『三國遺事』『漢書』『舊唐書』『新唐書』

朴龍雲, 『高麗史 百官志 譯註』, 신서원, 2009.

윤국일 옮김 / 신서원 편집부 꾸밈, 『新編 經國大典』, 신서원, 2005.

金鐸敏 主編, 『譯註 唐六典 上』, 신서원, 2003.

金鐸敏 主編, 『譯註 唐六典 中』, 신서원, 2005.

金鐸敏 主編, 『譯註 唐六典 下』, 신서원, 2008.

淸原夏野 저 / 이근우 역주, 『令義解譯註 上』, 세창출판사, 2014.

[唐]杜佑 撰 / 王文錦·劉俊文 等 點校, 『通典』, 北京, 中華書局, 1988.

[宋]鄭樵 撰, 王樹民 點校, 『通志二十略』, 北京, 中華書局, 1995

[魏]王弼 注 / [唐]孔穎達 疏 / 盧光明·李申 整理 / 呂紹綱 審定, 『周易正義』, 北京,
    北京大學出版社, 2000.

[漢]鄭玄 注 / [唐]賈公彦 疏 / 趙伯雄 整理 / 王文錦 審定, 『周禮注疏』, 北京, 北京大
    學出版社, 2000.

2. 연구서

金瑛河, 『韓國古代社會의 軍事와 政治』, 高麗大學校 民族文化硏究院, 2002.

金哲埈, 『韓國古代國家發達史』, 韓國日報社, 1975

金哲埈, 『韓國古代史硏究』, 서울대학교 출판부, 1990.

李基東, 『新羅骨品制社會와 花郞徒』, 一潮閣, 1984.

李基白, 『新羅政治社會史硏究』, 一潮閣, 1974.

李文基, 『新羅兵制史硏究』, 一潮閣, 1997.

이상훈, 『나당전쟁 연구』, 주류성출판사, 2012.

李仁哲, 『新羅政治制度史硏究』, 一志社, 1993.

정진술, 『한국의 고대 해상 교통로』, 한국해양전략연구소, 2009.

하일식, 『신라 집권 관료제 연구』, 혜안, 2006.

한국고대사탐구학회 편, 『고대 군사사와 동아시아』, 경인문화사, 2020.

俞鹿年, 『中國官制大辭典』, 北京, 黑龍江人民出版社, 1992.

鄭東俊, 『古代東アジアにおける法制度受容の硏究－中國王朝と朝鮮三國の影響關係を
    中心に』, 東京, 早稻田大學出版部, 2019.

井上秀雄, 『新羅史基礎硏究』, 東京, 東出版, 1974.

3. 연구 논문

강봉룡, 「문무대왕의 해양정책과 21세기 '해양르네상스'」『한국해양정책학회지』 2-1, 2017.

고경석, 「신라의 對中 해상교통로 연구」『新羅史學報』 21, 2011.

고경석, 「통일 직후 해양체제의 구축과 해양이념의 고양」『한국해양사 Ⅱ』, 한국해양재단, 2013.

권덕영, 「신라의 대당(對唐) 항로와 항해상의 고난」『황해문화』 8, 1995.

김창겸, 「신라 文武王의 海洋意識」『耽羅文化』 56, 2017.

金昌錫, 「新羅의 于山國 복속과 異斯夫」『歷史敎育』 111, 2009.

朴秀淨, 「『三國史記』 職官志 硏究」, 高麗大學校 大學院 韓國史學科 博士學位論文, 2017.

박준형, 「『大同類聚方』 典藥寮本과 고대 한반도 관련 처방」『목간과 문자』 15.

선석열, 「신라시기 부산지역의 해양교류와 형변」『港都釜山』 32, 2016.

송영대, 「6~7세기 신라의 전략·전술 입안과 활용」『한국사연구』 169, 2015.

이경섭, 「고대 동해안 지역의 정치적 동향과 우산국」『新羅文化』 39, 2012.

李鍾學, 「新羅軍事思想의 硏究」『新羅文化祭學術發表論文集』 12, 1991.

임평섭, 「신라 지증왕대 동해안 지배와 우산국 정복」『역사와 경계』 99, 2016.

전덕재, 「新羅 中央財政機構의 性格과 變遷」『新羅文化』 25, 2005.

정덕기, 「신라 상고기 典의 운영과 재편」『韓國古代史硏究』 92, 2018(a).

정덕기, 「신라 중대 일반관청의 조직 구조와 原形」『歷史學報』 240, 2018(b).

정덕기, 「6~7세기 신라 병부의 조직정비와 병마행정의 변화」『한국고대사탐구』 30, 2018(c).

정덕기, 「신라 中代 중앙행정관청의 계통과 등급」『新羅史學報』 44, 2018(d).

丁德氣, 「新羅 上·中代 中央行政制度 硏究」, 연세대학교 대학원 사학과 박사학위논문, 2019(a).

정덕기, 「『三國史記』 職官 上으로 본 신라 중대 成典의 構成 原理와 운영방식」『新羅史學報』 46, 2019(b).

정덕기, 「신라 중고기 병부의 人事權 掌握과 그 영향」『한국고대사탐구』 32, 2019(c).

정덕기, 「신라 上古期 대외 방어 전략의 변화와 于山國 征伐」『新羅史學報』 50, 2020.

정덕기, 「신라 진평왕대 對隋 외교와 請兵 - 對唐 외교의 前史로서 -」, 나·당 수교 1400주년 및 신라사학회 제 200회 학술발표회 기념 학술대회 발표문, 2021.

최희준, 「탐라국의 대외교섭과 항로」 『耽羅文化』 58, 2018.

한정훈, 「6~7세기 新羅 交通機構의 정비와 그 성격」 『역사와 경계』 58, 2006.

韓禎訓, 「高麗時代 交通과 租稅運送體系 硏究」, 釜山大學校 大學院 史學科 博士學位 論文, 2009.

제2절 신라 문무왕대 삼국 통일의 완성과 水軍의 활약

1. 사료

『삼국사기』『삼국유사』『신증동국여지승람』『증보문헌비고』, 「광개토왕릉비」 『회남자』『수서』『구당서』『자치통감』『일본서기』

2. 연구서

권덕영, 『고대한중외교사 – 견당사연구 – 』, 일조각, 1997.

권덕영, 『신라의 바다 황해』, 일조각, 2012.

김재근, 『속 한국선박사연구』, 서울대학교출판부, 1994.

김창겸, 『신라와 바다』, 문현, 2018.

노태돈, 『삼국통일전쟁사』, 서울대학교출판문화원, 2009.

노중국, 『백제정치사연구』, 일조각, 1988.

변인석, 『백강구전쟁과 백제·왜 관계』, 한울아카데미, 1994.

서영교, 『나당전쟁사 연구』, 아세아문화사, 2006.

신성재, 『후삼국 통일전쟁사 연구』, 혜안, 2018.

신형식, 『한국고대사의 신연구』, 일조각, 1984.

연민수, 『고대한일교류사』, 혜안, 2003,

오봉근, 『조선수군사(고대~중세편)』, 개정판, 사회과학출판사, 2012.

윤재운, 『교류의 바다 동해』, 경인문화사, 2015.

이상훈, 『나당전쟁연구』, 주류성, 2012.

이상훈, 『신라의 통일 전쟁, 백제 멸망에서 고구려 멸망까지』, 민속원, 2021.

이인철, 『신라정치제도사연구』, 일지사, 1993.

장원섭, 『신라 삼국통일 연구』, 학연문화사, 2018.

장창은, 『신라 상고기 정치변동과 대외관계』, 신서원, 2008.
주보돈, 『가야사 새로 읽기』, 주류성, 2017.
최근식, 『신라해양사연구』, 고려대학교출판부, 2005.
한준수, 『신라 중대 율령정치사 연구』, 서경문화사, 2012.
미야자키 이치사다 지음, 임중혁·박선화 옮김, 『중국중세사』, 신서원, 1996.
곽승훈 외, 『중국 소재 한국 고대 금석문』, 한국학중앙연구원출판부, 2015.
井上秀雄, 『新羅史基礎研究』, 東出版, 1974.
周紹良, 「大周故郭府君墓誌銘」『唐代墓誌彙編續集』上海古籍出版社, 2001.

3. 연구 논문

강봉룡, 「신라의 삼국통일과 그 해양사적 의의」『도서문화』 25, 2005.
강봉룡, 「고대~고려시대의 해로와 섬」『대구사학』 110, 2013.
권덕영, 「삼국시대 신라의 해양진출과 국가발전」『STRATEGY 21』 제2권 제2호, 1999.
권덕영, 「신라 관련 당 금석문의 기초적 검토」『한국사연구』 142.
권덕영, 「삼국시대 신라의 해양진출과 국가발전」『고대의 해양활동과 異斯夫 그리고 사자 이야기』 이사부 연구 총서(II), 강원도민일보·강원도·삼척시, 2009.
권덕영, 「한국고대사 관련 중국 금석문 초사 연구」『사학연구』 37.
고경석, 「신라 수군의 변화 과정 연구」『대외문물교류』 8, 2009.
고경석, 「신라의 대중 해상교통로 연구」『신라사학보』 21, 2011.
김창겸, 「신라의 동북방 진출과 이사부의 우산국 정복 출항지」『사학연구』 101, 2011.
김창겸, 「신라 문무왕의 해양의식」『탐라문화』 56, 2017.
김창석, 「신라의 우산국 복속과 이사부」『고대의 해양활동과 異斯夫 그리고 사자 이야기』 이사부 연구 총서(II), 강원도민일보·강원도·삼척시, 2009a.
김창석, 「신라의 우산국 복속과 이사부」『역사교육』 111, 2009b.
남정호, 「660년 당군과 신라군의 연합 작전에서의 몇 가지 문제」『역사와 담론』 87, 2018.
박남수, 「탐라국의 동아시아 교섭과 신라」『탐라문화』 58, 2018.
송영대, 「6~7세기 신라의 전략·전술 입안과 활용」『한국사연구』 107, 2015.
신성재, 「청해진의 해상방위와 군사운용」『군사』 78, 2011.

연민수, 「서일본 지역의 조선식 산성과 그 성격」『한국고대사논총』 8, 1996.

윤재운, 「한국 고대 해상 교통로 연구의 성과와 과제」『해양문화재』 14, 2021.

윤진석, 「648년 당태종의 '평양이남 백제토지' 발언의 해석과 효력 재검토 - '신라의 백제통합론과 삼한일통의식 9세기 성립설'에 대한 비판을 중심으로 -」『한국고대사탐구』 34, 2020.

이상훈, 「나당 전쟁기 문두루 비법과 해전」『신라문화』 37, 2011.

이상훈, 「백제 멸망기 신라 수군의 성격과 역할」『한국고대사탐구』 27, 2017.

이재석, 「백촌강 전투의 사적 의의」『한국민족문화』 57, 2015.

이재준, 「백제의 해양 환경과 수군 운용」『한국고대사탐구』 38, 2021.

이종학, 「문무대왕과 신라해상세력의 발전」『경주사학』 11, 1992.

정덕기, 「신라 상·중대 선부(서)의 정비와 수군」『한국고대사탐구』 38, 2021.

조이옥, 「신라 수군제의 확립과 삼국통일」『STRATEGY 21』 제2권 제2호, 1999.

한준수, 「울릉도의 고분을 통해서 본 신라 중대의 지방통치」『한국학논총』 41, 2014.

한준수, 「신라 통일기 신삼천당의 설치와 운용」『한국고대사연구』 78, 2015.

한준수, 「신라 통일기 이절말당의 창설과 병참 지원」『한국고대사탐구』 37, 2021.

植田喜兵成智, 「唐人郭行節墓誌からみえる羅唐戰爭 : 671年の新羅征討軍派遣問題を中心に」『東洋學報』 第96卷 第2號, 2014.

제3절 문무왕의 遺詔와 대왕암

1. 연구서

김수태, 『신라중대정치사연구』, 일조각, 1996

나희라, 『고대 한국인의 생사관』, 지식산업사, 2008

남천우, 『유물의 재발견』, 학고재, 1997

박해현, 『신라중대 정치사연구』, 국학자료원, 2003

서정목, 『삼국시대의 원자들』, 역락, 2017

신종원, 『한국 대왕신앙의 역사와 현장』, 일지사, 2008

이기백, 『신라사상사연구』, 일조각, 1986

유홍준, 『나의 문화유산 답사기』, 창작과비평사, 1993

한준수, 『신라중대 율령정치사 연구』, 서경문화사, 2012

2. 연구 논문

강우방, 「능지탑 사방불 소조상의 고찰」『신라문화제학술발표논문집』 17, 1996

권덕영, 「김인문 소전」『문화사학』 21, 2004

今西龍, 「新羅文武王陵碑に就きて」『新羅史研究』, 國書刊行會, 1933

김상현, 「사천왕사의 창건과의 의의」『신라문화제학술발표논문집』 17, 1996

김수태, 「나당관계의 변화와 김인문」『백산학보』 52, 1999

김수태, 「문무왕」『한국사시민강좌』 13, 일조각, 1993

김창겸, 「신라 문무왕의 해양의식」『탐라문화』 56, 2017 :『신라와 바다』, 문현, 2018

김창호, 「문무왕의 산골 처와 문무왕릉비」『경주문화연구』 9, 2007

김흥규, 「정복자와 수호자 - 5~7세기 한국사의 왕립 금석문과 왕권의 수사 - 」『고전문학연구』 44, 2013

나희라, 「신라의 즉위의례」『한국사연구』 116, 2002

남동신, 「감산사 아미타불상과 미륵보살상 조상기의 연구」『미술자료』 98, 2020

박남수, 「신라 문무대왕의 삼국통일과 종묘제 정비」『신라사학보』 38, 2016

서영교, 「감은사 창건배경에 대한 신고찰 - 나당전쟁 후 국제상황을 중심으로 - 」『불교문화연구』 2, 2001

석병철, 『통일신라 경주지역 화장묘 연구』, 경주대학교 석사학위논문, 2006

석병철, 「경주지역 신라 화장묘에 대하여」『신라사학보』 9, 2007

손호웅·김성범, 「문무대왕 수중릉에 대한 지질공학적 연구」『지구물리』 6-3, 2003

신종원, 「문무왕과 대왕암」『한국중세사회의 제문제』, 2001 :『한국 대왕신앙의 역사와 현장』, 일지사, 2008

신종원, 「문무왕과 대왕암 - 고려시대의 민속신앙과 관련하여 - 」『한국중세사회의 제문제』, 한국중세사학회, 2001

윤선태, 「신라 중대의 율령 - 중국 율령 수용의 신라적 특질과 관련하여 - 」『강좌한국고대사』 3, 2003

이영호, 「신라 문무왕릉비의 재검토」『역사교육논집』 8, 1986

이채경, 「문무왕 신격화의 변전 양상과 현대적 의의 - 문화콘텐츠 활용 방안을 중심으로 - 」『한국문학논총』 68, 2014

장원섭, 『신라 삼국통일 연구』, 학연문화사, 2018

장충식, 「문무대왕이 偉蹟」『신라문무대왕』, 경주군·동국대학교신라문화연구소, 1994

정병준, 「신라 문무왕 21년(681) 유조에 보이는 율령격식 개정령」『한국고대사연구』
　　90, 2018
井上秀雄, 『古代朝鮮』, 일본방송출판협회, 1972
조범환, 「신라 중대의 동아시아 정책과 대응」『신라사학보』 45, 2019
주보돈, 「신라시대의 연좌제」『대구사학』 25, 1984
주보돈, 「남북국시대의 지배체제와 정치」『한국사』3, 한길사, 1994
주보돈, 「신라 狼山의 歷史性」『신라문화』 44, 2014
주보돈, 「통일신라의 (陵)墓碑에 대한 몇 가지 논의」『목간과 문자』 9, 2012
최장미, 「사천왕사출토 비편의 형태학적 검토」『역사와 경계』 85, 2012
한영화, 『한국 고대의 형율 연구』, 성균관대학교 박사학위논문, 2012
홍승우, 「문무왕의 하교와 유조」『문자와 한국고대1』, 주류성, 2019
홍승우, 『한국고대 율령의 성격』, 서울대학교 박사학위논문, 2011
황수영, 「선사의 길을 따라」『한국사시민강좌』 11, 일조각, 1992
황수영, 「신라 낭산의 능지탑에 대하여」『신라문화제학술회의논문집』 17, 1996

제4절 신라 장구진의 위치 비정에 대하여

1. 사료

『삼국사기』『삼국유사』『고려사』『조선왕조실록』『비변사등록』『海東繹史續』『大東地志』『新增東國輿地勝覽』『三國志』『新唐書』『入唐求法巡禮行記』

2. 연구서

권덕영, 『신라의 바다 황해』, 일조각, 2012.
송기중, 『조선 후기 수군 연구』, 역사비평사, 2019.
정수일, 『신라·서역교류사』, 단국대출판부, 1992.
정진술, 『한국의 고대 해상교통로』, 한국해양전략연구소, 2009.

今西龍, 『新羅史研究』, 國書刊行會, 1932.
陸地測量部, 『朝鮮五万分一地形圖』, 1918.

海軍省水路部, 『朝鮮水路誌』(第2版), 1907.
海上保安廳, 『朝鮮西岸水路誌』, 1953.

3. 연구 논문

강봉룡, 「고대~고려시대의 해로와 섬」 『대구사학』 110, 2013.
김창겸, 「신라시대 漢山州에 대하여」 『중앙사론』 21, 2005.
도도로키 히로시, 「신라 북요통 복원 서설」 『아시아리뷰』 8-2, 2019.
문경호, 「고려시대의 조운제도와 조창」 『지방사와 지방문화』 14-1, 2011.
박남수, 「신라 성덕왕대 패강진 설치 배경」 『사학연구』 110, 2013.
박남수, 「신라 浿江鎭典의 정비와 漢州 西北境의 郡縣 설치」 『동국사학』 54, 2013.
박성현, 「6~8세기 신라 한주 郡縣城과 그 성격」 『한국사론』 47, 2002.
강봉룡, 「신라하대 패강진의 설치와 운영」 『한국고대사연구』 11, 1997.
아카바메 마사요시, 김선숙 역, 「8세기 중엽에 있어서 신라와 발해의 통교관계」 『고
    구려발해연구』 32, 2008.
윤재운, 「신라하대 진의 재검토」 『사학연구』 58·59, 1999.
이기동, 「신라 하대의 패강진 - 고려왕조의 성립과 관련하여 - 」 『한국학보』 4, 1976.
전덕재, 「신라 하대 패강진의 설치와 그 성격」 『대구사학』 113, 2013.
전덕재, 「신라의 북진과 서북 경계의 변화」 『한국사연구』 173, 2016.
전덕재, 「신라하대 진의 설치와 성격」 『군사』 35, 1997.
정수일, 「동북아 해로고 - 나당해로와 여송해로를 중심으로 - 」 『문명교류연구』 2,
    2011.
조이옥, 「8~9세기 신라의 북방경영과 축성사업」 『신라문화』 34, 2009.
조이옥, 「통일신라 북방개척과 패강진」 『백산학보』 46, 1996.
한정훈, 「고려시대 13조창과 주변 교통로 연구」 『한국중세사연구』 23, 2007.
한준수, 「신라의 패강 지역 진출과 서북 도서의 지배」 『한국학논총』 52, 2019.
한준수, 「신라하대 軍鎭세력의 대두와 율령질서의 이완」 『한국고대사탐구』 20, 2015.

吉田光南, 「高麗時代の水運機構'江'について」 『社會經濟史學』 46-4, 1980.
內藤儁輔, 「朝鮮支那間の航路及び其推移に就いて」 『內藤博士頌壽紀念史學論叢』, 1927 ;
    『朝鮮史研究』, 東洋史研究會, 1961.
北村秀人, 「高麗時代の漕倉制について」 『朝鮮歷史論集』 上, 龍溪書舍, 1979.

榎一雄, 「賈耽の地理書と都里記の稱とに就いて」『榎一雄著作集』 7, 1994.

赤羽目匡由, 「8世紀中葉における新羅と渤海との通交關係 –『三國史記』所引, 賈耽『古今郡國縣道四夷述』逸文の分析 – 」『古代文化』 56-5, 2004.

津田左右吉, 「新羅北境考」『朝鮮歷史地理』 1, 1913.

海軍省水路部, 「長山串至鴨綠江口 : 朝鮮西岸」(No.326., 1/250,000), 1936.

제3장 발해·일본의 수군과 해양활동

제1절 8세기 전반 발해의 해양 교통로와 제해권 범위

1. 사료

『三國史記』『三國遺事』『新增東國輿地勝覽』『渤海考』『我邦疆域考』『海東繹史』『海東繹史續』

『翰苑』『隋書』『舊唐書』『新唐書』『資治通鑑』『冊府元龜』『唐會要』『元和郡縣圖志』

『太平寰宇記』『續日本紀』『朝鮮總督府官報』

『東亞日報』

2. 연구서

구난희, 『발해와 일본의 교류』, 한국학중앙연구원출판부, 2017

權悳永, 『古代韓中外交史』, 一潮閣, 1997

군사용어대사전 편집위원회, 『군사용어대사전』, 청미디어, 2016

金毓黻, 『渤海國志長編』, 千華山館, 1934

김육불 저·발해사연구회 역, 『(신편)발해국지장편』, 신서원, 2008

동북아역사재단 편, 『고대 환동해 교류사 – 2부 발해와 일본』, 동북아역사재단, 2010

方學鳳, 『中國境內 渤海遺蹟 研究』, 백산자료원, 2000

沼田賴輔, 『日滿の古代國交』, 明治書院, 1933

森克己, 『遣唐使』, 至文堂, 1955

上田雄·孫栄健, 『日本渤海交涉史』, 彩流社, 1994

新妻利久, 『渤海國史及び日本との國交史の研究』, 東京電機大學出版局, 1969

王綿厚·李健才, 『東北古代交通』, 瀋陽出版社, 1990

王綿厚·李健才 저·동아시아교통사연구회 옮김, 『고대 동북아시아 교통사』, 주류성, 2020

王承禮 著·宋基豪 譯, 『발해의 역사』, 翰林大學아시아文化研究所, 1987

O.V.D'yakova 지음·김재윤 옮김, 『러시아 연해주의 성(城) 유적과 고대 교통로』, 서경문화사, 2019

鳥山喜一, 『渤海史考』, 三晉文化社, 1984

임상선 편역, 『발해사의 이해』, 신서원, 1991

정진술, 『한국해양사:고대편』, 景仁文化社, 2009

『中國軍事史』 編寫組, 『中國軍事史』 第3卷, 解放軍出版社, 1987

中西進·安田喜憲 編, 『謎の王國·渤海』, 角川書店, 1992

한규철·김종복·박진숙·이병건·양정석, 『발해 5경과 영역 변천』, 동북아역사재단, 2007

3. 연구 논문

榎一雄, 「賈耽の地理書と道里記の稱とに就いて」 『榎一雄著作集』 7, 1994

古畑徹, 「いわゆる小高句麗國の存否問題」 『東洋史研究』 51-2, 1992

高畑徹, 「渤海·日本間航路の諸問題」 『古代文化』 46-8, 1994

谷内尾晉司, 「對渤海交涉と福良港」 『福浦の歷史 - 客人の湊』, 石川縣富來町, 1991

구난희, 「渤海와 日本의 交流 航路 變化에 관한 연구」 『역사교육』 126, 2013

권은주, 「발해의 등주공격을 통해 본 국제동맹과 외교」 『역사와 세계』 44, 2013

김락기, 「6~7세기 말갈 제부의 내부 구성과 거주지」 『고구려발해연구』 36, 2010

김선숙 譯, 「8세기 중엽에 있어서 신라와 발해의 통교관계」 『高句麗渤海研究』 32, 2008

김은국, 「8~10세기 동아시아 속의 발해 교통로」 『한국사학보』 24, 2006

김은국, 「登州를 중심으로 한 渤海와 동아시아의 교류」 『동아시아고대학』 17, 2008

김종복, 「발해시대 遼東지역의 귀속 문제」 『史林』 31, 2008

김종복, 「8세기 渤海와 靺鞨諸部의 대당교섭에 대한 기초적 검토 - 冊府元龜朝貢·褒異條를 중심으로 -」 『역사문화연구』 39, 2011

김호동, 「삼국시대 신라의 동해안 제해권 확보의 의미」 『대구사학』 65, 2001

김현숙, 「'고구려사에서의 말갈' 연구의 현황과 과제」 『동북아역사논총』 61, 2018

남창희, 이인숙, 「환발해만 제해권과 고대 동북아 국제관계」 『한일군사문화연구』 15, 2013

도도로키 히로시, 「신라 북요통(北傜通) 복원 서설」 『아시아리뷰』 8-2, 2019

박남수, 「신라 浿江鎭典의 정비와 漢州 西北境의 郡縣 설치」 『동국사학』 54, 2013

朴南秀, 「신라 聖德王代 浿江鎭 설치 배경」 『사학연구』 110, 2013

小嶋芳孝, 「蝦夷とユーラシア大陸の交流」 『古代蝦夷の世界と交流』, 名著出版, 1996

小嶋芳孝, 「渤海と日本列島の交流經路」 『歷史と地理』 577, 山川出版社, 2004

손영종, 「발해의 서변에 대하여」 『력사과학』 1980-1, 2, 1980

松井等, 「渤海國の疆域」 『滿洲歷史地理』 1, 丸善株式會社, 1913

新野直吉, 「古代日本と北の海みち」 『藝林』 41-2, 1992

沈勝求, 「渤海 武王의 政治的 課題와 登州攻擊」 『軍史』 31, 1995

奧田淳爾, 「渤海使·遣渤海使等の日本海橫斷について」 『富山史壇』 79, 1982

王俠, 「渤海朝貢道白山區段及相關問題」 『北方文物』 1997-1, 1997

윤명철, 「연해주 및 동해북부 항로에 대한 연구 - 고대를 중심으로 -」 『이사부와 동해』 1, 2010

윤재운, 「발해의 5경과 교통로의 기능」 『한국고대사연구』 63, 2011

윤재운, 「압록도를 통해 본 발해사신의 여정」 『고구려발해연구』 60, 2018

윤재운, 「한국 고대 해상 교통로 연구의 성과와 과제」 『해양문화재』 14, 2021

이상훈, 「신라 장구진의 위치 비정에 대하여」 『북악사론』 15, 2021

日下雅義, 「攝河泉における古代の港と背後の交通路について」 『古代學硏究』 107, 1985

임상선, 「732년 渤海와 唐의 戰爭과정 재검토」 『동국사학』 69, 2020

赤羽目匡由, 「8世紀中葉における新羅と渤海との通交關係」 『古代文化』 56-5, 2004

赤羽目匡由, 「いわゆる賈耽〈道里記〉の〈營州入安東道〉について」 『史學雜誌』 116-8, 2007

정석배, 「발해의 육로구간 일본도 연구」 『고구려발해연구』 69, 2021

조이옥, 「8세기 전반 신라의 對渤海攻擊과 浿江」 『동양고전연구』 14, 2000

冯晓晓, 「唐代登州刺史韦俊墓志铭考析」 『鄂州大學學報』 24-2, 2017

侯莉閔, 「渤海初期通往日本陸路部分的研究」 『北方文物』 1994-4, 1994

韓圭哲, 「渤海의 西京鴨綠府 研究」 『한국고대사연구』 14

韓圭哲, 「발해국의 서쪽 변경에 관한 연구」 『역사와경계』 47, 2003

한준수, 「신라의 浿江 지역 진출과 서북 島嶼의 지배」 『한국학논총』 52, 2019

제2절 일본 헤이안시대 수군의 존재 여부

1. 사료

『本朝世紀』(新訂增補國史大系 第9卷, 吉川弘文館, 1999, 新裝版)

『扶桑略記』(新訂增補國史大系 第12卷, 吉川弘文館, 1999, 新裝版)

『師守記』(史料纂集, 續群書類從完成會, 1968-1982)

『續日本紀』(新日本古典文學大系, 岩波書店, 1992)

『樂音寺緣起繪卷』(廣島縣立歷史博物館 編, 『安藝國樂音寺 - 樂音寺緣起繪卷と樂音寺
　　　　文書の全貌 -』, 廣島縣立歷史博物館, 1996)

『吾妻鏡』(新訂增補國史大系, 吉川弘文館, 1981-1983, 普及版)

『日本紀略』(新訂增補國史大系, 吉川弘文館, 1980, 普及版)

『日本三代實錄』(新訂增補國史大系, 吉川弘文館, 1977-1979, 普及版)

『日本書紀』(新訂增補國史大系, 吉川弘文館, 1977-1978, 普及版 ; 坂本太郎・家永三
　　　　郎・井上光貞・大野晉 校注, 岩波書店, 1993, 新裝版)

『貞信公記抄』(大日本古記錄 貞信公記, 岩波書店, 1956)

『平安遺文』(東京堂, 1962-1968, 訂正版)

2. 연구서

廣島縣立歷史博物館 編, 『安藝國樂音寺 - 樂音寺緣起繪卷と樂音寺文書の全貌 -』, 廣
　　　　島縣立歷史博物館, 1996.

武光誠, 『大和朝廷は古代の水軍がつくった!』, JICC出版局, 1992.

武光誠, 『古代を檢證する① 九州水軍國家の興亡』, 學習硏究社, 2001.

山內讓, 『海賊の日本史』, 講談社, 2018.

嚴井市史編さん委員會 編, 『新裝版 平將門資料集 付・藤原純友資料』, 新人物往來社,
　　　　2002.

永岡治, 『伊豆水軍物語』, 中央公論社, 1982.

宇田川武久, 『瀨戶內水軍』, 敎育社, 1981.

佐藤和夫, 『日本水軍史』, 原書房, 1985.

佐藤和夫, 『水軍の日本史 上卷 古代から源平合戰まで』, 原書房, 2012.

住田正一, 『日本海法史』, 嚴松堂書店, 1927.

川合康, 『源平合戰の虛像を剝ぐ - 治承・壽永内亂史硏究 - 』, 講談社, 2010.

村谷正隆, 『村上水軍史考 - 九州の視座から - 』, 西日本新聞社, 1981.

坂本太郎・家永三郎・井上光貞・大野晋 校注, 『日本書紀 下』, 岩波書店, 1993.

3. 연구 논문

高橋修, 「別當湛增と熊野水軍」 『ヒストリア』 146, 1995.

網野善彦, 「海の領主, 海の武士團」 『朝日百科 日本の歷史 別冊 歷史を讀みなおす 8
    武士とは何だろうか 「源氏と平氏」再考』, 朝日新聞社, 1994.

服部英雄, 「水軍とはなにか」 『別冊歷史讀本』 29(32), 2004.

寺内浩, 「藤原純友の亂後の伊豫國と東國」 『平安時代の地方軍制と天慶の亂』, 塙書房,
    2017.

三島安精, 『水軍』, 靑磁社, 1942.

森田悌, 「官船について」 『交通史硏究』 9, 1983.

三浦圭一, 「吉士について」 『日本史硏究』 34, 1957.

上野利三, 「律令制下の百濟王氏」 『前近代日本の法と政治 - 邪馬臺國及び律令制の硏
    究 - 』, 北樹出版, 2002.

松原弘宣, 「律令制下における船」 『日本古代水上交通史の硏究』, 吉川弘文館, 1985.

松下三鷹, 「日本水軍發達史(4)」 『舵』 12(2), 1943.

新城常三, 「古代水運より中世水運へ - 國船所考 - 」 『中世水運史の硏究』, 塙書房, 1994.

岸俊男, 「紀氏に關する一考察」 『日本古代政治史硏究』, 塙書房, 1966.

宇田川武久, 「水軍史雜感 - 永岡治著『伊豆水軍物語』を讀んで - 」 『海事史硏究』 38, 1982.

笠井倭人, 「古代の水軍」, 大林太良 編 『日本古代文化の探究・船』, 社會思想社, 1975.

長山泰孝, 「古代貴族の終焉」 『古代國家と王權』, 吉川弘文館, 1992.

鄭淳一, 「貞觀年間における弩師配置と新羅問題」 『九世紀の來航新羅人と日本列島』,
    勉誠出版, 2015.

정순일, 「9세기 후반 일본의 弩師 배치 배경」 『한국고대사탐구』 34, 2020.

下向井龍彦, 「天慶藤原純友の亂についての政治史的考察」 『日本史硏究』 348, 1991.

下向井龍彦, 「『樂音寺緣起』と藤原純友の亂」 『藝備地方史硏究』 206, 1997.

下向井龍彦, 「承平六年の紀淑人と承平南海賊の平定」 『史學硏究』 274, 2012.

제3절 마쓰라·아키타·쓰시마에 출현한 신라해적

1. 연구서

松本雅明, 『城南町史』, 熊本縣城南町, 1965.

花岡興輝編, 『飽田町誌』, 飽田町, 1972.

角川日本地名大辭典編集委員會編, 『角川日本地名大辭典(41)佐賀縣』, 角川書店, 1982.

松本雅明編, 『日本歷史地名大系(44)熊本縣の地名』, 平凡社, 1985.

名古屋市博物館編集, 『名古屋市博物館資料叢書(2)和名類聚抄』, 名古屋市博物館, 1992.

한국고대사연구소 편, 『역주 한국고대금석문』Ⅲ, 가락국사적개발연구원, 1992.

申虎澈, 『후백제 견훤정권 연구』, 一潮閣, 1993.

瀨野精一郎編, 『日本歷史地名大系(43)長崎縣の地名』, 平凡社, 2001.

古代交通硏究會編, 『日本古代道路事典』, 八木書店, 2004.

佐賀縣敎育委員會文化課編, 『古代の中原遺跡 – 解き明かされる鏡の渡し – 』, 國土交通
　　省九州地方整備局佐賀縣國道事務所·佐賀縣敎育委員會, 2005.

木下良, 『(事典)日本古代の道と驛』, 吉川弘文館, 2009.

鄭淳一, 『九世紀の來航新羅人と日本列島』, 勉誠出版, 2015.

2. 연구 논문

遠藤元男, 「貞觀期の日羅關係について」『駿台史學』 19, 1966.

松本雅明, 「肥後の國府 – 詫麻國府址發掘調査報告 – 」『古代文化』 17-3, 1966.

平野邦雄, 「新羅來寇の幻影」『日本の古代(3)九州』, 角川書店, 1970.

佐伯有淸, 「九世紀の日本と朝鮮 – 來日新羅人の動向をめぐって – 」『日本古代の政治
　　と社會』, 吉川弘文館, 1970[初出은 1964].

木下良, 「肥後國府の變遷について」『古代文化』 27-9, 1975.

佐藤宗諄, 「寬平遣唐使派遣計劃をめぐる二, 三の問題 – とくにその前史について – 」『平
　　安前期政治史序說』, 東京大學出版會, 1977.

石上英一, 「日本古代10世紀の外交」『東アジアにおける日本古代史講座(7)東アジアの
　　變貌と日本律令國家』, 學生社, 1982.

石上英一, 「古代國家と對外關係」『講座日本歷史·古代2』, 京大學出版會, 1984.

日野開三郞, 「羅末三國の爭鬪と海上交通貿易」『日野開三郞東洋史學論集·第9卷·北東

アジア國際交流史の研究』上, 三一書房, 1984[初出은 1961].

鈴木靖民, 「遣唐使の停止に關する基礎的研究」『古代對外關係史の研究』, 吉川弘文館, 1985.

木下良, 「古辭書類に見る國府所在郡について」『國立歷史民俗博物館研究報告』10, 1986.

關幸彦, 「平安期, 二つの海防問題 – 寬平期新羅戰と寬仁期刀伊戰の檢討 – 」『古代文化』 41-10, 1989.

戶田芳實, 「國衙軍制の形成過程」『初期中世社會史の研究』, 東京大學出版會, 1991.

生田滋, 「新羅の海賊」『海と列島文化(2)日本海と出雲世界』, 小學館, 1991.

長洋一, 「古代西邊の防衛と防人」『古代文化』 47-11, 1995.

李炳魯, 「寬平期(890年代)日本의 대외관계에 관한 일고찰」『日本學誌』 16, 1996.

新川登龜男, 「東アジアのなかの古代統一國家」『長崎縣の歷史』, 山川出版社, 1998.

山崎雅稔, 「貞觀八年応天門失火事件と新羅賊兵」『人民の歷史學』 146, 2000.

山崎雅稔, 「貞觀十一年新羅來寇事件の諸相」『國學院大學大學院紀要(文學研究科)』 32, 2001.

石井正敏, 「寬平六年の遣唐使計画と新羅の海賊」『アジア遊學』 26, 2001.

濱田耕策, 「王權と海上勢力 – 特に張保皐の淸海鎭と海賊に關連して – 」『新羅國史の研究』, 吉川弘文館, 2002[初出은 1999].

山內晋次, 「朝鮮半島漂流民の送還をめぐって」『奈良平安期の日本とアジア』, 吉川弘文館, 2003[初出은 1990].

山內晋次, 「九世紀東アジアにおける民衆の移動と交流 – 寇賊・反亂をおもな素材として – 」『奈良平安期の日本とアジア』, 吉川弘文館, 2003[初出은 1996].

山崎雅稔, 「견훤정권과 일본의 교섭」『韓國古代史研究』 35, 2004.

佐伯弘次, 「壹岐・對馬・松浦を歩く」『(街道の日本史・49)壹岐・對馬と松浦半島』, 吉川弘文館, 2006.

森公章, 「古代日麗關係の形成と展開」『海南史學』 46, 2006.

이도학, 「신라말 견훤의 세력형성과 교역」『新羅文化』 28, 2006.

권덕영, 「고대 동아시아의 황해와 황해무역 – 8, 9세기를 중심으로 – 」『대외문물교류』 7, 2007.

石井正敏, 「『日本書紀』金春秋來日記事について」『前近代の日本列島と朝鮮半島』, 山川出版社, 2007.

小松讓, 「肥前國松浦郡の交通路と官衙」『條里制・古代都市研究』 23, 2008.

平川南, 「見えてきた古代の「列島」 – 地方に生きた人びと」『木簡から古代がみえる』,

岩波新書, 2010.

濱田耕策, 「朝鮮古代史からみた鞠智城 – 白村江の敗戰から隼人・南島と新羅海賊の對策
へ –」 『古代山城・鞠智城を考える』, 山川出版社, 2010.

李允未, 「9세기 후반 무주지역의 정치적 동향과 甄萱의 自立」 『歷史敎育論集』 44,
2010.

정순일, 「'백제해적'과 '신라해적' – 『삼국유사』'진성여대왕 거타지'조에 보이는 해역
세계 –」 『삼국유사의 세계』, 세창출판사, 2018.

제4장 후삼국·고려의 수군과 해양활동

제1절 후삼국시대의 水軍 운용과 주요 水戰 및 水路 활용 검토

1. 사료

『三國史記』『三國遺事』『高麗史』『高麗史節要』『世宗實錄』『中宗實錄』『新增東國
輿地勝覽』『東史綱目』『春秋左氏傳』『水經注』『扶桑略記』「廣照寺眞澈大師寶月乘空
塔碑文」「無爲寺先覺大師遍光塔碑文」「五龍寺法鏡大師普照慧光塔碑文」「菩提寺大鏡
大師玄機塔碑文」

2. 연구서

국립해양문화재연구소, 『고이도: 해양문화유산조사 보고서 16』, 2019.

檀國大學校 東洋學硏究所, 『漢韓大辭典』 11, 단국대학교 출판부, 2007.

리창언, 『고려 유적연구』, 백산자료원, 2003.

류영철, 『高麗의 後三國 統一過程 硏究』, 景仁文化社, 2005.

신성재, 『후삼국시대 수군활동사』, 혜안, 2016.

安東民俗博物館, 『安東의 地名由來』, 2002.

이도학, 『진훤이라 불러다오』, 푸른역사, 1998.

이도학, 『후삼국시대 전쟁 연구』, 주류성, 2015.

이도학, 『후백제 진훤대왕』, 주류성, 2015.

任世權·李宇泰 編著, 『韓國金石文集成 17: 高麗1碑文1(解說篇)』, 韓國國學振興院·靑

溟文化財團, 2014.

호남사학회 편, 『고려의 후삼국통합과정과 나주』, 景仁文化社, 2013.

한국역사연구회 編, 『譯註 羅末麗初金石文(上) 原文校勘 篇』, 혜안, 1996.

한국역사연구회 編, 『譯註 羅末麗初金石文(下) 譯註 篇』, 혜안, 1996.

諸橋轍次, 『大漢和辭典』 9, 東京:大修館書店, 1985.

3. 연구 논문

강봉룡, 「後百濟 甄萱과 海洋勢力: 王建과의 海洋爭覇를 중심으로」 『역사교육』 83, 2002.

姜鳳龍, 「羅末麗初 王建의 西南海地方 掌握과 그 背景」 『島嶼文化』 21, 2003.

강봉룡, 「한국 해양사 연구의 몇 가지 논점」 『도서문화』 33, 2009.

강봉룡, 「왕건의 제해권 장악과 고려 건국 및 후삼국 통일」 『역사학연구』 75, 2019.

金甲童, 「高麗時代 羅州의 地方勢力과 그 動向」 『한국중세사연구』 11, 2001.

김갑동, 「高麗 太祖妃 神惠王后와 貞州 柳氏」 『韓國人物史研究』 11, 2009.

김갑동, 「전라도의 탄생과 그 의의」 『歷史學研究』, 2016.

金京洙, 「榮山江 流域의 景觀變化 硏究 : 榮山江 市街地 形成과 干潟地 開墾을 中心으로」, 전남대학교 박사학위논문, 2001.

김명진, 「太祖王建의 나주 공략과 압해도 능창 제압」 『도서문화』 32, 2008.

金在完, 「19世紀末 洛東江 流域의 鹽 流通 硏究」 『地理學論叢』 別號32, 1999.

金昌錫, 「6세기 후반~7세기 전반 百濟·新羅의 전쟁과 大耶城」 『新羅文化』 34, 2009.

문안식, 「견훤의 후백제 건국과 전남지역 호족세력의 추이」 『慶州史學』 22, 2003.

문안식, 「궁예정권의 서남지역 경략과 토착세력의 동향」 『白山學報』 96, 2013.

문안식, 「나주지역의 역사지리적 위상과 고려 팔관회」 『남도민속연구』 29, 2014.

문안식, 「백제의 해상활동과 신의도 상서고분군의 축조 배경」 『전남 서남해지역의 해상교류와 고대 문화』, 전남문화재연구소, 2014.

朴漢卨, 「王建世系의 貿易活動에 대하여: 그들의 出身究明을 중심으로」 『史叢』 10, 1965.

朴漢卨, 「羅州道大行臺考」 『江原史學』 1, 1995.

박현숙, 「외교문서를 통해 본 후백제와 일본의 외교 양상」 『歷史學報』 236, 2017.

邊東明, 「甄萱의 出身地 再論」 『震旦學報』 90, 2000.

변동명, 「金惣의 城隍神 推仰과 麗水·順天」 『전남사학』 22, 2004.

변동명, 「9세기 前半 武州 西南海地域의 海上勢力」『한국사학보』 57, 2014.

변동명, 「後百濟의 海上活動과 對外關係」『한국고대사탐구』 19, 2015.

신성재, 「후삼국시대 나주지역의 해양전략적 가치」『도서문화』 38, 2011.

신성재, 「나말여초 백령도와 유금필의 수군활동」『이순신연구논총』 26, 2016.

신성재, 「고려와 후백제의 해양쟁패전」『한국중세사연구』 47, 2016.

신성재, 「왕건의 수군활동과 皐夷島: 皐夷島의 전략상 위치에 주목하여」『한국중세 사연구』 57, 2019.

신호철, 「高麗 건국기 西南海 지방세력의 동향: 羅州 호족의 활동을 중심으로」『역사 와 담론』 58, 2011.

이종봉, 「羅末麗初 梁州의 動向과 金忍訓」『지역과 역사』 13, 2003.

이주연, 「공산전투의 전개과정과 관련 지명 및 유적지 연구」, 한국전통문화대학교 석 사학위논문, 2015.

전덕재, 「삼국시대 낙동강 수로를 둘러싼 신라와 가야세력의 동향: 낙동강 중류지역 을 중심으로」『大丘史學』 93, 2008.

정성권, 「나주 철천리 석불입상의 조성시기와 배경」『新羅史學報』 31, 2014.

정청주, 「신라말·고려초 海上勢力의 대두와 그 역사적 의미: 왕건의 海上勢力 장악을 중심으로」『역사학연구』 59, 2015.

최영주, 「마한 방대형·원대형 분구묘의 등장배경」『百濟學報』 14, 2015.

제2절 왕건의 서남해 도서지방 경략과 해양사적 의미

1. 사료

『三國史記』『高麗史』『高麗史節要』『太宗實錄』『世宗實錄』 『東國李相國集』『新唐書』『入唐求法巡禮行記』『六韜』

2. 연구서

金甲童, 『羅末麗初 豪族과 社會變動 研究』, 高麗大民族文化研究所, 1990.

김경옥, 『朝鮮後期 島嶼研究』, 혜안, 2004.

권덕영, 『재당 신라인사회 연구』, 일조각, 2005.

곽유석, 『고려선의 구조와 조선기술』, 민속원, 2012.

류영철, 『高麗의 後三國 統一過程 研究』, 景仁文化社, 2004.

문안식, 『후백제 전쟁사 연구』, 혜안, 2008.

신성재, 『후삼국시대 수군활동사』, 혜안, 2016.

새뮤얼 애드셰드 지음·박영준 옮김, 『소금과 문명』, 지호, 2001.

申虎澈, 『後百濟 甄萱政權研究』, 一潮閣, 1993.

申虎澈, 『後三國時代 豪族研究』, 개신, 2002.

오붕근, 『조선수군사』, 한국문화사, 1998.

육군본부 군사연구소, 『한국군사사 ③』, 경인문화사, 2012.

張東翼, 『日本古中世日本資料研究』, 서울대학교출판부, 2004.

鄭淸柱, 『新羅末高麗初 豪族研究』, 一潮閣, 1996.

河炫綱, 『韓國中世史研究』, 一潮閣, 1988.

한정훈, 『고려시대 교통운수사 연구』, 혜안, 2013.

3. 연구 논문

姜鳳龍, 「押海島의 번영과 쇠퇴」 『島嶼文化』 18, 2000.

姜鳳龍, 「後百濟 甄萱과 海洋勢力」 『歷史敎育論集』 83, 2002.

姜鳳龍, 「羅末麗初 王建의 西南海地方 掌握과 그 背景」 『島嶼文化』 21, 2003.

高慶錫, 「장보고 세력의 경제적 기반과 신라 서남해 지역」 『韓國古代史研究』 39, 2005.

金甲童, 「高麗建國期의 淸州勢力과 王建」 『韓國史研究』 48, 1985.

김갑동, 「호족의 대두와 집권화 과정」 『한국역사입문 ②』, 풀빛, 1995.

金南奎, 「高麗의 水軍制度」 『高麗軍制史』, 陸軍本部, 1983.

김명진, 「태조왕건의 나주 공략과 압해도 능창 제압」 『島嶼文化』 32, 2008.

김대중, 「王建의 後三國統一과 羅州의 戰略的 位相」 『고려의 후삼국통합과정과 나주』, 景仁文化社, 2013.

權悳永, 「新羅下代 西·南海域의 海賊과 豪族」 『韓國古代史研究』 41, 2006.

나말려초연구반, 「나말려초 호족의 연구동향」 『역사와 현실』 5, 1991.

文暻鉉, 「王建太祖의 民族再統一의 研究」 『慶北史學』 1, 1979.

文秀鎭, 「高麗建國期의 羅州勢力」 『成大史林』 4, 1987.

문안식·이대석, 「왕건의 서남해 지역 경략과 토착세력의 동향」 『한국고대의 지방사회』, 혜안, 2004.

朴漢卨, 「豪族과 王權」『한국사연구입문』, 지식산업사, 1987.

邊東明, 「金惣의 城隍神 推仰과 麗水·順天」『歷史學研究』 22, 2004.

신성재, 「일리천전투와 고려태조 왕건의 전략전술」『韓國古代史研究』 61, 2011.

신성재, 「후삼국시대 나주지역의 해양전략적 가치」『島嶼文化』 38, 2011.

신성재, 「고려의 수군전략과 후삼국통일」『東方學志』 158, 2012.

신성재, 「후백제의 수군활동과 전략전술」『한국중세사연구』 36, 2013.

신성재, 「후삼국시대 수군의 운영체제와 해전」『역사와 경계』 88, 2013.

신성재, 「고려와 후백제의 해양쟁패전」『한국중세사연구』 47, 2016.

신성재, 「나말여초 백령도와 유금필의 수군활동」『이순신연구논총』 26, 2016.

윤경진, 「고려초기의 정치체제와 호족연합정권」『한국 전근대사의 주요 쟁점』, 역사
　　비평사, 2002.

李道學, 「新羅末 甄萱의 勢力 形成과 交易」『新羅文化』 28, 동국대 신라문화연구소,
　　2006.

李純根, 「羅末麗初 '豪族' 용어에 대한 연구사적 검토」『聖心女大論文集』 19, 1987.

李純根, 「羅末麗初 地方勢力의 構成形態에 관한 一研究」『韓國史研究』 67, 1989.

이창섭, 「高麗 前期 水軍의 運營」『史叢』 60, 2005.

이창섭, 「11세기 초 동여진 해전에 대한 고려의 대응」『韓國史學報』 30, 2008.

임용한, 「고려후기 수군개혁과 전술변화」『軍史』 54, 2005.

전기웅, 「삼국유사 소재 '眞聖女大王居陀知條' 설화의 검토 」『한국민족문화』 38,
　　2010.

정연식, 「거타지 설화의 새로운 해석」『東方學志』 160, 2012.

정진술, 「왕건의 나주 공략과 고하도」『해양담론』 창간호, 목포해양대학교 해양문화
　　연구정책센터, 2014.

鄭淸柱, 「王建의 成長과 勢力 形成」『全南史學』 7, 1993.

鄭淸柱, 「新羅末·高麗初 順天地域의 豪族」『全南史學』 18, 2002.

정청주, 「신라말·고려초 海上勢力의 대두와 그 역사적 의미」『歷史學研究』 59,
　　2015.

한정훈, 「고려시대 13조창과 주변 교통로 연구」『한국중세사연구』 23, 2007.

한정훈, 「고려 초기 60浦制의 실시와 그 의미」『지역과 역사』 25, 2009.

日野開三郎, 「羅末三國의 鼎立과 對大陸海上交通貿易(一)」『朝鮮學報』 16, 1960.

제3절 고려 전기 水軍의 운영

1. 사료

『高麗史』『高麗史節要』『宣和奉使高麗圖經』『三國史記』『三國遺事』『世宗實錄』
『新增東國輿地勝覽』『東史綱目』『舊唐書』『新唐書』『宋史』『入唐求法巡禮行記』

2. 연구서

金在瑾, 『우리 배의 歷史』, 1989.
오봉근 편, 『조선수군사』, 사회과학출판사, 1991.
李基白, 『高麗兵制史研究』, 一潮閣, 1968
張學根, 『韓國 海洋活動史』, 해군사관학교박물관, 1994
鄭景鉉, 『高麗前期 二軍六衛制 研究』, 서울대 박사학위논문, 1992
靑木榮一(崔在洙 譯), 『시파워의 世界史』①, 韓國海事問題研究所, 1995
崔碩男, 『韓國水軍活動史』, 鳴洋社, 1965,
海軍本部 政訓監室, 『韓國海戰史』上, 海軍本部, 1962.
海洋戰略研究部 編, 『세계해전사』, 海軍大學, 1998.
海洋戰略研究部 編, 『韓國海戰史』, 海軍大學, 2000,
Merrill L. Bartlett & Jack Sweetman, *The U.S. Marine Corps: An Illustrated History* (Annapolis, Maryland: Naval Institute Press, 2003)

3. 연구 논문

姜鳳龍, 「羅末麗初 王建의 西南海地方 掌握과 그 背景」 『島嶼文化』 21, 2003.
姜鳳龍, 「押海島의 번영과 쇠퇴 – 고대·고려시기의 압해도 –」 『島嶼文化』 18, 2000.
姜鳳龍, 「後百濟 甄萱과 海上勢力 – 王建과 海上爭覇를 중심으로 –」 『歷史敎育』 83, 2002.
金南奎, 「高麗都部署考」 『史叢』 11, 1966.
金南奎, 「高麗의 水軍制度」 『高麗軍制史』, 陸軍本部, 1983.
金好鍾, 「東南海都部署使의 設置와 그 機能 – 金州本營을 中心으로 –」 『民族文化論叢』 20, 1999

俞炳勇·李允熙, 「羅末 麗初 水軍과 海防」『硏究報告』 13, 1980.

李基白, 「高麗軍人考」『震檀學報』 21, 1960 : 『高麗兵制史硏究』, 一潮閣, 1968.

이혜옥, 「고려 전기의 軍役制 - 保勝·精勇을 중심으로 - 」『國史館論叢』 46, 1993.

洪承基, 「高麗초기 中央軍의 組織과 役割」『高麗軍制史』, 1983.

洪元基, 「高麗 京軍內 上層 軍人의 檢討」『東方學志』 77·78·79, 1993.

洪元基, 「高麗 二軍·六衛制의 性格」『韓國史硏究』 68, 1990.

찾아보기

가